Birger P. Priddat, Gerhard Wegner (Hrsg.)

Zwischen Evolution und Institution

Institutionelle und Evolutorische Ökonomik

Herausgegeben von:
Prof. Dr. Birger P. Priddat – Prof. Dr. Josef Wieland –
PD Dr. Gerhard Wegner – Dipl.-Volkswirt Reinhard Penz

Band 1

Zwischen Evolution und Institution

Neue Ansätze in der ökonomischen Theorie

Herausgegeben von

Birger P. Priddat und Gerhard Wegner

Metropolis-Verlag
Marburg 1996

Die Deutsche Bibliothek – CIP-Einheitsaufnahme

Zwischen Evolution und Institution – neue Ansätze in der ökonomischen Theorie / hrsg. von Birger P. Priddat und Gerhard Wegner. – Marburg: Metropolis-Verl., 1996
(Institutionelle und Evolutorische Ökonomik; Bd. 1)
ISBN 3-89518-083-1
NE: Priddat, Birger P. [Hrsg.]; GT

Metropolis-Verlag für Ökonomie, Gesellschaft und Politik GmbH
Postfach 1748, D-35007 Marburg

Druck: Rosch Buch, Hallstadt

ISBN 3-89518-083-1

Inhalt

Vorwort

Bei dem vorliegenden Sammelband handelt es sich um einen erweiterten Tagungsband; ein Teil der hier vorgestelten Aufsätze wurde auf einer Tagung präsentiert, die im April 1995 von den Herausgebern zum gleichen Thema an der Universität Witten/Herdecke veranstaltet wurde. Die für wissenschaftliche Tagungen lang bemessene Diskussionszeit bot den Teilnehmern die Gelegenheit zu einer intensiven Diskussion der vertretenen Ansätze. Wir hoffen, damit dem hohen Verständigungs- und Klärungsbedarf – wie er sich gerade in der Anfangsphase wissenschaftlicher Themenbildung naturgemäß ergibt – gerecht geworden zu sein und der weiteren wissenschaftlichen Forschung Impulse gegeben zu haben. Die übrigen, hier abgedruckten Beiträge sind bereits in anderen Foren diskutiert wurden und waren insofern einer Fachkritik ausgesetzt.

Das Tagungsthema – »Zwischen Institution und Evolution« – nimmt neue Strömungen in der ökonomischen Theorie auf: sidestreams zum dominierenden neoklassischen mainstream, der zumindest in der akademischen Lehre immer noch vorherrscht, der allerdings bereits seit einiger Zeit an den Rändern abzubröckeln beginnt, so daß man heute schon nicht mehr zutreffend von »der Neoklassik« sprechen kann. Zu dieser Theorielage korrespondieren side-stream-Ansätze, die über das Stadium einer wie immer gearteten »Kritik an der Neoklassik« längst hinausgetreten sind. So hat denn auch die Reputation institutioneller und evolutionstheoretischer Fragestellungen seit den achtziger Jahren beständig zugenommen. Zu diesem Befund haben überdies praktische wirtschaftspolitische Fragen der Gegenwart beigetragen: Aufgabenstellungen im Rahmen der europäischen Einigung sind im wesentlichen institutioneller Natur; die virulenten Beschäftigungsprobleme gehen auf eine unterbrochene wirtschaftliche Entwicklung zurück. Wenn die erfahrungswissenschaftliche Relevanz der ökonomischen Theorie erhalten bzw. wiedergewonnen werden soll, stellt sich eine Erweiterung ökonomischer Themen auf eine fast natürliche Weise ein, so daß die Durchsetzungschancen alternativer Ansätze beträchtlich gestiegen sind. Dies haben auch Vertreter konventioneller Ansätze inzwischen längst erkannt.

In der Fachdiskussion wird häufig die theoriekritische Seite institutioneller und evolutionstheoretischer Seite herausgehoben. In der Tat gehört es mittlerweile zu den Topoi walrasianischer Theoriekritik, daß diese die ökonomische Bedeutung von Institutionen nur ungenügend erfaßt, a fortiori aber eine stationäre Theorie darstellt und nicht auf eine Erklärung ökonomischen Wandels hin ausgerichtet wurde. Um die Theorienentwicklung, die ja auch im Rahmen walrasianischer Ansätze immer noch vonstatten geht, zu berücksichtigen, wäre aus der Perspektive einer Theoriekritik wie folgt zu fragen: Lassen sich Institutionen, deren Wandel, sowie die Evolutorik auf Märkten noch im Rahmen von »Further Extensions« der Gleichgewichtstheorie abhandeln, oder stehen Kernkonzepte ökonomischen Denkens zur Diskussion, die lange Zeit das ausgemacht haben, was häufig immer noch als »Der ökonomische Ansatz« apostrophiert wird?

So wichtig diese theoriekritischen Fragen auch sein mögen, entscheidende Bedeutung kommt letztlich – so hat zumindest die Erfahrung gezeigt – nicht der Stichhaltigkeit der Neoklassikkritik zu, sondern der intellektuellen Attraktivität von Gegenentwürfen. Auf der Wittener Tagung hat sich bestätigt, was Kenner der Diskussion nicht überrascht haben dürfte: Ein neuer Ansatz zeichnet sich noch nicht ab, vielmehr wird zur Zeit mit einer ganzen Palette von Ansätzen experimentiert, die sich dem genannten Thema auf unterschiedliche Weise nähern. Die Herausgeber und Tagungsveranstalter haben sich nicht zum Ziel gesetzt – trotz eigener theoretischer Präferenzen – einen bestimmten Ansatz zu exponieren. Wir glauben vielmehr, daß in Zukunft in der ökonomischen Theorie eine bislang ungewohnte Heterogenität von Ansätzen zu verzeichnen sein wird, die möglicherweise nur noch indirekte Bezüge auf einen – seinerseits gewandelten – ökonomischen Theoriekern aufweisen. Forschungspolitisch bedeutet dies, daß wir von einer Vielfalt unterschiedlicher Theorieansätze Fortschritte erwarten und hierin sogar eine Chance sehen.

Diese Vielfalt spiegelt sich in dem hier präsentierten Sammelband. Die Beiträge knüpfen an unterschiedliche Theorietraditionen an oder verknüpfen bisherige Theorietraditionen in einer neuartigen Weise. So finden sich Beiträge, welche die New Institutional Economics in der Tradition von Williamson und North fortsetzen und dabei neue Perspektiven eröffnen; marktprozeßtheoretische Ansätze, welche in der Tradition Hayeks, Kirzners und Lachmann stehen, zum Teil aber auch überwinden; wirtschaftshistorische Untersuchungen zum Institutionenwandel; aber auch stärker methodologisch orientierte Beiträge. Sie stammen fast ausnahmslos von jüngeren Ökonomen in ganz Deutschland, so daß gleichzeitig ein Teil des Spektrums neuester Forschung hier dokumentiert wird.

Birger P. Priddat
Gerhard Wegner

Die Zeit der Institutionen

Regelverhalten und rational choice

Birger P. Priddat

Die moderne Institutionenökonomie ist eher ein Forschungsprogramm[1] als eine neue ökonomische Theorie. Sie arbeitet an drei Subthemen: 1. an den Verhaltensannahmen der Ökonomie, 2. an der Prozeßhaftigkeit der Ökonomie und 3. an der Erweiterung der Institutionen über die des Marktes hinaus.[2]

Institutionen werden als Restriktionen des Marktverhaltens eingeführt: »social institutions are linked to rule-following behaviour. That is, institutions are defined as formal and informal social rules (as opposed to personal rules) that may solve various problems of social interaction. By following certain social rules the agents have either voluntarily restricted or been restricted through sanctions in choosing whatever strategy they like«.[3]

»Rule following-behaviour« ist von der »rational choice« insofern unterschieden, als die »rational choice« als Wahl der besten aus einer gegebenen Menge von Alternativen definiert ist, während dagegen das Regel-Befolgen keine andere Wahl läßt, als das zu tun, was die Regel zu tun vorschreibt. Ein solches Verhalten kann nicht rational im Sinne der »rational choice« genannt werden, weil der »choice«-Aspekt unterbestimmt ist.

»Rational« kann nur die Wahl heißen, die zum Ergebnis führt, eher eine Regel zu befolgen, als frei und unabhängig zwischen Alternativen wählen zu können. Der Grund dafür, auf die »rational choice« im gewöhnlichen Modus zu verzichten, liegt dann in der Unsicherheit der

[1] Langlois 1986; aber auch Knudsen 1993.

[2] Knudsen 1993, 267.

[3] Knudsen 1993, 269.

»rational choice« begründet. Demnach ist das »rule-following-behaviour« nicht »rational«, aber möglicherweise die vorhergehende Wahl, das »rule-following-behaviour« anstelle der »rational choice« zu wählen. Wenn wir zudem noch die Wahl von Regeln (gegenüber der Alternative der »rational choice«) als Wahl einer Institution (»institutional choice« im weiten Sinne) bezeichnen, befinden wir uns im Problemkontext dieses Aufsatzes.

»institutional choice«

Die rationale Bestimmung der Regelgeltung der institutionellen Arrangements beruht auf dem schlichten Umstand, daß die Entscheidungssubjekte freiwillig und unabhängig voneinander die Geltung der Regel akzeptieren oder entscheiden, sie zu akzeptieren. In diesem Sinne haben wir es mit einer Ausweitung des ökonomischen Standardprogrammes der Rationalität zu tun, in dem

1. zwischen zwei verschiedenen Interaktionsbereichen – den gewöhnlichen rationalen Wahlhandlungen und der Wahl von Regeln – unterschieden wird, was zur Folge hat, daß
2. die Wahl von Regeln selber nur wieder als rationaler Wahlvorgang beschrieben werden kann – als »institutional choice«: »agents choose to follow rules«.[4]

Wenn alle Fälle einer Zwangsinstitutionalisierung[5] ausgeschlossen sind, ist – nach dieser institutionenökonomischen Standardinterpretation – hinreichend gewährleistet, daß die Individuen die Institution, deren Regel sie folgen wollen, ebenso rational wählen wie andere Alternativen, z.B. die, die sie auf dem Markt vorfinden.

Diese *Homologie des »rational choice«-Ansatzes* für beide Handlungsbereiche läßt sich aber bereits durch eine einfache Betrachtung in Zweifel ziehen. Die rationale Wahl einer Regel ist nicht identisch mit der Wahl einer Handlungsalternative. Regeln regulieren die Auswahl von Handlungsalternativen. Sich freiwillig – und in rationaler Entscheidung – einer Regel zu unterwerfen bedeutet, diese Auswahl*restriktion* als vorteilhaft zu empfinden. Diese Aussage scheint paradox zu sein: Weshalb

[4] Rowe 1989, 57; generell auch: Brennan/Buchanan 1985.

[5] Wie z.B. bei der allgemeinen Versicherungspflicht in meritorischen Institutionen; vgl. hierzu: Priddat 1992b.

sollte es vorteilhaft sein, seine eigenen Handlungsmöglichkeiten zu beschränken?

Es gibt keinen sinnvollen Grund für ein Individuum, seine Handlungsmöglichkeiten für sich selbst zu beschränken, zumindest keinen, der durch die »theory of rational choice« erklärt werden könnte. *Als Restriktionen sind Institutionen für die Individuen Präferenzen*[6]; man kann nicht rational eine Regel wählen, um sie freiwillig befolgen zu wollen, und dann davon reden, daß diese Restriktion eine Einschränkung der Präferenzen bedeutet. »Gewollte« – d.h. in diesem Kontext: rational gewählte – Restriktionen sind Präferenzen bzw. Metapräferenzen; sie sind Ausdruck einer Intention bzw. einer neuen Einstellung zum Handlungsfeld.[7] Die in der Institutionenökonomie üblich gewordene Unterscheidung von Präferenzen und Restriktionen muß grundlegend überprüft werden. Wenn man die Unterscheidung aufrecht erhält, ergeben sich folgende Probleme systematischer Art.

Als »rational« sind Entscheidungen definiert, die die »beste« Alternative aus einer Menge von gegebenen auswählen.[8] Wenn das Individuum rational handeln und *zugleich* einer Selbstbeschränkung seiner Rationalität folgen will, definiert es für sich, daß der Möglichkeitsbereich der »besten« Alternative nicht in der Gesamtmenge der ihm möglichen, sondern nur in der Teilmenge der durch die Regelrestriktion zugelassenen Alternativen liegt. Eine unbestimmte Menge von »besten« Alternativen wird ausgeschlossen. Dies kann nicht mehr als »rational« bezeichnet werden.

Dabei entsteht folgendes Problem: Die Entscheidung, einer Regel zu folgen, ist identisch mit der Entscheidung, bestimmte, durch das institutionelle Arrangement definierte Alternativenmengen »besser« zu finden als andere. Ob die innerhalb des Regelkreises zugelassenen Alternativen gegenüber den ausgeschlossenen die »besseren« Alternativen sind, kann nurmehr behauptet, nicht aber nachgewiesen werden werden, weil die ausgeschlossenen Alternativen nicht mehr getestet werden. Dies ist durch den a priori-Auschluß selbst wieder ausgeschlossen.

Die »Wahl einer Regel« enthält damit keine Aussage über die Qualität der Alternativen, sondern ist vielmehr eine Geltungsbehauptung über eine spezifisch ausgesuchte Menge von sozial akzeptierten Alternativen. Der Akteur, der freiwillig einer Institution beitritt, um deren Regel zu folgen, weiß, daß er bestimmte Alternativen nicht mehr wäh-

6 Vgl. dazu die genaue Argumentation von Lohmann (in diesem Band).

7 Dito.

8 Vgl. Vilks 1991, Kap. I (innerhalb einer systematischen Rekonstruktion des »neoklassischen« Forschungsprogrammes).

len kann. Da die Auswahl der institutionell zulässigen Alternativen gegen die institutionell ausgeschlossenen (restringierten) Alternativen ihm selbst nicht überlassen ist, läßt er sich auf ein Entscheidungsdesign ein, über das er selbst nicht vollständig verfügt. Er begibt sich, wenn er beitritt, in einen sozialen Kontext, in dem andere die Alternativen, die die Institution zuläßt oder anbietet, bereits akzeptiert haben.

Man kann lediglich sagen, daß dem Individuum die Restriktion gleichgültig ist, solange er einen Vorteil darin erblickt, nur solche Alternativen zu wählen, die von anderen akzeptiert werden. Was ihm individuell – und aus der Perspektive der rational choice – als Restriktion erscheinen könnte, ist institutionen-kollektiv eine Form der bounded rationality, wie sie R.A. Heiner vorgeschlagen hat: eine Form des rule-following-behaviour.[9] Dabei ist aber der Rationalitätstypus geändert worden: Wir haben es mit einem Umschlag der gewöhnlichen, maximierenden rational choice in ein Form des Verzichts auf diesen Typus der rational choice zu tun. Die Wahl einer – aus Erfahrung für gut befundenen – Regel ist identisch mit dem Verzicht auf eine Prüfung der gegebenen Alternativen zugunsten einer Verfahrenrationalität, der es wichtiger ist, überhaupt ein rationales Entscheidungsverfahren anzuwenden, als ein maximierendes.[10]

Die Redeweise »einer Regel folgen« ist nur eine individuelle Beschreibung für den Umstand, sozial oder kollektiv (nämlich durch das Kollektiv aller, die die Regel auch befolgen) legitimierte Alternativen zu wählen. Der Akteur hält sich – aus verschiedenen Gründen – lieber an eine Norm als an sein eigenes Urteil.[11]

Ich schlage vor, eine solche norm- oder regelorientierte Restriktion nicht mehr als rationale Entscheidung zu bezeichnen.[12] Denn die individuelle Entscheidung, nur einen Teil der möglichen Handlungsalternativen zur Wahl zuzulassen, kann nicht als rationale Entscheidung bezeichnet werden, da das solchermaßen verfahrende Individuum nicht wissen kann, ob bei den ausgeschlossenen Alternativen nicht die »beste« dabei war. *Durch die Unterwerfung unter eine Regelbefolgung schließt der Akteur a priori bestimmte Alternativen aus, bevor er sie rational verglichen hat:*

---

[9] Heiner 1983; auch: Heiner 1990.

[10] Vgl. Leder 1994.

[11] Bzw. er hält sich an sein Urteil, eher der Norm zu folgen als jedesmal wieder neu zu beurteilen, ob eine beste Alternative vorliegt – eine starke Form der »bounded rationality«.

[12] Vgl. auch – anders als Heiner 1983 und Leder 1994 – Vanberg 1993, 103 und f.

Das Individuum entscheidet zwar, daß eine Regel gelten soll, die bestimmte Handlungsalternativen zu wählen von vornherein ausschließt, aber es entscheidet die Regel nicht rational nach der Maßgabe, die »beste« Alternative zu finden, sondern vielmehr nach der Maßgabe, nur diejenige »(zweit-)beste« Alternative zu finden, deren Wahlbereich normativ durch die Regelrestriktion festgelegt wird. Es fehlt so etwas wie eine rationale Wahl der Restriktion dieses normativen Wahlbereiches. Durch Regeln weiß man zwar, innerhalb welchen Alternativenraumes man sicher wählen kann, verzichtet aber auf eine rationale Prüfung des ausgeschlossenen Alternativenteils.

In diesem Sinne ist eine freiwillige Selbstbindung der rationalen Entscheidung[13] nach solipzistischem Duktus von der Art einer *moralischen, aber keine rationale* Entscheidung.

Aber auch moralische Entscheidungen sind nicht ausschließlich als Selbstdisziplinierung sui generis inszeniert, sondern als Selbstdisziplinierungen *in Rücksicht auf andere Akteure*. Folglich ist eine Regel auch dann, wenn ihre Befolgung nicht mit anderen Akteuren abgesprochen ist, in Hinblick auf andere Akteure ausgelegt, was uns veranlaßt, die Geltung von Regeln ausschließlich kollektiv zu definieren: als eine Interaktionsregel, d.h. *nicht als eine private, sondern als eine soziale Selbstbindung*.[14]

Damit kommen wir der Definition von Institutionen einen Schritt näher. Sie sind kollektive Arrangements von Regelbefolgungen. Jedes Individuum, das sich dafür entscheidet, einer Regel zu folgen, entscheidet sich in der Erwartung, daß andere derselben Regel folgen werden.[15] Der Regel wird demnach nicht gefolgt, weil die Individuen aus irgendwelchen Gründen ihr Verhalten für sich selbst beschränken wollen (wie es für die moralische Entscheidung gelten würde[16]), sondern vornehmlich deshalb, weil sie eine Gewährleistung haben wollen, daß die anderen ihr Verhalten in einer bestimmten Richtung beschränken.

»Social institutions therefore reduce the social uncertainty in the system by making the actions of the agents more predictable and stabi-

---

[13] »Following a rule is similiar to making a commitment or promise« (Vanberg 1993, 101 (mit Bezug auf Rowe 1989, 22)).

[14] Vgl. auch Elster 1989.

[15] »Social institutions are in fact nothing more than agents rationally following rules of action, and being believed by other agents to do so« (Rowe 1989, 5).

[16] Vgl. dazu – in einer Art von tugendethischer Konzeption – Kliemt 1993; zur Problematisierung dieses Ansatzes vgl. Priddat 1994c, Kap. 4.

lizing their expectations as to what strategies the other agents may choose«.[17]

Erst durch diese allgemeine Gewährleistung von Verhaltensstabilitäten (bzw. genauer: Erwartungsstabilisationen) zeichnet sich eine Institution aus.

Die Restriktionen werden akzeptiert, weil sie individuelle Handlungsvorteile versprechen (hier hört die Analogie zur moralischen Entscheidung auf). Genauer gesagt: *Regeln bzw. Normen erbringen noch keine Handlungsvorteile per se, sondern disponieren Interaktionslagen, innerhalb derer man bestimmte Handlungsvorteile erwartet, die man ohne diese Regel nicht erwarten könnte. Sie konstituieren Erwartungen, daß man anderen Handlungsversprechen vertrauen könne.*[18]

Die eigene Regelbefolgung und damit Handlungsbeschränkung ist nur eine Vorleistung dafür, erwarten zu dürfen, daß andere ihr Verhalten beschränken. Es würde völlig ausreichen, wenn die anderen einfach nur ihr Verhalten beschränken würden. Da es aber gewöhnlich keinen besonderen Grund dafür gibt, werden Institutionen als symmetrische Veranstaltungen wechselseitiger Regelbefolgung installiert. Es ist ein Geschäft auf Gegenseitigkeit, aber in hypothesis, nicht in re, oder schlicht gesagt: eine Art von sozialer Vertragserwartung; *ein sozialer proto-Vertrag.*

Institutionen sind *obligatorische* Normen oder Regeln, deren Zweck darin besteht, bestimmte Handlungserwartungen überhaupt zu ermöglichen und stabil zu halten.[19]

Diese Definition hat vier Komponenten:

1. Institutionen sind Handlungsregeln, deren obligatorischer oder Verpflichtungscharakter die Voraussetzung dafür ist, daß
2. überhaupt bestimmte Erwartungen erwartet und damit festgeschrieben werden können. Die Gewährleistung von Handlungserwartungen kann nur als wechselseitige Verpflichtung der Beteiligten garantiert werden (oder als gemeinsame Bedeutungszuschreibung[20]). Es ist eine Art freiwillig selbstauferlegter Zwang, der den Vorteil hat, die Freiheit neuer Handlungsmöglichkeiten zu bieten.
3. Jetzt kommt eines neues Element hinzu. Dabei sind qua definitionem die neuen Handlungsmöglichkeiten auf der wechselseitigen Verein-

[17] Knudsen 1993, 269.

[18] Zur Analyse von »Vertrauen« im ökonomischen Kontext vgl. Gambetta 1988.

[19] Vgl. dazu Brennan/Buchanan 1985, Priddat 1992a.

[20] »An institution is a network of constantly renewable meaningful relations between persons and groups of persons« (Lachmann 1991, 139). Hier wird, wenn auch vorsichtig formuliert, eine Sprachspielgemeinsamkeit inauguriert.

barung der Einhaltung bestimmter Regeln des Verkehrs untereinander gegründet, d.h. *es sind nur solche Handlungsmöglichkeiten gemeint, die ein Individuum solo gar nicht realisieren kann, weil ihm die Gewährleistungsgarantie der anderen fehlte.*

Aufgrund der institutionell gewährleisteten Erwartungsstabilisation werden bestimmte Handlungen nun möglich, die vorher als zu riskant erschienen.[21] Damit ist der *innovatorische Aspekt der Institutionen* beschrieben: *eine Erweiterung von Handlungsmöglichkeiten*. Dem steht

4. ein *konservatorischer Zweck* gegenüber: Die Etablierung wechselseitiger Handlungserwartungsgewährleistungen hat nur dann einen Sinn, wenn die beteiligten Subjekte damit rechnen können, daß die erwartungsbildende Regel auch *künftighin* gilt. *Regel sind auf prospektive Stabilität gebaut.*[22]

Daran zeigt sich bereits das Dilemma: Die Erweiterung des individuellen Handlungsraumes durch das kollektive Regelarrangement wird erreicht durch eine proto-sozialvertragliche Festschreibung der Geltung der Regel *auf längere Zeit*. Daran entsteht ein Rationalitätsdilemma.

Zeit und institutionelles Dilemma

Das Dilemma wird erst offenbar, wenn wir die Zeitstruktur beider Entscheidungen betrachten. Eine rationale Wahl ist definiert durch eine Handlungssituation, d.h. durch eine gegebene Menge an Handlungsalternativen, innerhalb derer die »beste« gewählt wird nach Maßgabe der individuellen Präferenzen. Die gewöhnliche »rational choice« ist ein singuläres, unmittelbar nur auf die vorliegende Handlungssituation bezogenes Ereignis.[23]

Die rationale Wahl einer Regel bzw. einer Institution vollzieht sich zwar nach demselben Schema, hat aber eine vollständig *andere temporäre Valenz*. Denn die Wahl einer Regel gilt nicht, wie die Wahl einer

[21] Diese Formulierung ist identisch mit der anderen, daß Institutionen Unsicherheit reduzieren. Sie bieten Regelbefolgung an, wo die Individuen nicht mehr rational sich entscheiden oder verhalten können oder mögen. Man könnte es auch so formulieren: Institutionen bieten den unter Unsicherheit agierenden Akteuren eine invariante Handlungssituation, in der sie ihre »Erfahrungen« (vergangener Situationen) wieder in Anschlag bringen können.

[22] Oder, wie Lachmann sagt, »constantly renewable« (Lachmann 1991, 139).

[23] »Act-individualism« (Rowe 1989; und Vanberg 1993, 94ff.)

gewöhnlichen Handlungsalternative, nur für die jeweilige Handlungssituation, *sondern für eine Sequenz von Handlungssituationen*. Eine Regel wird zwar gegenwärtig gewählt, gilt aber für die Zukunft: Sie determiniert eine Sequenz zukünftiger Handlungssituationen.

Der Grund hierfür ist evident: Es wäre unsinnig, den Regelbegriff, der inhaltlich durch eine »Regelmäßigkeit« ausgewiesen ist[24], ausschließlich für eine singuläre Handlungssituation zu verwenden.[25]

Die Regel gilt für eine Sequenz von Handlungssituationen: Sie selegiert nicht nur den Handlungsraum, wie wir es vorhin entwickelt hatten, sondern vor allem selegiert sie den *zukünftigen* Handlungsraum, den die regelbefolgenden Individuen für sich selbst restringiert haben.

Regeln machen, in diesem zeitlogischen Sinn, »Geschichte« (um einmal einen anderen Ausdruck zu gebrauchen als den der »Pfadabhängigkeit«).[26] Die Sequenz möglicher Handlungssituationen ist aber, ebenso wie der zukünftige Handlungsraum insgesamt, zeitlich unbestimmt und zugleich unbestimmbar – mit gewissen Folgen für die Valenz der Rationalität der institutionellen Entscheidung.

Die institutionelle Entscheidung legt eine zeitlich unbestimmte Restriktion für eine unbestimmte Menge von Handlungssituationen – d.h. für eine unbestimmte Handlungssequenz – fest. Dann aber haben wir das Problem, weiterhin einfach von einer »rationalen Wahl von Institutionen« zu reden. Denn die Wahl zwischen zwei oder mehreren Umbestimmbarkeiten dieser Art kann nicht als rationale Wahl einer »besten« Alternative gedeutet werden. Dies gilt es zu klären.

Die Logik der Regel beruht auf einer bestimmten Zeitstruktur: auf einer gewissen Erwartbarkeit dauerhafter Geltung der Regel, damit sie

---

[24] Lewis 1975, 5f.; vgl. auch Davidson 1990, 387f. und: Priddat 1994c, 70ff.

[25] Täten wir dies, müßten wir begründen können, warum wir die Regel gerade für diese eine und nicht für eine andere Handlungssituation anwenden wollten. Es fehlte eine Regel der Regelgeltung. (Die Argumentation ist ähnlich der gegen die solipzistische Interpretation der individuellen Regelbefolgung.) Zum weiteren wäre es überhaupt zu fragen, warum für eine rationale Entscheidung zusätzlich eine Regel gelten sollte, deren einziger Zweck darin bestünde, eine Vorselektion der Auswahlmenge an Alternativen zu bewerkstelligen. Denn dann würde nicht mehr von vornherein nur die »beste« Alternative gewählt werden können, sondern nur jene »beste« Alternative, die von der geregelten Vorauswahl übriggelassen wird. Die Regel fungierte dann als Metapräferenz, und es würde begründungsbedürftig, warum einmal die rationale Wahl nur nach den Präferenzen, ein andermal aber nach den Metapräferenzen ausgeführt werden sollte. Der rationalen Wahl der besten Alternative wäre eine Wahl der Zulässigkeit dieses Rationalitätsmusters vorangegangen, die selber keiner Regelmäßigkeit folgt.

[26] Vgl. dazu das Verhältnis von Institutionen und Geschichte bei D.C. North: North 1990a; North 1990b; dazu: Priddat 1994a.

ihren Zweck der Handlungserwartungsstabilisation überhaupt erfüllen kann. Institutionen sind vornehmlich nicht durch die Effizienz der durch sie ermöglichten Handlungen, sondern durch ihre *Persistenz* charakterisiert, d.h. dadurch, daß sie die Ausführungsbedingungen der innerhalb ihres institutionellen Arrangements erfolgenden individuellen Wahlhandlungen *über eine gewisse Zeit invariant* hält. Das hat zur Folge, daß die zu einem bestimmten Zeitpunkt getroffene institutionelle Entscheidung, einer Regel zu folgen, unbedingt für eine unbestimmte Zukunft konstant aufrecht erhalten wird. »Institutional choices« haben – in diesem Sinne – auto-stabilisatorische Effekte.

Das, was im Moment der institutionellen Entscheidung für die »beste« Alternative gilt, gilt dann für eine unbestimmte Zeit weiterhin als die »beste« Alternative. Dies gilt für die Gründung einer Institution ebenso wie für einen späteren individuellen Beitritt. Wir haben es bei der institutionellen Entscheidung mit einer positiven Festlegung einer Norm zu tun, die die Kompetenz der Institutionenmitglieder, selbständig positive-rationale Entscheidungen zu fällen, auf unbestimmte Zeit aussetzt.[27] Wir haben es damit mit einer im Moment der institutionellen Wahl rationalen »rule-individualism«-Entscheidung zu tun, um die rationalen, d.h. auf die Handlungssituation bezogenen individuellen »act-individualism«-Entscheidungen *auszusetzen*.[28]

Wenn aber die institutionelle Rationalität die gewöhnliche oder Wahlhandlungsrationalität aussetzt, haben wir es entweder mit zwei divergenten Rationalitätstypen zu tun, die sich wechselseitig ausschließen, oder aber mit einem Prozeß der Erosion der Rationalität, der seine Stabilität aus anderen, nicht-rationalen Handlungsbestimmungen bezieht.

---

[27] Auch: Vanberg 1993, 102ff.

[28] Zur Unterscheidung von »act-individualism« und »rule-individualism« vgl. Rowe 1989, 4 und 23 (vgl. auch Vanberg 1993). Die Unterscheidung ist der Utilitarismus-Debatte entliehen, die dort zwischen »act-utilitarism« und »rule-utilitarism« trennt: *Akt-Utilitarismus*: ein direkter Utilitarismus – jede einzelne Handlung wird direkt auf der Grundlage des utilitaristischen Kriteriums beurteilt. Eine Handlung ist dann moralisch, wenn sie in der jeweiligen Handlungssituation zur Maximierung des gesellschaftlichen Nutzens führt.

Im Gegensatz dazu ist der *Regel-Utilitarismus* ein indirekter Utilitarismus. Das utilitaristische Moralkriterium wird nicht auf Handlungen direkt angewendet, sondern auf allgemeine Regeln, die diese Handlungen in bestimmten Situationen regieren. Demzufolge ist eine moralisch richtige Handlung eine, die einer moralisch richtigen Regel folgt. Moralisch richtig ist eine Regel, die – würde sie von allen Beteiligten in einer Situation befolgt – zur Maximierung des gesellschaftlichen Nutzens führen würde.

»Making commitments is beyond the capacity of *homo oeconomicus*. He is programmed to optimize. When it comes to honoring what he claimed in the past to be a commitment, he will reconsider and do his duty only if his estimate of the future consequences makes it seem optimal to do so«.[29]

Bei V. Vanberg lesen wir von demselben Problem: Daß ein rationaler Akteur sich zum Zeitpunkt t_0 zwar dafür entscheiden kann, in t_1, t_2 und t_3 einer Regel zu folgen, die er in t_0 zu befolgen entschieden hat, aber in jedem zukünftigen Zeitpunkt t_1, t_2 oder t_3 steht es ihm dennoch offen, sich anders bzw. einer möglicherweise gewandelten Situation gemäß zu entscheiden.[30] Ohne zusätzliche Anreize, Sanktionen oder institutionelle Verpflichtungen (einer »meta-rationality«) ließe sich das »rule following behaviour« nicht erklären:

»For a person to deliberately 'choose to follow a rule' would require her to give up, by willful choice, her capacity to calculate. In other words, she would have to decide, by rational choice, not to be rational. As Hartmut Kliemt has rightly pointed out, we can not plausibly ascribe to rational actors such capability to switch on or off, at will, their capacity for rational calculation when time comes. We cannot simply suppose that rationality includes the capacity to choose not to be rational«.[31]

Vanbergs Argumentation läuft darauf hinaus, N. Rowes Erklärung der »self-reference« individuellen Regelbefolgungshandelns[32] für eine unsolide Antwort zu halten[33], da eine rationale Entscheidung, die rationale Entscheidungen aussetzt, keine rationale Entscheidung sei. Vanberg schlägt dafür vor, den Entscheidungsprozeß als einen »learning process« zu betrachten[34], doch gibt es Gründe, seine Erklärung der sich selbst auflösenden Rationalität in Zweifel zu ziehen.

Es bleibt die Frage, ob die »institutional choice«, d.h. die Wahl einer Regel, nicht doch in einem gewissen Sinne als rational qualifiziert werden kann. Zumindest müssen wir zugestehen, daß der Beitritt in eine Institution eine Verhaltensänderung erfordert. Die zukünftigen Handlungssituationen werden nicht mehr unter der Perspektive ihrer mög-

[29] Binmore 1990, 22.
[30] Vanberg 1993, 103f.
[31] Vanberg 1993, 104 (mit Verweis auf Kliemt 1991).
[32] Rowe 1989, 58.
[33] Vanberg 1993, 105.
[34] Vanberg 1993, 105ff.

lichen »case-by-case«-Abarbeitung betrachtet[35], sondern durch die Regelorientierung vorsortiert in freie Situationen und in regelgebundene. In diesem Sinne hat der Akteur eine neue, zweiwertige Perspektive seiner Handlungswelt: *Innerhalb des institutionellen oder geregelten Arrangements ist er davon entlastet, die einzelnen Situationen auf ihre beste Alternative zu prüfen. Er hat sich entschieden, sich auf die Regel und ihre Persistenz zu verlassen; ein Kriterium, das der gewöhnlichen oder nicht-institutionell definierten Rationalität fehlt.*

Folglich können wir den Beitritt in die Institution als eine rationale Entscheidung auffassen, von dem gewöhnlichen oder »act-individualism« entlastet zu werden. Diese Entscheidung kann selber wiederum kein »act-individualism« sein, da die Entlastung nicht als in jeder Situation sich wiederholende Entscheidung funktionieren kann. Würde der rational actor in jeder Situation neu prüfen müssen, ob er frei wählt oder einer Regel folgt, würde er niemals dazu gelangen, einer Regel zu folgen. Anstelle einer Entlastung des »act-individualism« würde, im Gegenteil, eine Verstärkung der situativen Entscheidungsanforderungen kommen.

Eine Regel – wir hatten bereits dargelegt, daß Regeln Regelmäßigkeiten produzieren – entlastet die Akteure für mehrere Handlungssequenzen. Rechnen wir dies ein, entscheiden die Akteure nicht rational, nicht-rational zu sein, wie Vanberg es unterstellt, sondern entscheiden, ihre individuelle Entscheidungsfähigkeit an eine Regel oder Norm zu delegieren, die ihnen zum einen einen über die Zeit sicheren Alternativenraum gewährleistet, zum anderen ihre Erwartungen über das Handeln der anderen stabilisiert.

Damit entscheiden sie, aber weder rational noch nicht-rational. Wenn sie in der Unsicherheitssituation die Institution für besser erachten als die anderen Alternativen, wird ihnen die Freiheit und Unabhängigkeit der rational choice zum Problem. »Selbstbindung« ist jederzeit möglich, diese aber »rational« zu bestimmen, überfordert die Aktanden, da sie nur den bindungs-internen Alternativenraum festlegen können, nicht aber den bindungs-externen. Anstelle einer Entscheidung wird lediglich nur eine Unterscheidung getroffen – zwischen den Alternativen, die man innerhalb des Selbstbindungsraumes verfügbar haben will und den anderen, die außerhalb dieses Verfügungsraumes ihre »wilden« Präsenzen haben. Eine solche Unterscheidung zu treffen ist abstrakt eine conditio sine qua non, um schließlich eine rationale Entscheidung

[35] »Case-by-case-choice« ist Vanbergs Terminus für die »act-rationality« (Vanberg 1993, 105).

fällen zu können. Doch wird in diesem Fall die Unterscheidung nicht genutzt, um zwischen beiden Alternativen die »beste« zu wählen, sondern die selbstbindungsexternen Alternativen werden als gar nicht mehr wählbar ausselegiert. Damit mag man zwar bindungs-intern einen bewählbaren Alternativenraum kreiert haben, aber es ist der Alternativenraum innerhalb der einen Alternative, zu der die andere nicht mehr entscheidungsrelevant ist.

Die Individuen können jederzeit wieder aus dem institutionellen Arrangement aussteigen, wenn ihnen die persistente Gewährleistung und die institutionelle Erwartungsstabilität nicht mehr so viel bedeuten, wie beim Eintritt in den institutionellen Regelkontext. Die Aufgabe der Akt-Rationalität durch »institutional choice« bedeutet weder, daß sie nicht zur »act-rationality« zurückkehren können, noch daß sie überhaupt aufhören, rational zu sein. Im Fall der »institutional choice« haben wir es mit einer »rational delegation« zu tun, mit der ein bestimmter, gewohnter Rationalitätsstandard gesichert werden soll. Damit wird auch das Kriterium der rationalen »institutional choice« offenbar:

Der Akt der Delegation der individuellen Entscheidungskompetenz an die Regel einer Institution erfolgt aus der Einschätzung, daß man imkompetent ist, ständig rational entscheiden zu können.

Es wäre unsinnig – darin hat Vanberg recht –, die rationale Wahl, einer Regel zu folgen, gleichzustellen mit der gewöhnlichen, situativen rational choice. *Einer Regel zu folgen bedeutet schlicht, unbestimmte beste Alternativen der ungeregelten Handlungsumgebung zu ignorieren.* Zwar bleibt es weiterhin sinnvoll, von rationalen individuellen Entscheidungen innerhalb des Regelbereiches der Institutionen zu reden, aber diese partikulären Entscheidungen beruhen auf einer die Menge der Handlungsmöglichkeiten eingrenzenden Vorauswahl. Folglich muß die rationale Wahl der Institutionen bzw. die Wahl dieser Vorauswahl garantieren können, nur die »besseren« Teilmengen der möglichen Handlungsalternativen anzubieten. *Doch genau dies leistet die institutionelle Wahl nicht.*

Sie kann nichts darüber aussagen, welche künftigen Handlungsalternativen in der institutionellen Umgebung auftauchen werden, also auch nichts darüber, ob die von ihr bevorzugte Teilmenge der regelkonformen Alternativen die Menge der »besseren« Alternativen ist oder bleiben wird. Demnach kann über die institutionelle Wahl nichts weiter gesagt werden, als daß sie eine gewisse Vorauswahl möglicher Alternativen zur Norm erhebt, nicht aber, ob diese Teilmenge die »bessere« Teilmenge ist oder die »besseren« Alternativen enthält.[36]

Da die »institutional choice« wegen ihrer Zukunftsambivalenzen keine Garantie geben kann, daß ihre persistent angebotenen Handlungsalternativen »besser« sind als die der Institutionenumgebung, kann die »institutional choice« nur dann als rational bezeichnet werden, wenn bereits die schlichte Sicherung oder Gewährleistung bestimmter Handlungsmöglichkeiten einen Vorteil verspricht gegenüber der gewöhnlichen oder Akt-Rationalität. Dies kann systematisch nur dann der Fall sein, wenn die gewöhnlichen Entscheidungssituationen als unsicher oder als komplex erlebt werden. Wenn nun allerdings die normalen Entscheidungssituationen als kontingent erlebt werden, d.h. möglicherweise als enttäuschend oder als ergebnislos, ist jedes alternative Entscheidungsszenario, das überhaupt ein Ergebnis versprechen kann, besser.

Die Einschränkung der Handlungsmöglichkeiten durch das institutionelle Arrangement werden nicht nur in Kauf genommen, sondern sind gleichsam der Zweck, weil gerade die Mannigfaltigkeit oder Komplexität der Alternativen der Handlungsumgebung der Institutionen, die die individuellen Akteure entscheidungsunsicher macht, als Ursache der »institutional choice« zu werten ist. *»Institutional choice« ist, als rationale Handlung, eine Komplexitätsreduktion, d.h. ein Akt der Wiederherstellung von rationaler Entscheidbarkeit.*

Unter diesem Gesichtspunkt bedeutet die rationale Entscheidung, einer Regel zu folgen, kein Aussetzen der Rationalität, sondern – umgekehrt – ihre Wiederherstellung bei Unsicherheit. Vanbergs Skepsis ist dem Umstand verschuldet, daß er rationale Handlungen nur unter dem Gesichtspunkt der situativen oder »act-rationality« betrachten will; »rational institutional choice« ist demnach für ihn wegen des Aussetzens der situativen Wahlhandlungen keine rational action[37], also eine Entscheidung, für die gewöhnlichen Entscheidungshandlungen institutionelle Rahmen zu finden, die sie überhaupt stattfinden oder ausführen lassen.

---

[36] Im Zeitpunkt der »institutionellen Wahl« kann nur die zu diesem Zeitpunkt mögliche Alternativenbewertung erfolgen (Vanberg 1993, 103). Alle zukünftigen Alternativen stehen nicht zur Wahl. Folglich ist die Wahl einer Institution (»institutional choice«) die Wahl einer jetzt festzulegenden Haltung gegenüber unbekannten Zukunftsalternativen. Man wählt seine Attitudenfestlegung, keine Alternativen. Man kann auch sagen, daß in der »institutional choice« eine anderer Akteur gewählt wird bzw. daß in dieser Wahl der freie und unabhängige rational actor abgewählt wird zugunsten einer freiwilligen »bounded rationality«.

[37] Sondern »adapative rule-following« (Vanberg 1993, 105ff.).

Um es genauer zu sagen: Mißerfolge, Intransparenzen und Unsicherheiten über erwartbare Ergebnisse lassen die individuellen Akteure an ihrer Rationalitätskompetenz zweifeln. Erst wenn sie dieses Inkompetenzbewußtsein haben – das auch für Fälle gelten kann, in denen sie allein nicht das realisieren können, was in Kooperation mit anderen gelingen mag –, fällt ihnen die institutionelle Ungeregeltheit ihres Handelns auf: daß sie die Erwartungen der anderen nicht einschätzen können, um für ihre eigenen subjektiven Erwartungen Anhaltspunkte zu bekommen. In dieser Lage sind sie für institutionelle Angebote offen, die ihnen hinreichend versichern können, ihre gewöhnliche Handlungsrationalität im Schutzmantel von Regeln oder Erwartungsstabilisationen aufrecht zu erhalten oder neu zu installieren.

Doch wird die Problematik dieser Konzeption sofort offensichtlich, wenn wir uns vergegenwärtigen, daß die Handlungsumgebung der Institution dadurch ausgezeichnet ist, daß sie nicht der der Institution implementierten Regel gehorcht, d.h. sich ständig wandelt. Wenn wir die Institutionen zu den Nicht-Märkten rechnen, können wir sagen, daß die marktliche Umgebung der Nicht-Märkte weiterhin und kontinuierlich neue Handlungssituationen entwickelt, damit aber auch ständig neue Alternativen ins Spiel bringt, die zum Zeitpunkt der institutionellen Entscheidung gar nicht zur Wahl gestanden haben. *Institutionenstabilität und nicht-institutioneller Wandel bilden einen Komplementärzusammenhang.*

Da die institutionelle Entscheidung aber die zukünftigen Handlungsmöglichkeiten innerhalb ihres Regelbefolgungsbereiches zeitinvariant restringiert, *verbietet sie gleichsam den fortlaufenden Vergleich mit den ständig changierenden nicht-institutionellen Handlungsalternativen. Institutionen sind, aus dieser Perspektive, ein Ausblendungszusammenhang jedwelcher nicht-institutioneller Alternativenumgebung.* Wir können auch sagen, daß Institutionen neue Handlungshorizonte entwerfen, innerhalb derer die Handlungswelt auf die institutionell restringierten Möglichkeiten zugeschnitten und verengt wird. Institutionen definieren für ihre Mitglieder Perspektiven[38], die ihre Handlungswelt prägen.[39]

---

[38] Vgl. North 1991, der – sehr allgemein – von »Ideologien« redet; aber auch: Denzau/North 1994.

[39] Die Northschen »Ideologien« sind zweckmäßigerweise als Sprachspielgemeinschaften zu interpretieren: als gemeinsame Interpretationswelten der beteiligten Akteure. Die Sprachspielmetapher hat allerdings nur dann Bedeutung, wenn man die Erwartungen der Akteure als Interpretationen ihrer Handlungssituation auffaßt. Erwartungsstabilitäten können dann als gemeinsame Interpretation von Situationen erklärt werden. Unter diesen Annahmen ändert sich natürlich der Typus des rational actors.

Wenn wir vorhin gesagt haben, daß institutionelle Dezisionen effektiv, aber nicht effizient sind, so stimmt das nur zum Teil. Im Moment der institutionellen Entscheidung selbst mag eine *rationale Perspektive vorherrschen*. Man wägt verschiedene mögliche institutionelle Arrangements gegeneinander ab und auch gegen die nicht-institutionellen Alternativen, um zu dem Ergebnis zu kommen, daß eine bestimmte Institution die »beste« sei. Damit sind alle Kriterien der »rational choice« gewahrt.

Aber im nächsten Moment wird die institutionelle Entscheidung zu einer historischen Entscheidung; sie würde, wäre es möglich, sie einen Moment später zu fällen, möglicherweise anders ausgefallen, weil es keine Gewährleistung dafür gibt, daß die Einschätzung von Zukunftsalternativen konstant bleibt.[40] *Gegen diese Revision aber ist die institutionelle Entscheidung immun, da sie nur dann ihre erwartungsstabilisierende Funktion wahrnehmen kann, wenn sie für eine Sequenz von Handlungssituationen invariant bleibt.*

Da die institutionelle Entscheidung zugleich die Entscheidung enthält, in der Folge ihrer Geltung weitere institutionelle Entscheidungen auszuschließen, muß dieser einmaligen (»geschichtsbestimmenden«, im Sinne von pfaddefinierenden) Entscheidung eine Bedeutung zuzuschreiben sein, die sie dazu legitimiert, die individuelle Kompetenz rationalen Entscheidenkönnens auszusetzen.

Institutionelle Dezisionen reduzieren die Unsicherheit der Komparation zwischen zunehmenden Handlungsalternativenangeboten, indem sie bestimmte Teilmengen als wahlberechtigte Ausschnitte festlegen (man könnte auch sagen: ihnen einen »Wert« zuschreiben). Dabei kommt es vornehmlich nicht darauf an, welche Teilmengen normativ festgeschrieben werden, sondern daß überhaupt bestimmte Teilmengen ausselegiert werden. »Komplexität« ist der Fachterminus für eine unüberschaubare Alternativenmenge. »Reduktion von Komplexität« besagt schlicht nichts anderes, als daß wieder eine Überschaubarkeit im Entscheidungsgeschäft hergestellt wird.

Diese Transformation kann nicht als Optimierungsvorgang beschrieben werden, da die institutionelle Dezision über kein Kriterium verfügt, welche Teilmengen aus der Komplexität der möglichen Handlungsalternativen herausgenommen und institutionell präskribiert werden. In diesem Sinne ist es nicht möglich, eine »beste« Teilmenge zu wählen. Anstelle einer optimalen Entscheidung kann nur darauf verwiesen werden, daß jede institutionelle Entscheidung eine Reduktion von Komple-

[40] Vanberg 1993, 103ff.

xität bewirkt. Oder anders gesagt: eine Institution ist »besser« als keine.[41]

Die Institutionenteilnehmer befinden sich in einem notorischen Dilemma.

Natürlich können sie jederzeit aus der Institution und damit aus der selbstgewählten Regelverpflichtung austreten, wenn sie davon überzeugt sind, daß die Gründe für ihre rationale Wahl, der Institution beizutreten, überfällig sind und durch nicht-institutionelle Alternativen »besser« erfüllt werden. *Doch wenn sich alle Individuen so verhielten, würden Institutionen nicht entstehen oder nur äußerst instabil existieren. Dagegen spricht das Faktum ihrer Persistenz.*

Folglich werden Institutionen nicht gewählt, um »bessere« Alternativen zu realisieren, als sie auf den Märkten bzw. in der institutionellen Umgebung angeboten werden. Wenn das der Fall wäre, würden die Individuen in den Institutionen nur solange Mitglied sein, bis die institutionelle Umgebung wieder »bessere« Handlungsalternativen anböte. Die Existenz von Institutionen bliebe kontingent.

---

[41] Vgl. North 1988, 24. Der »Wert« der Institutionen besteht danach darin, durch den Ausschluß bestimmter Handlungsalternativen bestimmte andere Handlungsalternativen permanent und persistent gesichert zu wissen. Wir können dies durchaus in der Terminologie der »Transaktionskostenanalyse« formulieren: dann wären die Kosten der Institutionen gleichsam Investitionen zur Wiederherstellung von individuell rationaler Handlungsfähigkeit in komplexen Handlungssituationen. Doch möchte ich darauf hinweisen, daß diese »Kosten«-Terminologie nicht die rationale Begründung liefert, die uns in der Institutionentheorie systematisch abhandengekommen ist. »Kosten« ist in diesem Zusammenhang eine Metapher, kein Komparationsinstrument. Wir können zwar davon reden, daß der Vorteil der Institutionenmitgliedschaft die Kosten überwiegen muß, die die Mitglieder durch den Ausschluß bestimmter Handlungsalternativen »zahlen«. Damit haben wir aber nurmehr eine Vermutung über das, was das vorteilhaft sein könnte, gleichsam als logisches Pendant für das Faktum der angefallenen Kosten. Wir wissen deshalb aber auch nicht genauer, was dieser Vorteil sein könnte. Die Argumentation läuft gewöhnlich so: ein rational handelndes Individuum verzichtet nicht auf Handlungsmöglichkeiten, wenn es keinen Vorteil daraus ziehen kann. Folglich müssen Institutionen, deren Regelgeltung bestimmte Handlungsalternativen restringiert, Vorteile für diese Restriktion bieten. Diese Argumentation besagt aber nichts weiter, als daß dort, wo Kosten entstehen, Vorteile sein müssen.

Einen Vorteil haben wir genannt: die durch die Regelrestriktion bewirkte Reduktion von Komplexität. Doch ist das Argument zirkulär angelegt, wenn wir es uns genauer ansehen: der Vorteil der »Reduktion von Komplexität« ist kein von den Kosten gesonderter Vorteil, sondern mit ihnen identisch. Die Einschränkung der Handlungsmöglichkeiten durch die Institution ist bereits die Einschränkung der Komplexität auf eine gewisse Entscheidungsübersichtlichkeit. Folglich sind die »Kosten« identisch mit den »Vorteilen«.

Wir können es noch genauer bestimmen: *Die Effizienz von Institutionen beruht auf ihrer Persistenz, d.h. auf der auch künftig erwartbaren Regelmäßigkeit des Handelns aller beteiligten Institutionenmitglieder.* Diese Betrachtungsweise widerspricht den üblichen, ist aber zweckmäßig: Denn das institutionelle Arrangement kann den Individuen nichts anderes gewährleisten, als daß alle Beteiligten der Regel folgen. Es kann weder gewährleisten, daß alle Insitutionenmitglieder handeln, noch, wie ihre Handlungen bemessen sein werden. Seine einzige Zusage besteht darin, daß sie, *wenn sie handeln werden*, bestimmte, durch die Regel genau definierte Vorschriften des Umganges miteinander einhalten. Von einer Effizienz der Regelbefolgung[42] kann keine Rede sein (eher nur von einer Effektivität), da es nur eine Möglichkeit gibt: entweder die Regel zu befolgen oder nicht.

Daran wird sogleich deutlich, daß es zwar möglich ist, eine Institution »effizient« zu nennen, wenn ihre Regel befolgt wird. Das Befolgen der institutionellen Regel aber gilt für *alle* Mitglieder gleichermaßen; es gibt keine Grade des Befolgens, die mehr oder minder effizient genannt werden könnten. Folglich ist es eine mehr oder minder unzweckmäßige facon de parler, bei Institutionen von »Effizienz« zu reden, da wir es nicht mit einem Optimierungsvorgang zu tun haben.[43]

Vor allem aber: *Der rational actor kann nicht individuell über den Zweck der Zweckmäßigkeit der Regelgeltung verfügen.* Institutionell gebundenes Handeln ist durch ein besonderes Ethos der Nicht-Kontingenz ausgezeichnet:

Denn die durch die Institutionen eingerichteten normativen Erwartungen wechselseitiger Regelbefolgung schließen aus, daß die Individuen innerhalb geltender institutioneller Arrangements auf veränderte Hand-

---

[42] Vgl. Heiner 1983.

[43] Das allerdings hat nun sogleich Folgen für die Redeweise von der »Wahl von Institutionen«. Der Zweck von Institutionen ist immer der gleiche: es ist der funktionale Zweck der wechselseitigen Erwartungsstabilisierung. Jede Institution erfüllt diesen Zweck, wenn ihre Regel akzeptiert und befolgt wird. Folglich kann die Wahl von Institutionen sich nicht darauf beziehen, welche Institution ihren Zweck besser erfüllt als andere, sondern nur darauf, welche Institution ein größeres Kollektiv an Regelbefolgungswillen organisiert.

Eine Regel kann nicht durch besser oder schlechter befolgt werden, aber der Geltungsbereich für die Regelbefolgung kann sich vergrößern. Je mehr Individuen einer Regel folgen, desto sicherer wird die Gewißheit, gleichförmiges oder regelmäßiges Verhalten der anderen erwarten zu dürfen. Der »Vertrauensbereich« einer Regel erweitert sich; wir haben es mit einer pragmatischen Variante der Normenuniversalisierung zu tun. Je mehr Individuen regelbefolgende Mitglieder der Institution werden, desto geringer wird die Wahrscheinlichkeit eines »unerwarteten« oder überraschenden Verhaltens von anderen. Die singulären Ausnahmen gehören mit zur Regel.

lungssituationen verändert reagieren. Sie sind zu normativer Performanz verpflichtet, d.h. zu einer Ausblendung kognitiver Handlungskompetenzen. *Innerhalb des institutionellen Ordnungsrahmens der obligatorischen Regel gilt eine invariante oder konstante Handlungsumwelt; oder anders:*

Die institutionell geregelten Handlungen sind (ersteinmal) von der Komparation mit den Handlungsalternativen der institutionellen Umgebung ausgeschlossen.[44]

Damit bieten Institutionen das Gegenmodell zu Marktsystemen, die auf der Voraussetzung divergenter, unabhängiger Handlungen der Individuen basieren. Die marktliche Handlungsregel lautet: Tue das Beste, die institutionelle lautet dagegen: Tue das, was zu tun du dich verpflichtet hast und was die anderen also von dir erwarten. Hier ist das »Beste« zu tun identisch damit, der freiwillig eingegangenen Regel zu folgen. Folglich ist die Rationalität der Regelbefolgung – wenn wir »rational« eine Handlung nennen, die aus gegebenen Alternativen die »beste« auszuwählen im Stande ist – nicht anderes als die Befolgung der Regel.

Denn wenn die Regel gelten soll, gibt es keine bessere Alternative, als ihr zu folgen. Es gibt im Kollektiv aller Regelbefolger keine Unterschiede oder Grade der Regelbefolgung. Die Pointe des institutionellen Handlens ist die, daß alle Beteiligten in diesem Punkt gleich handeln. Demnach ist die institutionenökonomische Analyse nicht darin bedeutsam, wie die Individuen kohärent einer Regel folgen, sondern nur darin, warum eine Regelbefolgungen überhaupt zustandekommt und wann sie erodiert. Die Frage der Erosion von Institutionen ist identisch mit dem Phänomen ihres »Alterns«. Diese Frage ist besonders interessant deshalb, weil sie der These, daß die Effizienz der Institutionen auf ihrer Persistenz beruht, widerspricht. Ich möchte diese These an dieser Stelle modifizieren:

Institutionen sind über eine gewisse Zeit stabilisierte Handlungssituationen, aber ihre Dauer ist nicht von Dauer. Dabei ist gewiß, daß Institutionen eine gewisse Zeit gelten, ungewiß aber bleibt, wie lange.

Wenn man nun einwendete, daß Regelbefolgung durch die Vorteile erklärt werden kann, die die Regelbefolger sich davon erhoffen, ist nicht erklärt, warum es so viele Regeln und Normen gibt. Denn die

---

[44] Der Grund hierfür ist einfach und zudem bereits angesprochen gewesen: Jeder Akteur kann zwar »lernen«, d.h. für sich selbst die Regel anders interpretieren oder eine andere Regel folgen, aber Institutionen sind dadurch charakterisiert, daß viele derselben Regel befolgen. In diesem Sinne ist »Lernen« eine Anweichung von der Regel, die für andere den Wert der Regel devaluieren kann. Denn die anderen gehen davon aus, daß die Regel befolgt und nicht modifiziert wird.

Vorteilhaftigkeitserklärung kann nicht erklären, warum nicht ständig zwischen vielen Vorteilhaftigkeiten gewechselt wird, z.B. zwischen verschiedenen Regeln und Nicht-Regeln. Das zu erklärende Phänomen ist die »Vertragstreue« zur einmal gewählten Regelbefolgung, d.h. das Persistenzphänomen.[45]

Fin

Es sollte gezeigt werden, daß es gute Gründe gibt, aus der besonderen Zeitstruktur von Institutionen und der damit einhergehenden Ungewißheit über Alternativenmodalitäten die »institutional choice« als nicht-rational im gewöhnlichen Sinne der rational choice zu interpretieren, um stärker auf die Prozesse zu verweisen, die »Vertrauen« und Erwartungsstabilitäten ausbilden. Wir werden vermutlich nicht umhinkommen, die Institutionen »soziologischer« zu interpretieren, was nicht heißt, Soziologie zur Ökonomie hinzu zu addieren, sondern etwas anderes: Wir sind genötigt, Institutionen als »Denkstile«[46] – genauer: als Sprachspiele[47] – zu interpretieren, weil wir ansonsten die Persistenzcharakteristik der Institutionen nicht hinreichend erklären können.

Nun reicht es nicht, das Wort »Denkstil« hinzuschreiben. Wir müssen in der Lage sein, über das rational choice/Regelkontext-Schema hinaus zu denken. Regeln wie Restriktionen lassen sich nur dann als incentives/disincentives deuten, wenn davon ausgegangen wird, daß die Akteure signalartig reagieren. Das mag gelten, wenn eine Regel bereits befolgt wird, d.h. sozial trainiert ist, nicht aber, wenn überlegt wird, ob man ihr folgen soll. Entscheidend sind hierbei die Intentionen.[48] Wenn wir institutionelles Handeln als Änderung der Intentionen der Akteure beschreiben, werden wir genötigt, die Gründe zu erörtern, die die Individuen selber erörtern. Institutionelles Handeln beruht auf Gründen und Meinungen der Akteure, die natürlich kommuniziert werden. Wenn sich bestimmte Kommunikationen etablieren, gibt es für viele

---

[45] Vgl. die Bedeutung des »Vertrauens« für Institutionen bei Gambetta 1988 (ökonomische Interpretation) und Giddens 1995, Kap. III und IV (soziologische Interpretation).

[46] Vgl. Douglas 1991.

[47] Andeutungsweise bei Lachmann 1991 und Priddat 1994b.

[48] Vgl. dazu die – gegen die gewöhnlichen institutionenökonomischen Usancen konzipierten – Überlegungen K.R. Lohmanns (in diesem Band).

Akteure hinreichende Gründe, sich an die Regel zu halten, die sie als gemeinsames commitment »verstehen«.

Das Quent mehr an Soziologie, das in die institutionenökonomische Analyse hineinkommt, beruht schlicht auf dem Umstand, daß eine Regel nicht in dem Sinne gewählt wird, daß ein Individuum sich singulär überlegt, welche Vorteile die Regelbefolgung für es hätte. Die Überlegung würde – im Kollektivmodus des institutionellen Arrangements – hochkontingent bleiben, da es unklar bliebe, wie die anderen dächten. Das Rätsel des Vertrauens – wie die Erwartungsstabilisationen erreicht werden können – löst sich auf, wenn man *Kommunikation* einführt.

»Ein Ziel hat Kommunikation immer: verstanden zu werden«[49], mit der Ergänzung: »Kommunikation zielt stets auch auf ein gemeinsames Wissen darüber ab, daß Kommunikation vorliegt«.[50] Hier läßt sich subito ergänzen, daß die »Stochastik des Vertrauens«[51], die allen methodologisch individualistisch verfahrenden institutionenökonomischen Erklärungen zugrundeliegt, durch »Kommunikation« in eine gemeinsame Intention transformiert werden kann. Die gemeinsame Intention – daß die Erwartungen der anderen kohärent sind mit den eigenen – ist keine Garantie für die Handlungsrealisierung, aber ein erster Schritt, die Regelbefolgung zu wagen. Es gibt eine Art von gemeinsamen Wissen, daß a) Kommunikation vorliegt und b), daß man die Erwartungen kommuniziert hat. Erst dadurch läßt sich für die einzelnen Individuen feststellen, ob überhaupt eine Art von Erwartungsgemeinsamkeit und deren Stabilisation erwartet wird.

Eine passende Kommunikationstheorie fehlt noch. Sie müßte erklären können, warum relativ kohärente Interpretationen der Regelbefolgung entstehen, d.h. nichts anderes als eine kohärente Sprachspiel-Semantik, die allen Teilnehmern die Gewißheit – im Sinne eines common-sense – verschafft, daß sie den Sinn und Zweck des institionel-

[49] Meggle 1991, 381. Herr Wegner wies mich darauf hin, daß das Ziel der Kommunikation auch in »sozialem Erfolg« bestehen könne. Das sei unbestritten. Aber es kommt hier darauf an, zu klären, wie die wechselseitige Erwartungsstabilisiation generiert werden kann.

[50] Meggle 1991, 387.

[51] »Stochastik des Vertrauens« seien alle diejenigen Prozesse benannt, die die der institutionellen Persistenz zugrundeliegenden Erwartungsstabilisationen isoliert-individuell ausführen lassen. Die Individuen würden gerne einer institutionellen Regel folgen, wissen aber nicht, ob andere es auch tun – und unterlassen demnach die Regelbefolgung. Durch »Kommunikation« kann dieses gemeinsame Wissen erzeugt werden – gleichsam als Investition in einen Institutionenbildungsvorgang, der solistisch nicht gelingen kann.

len Arrangements nicht nur alle verstehen, sondern auch davon ausgehen können, daß alle anderen es ebenso verstehen.[52]

Die verbleibenden rational choices innerhalb des institutionellen Arrangements wären dann decision-rule-Konventionen, die aufgrund einer sich realisierenden Kommunikation Geltung erlangen könnten. Denn erst wenn der zulässige Interpretationshorizont – das Sprachspiel – etabliert ist, können die Individuen sich »as usual« verhalten. Dann aber erscheint ihnen die institutionelle Regel nicht als Restriktion, sondern als begründete Regel, die sie so und nicht anders verstehen. Die so interpretierte Institution sichert den Individuen gewisse »Weltbilder«, innerhalb deren Geltungsraum sie wieder als ganz gewöhnliche rational actors agieren können.

Ist das institutionelle »Weltbild« erst einmal etabliert – Norths »Ideologie« –, dann sortieren sich die Handlungsumgebungen neu: der Markt erscheint dann nicht mehr notorisch als Umgebung der Institution, sondern die Institution ist eine Art von *»Eigenwelt«*, die den Rahmen (»frame«) liefert für separate individuelle Entscheidungen.

Erst diese Erklärung kann die Existenz vieler – aus der Marktperspektive ineffizienter – Institutionen interpretieren. Sie bilden quasi-geschlossene Systeme innerhalb der Marktwelt, die so lange existieren, wie sie als sinnvoll »verstanden« und kommuniziert werden. Empirisch würde sich die Sache klären lassen durch qualitative Befragungen, und zwar durch Fragen nach den Gründen der Institutionenmitgliedschaft. Diese Gründe sind selbständige Argumente, die sich nicht ohne weiteres in rational choices (oder »institutional choices«) übersetzen lassen. So lautet die Schlußfolgerung schlicht:

»Rule-following-behaviour« läßt sich – neben der behavioristischen Interpretation, dernach Regeln nutzenkonditioniert gefolgt wird –, auch kommunikativ interpretieren, indem man nach den Gründen fragt, dieser Regel zu folgen. Man wird erstaunt sein, daß es Gründe gibt, daß diese Gründe kommuniziert werden, und daß es ein gemeinsames Verständnis dieser Gründe gibt. »Rational choice of individuals« ist kein individuelles Geschäft, sondern ein durch Sprachspiel- = Interpretationsgemeinschaften semantisch abgesichertes »common sense«-Programm. Nichts anderes versucht die Institutionenökonomie zu be-

---

[52] Vgl. dazu ansatzweise Suber 1991. Suber versucht den Normenwandel am Beispiel des Wandels des Sprachgebrauchs zu beschreiben. Wenn es gelänge, Institutionen als kohärente Sprachspielgemeinschaften zu interpretieren, die für ihre Teilnehmer damit Normen etablieren, wäre ein Ansatz für eine Kommunikationstheorie der Institutionenbildung gefunden.

schreiben; aber sie beschreibt es noch nicht, da sie – mit Ausnahmen[53] – damit beschäftigt ist, die Institutionen nach dem gleichen rational choice-Muster zu erklären wie Märkte.

Literatur

Binger, B.R./Hoffman, E. (1989): Institutional Persistence and Change: The Question of Efficiency, in: Journal of Institutional and Theoretical Economics, vol. 145, nr.1, pp 67

Binmore, K. (1990): Evolution and Utilitarism, S. 1ff. in: Constitutional Political Economy, vol. 1, no. 2.

Brennan, G./Buchanan, J.M. (1985): The reasons of rules. Constitutional political economy. Cambridge.

Davidson, D. (1990): Kommunikation und Konvention, S. 372ff. in ders.: Wahrheit und Interpretation, Frankfurt/M.

Denzau, A./North, D.C. (1994): Shared Mental Models: Ideologies and Institutions, S. 3ff. in: Kyklos, Vol. 47, Fasc. 1.

Douglas, M. (1991): Wie Institutionen denken, Frankfurt/M.

Elster, J. (1989): Social Norms and Economic Theory, in: Journal of Economic Perspectives, pp. 90.

Gambetta, D. (1988) (ed.): Trust. Making and Breaking Cooperative Relations. Oxford.

Giddens, A. (1995): Konsequenzen der Moderne, Ffm.

Glazer, A. (1989): Politics and the Choice of Durability, in: American Economic Review, vol. 79, nr. 5, Dec, pp. 1207.

Gustafsson, B. (1993): Preface, in: Mäki/Gustafsson/Knudsen 1993.

Heiner, R.A. (1983): The Origin of Predictable Behaviour, S. 560ff. in: American Economic Review, vol. 73.

Heiner, R.A. (1990): Rule-Governed Behavior in Evolution and Human Society, S. 19ff. in: Constitutional Political Economy, vol. 1, no. 1.

Hodgson, G.M. (1988): Economics and Institutions, Cambridge/Oxford

Hollis, M. (1991): Rationalität und soziales Verstehen, Frankfurt/M.

Kliemt, H. (1991): Der homo oeconomicus in der Klemme – Der Beitrag der Spieltheorie zur Erzeugung und Lösung des Hobbesschen Ordnungsproblems, in: Esser, H./Troitzsch, G. (Hrsg.): Modellierung sozialer Prozesse, Bonn.

[53] Vgl. z.B. Hodgson 1988.

Kliemt, H. (1993): Selbstbindung und Selbstverwirklichung, S. 281ff. in: Ramb, B.-Th./Tietzel, M. (Hrsg.): Ökonomische Vertragstheorie, München.

Knudsen, Chr. (1993): Equilibrium, Perfect Rationality and the Problem of Self-Reference in Economics, S. 133ff. in Mäki/Gustafsson/Knudsen 1993

Lachmann, L.M. (1991): Austrian economcis. A hermeneutic approach, S. 134ff. in: Lavoie, D. (ed.) (1991): Hermeneutics and economics, London.

Langlois, R. (1986): The new institutional economics: an introductory essay, S. 1ff. in: derselbe: Economics as a process, Essays in the New Institutional Economics, Cambridge /N.Y.

Leder, M. (1994): Eingeschränkt rationales Verhalten: Optimizing versus Satisficing und regelgebundendes Verhalten, Diskussionsschrift der Wirtschaftswissenschaftlichen Fakultät der Universität Witten/Herdecke.

Lewis, D. (1975): Languages and Language, in: Gunderson, K. (ed.): Language, Mind and Knowledge, Minneapolis.

Mäki, U./Gustafsson, B./Knudsen, Chr. (1993): Rationality, institutions and »economic methodology«, Londun and New York

Meggle, G. (1991): Kommunikation und Reflexivität, S. 380ff. in Kienzle, B./Pape, H. (Hrsg.): Dimensionen des Selbst, Frankfurt/M.

North, D.C. (1988): Theorie des institutionellen Wandels, Tübingen (1. Aufl. 1981).

North, D.C. (1990a): Institutions, Institutional Change and Economic Performance, Cambridge.

North, D.C. (1990b): Institutions and Their Consequences for Economic Performance, S. 383 ff. in: Schweers, K./Cook, ??/Levy, M. (eds.): The Limits of Rationality, Chicago and London 1990

North, D.C. (1991): Institutions, S. 97ff. in: The Journal of Economic Perspectives, Vol. 5, No. 1.

Priddat, B.P. (1992a): Institutions – behind the Veil of Time, in: Koslowski, P. (ed.): Ethics in Economics, Business, and Economic Policy, Berlin/ Heidelberg/N.Y. etc.

Priddat, B.P. (1992b): Zur Ökonomie der Gemeinschaftsbedürfnisse: Neuere Versuche zu einer ethischen Begründung der Theorie meritorischer Güter, in: Zeitschrift für Wirtschafts- und Sozialwissenschaften, H. 2

Priddat, B.P. (1994a): Geschichte und Ökonomie. Über D.C. North's Institutionentheorie, in: Priddat, B.P./Seifert, E.K. (Hrsg.): Neuere Tendenzen in der Ökonomie, Marburg.

Priddat, B.P. (1994b): Rationality, hermeneutics, and communicational processes. On L. Lachmann's approach of hermeneutical economics, in: Hinterberger, F. et al. (eds.): Pluralistic Economics, Edward Elgar 1994.

Priddat, B.P. (1994c): Ökonomische Knappheit und moralischer Überschuß, Hamburg.

Rowe, N. (1989): Rules and Institutions, Ann Arbor.

Suber, P. (1991): Die Reflexivität des Wandels: der Fall der Sprachnormen, S. 179ff. in: Kienzle, B./Pape, H. (1991) (Hrsg.): Dimension des Selbst, Frankfurt/M.

Vanberg, V. (1990): Rational Choice, Rule-Following und Institutions: An Evolutionary Perspective, S. 171ff. in: Mäki/Gustafsson/Knudsen 1993.

Vanberg, V.J. (1993): Rational Choice vs. Adaptive Rule-following: on the Behavioral Foundations of the Social Sciences, S. 93ff. in: Jahrbuch für Neue Politische Ökonomie, Bd. 12.

Vilks, A. (1991): Neoklassik, Gleichgewicht und Realität, Heidelberg.

Die Herausforderung des Konstruktivismus für die ökonomische Theorie

Walter Ötsch

1. Die Kritik an den Grundlagen der Neoklassik

Wer sich mit den theoretischen Grundlagen der Neoklassik beschäftigt, kommt bald zur Erkenntnis, daß diese Grundlagen nicht existieren bzw. fragwürdig geworden sind. Dies kann anhand vieler Aspekte gezeigt werden. Im folgenden diskutiere ich drei miteinander verbundene Aspekte.

a) Die philosophischen Grundlagen: Wie vernünftig ist die Vernunft?

Die neoklassische Theorie kann als rationalistischer Ansatz gedeutet werden. Jedes rationalistische System basiert auf Grundannahmen (Axiomen, a prioris). Alle Aussagen einer rationalistischen Theorie können von Axiomen deduziert bzw. auf Axiome zurückgeführt werden. Jedes rationalistische System steht vor dem Problem, wie es seine Axiome »begründen« will. Axiome sind systemexogen gesetzt. Sie können innerhalb des System nicht »bewiesen« werden. Sie fungieren als Erklärungsprinzipien, als Wahrnehmungsfilter, als theoretische Brillen, mit denen ein Gegenstandsbereich betrachtet wird. Der Verweis auf empirische »Tatsachen« zur Begründung der Axiome eines rationalistischen Systems ist unzulässig, weil nur das als »Tatsache« erscheinen kann, was durch die Brille wahrgenommen wird. Die empirische »Realität« eines rationalistischen Systems ist kein »Beweis« für ein solches System.[1]

Dieser Tatbestand bezieht sich auch auf den Rationalismus als Methode generell. Der Rationalismus verweist auf das Denken, die Vernunft. Jede Theorie, die sich ausschließlich auf die Vernunft begründen will, leidet darunter, daß die Vernunft selbst unbegründet bleibt.[2] Die autonome (a priori gesetzte) Vernunft, die sich selbst begründen will, wird reflexiv (selbstbezüglich) und gerät in einen unauflösbaren Zirkel. Dieser Zirkel kann an jeder rationalistischen Philosophie nachgewiesen werden.[3] Alle Versuche, die Vernunft aus sich selbst zu begründen, sind bislang gescheitert.[4] Dieser Tatbestand ist für alle Wissenschaften relevant, die sich auf ein rationalistisches Fundament stellen wollen. Wenn es der Philosophie nicht möglich ist, den erkennenden Menschen allein aus der Vernunft zu begründen, dann kann auch die Ökonomie den handelnden Menschen nicht allein aus der Vernunft begründen. Der Homo Oeconomicus ist letztlich ein unbegründbares Konstrukt. Daraus folgt die Vermutung, daß relevante ökonomische Phänomene durch das Konstrukt des Homo Oeconomicus nicht erklärt werden können.

b) Die formalen Grundlagen: Wie logisch ist die Logik?

Die neoklassische Theorie ist in hohem Maße der formalen Methode verpflichtet. Die formale Methode wird dabei als neutrale Methode gedacht, die – so glaubt man – auf jeden beliebigen Inhalt angewendet werden kann. Diese Ansicht negiert die sogenannte Grundlagenkrise in der Mathematik, die inbesondere mit den beiden Unvollständigkeitssätzen von Gödel verbunden ist. Gödel hat gezeigt, daß es selbst in der Mathematik einen inhaltlichen Gegenstandsbereich gibt, der der formal-axiomatischen Methode prinzipiell nicht zugänglich ist. Diese Erkennt-

---

[1] Walras z.B. beschreibt die Vorgangsweise der »physikalisch-mathematischen« Wissenschaften, zu denen er seine »reine Volkswirtschaftslehre« zählt, so: »... these sciences abstract ideal-type concepts which they define, and of the basis of these definitions they construct *a priori* the whole framework of their theorems and proofs. After that they go back to experience not to conform but to apply their conclusions« (1965, 71).

[2] Rehfuss 1990, 86ff.

[3] Bekannte Beispiele sind: Descartes' »res cogitans«, die sich nicht selbst wegdenken kann, Kants »transzendentales Ich«, das unbegründet bleibt, und Wittgensteins Theorem im »Tractatus«: »Die Logik ist transcendental« – worin die Logik (»der Spiegel der Welt«) auf die gleichen Ebene wie »die Ethik« und »das Mystische« gestellt wird.

[4] Rehfuss 1990, 206.

nis ist für aller Anwender formaler Methoden (die den formalen Symbolismus inhaltlich interpretieren) relevant. Die prinzipielle Grenze der formalen Methode in der Mathematik begründet eine prinzipielle Grenze der formalen Methode in der Nationalökonomie.[5] Ein formales System kann seinen Erkenntnisbereich niemals vollständig erfassen. Immer gibt es Phänomene, die prinzipiell nicht formalisierbar sind. Daraus folgt die Vermutung, daß relevante ökonomische Phänomene durch die formale Methode nicht erfaßt werden können.

c) Die ontologischen Grundlagen: Wie wirklich ist die Wirklichkeit?

Die neoklassische Theorie kann als Sonderfall eines mechanistischen Ansatzes beschrieben werden.[6] Ihre Basis ist der Glauben, »die wirtschaftliche Realität« könne wie eine Maschine untersucht werden: sie bestehe aus »objektiven Tatsachen«, aus »objektiv gegebenen Dingen«, die logisch miteinander verbunden sind. Das neoklassische Forschungsprogramm will »wahre« Zusammenhänge entdecken, sie empirisch erfassen, kausal interpretieren und ökonometrisch falsifizieren. Dieses Realitätsverständnis negiert die moderne Physik, insbesondere die Quantenmechanik. Die Quantenmechanik hat gezeigt, daß die »physische Realität« nicht als Maschine verstanden werden kann. »Materie« hat paradoxe Eigenschaften (Welle-Teilchen-Dualismus), sie kann empirisch nicht vollständig erfaßt werden (Heisenbergsche Unschärferelation), sie ist nicht »objektiv gegeben« (Beobachterproblem beim Kollaps der Wellenfunktion) und sie unterliegt keiner deterministischen Kausalität (Wahrscheinlichkeitsinterpretation der Wellenfunktion). Die Kritik an der mechanistischen Sichtweise der physikalischen Realität (die die moderne Physik auch an Makrophänomenen entwickelt hat) begründet eine Kritik an der mechanistischen Sichtweise der ökonomischen Realität.[7] Daraus folgt die Vermutung, daß relevante ökonomische Phänomene im Bild der Wirtschaft als einer Maschine nicht wahrgenommen werden können.

---

[5] Vgl. Winrich 1984; Blaseio 1986; Ötsch 1991.

[6] Mirowski 1990 und Ötsch 1990.

[7] Zum »Schatteneinfluß« dieses Arguments auf gewisse Post-Keynesianer vgl. Hsieh und Ye 1991, 103f.

2. Die Subjekt-Objekt-Grenze

Diese drei Kritiken besitzen einen gemeinsamen Kern. In jedem Fall geht es um die prinzipielle Grenzziehung zwischen Subjekt und Objekt. Im 20. Jahrhundert ist diese Grenzziehung fragwürdig geworden. Die neoklassische Theorie thematisiert diese Grenze nicht. Sie hat damit den Anschluß an die moderne (besser: postmoderne) Debatte verloren.

ad a): Im gängigen Verständnis von Wissenschaft ist der Wissenschaftler als Subjekt von seinem Erkenntnisgegenstand (dem Objekt) prinzipiell getrennt. Die (naive) autonome Vernunft definiert sich selbst als »subjektiven« Fixpunkt, von dem aus sie die »objektive« Welt erkennen kann. Die reflexive Philosophie hebt genau diese Grenzziehung auf. Sie will sich selbst gleichsam wie ein Objekt begründen. Weil die Vernunft (als Subjekt) sich nicht von sich selbst (als Objekt) trennen kann, kann sie sich auch nicht aus sich selbst begründen.

ad b): Im gängigen Verständnis der formalen Methode ist der Mathematiker als Subjekt von einem mathematischen System (als formalen Objekt) prinzipiell getrennt. Der (naive) Mathematiker versteht sich als »subjektiver« Fixpunkt, von dem aus er ein formales System »objektiv« analysieren kann. In der Grundlagenkrise der Mathematik wird genau diese Grenzziehung aufgehoben. »Wahre und nicht beweisbare« Sätze (im Sinne von Gödel) sind der kreativen Kunst eines Mathematikers zuzuschreiben, dem eine passende Gödelcodierung (unabhängig von den Axiomen des Systems) eingefallen ist. Diese Sätze sind Teil des formalen Systems (wenn es inhaltlich interpretiert wird), den ein konkreter Mathematiker gleichsam in das formale System eingeschmuggelt hat: sie können nicht »objektiv« von den Axiomen des Systems abgeleitet werden. Ein formales System ist kein »Objekt«, das unabhängig von konkreten Mathematikern beschrieben werden kann.

ad c): Im gängigen Verständnis von Realität ist der Wissenschaftler als Subjekt von seinem Erkenntnisgegenstand (dem Objekt) prinzipiell getrennt. Der (naive) Wissenschaftler definiert sich als »subjektiver« Fixpunkt, von dem aus er die »objektive« Welt erforschen kann. In der Quantenmechanik wird genau diese Grenzziehung aufgehoben. »Realität« ist beobachterabhängig. Sie hängt davon ab, was ein Beobachter beobachten will (z.B. die Welle- oder Teilchenaspekte von »Materie« was er mißt (z.B. den Ort oder den Impuls eines Elektrons) und ob und wann er ein (durch die Wellenfunktion von Schrödinger beschriebenes) quantenmechanisches System mißt. Ein physikalisches System zu beobachten, bedeutet es zu verändern: Beobachtung von »Realität« *ist* Veränderung von »Realität«. Physikalische »Objekte« können nicht unabhängig von »subjektiven« Beobachtern beschrieben werden.

3. Die Definition von Ich, Symbol und Ding

In allen drei Beispielen werden die gängigen Vorstellungen von »Objekten« (der »Außen-Aspekt« von »Realität«) und »Subjekten« (der »Innen-Aspekt« von »Realität«) in Frage gestellt.

Der »Außen-Aspekt« betrifft die Definition der letzten Einheiten von »Realität«. In der Philosophie geht es um die Definition des Ich, in der Mathematik um die Definition eines formalen Systems (bestehend aus Symbolen), in der Physik um die Definition von Materie (bestehend aus physikalischen Objekten). In jedem Fall geht es um ein Identitätspostulat: um die Definition des Ich (der erkennenden Einheit), die Definition eines Symbols (der Abbildungseinheit) und die Definition eines Objekts (der Wirklichkeitseinheit).

In der reflexiven Philosophie verschwindet die Vorstellung von einem »denkenden Ding« (Descartes), das mit sich ident ist. In der Grundlagendebatte der Mathematik verschwindet die Vorstellung von einem formalen Modell, das mit sich ident ist. In der Quantenmechanik verschwindet die Vorstellung von einem »Objekt«, das mit sich ident ist. »Ich«, »Symbol« und »Ding« sind keine idente Wesenheiten, die »objektiv« definiert werden können. Ihr Identitätsstatus ist ungeklärt. Damit ist das gesamte Fundament der Wissenschaften in ihrem traditionellen Verständnis erschüttert.

Der »Innen-Aspekt« von »Realität« hat mit dem Geist (dem Bewußtsein? / der Seele?) zu tun. Im traditionellen Wissenschaftsverständnis ist der »Geist« (was immer das ist) ein Spiegel der »äußeren Realität«. Seine primäre Funktion ist das Abbilden. Wissenschaft ist das Entwerfen »richtiger« Spiegel und das Erkunden der »wahren Realität«.[8] Weil das, was im »Inneren« ist, prinzipiell ein Abbild dessen ist, was »außen« ist, konzentriert sich Wissenschaft auf die »äußere Realität«, auf »das Wirkliche«.

---

[8] Rorty 1979.

4. Das objektivierte neoklassische Subjekt

In diesem Konzept wird die »innere Realität« drastisch reduziert und von allen störenden Elementen »befreit«. Ein gutes Beispiel ist die gängige neoklassische Entscheidungstheorie. Hier wird prinzipiell zwischen »innen« (den Präferenzen, Nutzen) und »außen« (den Restriktionen) unterschieden. Was Präferenzen inhaltlich sind, ist bekanntlich umstritten. Unterstellen wir eine deskriptive Absicht. (Dies war die Intention der ersten Neoklassiker, die dieses Konzept erfunden haben und genau so wird es den Anfängern in den gängigen Lehrbüchern plausibel gemacht).[9] Präferenzen $R(x_1, x_2, \ldots, x_n)$ als inhaltliches Modell des Geistes enthalten eine rudimentäre Wahrnehmungstheorie. Die Güter (im Standardansatz bei Sicherheit) bzw. die Ereignisse (in der Erwartungsnutzentheorie bei Unsicherheit) der »Welt außen« sind »objektiv« und bewußtseinsunabhängig gegeben. Die Variablen $x_1, x_2, \ldots, x_n$ haben zwei Bedeutungen: sie symbolisieren zugleich (1) die »Welt außen« als auch (2) das Resultat des »inneren« Wahrnehmungsprozesses über die »Welt außen«. Weil das »Innere« ein perfekter Spiegel des »Außen« ist, wird konzeptionell nicht zwischen den Gütern (Ereignissen) »außen« und ihrer Wahrnehmung »innen« unterschieden. Beide werden mit den gleichen Symbolen belegt.

Dem Geist werden hier drei Arten von Leistungen zugesprochen. Er nimmt erstens die »Welt außen« wie ein Spiegel »objektiv« und »richtig« wahr.[10] Er führt zweitens Bewertungen durch, d.h. er bringt die Güter (Ereignisse) der »Welt außen« in eine »innere« Reihenfolge (interpretiert z.B. als Reihung nach ihrer »Erwünschtheit«).[11] Und er nimmt drittens »innere« Wahlakte anhand seiner Reihung vor.

Das (personenspezifische) Bewußtsein, das diese Leistungen vollbringt, besitzt generische (personenenunspezifische) und (personen)spezifische Aspekte. Personenspezifisch ist lediglich der Prozeß des Bewertens;[12] die Prozesse der Wahrnehmung und die Prozesse des Auswählens hingegen werden als generisch gesetzt: sie sind bei allen Individuen

[9] Vgl. Drakopoulos 1990.

[10] Zum immanenten Zusammenhang von Abbildtheorie, Rationalmodell und Situationslogik (unabhängig von den Selbstinterpretationen der Neoklassik, die sich in der Regel auf den Kritischen Rationalismus berufen) vgl. Oesterdieckhoff 1993, 128ff.

[11] Varian 1991, 32.

[12] Die intellektuellen und emotionalen Komponenten dieses Vorgangs bleiben dabei weitgehend unklar. Jevons bezeichnet Nutzen als »calculus of pleasure and pain«, Walras als »mental schedule«.

ident. Alle Individuen nehmen das gleiche wahr (sie leben in der gleichen »objektiven Welt« mit identen Variablen x_1, x_2, ..., x_n bei allen Individuen) und alle Individuen verwenden den gleichen Algorithmus (idente Zielfunktion) bei ihren Wahlakten.

Das Subjekt ist damit in dreierlei Hinsicht objektiviert.[13] Es sind erstens die subjektiven Wahrnehmungsprozesse objektiviert, weil sie bei allen Personen gleichartig ablaufen (es kann Informations-, nicht aber Wahrnehmungs- und Interpretationsprobleme geben). Zweitens sind die subjektiven Bewertungsprozesse objektiviert, weil sie identen formallogischen Regeln gehorchen (alle Präferenzordnungen besitzen dieselben Axiomen). Und drittens sind die Wahlprozesse objektiviert, weil sie bei allen Individuen nach demselben Algorithmus ablaufen.

Neoklassische Individuen sind objektivierte Individuen. Ihr Geist wird auf die Prozesse des Spiegelns, des Reihens und des Wählens reduziert. Andere Leistungen interessieren nicht bzw. werden nicht als handlungsrelevant erachtet. Es geht ausschließlich um die Manipulation einer »objektiven Welt außen«. Eine eigenständige »Welt innen«, auf die man sich selbstbezüglich beziehen könnte, existiert nicht.[14] De facto bedeutet dies eine Ausblendung des Geistes. Er existiert nicht als eigenständiger Bereich. Diese Haltung manifestiert sich in der Neoklassik in unterschiedlichen Formen. Beispiele sind das explizite Verbot, über den Inhalt von Präferenzen auch nur zu argumentieren (»De gustibus non est dispundandum«), die fast aussschließliche Konzentration auf den Einfluß »äußerer« Variabler oder die Ansicht, die Präferenzen von Individuen bleiben sogar in langen Zeitperioden konstant.[15]

5. Implikationen dieser Kritik

Die Kritik an der traditionellen Subjekt-Objekt-Unterscheidung hat eine negative und eine positive Seite für die ökonomische Theorie. Die negative Seite betrifft alle Theorien, die im traditionellen Wissen-

[13] Zu weiteren Arten der Objektivierung vgl. Blaseio 1986, 140f.

[14] »Statt von Subjekt kann dann mit gleicher Berechtigung von einem Programm gesprochen werden, einem Programm, das ähnlich wie Zeit in Struktur oder gleichbedeutend damit in Raum auflösbar ist.« (Blaseio 1986, 136f.).

[15] Als Beispiel verweise ich auf Kirchgässner 1991, 40f. Hier wird das veränderte Umweltbewußtsein der letzten 20 Jahre auf ein erhöhtes Einkommen (»Umwelt als Luxusgut«) und auf einen verbesserten Informationsstand bei konstanten Präferenzen zurückgeführt.

schaftsverständnis gefangen sind. Sie stehen vor einem Begründungsproblem für das, was sie tun.

Die positive Seite ist ein Ausblick auf etwas Neues. Wenn man etwas kritisiert, dann kann man dies nicht standpunktlos tun. Kritik wird immer von einer bestimmten Warte aus unternommen, jede Kritik ruht auf einem bestimmten theoretischen Fundament. Jede theoretischen Kritik impliziert auch positive Aussagen methodischer und inhaltlicher Art. In der Kritik an der prinzipiellen Grenzziehung von Subjekt und Objekt in der ökonomischen Theorie ist eine neue ökonomische Theorie enthalten. Die Ökonomen heute stehen vor der Herausforderung, die versteckten Implikationen der radikalen Kritik an der Subjekt-Objekt-Unterscheidung für die ökonomische Theorie explizit zu machen.

Theorien unterscheiden sich danach, was sie als »Problem« und was sie als »Tatsache« definieren. In der neoklassischen Theorie ist die »objektive Außen-Welt« ein »Tatsache«, Framing-Effekte (der Einfluß von Deutungen, Interpretationen, Kontexten bei Konstanz der »Außen-Welt« auf Entscheidungen und Verhalten) gelten als »Anomalien«.[16] Wird das »Problem« von Framing-Effekten als »Tatsache« gesetzt, dann landet man bei einem konstruktivistischen Ansatz. Das »Problem« ist jetzt die Erklärung der (scheinbaren?) Konstanz physikalischer, sozialer, institutioneller Welten.[17]

Konstruktivistische Ansätze implizieren u.a.:

- den Verzicht auf die Vorstellung einer »objektiven Realität«, auf den Wahrheitsbegriff und auf die Abbild-Theorie des Geistes.
- die Betonung der Wichtigkeit von »Konstrukten« für das Handeln: Ideen, Bilder, Deutungen, Vorstellungen, Reflexionen, die Menschen

[16] Zum umfangreichen Datenbefund zu Framingeffekten bei Entscheidungen (insbesondere für die Erwartungsnutzentheorie) vgl. Shoemaker 1982; Machina 1990; Heap u.a. 1992; Thaler 1992; Kleindorfer u.a. 1993 und Ötsch 1995.

[17] Die Liste konstruktivistischer Autoren in der Ökonomie ist lang. Sie umfaßt u.a. die fundamentalistischen Deutungen der Erwartungen bei Keynes durch Shackle und Lachmann, Don McCloskeys Analyse der neoklassischen Theorie als rhetorisches Unternehmen, Mirowskis fundamentalistische Interpretation der Institutionalisten, Theorien, die sich auf Luhmanns Systemtheorie beziehen und Theorien sich selbst organisierender und selbstreferentieller Systeme. Ein Teil dieser Ansätze definiert sich als postmodern (Amariglio in Samuels 1990). Sie nehmen Bezug u.a. auf die französischen Dekonstruktivisten (wie Derrida, Foucault, Lyotard), auf die Wissenschaftstheorien von Kuhn, Lakatos und Feyerababend und auf die hermeneutischen Traditionen von Heidegger, Gadamer und Rorty. Vgl dazu: Shackle 1971 und 1972; Lachmann 1984; McCloskey 1985 und 1990; Klamer u.a. 1988; Samuels 1990; Hutter 1992 und Lavoie 1992.

individuell und kollektiv erfinden und sich so handlungsrelevante Welten konstruieren.

- Theoretische Begriffe, Aussagen, Modelle ... werden nicht als Entdeckungen, sondern als kreative Erfindungen verstanden.
- Wissenschaft definiert sich nicht im Verweis auf »wahre Fakten« oder »objektive« Methoden, sondern durch andere Kriterien (z.B.: ihre innere Kohärenz, ihre pragmatische Brauchbarkeit für vorgegebene Ziele, ihrer Kommunizierbarkeit oder ihrer Teilnahme an den Sprachspielen einer sozialen Gruppe).
- »Wahrnehmen *ist* Interpretation, *ist* Bedeutungszuweisung«.[18] Jede Tatsachenbehauptung ist auch Interpretation, Normierung und Sinngebung. Deskription und Normation sind untrennbar miteinander verbunden.
- Die »Innen-Welten« und »Außen-Welten« von Individuen sind begrifflich zu trennen, aber die Grenzziehung ist plastisch, veränderbar und nicht eindeutig definiert.[19]
- Wahrnehmung ist Konstruktion. Wahrnehmen bezieht sich nicht auf eine vorgegebene »Realität«, sondern auf ein vorgeformtes »Äußeres«, das »inneren« Filtern (Sortiermechanismen, Deutungsmustern) unterworfen ist.
- Wahrnehmung ist ein selbstbezüglicher Prozeß. Wahrnehmung ist auch die Beobachtung einer Welt, die man selbst miterschaffen hat. Beobachtung ist auch Selbstbeobachtung, Wahrnehmung ist auch Selbstwahrnehmung.

6. Selbstbezüglichkeit

Konstruktivistische Ansätze setzen Selbstbezüglichkeit als »Faktum« voraus. Konstruktivistische Sozialwissenschaften handeln von selbstbezüglichen Menschen.

Selbstbezüglichkeit hat viele Bedeutungsinhalte. Sie bezieht sich zum einen auf den Prozeß der Wahrnehmung. Im Konstruktivismus wird betont, daß wir die »Welt« nicht direkt (die gängige »sinnesphysiologische Perspektive«), sondern mit inneren Filtern (Brillen, Sortiermechanismen) wahrnehmen, die beim Wahrnehmen innerlich (automatisch) mitkonstruiert werden. Wahrnehmen ist »keine bloße Widerspiegelung

[18] Roth 1985, 8.

[19] »Das Gehirn konstruiert *zugleich* ein 'drinnen' und ein 'draußen', die aufeinander bezogen sind« (Roth 1990, 240).

externer Ereignisse, sondern ein selektiver und kreativ ablaufender Prozeß, in dem frühere Erfahrung, Emotionen und Erwartungen in starkem Maße eingehen.«[20]

Weil Wahrnehmung durch selbsterzeugte Filter geschieht, ist jedes Verhalten (Entscheidungen, Erwartungen, Aussagen, ...) selbstbezüglicher Natur. Es enthält eine Aussage von Menschen über ihre inneren Konstruktionen, über die (sozialen) Welten, die sie für sich und in Interaktion mit anderen erschaffen. Jede Aussage ist auch eine Selbstaussage. Der Inhalt einer Botschaft (die inhaltliche Ebene) ist untrennbar mit einer Meta-Ebene (eine Aussage über den, der diese Aussage trifft) verbunden. Verhalten ist damit nicht nur eine Reaktion auf »äußere Umstände« (der Incentive-Gedanke der Neoklassik). Verhalten hängt auch davon ab, welches Modell Menschen von sich selbst haben, wie sie sich ihre eigene Identität konstruieren, was sie von sich glauben, daß sie »wirklich« sind.

All dies betrifft auch den Wissenschaftler, die Wissenschaftlerin selbst. Der Konstruktivismus stellt die am Prozeß der Wissenschaften beteiligten Personen vor die Herausforderung, die Idee der Selbstbezüglichkeit auf sich selbst anzuwenden. Vielleicht ist dies die größte Herausforderung des Konstruktivismus.

Wer die Vorstellung von Selbstbezüglichkeit nur auf Personen des »Forschungsgegenstandes«, nicht jedoch auf sich selbst anwendet, konstruiert eine Vorstellung, die dem traditionellen Wissenschaftsverständnis sehr ähnlich ist. Sozialwissenschaft bezieht sich hier nur auf andere Personen, auf »Objekte«, die von mir getrennt sind, aber nicht auf mich selbst. Wissenschaftlich zu forschen heißt in diesem Verständnis, Aussagen über andere, aber nicht über mich selbst zu treffen.[21] Ein Konstruktivismus, der den Aspekt der Selbstbezüglichkeit für den Wissenschaftler (die Wissenschaftlerin) nicht ernst nimmt, ist ein Widerspruch in sich. Die Art, wie andere Menschen konzipiert werden (nämlich als selbstbezügliche Wesen) widerspricht in diesem Fall der impliziten Selbstbeschreibung der Forscherin oder des Forschers. Dieser Tatbestand ist auch handlungsrelevant. Er weist auf ein Überzeugungssystem hin, dem man (konstruktivistisch gedacht) die Wirkung unterstellen kann, daß es die eigene Wahrnehmungs- und Reflexionsfähigkeit (als Forscherin oder Forscher) entscheidend prägt bzw. einengt.

---

[20] Roth 1990, 249.

[21] Eine interessante Variante dieses Themas findet sich bei Priddat 1994: die Weigerung von Neoklassikern die Wahl ihrer theoretischen Präferenzen (für den rational choice-Ansatz) im Rahmen dieses Ansatzes zu interpretieren.

7. Konstruktivistische Praxis I: Prozeß-Experten

Die Implikationen dieser Gedanken sind weitreichend und meines Erachtens in vielen Aspekten noch unbekannt. Im folgenden stelle ich einige einfache Überlegungen für die Praxis im Forschungsbetrieb an.

Die traditionelle Praxis von Ökonomen (Ökonominnen) ist die von »Wahrheits-Experten«. Ihr Vorgehen enthält (vereinfacht) drei Schritte:

(1) Eine Problemanalyse mithilfe von »Daten«. Es gibt eine »Realität«, die durch »Daten« erschlossen werden kann. Je mehr (und je bessere) »Daten« für den »Forschungsgegenstand« vorliegen, desto mehr Aspekte der »Realität« können der Analyse erschlossen werden.
(2) Die Konstruktion eines (meist formalen) Modells, das den »wahren« Wirkungszusammenhang der logisch gesetzten »äußeren Realität« hinreichend exakt abbilden soll (das Ziel ist letztlich eine isomorphes Ab-Bild).
(3) Die Ableitung von wirtschaftspolitischen Empfehlungen aus diesem Modell an externe Adressaten.

Eine konstruktivistische ökonomische Theorie beschäftigt sich demgegenüber (auch) mit dem Studium der konstruktiven Prozesse von Menschen im ökonomischen Handeln. Die Forscher (Forscherinnen) versteht sich dabei als Prozeß-Experten. Ihr Vorgehen enthält (vereinfacht) vier Schritte:

(1) eine Analyse, mit welchen Konstrukten vorliegende »Probleme« erzeugt und am Leben erhalten werden,
(2) die Beleuchtung des »Problems« aus unterschiedlichen Perspektiven (mit unterschiedlichen Wahrnehmungsfiltern),
(3) die Konstruktion einer Zielvorstellung (unter Zuhilfenahme neuer Wahrnehmungsfilter), und
(4) das Training der neuen Wahrnehmungsfilter unter Zuhilfenahme der Ressourcen, die sich im betrachteten System bereits befinden.

Ich möchte diese vier Schritte in einer Analogie erzählen.

Die Analogie bezieht sich auf einen Kommunikationsberater (eine Kommunikationsberaterin), der (die) den Gedanken von Wahrnehmungsfiltern in seiner (ihrer) Beratung konsequent anwendet.[22]

[22] Vgl. zu folgendem Bandler 1984 und 1987; Dilts 1985; Bandler und Grinder 1987 und 1992; Probst 1987; Simon 1990 und 1993; Wohlgemuth 1991; De Shazer 1992; O'Connor/Seymour 1992; Wolinsky 1993 sowie Boscolo/Bertrando 1994.

Ausgangspunkt: Stellen wir uns eine Person X vor, die mit einer anderen Person Y in einen schon länger dauernde Meinungsverschiedenheit oder gar in einen Streit verwickelt ist. X möchte den Streit beenden, sieht sich aber dazu nicht in der Lage. Bisherige Lösungsversuche haben die Situation eher verschlimmert. X beschließt, sich Hilfe bei einem Berater B zu holen.

1. Schritt: »Problem«-Analyse

B befragt X zu seinem »Problem«. Während X seine Probleme schildert, kommt er zunehmend in jenen inneren Zustand, der für ihn das Problem mit Y ausmacht: X fühlt sich verärgert, unterlegen, hilflos, usw. B bekommt damit Gelegenheit, an X genau jenen Prozeß zu studieren, der in der Streitsituation mit Y abläuft. B will erkunden, welche Wahrnehmungsfilter dabei aktiviert sind.

Dazu dienen Fragen nach:

(a) Überzeugungen und Theorien zum »Problem«:

»Wie denkt Sie über:

(i) Ihr Verhalten, Ihre Fähigkeiten, Ihre Möglichkeiten im Konflikt mit Y?
(ii) das Verhalten, die Fähigkeiten und Überzeugungen von Y?
(iii) die Konfliktsituation, das Thema insgesamt?«

Weiters: »Welche Geschichte hat dieser Konflikt? Welche Lösungen haben Sie bisher unternommen? Warum sind diese Lösungsversuche gescheitert?«

(b) dem impliziten Selbst-Bild von X im Streit:

»Wie denken Sie im Streit über sich? Wie würden Sie sich dabei als Person beschreiben?«[23]

[23] In der konstruktivistischen Sichtweise wird die Kontextabhängigkeit der verschiedenen Ich-Konstrukte betont. Das Ich löst sich in einzelne Ichs auf (die Idee des multiple self), die in unterschiedlichen Kontexten durch unterschiedliche Auslöser aktiviert werden (prospect theory).

2. Schritt: unterschiedliche Wahrnehmungspositionen

B leitet X an, sein »Problem« aus drei verschiedenen Perspektiven zu beleuchten:

(a) Perspektive 1 ist die Sichtweise des Betroffenen, der sich vorstellt, in der Interaktion mit seinem Konfliktpartner 2 zu sein.

Abbildung 1: Die drei Wahrnehmungspositionen

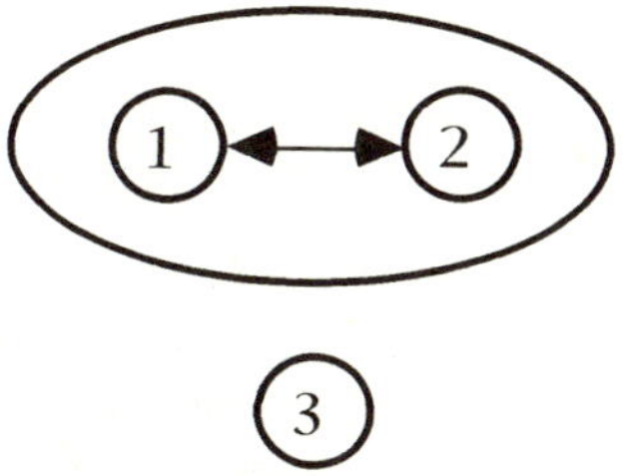

(b) Perspektive 2 ist die Sichtweise des Konfliktpartners (X stellt sich vor, er wäre Y und nimmt wahr, wie es Y im Konflikt mit X vermutlich geht).

(c) Perspektive 3 ist die Außensichtweise einer Person, die am Konflikt nicht beteiligt ist und von außen das gemeinsame System von 1 (X) und 2 (Y) studiert. (X stellt sich vor, er wäre ein kompetenter Theaterdirektor, der die Performance zweier Schauspieler analysiert: welche Kette von wechselseitigen Auslösern und Reaktionen führt zum Streit? Was machen beide Personen und wie beeinflussen sie sich gegenseitig, damit das »Problem« eskaliert?)

3. Schritt: Konstruktion eines Zieles

(a) B konstruiert gemeinsam mit X schrittweise ein immer attraktiveres Ziel, vorerst als reine Gedankenkonstruktion. B stellt auch sicher, daß dieses Ziel:

(i) in der Eigenkontrolle von X liegt (z.B. die Vorstellung, X könne in Gegenwart von Y ruhig und überzeugend seinen Standpunkt vertreten), und
(ii) mit jenen Vorstellungen kompatibel sind, die für X (in dem konkreten Kontext, z.B. Arbeit) Lebensqualität bedeuten.

(b) B leitet X an, sich dieses Ziel so intensiv wie möglich vorzustellen, und befragt ihn dann (analog zum 1. Schritt) nach den Wahrnehmungsfiltern (Überzeugungen, Theorien, Selbst-Bilder) die im imaginierten Ziel-Erleben aktiviert sind.

4. Schritt: Aktivierung von Ressourcen

B trainiert X, zielgerichtet und absichtlich jene Wahrnehmungsfilter zu aktivieren, die dem Ziel entsprechen. Beispiele sind:

(a) das Training bestimmter Körperhaltungen oder Körperbewegungen, die mit der Ziel-Vorstellung verbunden sind.
(b) ein Desensibilisierungstraining zu jenen spezifischen Auslösern, die Y setzt (z.B. muß Y in einer bestimmten Tonlage sprechen, damit bei X der »Problem-Kreislauf« in Gang gesetzt wird).
(c) die (glaubhafte) Umdefinierung des (demotivierenden) »Problems« in eine (motivierende) »Herausforderung«. (Diese Techniken werden Reframing genannt, Bandler und Grinder 1992).
(d) das Training, sich vor und während eines Gesprächs mit Y immer wieder die Ziel-Vorstellung (oder markante Einzelheiten) in das Bewußtsein zu rufen.

Im folgenden lade ich Sie ein, die vier Prozeßschritte nochmals mit mir durchzugehen. Bei jedem Schritt werde ich einige Gedanken anführen, die den Prozeßanleitungen zugrunde liegen und überlegen, in welcher Weise sie für eine (neue ?) konstruktivistische ökonomische Theorie nutzbringend sein könnten.

1. Schritt: »Problem«-Analyse

Prozeß-Experten analysieren »Probleme« nur beschränkt mit »Daten«. »Daten« basieren auf Modellen und es kann sein, daß diese Modelle für das vorliegende »Problem« ungeeignet sind, ja genau einen Teil des »Problems« ausmachen. Dies betrifft auch jene »Daten«, die der Betroffenen (in unserem Fall X) als »Fakten« präsentiert (z.B.: seine Aussagen, wie Person Y »wirklich« ist). Prozeß-Experten gehen mit »Daten«, »Fakten«, »Tatsachen« vorsichtig um. Ihre Aufmerksamkeit liegt nicht auf der Inhalts-Ebene von Modellen (den inhaltlichen Aussagen eines Modells), sondern auf der Prozeß-Ebene (den Wirkungen, die Modelle bei der Konstruktion – und Dekonstruktion – von »Problemen« spielen können). Ein Prozeß-Experte (eine Prozeß-Expertin) nimmt zu Modellen generell (unabhängig von ihrem »Wahrheitsgehalt«) eine Meta-Position ein. Es geht nicht um Modelle, sondern um die Wirkung von Modellen.

Dies kann abstrakt beschrieben (wie in diesem Paper) oder an konkreten sozialen »Problemen« studiert werden. Konkrete soziale »Probleme« erfordern in dieser Sichtweise eine echte »Problem«-Analyse – und nicht nur eine Daten-Analyse alleine: welche Überzeugungen, welche Theorien, welche Selbst-Bilder liegen dem Verhalten jener Menschen zugrunde, die diese »Probleme« erzeugen?[24]

2. Schritt: unterschiedliche Wahrnehmungspositionen

Das Ziel dieses Schrittes ist eine multiple Beschreibung des »Problems« aus vielen Blickwinkeln mit unterschiedlichen Wahrnehmungsfiltern. Traditionelle »Wahrheitsexperten« vermeiden genau diesen Schritt. Ihre Stärke ist die Perspektive 3, die Außen-Position aus dem Selbst-Bild von nicht beteiligten Beobachtern.

(Hermeneutisches) »Verstehen« bezieht sich demgegenüber auch auf die »Innenperspektive« von Betroffenen. Eine »verstehende« Methode versucht, die Erfahrungen anderer Menschen innerlich nachzuvollziehen. Die ökonomische Theorie könnte dies auch mit Personen heute versuchen: in welcher Welt lebt ein Arbeiter, eine Managerin, ein Arbeitsloser, eine Slumbewohnerin in der Dritten Welt? Welche Aspekte der »sozialen Realität« können sie mit ihren Brillen wahrnehmen? Wie nehmen sie andere soziale Gruppen wahr?

Oder auch: wie sieht »die ökonomische Realität« dieser Personen durch die Brillen verschiedener Theorien aus? Welche Aspekte können wir klar erkennen, welche bleiben systematisch ausgeblendet? In welcher Welt lebt jemand, der an einen (mir »unverständlichen«) theoretischen Ansatz glaubt?

---

[24] Vgl. dazu Levy 1992 für die Wirkungen ökonomischer Theorien auf das Alltagshandeln im 18. Jahrhundert.

3. Schritt: Konstruktion eines Zieles

Prozeß-Experten verstehen sich auch als Experten für die Konstruktion von Zukunft. Aufgabe einer konstruktivistischen ökonomischen Theorie könnte auch sein, die soziale Phantasie zu aktivieren und faszinierende Zukunftsbilder zu erfinden, die u.a. folgende Charakteristiken aufweisen:

(i) sie stehen in der Eigenkontrolle der Betroffenen (und weisen somit ein gewisses »realistisches« Moment auf) und
(ii) sie basieren auf jenen Vorstellungen, die die Betroffenen über Lebensqualität besitzen.[25]

Dabei ist der Wechsel vom »Problem-Fokus« zum »Ziel-Fokus« bedeutsam. Im »Problem-Fokus« werden jene Aspekte von »Realität« wahrgenommen, die die Konstruktion des »Problems«, die Konstruktion der Geschichte des »Problems« und seine weitere Rekonstruktion in der Zukunft begünstigen. Im »Ziel-« oder »Lösungs-Fokus« hingen richtet sich die Wahrnehmung auf jenen Aspekte von »Realität«, die eine Lösung begünstigen. Hier werden (möglicherweise gemeinsam mit den Betroffenen) systematisch »Beweise« für die Berechtigung dieser Perspektive, auch aus der Vergangenheit, gesammelt.

Frage an ökonomische Theorien: Fokusieren sie mehr auf Probleme oder mehr auf Lösungen?[26] Welche Zukunftsziele enthalten sie?

4. Schritt: Aktivierung von Ressourcen

Prozeß-Experten richten ihre Aufmerksamkeit auf (a) die Entwicklung einer Ziel-Perspektive und (b) auf die Aktivierung jener Ressourcen (materieller und geistiger Art), die sich im betrachteten sozialen System bereits befinden und die zur Erreichung des Zieles eingesetzt werden können.

Dabei geht es nicht darum, sozialen Systeme inhaltliche Schritte systemexogen vorzugeben (der Ansatz der »Wahrheits-Experten«), sondern um die Aktivierung bislang ungenützter kreativer Potentiale in

[25] Es fällt auf, das die neoklassische Wirtschaftstheorie keine Vorstellungen über Lebensqualität entwickelt hat (so wie die traditionelle Medizin nicht weiß, was einen ganzheitlich gesunden Menschen ausmacht): Präferenzen handeln nicht von konkret-sinnlichen Erfahrungen, sondern von der denkenden Abstraktion von Erfahrungen. (Der Homo Oeconomicus kann nicht sinnlich genießen, weil er keinen Körper hat.)

[26] Impliziert das Konzept des Homo Oeconomicus eher einen Problem- oder einen Lösungs-Fokus?

den betroffenen Personen (die eigentliche Ressource der Wirtschaft der Zukunft). Prozeß-Experten richten ihre Wahrnehmung auf das Änderungspotential von Menschen. Ihr Menschen-Bild ist nicht der Mensch als Mangelwesen, sondern ein autonomes Individuum, das letztlich fähig ist, Änderungsprozesse aktiv und zielgerichtet zu betreiben.[27] Es geht nicht um die Allokation knapper Ressourcen, sondern um die Nutzung des unbegrenzten kreativen Potentials von Menschen (eine neue Reichtumsdefinition).

8. Konstruktivistische Praxis II: Selbstbezügliche Prozeß-Experten

Konstruktivistisch orientierte Prozeß-Experten verstehen sich als selbstbezügliche Individuen und wenden in letzter Konsequenz alle Prozeßschritte auf sich selbst und ihr eigenes Leben an.

Dies führt (unter anderem) zu drei Konsequenzen:

(a) Selbstbezügliche Prozeß-Experten verfügen über die Fähigkeit, eigene Änderungsprozesse autonom durchzuführen und die Wirkung von Wahrnehmungsfiltern an sich selbst zu erkunden. Sie besitzen einen »realen« Erfahrungshintergrund, vor dem konstruktivistische Grund-Ideen aus einer Innen-Perspektive »verstanden« werden.

(b) Sie sind dadurch befähigt, theoretische Konzepte konstruktivistischer Ökonomen, die bislang als »unverständlich« gelten, introspektiv zu analysieren und ihre theoretische Brauchbarkeit »praktisch« zu erkunden. Ein Beispiel ist das Zeitkonzept von Shackle. In den oben erwähnten psychologischen Ansätzen gibt es ein entwickeltes Instrumentarium zum Studium konkreter Zeitkonstruktionen von Menschen.[28] Ihre Anwendung für den theoretischen Diskurs der ökonomischen Theorie bedarf allerdings Personen, die fähig sind, dieses Instrumentarium selbstbezüglich anzuwenden.

(c) Selbstbezügliche Prozeß-Experten sind daran interessiert, den wisenschaftlichen Diskurs so zu gestalten, daß ihre Selbstbezüglichkeit thematisiert werden kann.

---

[27] Portele 1989.

[28] James 1993 und 1994; James/Woodsmall 1994; Boscolo/Bertrando 1994.

In der herkömmlichen Definition »objektiver Wissenschaft« wird die Rolle von außenstehenden Beobachtern (Perspektive 3 in Abbildung 1) betont: die Sozialisation im wissenschaftlichen Betrieb, die Art des Redens und die Rituale im »offiziellem« Umgang (z.B. auf Tagungen) sind auf die Aktivierung dieser Wahrnehmungsperspektive orientiert. Selbstbezüglichkeit als Forscher(in) könnte auch bedeuten, die anderen beiden Perspektiven (zeitweise) zu aktivieren und dafür Umgangsregeln im Wissenschaftsalltag zu (er)finden. Wenn Wissenschaft eine Art von Geschichtenerzählen ist (McCloskey), dann könnte eine selbstbezügliche Wissenschaft (auch im »offiziellen Teil«) (mehr) von den Geschichten teilnehmender Beobachter und Beobachterinnen am sozialen Prozeß von Wissenschaften handeln, z.B. von folgenden Fragen:

Welche Grundprobleme der Wirtschaft, der ökonomischen Theorie, des Wissenschaftsbetriebs heute bewegen uns? Wie gehen wir als Betroffene mit diesen Problemen um?

Inhaltliche Beispiele: Macht uns die ökologische Krise mutlos oder gibt sie uns Hoffnung? Wo sehen wir ein Änderungspotential? Wie geht es uns mit den verkrusteten Strukturen der »offiziellen« Nationalökonomie? Worauf gründet sich unsere Veränderungsabsicht? Welcher positives Bild von Wissenschaft steht dahinter?

Literatur

Bandler, Richard (1987): Veränderung des subjektiven Erlebens, Paderborn.

Bandler, Richard/Grinder, John (1984): Metasprache und Psychotherapie, Paderborn, 2. Auflage.

Bandler, Richard/Grinder, John (1986): Neue Wege der Kurzzeittherapie, Paderborn.

Bandler, Richard/Grinder, John (1987): Kommunikation und Veränderung, Paderborn, 3. Auflage.

Bandler, Richard/Grinder, John (1992): Reframing. Ein ökologischer Ansatz in der Psychotherapie (NLP), 5. Auflage.

Blaseio Helmuth (1986): Das Kognos-Prinzip. Zur Dynamik sich-selbst-organisierender wirtschaftlicher und sozialer Systeme, Berlin.

Boscolo, Luigi/Bertrando, Paolo (1994): Die Zeiten der Zeit. Eine neue Perspektive in systemischer Therapie und Konsultation, Heidelberg.

DeShazer, Steve (1992): Das Spiel mit Unterschieden. Wie therapeutische Lösungen lösen, Heidelberg.

Dilts, Robert u.a. (1985): Strukturen subjektiver Erfahrung, Paderborn.
Drakopoulos, Stavros A. (1990): Two Levels on Hedonistic Influence on Microeconomic Theory, Scottish Journal of Political Economy, 37, 360-398.
Heap, Shaun Hargreaves/Hollis, Martin/Sudgen, Robert/Weale, Albert (1992): The Theory of Choice. A Critical Guide, Blackwell.
Hsie, Ching-Yao/Ye, Meng-Hua (1991): Economics, Philosophy, and Physics, M.E. Sharpe, New York.
Hutter, Michael (1992): Wirtschaft und Bewußtsein. Zur Karriere von Bedürfnis und Erwartung, in: Krohn, Wolfgang/Küppers, Günter (Hrsg): Die Entstehung von Ordnung, Organisation und Bedeutung, Frankfurt, 334-362.
James, Tad/Woodsmall, Wyatt (1994): Time Line, Paderborn, 3. Auflage.
James, Tad (1993): Time Coaching, Programmieren Sie Ihre Zukunft – jetzt!, Paderborn, 2. Auflage.
Kirchgässner, Gebhard (1991): Homo Oeconomicus. Das ökonomische Modell individuellen Verhaltens und seine Anwendung in den Wirtschafts- und Sozialwissenschaften, Tübingen.
Klamer, Arjo, McCloskey/Donald N./Solow, Robert M. (eds.) (1988): The Consequences of Economic Rhetoric, Cambridge University Press.
Kleindorfer, Paul R./Kunreuther, Howard C./Schoemaker, Paul J.H. (1993): Decision Sciences. An Integrative Perspective, Cambridge University Press.
Lachmann, Ludwig M. (1984): Marktprozeß und Erwartungen. Studien zur Theorie der Marktwirtschaft, München/Wien.
Lavoie, Don (ed.) (1992): Economics and Hermeneutics, Routledge, London and N.Y.
Levy, David M. (1992): The Economic Ideas of Ordinary People. From Preferences to Trade, Routledge, London and N.Y.
Machina, Mark (1990): Choice under Uncertainity: Problems Solved and Unsolved, in: Cook, Karen Schweers and Levi, Margaret (eds.): The Limits of Rationality, University of Chicago Press, 90-132. (Reprinted from: Journal of Economic Perspectives 1, 121-154).
McCloskey, Donald D. (1985): The Rhetorics of Economics, University of Wisconsin Press, Madison.
McCloskey, Donald D. (1990): If You're so Smart. The Narrative of Economic Expertise, University of Chicago Press.
Mirowski, Philip (1990): More Heat than Light. Economics as Social Physics, Physics as Nature' Economics, Cambridge University Press.
O'Connor, Joseph/Seymour, John (1992): NLP – gelungene Kommunikation und Entfaltung, Freiburg.
Oesterdieckhoff, Georg W. (1993): Unternehmerisches Handeln und gesellschaftliche Entwicklung. Eine Theorie unternehmerischer Institutionen und Handlungsstrukturen, Opladen.

Ötsch, Walter (1990): Das Sraffa-Paradoxon. Das gemeinsame Konsistenz-Problem der neoklassischen und Marxschen Gleichgewichtstheorie, Berlin.

Ötsch, Walter (1991): Gibt es eine Grundlagenkrise der neoklassischen Theorie?, Jahrbücher für Nationalökonomie und Statistik, 208, 642-656.

Ötsch, Walter (1995): Erwartungen und Framing. Keynes und die »Anomalien« der Erwartungsnutzentheorie, Arbeitspapier 9510 des Instituts für Volkswirtschaftslehre, Linz.

Portele, Gerhard (1989): Autonomie, Macht, Liebe. Konsequenzen der Selbstreferentialität, Frankfurt.

Priddat, Birger P. (1994): Neuere Tendenzen der Ökonomie: Über das Faktum verschiedener ökonomischer Wissenschaftsstile, Diskussionsschrift 9 der Wirtschaftswissenschaftlichen Fakultät der Universität Witten/Herdecke.

Probst, G.J.B. (1987): Selbstorganisation. Ordnungsprozesse in sozialen Systemen aus ganzheitlicher Sicht, Berlin und Hamburg.

Rehfuss, Wolff (1990): Die Vernunft frißt ihre Kinder. Zeitgeist und Zerfall des modernen Weltbildes, Hamburg.

Roth, Gerhard (1985): Die Selbstreferentialität des Gehirns und die Prinzipien der Gestaltwahrnehmung, Gestalt Theory, 7, S. 228ff.

Roth, Gerhard (1990): Erkenntnis und Realität: Das reale Gehirn und seine Wirklichkeit, in: Schmidt, Siegfried (Hrsg.): Der Diskurs des Radikalen Konstruktivismus, 3. Auflage, Frankfurt, S. 229ff.

Rorty, Richard (1981): Der Spiegel der Natur. Eine Kritik der Philosophie, Frankfurt.

Samuels, Warren J. (ed.) (1990): Economics As Discourse. An Analysis of the Language of Economists, Kluwer Academic Publishers, Boston u.a.

Schoemaker, Paul J. H. (1982): The Expected Utility Model: Its Variants, Purposes, Evidence and Limitations, Journal of Economic Literature, 20, 529-563.

Shackle, G.L.S. (1971): The Nature of Economic Thought. Selected Papers 1955-1964, Cambridge University Press.

Shackle, G.L.S. (1972): Epistemics and Economics. A Critique of Economic Doctrines, Cambridge University Press.

Simon, Fritz B. (1990): Meine Psychose, mein Fahrrad und ich. Zur Selbstorganisation von Verrücktheit, Heidelberg.

Simon, Fritz B. (1990): Unterschiede, die Unterschiede machen. Klinische Epistemologie, Grundlage einer systemischen Psychiatrie und Psychosomatik, Heidelberg.

Stangl, Werner (1989): Das neue Paradigma der Psychologie. Die Psychologie im Diskurs des Radikalen Konstruktivismus, Braunschweig und Wiesbaden.

Thaler, Richard H. (1992): The Winner's Curse. Paradoxes and Anomalies in Economic Life, The Free Press, Toronto.

Varian, Hal R. (1991): Grundzüge der Mikroökonomik, 2. Auflage, München und Wien.

Walras, Léon (1965): Elements of Pure Economics, (translated by William Jaffé), George Allen and Unwein, London.

Winrich, J. St. (1984): Self-Reference and the Incomplete Structure of Neoclassical Economics, Journal of Economic Issues, 18, 997ff.

Wolinsky, Stephen (1993): Die alltägliche Trance. Heilungsansätze in der Quantenpsychologie, Lüchow.

Ökonomik der Transaktionsatmosphäre

Josef Wieland

Zunächst (1.) werde ich versuchen, die Relevanz atmosphärischer Parameter als informelle Handlungsbeschränkungen zu charakterisieren. Es folgt (2.) eine Spezifizierung des Gegenstandsbereichs einer Ökonomischen Theorie der Transaktionsatmosphäre in die Felder der Akzeptanz, Autorität, Implizite Verträge und der Allokation moralischer Güter. In Abschnitt 3. werde ich einige Überlegungen zur Frage der Allokation von Status durch moralische und wirtschaftliche Güter entwickeln und in Abschnitt 4. durch eine vergleichende Diskussion der Theorie positionaler Güter weiter erläutern. Der Abschnitt 5. beinhaltet einen Vorschlag zur Integration von Atmosphäre in eine Neue Organisationsökonomik.[1]

1.

In der Regel sind Dinge und Verhältnisse zwischen Dingen der Gegenstand der modernen Ökonomik. Angebote reagieren auf Nachfragen, Leistungen auf Preise, Preise auf Knappheiten, Knappheiten auf Präferenzen; um nur einen kleinen Ausschnitt dieser Welt zu benennen, die auch jederzeit invers gesehen werden kann.[2]

Die Schaffung dieser Denkform ist allerdings kein Produkt des 19. und 20. Jahrhunderts, sondern des 17. und 18. Jahrhunderts. Hier entwickelt sich eine tiefe Skepsis gegenüber der traditionsreichen Auffassung des alten Europas, wohlgeordnete Wirtschaft sei eine Relation zwi-

---

[1] Der folgende Text stützt sich in weiten Teilen auf die Einleitung zu Wieland 1995b.

[2] Vgl. für diese Umstellung Pareto 1900, 150 sowie Walras 1926/1927, 115ff.

schen Personen und habe der Ausgestaltung dieser Relation zu dienen.[3] Adam Smith antwortete auf das Verdikt des Aristoteles, daß die naturgemäße Oikonomia die Gestaltung einer von Autorität gekennzeichneten Herrschaftsbeziehung sei, mit der Definition der »commercial society«: »the quantity of every commodity brought to market naturally suits itself to the effectual demand.«[4]

Selbstverständlich löste sich die alteuropäische Vorstellung von Wirtschaften niemals vollständig auf, aber dominant wird doch die Idee, daß der Wohlstand der Nationen am ehesten unter der anonymen Herrschaft eines störungslosen und systemischen Kreislaufs von funktionalen Sachbeziehungen gedeihe. Entsprechend konzentrierte und konzentriert sich die ökonomische Theorie auf die Erforschung dieser sachlichen Zusammenhänge.

Eine »economics of atmosphere«, eine Bezeichnung die Oliver Williamson[5] vorgeschlagen hat und die vielleicht am besten mit »Ökonomische Theorie der Transaktionsatmosphäre« übersetzt wäre, ist vor diesem denkgeschichtlichen Hintergrund nichts, dessen Relevanz und Möglichkeit für die ökonomische Theoriebildung auf der Hand liegt. Denn die Bedeutung von Atmosphäre speist sich aus Phänomenen, die durch das Versagen von Markt und formaler Organisation bei der Koordination wirtschaftlicher Aktivitäten generiert werden. Den Einstellungen und Wertvorstellungen von Wirtschaftsakteuren kommt dann eine wichtige Rolle bei der Erklärung von ökonomischer Leistung und unterschiedlicher Produktvitäten von Volkswirtschaften, von Unternehmen oder anderen organisatorischen Arrangements zu. Wichtig ist dabei zu realisieren, daß diese normativen Strukturen sowohl zur Atmosphäre einer gegebenen Gesellschaft (im Unterschied zu einer anderen Gesellschaft) als auch zur Atmosphäre einer spezifischen wirtschaftlichen Transaktion (im Unterschied zu einer anderen Transaktion) gehören können. Der Vergleich ist daher auf verschiedenen Ebenen möglich. In diesem Aufsatz wird uns ausschließlich die Ebene spezifischer Transaktionen beschäftigen. Noch einschränkender können wir sagen, daß das Thema die ebenfalls bei Smith zu findende Beobachtung ist, daß für die Akteure der Wirtschaft ihr Status in Kooperationsbeziehungen zählt: »To be observerd, to be attended to, to be taken notice of

---

[3] Vgl. für eine material- und kenntnisreiche Studie des 17. Jahrhunderts Appleby 1978. Für das 18. Jahrhundert und speziell Adam Smiths Beitrag zu dieser Diskussion vgl. Wieland 1992.

[4] Smith 1776/1976, WN I.vii.12.

[5] Vgl. Williamson 1975, 37ff und 1993a, 480. Zur Übersicht vgl. Spangenberg 1989.

with sympathy, complacency, and approbation«, das ist es, wonach Wirtschaftsakteure auch streben.[6]

Die Transaktionskostenökonomik hat diesen Aspekt der Klassik auf ihre Forschungsagenda gesetzt, um die Beobachtung zu verarbeiten, daß rigide kalkulatorische Rationalität ökonomisch dysfunktional sein kann, wenn sie Fragen des Status und der Würde von Teammitgliedern nicht beachtet. Man muß dann aus ökonomischen Gründen auf Ökonomie verzichten.

Diese für Ökonomen zunächst irritierende Feststellung bedarf der Erklärung. Am Beispiel: Verträge über Arbeitsleistungen sind unausweichlich unvollständige Verträge. Hinsichtlich ihrer Unvollständigkeit sind sie jedoch nicht homogen, sondern diese existiert in einer mindestens dreifachen Abstufung, der eine Einteilung in sogenannte »harte« und »weiche« Verträge korrespondiert.

1. Was ex ante, also bei Abschluß eines Arbeitsvertrages, relativ genau spezifizierbar ist, sind zum Beispiel Arbeitszeiten, Arbeitsentgeld und die Ansiedlung der Position in der formalen Organisation der Unternehmung.
2. Weniger vollständig bestimmbar, aber immerhin ex ante noch angebbar, sind zum Beispiel das auszufüllende Arbeitsgebiet, die konkrete Aufgabenstellung und die Reichweite von Weisungsbefugnissen.
3. Nicht spezifisch kontraktierbar sind bestimmte Quanten oder Qualitäten an Teamgeist, Arbeitsfreude, Einsatzbereitschaft, Loyalität, Vertrauenswürdigkeit, Ehrlichkeit, Identifizierung mit der Firma, Firmentreue und Sozialverhalten am Arbeitsplatz.

Es sollte nicht strittig sein, daß die Gesamtheit dieser Faktoren für die Leistung der Teammitglieder und den Wert eines Teams signifikant sind. Die Frage ist nur: in welcher Weise?

Der Aspekt, der Ökonomen bisher in erster Linie daran interessiert, ist der folgende: »Weiche« Verträge oder Vertragsbestimmungen beinhalten schwer oder gar nicht zu quantifizierende und zu evaluierende Produktionsfaktoren. Dies macht ihre Zurechnung auf die erbrachte Gesamtleistung des Teams schwierig.[7] Individuell betrachtet heißt das, daß eine Faktorentlohnung entlang der marginalen Beiträge der einzelnen Teammitglieder zur Teamleistung nicht möglich ist. Zwei Konsequenzen dieser Sachlage sind von besonderer Bedeutung. Zunächst sinkt

---

6 Smith 1759/1976, TMS I.iii.2.1.

7 Vgl. Alchian/Demsetz 1972.

die Anreizsensitivität des Entlohnungssystems. Sodann bietet diese Situation für alle Teammitglieder die kostenlose Möglichkeit, über eine nichtaufdeckbare Leistungszurückhaltung ihren eigenen Vorteil auf Kosten des Teams zu suchen. Im Rahmen der Verhaltensannahmen der ökonomischen Theorie werden sie dies auch tun. Beide Konsequenzen haben nicht nur eine Reduzierung der erreichbaren Teamleistung zur Folge, sondern auch eine entsprechende Reduzierung der Faktorentlohnung der einzelnen Teammitglieder.

Folgt man der Property Rights- und Agenturtheorie, liegt die Standardlösung dieses Problems im Monitoring, in der Überwachung der Teammitglieder.[8] Die ökonomische Idee ist: Je vollständiger die Drückebergerei einzelner Akteure aufgedeckt und damit zu ihren wahren Kosten bewertet werden kann, desto erfolgreicher ist ein Team. Monitoring, vor allem in der kostengünstigen Version der wechselseitigen Überwachung, so scheint es, ist daher im Interesse jedes einzelnen Teammitglieds.

Das Problem dieser Standardlösung des Problems besteht aus der Sicht der Organisationsökonomik einerseits darin, daß rigide Überwachungsmechanismen dysfunktional sein können, insofern sie die Würde der Person verletzten[9]. Andererseits muß gesehen werden, daß jede Art von Monitoring an der Unvollständigkeit von Arbeitsverträgen früher oder später ihre Grenzen findet. Je weicher der Vertrag, desto unüberwindlicher die Grenze.

Dennoch spielt auch in scheinbar harten Vertragsbestimmungen Unvollständigkeit eine Rolle. Arbeitszeiten kann man eindeutig festschreiben, aber ihre mehr oder weniger geringfügige Überschreitung oder Unterschreitung muß in einer Vielzahl von Fällen ausnahmsweise und ohne monetäre Kompensation geduldet werden. Überstunden können angeordnet und entlohnt werden, aber jenseits einer bestimmten Grenze wird ihre Durchsetzung zum Problem. Positionen können klar definiert sein, ihre praktische Relevanz steht häufig auf einem völlig anderen Blatt. Arbeitsgebiete und Aufgabenstellung sind sicherlich ex ante vereinbar, aber im Verlauf der Durchführung eines intendiert dauerhaften Arbeitsverhältnisses treten Kontingenzen auf, die eine

[8] Vgl. Jensen/Meckling 1976; Fama/Jensen 1983a+b.

[9] Vgl. Holmström 1979 für die Einsicht, daß für Monitoring eine Anwendungsgrenze existiert, bei deren Überschreiten prohibitive Kosten anfallen. Holmström plädiert an dieser Stelle für andere Methoden der Informationsbeschaffung, ohne zu explizieren, welche in Betracht zu ziehen wären. Aber es scheint nicht abwegig, eine Ökonomik der Atmosphäre als Form der Informationsbeschaffung durch Institutionalisierung von Regeln zu betrachten.

mehr oder weniger signifikante Ausweitung oder Einengung des Arbeitsgebietes oder der Aufgabenstellung erfordern. Nur in den seltensten Fällen wird es in den hier beispielhaft genannten Kontingenzen zu einem neuen Vertrag kommen. Vielmehr sind effiziente Arbeitsverträge so gestaltet, daß sie entsprechende Anpassungen ohne die Kosten permanenter Neuverhandlung der Vertragsbedingungen ermöglichen.

Welche der Überwachungstechniken und Vertragsanpassungen von einem Teammitglied oder dem Eigentümer akzeptiert werden und welche nicht, wird jetzt zur entscheidenden Frage. Denn fast jedes Teammitglied hat fast immer die Möglichkeit, seine wahre Leistungsfähigkeit und Leistung innerhalb gewisser Grenzen zu verschleiern und die Wirksamkeit von externen Kontrollmechanismen durch die Kreation neuer Unterlaufungstechniken zu mindern. Überwachungsmechanismen haben daher nicht nur eine begrenzte Reichweite in kooperativen Beziehungen, sie haben auch ineffiziente Eigenschaften. Hier liegt eine der Ursachen für die Relevanz von Atmosphäre.

Eine etwas formaler gehaltene Zusammenfassung unserer bisherigen Diskussion liefert die folgende Charakterisierung der Prozesse in einer Transaktionsatmosphäre: Die technologische Separierbarkeit einer Transaktion erlaubt zwar in allen Fällen deren Messung und Auszeichnung mit einem Preis, aber sie impliziert nicht in allen Fällen die Separierbarkeit der dazugehörigen Einstellungen und Werthaltungen der beteiligten Vertrags- und Tauschpartner. Dies kann zur Fehlallokation von Ressourcen führen, wenn es nicht gelingt, eine Transaktionsatmosphäre aufzubauen, die die wechselseitig produktive Kopplung der beiden Aspekte erlaubt. Atmosphäre stellt weniger auf die genaue Kalkulation von Leistungsbeiträgen ab, sondern focusiert vielmehr simultan zur Kalkulation die »quasimoralische« Bewertung des Transaktionsarrangements. Sie kann daher auch nicht vollständig durch monetäre Anreize substituiert werden.[10] Weiter erläuternd und alternativ können wir auch formulieren: Bei einer nicht geringen Anzahl und genau definierten Art von ökonomischen Transaktionen mittels hierarchischer Strukturen hängt die Effizienz ihrer Durchführung entscheidend von der Verfügbarkeit personaler Werte und daraus folgender Leistungen ab. Die Relevanz von Atmosphäre ist demnach Ausdruck eines Markt- und Organisationsversagens. Entscheidend ist nun der weitere Gesichtspunkt, daß atmosphärische Parameter informelle Handlungsbeschränkungen sind, die nicht statisch und als Datum gegeben sind, sondern die

[10] Auch Vertreter einer preistheoretisch geschnittenen Theorie der Firma akzeptieren mittlerweile die Relevanz des Themas. Für den (noch wenig entwickelten) Stand der Dinge vgl. Holmström/Milgrom 1994.

institutionell und organisatorisch gestaltet werden können und für eine bestimmte Klasse von Transaktionen auch gestaltet werden müssen. In diese Form eines Gestaltungsproblems gebracht zeigt sich die Möglichkeit, daß die Atmosphäre einer Transaktion zum Gegenstand von Ökonomisierungsanstrengungen werden kann. Das aber bedeutet, daß zunächst ökonomieexterne informelle Restriktionen zum internen Parameter von Allokationslösungen werden.

2.

Damit sind wir mitten im Gegenstandsbereich der Ökonomischen Theorie der Transaktionsatmosphäre. Ich denke, es sind im wesentlichen vier Aspekte, denen eine besondere Bedeutung zukommt.

Die Neue Organisationsökonomik[11] geht erstens davon aus, daß in formalen Arbeitsverträgen neben den expliziten eine Reihe von impliziten Festlegungen und Beschränkungen mitlaufen, die gemeinsam die Grenze bestimmen, innerhalb deren die Leistung eines Teammitglieds überhaupt gesteuert werden kann. Herbert Simon hat diese Grenze die »Zone der Akzeptanz«[12] genannt. Nur Anweisungen, die sich innerhalb dieser Zone bewegen, haben eine Chance befolgt zu werden.

Das führt zweitens zu der Frage, wie Autorität in Organisationen beschaffen ist. Autorität ist ein zu Preisen alternativer Steuerungsmechanismus in der Wirtschaft, so wie die Organisation eine Alternative zum Markt ist. Das war die bahnbrechende Erkenntnis von Ronald Coase.[13] Autorität besteht aber ihrem Wesen nach nicht in der Fähigkeit, genaue Handlungsanweisungen zu erteilen. Ziele oder Begrenzung von Zielen oder Prinzipien zu ihrer Erreichung können vorgegeben, aber Diskretionsspielräume müssen gelassen werden. Denn von einem Teammitglied die wortgetreue Umsetzung hochspezifischer Anweisungen durch dazu autorisierte Positionen zu erwarten, ist, mit Simon[14] formuliert, nichts anderes, als »Dienst nach Vorschrift«, das heißt den permanenten »Bummelstreik« zum Organisationsprinzip zu erheben. Das ist einer der tieferen Gründe, warum Planwirtschaften bisher nicht übermäßig erfolgreich waren.

[11] Dieses Forschungsprogramm wurde von O.E. Williamson lanciert. Vgl. für die damit verbundenen Intentionen Williamson 1990 und 1993c.

[12] Vgl. Simon 1957.

[13] Vgl. Coase 1937/1988.

[14] Vgl. Simon 1991.

Unser Punkt aber ist dieser: Autorität ist im Gegensatz zur Standardannahme der Agenturtheorie kein Prozeß vollständig beobachtender Kontrolle der Einhaltung eines vollständigen und kostenlos durchsetzbaren Vertrages, sondern zielt auf die Beeinflussung der atmosphärischen Paramter einer durchzuführenden Transaktion. Die Bereitstellung individueller Initiative, Einsatzbereitschaft und Identifizierung mit den Zielen des Unternehmens spielen dann die entscheidende Rolle. Denn kaum ein Arrangement wäre so wenig innovativ, produktiv und anpassungsfähig, wie eine durch genaue Überwachung hergestellte Teamordnung, die alle explizit vereinbarten Leistungen erbringt, aber sonst nichts. Eine auf Marktprozesse abstellende Firmentheorie könnte unseren Einwand als zutreffend akzeptieren und daraus schließen, daß nicht die vollständige Überwachung, sondern ein darunter liegendes Niveau optimal sei. Aber um dieses Niveau bestimmen zu können, müßten alle zukünftigen Kontingenzen bekannt und bewertbar sein. Dies ist aus einsichtigen Gründen nicht der Fall.

Hinzu kommt und entscheidend ist, daß in der Transaktionsatmosphäre nicht nur Chancen zur Drückerbergerei, sondern auch Innovations- und Produktivitätspotentiale und Quellen komparativer Kostenvorteile existieren. Es ist exakt dieser Zusammenhang, den die Neue Organisationsökonomik zu integrieren sucht, wenn sie die Überwachungsfunktion der Firma in den Kontext der Effizienz eines transaktionsspezifischen Anpassungsmechanismus an Kontingenzen stellt.

Ein charakteristisches Merkmal von Atmosphäre ist, um einen Begriff von Armen Alchian und Susan Woodward[15] zu nutzen, ihre hohe »Plastizität«. Die Ambivalenz besteht darin, daß Atmosphäre den Vorteil hoher Anpassungsfähigkeit mit dem Nachteil von Kontingenzanfälligkeit kombiniert. Eine ökonomische Theorie kooperativer Teamproduktion muß daher erklären können, wie eine Steuerungsstruktur für Transaktionen beschaffen sein sollte, die steigende Erträge aus Plastizität mit sinkenden Kosten aus Kontingenz kombiniert. Die Wahrheit, die in diesem Zusammenhang zählt, ist: Autorität hat man nicht, sondern bekommt sie von den davon Gemeinten zugewiesen. Ob das geschieht, dafür sind die Festlegungen des formalen Arbeitsvertrages eine notwendige, aber nicht hinreichende Voraussetzung. Die Einhaltung des impliziten Arbeitsvertrages zählt.

Uns sollten daher jetzt drittens die Eigenschaften impliziter Verträge interessieren. Die Grundidee ist diese: In allen formalen vertraglichen Beziehungen eines Unternehmens, die durch nicht vollständig spezifi-

[15] Vgl. Alchian/Woodward 1987.

zierte und durch nicht kostenlos erzwingbare Vertragsinhalte gekennzeichnet sind, die also nicht über Spotmärkte abgewickelt werden können, läuft ein impliziter oder psychologischer Vertrag mit. Dieser besteht aus wechselseitigen Versprechungen oder gerechtfertigten Erwartungen, die in einem bestimmten Umfang verbindlich sind, obwohl sie nicht Bestandteil des formalen Vertrages sind. Auf Seiten des Unternehmens kann das etwa die geübte Praxis sein, auch in Krisenzeiten niemanden zu entlassen, sondern andere Wege des Personalabbaus zu suchen, die sowohl die Diversivität der in Frage kommenden Personen, als auch ihre Einkommensmöglichkeiten berücksichtigt. Auf Seiten der Mitarbeiter können das bestimmte erwartete Verhaltensstandards, Firmentreue, Engagement und so weiter sein. Leistungen dieses Typs sind nicht rechtlich erzwingbar, sondern basieren auf normativen Zuschreibungen. Es ist offensichtlich, daß implizite Verträge extrem unvollständig und in den Randbereichen unscharf sind. Es existiert in der Regel Einigkeit darüber, was im Prinzip gemeint ist, während die Grenzziehung in lokalen Fällen durchaus unbestimmt ist. Sowohl die Verletzung impliziter Verträge als auch ihre Überführung in Bestimmtheit sind Elemente der Transaktionsatmosphäre, die den Anpassungsprozeß wirtschaftlicher Tauschvorgänge an kontingente Ereignisse steuert.

Wir kommen damit zum vierten Bereich einer Ökonomik der Transaktionsatmosphäre, der Allokation moralischer Güter.[16] Moralische Güter sind personale Werte und Wertschätzungen (wie Ehrlichkeit, Loyalität, Offenheit, Fairneß, Würde und so weiter), die gemeinsam mit wirtschaftlichen Gütern zugewiesen werden. Das Teammitglied, das eine nur implizit vereinbarte wirtschaftliche Leistung erbringt, weist dem Transaktionspartner über seine Fairneß und Ehrlichkeit zugleich moralische Achtung und Status zu. Enger formuliert geht es demnach um die moral- und ökonomiegesteuerte Allokation von Achtung und Mißachtung symbolisierenden wirtschaftlichen Güter, mit denen wirtschaftliche Werte und moralische Anerkennung simultan zugewiesen werden.

Warum dies teamintern geschieht, wird deutlich, wenn wir die Firma als einen kollektiven Akteur verstehen[17], der wirtschaftlichen und moralischen Handlungsbeschränkungen unterliegt, aber auch selbst solche für seine individuellen Akteure repräsentiert. Letztere bringen wirtschaftliche und moralische Ressourcen in das Unternehmen ein, die zusammen das Teamkapital bilden, dessen Erträge individuell zugerechnet

[16] Vgl. ausführlich Wieland 1995b.

[17] Vgl. zu dieser dualen und konstitutionellen Konzeption der Firma Vanberg 1982, 1992; Gifford 1991 sowie ausführlicher Wieland 1996.

und zugewiesen werden müssen. Der Ertrag moralischen Kapitals ist Achtung, für deren Allokation dann ebenfalls Regeln bestehen sollten und auch bestehen.

Mit dieser Argumentationsfigur scheint es möglich, zwei Fehlurteile über die Allokationseigenschaften von Atmosphäre zu vermeiden. Erstens: Die in der Transaktionsatmosphäre erbrachten Leistungen werden kompensiert, auch wenn ihre Nichtexistenz im formalen Vertrag die Vermutung nahe legen könnte, daß sie dem jeweiligen Vertragspartner kostenlos zufallen. Karl Marx etwa hat die Auffassung vertreten, daß die Erträge der Kooperation dem Kapital kostenlos und zusätzlich zu den Erträgen aus der formalen Kontrahierung der Arbeitskraft zufließen.[18] Zweitens: Die Kompensation erfolgt nicht über einen sich bildenden Marktpreis, weil die Güter der Transaktionsatmosphäre nicht marktfähig sind. Beide Argumente sind alternative Formulierungen für das weiter vorne vorgetragene Argument, daß die Neue Organisationsökonomik nicht einseitig den Überwachungsaspekt von Vertragsarrangements focusiert, sondern die Gestaltung von deren Plastizität. Es ist eine der zentralen Aufgaben einer Ökonomik der Atmosphäre zu zeigen, daß, warum und wie Handlungen in der Atmosphäre von Tauschvorgängen kompensiert werden sollen und müssen. In dieser Auffassung gründet sich auch das später noch vorzutragende Argument, daß die Allokation moralischer Güter das Zentrum eine Ökonomik der Transaktionsatmosphäre ist.

Der für unseren jetzigen Zusammenhang entscheidende Gesichtspunkt ist, daß der Wirksamkeitsgrad impliziter Verträge auf die vorgängige Existenz und Aktivierbarkeit moralischer Güter angewiesen ist. Denn er ist seiner Natur nach nur beschränkt monetär anreizbar und im Hinblick auf die Dokumentationsschwierigkeiten kaum rechtlich erzwingbar. Vor allem aber ist er in seinen jeweiligen Elementen nicht auf separierbaren Märkten handelbar. Arbeitsethos kann nicht unabhängig von der Arbeitszeit oder einer definierten Arbeitsleistung angekauft werden, Arbeitsplatzsicherheit kann nicht zusätzlich zur Entlohnung hinzu oder verkauft werden. Vielmehr muß in beiden Fällen die Existenz moralischer Güter gegeben sein, die die impliziten Erwartungen und Versprechungen aktivieren. Implizite Verträge sind auf Dauer gestellte Optionen.[19] Dies ist eine entscheidende theoretische Festlegung für die Perspektive dieser Arbeit. Wir ziehen damit auch die Konse-

[18] Vgl. Marx 1867/1972, Kap. 11.

[19] Vgl. für die hier vorgetragene Argumentation Bull 1983 und Williamson 1993b, 132ff. Für eine Übersicht über die ökonomische Theorie impliziter Verträge vgl. Azariadis 1989.

quenzen aus Kenneth Arrows Überlegungen zu den Eigenschaften moralischer Werte:

»They are goods, they are commodities; they have real, practical value, they increase the efficiency of the system, enable you to produce more goods of whatever values you hold in high esteem. But they are not commodities for which trade on the open market is technically possible or even meaningful.«[20]

Jedoch aktivieren moralische Güter nicht nur optionale implizite Verträge, sie beschränken sie auch. Bei hoher Komplexität und Informationsunsicherheit sind die möglichen Konsequenzen einer Handlung derart vielfältig, daß dem Gewissen und dem Verantwortungsbewußtsein des Akteurs Grenzen gezogen werden müssen, wenn er nicht handlungsunfähig werden soll. Preise, Organisation und Recht sind drei Möglichkeiten, ein Verantwortungsspektrum zu definieren. Versagen das Preis-, Organisations- und Rechtssystem, ist die Zuweisung von Status das Mittel der Wahl.

3.

Moral ist aus der hier vertretenen Perspektive nicht nur und nicht in erster Linie ein ökonomieexternes Handlungsziel oder eine Handlungsbeschränkung oder eine motivationale Haltung, sondern integraler Bestandteil von organisationsökonomischen Allokationslösungen. Wenn es richtig ist, daß eine Klasse von Gütern existiert, bei denen der technologischen Separierbarkeit nicht eine Separierbarkeit personaler Werthaltungen entspricht, dann ist genau dies eine Quelle möglicher Fehlallokationen. Die ökonomische Bewertung einer Transaktion und die moralische Angemessenheit der Struktur ihrer Durchführung sind in diesen Fällen simultan fixierte Werte. Die komparativ effiziente Ausgestaltung dieses Allokationsprozesses wird damit zum Bestandteil des ökonomischen Problems. Wir beschränken diese Aussagen auf Transaktionen in Unternehmen, also auf dauerhaft angelegte Teamproduktion. Die Wirksamkeit des gleichen Mechanismus in teamexternen Tauschbeziehungen zu Kunden, Lieferanten, Partnern oder der Gesellschaft habe ich an anderer Stelle als »postallokative Situation« charakte-

---

[20] Arrow 1974, 23.

risiert und diskutiert.[21] Auf ihre Erörterung kann aber in unserem Kontext verzichtet werden.

Welche Klasse von teaminternen Entscheidungen wir ansteuern, mag folgendes Beispiel illustrieren:

Monetarisierbare Beschäftigungs-, Karriere- und Einkommenschancen für bestimmte Beschäftigte einer Unternehmung sind immer mit der Bürde anderer Mitglieder dieser ökonomischen Organisation verbunden, von der Nutzung dieser Güter ausgeschlossen zu sein. Nur ein Bewerber für eine bestimmte Position kann eingestellt werden, nur einer in eine bestimmte Leitungsfunktion befördert werden und nicht alle Aspiranten für ein Fortbildungsprogramm im Rahmen der Personalentwicklung können gleichzeitig berücksichtigt werden. In all diesen Fällen geht es um die reziproke Allokation von Benefiz und Bürde, und es ist gerade diese durch Knappheit induzierte Symmetrie von Bevorzugung und Ausschluß, die die Überlegung plausibilisiert, daß in all diesen Fällen nicht nur die Zuweisung von Faktorentlohnung, also ein rein wirtschaftliches Gut, auf der Agenda des Tausches steht. Simultan werden vielmehr über die Art des Entscheidungsverfahrens zur Zuweisung von Beschäftigungs-, Karriere- und Einkommenschancen die moralischen Güter der Gerechtigkeit und Fairneß gegenüber allen involvierten Akteuren mit zugewiesen. Dessen Ergebnisse bestimmen den Grad von Achtung oder eben Mißachtung, also den Status der den beteiligten Personen als Mitglieder eines ökonomischen Teams zugewiesen wird.

Es scheint evident, daß als extrem ungerecht wahrgenommene Allokationsmechanismen zu moralischer Erbitterung und Empörung führen können, die negative ökonomische Konsequenzen haben. Ebenso scheint die Überlegung einleuchtend, daß eine in dieser Hinsicht sensible Teamorganisation zu positiven ökonomischen Folgen führen sollte. Moralische Güter und Statusgüter haben nicht nur ökonomische Konsequenzen, sondern sind selbst Konsequenz von Ökonomisierungsstrategien. Denn die Zuweisung von Achtung oder Mißachtung auf Transaktionspartner ist ein Aspekt der umfassenden Funktion der Firma, nämlich die zum Marktprozeß alternative Allokation, Koordination und Beobachtung (Überwachung, Kontrolle) von Ressourcen.

Diese Perspektive ist für einen Ökonomen nicht einfach zu akzeptieren. Daß Firmen eine spezielle Version von Märkten sind, oder aber

[21] Der Begriff stellt auf die Tatsache ab, daß auch ex post, also durch den Vollzug einer Tauschleistung über den Markt, faktorspezifische Abhängigkeiten entstehen, gegen die sich rationale Konsumenten ex ante schützen wollen. Die Einhaltung von Garantieversprechungen und Serviceleistungen sind einschlägige Beispiele. Vgl. ausführlicher Wieland 1996.

doch analytisch so (also preistheoretisch) behandelt werden sollten, ist so etwas wie der kleinste gemeinsame Nenner der verschiedenen Ansätze zur Firmentheorie innerhalb der Standardökonomik.[22] Man sollte also Gründe dafür angeben können, wenn man diesem Programm nicht folgt. Der Punkt, denn man an dieser Stelle machen muß, ist schlicht der, daß Organisationen keine Spotmärkte sind. Sie sind vielmehr, wie die transaktionstheoretische Neue Organisationsökonomik zu Recht betont, das Resultat einer fundamentalen Transformation von temporalisierten Markt- in dauerhafte hierarchische Beziehungen. Die treibenden Faktoren dieser Transformation sind faktorspezifische Investitionen in Transaktionen, die ausbeutbare Abhängigkeiten entstehen lassen, unvollständige Informationen und vor allem unvollständige Verträge. Die Umstellung von Markt auf Hierarchie ist der Versuch, mit diesen Problemen ökonomisierend umzugehen und dadurch Transaktionskosten zu sparen. Fundamental heißt auch, das eine Analogisierung der so entstandenen Organisationsbeziehungen mit Marktbeziehungen die Unterschiede zwischen zwei ökonomischen Welten mißachtet und nur um den Preis empirischer Relevanz und einer unnötigen Einengung des Forschungsspektrums möglich ist.

Eine der wichtigsten Folgen der fundamentalen Transformation ist, daß in Teambeziehungen nicht die funktionale Anonymität des Marktes die Durchführung einer Transaktion sichert, sondern daß die Identität der Akteure zählt.[23] Ohne personale Identität und Integrität gibt es keine stabile Kooperation zwischen Personen. Personen, denen eine Identitätsbildung nicht gelingt, sind kooperationsunfähig. Unternehmen als Kooperationsverbände verkörpern daher diesen personalen Aspekt, aber sie sind auch formale Organisationen. Formale Organisation aber hat die Tendenz, personale Identität zu verdünnen. Organisationsversagen läßt sich demnach auch so formulieren: Unternehmen sind konstitutiv abhängig von gelingender Kooperation und reproduzieren selbst unablässig den Faktor, der diese zu zerstören in der Lage ist.

In diesen Problemaufriß situieren wir die Allokation von Status. Statuszuweisungen sind ein bedeutendes Element im Prozeß der Identi-

[22] Vgl. nur Schmalensee 1987, 803: »industrial organization ... may be broadly defined as the field of economics concerned with markets that cannot be easily be analysed using the standard textbook competitive model.« Ebenso Jensen/Meckling 1976, 311: »the firm is like the behavior of a market; i.e. the outcome of a complex equilibrium process.« Fama 1980, 290 hingegen schlägt eine andere Form der Identität von Organisations- und Markthandeln vor: »It is not quiet correct to say that a 'firm' supersedes 'the market'. Rather, one typ of contract supersedes another type.«

[23] Vgl. Williamson 1985, 62.

tätsbildung ökonomischer Akteure. Wir nehmen damit John Rawls[24] Bemerkung ernst, daß Status ein primäres Gut ist, sich auf die relative Stellung einer Person in einer gegebenen Güterverteilung bezieht und jenes Maß an Selbstachtung einer Person markiert, deren Ressourcen ihr durch andere Personen zugewiesen werden. Der Zwang zur Herstellung gelingender Kooperation, sowohl im Hinblick auf die Sicherung spezifischer Transaktionen mittels Organisation als auch im Hinblick auf die Existenzbedingungen von Organisation überhaupt, sind es daher, die die Allokation von Status zu einer unausweichlichen Aufgabe der Unternehmung macht.

4.

Unsere bisherige Argumentation für die Relevanz moralischer Güter kann sich in einem gewissen Umfang auf die bereits vorlegten Untersuchungen von Fred Hirsch[25] und Robert Frank[26] zu positionalen Gütern stützen. Positionale Güter sind Dinge, Dienstleistungen und Positionen, die knapp sind und dessen Besitzer ein hoher Status zugesprochen wird. Solche Güter, etwa Führungspositionen in der Wirtschaft, werden nicht (nur) wegen ihrer unmittelbaren Eigenschaften geschätzt, sondern wegen ihres Statuswertes. Vor allem Frank hat die Eigenschaften von Statusgütern bei Teamproduktion unter dem Gesichtspunkt unausweichlicher Reziprozität untersucht. Statusgewinne des einen, sind die Statusverluste des anderen. Da nun die individuelle Bewertung von Status unterschiedlich sei, so Frank, könnten Teammitglieder mit ausgeprägten Statuspräferenzen solche mit schwächeren kompensieren. Was er erklären will, ist, warum hinsichtlich ihrer Produktivität heterogene Teams dauerhaft existieren, deren Mitglieder nicht entlang ihrer marginalen Beiträge entlohnt werden. Status ist in diesem Diskussionskontext ein wirtschaftliches Gut, für das implizite Märkte und Preise existieren.

Dies ist nicht das von uns verfolgte Erklärungsziel. Obwohl wir daher sowohl die Vorstellung, daß wirtschaftliche Güter Träger von Status in einem Umfang sein können, daß diese ihren Charakter ändern, als auch die Annahme von Reziprozität und den daraus folgenden Zwang zur Kompensation, teilen, können wir nicht allen Annahmen

[24] Vgl. Rawls 1971/1979, 1993.

[25] Vgl. Hirsch 1977.

[26] Vgl. Frank 1984, 1985.

dieses Ansatzes folgen. Dies gilt vor allem für die Behauptung, Statusgüter seien Wirtschaftsgüter, die sich von anderen Wirtschaftsgütern nur dadurch unterschieden, daß sie auf impliziten Märkten gehandelt würden.

Ich möchte dafür argumentieren, daß die nicht bestrittene Tatsache, daß Statusgüter im Zusammenhang von Teamproduktion untrennbar mit wirtschaftlichen Gütern verbunden, aber nicht identisch sind, auf Formdifferenzen hinsichtlich ihres Allokationsverfahrens verweisen, die von Ökonomen beachtet werden sollten. Vor allem deshalb, weil der Zusammenhang der Güter darauf hinweist, daß es für Status keinen separierbaren Markt gibt. Im Zentrum unserer eigenen Überlegungen steht daher, daß Allokationsprobleme in den Organisationen der Wirtschaft nicht umstandslos auf die Koordination von Präferenzen und Preisen zurückgeführt werden können, sondern auf Ökonomisierungsstrategien der Transaktionspartner.

Frank's impliziter Markt zur Allokation von Statuspositionen über Preise funktioniert nur solange, wie angenommen werden kann, daß das Problem sich darin erschöpft, Präferenzen für oder gegen Statuspositionen auf gegebenen Märkten in Preisen darzustellen. Dies ist aus der Perspektive des Koordinationssystems Markt sicherlich der Vergang, aber er ist es nicht im Kooperationssystem Unternehmung.

Die Darstellung des Statusproblems als (explizites oder implizites) Marktproblem übersieht, daß faktorspezifische Investitionen, unvollständige Informationen und unvollständige Verträge entscheidende Faktoren für die Entstehung, Existenz und die Lösung des Allokationsproblems von Status in und zwischen Organisationen sind. Die Diskussion sollte daher auch auf den Organisationsmechanismus und nicht auf einen Marktmechanismus bezogen werden. Formdifferenzen zählen und Ökonomen sollten der Organisation nicht nur als Prozeßbegriff, sondern auch als Formbegriff Beachtung schenken. Weiterhin glaube ich, daß die Forschungsresultate der empirischen Gerechtigkeitsforschung[27] uns genügend Grund geben anzunehmen, daß ein solcher Allokationsmechanismus selbst der Gegenstand moralischer Beurteilung ist und daß der von Frank konstruierte Mechanismus zur Verteilung von Statuspositionen einer solchen Beurteilung nicht standhalten würde.

Das folgende soll erläutern, in welche Richtung diese letzte Behauptung zielt. Nehmen wir um des Arguments willen einmal an, daß alle Führungspositionen einer Unternehmung systematisch nach Parteibuch

---

[27] Vgl. exemplarisch für eine umfangreiche Literatur Lind et al 1993 sowie Greenberg 1990.

oder anderen Formen der Verwandtschaftsbeziehung vergeben würden. Kandidaten mit Ansprüchen aus ihrer Qualifikation oder aus Seniorität würden im Gegenzug mit Einkommenserhöhungen oder Freizeit kompensiert. Dennoch würde man mit dem hier vertretenen Ansatz prognostizieren, daß sich die Produktivität und die Zusammensetzung dieses Teams verschlechtern wird. Einerseits wegen der geringen Leistungssensitivität dieses Entlohnungssystems, andererseits weil vornehmlich nur Grenzanbieter auf Dauer bereit sein werden, sich in dieser Form demütigen zu lassen. Ein auf Selbstachtung bedachter rationaler Akteur wird daher der Kompensationsregelung nicht zustimmen, da diese durch eine moralisch induzierte sinkende Teamleistung und dadurch sinkender Faktorentlohnung selbst wieder kompensiert werden würde. Diese Zuweisungsregel für Statusgüter würde also moralische Verletzung mit ökonomischer Ineffizienz kombinieren und sollte daher für den Bereich ökonomischer Transaktionen abgelehnt werden.

Frank entgeht diesen Schwierigkeiten, indem er davon ausgeht, daß die wahren Präferenzen der Teammitglieder auf einem impliziten Markt zum Zuge kommen. Aber damit ist die Beobachtung abgedunkelt, daß mit der Verteilung von Status verleihenden Führungspositionen nicht nur wirtschaftliche Vorteile und Nachteile verbunden sind, sondern auch Urteile über Menschen, die als gerecht und fair im Team wahrgenommen werden müssen. Institutionenökonomisch gewinnen an dieser Stelle informelle Handlungsbeschränkungen, »Ideologie« um mit Douglas North[28] zu formulieren, an Bedeutung. Wenn Institutionen aber zählen, dann ist Zahlungsbereitschaft in westlichen Demokratien keine angemessene Form, Führungspositionen teamintern zugänglich zu machen. Eher schon das Prinzip der Gleichverteilung der Chancen für alle, die überhaupt in Frage kommen. Folgende Kriterien zur inhaltlichen Füllung dieses Prinzips sind möglich: Leistung, Fleiß, Ausbildung, Begabung und auch Alter und Seniorität. Die Zuweisung von Achtung wird bei diesem Verfahren die Zuweisung von Mißachtung überwiegen, denn auch diejenigen, die die Bürden dieses Verfahrens zu tragen haben (also die Position nicht erhalten) und die relevanten Beobachter werden das Verfahren im Lichte vernünftiger Betrachtung nicht als ungerecht erleben. Das entgegengesetzte Resultat würde erreicht, wenn Führungspositionen per Auktion unter den Mitgliedern einer bestimmten sozialen Schicht, die nach Gunst zusammengesetzt wurde, verteilt würden. Es ist offensichtlich, daß das zuletzt genannte Verfahren sehr extrem (aber nicht unmöglich) ist. Aber auch hier geht es nur

---

[28] Vgl. North 1990 sowie Denzau/North 1994.

um das Argument, daß die Gestaltung der Steuerungsregeln und deren moralische Einschätzung als Allokationsmechanismen zur Verteilung von Statusgütern in der Unternehmung ökonomische Konsequenzen hat. Wenn man diesem Gedanken zustimmt, dann steht man vor dem Problem, diesen Mechanismus so zu gestalten, daß er Ökonomisierungsstrategien zugänglich wird, ohne moralische Empörung hervorzurufen. Das aber ist ein typisches Problem der Atmosphäre ökonomischer Organisationen, welches in Spotmärkten nicht existiert.

5.

Gibt es eine Erklärung, die sowohl die Besonderheiten erfolgreicher Kooperation berücksichtigt als auch im Sprachspiel der Ökonomik operiert? Ich neige zu dieser Auffassung. Mein Vorschlag läuft darauf hinaus, im Rahmen eines transaktionsökonomischen Erklärungsansatzes Status als Element einer umfassenden organisatorischen Steuerungsstruktur für Transaktionen zu verstehen, die Objekt von Ökonomisierungsbestrebungen ist.

Es sollte nicht allzu sehr überraschen, wenn wir in diesem Zusammenhang zunächst feststellen, daß 1) die *Breite* der Zone der Akzeptanz, 2) die *Reichweite* von Autorität, 3) der *Erfüllungsgrad* impliziter Verträge und 4) die *Menge* der aktivierbaren moralischen Güter ökonomisch von Interesse sind. Es ist die simultane Korrelation der Ausprägungsmerkmale, die den Gegenstand der Ökonomik der Atmosphäre bilden. Damit ist aber noch nicht gesagt, wie sie in das Gebäude der ökonomischen Theorie integriert werden könnten. Jedenfalls ist der Stand der Dinge nicht nur wenig überzeugend, sondern auch kaum entwickelt.

Einer der Gründe hierfür besteht meines Erachtens darin, daß eine rein ökonomische Codierung der in Frage stehenden Sachverhalte nicht möglich ist. Denn es ist ja nicht nur der kühl kalkulierende ökonomische Akteur, sondern auch immer die moralische Person involviert. Ökonomische Akteure sind »multiple selves«[29], die ihre ökonomische und moralische Identität nicht sequentiell, sondern parallel aktivieren. Was daher immer zählt und mitläuft ist Atmosphäre.

Theorietechnisch läuft das zunächst auf ein interdisziplinäres Forschungsprogramm hinaus. Fragen des Vertragsrechts, der Sozialpsycho-

---

[29] Vgl. Ainslie 1987, 1993 sowie Elster 1987.

logie, der Moral, der Gesellschaftstheorie werden zu ökonomischen Fragen, weil und insofern sie Konsequenzen für die Wirtschaft haben. Daher muß dieses Forschungsprogramm so geschnitten sein, daß es Fragen des Rechts, der Psychologie, der Moral, der Gesellschaft als solche in den ökonomischen Ansatz einführt, weil es anderenfalls nichts über die spezifischen Wirkungsketten und Konsequenzen dieser Logiken für die ökonomische Logik erfährt.

Die Standardökonomik folgt eher dem umgekehrten Verfahren: Sie sucht noch ökonomischen Erklärungen für Recht, Psychologie, Moral und Gesellschaft und kann daher diese Phänomene auch nur zur ihren Konditionen rekonstruieren. Diese Methodologie war und ist ein sozialwissenschaftliches Erfolgsprogramm und die Ökonomen sind gut beraten, wenn sie ihr für die Erklärung von Marktoperationen weiter folgen. Aber ich möchte dafür argumentieren, daß die Erforschung der Transaktionsatmosphäre die Standardfragestellung umkehren muß, wenn dieser Bereich in das Gebäude der ökonomischen Theorie integriert werden soll.

Der Grund liegt transaktionstheoretisch in der fundamentalen Transformation von wirtschaftlichen Interaktionsbeziehungen, wenn und insofern diese von Markt- auf Organisationsbeziehungen umgestellt werden. In letzteren zählt im Unterschied zu ersterem für die Akteure nicht nur der rein wirtschaftliche Wert einer Leistung, sondern der Transaktionsprozeß selbst ist Gegenstand einer »quasimoralischen« (Williamson) Bewertung, weil personale Identität in Organisationen zählt. Organisationsökonomisch ist demnach die Nichtexistenz eines Marktes für Atmosphäre der entscheidende Gesichtspunkt, der unsere kosequentialistische Methode unterstützen sollte. Ein weiterer Grund besteht darin, daß hierarchische Austauschbeziehungen nicht allein über Preissignale gesteuert werden.

Wir gehen vielmehr mit Williamson[30] davon aus, daß nicht nur Preise ein Transaktionsinstrument sind, sondern daß Preise, Faktorspezifität und Vertragssicherungen simultan festgelegt werden. Auf unser Problem angewandt heißt daß, daß die Atmosphäre einer Transaktion so gestaltet werden muß, daß von ihr positive Signale zur Erbringung der zugesicherten Leistungen ausgehen.

Atmosphäre ist dann ökonomisch betrachtet ein Anreiz- und Sicherstellungsparameter, den es hinsichtlich der Anbahnung, Abwicklung und Kontrolle wirtschaftlicher Transaktionen weitsichtig zu gestalten gilt. Das ist es, was die Institutionenökonomik unter einer Governance-

---

[30] Vgl. Vgl. Williamson 1991.

struktur versteht. Sie ist eine institutionelle, formale und informelle Rahmenordnung zur Steuerung der verschiedenen Codes einer Organisation; eine Matrix, innerhalb deren Transaktionen verhandelt und möglichst vollständig durchgeführt werden können. Der Markt ist ein solches System, das Transaktionen allein über Preise steuert. Es ist diese radikale Reduktion von Komplexität, die den Markt auszeichnet und für Ökonomen mit gutem Gund zum Bezugspunkt für mögliche Alternativen macht. Organisationen sind eine solche Alternative. Sie werden dann zur Abwicklung ökonomischer Aktivitäten gewählt, wenn die Kosten der Benutzung von Märkten zu einem Marktpreis für eine Leistung führen, der über dem Preis liegt, der anfällt, wenn dieselbe Leistung über eine Organisation erbracht wird. Organisationen ökonomisieren also Transaktionskosten und leisten so einen Beitrag zum effizienten Umgang mit Knappheit. Das zentrale Thema einer Ökonomik der Organisation sind daher auch nicht Preise und Leistung, sondern die Anpassungsfähigkeit organisatorischer Arrangements zur möglichst friktionslosen Abwicklung von Transaktionen.

Es ist dieser zuletzt entwickelte Gedankengang, der den Weg frei macht für den Einbau atmosphärischer Parameter in die ökonomische Analyse, da offensichtlich unterschiedlich effektive und effiziente Arrangements zur Abwicklung ökonomischer Transaktionen existieren können und auch existieren. Dies gilt auch, wie wir am Beispiel der Verteilung von Einkommens-, Karriere- und Beschäftigungschancen gezeigt haben, für die Parameter der Transaktionsatmosphäre. Effizienz meint in diesem Kontext komparative und adaptive Effizienz, also den Vergleich von mindestens zwei Arrangements hinsichtlich ihr Anpassungsfähigkeit an Kontingenzen. Letztere können aus ausbeutbaren Abhängigkeiten infolge spezifischer Investitionen, unvollständigen Information und Verträgen resultieren und subjektiver oder objektiver Natur sein. Entscheidend ist, daß sie möglich sind und ihre Verhinderung Kosten generiert. Hier zeigt sich die zweite Seite der Gestaltung der Atmosphäre. Sie ist nicht nur eine Anreizkonstellation, sondern ein Set von Maßnahmen zur Sicherstellung einer wort- und sinngemäßen Durchführung von Verträgen.

Die Anreiz- und Sicherungsfunktion ökonomischer Atmosphäre ist relevant im Hinblick auf folgende Parameter der Wirtschaft:

1. Sie wirkt auf die erreichbare Leistung und den Wert eines Teams und zwar sowohl hinsichtlich des »Inputs« als auch des »Outputs«.
2. Sie ist eine Determinante der Höhe der anfallenden Kosten zur Anbahnung, Durchführung und Sicherstellung von Transaktionen.

3. Sie bestimmt die mögliche Tiefe der Arbeitsteilung und damit die Anzahl der erreichbaren Kooperationsmöglichkeiten und die Höhe der erreichbaren Kooperationsrenten in einer gegebenen Wirtschaft.

Hierzu zunächst eine ökonomische Anmerkung. Ohne in technische Details zu gehen, kann über die Wirkungsrichtung von atmosphärischen Parametern folgendes gesagt werden: Der entscheidende Punkt ist die Zuweisung moralischer Güter, weil davon die Qualität des impliziten Vertrages abhängt. Dieser wiederum bestimmt über die Reichweite von Autorität und die Breite der Zone der Akzeptanz die Steuerbarkeit von Organisation. Ökonomisch übersetzt heißt das, daß wir die Anpassungseffizienz der Durchführung von Transaktionen abhängig machen von den Erträgen aus Atmosphäre und dem dadurch möglichen Wegfall von Transaktionskosten. Diesen Erträgen stehen die Investitionen in ein solches Programm gegenüber.

Je größer die Verletzbarkeit einer Transaktion infolge der sie begleitenden spezifischen Investitionen und/oder der Unsicherheit von Informationen und Verträgen ist, desto signifikanter wird die Gestaltung der Transaktionsatmosphäre, weil hier ein wachsendes Ökonomisierungspotential liegt. Einzelwirtschaftlich kann im optimalen Fall die Teamleistung bei abnehmenden Transaktions- und Organisationskosten steigen. Über welchen Sachverhalt wir in gesamtwirtschaftlicher Hinsicht reden, sollte folgende Zahl andeuten. Empirische Untersuchungen von John Wallis und Douglas North[31] gehen für die USA davon aus, daß mehr als 45% des Volkseinkommens auf Transaktionskosten entfallen. Tendenz steigend. Moderat formuliert kann man daher sagen, daß die Ökonomisierung der Tauschatmosphäre für die Entwicklung gesellschaftlicher Wohlfahrt ein kritischer Parameter ist.

Das führt zu einer eher gesellschaftstheoretischen Bemerkung: Die sich rasch vollziehende Globalisierung der Wirtschaft und die daraus mit Notwendigkeit folgende Zunahme multikulturell zusammengesetzter Teams und kooperativer Verbände von Unternehmen werden die Bedeutung der drei genannten Hauptfaktoren kontingenter Ereignisse, – spezifische Investitionen, unvollständige Information und unvollständige Verträge –, wachsen lassen. Dies wird vermutlich einerseits eine Tendenz generieren, möglichst viele Tauschbeziehungen über Spotmärkte, also über Preise und Wettbewerb zu steuern. Andererseits, Transaktionen, die nicht über Spotmärkte laufen können, werden überhaupt nur stabilisierbar sein, wenn die Gestaltung atmosphärischer Parameter angemessene Aufmerksamkeit erfährt. Denn die Breite der

[31] Vgl. Wallis/North 1986.

Akzeptanzzone, die Reichweite von Autorität, die Auffüllung impliziter Verträge und die Zuweisungsregeln für moralische Güter unterliegen in einem hohen Maße kulturellen, also informellen Faktoren. Die immer wieder erfahrbaren Grenzen des Rechts und der Politik zur Sicherung ökonomischer, speziell globaler, Transaktionen sind auch hier begründet. Die Kehrseite dieser Erfahrung ist die Emergenz der ökonomischen Atmosphäre als zunehmend bedeutender Faktor des Wirtschaftens. Sie ist eine der Faktoren, die über die Wettbewerbsfähigkeit in der sich abzeichnenden Weltökonomie entscheiden wird.

Notieren wir dazu die Erfahrung des Praktikers. Edzard Reuter zieht das Resümee seiner Erfahrungen mit »Strategischen Allianzen« und »Konglomeraten Zusammenschlüssen« wie folgt:

»Wenn ich dabei den kritischen Erfolgsfaktor nennen sollte, so würde ich ohne Zögern den Teamgeist der internationalen Mitarbeiter nennen.« Und wenig später fährt er fort: »Der Beitrag des Partners zum eigenen Erfolg oder Mißerfolg ist nämlich letzten Endes mitentscheidend für das Vertrauensverhältnis innerhalb der Allianz. Und dieses kann durch kein noch so ausgeklügeltes Vertragswerk ersetzt werden.«[32]

Teamgeist, Vertrauen – damit sind wir in der »economics of atmosphere«. Die ökonomische Theorie hat Grund, diesem Thema mehr Aufmerksamkeit zu schenken.

Literatur

Ainslie, J. (1987): Beyond microeconomics. Conflict among interests in a multiple elf as determinant of value, in: Elster, J. (ed).

Ainslie, J. (1993): Picoeconomics. Cambridge: Cambridge University Press.

Alchian, A.A./Demsetz, H. (1972): Production, Information Costs and Economic Organization, in: American Economic Revue 143(1): 777-795.

Alchian, A.A./Woodward, S. (1987): Reflections on the Theory of the Firm, in: Journal of Institutional and Theoretical Economics 143(1): 110-136.

Appleby, K.J. (1978): Economic Thought and Ideology in Seventeenth-Century England. Princeton: Princeton University Press.

Arrow, K.J. (1974): The Limits of Organization. New York-London: Norton.

[32] Reuter 1994, 49.

Azariadis, C. (1989): Implizit contracts, in: Eatwell, J. et al. (eds): The New Palgrave. Allocation, Information, and Markets. London-Basingstoke: Macmillan.

Bull, C. (1983): Implicit contracts in the absence of enforcement and risk aversion, in: American Economic Review 73: 658-671.

Coase, R.H. (1937/1988): The Firm, The Market, and The Law. Chicago: Chicago University Press.

Denzau, A.T./North, D.C. (1994): Shared mental-modells-ideologies and institutions, in: Kyklos 47(1): 3-31.

Elster, J. (ed) (1987): The multiple self. Cambridge: Cambridge University Press.

Fama, E.F. (1980): Agency Probelms and the Theory of the Firm, in: Journal of Political Economy 88: 288-307.

Fama, E.F./Jensen, M.C. (1983a): Separation of Ownership and Control, in: Journal of Law and Ecomics 26: 288-307.

Fama, E.F./Jensen, M.C. (1983b): Agency problems and residual claims, in: Journal of Law and Economics 26: 327-349.

Frank, R.H. (1984): Are Workers Paid their Marginal Products? in: American Economic Revue 74(4): 549-571.

Frank, R.H. (1985): Choosing the Right Pond. Human Behavior and the Quest for Status. Oxford: Oxford University Press.

Gifford, A. (1991): A constitutional interpretation of the firm, in: Public Choice 68: 91-106.

Greenberg, J. (1990): Organizational Justice: Yesterday, today, and tomorrow, in: Journal of Management 16:401-434.

Hirsch, F. (1977): Social Limits to Growth. London-Henly: Routledge & Kegan Paul.

Holmström, B.R. (1979): Moral hazard and observability, in: Bell Journal of Economics 10: 74.91.

Holmström, B./Milgrom, P. (1994): The Firm as a Incentive System, in: American Economic Review 84(4): 972-991.

Jensen, M.C./Meckling, W.H. (1976): Theory of the Firm: Managerial Behavior, Agency Cost and Ownership Structure, in: Journal of Financial Economics 3(4): 305-360.

Lind, E.A. et al. (1993): Individual and Corporate Dispute Resolution: Using Procedural Fairness as a Decision Heuristic, in: Administrative Science Quarterly 38: 224-251.

North, D.C. (1990): Institutions, Institutional Change and Economic Performance, Cambrigde: Cambridge University Press.

Pareto, V. (1900): Sul fenomeno economico. Lettre a Benedetto Groce', in: Giornale degli Economisti 21.

Rawls, J. (1971/1979): Eine Theorie der Gerechtigkeit. Frankfurt a.M.

Rawls, J. (1993): Political Liberalism. New York: Columbia University Press.

Reuter, E. (1994): Strategische Allianzen und konglomerate Zusammenschlüsse, in: Neumann, M. (Hg.): Jahrestagung 1993. Unternehmensstrategie und Wettbewerb auf globalen Märkten und Thünen-Vorlesung. Schriften des Vereins für Socialpolitik Bd. 223. Berlin.

Schmalensee, R. (1987): Industrial Organization, in: Palgrave's Dictionary of Political Economy. London-Basingstoke: Macmillan.

Simon, H.A. (1957): Models of Man. New York: Wiley.

Simon, H.A. (1991): Organizations and Markets. In: Journal of Economic Perspectives (5)2: 25-44.

Smith, A. (1776/1976): An Inquiry into the Nature and Causes of the Wealth of Nations. (WN) Oxford: Claredon Press.

Smith, A. (1759/1976): The Theory of Moral Sentiment. (TMS) Oxford: Claredon Press.

Spangenberg, J.F.M. (1989): Economies of Atmosphere. Assen-Maastricht: Van Grocum.

Vanberg, V. (1982): Markt und Organisation. Individualistische Sozialtheorie und das Problem kooperativen Handelns. Tübingen.

Vanberg, V. (1992); Organizations as Constitutional Systems, in: Constitutional Political Economy 3(2): 223-253.

Wallis, J.J./North, D.C. (1987): Measuring the Transaction Sector in the American Economy, 1870-1970, in: Engerman, S.L./Gallman, R.E. (eds): Long-Term Factors in American Economic Growth. Chicago: Chicago University Press.

Walras, L. (1926/1976): Elements of Pure Ecomics and the Theory of Social Wealth. Homewood: Fairfield.

Wieland, J. (1992): Adam Smiths System der Politischen Ökonomie. Die Emergenz des ökonomischen Systems der Moderne, in: Krohn, W./Küppers, G. (Hg.): Emergenz: Die Entstehung von Ordnung, Organisation und Bedeutung. Frankfurt a.M.

Wieland, J. (1996); Ökonomische Organisation, Allokation und Status. Tübingen.

Williamson, O.E. (1975): Markets and Hierarchies. Analysis and Antitrust Implications. New York: Free Press.

Williamson, O.E. (1985): The Economic Institutions of Capitalism. Firm, Markets, Relational Contracting. New York: Free Press.

Williamson, O.E. (ed.) (1990): Organization Theory. From Chester Barnard to the Present and Beyond. Oxford: Oxford University Press.

Williamson, O.E. (1991): Comparative Economic Organization: The Analysis of Discrete Structural Alternatives, in: Administration Science Quarterly 36: 269-296.

Williamson, O.E. (1993a): Calculativiness, Trust and Economic Organization, in: Journal of Law and Economics 36: 453-486.

Williamson, O.E. (1993b): Transaction Cost Economics and Organization Theory, in: Industrial and Corporation Change 165(2):107-154.

Williamson, O.E. (1993c): The Evolving Science of Organization, in: Journal of Institutional and Theoretical Economics 149(1): 99-118.

Informelle Institutionen und ökonomische Analyse

Uwe Mummert

1. Einleitung

Fragen der Entstehung von Institutionen, ihres Wandels und ihre Wirkung auf das Handeln von Individuen sind in zunehmendem Maße Gegenstand der ökonomischen Analyse. Übernimmt man die Northsche Unterscheidung in formelle und informelle Institutionen (bei den formellen Institutionen handelt es sich danach um kodifizierte Regeln; bei den informellen dagegen um sozial-sanktionierte sowie verinnerlichte gesellschaftliche Normen[1]), läßt sich allerdings feststellen, daß der Fokus der Analyse auf den formellen Institutionen liegt und dies, obwohl in zunehmenden Maße – insbesondere im Rahmen der Transformationsdiskussion – die Bedeutung informeller Institutionen für funktionsfähige Marktwirtschaften betont wird.[2] Es scheint somit eine Lücke zwischen wissenschaftlicher Analyse und wissenschaftlichem Erkenntnisbedarf zu bestehen. Dennoch erfolgt eine systematische positive Analyse zur Beantwortung der Frage »do *informal* institutions indeed matter?« bislang nicht. Als Argument wird hierfür i.d.R. angeführt, daß informelle Institutionen selbst der ökonomischen Analyse nicht zugänglich seien.[3]

Im folgenden wird diese methodische Lücke geschlossen. Es wird gezeigt, daß ein interdisziplinärer Zugriff auf das Instrumentarium der

---

[1] Vgl. North 1990, 4ff.

[2] So stufen z.B. in einer Umfrage der Ungarischen Akademie der Wissenschaften zu den Problemen der Transformationsprozesse in den ehemals sozialistischen Ländern 15 von 30 Autoren die menschlich habituelle Komponente als Hauptproblem ein. Vgl. Debate on the Transition of Post-Communist Economies to a Market Economy; Acta Oeconomica 44, 1992.

[3] Vgl. z.B. North 1990, 43.

Sozialpsychologie dazu dienen kann, das Konzept »informelle Institutionen« zu operationalisieren und mit empirischem Gehalt zu füllen. Zuvor soll jedoch auf die Frage eingegangen werden, wie informelle Institutionen überhaupt vor dem Hintergrund des auf einem Rationalkalkül basierenden ökonomischen Verhaltensmodells zu interpretieren sind: Die Bedeutung, die informellen Institutionen insbesondere in Transformationsprozessen beigemessen wird, resultiert daraus, daß ihnen im Gegensatz zu den formellen Institutionen, die einer schnellen Änderung grundsätzlich zugänglich sind, Persistenzeigenschaften zugesprochen werden: »Informal constraints, unlike formal rules cannot be changed overnight.«[4] Die Ursache für die Persistenz informeller Institutionen wird in ihrer Internalisierung gesehen. Institutionen werden dann als internalisiert bezeichnet, wenn »'normgerechtes' Verhalten von äußerer Verstärkung weitgehend unabhängig und somit langfristig auch ohne Belohnung aufrecht erhalten wird«[5]. Übertragen in die ökonomische Terminologie bedeutet dies, daß die Befolgung bzw. Nicht-Befolgung von Normen als solche mit Nutzen oder »psychischen Kosten« verbunden ist. Neben die externen Sanktionsmechanismen treten intrinsische.

Ein wesentliches Prinzip des ökonomischen Erklärungsansatzes ist die Optimierung einer Zielgröße, d.h. ihre Maximierung oder Minimierung unter Nebenbedingungen. Dafür ist eine klare Definition und Trennung von Zielgröße und Nebenbedingungen Voraussetzung. In der mikroökonomischen Haushaltstheorie wird die Annahme getroffen, die Vorlieben – auch Präferenzen genannt –, die ein Individuum hat, ließen sich in einer sogenannten Präferenzordnung (unter Berücksichtigung bestimmter Axiome) widerspruchsfrei darstellen und durch eine Zuordnungsvorschrift in eine Funktion überführen, deren abhängige Variable als Nutzen bezeichnet wird. Alle äußeren Rahmenbedingungen, unter deren Berücksichtigung die Maximierung des Nutzens annahmegemäß vorgenommen wird, stellen Restriktionen in dem Sinne dar, daß sie die Erreichung des Wertes ∞ bei der Zielgröße Nutzen verhindern, eben einschränken. Die individuellen Vorlieben bzw. Präferenzen sind dabei das Ergebnis originärer lebensnotwendiger Bedürfnisse und sozialer Bedürfnisse, die von den jeweiligen Lebensumständen und dem sozialen Umfeld abhängen. Es handelt sich bei ihnen um Handlungsbereitschaften und somit um psychische Dispositionen. Entsprechend stellt auch die Zielgröße »Nutzen«, die als ein Maß indivi-

[4] North 1992,12.

[5] Herkner 1983, 43.

dueller, subjektiv empfundener Bedürfnisbefriedigung verstanden wird, eine psychische Kategorie dar.

Durch den Prozeß der Internalisierung wird das institutionell regulierte Handeln von externen Sanktionsmechanismen unabhängig – es wird zum Selbstzweck. Damit handelt es sich bei internalisierten Institutionen ebenfalls um psychische Dispositionen, die neben die Bedürfnisse eines Individuums treten. Wird nun versucht, internalisierte Institutionen in das ökonomische Verhaltensmodell einzubeziehen, stellt sich jedoch die Frage, ob internalisierte Institutionen als Teil der Präferenzen zu interpretieren und somit unter das Nutzenkonzept zu fassen sind, oder ob sie zu den Restriktionen zählen und Handlungen mit »psychischen Kosten« belegen. Hat somit eine Theorie informeller Institutionen und ihres Wandels zugleich eine Theorie des Präferenzwandels zu sein?

2. Internalisierte Institutionen – Präferenzen versus Restriktionen

Dem ökonomischen Erklärungsansatz liegt ein Verhaltensmodell zugrunde, das auf den ausgeführten Annahmen basiert. In diesem Abschnitt wird der Frage nachgegangen, wie im Rahmen dieses Verhaltensmodells informelle Institutionen zu interpretieren sind. Den Ausgangspunkt der Überlegungen bildet dabei die Position, daß es sich bei dem homo oeconomicus nicht um ein empirisches Menschenbild, sondern um ein Verhaltensmodell handelt, das allein als heuristisches Analyseinstrument dient. Menschliches Verhalten wird analysiert, *als ob* dieses auf Präferenzen und Restriktionen zurückzuführen wäre.

Oftmals wird die Ansicht vertreten, daß internalisierte Institutionen als Präferenzen zu behandeln sind.[6] Im folgenden wird gezeigt, daß eine solche Interpretation mit grundlegenden Problemen verbunden ist, die vermieden werden können, wenn internalisierte Institutionen als Restriktionen Eingang in das ökonomische Verhaltensmodell finden.

---

[6] Siehe z.B. Eger/Weise 1990, 83; Frey/Opp 1979, 286; Kirchgässner 1988, 13f; Witt 1987, 138.

2.1 Internalisierte Institutionen als Präferenzen

Während die traditionelle Ökonomik von einem eindimensionalen Nutzenkonzept ausgeht, wurden von einigen Autoren als Antwort auf logische Inkonsistenzen mit diesem Nutzenkonzept und zur Überwindung empirisch beobachtbarer Anomalien Ansätze mit mehrdimensionalen Präferenzordnungen entwickelt. Diese Ansätze sind vor allem dadurch gekennzeichnet, daß unterstellt wird, daß Individuen über verschiedene Präferenzebenen verfügen. Empirisch beobachtbare Inkonsistenzen werden dadurch erklärt, daß neben den normalen Präferenzen, die die Bewertungen von Güterbündeln repräsentieren, Individuen über zusätzliche oder ihnen übergeordnete Metapräferenzen verfügen, die die Ebene moralischer Wertvorstellungen verkörpern und in die – durch die normalen Präferenzen determinierten – Handlungen intervenieren.[7] Wie Brennan (1989) zeigt, sind diese Ansätze jedoch nicht in der Lage, die logischen und empirischen Probleme eindimensionaler Nutzenkonzepte zu lösen und haben darüber hinaus keinen zusätzlichen Erkenntniswert. Aus diesem Grund wird sich die folgende Argumentation allein auf eindimensionale Nutzenkonzepte beschränken.

Die Interpretation internalisierter Institutionen als Präferenzen orientiert sich im wesentlichen an psychologischen Lerntheorien, bei denen das Prinzip der Verstärkung im Vordergrund steht. Unter Verstärkern werden dabei positive oder negative Stimuli verstanden, die das Resultat von Verhaltensweisen sind. »Das operante bzw. instrumentelle Konditionieren basiert auf der Annahme, daß ein Verhalten durch seine Konsequenzen erklärt werden kann, genauer: die Konsequenzen eines bestimmten Verhaltens beeinflussen die Wahrscheinlichkeit seines künftigen Auftretens.«[8] Zu unterscheiden sind dabei primäre und sekundäre Verstärker: Erstere wirken von Geburt an als Verstärker. Es handelt sich dabei insbesondere um Reize, die in der Lage sind, biologische Triebe zu reduzieren. Für das soziale Verhalten sind diese primären Verstärker allerdings weniger von Bedeutung. Die meisten sozialen Verstärker (z.B. Lob, Macht, Anerkennung, Prestige, Geld) sind sekundäre Verstärker. Sie treten zunächst als neutrale, uninteressante Reize in Erscheinung und erwerben erst durch ihre Assoziation mit Belohnungsquellen Verstärkerqualität.[9] Eine Verstärkung muß dabei nach Bandura nicht selbst erfahren werden, sondern kann auch durch Beobachtung

[7] Vgl. z.B. Sen 1977; Hirschman 1985, Etzioni 1986.
[8] Wiswede 1981, 100.
[9] Vgl. Wiswede 1987, 48.

der Verhaltenskonsequenzen am Modell (z.B. einer anderen Person) erfolgen.[10] Externe Verstärker werden im Sozialisationsprozeß allmählich durch interne Selbstverstärkungsmuster substituiert, d.h. die Person lernt, »auf ihr eigenes Verhalten Verstärker zu applizieren; sie *internalisiert die Verstärker*«[11]. Als Ergebnis des Sozialisationsprozesses internalisieren Menschen somit soziale Normen und positive Verstärker (Befriedigung über Einhaltung von Normen).[12]

Übertragen in die ökonomische Terminologie stellen die individuellen Präferenzen damit das Ergebnis von Verstärkungs- und Internalisierungsprozessen dar.[13] Dies bedeutet aber, daß – entsprechend dieser Sichtweise – Institutionen im Internalisierungsprozeß eine Metamorphose erfahren: sie verwandeln sich von Restriktionen in Präferenzen:

> »Die Verhaltensnormierung durch Institutionen besteht erstens in der Aufrichtung von Sanktionen gegenüber inkonformem Verhalten, stellt das Verhalten also unter zusätzliche Restriktionen. Sie besteht zweitens in der Internalisierung von Werten, welche Verhaltensaspekte intrinsisch also ohne Rücksicht auf die Konsequenzen, lohnend macht; dies drückt sich in der Bewertung von Handlungsalternativen aus, ist also Bestandteil der Präferenzen«[14]. »Die Probleme der Normdevianz werden .. um so weniger ausgeprägt sein, je mehr die Normerfüllung als direkt nutzenstiftend empfunden wird, je weniger also Normen von – im soziologischen Sinne *internalisierten – Werten* unterschieden werden können. (...) Gleichsam verinnerlichte Restriktionen wären dann wie Präferenzen zu behandeln«[15].

Internalisierte Institutionen werden somit nicht allein aufgrund externer Sanktionsmechanismen befolgt, sondern ihre Beachtung an sich stiftet dem Individuum einen Nutzen. Es ist wichtig zu beachten, daß nach den sozialpsychologischen Lerntheorien nicht die Institutionen selbst, sondern ihre Verstärker internalisiert werden.

Entsprechend den ökonomischen Axiomen wird die Entscheidung eines Individuums, ob es eine Institution beachtet oder nicht, einem (subjektiv) rationalen Nutzen-Kosten-Kalkül entspringen. Bei einer Übertragung dieses Entscheidungsproblems in die formale Logik der mikroökonomischen Haushaltstheorie ergibt sich jedoch das Problem der Unteilbarkeit: Es ist nicht möglich, eine Institutionendevianz teil-

---

[10] Vgl. Wiswede 1981, 103f.

[11] Irle 1975, 259.

[12] Vgl. Irle 1975, 272.

[13] So auch die Sicht von Witt 1987, 133f.

[14] Gäfgen 1982, 30f. Siehe auch 37.

[15] Gäfgen 1984, 51. Hervorhebungen im Original.

weise durch eine andere Handlung zu substituieren.[16] Eine Institution kann entweder beachtet oder nicht beachtet werden – es handelt sich dabei um eine Null/Eins-Entscheidung. Die Frage eines institutionendeviantem Verhalten läßt sich jedoch als ein einmaliges Entscheidungsproblem beschreiben:

Der erwartete Nutzen (EU_j) einer Handlung (j), die den Verstoß gegen eine Institution bedeutet, kann als eine Funktion in Abhängigkeit vom dadurch erzielten Einkommen (Y_j) und der Wahrscheinlichkeit (ω_j), daß dieses Verhalten von anderen Individuen erkannt und sanktioniert wird, sowie der jeweiligen Sanktion (s_j) beschrieben werden[17]:

$$EU_j = \omega_j U_j(Y_j - s_j) + (1-\omega_j) U_j(Y_j)$$

$$0 \leq \omega_j \leq 1$$

Die Nutzenfunktion U verkörpert hierbei die *Präferenzen* eines repräsentativen Individuums, während s die durch die Institution bestehende *Restriktion* und y das (innerhalb der sonstigen *Restriktionen*) durch die Institutionendevianz erzielbare Einkommen darstellt. Entsprechend dem ökonomischen Verhaltensmodell werden Individuen eine *nicht-internalisierte* Institution dann verletzen, wenn der erwartete Nutzen, den das Einkommen aus einer solchen Devianz stiftet [$EU(Y)$], den erwarteten Nutzen des Einkommens, das durch eine Nichtdevianz erzielt werden kann [$EU(\bar{Y})$], übersteigt.[18] Unter der Annahme, daß $\bar{Y} = 0$, muß für eine Institutionendevianz somit gelten: $EU_j > 0$.

Wenn nun Sanktionen als positive Verstärker einer Institutionenbeachtung internalisiert werden, so beeinflussen die Sanktionen die Präfe-

[16] Angesichts der Tatsache, daß das Ausmaß begangener Straftaten variieren kann, mag eine solche Behauptung auf den ersten Blick als nicht richtig erscheinen. So erfolgt z.B. eine Steuerhinterziehung oft nur teilweise. Es ist jedoch nicht so, daß beispielsweise eine nur teilweise Versteuerung des Einkommens eine nur teilweise Institutionendevianz darstellt, sondern auch eine nur geringe Steuerhinterziehung stellt eine vollständige Institutionendevianz dar. Die Institution in diesem Fall ist »Jegliches Einkommen muß versteuert werden« und jeder Verstoß dagegen ist eine vollständige Institutionendevianz. Davon zu trennen ist, daß die Sanktionen bei einer Institutionendevianz mit ihrem Ausmaß, d.h. den durch sie verursachten Kosten (Mord wird z.B. höher bestraft als Diebstahl) variieren.

[17] Vgl. Becker 1982, 48. Becker führt dies dort für den speziellen Fall einer Straftat, d.h. der Verletzung formeller Institutionen, aus. Es wird dabei angenommen, daß das durch die Institutionenverletzung erzielte Einkommen unmittelbar nutzenstiftend ist und dieser Nutzenzuwachs auch bei einer Entdeckung der Handlung nicht rückgängig gemacht werden kann.

[18] Unter der Annahme, daß keine anderen Kosten mit der Handlung verbunden sind.

renzstruktur eines Individuums in der Weise, daß die Beachtung dieser Institution für das Individuum einen höheren Nutzen mit sich bringt als eine Nichtbeachtung, d.h. im Vergleich zu der Situation vor der Internalisierung stiftet das mit einer Institutionendevianz verbundene *gleiche* Einkommen dem Individuum nun einen *geringeren Nutzen*. Die individuellen Präferenzen werden somit durch die Institutionen – genauer: durch die mit ihnen verbundenen Sanktionen – beeinflußt. Dies bedeutet aber, daß ein formeller institutioneller Wandel in einem Präferenzwandel resultiert. Wie ausgeführt wurde, basiert der ökonomische Ansatz auf rationaler Nutzenmaximierung, d.h. eine Zielfunktion wird unter Nebenbedingungen maximiert. Damit müssen aber bestimmte Voraussetzungen erfüllt sein:

> »Rational maximizers maximize a well-defined target under a well-defined constraint by selecting an appropriate action. This requires a seperability and independence of tastes and constraints, not so much as a matter of logic but as of analytical usefulness. The idea that changing trade-offs between alternatives affects choices in a systematic way breaks down if the factors which affect these trade-offs simultaneously affect the evaluation of the alternatives, i.e. the utility functions.«[19]

Mit diesem Zitat sind zwei Probleme angesprochen, die sich als Folge einer Verknüpfung von formellen Institutionen (als Teil der Restriktionen) und Präferenzen ergeben, die aber deutlich zu trennen sind: Einmal die Frage nach der analytischen Nützlichkeit einer Trennung von Präferenzen und Restriktionen, zum anderen die Frage nach der formalen Lösbarkeit eines Problems bei einer Interdependenz von Präferenzen und Restriktionen.

Wenn sich Sanktionen und Präferenzen simultan gegenseitig beeinflussen, sind Zielfunktion und Nebenbedingung eines Entscheidungsproblems nicht mehr trennbar, und es ist daher nicht möglich, eine Lösung für das Problem zu bestimmen. Aber auch die psychologischen Lerntheorien gehen davon aus, daß für eine Internalisierung Zeit benötigt wird. Somit sind nicht die aktuellen Institutionen präferenzprägend, sondern die Institutionen der Vergangenheit. Dies läßt sich dadurch formalisieren, daß die Präferenzen in der Periode t beeinflußt werden durch die Sanktionsmechanismen der Institutionen in der Periode t–1.[20] Zur Veranschaulichung sei für das obige Entscheidungs-

---

[19] Schlicht 1990, 708.

[20] Die Präferenzen in der Periode t werden unmittelbar allein durch den Einfluß der Institutionen in der unmittelbaren Vorperiode geprägt. Der Einfluß der Institutionen in den Perioden davor ist bereits in den Präferenzen enthalten.

problem eine logarithmische Nutzenfunktion unterstellt, die einen Parameter a enthält, der von den Sanktionsmechanismen der für die betrachtete Handlung relevanten formellen Institution in der Vorperiode abhängig ist (auf den Indikator j wird zwecks einer besseren Übersichtlichkeit hier verzichtet):

$$EU = \omega[a_t ln(Y-s_t)] + (1-\omega)[a_t ln(Y)]$$

$$\text{mit } a_t = f(s_{t-1}), \text{ und } \partial a_t / \partial s_{t-1} < 0$$

$$\text{sowie } a > 0, Y > 1.$$

Je größer die mit einer Institutionendevianz verbundenen Sanktionen – d.h. desto intensiver die Verstärkung –, desto kleiner ist der Paramater a in der Nutzenfunktion in der folgenden Periode.[21] Daraus folgt, daß nach der Einführung einer externen Institution zu Beginn und einer Internalisierung zum Ende der Periode t–1, für den Nutzen, den jeweils das gleiche durch die Institutionendevianz erzielbare Einkommen stiftet, in der Periode t gilt:

$$U_{t-1}(Y) > U_t(Y)$$

Mit einer solchen Einführung eines Präferenzwandels ist es auch weiterhin möglich, ein dynamisch konsistentes Optimierungskalkül zu entwickeln.[22] Voraussetzung für eine dynamische Optimierung ist dabei allerdings, daß das Individuum den zukünftigen institutionellen Wandel und seine damit verbundenen zukünftigen Präferenzänderungen (als Folge institutionellen Wandels) kennt bzw. diese richtig antizipiert.[23]

Es ist jedoch die Frage nach der analytischen Nützlichkeit einer solchen Vorgehensweise zu stellen: Ziel einer institutionenökonomischen Erweiterung der ökonomischen Theorie sollte es sein, den Einfluß von formellen und informellen Institutionen auf das Verhalten der wirtschaftlichen Akteure in die Analyse einzubeziehen. Damit werden Ver-

---

[21] Entsprechend den Lerntheorien besteht ein positiver Zusammenhang zwischen Verstärkung (d.h. in diesem Fall Sanktionierung) und Internalisierung. Die Zeitdauer und Intensität der Internalisierung hängt wiederum von Parametern des Lernprozesses wie z.B. dem Rhythmus von Belohnungen und Bestrafungen ab. (Vgl. Irle 1975, 243f.)

[22] Ein Optimierungskalkül ist dann dynamisch konsistent, wenn das betrachtete Individuum zu einem Zeitpunkt t keinen Anlaß sieht, seine im Zeitpunkt t' (mit t' < t) formulierten Pläne zu verändern. (Vgl. Thaler 1980, 55; Hammond 1976, 166; Peleg/Yaari 1973, 395.)

[23] Vgl. Peleg/Yaari 1973, 395f. Es soll hier nicht diskutiert werden, ob es sich hierbei um einen endogenen oder exogenen Präferenzwandel handelt.

änderungen der Institutionen als verhaltensrelevant erachtet. Sollen Verhaltensänderungen als Folge der Veränderungen der informellen Institutionen in der ökonomischen Analyse über Präferenzänderungen modelliert werden, so ist dies mathematisch erheblich aufwendiger als eine Berücksichtigung der informellen Institutionen über die Restriktionen. Gleichzeitig müssen hinsichtlich des Informationsstandes der Individuen »heroische« Annahmen getroffen werden. Eine solche Vorgehensweise stände damit jedoch im Widerspruch zu dem Anspruch der Neuen Institutionenökonomik, gerade den Aspekt der nicht-vollkommenen Informiertheit – der begrenzten Rationalität – der Individuen hervorzuheben und in der ökonomischen Analyse zu berücksichtigen.

Ein weiteres Problem liegt in der Konsistenz der Argumentation: Im Rahmen des institutionenökonomischen Ansatzes werden Institutionen grundsätzlich als Restriktionen, denen menschliches Handeln unterliegt, interpretiert. Vor diesem Hintergrund ist es inkonsistent, formelle Institutionen und den nicht-internalisierten Teil der informellen Institutionen (d.h. die sozial-sanktionierten Institutionen) als Restriktionen, die internalisierten Institutionen dagegen als Teil der Präferenzen zu betrachten. Sollen Institutionen in die ökonomische Analyse einbezogen werden – und dies ist das Ziel der Neuen Institutionenökonomik –, so erscheint es sinnvoller, alle Formen von Institutionen unter das gleiche analytische Konzept zu fassen.

Schließlich ist auch zu fragen, in welchem Maße der Einfluß der Institutionen auf die Präferenzen angenommen werden soll. Unterstellt man, daß die Internalisierungsprozesse von primärer Bedeutung sind, dann gelangt man dahin, daß die individuellen Präferenzen das Ergebnis der gesellschaftlichen Institutionen darstellen, oder allgemeiner ausgedrückt: die individuellen Bedürfnisse sind das Produkt ihrer sozialen Umwelt. Damit wird der homo oeconomicus jedoch zum Zwillingsbruder des Rollenträgers der soziologischen Theorie, nämlich zur »Marionette« gesellschaftlicher Institutionen. Gäfgen beispielsweise sieht diese Problematik und hebt hervor, »daß die Institutionen nur *einen* Einfluß neben anderen darstellen, es sich eben nicht um den regel- und rollengebundenen homo sociologicus handelt«[24], aber es stellt sich dann die Frage, *wo* die Grenze des Einflusses von Institutionen auf die Präferenzen zu ziehen ist, bzw. welche »originären« Präferenzen (z.B. Essen) es gibt und in welchem Verhältnis sie zu »erlernten« Präferenzen stehen, und wann (z.B. ab welchem Sättigungsgrad) erstere von letzteren überlagert werden.

[24] Gäfgen 1982, 32. Hervorhebung nicht im Original.

2.2 Internalisierte Institutionen als Restriktionen

Eine Möglichkeit der Berücksichtigung von internalisierten Institutionen als Restriktionen wird in Anlehnung an ein Modell von Akerlof/Dickens gesehen.[25] Die psychologische Grundlage wird dabei nicht durch die oben bereits ausgeführten Elemente der Lerntheorien gebildet, sondern durch die *Theorie der kognitiven Dissonanz* von Festinger (1957).

Die Theorie der kognitiven Dissonanz basiert auf der Annahme, daß Personen ein Gleichgewicht zwischen ihren Kognitionen (die insgesamt ein kognitives System bilden) anstreben. Unter Kognitionen werden dabei z.B. Meinungen, Einstellungen, Glaubensweisen oder Wisseneinheiten verstanden.[26] Je nachdem, ob Kognitionen in einem Zusammenhang stehen oder nicht, unterscheidet Festinger relevante bzw. irrelevante Beziehungen zwischen diesen Kognitionen. Relevante Beziehungen können konsonant oder dissonant sein: Kognitionen stehen in einer dissonanten Beziehung, wenn sie sich widersprechen.[27] Kognitive Dissonanzen führen zu psychischen Spannungszuständen, die als unangenehm empfunden werden und daher eine Motivation erzeugen, diese Spannungen zu reduzieren. Der Motivationsdruck, eine kognitive Dissonanz zu beseitigen, hängt dabei von der Stärke der kognitiven Dissonanz ab.[28]

Die Reduktion der kognitiven Dissonanz kann auf verschiedene Weise durch Veränderungen des kognitiven Systems erfolgen: Neue Kognitionen können addiert werden, dissonante Kognitionen können subtrahiert werden (durch Ignorieren, Vergessen, Verdrängen), und schließlich können Kognitionen substituiert werden, d.h. dissonante Kognitionen werden subtrahiert, während gleichzeitig neue konsonante Kognitionen addiert werden. Kognitionen haben jedoch ein Beharrungsvermögen, so daß eine Modifikation des kognitiven Systems oft ein hohes Ausmaß an kognitiver Dissonanz erfordert.[29] Die Theorie beschreibt vier typische Situationen, in denen es zu kognitiven Dissonanzen kommt: Entscheidungssituationen, erzwungene Einwilligung, Konfrontation mit dissonanten Informationen und Uneinigkeit mit anderen Personen. Jede Situation, in der sich eine Person zwischen zwei Alter-

[25] Vgl. Akerlof/Dickens 1982, 307.
[26] Vgl. Frey, D. 1978b, 244.
[27] Vgl. Frey, D. 1978b, 244; Irle 1975, 311.
[28] Vgl. Fishbein/Ajzen 1975, 40.
[29] Frey, D. 1978b, 245.

nativen entscheiden muß, führt zu kognitiven Dissonanzen, da das Wissen, daß auch mit der nicht gewählten Handlungsalternative positive Aspekte und mit der gewählten negative Aspekte verbunden sind, dissonant ist mit dem Wissen um die gewählte Handlung. In Situationen erzwungener Einwilligung wird Personen ein Verhalten oktroyiert, das im Widerspruch zu ihren Einstellungen steht, so daß daraus kognitive Dissonanzen resultieren.[30]

Von besonderer Bedeutung ist, daß entsprechend der Theorie Menschen zur Vermeidung kognitiver Dissonanzen Informationen selektiv wahrnehmen können: Sie suchen z.B. nach Entscheidungen solche Informationen, die die Dissonanzreduktion erleichtern, während sie dissonante, reduktionserschwerende Informationen vermeiden. Menschen versuchen also die eigenverantwortlich gewählte Entscheidungsalternative durch die selektive Auswahl von Informationen abzusichern.[31]

Auf der Grundlage der Theorie der kognitiven Dissonanz entwickeln Akerlof/Dickens ein Entscheidungsmodell, in das sie das psychologische Konzept in Form dreier Grundannahmen aufnehmen:

> »First, persons not only have preferences over states of the world, but also over their beliefs about the state of the world. Second, persons have some control over their beliefs; not only are people able to exercise some choice about belief given available information, they can also manipulate their own beliefs by selecting sources of information likely to confirm 'desired' beliefs. Third, it is of practical importance for the application of our theory that beliefs once chosen persist over time.«[32]

Sie zeigen am Beispiel von Arbeitnehmern in risikoreichen Berufen, daß unter diesen Annahmen die Ignorierung von sicherheitsrelevanten Informationen durch die Arbeitnehmer als Ergebnis eines rationalen Kalküls interpretiert werden kann:

> »There is a benefit to believing that a job is safe, but also a cost. Those who choose to believe the job is safe, do not experience the unpleasant feeling of constant fear or unsettling doubts about how wise it was to take such a dangerous job. On the other hand, if they convince themselves the job is safe, they make costly judgement errors due to the discrepancy between their beliefs and the true state of the world. In our model the cost of believing that work is safe is the possibility of making a mistake in the choice of safety practice. The worker chooses his beliefs according to whether the benefit exceeds the cost, or vice versa. If the psychological benefit of suppressing one's fear in a particular

[30] Vgl. Fishbein/Ajzen 1975, 41.
[31] Frey, D. 1978b, 266.
[32] Akerlof/Dickens 1982, 307.

activity exceeds the cost due to increased chances of accident, the worker will believe the activity to be safe. Otherwise he will believe it to be unsafe. (...) Given his total choice set the agent chooses beliefs, and other things, to maximize his utility.«[33]

Auf das Modell selbst soll an dieser Stelle nicht näher eingegangen werden. In der von ihnen durchgeführten Trennung von Präferenzen und »beliefs« wird jedoch die Möglichkeit gesehen, internalisierte Institutionen als Restriktionen zu berücksichtigen.

Wie ausgeführt werden Institutionen dann als internalisiert bezeichnet, wenn normadäquates Verhalten von äußerer Verstärkung unabhängig wird, d.h. neben die externen Sanktionen treten intrinsische Faktoren. Das sozialpsychologische Pendant internalisierter Institutionen kann im Konzept der sozialen Einstellung gesehen werden: »Man ist sich in der Psychologie darüber einig, daß es sich bei Einstellungen um etwas Gelerntes und daß es sich bei Reaktionen gegenüber einem Einstellungsobjekt um solche handelt, die in der bisherigen Konfrontation mit dem Einstellungsgegenstand habituell geworden sind.«[34] Auch Einstellungen stellen im Sinne der Konsistenztheorien (zu denen Festingers Theorie der kognitiven Dissonanz zählt) Kognitionen dar: »Known collectively as 'consistency theories', they assume that individuals strive toward consistency among their beliefs, attitudes, and behaviors. (...) For example, if a person's behavior is inconsistent with his attitude he should try to reduce his dissonance by changing either his attitude or his behavior.«[35] Es besteht somit ein enger Zusammenhang von Einstellungen und Verhalten: »Most of the research designed to test dissonance theory has investigated the effects of inducing a person to behave in a way that is inconsistent with his beliefs or attitudes. (...) studies of this kind showed that people tend to bring their beliefs and attitudes into line with their actions«.[36]

Aufgrund dieses Zusammenhangs zwischen Handlungen und den ihnen gegenüber in Konsistenz zu gestaltenden Einstellungen ist es möglich, analog zur Vorgehensweise von Akerlof/Dickens individuelle Einstellungen und Präferenzen analytisch voneinander zu trennen: Individuen haben gemäß dieser Sichtweise auch hinsichtlich ihrer Einstellungen Präferenzen und können ihre Einstellungen kontrollieren. Sie sind um Konsistenz zwischen ihrem Handeln und ihren Einstellungen bemüht. Ein Handeln entgegen den individuellen Einstellungen (d.h. den

[33] Akerlof/Dickens 1982, 308.

[34] Mummendey 1979, 200f.

[35] Ajzen/Fishbein 1980, 22.

[36] Ajzen/Fishbein 1980, 22f.

internalisierten Institutionen) führt bei den Individuen zu kognitiven Dissonanzen, die als psychische Kosten interpretiert werden können. Internalisierte Institutionen belegen die von ihnen abweichenden Handlungen somit mit psychischen Kosten. Unterstellt man eine Ausgangssituation, in der Einstellungen und Handlungen konsistent sind, so wird ein Individuum bei der nächsten anstehenden Entscheidung dann entgegen seinen Einstellungen handeln, wenn der erwartete Nutzen dieser Handlung größer ist als die erwarteten Gesamtkosten, bestehend aus psychischen Kosten und externen Sanktionskosten.[37]

Demnach wird sich nach einer Internalisierung von Institutionen somit nicht der Nutzen, den das Einkommen einer Institutionendevianz dem Individuum stiftet, verändern, sondern neben die Sanktionskosten treten psychische Kosten (ψ_j), die den mit einer Institutionendevianz erwarteten Gesamtnutzen verringern. Die psychischen Kosten sind dabei eine Funktion der individuellen Einstellung (ε_j) gegenüber der betrachteten Institutionendevianz (j). Es ergibt sich hinsichtlich des Erwartungsnutzen einer Devianz von einer internalisierten Institution daher:

$$EU_j = \omega_j U_j(Y_j - s_j - \psi_j) + (1-\omega_t) U_j(Y_j - \psi_j)$$

$$\psi_j = f(\varepsilon_i), \text{ mit } \partial\psi_j/\partial\varepsilon_j > 0$$

ψ_j: Psychische Kosten der Institutionendevianz j

ε_j: Einstellung zur Handlung j

Je stärker die Einstellung – d.h. je stärker die Institution internalisiert ist –, desto höher sind die psychischen Kosten einer Institutionendevianz.

Internalisierte Institutionen sind hier nicht Teil der Präferenzstruktur, sondern Teil der Restriktionen, unter denen ein Individuum seinen Nutzen maximiert. Eine solche analytische Betrachtung vermeidet die Probleme, die mit einem Präferenzwandel verbunden sind. Gleichzeitig

---

[37] Mit dieser Annahme ließe sich auch der Wandel von Einstellungen als das Ergebnis eines Optimierungskalküls begründen. Auch eine Anpassung der Einstellungen ist mit Kosten verbunden. Damit wird ein Individuum bei einmaligen Handlungen seine Einstellungen nicht verändern, wenn die erfahrenen psychischen Kosten aufgrund kognitiver Dissonanzen geringer wären als die Kosten einer Veränderung der Einstellungen. Ein Wandel der formellen Institutionen würde danach zu einer Anpassung der informellen Institutionen führen, wenn die Kosten der Beibehaltung der überkommenen informellen Institutionen höher sind als der Nutzen einer Anpassung.

ermöglicht sie, internalisierte Institutionen in das ökonomische Verhaltensmodell einzubinden.

In der hier entwickelten Sichtweise sind internalisierte Institutionen somit mit zwei Sorten von Sanktionen verbunden: die externen und die internen Kosten einer Institutionendevianz, wobei im Unterschied zu den externen Sanktionskosten, die das Ergebnis des Produktes aus Entdeckungswahrscheinlichkeit und Sanktionshöhe sind, die internen Sanktionskosten immer eintreten. Die internen Sanktionskosten sind die Folge kognitiver Dissonanzen, die daraus resultieren, daß ein Individuum entgegen seinen internalisierten Institutionen handelt.

Das Problem, das mit einer solchen Vorgehensweise verbunden ist, liegt allerdings darin, daß nun die Gefahr besteht, ein anderes Extrem zu betreiben; jegliche Verhaltensanomalie wird auf psychische Kosten zurückgeführt. Derartige ad hoc Erklärungen sind natürlich zu vermeiden. Aus diesem Grund ist es nur dann sinnvoll, internalisierte Institutionen in die Analyse einzubeziehen, wenn es theoretische Begründungen für ihre Bedeutung im Rahmen der verfolgten Fragestellung gibt. Grundsätzlich sollten diese Hypothesen jedoch einer empirischen Überprüfung unterzogen werden. Zu diesem Zweck bedürfen internalisierte Institutionen einer konkreten Operationalisierung. Einer solchen Vorgehensweise steht jedoch die Ansicht entgegen, daß internalisierte Institutionen der Beobachtung und somit auch der ökonomischen Analyse nicht zugänglich seien.[38] Eine solche Position übersieht jedoch, daß sich in den sozial- und verhaltenswissenschaftlichen Nachbardisziplinen – insbesondere in der Sozialpsychologie – ein umfangreiches analytisches Instrumentarium zur Erfassung von derartigen Verhaltensparametern entwickelt hat. Im folgenden wird gezeigt, daß dieses Instrumentarium dazu dienen kann, Indikatoren für internalisierte Institutionen bereitzustellen. Wissenschaftliche Begriffe und Konzepte sind jedoch das Resultat der hinter ihnen stehenden Paradigmen und ihre Übertragbarkeit hängt von der Kompatibilität der dahinterstehenden Annahmen ab. Bevor auf einzelne methodische Ansätze eingegangen wird, wird daher überprüft, ob das psychologische Instrumentarium überhabt mit dem ökonomischen Erklärungsansatz vereinbar ist.

[38] Vgl. z.B. North 1990, 43.

3. Methodologische Gemeinsamkeiten und Unterschiede von Ökonomik und Sozialpsychologie

Während die Ökonomik im wesentlichen eine axiomatische, monoparadigmatische Wissenschaft darstellt, ist dies in der Sozialpsychologie – wie auch in der Psychologie allgemein[39] – nicht der Fall. Es besteht eine solche Heterogenität, daß es weder möglich ist, eine methodologische noch eine inhaltliche Identität der Sozialpsychologie zu bestimmen.[40] Irle (1975) lehnt aus diesem Grund sogar explizit eine Definition der Sozialpsychologie ab.[41] Ein Vergleich mit der Ökonomik macht daher eine Beschränkung auf einzelne sozialpsychologische Schulen notwendig. Im folgenden wird der kognitivistische Ansatz der Sozialpsychologie herausgegriffen und geprüft, inwiefern dieser mit dem ökonomischen Ansatz, der durch einen methodologischen Individualismus und die Annahmen der Nutzenmaximierung und rationalen Entscheidens gekennzeichnet ist, kompatibel ist. Auf behavioristische und psychoanalytische Ansätze wird dagegen nicht eingegangen.[42]

3.1 Methodologischer Individualismus

Die Sozialpsychologie läßt sich in einen soziologischen und einen psychologischen Zweig unterscheiden[43]: Während ein Schwerpunkt der soziologisch orientierten Sozialpsychologie in der Analyse »des Einflusses der gesellschaftlichen Bedingungen auf das Sozialverhalten«[44] besteht, stehen im Zentrum der psychologisch orientierten Sozialpsychologie die »*im* Individuum ablaufenden Prozesse, die auf soziale Gegebenheiten angewendet oder von diesen herbeigeführt werden«[45]. Dieser Unterscheidung entsprechen unterschiedliche methodologische Grundpositionen: Die erste orientiert sich an soziologischen Ansätzen

[39] Da die Sozialpsychologie ein Teilgebiet der Psychologie darstellt, gelten die folgenden Ausführungen zu einem großen Teil für die Psychologie insgesamt.

[40] Vgl. Frey/Greif 1983, 9; Graumann 1983, 32; Witte 1989, 7.

[41] Vgl. Irle 1975, 13ff.

[42] Wie an anderer Stelle gezeigt, verfügen diese Ansätze nicht über ein Instrumentarium, das zur systematischen Analyse informeller Institutionen geeignet wäre, was nicht zuletzt dadurch begründet ist, daß grundsätzliche Unterschiede zwischen den »Menschenbildern« dieser Ansätze und dem der Ökonomik bestehen. Vgl. Mummert 1995, 104ff.

[43] Vgl. Armistead 1974, 10ff; Witte 1989, 4.

[44] Witte 1989, 4.

[45] Witte 1989, 5. Hervorhebung im Original.

und ist damit tendenziell eher dem methodologischen Kollektivismus verbunden. Dagegen betont die zweite, »daß soziales Handeln an Individuen gebunden ist und diese letztlich Träger der Phänomene sind«[46]. Die psychologisch orientierte *moderne* Sozialpsychologie ist somit ebenfalls eine Wissenschaft vom Individuum.[47]

Nun ist für den methodologischen Individualismus der Ökonomik nicht nur kennzeichnend, daß das Individuum die Analyseeinheit bildet, sondern zusätzlich, daß soziale Phänomene den Erkenntnisgegenstand der Analyse bilden: nicht das Verhalten einer einzelnen konkreten Person soll analysiert und prognostiziert werden, sondern das Verhalten von Aggregaten.[48] Dementsprechend wird von verschiedenen Autoren auf die unterschiedlichen Erkenntnisgegenstände von Ökonomik und Psychologie verwiesen.[49] Hierbei wird jedoch übersehen, daß eine solche Beschränkung des Erkenntnisgegenstandes auf das einzelne Individuum allenfalls für die Individual-, nicht aber für die Sozialpsychologie gilt. In der Sozialpsychologie geht es sowohl um die Wirkungen der sozialen Umwelt auf individuelles Verhalten als *auch* um die Anwendung von in Individuen ablaufenden Prozessen auf soziale Phänomene: Kollektive Phänomene »wie 'Gruppengeist' oder 'Bewußtsein der Klassenlage' [werden] als Ergebnis individuell lokalisierbarer Prozesse«[50] interpretiert. Die psychologisch-orientierte Sozialpsychologie fundiert somit ebenfalls auf einem methodologischen Individualismus.

3.2 Die Annahmen – Nutzenmaximierung und Rationalität

Auch nach psychologischer Sicht handeln Menschen zielorientiert: Die kognitiven Verhaltenstheorien basieren im wesentlichen auf Erwartungswerttheorien und gehen damit ebenfalls von der *Annahme* aus, daß

[46] Witte 1989, 5.

[47] Hier wird eine Einschränkung auf die moderne Sozialpsychologie vorgenommen, da auch frühe Ansätze existieren (z.B. McDougall: »The group mind« (1920); Le Bon: »Psychologie der Massen« (1895); Wundt: »Völkerpsychologie« (1911-1920)), die dem methodologischen Kollektivismus verbunden waren und explizit die Existenz eines »group mind« oder »Volksgeistes« unterstellten. (Vgl. Graumann 1983, 35; Kalkofen/Faßheber 1983, 27.)

[48] Vgl. Tietzel 1981, 131. Siehe auch Kirchgässner 1991, 21.

[49] »In der Psychologie wird das Verhalten eines spezifischen Menschen zu erklären versucht; interpersonelle Unterschiede sind wichtig. In der Ökonomie wird hingegen gewöhnlich das Verhalten auf 'Märkten', d.h. von Gruppen von Personen, betrachtet« (Frey 1990, 68). Siehe zu dieser Sicht auch Lindenberg 1990, 736 sowie Röpke 1977, 118.

[50] Kalkofen/Faßheber 1983, 28.

individuelles Verhalten auf Entscheidungen zwischen den einer Person offenstehenden Verhaltensalternativen beruht.[51]

Entsprechend den Erwartungswerttheorien bewertet eine Person Handlungsalternativen, indem sie die mit einer Handlung verbundenen Konsequenzen bewertet (Werte) und diesen subjektive Einschätzungen ihrer Auftretenswahrscheinlichkeit (Erwartung) zuordnet. Meist wird dabei von einer multiplikativen Verknüpfung von Werten und Erwartungen ausgegangen. Die Erwartungswerttheorien gehen davon aus, daß die Person aus einer gegebenen Menge von Alternativen diejenige auswählt, für die die Summe der Produkte aus Erwartung und Werten am größten ist.[52] Die Handlung, der ein Individuum die größte Summe aus den Wert-Erwartungs-Produkten zuordnet, läßt sich jedoch ökonomisch als die Handlung interpretieren, die dem Individuum den (subjektiv) größten Nutzen stiftet. Damit ist die Nutzentheorie mit der sozialpsychologischen Erwartungswerttheorie vereinbar.[53] Zwischen den kognitivistischen Verhaltensmodellen und dem ökonomischen Modell bestehen daher große Parallelen: Beide gehen von einem aktiven subjektiven Erwartungsnutzenmaximierer aus.[54]

Ein Vorwurf, den die Ökonomik der Psychologie oftmals macht, ist der, daß sie irrationales Handeln zum Gegenstand habe, während der ökonomische Ansatz auf der Annahme individueller Rationalität basiere. Becker (1982) formuliert diesen Vorwurf in bezug auf die Disziplinen Soziologie, Psychologie und Anthropologie folgendermaßen: »Mit einem Einfallsreichtum, der Bewunderung verdiente, wenn er einem besseren Zweck dienen würde, wird fast jedes denkbare Verhalten auf Unwissenheit oder Irrationalität zurückgeführt, auf Werte und deren häufige, unerklärliche Veränderungen, auf Brauchtum und Tradition, wobei diese Beeinflußbarkeit irgendwie als Ausfluß sozialer Normen, oder des Ich und des Es angesehen wird«[55]. Eine solche Sichtweise ist jedoch vereinfachend, auch die Sozialpsychologie geht von rationalem Verhalten aus, verwendet jedoch einen weiteren Rationalitätsbegriff.[56]

---

[51] Vgl. Wiswede 1988, 521.

[52] Vgl. Stroebe/Frey 1981, 114.

[53] Vgl. Opp 1979, 7. Siehe auch Wiswede 1991, 18.

[54] Dies ist darauf zurückzuführen, daß beide Disziplinen in der utilitaristischen Sozialphilosophie Jeremy Benthams wurzeln. (Vgl. Stroebe/Frey 1980, 120. Siehe auch Albert 1977, 184ff.)

[55] Becker 1982, 13.

[56] »It is no novelty in those sciences to propose that people behave rationally – if that term is taken in its broader dictionary sense. Assumptions of rationality are essential components of virtually all the sociological, psychological, political, and

Während die Ökonomik von einem Rationalitätsverständnis im Sinne logischer Korrektheit ausgeht, wird in der Sozialpsychologie darunter die Sinnhaftigkeit des Verhaltens für den Entscheidenden verstanden.[57] Die Individuen handeln dabei auf der Grundlage subjektiver kognitiver Modelle, die sich nicht unbedingt der Realität annähern müssen. Verhalten, das nach logischen Maßstäben als irrational erscheint, kann aufgrund von begrenzten Informationsverarbeitungskapazitäten und subjektiven kognitiven Modellen durchaus rational sein.[58] So können z.B. Urteilsheuristiken, die zwar die Informationsverarbeitung vereinfachen, gleichzeitig zu Fehlurteilen führen.[59] Insbesondere die Ansätze der Neuen Institutionenökonomik lösen sich jedoch von dem traditionell-ökonomischen Rationalitätsbegriff und übernehmen mit dem Konzept der »bounded rationality« ein Rationalitätsverständnis, das dem der kognitiven Sozialpsychologie ähnelt.[60]

Es läßt sich zusammenfassend feststellen, daß der ökonomische und der kognitiv-sozialpsychologische Ansatz hinsichtlich ihrer Verhaltensannahmen Parallelen aufweisen. In beiden Fällen handelt es sich um Verhaltens*modelle* und nicht um empirische Menschenbilder. Zusätzlich sind sich beide Verhaltensmodelle in ihrer Grundstruktur einander sehr ähnlich: Das kognitionspsychologische Verhaltensmodell, das in seiner Grundstruktur auf Kurt Lewin zurückgeht, sieht individuelles Verhalten (**V**) als eine Funktion von Eigenschaften der betrachteten Person (**P**) und ihrer psychisch repräsentierten Umwelt (**U**): **V = f(P,U)**.[61]

Unter **P** können Eigenschaften wie z.B. Intelligenz, Soziabiliät und Werthaltungen verstanden werden. Diese Persönlichkeitseigenschaften bestimmen die individuellen Verhaltensdispositionen, d.h. sie bestimmen, welche Handlungen von den Individuen bevorzugt werden. Unterstellt man eine Normalverteilung der interindividuellen Unterschiede, so können die Unterschiede in den Persönlichkeitseigenschaften (wie z.B. der Intelligenz) vernachlässigt werden. Übrig bleibt ein repräsentatives Individuum, das bestimmte Werthaltungen hinsichtlich seiner Handlungen hat. Es besteht dann eine große Ähnlichkeit von **P**

---

anthropological theories« Simon 1978, 2. Vgl. auch Stroebe/Frey 1981,122f; Wiswede 1991, 18.

57 Simon bezeichnet ersteres als »substantive or objective«, letzteres als »procedural rationality«. (Vgl. Simon 1985, 294ff.)

58 Vgl. Simon 1985, 297.

59 Vgl. Kahneman/Tversky 1974, 1124-1131.

60 Dies ist nicht erstaunlich, da das Konzept der »bounded rationality« der Neuen Institutionenökonomik auf dem Ansatz des (Kognitions-) Psychologen Simon basiert.

61 Vgl. Irle 1975, 26.

zum ökonomischen Konzept der Präferenzen. Die psychisch repräsentierte Umwelt läßt sich dagegen als die individuell empfundenen Handlungsbeschränkungen interpretieren. Unterstellt man nun, daß sich die subjektiven kognitiven Modelle der Realität annähern, so beschreibt **U** die Restriktionen, denen sich ein repräsentatives Individuum gegenübersieht. Auch das psychologische Verhaltensmodell kann damit dahingehend interpretiert werden, daß es menschliches Verhalten ebenfalls als Funktion von Präferenzen und Restriktionen sieht.

Trotz dieser Ähnlichkeiten zwischen dem ökonomischen und dem kognitivistischen Verhaltensmodell bestehen aber auch grundlegende Unterschiede: Während das ökonomische Modell von einer strikten Trennung und Unabhängigkeit von Präferenzen und Restriktionen ausgeht, besteht im psychologischen Modell ein interdependentes Verhältnis zwischen den Variablen **P** und **U**. Ein weiterer Unterschied liegt darin, daß die kognitivistischen Ansätze nicht davon ausgehen, daß sich die subjektiven Wahrnehmungen langfristig der Realität annähern.[62] Hierzu werden seitens der Sozialpsychologie keine Aussagen gemacht, was darin begründet sein mag, daß die sozialpsychologische Analyse nicht auf langfristige Gleichgewichtsüberlegungen ausgerichtet ist.

Es sich zusammenfassend feststellen, daß methodologische Gemeinsamkeiten zwischen dem konventionellen neoklassischen und dem kognitivistischen Verhaltensmodell bestehen, die eine interdisziplinäre Synthese als grundsätzlich möglich erscheinen lassen. Es existieren zwar auch Unterschiede, diese sind jedoch nicht grundlegender Art: Während der neoklassische Subjektivismus durch die Annahme gekennzeichnet ist, daß sich die subjektiven Modelle der Realität annähern, ist ein solcher Mechanismus im Rahmen des psychologischen Ansatzes nicht gewährleistet.[63] Gleichzeitig wird die Trennung zwischen individuellen Zielen und Umgebungsbedingungen in der Psychologie nicht eindeutig gezogen. Dies hat zwar Einfluß auf die Methode, wodurch sich die Psychologie nicht der gleichgewichtstheoretischen Marginalanalyse bedient, dennoch ist von einem fundamentalen Gegensatz, der die Verwendung des psychologischen Instrumentariums unmöglich machte, nicht zu sprechen.

---

[62] Vgl. Stroebe/Frey 1980, 128,132,139.

[63] Hier bestehen somit Parallelen zur marktprozeßtheoretischen Sichtweise des konstitutionellen Wissensproblems.

4. Das sozialpsychologische Einstellungskonzept und informelle Institutionen

4.1 Informelle Institutionen und soziale Einstellungen

Da die hinter dem ökonomischen und dem (sozial-) psychologischen Verhaltensmodell stehenden Paradigmen grundsätzlich miteinander vereinbar sind, ist nun zu fragen, welches sozialpsychologische Konzept dazu dienen kann, informelle Institutionen empirisch analysierbar zu machen. Informelle Institutionen können – wie ausgeführt – in sozialsanktionierte und internalisierte Institutionen, wobei auch die sozialsanktionierten Institutionen internalisiert sein können, unterschieden werden. Persistente informelle Institutionen sind jedoch in erster Linie *internalisierte* Institutionen. Das sozialpsychologische Pendant internalisierter Institutionen kann im Konzept der *sozialen Einstellung* gesehen werden. »Man ist sich in der Psychologie darüber einig, daß es sich bei Einstellungen um etwas Gelerntes und daß es sich bei Reaktionen gegenüber einem Einstellungsobjekt um solche handelt, die in der bisherigen Konfrontation mit dem Einstellungsgegenstand habituell geworden sind.«[64]

Wie bereits ausgeführt stellen auch die psychologischen Verhaltensmodelle rein heuristische Konzepte dar. Einstellungen bilden somit ebenfalls keine ontologischen Phänomene und sind damit nicht der unmittelbaren Beobachtung zugänglich. Sie sind rein *heuristische* Konstrukte, die als intervenierende Variable zwischen Reizaufnahme und beobachtbarem Verhalten interpretiert werden.[65] Im Rahmen einer fruchtbaren positiven Analyse, ist es jedoch notwendig, die verwendeten heuristischen Konzepte mit empirischem Gehalt zu füllen. Zu diesem Zweck existiert in der Sozialpsychologie ein umfangreiches Instrumentarium zur Operationalisierung und empirischen Analyse des Konzeptes »Einstellung«. Im folgenden sollen die dazu verwendete Methodik vorgestellt werden.

4.2 Methoden der Einstellungsmessung

Es existiert eine Fülle an voneinander abweichenden Definitionen des (sozialen) Einstellungsbegriffs. Den meisten ist jedoch gemein, daß sie

[64] Mummendey 1979, 200f.

[65] Vgl. Faßheber 1979, 209.

Einstellungen verstehen als »relativ überdauernde Wahrnehmungs-, Bewertungs- und Handlungstendenzen gegenüber sozialen Gegenständen.«[66] Eine solche Definition basiert im wesentlichen auf dem Dreikomponentenmodell von Rosenberg und Hoveland (1960), nach dem Einstellungen durch eine kognitive, eine affektive und eine konative Komponente gekennzeichnet sind. Einstellungen setzen sich danach zusammen aus Meinungen – d.h. Wahrnehmungsurteilen oder Überzeugungen – (kognitive Komponente), Emotionen (affektive Komponente) und Handlungstendenzen (konative Komponente) gegenüber dem Einstellungsgegenstand.[67] Es ist zu beachten, daß mit der konativen Komponente nur eine Handlungstendenz angesprochen ist, die nicht mit tatsächlichem Handeln verwechselt werden darf. Zwischen Handlungstendenz und tatsächlichem Verhalten treten – für den Ökonomen nicht erstaunlich – weitere intervenierende Variablen (wie z.B. die Budgetrestriktion eines Individuums).

Da Einstellungen nicht unmittelbar beobachtbar und meßbar sind, werden sie aus Reaktionen der Probanden abgeleitet. Im Rahmen der empirischen Forschung erfolgt ihre Operationalisierung über die Bewertung eines vorgegebenen Sets an Aussagen über ein Einstellungsobjekt. Der Begriff Einstellungsobjekt kann dabei jeden Aspekt, dem eine Einstellung zugeordnet werden kann, bezeichnen. Es kann sich dabei beispielsweise um Individuen, Organisationen, Gegenstände, soziale Tatbestände (z.B. Armut) oder um konkrete Verhaltensweisen handeln.[68]

In den meisten Fällen erfolgt die Erhebung durch die Erfassung sprachlicher Äußerungen in einer Befragungssituation mit dem Instrument des Fragebogens, wobei die Messung in der Regel über Einstellungsskalen erfolgt.[69] Dieser Vorgehensweise liegt die *Annahme* zugrunde, die Einstellung einer Person zu einem Einstellungsobjekt ließe sich aus den Meinungen der Person über dieses Einstellungsobjekt ermitteln. Die Probanden werden mit einer Reihe von Feststellungen (Statements) über den Einstellungsgegenstand konfrontiert und die Zustimmung bzw. Ablehnung der Probanden zu diesen Aussagen dient als Indikator für deren Einstellung.[70]

---

66 Mummendey 1979, 199.
67 Vgl. Mummendey 1979, 199; Zimbardo 1992, 578.
68 Vgl. Ajzen/Fishbein 1980, 64.
69 Vgl. Benninghaus 1976, 43; Mummendey 1987, 33.
70 Vgl. Stapf 1982, 87.

4.2.1 Technik der summierten Einschätzungen

Die am häufigsten verwendete Methode ist die von Likert entwickelte »Technik der summierten Einschätzungen«, die nach ihm benannte Likert-Skala.[71] Der Proband gibt dabei auf einer vorgegebenen mehrstufigen Skala zu einer Reihe von Behauptungen (Items) jeweils den Grad seiner Zustimmung bzw. Ablehnung an. Die Skala verfügt dabei über zwei Pole, der eine entspricht vollkommener Zustimmung mit dem vorgegebenem Item und der andere vollkommener Ablehnung (den einzelnen Bewertungen werden dabei Zahlenwerte z.B. von +3 bis –3 zugeordnet). Die bei den einzelnen Statements von den Probanden angegebenen Werte werden addiert und ihre Summe ergibt den individuellen Einstellungsmeßwert eines Probanden.[72] Die so ermittelte Summe kann abermals durch die Anzahl der Items dividiert werden, so daß ein individueller Einstellungsindex entsprechend der folgenden Formel gebildet wird:

$$\text{Indivudueller Einstellungsindex} = \sum_{i=1}^{n} X_i / n$$

n = Anzahl der Items i .

Eine Einstellungsmessung mittels der Technik der summierten Einschätzung gibt jedoch nur geringe Auskunft darüber, *warum* eine Einstellung positiv oder negativ ist. Die Probanden werden mit vorgegebenen Items konfrontiert, in denen kognitive, konative und affektive Elemente nicht getrennt werden. Einen Ansatz, der dagegen bewußt diese Elemente trennt, bildet die »Theory of Reasoned Action« von Icek Ajzen und Martin Fishbein. Während es sich bei der Technik der summierten Einschätzungen um eine reine Methode zur Einstellungsmessung handelt, steht bei Ajzen/Fishbein ein Modell im Vordergrund, das individuelles Verhalten als Funktion mehrerer Variabeln erklärt und zu deren Erhebung eine bestimmte Methodik entwickelt wurde. In Erweiterung traditioneller Einstellungskonzepte wird Verhalten nicht nur auf Einstellungen, sondern auch auf soziale Normen zurückgeführt. Damit ermöglicht es dieser Ansatz, zusätzlich neben internalisierten Institutionen auch sozial-sanktionierte Institutionen zu identifizieren.

Das Verhaltensmodell ist von Ajzen/Fishbein mit dem Ziel entwickelt worden, über ein Instrument zu verfügen, das Verhalten mög-

[71] Vgl. Friedrichs 1990, 175f; Stosberg 1980, 100f.
[72] Vgl. Stosberg 1980, 100; Stapf 1982, 86.

lichst gut prognostiziert.[73] Um ein Instrument zu erhalten, daß eine Operationalisierung und empirische Analyse von informellen Institutionen ermöglicht, wird der Ansatz jedoch nicht hinsichtlich seiner Prognoseleistung übernommen, sondern allein hinsichtlich seiner Methodik zur Erfassung von Einstellungen. Zum besseren Verständnis soll im folgenden jedoch kurz der gesamte Ansatz skizziert werden; d.h. Modell und Methode werden parallel entwickelt.

4.2.2 Der Ansatz von Ajzen und Fishbein[74]

Auch Ajzen und Fishbein greifen die drei Aspekte »kognitiv, affektiv und konativ« des Dreikomponentenmodells auf, gehen dabei aber von anderen Beziehungen zwischen diesen Komponenten aus. Während das Dreikomponentenmodell die drei Aspekte nebeneinanderstellt, ordnen Ajzen und Fishbein diesen unterschiedliche Konzepte zu und operationalisieren sie auch unterschiedlich. Einstellungen haben für sie allein eine affektive Dimension: »Consistent with Thurstone's (1931) position, attitude may be conceptualized as the amount of affect for or against some object. We therefore suggest that 'attitude' should be measured by a procedure which locates the subject on a bipolar affective or evaluative dimension vis-à-vis a given object.«[75] Die Einstellung wird von den Meinungen (dem kognitiven Aspekt) getrennt. Die Meinungen verkörpern die Informationen, die das jeweilige Individuum über das jeweilige

[73] Das Ziel der Prognose menschlichen Verhaltens steht im Vordergrund der sozialpsychologischen Einstellungsforschung. Während man hier unsprünglich von einem starken Zusammenhang von Einstellungen und Verhalten ausging, setzte sich Anfang der siebziger Jahre die Erkenntnis durch, daß häufig nur ein geringer empirischer Zusammenhang zwischen Einstellungen und tatsächlichem Verhalten festzustellen war, für den selten Produkt-Moment Korrelationskoeffizienten größer als 0,3 ermittelt werden konnten. Aus diesem Grund konzentriert sich die sozialpsychologische Einstellungsforschung zu einem großen Teil auf die Frage, wie durch Einstellungskonzepte Verhalten möglichst gut vorhergesagt werden kann. Vgl. Lea et al. 1987, 8; Stapf 1982, 121. Ein Überblick über die Forschung über den Zusammenhang von Einstellungen und tatsächlichem Verhalten findet sich in Ajzen/Fishbein 1980, 13-27 sowie Fishbein/Ajzen 1975, 335-383. Siehe auch Faßheber (1979) 210; Stapf 1982, 98.

[74] Ajzen/Fishbein 1980. Das Verhaltensmodell wurde jedoch schon früher entwickelt. Fishbein/Ajzen fassen ihre Forschungsergebnisse hinsichtlich der Entwicklung des Modells und dessen Anwendung in ihrer Monographie von 1975 zusammen. Bei der Vorstellung des Modells orientieren sich die folgenden Ausführungen im wesentlichen an Ajzen/Fishbein 1980. Aufgrund der Deckungsgleichheit wird auf den jeweiligen Verweis auf Fishbein/Ajzen 1975 verzichtet.

[75] Fishbein/Ajzen 1975, 11. Siehe auch Ajzen/Fishbein 1980, 26f.

Einstellungsobjekt hat. Der konative Aspekt – die Handlungsbereitschaft – wird wiederum von den Einstellungen und den Meinungen getrennt und als Verhaltensintention gesondert erfaßt. Bei Ajzen und Fishbein finden sich somit zwar ebenfalls die Aspekte des Dreikomponentenmodells wieder, ihre theoretische Interpretation und methodische Vorgehensweise ist jedoch eine andere.[76] Zusätzlich unterscheidet diesen Ansatz vom Dreikomponentenmodell, daß zwischen den einzelnen Konzepten funktionale Zusammenhänge angenommen werden. Das Verhaltensmodel von Fishbein und Ajzen basiert auf folgenden funktionalen Beziehungen:

$$V \sim VI \propto w_1 E + w_2 SN$$

Es besteht ein Zusammenhang zwischen dem tatsächlich beobachtbaren Verhalten (V) und der Verhaltensintention (VI), der von verschiedenen Faktoren (Spezifizierung der Verhaltensintention hinsichtlich der Handlung, dem Ziel der Handlung, ihrem Kontext und dem Zeitpunkt, zu dem sie erfolgt) abhängt. Die Verhaltensintention ist eine Funktion einer Einstellungs- (E) und einer normativen Komponente (SN). Ajzen/Fishbein heben den Unterschied zwischen Einstellungen gegenüber einem Objekt (z.B. Einstellungen gegenüber Ausländern) und mit diesem Objekt im Zusammenhang stehenden Handlungen (z.B. die Beschäftigung von Ausländern) hervor.[77] Dementsprechend konzentriert sich der Ansatz auf Einstellungen gegenüber konkreten Verhaltensweisen.[78] Die zu ermittelnde Einstellung muß sich dabei eindeutig auf das *eigene* Verhalten des Individuums beziehen. Neben den Einstellungen erfaßt die *normative Komponente* den Einfluß der sozialen Umwelt auf die Verhaltensintention. Sie bezieht sich auf die Überzeugung des Individuums, hinsichtlich der Erwartungen, die die für ihn relevanten Bezugspersonen in bezug auf sein Handeln haben.[79]

Die Verhaltensintention ergibt sich somit als Funktion der individuellen Einstellung gegenüber einer konkreten Handlung und der subjektiven Überzeugung, wie andere über die Durchführung einer derartigen Handlung denken. Die jeweilige Bedeutung der einzelnen Komponenten wird durch Gewichtungsfaktoren (w) erfaßt.

Ajzen/Fishbein unterziehen die gewonnenen empirischen Daten einer linearen multiplen Regressionsanalyse auf Grundlage ihres

[76] Vgl. Six 1980, 59.
[77] Vgl. Ajzen/Fishbein 1980, 27.
[78] Vgl. Ajzen 1985, 12.
[79] Ajzen/Fishbein 1980, 56ff.

Modells. Das Ziel ist es dabei, zum einen den simultanen Einfluß beider unabhängiger Variablen (*E*, *SN*) auf die abhängige Variable (*VI*) zu ermitteln und zum anderen die jeweiligen Gewichtungsfaktoren (*w*), die wie ausgeführt den Einfluß der jeweiligen unabhängigen Variablen auf die abhängige Variable wiedergeben, zu bestimmen. Der durch die Regressionsanalyse ermittelte *multiple Korrelationskoeffizient R*, ist ein Maß für den simultanen Einfluß von *E* und *SN* auf *VI*, während die ermittelten standardisierten Regressionskoeffizienten die Werte für w_i angeben, d.h. den Einfluß der einzelnen Variablen auf die abhängige Variable *VI* wiedergeben.

Im Gegensatz zu anderen Methoden der Einstellungsforschung, begnügen sich Ajzen und Fishbein nicht mit der Ermittlung von Einstellungen und sozialer Normwahrnehmung, sondern ermitteln zusätzlich die hinter diesen Konstrukten stehenden Meinungen. Es ist somit möglich, Auskunft darüber zu erhalten, *warum* die Einstellungen die jeweilige Gestalt haben.

Nach Ajzen/Fishbein sind die Einstellungen (*E*) gegenüber einer Handlung das Ergebnis der Meinungen des jeweiligen Individuums über die Konsequenzen, die mit dieser Handlung verbunden sind. Bei einer Handlung sind dies die damit verbundenen Konsequenzen (*i*) der Handlung. Für die Einstellung ist entscheidend, wie diese Konsequenzen vom jeweiligen Individuum bewertet werden. Diese Bewertungen (*b*) gehen in den Indikator ein: Werden von einer Handlung Konsequenzen erwartet, die vom Individuum positiv bewertet werden, so ergibt sich damit eine positive Einstellung.

Zur Veranschaulichung sei die Vorgehensweise an einem Beispiel von Ajzen/Fishbein illustriert, bei dem es um die Einstellung zur Einnahme von Kontrazeptiva geht[80]: Eine Probandin meint z.B., daß eine Konsequenz einer dementsprechenden Einnahme eine Gewichtszunahme ist. Die Meinung über die Konsequenz der Handlung ist daher: »Wenn ich Kontrazeptiva einnehme, führt dies dazu, daß ich an Gewicht zunehmen werde«. Diese Meinung wird nun von der befragten Person auf einer Skala eingeschätzt:

Eine solche Gewichtszunahme finde ich:

sehr schlecht	schlecht	etwas schlecht	weder noch	etwas gut	gut	sehr gut
−3	−2	−1	0	+1	+2	+3

[80] Vgl. Ajzen/Fishbein 1980, 66.

Das jeweils angekreuzte Item gibt den Wert für b_i an. Mit einer Handlung sind jedoch nicht immer nur positive oder nur negative Folgen verbunden. Durch die Berücksichtigung mehrerer Handlungskonsequenzen wird diesem Aspekt Rechnung getragen.

Nun sind Menschen aber nicht immer vollkommen sicher, daß eine Handlung in der Tat die erwarteten Konsequenzen nach sich ziehen wird. Aus diesem Grund werden die Bewertungen der Konsequenzen mit der vom Individuum eingeschätzen Wahrscheinlichkeit ihres Auftretens (e_i) multipliziert. Die Einstellungskomponente hat damit folgende Form:

$$E \propto \sum_{i=1}^{m} b_i e_i$$

m = Anzahl der mit einer Handlung verbundenen Konsequenzen i .

Die Einstellung gegenüber einem Einstellungsobjekt verhält sich direkt proportional zu den bewerteten und gewichteten Meinungen über die mit dem Einstellungsobjekt (nach subjektivem Empfinden) verbundenen Konsequenzen.

Durch die explizite Trennung von Einstellung und Meinung und der Annahme eines funktionalen Zusammenhangs zwischen beiden Elementen, betonen Ajzen/Fishbein die – entsprechend ihrer Annahmen – entscheidende Bedeutung, die der Informationsstand von Individuen für ihre Einstellungsbildung hat.[81]

Auch die Komponente der subjektiven Normwahrnehmung (*SN*) ergibt sich als die Summe von erhobenen Meinungen (*m*).[82] Dementsprechend wird die Ansicht des Individuums über die Meinung der jeweiligen Bezugspersonen[83] hinsichtlich der Handlung erfaßt. Wenn es bei der Handlung – um abermals ein Beispiel von Ajzen/Fishbein aufzugreifen[84] – um eine Abtreibung ginge, würden die Probanden z.B. mit folgender Aussage konfrontiert: Meine Kirche denkt, ich [*sollte* (+3) : (+2) : (+1) : (0) : (–1) : (–2) : (–3) *sollte nicht*] abtreiben», wobei diese entsprechend ihrer Meinung eines der Items auf der Skala von (+3) bis (–3) anzukreuzen hätten.

---

[81] Vgl. Ajzen 1985, 14.

[82] Vgl. Ajzen/Fishbein 1980, 7.

[83] Es muß sich dabei nicht nur um eine Person handeln, sondern das Individuum kann sich auch auf Gruppen oder Organisationen (z.B. die Kirche) beziehen.

[84] Vgl. Ajzen/Fishbein 1980, 74.

Weiterhin kann erhoben werden, wie stark die Individuen mit diesen Erwartungen übereinstimmen wollen. Die Stärke des Willens, diesen Erwartungen zu entsprechen, wird als Motivationsstärke (s_j) bezeichnet. Die bewerteten Meinungen werden mit der Motivationsstärke gewichtet, so daß die Summe dieser Produkte einen Indikator für die subjektive Normwahrnehmung ergibt. Die zweite Komponente hat damit folgende Form:

$$SN \propto \sum_{j=1}^{n} m_j s_j$$

n = Anzahl der Bezugspersonen j

Die subjektiv wahrgenommene Norm hinsichtlich eines Einstellungsobjekt verhält sich direkt proportional zu den Meinungen über die Erwartungen relevanter Bezugspersonen.

Der Vorteil des Ansatzes von Ajzen und Fishbein gegenüber traditionellen Ansätzen zur Einstellungsmessung – wie der Technik der summierten Einschätzungen – liegt somit vor allem in der Berücksichtigung der kognitiven Fundierung der Einstellung. Entscheidend ist, daß diese Meinungen nicht vorgegeben werden, sondern die Probanden hinsichtlich ihrer Meinungen befragt werden. Dies ist jedoch nur bei kleinen Stichproben mit vertretbarem Aufwand durchzuführen. Für Untersuchung einer größeren Population schlagen Ajzen/Fishbein vor, zunächst eine Stichprobe aus dieser Population hinsichtlich ihrer Meinungen zu befragen. Die Meinungen, die sich bei allen Probanden finden lassen, werden dann für die Konstruktion eines Fragebogens verwendet, der der Gesamtpopulation vorgelegt wird. Damit sind zwei Ansätze vorgestellt worden, mit denen es möglich ist, internalisierte Institutionen zu operationalisieren und der empirischen Analyse zugänglich zu machen und somit Hypothesen über die Bedeutung und auch Persistenz von Institutionen auf ihre Relevanz zu überprüfen.

5. Zusammenfassung

Ziel dieses Beitrages war es, einen ersten Schritt dahin zu unternehmen, das Defizit der ökonomischen Analyse von informellen Institutionen zu überwinden. Das Konzept der informellen Institutionen schließt internalisierte Institutionen mit ein, denen insbesondere im Rahmen von Transformationsprozessen besondere Bedeutung beigemessen wird. Vor diesem Hintergrund waren zwei Fragestellungen zu beantworten: Wie sind internalisierte Institutionen im Rahmen des ökonomischen Verhaltensmodell zu interpretieren? Wie können Hypothesen über die Relevanz informeller Institutionen im allgemeinen bzw. internalisierter Institutionen im speziellen einer empirischen Überprüfung zugänglich gemacht werden?

Indem internalisierte Institutionen von externen Sanktionsmechanismen unabhängig und damit zu intrinsischen psychischen Variablen werden, besteht große Ähnlichkeit zu dem Konzept der Präferenzen, das unmittelbar mit der psychischen Kategorie »Nutzen« verbunden ist. Eine Einbindung internalisierter Institutionen über das Präferenzkonzept ist allerdings mit grundlegenden Problemen verbunden ist. Es konnte gezeigt werden, daß eine Berücksichtigung internalisierter Institutionen als Restriktionen diese Probleme vermeidet und somit aus Gründen der Konsistenz und Praktikabilität vorzuziehen ist.

Eine Einbeziehung internalisierter Institutionen – d.h. psychischer Kategorien – soll jedoch nicht dazu führen, daß beobachtbare Verhaltensanomalien somit vorschnell auf diese zurückgeführt werden. Um solche ad hoc Argumentationen zu vermeiden, ist es notwendig, über ein Instrumentarium zu verfügen, das es ermöglicht, das heuristische Konzept internalisierter Institutionen mit Gehalt zu füllen und somit Hypothesen über die Bedeutung internalisierter Institutionen für konkrete empirische Fragestellungen zu überprüfen. Zu diesem Zweck wurde ein interdisziplinärer Zugriff auf das sozialpsychologische Instrumentarium vorgeschlagen. Daß dies grundsätzlich möglich ist, ergab ein Vergleich der Verhaltensmodelle beider Disziplinen. Hinsichtlich der Frage des zu verwendenden Instrumentariums wurde gezeigt, daß grundlegende Parallelen zwischen dem Konzept internalisierter Institutionen und dem psychologischen Einstellungskonzept bestehen. Aus diesem Grund wurden anschließend zwei Ansätze vorgestellt, mit denen es möglich ist, Einstellungen zu analysieren und somit Hypothesen wie z.B. über die Persistenz informeller Institutionen in Transformationsprozessen systematisch zu überprüfen.[85]

In der hier vorgeschlagenen Synthese von ökonomischem Erklärungsansatz und psychologischer Methodik wird ein fruchtbarer interdisziplinärer Ansatz gesehen, durch den es möglich wird, auch verhal-

[85] An anderer Stelle wurde eine solche Analyse für das Finanzierungsverhalten ostdeutscher Unternehmer durchgeführt. Es wurde untersucht, ob in diesem Bereich persistente informelle Institutionen, die das Resultat einer Prägung durch das Institutionensystem der DDR sind, existieren und zur Erklärung empirischer Phänomene beitragen können. Vgl. Mummert 1995, 130ff..

tensrelevante psychische Dispositionen – wie es internalisierte Institutionen sind – zu berücksichtigen. Das ökonomische Verhaltensmodell – bestehend aus den heuristischen Komponenten Restriktionen und Präferenzen – erlaubt mit relativ wenig Annahmen eine Vielzahl von Phänomenen zu analysieren. Um jedoch zu gehaltvollen Aussagen zu gelangen, ist es notwendig, seine Komponenten zu spezifizieren und mit empirischem Gehalt zu füllen. Gehören zu den verhaltensrelevanten Rahmenbedingungen auch psychische Kategorien wie internalisierte Institutionen, so ist ihre Spezifizierung und empirische Analyse zum Zweck einer Verbesserung der Prognoseleistung des ökonomischen Modells notwendig. Zu diesem Zweck kann auf psychologische Erkenntnisse und Methoden zurückgegriffen werden.

Literatur

Ajzen, Icek (1985): From Intentions to Actions: A Theory of Planned Behavior, in: Kuhl/Beckmann, S. 11-39.

Ajzen, Icek und Fishbein, Martin (1980): Understanding Attitudes and Predicting Social Behavior, Englewood Cliffs, New Jersey.

Akerlof, George A. und Dickens, William T. (1982): The Economic Consequences of Cognitive Dissonance, in: The American Economic Review No. 3, Vol. 72, S. 307-319.

Albert, Hans (1977): Individuelles Handeln und soziale Steuerung. Die ökonomische Tradition und ihr Erkenntnisprogramm, in: Lenk, S. 177-225.

Armisstead, Nigel (Ed.) (1974): Reconstructing Social Psychology, Harmondsworth.

Becker, Gary S. (1982): Der ökonomische Ansatz zur Erklärung menschlichen Verhaltens, Tübingen.

Benninghaus, Hans (1976): Ergebnisse und Perspektiven der Einstellungs-Verhaltens-Forschung, Meisenheim am Glan.

Brennan, Timothy J. (1989): A Methodological Assessment of Multiple Utility Frameworks, in: Economics and Philosophy, 5, S. 189-208.

Eger, Thomas und Weise, Peter (1990): Normen als gesellschaftliche Ordner, in: Ökonomie und Gesellschaft. Individuelles Verhalten und kollektive Phänomene, Jahrbuch 8, Frankfurt.

Etzioni, Amitai (1986): The Case for a Multiple-Utility Conception, Economics and Philosophy, 2, S. 159-183.

Fassheber, Peter (1979): Einstellungstheorien, in: Heigl-Evers, S. 209-219.

Fishbein, Martin and Ajzen, Icek (1975): Belief, Attitude, Intention and Behavior: An Introduction to Theory and Research, Reading, Massachusetts.

Frey, Bruno S. (1990): Entscheidungsanomalien: Die Sicht der Ökonomie, in: Psychologische Rundschau, 41, S. 67-83.

Frey, Bruno S. und Opp, Karl-Dieter (1979): Anomie, Nutzen und Kosten. Eine Konfrontierung der Anomietheorie mit ökonomischen Hypothesen, in: Soziale Welt, Jg. 30, S. 275-294.

Frey, Dieter (Hrsg.) (1978a): Kognitive Theorien der Sozialpsychologie, Bern, Stuttgart, Wien.

Frey, Dieter (1978b): Die Theorie der kognitiven Dissonanz, in: Frey (1978a), S. 243-292.

Frey, Dieter (1983): Kognitive Theorien, in: Frey/Greif, S. 50-67.

Frey, Dieter und Greif, Siegfried (Hrsg.) (1983): Sozialpsychologie: Ein Handbuch in Schlüsselbegriffen. München, Wien.

Friedrichs, Jürgen (1990): Methoden empirischer Sozialforschung, 14. Auflage, Opladen.

Gäfgen, Gérard (1982): Institutioneller Wandel und ökonomische Erklärung, in: Jahrbuch für Neue Politische Ökonomie, Bd. 2, S. 19-49.

Gäfgen, Gérard (1984): Entwicklung und Stand der Theorie der Property Rights: Eine kritische Bestandsaufnahme, in: Neumann, S. 43-62.

Graumann, Carl Friedrich (1983): Geschichtliche Entwicklung der Sozialpsychologie, in: Frey/Greif, S. 32-39.

Hammond, Peter J. (1976): Changing Tastes and Coherent Dynamic Choice, in: Review of Economic Studies 43, S. 159-173.

Heigl-Evers, Anneliese (Hrsg.) (1979): Die Psychologie des 20. Jahrhunderts, Bd. 8: Lewin und die Folgen. Sozialpsychologie, Gruppendynamik, Gruppentherapie, Zürich.

Heinemann, Klaus (Hrsg.) (1987): Soziologie wirtschaftlichen Verhaltens, in: Kölner Zeitschrift für Soziologie und Sozialpsychologie, Sonderheft 28, Opladen.

Herkner, Werner (1983): Behavioristische Ansätze in der Sozialpsychologie, in: Frey/Greif, S. 40-49.

Hirschman, Albert O. (1985): Against Parsimony, Economics and Philosophy, 1, S. 7-21.

Irle, Martin (1975): Lehrbuch der Sozialpsychologie, Göttingen.

Kahnemann, Daniel und Tversky, Amos (1974): Judgement und uncertainty: Heuristics and biases, in: Science, 185, S. 1124-1131.

Kalkofen, Hermann und Fassheber, Peter (1983): Gegenstandsbestimmung und theoretische Position. Studieneinheit Sozialpsychologie 1/1, Tübingen.

Kirchgässner, Gebhard (1988): Ökonomie als imperialistische Wissenschaft. Zur Anwendung des ökonomischen Verhaltensmodells in den benachbarten Sozialwissenschaften, in: Jahrbuch für Neue Politische Ökonomie, Bd. 7, S. 128-145.

Kirchgässner, Gebhard (1991): Homo Oeconomicus, Tübingen.

Kuhl, Julius u. Beckmann, Jürgen (Ed.) (1985): Action control from Cognition to Behavior, Berlin, Heidelberg.

Lea, Stephen E.G., Tarpy, Roger M. and Webley, Paul (1987): The Individual in the Economy. A Survey of Economic Psychology, Cambridge.

Lenk, Hans (1977): Der methodologische Individualismus ist (nur?) ein heuristisches Postulat, in Eichner/Habermehl (Hrsg.), S. 34-45.

Lindenberg, Siegwart (1990): Homo Socio-oeconomicus: The Emergence of a General Model of Man in the Social Sciences, in: Journal of Institutional and Theoretical Economics 146, S. 727-748.

Mummendey, Hans Dieter (1979): Begriff und Messung von Einstellungen, in: Heigl-Evers, S. 199-207.

Mummendey, Hans Dieter (1987): Die Fragebogen-Methode, Göttingen.

Mummert, Uwe (1995): Informelle Institutionen in ökonomischen Transformationsprozessen, Baden-Baden.

Neumann, Manfred (Hrsg.) (1984): Ansprüche, Eigentums- und Verfügungsrechte. Schriften des Vereins für Socialpolitik, N.F. Bd. 140; Berlin.

North, Douglass C. (1990): Institutions, Institutional Change, and Economic Performance, Cambridge.

North, Douglass C. (1992): Privatization, Incentives, and Economic Performance, in: Siebert, S. 3-16.

Opp, Karl Dieter (1979): Individualistische Sozialwissenschaft. Arbeitsweise und Probleme individualistisch und kollektivistisch orientierter Sozialwissenschaften, Stuttgart.

Peleg, Bezalel and Yaari, Menahem (1973): On the Existence of a Consistent Course of Action when Tastes are Changing, in: Review of Economic Studies 40, S. 391-401.

Petermann, Franz (Hrsg.) (1980): Einstellungsmessung – Einstellungsforschung, Göttingen.

Röpke, J. (1977): Die Strategie der Innovation: eine systemtheoretische Untersuchung der Interaktion von Individuum, Organisation und Markt im Neuerungsprozeß, Tübingen.

Schiefele, Ulrich (1990): Einstellung, Selbstkonsistenz und Verhalten, Göttingen.

Schlicht, Ekkehart (1990): Rationality, Bounded or not, and Institutional Analysis, in: Journal of Institutional and Theoretical Economics 196, S. 703-719.

Sen, Amartya K. (1977): Rational Fools: A Critique of the Behavioral Foundations of Economic Theory, Philosophy and Public Affairs, 6, S. 317-344.

Siebert, Horst (1992): Privatization – Symposium in Honor of Herbert Giersch, Kiel.

Simon, Herbert A. (1978): Rationality as a Process and as Product of Thought, in: American Economic Review, Vol. 68, No. 2, S. 1-16.

Simon, Herbert A. (1985): Human Nature in Politics: The Dialogue of Psychology with Political Science, in: The American Political Science Review, Vol. 79, S. 293-304.

Six, Bernd (1980): Das Konzept der Einstellung und seine Relevanz für die Vorhersage des Verhaltens, in: Petermann, S. 55-84.

Stachowiak, Herbert, Herrmann, Theo und Stapf, Kurt (Hrsg.) (1982): Bedürfnisse, Werte und Normen im Wandel. Bd. II: Methoden und Analysen; München.

Stahlberg, D. und Frey, D. (1990): Einstellungen I: Struktur, Messung und Funktionen, in: Strobe et al., S. 144-170.

Stapf, Kurt H. (1982): Einstellungsmessung und Verhaltensprognose. Kritische Erörterung einer aktuellen sozialwissenschaftlichen Thematik, in: Stachowiak et al., S. 73-128.

Stosberg, Manfred (1980): Klassische Ansätze in der Einstellungsmessung, in: Petermann, S. 99-116.

Stroebe, Wolfgang und Frey, Bruno S. (1980): In Defense of Economic Man: Towards an Integration of Economics and Psychology, in: Schweizerische Zeitschrift für Volkswirtschaft und Statistik, 116. Jg., Heft 2, S. 119-148.

Stroebe, Wolfgang und Frey, Bruno S. (1981): Psychologische Aspekte des ökonomischen Verhaltensmodells, in: Tietz, S. 113-129.

Stroebe, Wolfgang, Hewstone, Miles, Codol, Jean-Paul und Stephenson, Geoffrey, M. (Hrsg.) (1990): Sozialpsychologie – Eine Einführung, Berlin.

Thaler, Richard (1980): Toward a Positive Theory of Consumer Choice, in: Journal of Economic Behavior and Organisation 1, S. 39-60.

Tietz, Reinhard (Hrsg.) (1981): Wert und Präferenzprobleme in den Sozialwissenschaften; Schrift des Vereins für Socialpolitik, Gesellschaft für Wirtschaft und Socialwissenschaften, N.F. Bd. 122, Berlin.

Tietzel, Manfred (1981): Die Rationalitätsannahme in den Wirtschaftswissenschaften oder Der homo oeconomicus und seine Verwandten, in: Jahrbuch für Sozialwissenschaften, Bd. 32, S. 115-138.

Vanberg, Viktor (1984): 'Unsichtbare-Hand Erklärung' und soziale Normen, in: Normengeleitetes Verhalten in den Sozialwissenschaften. Schriften des Vereins für Socialpolitik, N.F. Bd. 141, Berlin, S. 115-146.

Wiswede, Günter (1981): Sozialpsychologische Aspekte der Präferenzbildung, in: Tietz, S. 183-111.

Wiswede, Günter (1987): Über die Entstehung von Präferenzen, in: Heinemann.

Wiswede, Günter (1988): Ökonomische Psychologie – Psychologische Ökonomie. Probleme und Befunde wirtschaftspsychologischer Forschung, in: Zeitschrift für Wirtschafts- und Sozialwissenschaften, 108, S. 503-592.

Wiswede, Günter (1991): Einführung in die Wirtschaftspsychologie, München.

Witt, Ulrich (1987): Individualistische Grundlagen der Evolutorischen Ökonomik, Tübingen.
Witte, Erich H. (1989): Sozialpsychologie, München.

Zur Bedeutung von Institutionen für die ökonomische Theorie

Zugleich ein Beitrag zum Verständnis evolutionärer Theorieentwicklung

Norbert Reuter

1. Das Problem

Untersuchungen zur Institutionengenese und zum institutionellen Wandel stehen im Mittelpunkt der Veröffentlichungen von Thorstein B. Veblen (1857-1929), Wesley C. Mitchell (1862-1945) und John R. Commons (1874-1948), also jener Autoren, die um die Jahrhundertwende in Amerika den Institutionalismus als neues Forschungsparadigma der Ökonomik begründeten.[1] Ihnen kommt das Verdienst zu, als erste die Notwendigkeit einer institutionentheoretischen Fundierung der Ökonomik erkannt zu haben,[2] womit sich gleichzeitig grundlegende Konfliktlinien zur (neo)klassischen Interpretation wirtschaftlicher Prozesse ergaben. Ausgangspunkt ihrer »Häresie« waren Beobachtungen von wirtschaftlichen und gesellschaftlichen Verhaltensmaximen und Verfahrensweisen, die vom zeit- und raumlosen Konzept des »homo oeconomicus« als Grundlage neoklassischer Theoriebildung nicht eingefangen werden konnten.

---

[1] Vgl. zur Abgrenzung verschiedener »institutionalistischer« Ansätze Seifert/ Priddat 1995; Reuter 1994a.

[2] Außerhalb des hier vorgestellten Paradigmas thematisiert in jüngster Zeit in ähnlicher Weise D.C. North die Genese und den Wandel von Institutionen und versucht, Rückwirkungen auf die ökonomische Theorie zu analysieren. Vgl. v.a. North 1992. Zur Institutionentheorie bei North vgl. Priddat 1995. Ein Vergleich dieser Ansätze, der wegen offensichtlicher Parallelen und unübersehbarer Differenzen sehr fruchtbar sein dürfte, stellt derzeit noch ein Forschungsdesiderat dar.

In seinem populären Erstlingswerk »Theory of the Leisure Class« führte Veblen vor allem solche Verhaltensweisen an, die die Produktivität des gesamten Wirtschaftssystems beeinträchtigten, also nicht zum größten Nutzen für die größte Zahl beitrugen: Dies war beispielsweise der Fall beim unproduktiven Einsatz von Sklaven, »... deren einzige alberne Aufgabe darin besteht, ihrem Herrn aufzuwarten ...«[3], was Veblen soziologisch mit dem Theorem der »demonstrativen Verschwendung«, für das er noch eine ganze Reihe von weiteren Beispielen anführen konnte, erklärte, und setzt sich fort in der von ihm diagnostizierten »business«-Praxis, den industriellen Ausstoß zu begrenzen, um Preise und damit Profitspannen steigern bzw. aufrechterhalten zu können.

Mitchell sah mit der zunehmenden Verwendung von Geld als Tauschmittel die Tendenz, daß dieses sich mehr und mehr von seiner Mittelfunktion abhob und zum Selbstzweck avancierte. »Making goods« und »making money« hatten sich seiner Ansicht nach zu antagonistischen Zielen entwickelt – zum Schaden für die unter allgegenwärtigem Mangel leidende Bevölkerung.[4] Diese Erkenntnis, auf die Mitchell seine breit angelegte und »bahnbrechende«[5] Konjunkturtheorie gründete,[6] widersprach der auf der Quantitätstheorie des Geldes aufbauenden klassischen Nationalökonomie diametral.[7]

Commons wiederum beklagte vor allem die spezifische Organisation der Arbeitswelt, die ein effizienteres Wirtschaften verhindere. Theorien, die als wesentliches Koordinationselement des Arbeitsmarktes den Lohnmechanismus herausstellten, sah er als prinzipiell ungeeignet, reale Arbeitsmarktabläufe zu erklären.[8]

Die induktive Vorgehensweise der ersten Institutionalisten machte einerseits die Defizite der deduktiv gewonnenen ökonomischen Theorie deutlich und forderte gleichzeitig neue, alternative Erklärungsansätze. Konstitutiv für die sich entwickelnde institutionalistische Theorie wurde die Sichtweise, bestehende Verhältnisse nicht positivistisch als Datum zu interpretieren, sondern sie hinsichtlich ihrer Auswirkungen auf den ökonomischen Prozeß zu hinterfragen und gegebenenfalls Re-

---

[3] Veblen 1981, 59.

[4] Vgl. insbes. Mitchell 1923; Mitchell 1923b.

[5] Schumpeter 1961, Bd. 2, 488. Die Konjunkturtheorie Mitchells stimmt in vielfacher Weise mit der späteren Untersuchung des Konjunkturphänomens von Schumpeter überein, der ihm auch ausdrücklich für die geleistete Vorarbeit dankt. Vgl. Schumpeter 1961, Bd. 1, 29.

[6] Vgl. Mitchell 1931.

[7] Vgl. Mitchell 1931, 101; Mitchell 1916, 173; Mitchell 1950, 191.

[8] Vgl. Commons 1959, u.a. 550-560.

formvorschläge vorzulegen. Die Vernachlässigung institutioneller Zusammenhänge, die sich insbesondere in der Konstruktion eines fiktiven, jenseits aller institutionellen Abhängigkeiten und Einbindungen mechanisch und autonom agierenden »homo oeconomicus« widerspiegelt, veranlaßte Veblen, die Vertreter eines solchen Ansatzes als »helplessly behind the times«[9] abzuqualifizieren. Veblen und seine Nachfolger begriffen Wirtschaft und Gesellschaft nicht als ein um ein statisches Gleichgewicht oszillierendes System, sondern als einen evolutionär voranschreitenden Prozeß, der nicht automatisch zu einem gleichgewichtigen, optimalen Zustand hin tendiert. Ein solcher könne nur das Ergebnis kontinuierlicher Reformprozesse im Rahmen eines prinzipiell endlosen »trial and error«-Verfahrens sein. Insofern traten die Suche nach grundlegenden Antriebskräften des beständigen wirtschaftlichen und gesellschaftlichen Wandels und darauf aufbauend Überlegungen zu ihrer Beeinflussung als Forschungsgegenstand in den Mittelpunkt.

Da die Institutionalisten überzeugt waren, daß keine endogenen, quasi »natürlichen« Mechanismen den wirtschaftlichen und gesellschaftlichen Fortschritt antreiben, rückte für sie die Frage nach der exogenen Herstellung und Ausgestaltung wünschbarer Zustände in den Mittelpunkt. In einer Welt des allgegenwärtigen Mangels wurde der Effizienz- bzw. Produktivitätssteigerung zunächst fraglos die höchste Priorität eingeräumt. Mit dem Wandel von der Mangel- zur Überflußgesellschaft traten später Forderungen nach einem qualitativen Wachstum und nach einer ökologischen Ausrichtung der Wirtschaft in den Vordergrund.

Hinsichtlich des Institutionenverständnisses der Institutionalisten kristallisierten sich folgende Grundüberzeugungen heraus: Gesellschaftliche Institutionen werden als vorherrschende Denkgewohnheiten, Sitten und Gebräuche in einer Welt beständigen Wandels verstanden. Dieser Wandel macht es erforderlich, Institutionen ständig zu hinterfragen und zu überprüfen, inwieweit sie noch ursprünglich intendierten Zwecken entsprechen, da sie eine Beharrungstendenz aufweisen und in der Regel auch dann noch handlungsleitend sind, wenn sie der realen, fortgeschrittenen Entwicklung nicht mehr angepaßt sind.

Bei der Genese von Institutionen, die den *individuellen* Handlungsspielraum der in ihrem Einflußbereich lebenden Menschen nicht nur negativ begrenzen, sondern grundsätzlich erst positiv eröffnen, wird den Menschen als *kollektiv* handelnden Wesen die entscheidende Rolle zugewiesen: Sie konstituieren als Kollektiv Institutionen, denen sie als

[9] Veblen 1898, 56.

Individuum unterworfen sind.[10] Insofern ist der einzelne als Individuum Opfer und als Mitglied eines Kollektivs Täter. Aus diesem Verständnis anthropogener Institutionen wird auch verständlich, warum Institutionalisten mit Nachdruck eine Demokratisierung von Wirtschaft und Gesellschaft fordern. Hierin spiegelt sich auch die in der Realität zu beobachtende Möglichkeit demokratisch nicht legitimierter »Eliten« wider, Institutionen und damit verbundene Handlungsweisen unter Androhung und Anwendung von Gewalt auch gegen den Widerstand der Gesellschaft aufrechtzuerhalten.

Den so verstandenen Institutionen, die auch unabhängig von bewußter, machtpolitisch motivierter Aufrechterhaltung grundsätzlich bereits durch die normative Kraft des Faktischen über eine große Beharrungskraft verfügen, steht nach Ansicht der Institutionalisten jedoch eine zweite in der Gesellschaft wirkende Kraft gegenüber, von der ein permanenter Veränderungsdruck ausgeht. Hierbei handelt es sich um die evolutiv und dynamisch voranschreitende »technologische« Entwicklung oder allgemeiner um instrumentelle Antriebskräfte, die von funktionalen Zweck-Mittel-Abwägungen getragen sind.

Diese beiden Kräfte stehen sich antagonistisch gegenüber. Für die Entwicklung einer Gesellschaft ist es nach institutionalistischer Auffassung von außerordentlicher Bedeutung, in welchem Ausmaß sie jeweils das Gesellschaftsgeschehen dominieren. Eine Gesellschaft, in der »institutionelle Kräfte« überwiegen, ist durch ein geringeres Problemlösungspotential gekennzeichnet, während eine Gesellschaft, in der »technologisch-instrumentelle Kräfte« vorherrschen, bei der Überwindung kontinuierlich auftretender gesellschaftlicher und ökonomischer Problemkonstellationen leistungsfähiger ist. Diese Zweiteilung der Gesellschaft in »institutionelle« und »technologisch-instrumentelle« Kräfte zieht sich unter dem Topos »Institutionen-Technik-Dichotomie« in unterschiedlicher Ausformulierung durch die gesamte institutionalistische Literatur.[11]

Dieser Überblick über die institutionalistische Auffassung der Genese und des Wandels von Institutionen soll im folgenden unter Rückgriff auf herausragende Vertreter des Institutionalismus vertieft und dabei gleichzeitig in den entstehungsgeschichtlichen Kontext gesetzt werden. Eine weitere Absicht der folgenden Ausführungen ist es zu zeigen, was es für eine Theorie bedeutet, »evolutionären« Charakter zu haben. Dies

[10] Vgl. zu diesem Befund auch Katterle 1995, 9.

[11] Die Nähe der »Institutionen-Technik-Dichotomie« zur Marxschen Dialektik von Produktivkräften und Produktionsverhältnissen ist unübersehbar.

läßt sich gerade an der sukzessiven Weiterentwicklung der Institutionentheorie im Rahmen des Institutionalismus zeigen.

Abschließend wird dann der Frage nach den Implikationen nachgegangen, die sich aus diesem Verständnis institutioneller Mechanismen für wirtschafts- und gesellschaftspolitisches Handeln ergeben.

2. Thorstein B. Veblens Theorie des institutionellen Wandels

Institutionen werden von Veblen als »weitverbreitete Denkgewohnheiten« definiert. Sie stellen für ihn den vermittelnden Faktor zwischen den sich verändernden materiellen Verhältnissen (technischer Fortschritt, Bevölkerungswachstum, Klimaveränderung etc.) und grundlegenden menschlichen Dispositionen dar, zu denen er eine Neigung zur Aktivität, ein auf den Mitmenschen gerichtetes Fürsorgebedürfnis und eine grundlegende Wißbegierde zählt.[12] Institutionen sind demnach Mittel, mit deren Hilfe Reize, die permanent von einer sich ändernden materiellen Umwelt ausgehen, gewohnheitsmäßig verarbeitet werden.[13] Ihrem Wesen nach werden Institutionen als Faktoren beschrieben, die die gesellschaftliche und soziale Entwicklung hemmen.[14] Sie verändern sich erst sukzessiv und mit einem von der jeweiligen Gesellschaft abhängigen »time-lag« als Reaktion auf Veränderungen der materiellen Umstände. Das menschliche Gestaltungspotential wird in dieser frühen Fassung der Institutionen-Technik-Dichotomie noch sehr gering eingeschätzt, betont wird allein Gewöhnung und Anpassung.[15]

Zur Genese von Institutionen stellt Veblen fest, daß im Laufe der Menschheitsgeschichte bestimmte, sich als nützlich erweisende Handlungsformen »denkgewöhnlich« werden und sich zu Einrichtungen und festgeschriebenen Verhaltensmustern verdinglichen, oder wie Lerner sich ausdrückt, zu solchen »verkrusten«.[16] Begriffe wie »Verkrustung« und »Verdinglichung« als charakterisierende Attribute von Institutionen unterstreichen deren Inflexibilität und Starrheit, die besonders unter sich ständig wandelnden Verhältnissen augenfällig werden. Veblen betont, daß Institutionen aus diesem Grund notwendigerweise Ergeb-

---

[12] Veblen bezeichnet diese menschlichen Grundantriebe als »instinct of workmanship«, »parental bent« und »instinct of idle curiosity«. Vgl. Reuter 1994b, 211ff.

[13] Vgl. Veblen 1981, 144. Vgl. dazu Chandler 1959, 149.

[14] Vgl. Walker 1977, 220 u. 235; Stadler 1983, 209-213.

[15] Vgl. Veblen 1909, 241f.

[16] Vgl. Lerner 1948, 23.

nisse eines vorangegangenen Prozesses darstellen und so ihrem Wesen nach niemals völlig mit den Erfordernissen der Gegenwart übereinstimmen können.[17] William F. Ogburn hat hierfür später den Begriff des »cultural« bzw. »social lag« in der Soziologie geprägt.[18]

Das Problem, das sich aus diesem Verständnis von Institutionen ergibt, ist, daß ihnen die Tendenz zugrunde liegt, auch »sinnentleert« weiterzubestehen:[19] Da der Prozeß der Gewöhnung über eine lange Zeit hinweg stattfindet, werden Institutionen, so Veblens Vorwurf, mit der Zeit als so selbstverständlich und unabänderlich hingenommen. Unter veränderten gesellschaftlichen Verhältnissen werden sie nicht mehr dem ursprünglichen Zweck, der zu ihrer Ausprägung geführt hat, gerecht. Sie verlieren zunehmend an Sinn. Kontinuierlich auf diesen hin befragt, würden sich Institutionen nach Veblen zu einem Großteil als »idiotisch« (imbecile) herausstellen. Veblen ist jedoch nicht sehr hoffnungsvoll, daß den Institutionen jemals diese kritische Aufmerksamkeit entgegengebracht werden wird. An einer Stelle, die zu den meist zitierten aus seinen Werken gehört, resümiert er: »... history records more frequent and more spectacular instances of the triumph of imbecile institutions over life and culture than of peoples who have by force of instinctive insight saved themselves alive out of a desperately precarious institutional situation, such as now (1913) faces the peoples of Christendom.«[20]

Zu solchen »imbecile institutions« rechnet er in erster Linie die Institution des Privateigentums, welche er durch die Naturrechtsphilosophie legitimiert sieht. Die Herausbildung dieser Institution hat seiner Ansicht nach weitreichende Folgen für die moderne Gesellschaft: Auf ihr basiert weitgehend das gesamte Rechtssystem, genauso wie die unproduktive »leisure class« mit der sie dominierenden Figur des »absentee owner«. Für Veblen steht außer Frage, daß das Privateigentum, so wie es unter kapitalistischen Verhältnissen genutzt wird, der Gesellschaft im Ergebnis mehr schadet als nützt, da es weniger zur Steigerung des Allgemeinwohls als vielmehr für Zwecke des »demonstrativen Konsums« bzw. der »demonstrativen Verschwendung« eingesetzt wird, einzig, um das individuelle Ansehen zu steigern.[21]

---

17 Vgl. Veblen 1981, 144f.

18 Vgl. Ogburn 1969, 135.

19 Vgl. Z'Graggen 1983, 71.

20 Veblen 1964, 25.

21 Veblen bezeichnet dies als die »logic of pecuniary thinking«. Veblen 1978, 319. Zur Kapitalismuskritik Veblens vgl. Reuter 1996.

Veblen zufolge geht von Institutionen also eine grundsätzlich negative gesellschaftliche Wirkung aus. Sie schreiben dem einzelnen bestimmte Denk- und Handlungsmuster vor und widersprechen im Laufe der kulturellen Entwicklung zunehmend sowohl den menschlichen Grunddispositionen als auch der technisch-materiellen Zivilisation.

Seine ganze Hoffnung richtet Veblen auf den technischen Fortschritt und seine potentielle Funktion, das überkommene institutionelle Erbe, soweit es dysfunktional geworden ist, zu modernisieren. Technologie hat für Veblen eine Eigenlogik und -dynamik, die einen spezifischen Einfluß auf das menschliche Verhalten ausübt: »Broadly, the machine discipline acts to disintegrate the institutional heritage, of all degrees of antiquity and authenticity – whether it be the institutions that embody the principles of natural liberty or those that comprise the residue of more archaic principles of conduct still current in civilized life. It thereby cuts away that ground of law and order on which business enterprise is founded.«[22]

Für die kulturelle Entwicklung einer Gesellschaft spielt bei Veblen also vor allem die Dynamik der technischen Entwicklung die entscheidende Rolle. Er betont den kumulativen Wandel der Technik, wobei eine erreichte Entwicklungsstufe nur Durchgangsstadium für eine neue ist. Diesen inhärent dynamisch voranschreitenden evolutiven Prozeß sieht er jedoch von institutionellen Kräften gebremst. Seine (vorübergehende) Hoffnung war, daß das Zusammenwirken von menschlichem Handeln und sich entwickelnden technischen Prozessen einen neuen Denkstil hervorzubringen in der Lage ist: »... the training given by this current state of the industrial arts is a training in the impersonal, quantitative apprehension and appreciation of things, and it tends strongly to inhibit and discredit all imputations of spiritual traits to the facts of observation. It is a training in matter-of-fact; more specifically it is a training in the logic of the machine process.«[23]

Der technische Fortschritt hat für Veblen aber nicht nur diese eine Seite: Er ist nicht nur der »Erzieher der Menschen«, der ihr Denken entmystifiziert und rationaler macht, sondern birgt auch die Gefahr, unter bestimmten gesellschaftlichen Bedingungen gegen die Interessen der »underlying population« mißbraucht zu werden. Im entwickelten Kapitalismus geht dies von den Geschäfts- und Finanzberufen aus, die die entwickelten Produktionsmöglichkeiten mißbrauchen. Sie begrenzen den materiellen Output, um ihre Gewinne zu maximieren und ver-

[22] Veblen 1978, 374.

[23] Veblen 1964, 318. Vgl. auch Veblen 1981, 173. Vgl. dazu Dorfman 1934, 224 u. 231; Noble 1958, 220; Smith 1969, 62.

schwenden Rohstoffe für die Produktion von Luxusgütern, die nur einer kaufkräftigen Oberschicht zugute kommen, wobei gleichzeitig die bestehende Mangellage für den Großteil der Bevölkerung verschärft wird. Hiermit wirken sie aber dem tiefsitzenden menschlichen Bedürfnis nach nützlicher und sinnvoller Arbeit entgegen. Veblens Hoffnung war, daß durch eine solche »Entfremdung« der Arbeiter von nützlicher Arbeit verbunden mit einer zunehmenden »matter of fact apprehension of things« der Widerstand gegen die Praktiken der »business interests« mehr und mehr zunehmen werde. Da dies zwangsläufig auf eine Infragestellung des vom »business« apostrophierten »Naturrechts« auf Privateigentum an Produktionsmitteln hinauslaufe, müsse es – zumindest für den frühen, optimistischeren Veblen – auf lange Sicht zur Beseitigung der Herrschaft dieser Geschäftsleute und damit zu einem umfassenden wirtschaftlichen und gesellschaftlichen Reformprozeß kommen.[24]

An dieser Stelle werden – bei allen vorhandenen Differenzen – Übereinstimmungen der Argumentationsweise Veblens mit der von Marx deutlich:[25] Der Kapitalismus bringt erst die Kräfte – nämlich die kapitalistisch-industrielle Produktionsweise und die industriell Beschäftigten – hervor, die schließlich seine Überwindung vorantreiben. Nur die feste Einbindung der Menschen in die Disziplin technisch-rationaler Abläufe ist für Veblen in der Lage, die Menschen dahin zu »erziehen«, sich gegen die Bevormundung der profitorientierten »business class« zu erheben. Erst dann können die »Früchte« des technischen Fortschritts unbelastet von allen finanziellen Interessen, die auch für wirtschaftliche Depressionen und Krisen verantwortlich sind, allen Menschen zugute kommen.[26]

3. Wesley C. Mitchells Beitrag zur Institutionentheorie

Mitchell baut auf den institutionentheoretischen Ausführungen Veblens auf. Dessen Feststellung, daß der einzelne in eine bestimmte, institutionell geformte Umwelt hineingeboren wird, die weitgehend seine Art zu fühlen, zu denken und zu handeln, prägt, lenkt seinen Blick weg von Spekulationen über eine »original nature of man« hin zum beobachtbaren Verhalten und den kumulativ entstandenen gesellschaftlichen Verhältnissen.[27] Aus diesem Grund glaubt Mitchell, daß die Ökonomik

[24] Vgl. Veblen 1978, 375.
[25] Vgl. hierzu Diggins 1977; Ferguson 1971 und Hill 1958.
[26] Vgl. Noble 1958, 223; Davis 1941, 89.
[27] Vgl. Mitchell 1914, 10f. Vgl. dazu Homan 1928, 421.

grundsätzlich auf die bis dato angewandte Methode der Introspektion verzichten müsse: »To find the basis of rationality, then, we must not look inside the individual at his capacity to abstract from the totality of experience the feeling elements, to assess their pleasant or unpleasant characters, and to compare their magnitudes. Rather must we look outside the individual to the habits of behavior slowly evolved by society and painfully learned by himself.«[28]

Basierend auf diesem Verständnis der menschlichen »Natur« weist Mitchell die auf Bentham zurückgehende hedonistische Vorstellung eines von Glücks- und Schmerzempfinden geleiteten, rational handelnden und Anstrengungen vermeidenden homo oeconomicus als naiv und unrealistisch zurück.[29] Um solche spekulativen Theoriegrundlagen zu vermeiden, fordert Mitchell von den Ökonomen, das tatsächliche Verhalten »enkulturierter Personen«[30] zu studieren, das dann auch zwangsläufig zu neuen Ergebnissen führen werde. Eine genaue Beobachtung menschlichen Verhaltens liefere beispielsweise genügend Belege dafür, daß die Genese von Bedürfnissen nicht unabhängig vom institutionellen Umfeld stattfinde, sondern zu diesem in einem Wechselverhältnis stehe. Um diese These weiter zu untermauern, seien gerade solche Untersuchungen notwendig, die die Neoklassik explizit aus dem Forschungsgebiet der Ökonomik ausgeklammert habe, nämlich sozialpsychologische, historische und empirische.[31] Mitchell betont mehrfach den zentralen Gedanken, daß »(m)otives will not be disregarded, but they will be treated as problems requiring study, instead of being taken for granted as constituting explanations.«[32]

Vor diesem Hintergrund rückten für Mitchell die gesellschaftlichen Institutionen in den Mittelpunkt des wissenschaftlichen Interesses. Als eine der Hauptaufgaben des Wirtschaftswissenschaftlers forderte er Untersuchungen zu folgenden zentralen Problemen: Welche Rolle spielen Institutionen als Determinanten menschlichen Verhaltens; wo bewirken sie und die mit ihnen verbundenen Wertstrukturen sozial wünschenswertes Verhalten und wo zeitigen sie sozial weniger wünschenswertes oder sogar schädliches Verhalten; wann stellen sie bloße Fortschritts- und Entwicklungshindernisse dar? Das Ziel solcher Untersuchungen liege in der Beantwortung der Frage, wie Institutionen so

[28] Mitchell 1916, 170.
[29] Vgl. Mitchell 1910, 99f. Vgl. auch Mitchell 1918; Mitchell 1944; Mitchell 1924.
[30] Katterle 1995, 9.
[31] Vgl. Mitchell 1915, 257.
[32] Mitchell 1924, 27.

»gestaltet« bzw. »kontrolliert« werden können, daß sie menschlichen Ansprüchen besser genügen.[33]

Auch wenn Mitchell – in Übereinstimmung mit Veblen – Institutionen als »... merely a convenient term for the more important among the widely prevalent, highly standardized social habits«[34] definiert, stellt er – wie alle späteren Institutionalisten – stärker heraus, daß Institutionen anthropogener Natur sind und sie damit grundsätzlich – auch wenn sie sich mit der Zeit tendenziell verfestigen – zwar nicht durch individuelle, jedoch durch gezielte kollektive Anstrengungen reformierbar sind.[35] Diese Feststellung mag aus heutiger Sicht wenig spektakulär erscheinen, jedoch war sie zu Mitchells Zeiten – insbesondere in der bürgerlichen Ökonomie – geradezu revolutionär.[36]

Auch wenn Mitchell dem Prozeß der Genese von Institutionen keine eigene Abhandlung gewidmet hat, lassen sich seine diesbezüglichen, über sein umfangreiches Gesamtwerk verstreuten Ausführungen zu einer konsistenten Institutionentheorie zusammenfügen. Dabei wird deutlich, daß Mitchell eine – auch bei Veblen feststellbare – Trennungslinie zwischen rational-instrumentellem und institutionell geleitetem Handeln zieht.

Institutionen entstehen Mitchell zufolge kumulativ im Verlauf von Prozessen, in denen sich zweckrationale Handlungsformen mit der Zeit und zum Teil über Generationen hinweg zu kollektiven Denkgewohnheiten verfestigen,[37] die in bestimmten Verhaltensmustern und Organisationen ihren Ausdruck finden. In dem Maße, in dem Verhalten mehr und mehr durch Gewohnheit als durch Mittel-Zweck-Überlegungen geleitet wird, tritt die Rationalität, die bestimmten Verhaltensformen ursprünglich zugrunde lag, in den Hintergrund oder, mit anderen Worten, in dem Maße, in dem Mittel-Zweck-Abwägungen als handlungsleitend von routinehaftem, d.h. gewohnheitsmäßigem Verhalten verdrängt werden, bilden sich Institutionen heraus:[38] Die Mittel »überwuchern« den Zweck, so daß eine Institution die Handlung auch dann noch unverändert leitet, wenn dieses Handeln – wegen veränderter Umweltbedingungen, insbesondere durch die Dynamik der technischen Entwick-

---

[33] Vgl. Mitchell 1922, 32; Mitchell 1967, Bd. 2, 789.
[34] Mitchell 1924a, 373.
[35] Vgl. Mitchell 1923a, 52f.; Mitchell 1931a, 105.
[36] Vgl. Mitchell, L.S. 1953, 537.
[37] Vgl. Mitchell 1923b, 145.
[38] Vgl. Mitchell 1967, Bd. 2, 790.

lung bedingt – nicht mehr dem ursprünglich intendierten Zweck angemessen ist oder sogar kontraproduktiv wirkt.[39]

Folge solcher Zweck-Mittel-Verkehrungen ist, wie Mitchell im Hinblick auf die Geldwirtschaft feststellt, daß »(i)n large measure, the creator of the institution has become its creature.«[40] Als Beispiel läßt sich hierfür der Konjunkturzyklus anführen, der von Mitchell als nicht intendierte Nebenfolge gewohnheitsmäßigen individuellen Verhaltens beschrieben wird und dem nur durch kollektive Verhaltensänderungen zu begegnen ist. Die Entwicklung zu immer größeren Konzernen belegt diese Problematik ebenfalls: Waren sie einmal ein funktionales Mittel, um Kapital und Arbeit effizient zu organisieren, sind sie – so Mitchell – zur Bedrohung für eine freiheitliche Gesellschaft geworden.

Institutionen sind für Mitchell Produkte der Vergangenheit, eine Einschätzung, die bereits Veblen vertrat. Als Ergebnis vorangegangener Prozesse sind sie früheren Zeiten angepaßt und können deshalb nicht oder nur zum Teil mit den »Erfordernissen der Gegenwart« übereinstimmen. Ihnen steht als dynamisches Element jedoch der technologische Fortschritt entgegen, der eine ständige Anpassung von Verhaltensweisen und Institutionen an den Entwicklungsstand der technischen Zivilisation erfordert.[41] Wegen der Beharrungskraft einmal übernommener Handlungs- und Denkweisen entstehen Veränderungen in der Gesellschaftsstruktur jedoch nur mit dem bereits von Veblen thematisierten »time-« bzw. »cultural lag«. Auf der Basis dieser Diagnose und im Unterschied zu der eher fatalistischen Haltung Veblens erhebt Mitchell die Forderung nach intensiver Untersuchung gesamtgesellschaftlicher Zusammenhänge, Aufklärung und Information der Bevölkerung und darauf aufbauend nach gezielten Eingriffen, die die negativen Auswirkungen solcher »lags« kompensieren sollen.[42] Ziel dieser Anstrengungen ist es, den sozialen Wandel, der in der Vergangenheit kaum Ergebnis bewußter Planung war, einer gezielten und intelligenten Kontrolle zu unterwerfen, oder wie Mitchell sich ausdrückt, »... to

[39] Diese zuerst von Veblen und dann insbesondere von Mitchell ausformulierte Argumentationslinie stellt eine Parallelentwicklung zu Denkfiguren dar, wie sie auch in der deutschen Soziologie um die Jahrhundertwende etwa bei Georg Simmel oder Hans Vaihinger zu finden sind. Vgl. Simmel 1977, S. 229-266; Vaihinger 1921, 200f.

[40] Mitchell 1910, 208.

[41] Vgl. Mitchell 1967, Bd. 2, 765f.

[42] Vgl. zu diesem »Reform'lag'« Mitchell 1939, 603 u. 606. Altschul bemerkte bereits in dem Vorwort zur deutschen Übersetzung von Mitchells »Business Cycles«, daß niemand vor Mitchell so treffende Bemerkungen über die Analyse dieses »lag« gemacht habe. Vgl. Altschul 1931, IV.

guide the evolution of its (Amerikas, N.R.) institutions more wisely ...«[43]

4. Zur Institutionentheorie John R. Commons'

Auch in Commons' ersten soziologisch-ökonomischen Veröffentlichungen spielen institutionentheoretische Erörterungen bereits eine zentrale Rolle. Das Ergebnis seiner vielfältigen Analysen, die von jahrzehntelangen Erfahrungen im Rahmen seines Engagements in der amerikanischen Arbeiterbewegung zunehmend profitieren konnten, finden sich in dem zweibändigen opus magnum »Institutional Economics«.[44] Die Ausführungen von Veblen und Mitchell aufnehmend stellt Commons insbesondere auf die Evolution des Rechtssystems als gesellschaftlich verbindlichem Regelwerk ab.

In wesentlich detaillierterer Weise als Veblen und Mitchell geht Commons auf die Genese von Institutionen ein. Als Ausgangspunkt seiner institutionentheoretischen Analyse wählte er das als universell verstandene Phänomen der Knappheit mit den daraus resultierenden sozialen Konflikten.[45] Commons unterstellt, daß in der Frühgeschichte der Menschheit knappheitsbedingte Konflikte zunächst mittels physischer Gewalt gelöst wurden, so daß Chaos und Anarchie die frühen Formen menschlichen Lebens kennzeichneten. Ordnung kam in dieses Verhalten erst, als sich ein durch bewußten Willen gesteuertes Verhalten der Menschen durchsetzte, das sich im Laufe der Zeit zu Sitte und Regelwerk verdichtete und damit für jeden einzelnen bindenden Charakter annahm. Diese, die Handlungsmöglichkeiten des einzelnen begrenzenden Sitten, sind jedoch nicht fix, sondern in ständigem Wandel begriffen; sie ändern sich mit den politischen und ökonomischen Bedingungen. Commons weist auf die Analogie zwischen der Evolution der Arten und der Evolution von »custom« hin, wobei letzterer jedoch eine künstliche Selektion zugrunde liegt, d.h. es wird bewußt *entschieden*, welche Sitten als »gute« bewahrt werden sollen und welche als »schlechte« zurückzuweisen sind. Dies geschieht durch den Souverän, den in früherer Zeit der absolutistische Herrscher verkörperte, seit der Magna Charta aber zunehmend durch Gerichte abgelöst wurde. Die Souveränität der Gerichte wurde seit der letzten Jahrhundertwende

[43] Mitchell 1936, 135f.
[44] Vgl. Commons 1959.
[45] Vgl. Commons 1959, 57.

wiederum durch eine stärkere Einflußnahme der Regierung beschränkt. Commons betont, daß erst in dem Moment, in dem Gerichte in Konfliktfällen eindeutige Urteile zu fällen begannen, aus Sitte und Gewohnheit Gesetz wurde.[46]

Um vor diesem Erfahrungshintergrund zu einer Institutionendefinition zu gelangen, geht Commons von der kleinstmöglichen Einheit bei der ökonomischen Betrachtung menschlichen Handelns aus. Diese sieht er in der Transaktion. Jede Transaktion findet im Rahmen von »going concerns« – diesen Ausdruck gebraucht er zunächst anstelle des Institutionenbegriffs – statt, in denen drei gesellschaftliche Grundtatbestände vermittelt werden: der soziale Konflikt, die gegenseitige Abhängigkeit der Individuen und die gesellschaftliche Ordnung. Einen »going concern« definiert Commons folgendermaßen: »A going concern is a joint expectation of beneficial bargaining, managerial, and rationing transactions, kept together by 'working rules' and by control of the changeable strategic or 'limiting' factors which are expected to control the others.«[47]

Innerhalb dieser »going concerns« spielen die »working rules«, d.h. die normativen Regeln, eine konstituierende Rolle. Sie sind es, die dem individuellen Handeln bestimmte Grenzen setzen. Sie schreiben vor, was der einzelne muß, kann, darf und nicht darf und bilden somit den »kollektiven Willen« eines »going concern« bzw. einer Institution.[48] Die Einhaltung dieser Verhaltensmaßregeln wird durch Sanktionen gewährleistet. »Working rules« unterscheiden sich von Institution zu Institution und wandeln sich ständig. Beruhten sie Commons zufolge zunächst in erster Linie auf Sitte und Brauch, wurden sie mit dem Voranschreiten der menschlichen Zivilisation zunehmend kodifiziert, was ihnen einen präziseren Charakter verlieh.[49]

Aus seinem Verständnis von kollektivem Handeln, »working rules« und Transaktionen heraus kommt Commons zunächst zu folgender Definition eines »going concern« bzw. einer »Institution«: »If we endeavor to find a universal principle, common to all behavior known as institutional, we may define an institution as Collective Action in Control of Individual Action.«[50] In dieser Definition spiegelt sich jedoch noch nicht die volle Bedeutung von Institutionen für den einzel-

---

[46] Vgl. Commons 1959, 46-51.

[47] Commons 1959, 58. Vgl. auch Commons 1928, 302ff.

[48] Vgl. Commons 1974, 68, 134-142 u. 147f. Vgl. hierzu Hamilton 1970, 16; Zingler 1974, 334.

[49] Vgl. Commons 1935, 9. Vgl. hierzu Rutherford 1983, 724.

[50] Commons 1959, 69.

nen und die Gesellschaft wider. Commons weist nachdrücklich darauf hin, daß Institutionen nicht nur individuelles Handeln beschränken, sondern – und dies hatte innerhalb der institutionalistischen Theorie noch keiner in dieser Schärfe formuliert – überhaupt erst Spielräume für menschliches Handeln schaffen. Damit erweitern sie die Möglichkeiten des einzelnen weit über das hinaus, was er, nur auf sich gestellt, zu erreichen vermag.[51] Aus diesem Grund sind Institutionen vollständig folgendermaßen zu definieren: »Since liberation and expansion for some persons consist in restraint, for their benefit, of other persons, and while the short definition of an institution is collective action in control of individual action, the derived definition is: collective action in restraint, liberation, and expansion of individual action.«[52]

Die Stellung, die das einzelne Individuum in der Commonsschen Institutionentheorie einnimmt, ist damit ambivalent. Einerseits stellen sich die Institutionen als Zwangsgehäuse dar. Hier ist festgelegt, was es tun kann, muß, darf und nicht darf. Andererseits betont Commons immer wieder die Bedeutung des menschlichen Willens, der auf zukünftige Ziele gerichtet ist, und der sich gerade von dem hedonistischen Verständnis der menschlichen Natur, dem »homogeneous globule of desire of happiness«[53], von dem bereits Veblen sprach, unterscheidet. Während jedoch die Grenzen für individuelles Verhalten in der hedonistischen Ökonomie festliegen (»individuelles Glückskalkül«) und sich allen theoretischen Untersuchungen entziehen, sind die Grenzen, die für das Individuum durch »working rules« innerhalb von Institutionen gezogen werden sowohl theoretischen Untersuchungen zugänglich als auch grundsätzlich, zwar nicht durch individuelles, aber durch kollektives Handeln, änderbar.[54] Shafer spricht deshalb in diesem Zusammenhang von »man-made institutions«.[55]

Zusammenfassend kann hinsichtlich der Commonsschen Institutionentheorie festgehalten werden, daß sie faktisch eine Theorie der Gesellschaft darstellt, indem sie individuelles Selbstinteresse mit der Frage von Herrschaft und der Entstehung und Entwicklung der sozialen Ordnung verbindet. Diese Verknüpfung sozialer Grundtatbestände macht Commons für die jüngere institutionalistische Theorie besonders interessant. Die Untersuchung der Rolle und Bedeutung von Institutionen ist im Ergebnis engstens mit der Frage nach den Chancen und Mög-

[51] Vgl. Elsner 1986, 324.
[52] Commons 1959, 73.
[53] Veblen 1898, 73.
[54] Vgl. Commons 1959, 763. Vgl. hierzu Harter 1962, 236 u. 255.
[55] Shafer 1932, 262.

lichkeiten gesellschaftlicher Reformen verknüpft. Commons' Verständnis von Institutionen als kollektive Kontrolle individuellen Handelns betont im Ergebnis erneut nicht nur die Möglichkeit, sondern auch die Notwendigkeit der bewußten Gestaltung von Gesellschaft.

5. Die Verengung der Institutionentheorie bei Clarence E. Ayres

Von Beginn seiner wissenschaftlichen Arbeit an war das zentrale Anliegen Clarence E. Ayres' (1891-1972), der repräsentativ für die zweite Generation von institutionalistischen Autoren steht, die tieferliegenden Kräfte, die die Gesellschaft determinieren, zu ergründen und nicht bei Symptomen wie Markt, Preis und Nutzen stehenzubleiben. Bei der Darstellung des zentralen Movens von Gesellschaft baut Ayres auf der von Veblen und Mitchell getroffenen grundlegenden Unterscheidung zwischen Technologie und Institutionen, Industrie und Geschäftsleben, Wissenschaft und »Zeremonialismus« auf und konstruiert eine Theorie des technologischen und ökonomischen Fortschritts. Während aber seine Radikalisierung der Institutionen-Technik-Dichotomie von seinen Nachfolgern als wenig hilfreich zurückgewiesen wird, liegt sein Verdienst zweifellos in der Konkretisierung des Technologiebegriffs, der von seinen Vorgängern weder genauer definiert noch problematisiert worden war.

Entgegen dem üblichen Verständnis von »technology«, »tools« und »instruments« als Werkzeuge im weitesten Sinne schreibt Ayres ihnen eine noch umfassendere Bedeutung zu, indem er auch Ideen, Konzepte, Theorien und Hypothesen mit einschließt, »... which in the field of economics assist in this developmental life process of the community.«[56] Er begründet dieses Verständnis mit der Beobachtung, daß »... human skills and the tools by which and on which they are exercised are logically inseparable.« Dies bezeichnet er als den »dual character of the technological process.«[57] »Technologie« gebraucht Ayres somit in einem rein instrumentalen Sinn und subsumiert unter diesen Begriff all jene menschlichen Aktivitäten, die auf dem Gebrauch von »Werkzeugen« im weitesten Sinne beruhen, womit die Termini »Technologie« bzw. »technologisch« eine Art des Verhaltens bzw. des Denkens überhaupt be-

[56] Cochran 1955, 132.
[57] Ayres 1962, vii.

schreiben: »Technology is first and foremost a type, or form, or aspect, of human behavior. It is learned behavior, socially conditioned by preexisting organized behavior. This is the primary significance of tools and instruments of every kind.«[58]

Ayres greift bei seinem »Technologie«-Verständnis ausdrücklich auf den Pragmatisten John Dewey (1859-1952) zurück, für den sich das menschliche Leben als evolutionärer Prozeß der Anpassung, der Analyse von Mitteln zur Erreichung bestimmter Ziele, die selbst wiederum Mittel für weitere Ziele sind, darstellt. Damit konditioniert – wie Ayres mit Blick auf Dewey feststellt – jede Handlung die jeweils folgende: »Every operation is the end of some earlier means, and the means of some later end.«[59] In diesem Kontinuum gibt es somit keine qualitative Differenz zwischen Mitteln und Zielen. Diesen inhärent dynamischen Prozeß, den Dewey »the continuum of ends-means«[60] nennt, bezeichnet Ayres als den »life process« bzw. als den »technological process«. Das Kennzeichnende dieses Prozesses ist die kontinuierlich ablaufende Kombination von Erkenntnissen und »Werkzeugen« zu neuen Erkenntnissen und neuen »Werkzeugen«.[61]

Die Kombinationsmöglichkeiten nehmen im Laufe der Menschheitsgeschichte exponentiell zu, was eine ständige Beschleunigung der technologisch-instrumentellen Entwicklung mit entsprechenden Auswirkungen auf die gesamte menschliche Kultur mit sich bringt. Aus diesem Grund kennzeichnet Ayres »technology« auch als »permanent revolution«.[62] Diese Kombination von Erkenntnissen und Werkzeugen geschieht nach Ayres »almost 'of itself'«[63], es ist das »innere Gesetz«, das »Geheimnis« des technischen Fortschritts.[64] So war es z.B., nachdem Rad und Dampfmaschine erfunden waren, nur eine Frage der Zeit, bis die Kombination dieser »Werkzeuge« und des entsprechenden Know-how zur Entwicklung der Dampflokomotive führten; sie stellt somit ein folgerichtiges und geradezu notwendiges Ergebnis einer langen Reihe der Kombination von Wissen und Werkzeugen dar, die zurückreicht bis zur Erfindung des Rades; gleichzeitig war die Lokomotive und das hiermit verbundene Know-how selbst wiederum Mittel in der Zukunft liegender Kombinationsleistungen.

---

58 Ayres 1952, 51. Vgl. auch Ayres 1953, 282.

59 Ayres 1952, 307.

60 Dewey 1930, 40.

61 Vgl. Ayres 1944, 224ff; Ayres 1961, 115; Ayres 1966, 87.

62 Ayres 1952, 58.

63 Ayres 1944, 118.

64 Vgl. Ayres 1944, 111f; Ayres 1966, 84.

Durch die Betonung eines dem technologischen Prozeß immanenten dynamischen Prinzips relativiert Ayres gleichzeitig die Leistung einzelner Erfinderpersönlichkeiten, da Fortschritt ein gesellschaftlicher Prozeß der kontinuierlichen Kombination vorhandener »Werkzeuge« ist, bei dem lediglich von Zeit zu Zeit besonders herausragende neue Kombinationen entstehen, wie z.B. im Falle der »Erfindung« der Dampfmaschine. Somit gilt für Ayres: technologischer Fortschritt ist ein evolutiver, gleichsam autonom voranschreitender Prozeß des Zusammenfügens vorhandener zu neuen Kombinationen.

»Technology« ist nach Ayres jedoch fest in den kulturellen Prozeß eingebettet und bedarf grundsätzlich menschlicher Aktivitäten. Erst durch sie werden Werkzeuge, Konzepte und Ideen kombiniert. Je größer der Pool dieser Komponenten ist, desto mehr Kombinationen sind möglich, d.h. der technologische Prozeß schreitet potentiell exponentiell und dynamisch voran.[65] Potentiell, da nicht ausschließlich technologische Kräfte in einer Gesellschaft wirksam sind, sondern auch institutionelle, die den technologischen Prozeß in seiner Dynamik bremsen. Hier findet sich also die bereits bekannte dichotomische Sichtweise in der Gesellschaft wirkender Kräfte wieder.

Während Ayres unter dem Begriff »technology« das rationale Fortschreiten im Zweck-Mittel-Kontinuum versteht, bezeichnet er als »institutionell« das diesem Prozeß entgegengesetzte nicht-rationale, von Mythen, Zeremonien, Status, Sitten und Gebräuchen geprägte Verhalten, welches »... has reference to a certain type of social organization, or a certain aspect of social behavior ...«[66]

Institutionen versteht Ayres wie seine Vorgänger als grundsätzlich statisch und resistent gegenüber Veränderungen. Eine Dynamisierung von Institutionen bzw. dynamische Institutionen werden von ihm jedoch als contradictio in adjecto ausgeschlossen. Das institutionelle Moment kann Ayres zufolge bestenfalls geschwächt werden, doch es wird nie dem jeweiligen technologischen Stand entsprechen können, da Sozialstrukturen, welche mit der technologischen Entwicklung gleichziehen, aufhören, Institution in dem von Ayres definierten Sinne zu sein und sich zu »technically efficient organizational structures« wandeln, für die aber – so Ayres – noch keine prägnante Bezeichnung zur Verfügung stehe.[67]

Technologie auf der einen und Institutionen auf der anderen Seite stellen für Ayres die jeder Gesellschaft zugrunde liegenden zentralen

---

65 Vgl. hierzu auch Zinn 1995, 211ff.

66 Ayres 1952, 42. Vgl. auch Ayres 1967, 11 und dazu Breit/Culbertson 1976, 14.

67 Vgl. Ayres 1952, 102f.

Kräfte dar, die sich in einem ständigen Konflikt befinden: Während die technologischen Kräfte auf kontinuierlichen Wandel abzielen und den dynamischen Aspekt der Gesellschaft darstellen, wirken die institutionellen bzw. zeremoniellen Kräfte dem diametral entgegen; sie sind das retardierende Moment in jeder Gesellschaft.[68] Die Geschichte der Menschheit ist Ayres zufolge vom kontinuierlichen Konflikt dieser beiden polaren Kräfte gekennzeichnet.[69]

Zusammenfassend läßt sich festhalten, daß die institutionentheoretischen Ausführungen von Veblen, Mitchell und Ayres zwar weitgehend auf dem gleichen Fundament beruhen, Ayres' Radikalisierung der Institutionen-Technik-Dichotomie im Vergleich zu den beiden Vorläufern jedoch einen Rückschritt darstellt, da bei ihm trotz einer detallierten Technikanalyse keine gleichermaßen differenzierte Untersuchung von Institutionen zu finden ist. Ayres ging nicht wie seine Vorläufer auf die Genese der Institutionen ein und erkannte schon gar nicht die von Commons herausgestellte gesellschaftskonstituierende Wirkung von Institutionen. Während von Veblen und Mitchell die Ursachen von Zweck-Mittel-Verkehrungen im Verlauf von Institutionalisierungsprozessen thematisiert wurden, um daraus Ansätze für Reformen zu gewinnen, findet sich ein solcher Ansatz bei Ayres nicht. Sein einseitiges Institutionenverständnis und die wenig differenzierte und pauschale Zurückweisung alles »Institutionellen« wurden daher von den folgenden Institutionalisten als wenig hilfreich und nicht weiterführend kritisiert.

6. Die intra-institutionelle Dichotomie im zeitgenössischen institutionalistischen Diskurs

J. Fagg Foster thematisierte als erster die vollständige Ablehnung alles »Institutionellen« bei Ayres. Kern seiner institutionentheoretischen Ausführungen ist die These, daß die von Ayres vorgenommene Unterscheidung von statischen und dynamischen gesellschaftlichen Kräften keine *zwischen* »technology« und »institutions« sein kann, sondern nur zwei unterschiedliche Funktionen *von* Institutionen darstelle: »Institutions are obviously very different in structural content, and the particular functions carried on through them may be very unlike. But those functions fall easily into two categories, both of which are

---

[68] Vgl. Ayres 1952, 59; Ayres 1967, 4f.

[69] Vgl. Ayres 1944, 176. Vgl. dazu auch Hartwell 1976, 51; Neale 1987, 1197.

common to all institutions.«[70] Diese zwei Kategorien, die in jeder Institution in unterschiedlicher Zusammensetzung vorhanden sind, bezeichnet Foster als die »instrumentelle« und die »zeremonielle« Funktion *von* Institutionen. Die instrumentelle Funktion beschreibt er folgendermaßen: »... every institution serves to bring the activities of individuals to bear in a contributory way on the instrumental function, which is the collaborative activity of the group.«[71] Als Beispiel nennt Foster Institutionen wie den Vertrag, den Markt oder das Lohnsystem, durch die die Handlungen einer großen Zahl von Personen koordiniert werden, so daß bestimmte Ziele, wie z.B. die Herstellung bestimmter Güter erreicht werden können. Demgegenüber führt er zur zeremoniellen Funktion von Institutionen aus: »... every institution serves a completely different kind of function: It serves to differentiate between persons and groups in invidious terms.«[72]

Foster hebt hier insbesondere auf machtdominierte Beziehungen ab, die das Wirken und die Ergebnisse einer Institution bestimmen und dies gerade unabhängig von instrumentellen, d.h. Zweck-Mittel-Überlegungen, die den Wohlstand der Gesamtgesellschaft zum Gegenstand haben. Solche Über- und Unterordnungsverhältnisse innerhalb von Institutionen »... may be identified in terms of prestige, honor, deferential attitude, or power.«[73] Strukturen, die auf solchen Grundlagen beruhen, können die instrumentelle Funktion einer Institution geradezu konterkarieren, indem sie die Diffusion neuer Technologien, neuer Problemlösungsstrategien oder neuen Wissens behindern, im schlimmsten Fall sogar unterdrücken, da diese die Machtstellung Privilegierter bzw. der »powerful vested interests« gefährden.[74] Für eine Gesellschaft ist daher das Verhältnis von größter Bedeutung, in dem der instrumentelle Aspekt von Institutionen zum zeremoniellen steht.

Diese Neufassung des Institutionen-Technik-Theorems löste eine Reihe von Problemen, die sich insbesondere aus der von Ayres getroffenen Unterscheidung ergeben hatten.[75] Waren Ayres' Vorstellungen einer idealen Gesellschaft noch vom Bild eines von Institutionen befreiten, technisch-instrumentellen Prozesses geprägt, so wird Technik der reformulierten Dichotomie-These nach als Teil der gesellschaftsnot-

[70] Foster 1981a, 908; Foster 1981b, 930.
[71] Foster 1981a, 908.
[72] Foster 1981a, 908.
[73] Foster 1981a, 908.
[74] Vgl. hierzu Bush 1989, 456.
[75] Vgl. Waller 1982, 764ff.

wendigen institutionellen Struktur verstanden.[76] Aus dieser Perspektive sind Institutionen in der Lage, eine dynamische Funktion sowohl im Rahmen der technisch-materiellen Entwicklung als auch im Prozeß der kulturellen Evolution zu übernehmen.[77]

Das Konzept einer solchen intra-institutionellen Dichotomie wurde in der institutionellen Ökonomie in den letzten Jahren verstärkt diskutiert und insbesondere hinsichtlich seiner Anwendbarkeit weiterentwickelt, wobei der Versuch, Wertungsmaßstäbe zu gewinnen, in den Vordergrund rückte.[78] Unter der instrumentellen Funktion von Institutionen wird deren Fähigkeit verstanden, zur Lösung gesellschaftlicher Probleme beizutragen, um so die Kontinuität des Lebensprozesses sicherzustellen. Dazu ist eine stetige Weiterentwicklung von Zielen und Mitteln zu gewährleisten, durch die der instrumentell-technische Prozeß dynamisch und selbstkorrigierend wirkt.[79] Endgültige Wahrheiten kann es im Rahmen dieses Prozesses nicht geben. Wahrheit selbst wird hier pragmatistisch zum Synonym für Kontinuität.[80] Der instrumentelle Aspekt von Institutionen beinhaltet im Kern die Anwendung und kumulative Weiterentwicklung des in einer Gesellschaft vorhandenen Wissens. Dieser instrumentell-technologische Entwicklungsprozeß ist gerade nicht abhängig von der Leistung einzelner Erfinder und Innovatoren, wie dies schon Ayres herausgestellt hatte, sondern hängt in seiner Dynamik entscheidend davon ab, ob und inwieweit möglichst viele Menschen in der Lage sind, ihre Erkenntnisse – das »human capital« einer Gesellschaft – in diesen Prozeß einzubringen.[81] Im Ergebnis ist der instrumentelle Aspekt von Institutionen auf »Befreiung« von nicht selbst verantworteten gesellschaftlichen Zwängen und auf die Überwindung gesellschaftlicher Mißstände gerichtet.[82]

Die zeremonielle Funktion von Institutionen beruht demgegenüber auf Vorschriften, Mythen, Emotionen, geheiligten, scheinbar unantastbaren Riten und Statussystemen.[83] Während die instrumentelle Funktion von Institutionen in Richtung »... pressing to break and diminish

---

[76] In diesem Zusammenhang wird deutlich, daß Institutionen auch über die Wahl der jeweiligen Technologie entscheiden. Vgl. Samuels 1977, 878ff.; Junker 1982, 143; Junker 1983, 341 u. 343f.

[77] Vgl. Brinkman 1981, 402-411; Junker 1968, 204 u. 213; Neale 1987, 1197.

[78] Vgl. hierzu die ausführliche Darstellung bei Reuter 1994b, S. 291-326.

[79] Vgl. Hamilton 1986, 530f.; De Gregori 1987, 1259.

[80] Vgl. Tool 1979, 39.

[81] Vgl. Dugger 1984, 810-813; De Gregori 1987, 1258.

[82] Vgl. Junker 1983, 343; Hamilton 1986, 530f.

[83] Vgl. Junker 1982, 141f. u. 144.

power control systems ...«[84] wirkt, sucht der zeremonielle Aspekt von Institutionen die »... dominance of power systems over the tools of mankind«[85] zu perpetuieren. Die zentrale Frage, die sich den Institutionalisten vor dem Hintergrund dieses Verständnisses stellt, ist, inwieweit in einer Gesellschaft instrumentelle Prozesse, d.h. der »Problemlösungsprozeß« – auch als »life process« bezeichnet – durch den zeremoniellen »eingekapselt« ist, der das Tempo bestimmt, in dem technologisch-instrumentelles Wissen Anwendung findet.[86] Die dem institutionalistischen Paradigma in diesem Zusammenhang zugrundeliegende These ist, daß zeremoniell fundierte Verhaltensweisen die institutionelle Struktur einer Gesellschaft tendenziell dominieren.[87]

Auch das Theorem des »cultural lag« erfährt wieder Beachtung: Den Unterschied zwischen dem, was vielversprechend und möglich erscheint, gemessen an dem in einer Gesellschaft zur Verfügung stehenden Wissen und dem, was in der Realität tatsächlich geschieht, bezeichnet Junker als »ceremonial gap«. Die Größe dieses »gap« definiert gleichzeitig die Verschwendung von Ressourcen im jeweiligen Gesellschaftssystem.[88] An dieser Stelle wird bereits deutlich, daß es eine zentrale Aufgabe der Wirtschaftspolitik sein muß, auf die Schließung dieser »zeremoniellen Lücke« hinzuwirken: »The larger the ceremonial gap, the larger the level of power encapsulation and the weaker our capacity to bring out institutions in more exacting conjunction with our best knowledge. Self-renewing societies will be those which maximize instrumental relations and minimize ceremonial relations in the social process.«[89]

In Anknüpfung an Fosters reformulierte Dichotomie entwickelten Louis J. Junker und Paul D. Bush zunächst unabhängig voneinander das Konzept der »zeremoniellen Einkapselung«, das als relativ neues Theorem einen breiten Raum in der zeitgenössischen institutionalistischen Literatur einnimmt. Bush definiert »ceremonial encapsulation« als »... the hypothesis that the institutional structure will absorb new technology only to the extent that it can do so without dislocating the existing value structure. More precisely, it will absorb new technology only to the extent that the practice of this new technology can be made compatible with the pattern of ceremonial dominance incident to the

[84] Junker 1983, 350.
[85] Junker 1983, 345.
[86] Vgl. Gordon 1980, 25; Adams 1980, 10; Bush 1981/82, 24.
[87] Vgl. Bush 1981/82, 23.
[88] Vgl. Junker 1983, 349f.; Bush 1987, 1094.
[89] Junker 1983, 350.

institution. The changes in behavior required by the new technology will be permitted only to the extent that such changes can be accommodated within the existing pattern of ceremonial dominance.«[90]

Das Konzept der zeremoniellen Einkapselung liefert somit ein Erklärungsmuster, warum in unterschiedlichen Gesellschaften institutioneller Wandel mit unterschiedlicher Form und Geschwindigkeit vonstatten geht.[91] Zur weiteren Präzisierung unterscheidet Bush zwischen drei Typen zeremonieller Einkapselung und zwar zwischen dem »'past-binding' type«, dem »'future-binding' type« und dem »'Lysenko' type«.[92]

Der erste, vergangenheitsbezogene Typus zeremonieller Einkapselung zeichnet sich dadurch aus, daß die Gesellschaft auf technologische Innovationen mit einem verstärkten Festhalten am Status quo reagiert. Einkapselung bezeichnet hier den Versuch, der Diffusion technologisch-instrumenteller Innovationen so weit entgegenzuwirken, daß überkommene Traditionen und Verhaltensmuster – der Status-quo – unangetastet bleiben. In der Gesellschaft werden nur solche Innovationen zugelassen, die sich bruchlos in das bestehende Institutionensystem integrieren lassen; anderenfalls werden sie ganz unterdrückt. Dieser Prozeß ist von einer mehr oder weniger starken Ausweitung des »ceremonial gap« begleitet. Als Beispiel führt Bush vorindustrielle Kulturen an, die nur solche handwerklich-technologischen Innovationen zuließen, die mit den praktizierten magischen Ritualen und Riten in Übereinstimmung zu bringen waren. Gleichzeitig betont er, daß heute die meisten Formen von Rassismus und Sexismus ebenfalls unter diesen Typus zeremonieller Einkapselung zu fassen sind.

Der »future-binding«-Typus ist eine Erscheinungsform zeremonieller Einkapselung, die in modernen Gesellschaften zu beobachten ist, in denen der Gebrauch von Wissenschaft und Technologie in erster Linie eine Frage von Macht ist und Macht bedingt. Insbesondere die sich in dieser Phase entwickelnden Großkonzerne sind zunehmend in der Lage, aufgrund ihrer gesellschaftlichen Machtposition wissenschaftliche Forschung, Entwicklung und Anwendung technisch-instrumenteller Innovationen zu kontrollieren, um die eigene gesellschaftliche Position zu stabilisieren, oder wie Bush es ausdrückt, »... of making the future conform to the present – that is, conform to the prevailing patterns of ceremonial dominance in the community.«[93] Es lassen sich also nur dann neue Erkenntnisse in die Praxis umsetzen, wenn dadurch die

[90] Bush zitiert nach Waller 1987, 321.
[91] Vgl. Bush 1989, 460f.
[92] Vgl. Bush 1987, 1094; Bush 1986, 33.
[93] Bush 1986, 34.

Hegemonialstellung von »power institutions« nicht berührt wird. Die in einer Gesellschaft vorhandenen Möglichkeiten – das Entwicklungs- und Problemlösungspotential – werden unter solchen gesellschaftlichen Bedingungen erheblich eingeschränkt.

Der dritte Typus, der sogenannte »'Lysenko' type«, steht für die starrste Form zeremonieller Einkapselung. Besteht unter den Bedingungen der ersten beiden Typen zumindest potentiell die Möglichkeit, daß sich in bestimmten historischen Konstellationen (z.B. in wirtschaftlichen Krisensituationen) progressiver Wandel endogen durchsetzen kann, so ist dies im letzten Fall nicht denkbar. Die Bezeichnung »'Lysenko' type« geht auf den russischen Agrarbiologen Trofim D. Lysenko zurück, dessen pseudowissenschaftliche und bereits damals nachweislich falsche Theorien unter Stalin in den frühen 1930er Jahren offizielles Dogma der Agrarwissenschaft und der Biologie in der Sowjetunion waren. Lysenkos »Wissenschaft« wurde vom System als einzige mit den fundamentalen Prinzipien des Stalinismus zu vereinbarende biologische Theorie ausgewiesen. Alle Wissenschaftler, die dieser »Theorie« widersprachen, wurden öffentlich angeprangert, ihrer Positionen oder Lehrstühle enthoben und zu Systemfeinden erklärt. Auch wenn die Anwendung dieser Theorie im Bereich der Landwirtschaft katastrophale Ernteergebnisse brachte, beherrschte sie dennoch über dreißig Jahre die Agrarwissenschaft in der Sowjetunion.[94]

Der »Lysenko«-Typ beschreibt also eine Form der zeremoniellen Einkapselung, in der durch eine geschlossene Ideologie die Ergebnisse von Forschung und Wissenschaft bereits vorherbestimmt sind, jegliches Voranschreiten im Ziel-Mittel-Kontinuum unmöglich gemacht wird. Im Ergebnis läßt sich dieser Typus mit Veblen auch als »... triumph of imbecile institutions over live and culture ...«[95] bezeichnen. Bush betont, daß dieser Typus zeremonieller Einkapselung bei weitem nicht nur in der Vergangenheit zu beobachten und am Beispiel der Sowjetunion zu illustrieren sei. Auch die Rassenideologie der Nationalsozialisten sei diesem Typ zuzuordnen. Als Beispiel aus jüngster Zeit führt Bush die von der US-Regierung durchgesetzte Strategic Defense Initiative (SDI) mit ihren technologischen und ökonomischen Konsequenzen an.[96]

Zusammenfassend läßt sich festhalten, daß das Konzept der zeremoniellen Einkapselung eine Spezifikation und Klarstellung des institutio-

94 Vgl. Bush 1987, 1098f.

95 Veblen 1964, 25. Das Konzept der zeremoniellen Einkapselung war somit im Prinzip bereits bei Veblen angelegt. Vgl. dazu Bush 1986, 32f.

96 Vgl. Bush 1987, 1099.

nellen Wandlungsprozesses darstellt, wie er von Veblen bis Foster formuliert wurde. Dem Konzept der zeremoniellen Einkapselung liegt nicht mehr die von Ayres vertretene simplifizierende Auffassung zugrunde, daß – in den Worten Junkers – »... technology under any system of control and domination functions as a dynamic tool for social welfare and human betterment.«[97] Demgegenüber wird gerade die wechselseitige Beeinflussung herausgestellt, die zwischen Technologie oder allgemeiner dem gesellschaftlichen Wissen einerseits und der institutionellen Struktur andererseits besteht. Darüber hinaus eröffnet dieses Konzept Erklärungsansätze für »regressiven« institutionellen Wandel. Dieser von Ayres als »Degeneration«[98] bezeichnete Prozeß tritt immer dann ein, wenn machtvolle Interessen – z.B. gestützt auf das Militär und/oder unter Berufung auf »höhere Mächte« – institutionelle Strukturen aufrechterhalten können, die jede Anwendung neuen Wissens und neuer Erkenntnisse unterdrücken bzw. so selektieren, daß bestehende gesellschaftliche Verhältnisse, von denen nur eine »Elite« profitiert, nicht gefährdet werden (»Lysenko«-Typ).[99]

7. Wirtschafts- und gesellschaftspolitische Schlußfolgerungen

Der vorgestellten Theorie des institutionellen Wandels liegt die Überzeugung zugrunde, daß das Auftreten sozialer, ökonomischer und politischer Probleme zur Normalität jeder gesellschaftlichen Entwicklung gehört und endogene, durch den Marktmechanismus entstehende Allokationsergebnisse nicht notwendigerweise problem*ent*schärfend, sondern auch problem*ver*schärfend wirken können.[100] Zur Gewährleistung gesellschaftlicher Stabilität kommt es entscheidend darauf an, daß die Gesellschaft sowohl über die Fähigkeit als auch über die institutionellen Möglichkeiten verfügt, auftretende Probleme prozeßhaft zu lösen. Dazu sind kontinuierliche institutionelle Änderungen und Anpassungen erforderlich, die sich nicht automatisch aus Marktprozessen ergeben, zumal diese die *jeweiligen* gesellschaftlichen (Macht-)Strukturen widerspiegeln und so möglicherweise zielorientiertes Handeln gerade verhindern (zeremonielle Einkapselung). Insofern stehen Marktlösungen und

[97] So Junker am 19. Mai 1981 in einem Brief an Bush. Zitiert nach Bush 1986, 29f.
[98] Vgl. Ayres 1961, 136.
[99] Vgl. Bush 1986, 29f.; vgl. auch Jensen 1987, 1067.
[100] Vgl. dazu die aktuelle Analyse von Afheldt 1994, insbes. 158-164.

staatliche Interventionen in einem Konkurrenzverhältnis, wenn es um Fragen der Lösung gesellschaftlicher Probleme geht. Hieraus leitet Katterle die Forderung ab, daß es »einer Vielzahl flexibler *intermediärer Institutionen zwischen Markt und Staat* (bedarf), in denen Personen und Gruppen, deren Selbstverständnis die Grenzen des neoklassischen Eigennutzaxioms sprengt, sich einlassen auf langfristig angelegte, mit Geduld unternommene, keineswegs konfliktfreie Experimente einer *Partnerschaft für gemeinwohldienliche Maßnahmen* und die Produktion meritorischer Güter.«[101]

Hieraus ergeben sich wirtschafts- und gesellschaftspolitische Konsequenzen, die an dieser Stelle nur sehr allgemein diskutiert werden können:[102]

Eine der wichtigsten ist die Feststellung, daß die Wirtschaft einer Gesellschaft von einer Reihe von Faktoren maßgeblich beeinflußt wird, die weit über das hinausgehen, auf das sich üblicherweise Wirtschaftspolitik mit ihren Teilbereichen Ordnungs-, Allokations-, Stabilisierungs- und Verteilungspolitik bezieht. Vor dem dargestellten Verständnis des technologischen Prozesses, dessen virtuelles Problemlösungspotential für den Fortschritt einer Gesellschaft von grundlegender Bedeutung ist, erhält die Forderung nach einer Demokratisierung von Wirtschaft und Gesellschaft eine neue Qualität: Während seit der Aufklärung die Demokratisierung von Gesellschaften mit Verweis auf die vernunftbedingte Gleichheit der Menschen, also unter ausschließlich ethischen Gesichtspunkten, gefordert wird, stellen Institutionalisten darüber hinaus ein handfestes ökonomisches Argument zur Begründung von Teilhabe- und Mitentscheidungsmöglichkeiten in den Mittelpunkt. Je mehr Menschen am »technologischen Prozeß« gleichberechtigt partizipieren können, desto besser kann sich das »human capital« einer Gesellschaft entwickeln. Jedem einzelnen wird sozusagen das Potential zugesprochen, entscheidende instrumentelle Kombinationsleistungen vollbringen zu können, die dazu beitragen, vorhandene gesellschaftliche Probleme einer Lösung zuzuführen. Um dieses Potential in bestmöglicher Weise nutzen zu können, sind Bildungschancen für jedes Gesellschaftsmitglied gleichermaßen zu eröffnen. Ein System, daß nur einer kleinen Elite die Möglichkeit zu höherer Bildung bietet, vergibt Chancen, die sich aus einer allgemeinen und breiten Bildung der Bevölkerung ergeben würden. Mit einer solchen Verengung von Bildungschancen wächst die Gefahr, daß neue Kombinationsleistungen und Innovatio-

[101] Katterle 1995, 9 (Hervorhebung im Original).

[102] Vgl. hierzu ausführlich Tool 1993 und Reuter 1994b, S. 327-365.

nen, die die Gesellschaft dringend benötigt, nicht oder erst mit erheblicher zeitlicher Verzögerung erkannt werden. Konsequenterweise ergibt sich hieraus die Forderung nach einem beständigen Ausbau und einer kontinuierlichen Weiterentwicklung des Bildungssystems, so daß allen Gesellschaftsmitgliedern der Zugang zur Bildung nicht nur offensteht, sondern auch alle Anstrengungen unternommen werden, das Bildungssystem so attraktiv und anziehend wie möglich zu machen.

Bildung hat aber noch eine weitere Komponente. Mit ihr verbinden Institutionalisten die Hoffnung, daß es zu einem stärkeren Hinterfragen vorherrschender institutionalisierter Handlungsmuster und verfestigter Gesellschaftsstrukturen kommt. Um beispielsweise Formen bisheriger und alternativer Energiegewinnung mit Blick auf Versorgungssicherheit, Umweltbelastung, Arbeitsplätze etc. beurteilen zu können, bedarf es eines Minimums an Kenntnissen gesamtgesellschaftlicher, ökonomischer und ökologischer Zusammenhänge. Wenn hierüber das Gros der Bevölkerung nicht verfügt, ist die Gefahr groß, daß elitäre und über ein Informationsmonopol verfügende Kräfte solche Entscheidungen durchsetzen können, die weniger im Interesse der Gesamtgesellschaft, als vielmehr im eigenen (vor allem kurzfristigen Profit-) Interesse liegen. Dies wäre dann ein solcher von Veblen thematisierter »triumph of imbecile institutions over live and culture«.

Die vorgestellte Institutionenanalyse hat auch deutlich gemacht, daß privat- und gesamtwirtschaftliche Ziele nicht notwendigerweise übereinstimmen müssen. Insbesondere Mitchell hatte auf den Zielkonflikt zwischen »making goods« und »making money« hingewiesen. Unter den veränderten Rahmenbedingungen einer Überflußgesellschaft findet sich dieser grundlegende Widerspruch in einem Zielkonflikt zwischen Profit- und Wohlstandsmaximierung wieder. Die derzeitige Debatte um eine ökologische Steuerreform zeigt, daß Individual- bzw. Konzerninteressen und gesamtgesellschaftlich wünschenswerte Entwicklungen nicht per se, sondern erst durch wirtschaftspolitische Eingriffe und Vorgaben in Übereinstimmung gebracht werden können.

Auch das angesprochene Verständnis der Genese von menschlichen Bedürfnissen hat wirtschafts- und gesellschaftspolitische Konsequenzen. Obwohl die Befriedigung von Bedürfnissen im Mittelpunkt wirtschaftlichen Handelns steht, findet die Beschäftigung mit Bedürfnissen in der ökonomischen Theorie bislang allenfalls am Rande statt. Bedürfnisse werden in ihrer jeweiligen Erscheinungsform in der Regel als Datum behandelt und keiner weiteren theoretischen Analyse unterzogen. Im Rahmen der institutionentheoretischen Fundierung der Ökonomik findet sich bei den einzelnen Institutionalisten – von Veblen bis hin zu

John K. Galbraith, dem derzeit bekanntesten Institutionalisten – immer wieder der Hinweis auf die gesellschaftliche Bedingtheit der sich jeweils spezifisch artikulierenden Bedürfnisse. Sobald die Tendenz zur Manipulation menschlicher Bedürfnisse und generell menschlichen Verhaltens erkannt ist, besteht geradezu die Notwendigkeit, auf die damit verbundenen Probleme und Gefahren hinzuweisen und Strukturen zu analysieren und vorzuschlagen, die einer solchen Bevormundung entgegenwirken können.[103]

Aus ihren Untersuchungen sozialisierender Institutionen leiten Institutionalisten drei globale Forderungen ab, an denen sich konkrete wirtschafts- und gesellschaftspolitische Reformmaßnahmen zu orientieren haben: Eine weitere, auch wirtschaftliche Bereiche erfassende Demokratisierung der Gesellschaft, eine forcierte Eröffnung von Bildungschancen und darauf aufbauend einen stärkeren wirtschaftlichen Interventionismus. Auf neue Formen demokratisch legitimierter Eingriffe in die Wirtschaft wird man ihrer Ansicht nach in Zukunft nicht verzichten können, da das Wirken endogener Marktkräfte, wie theoretische und empirische Analysen zeigen, keine Gewähr für gesellschaftlich befriedigende Resultate bieten. Massenarbeitslosigkeit, Mangel an Grundbedürfnisprodukten bei gleichzeitigem Überfluß an Luxusprodukten, drängende ökologische Probleme, steigende Verarmung breiter Bevölkerungsteile, wachsende Konzentration von Einkommen und Vermögen etc. als kennzeichnende Phänomene entwickelter Industriegesellschaften unterstreichen diesen Anspruch. Das Ziel wirtschaftlicher und gesellschaftlicher Reformen ist die bereits zitierte, von Mitchell erhobene Forderung »to guide the evolution of institutions more wisely.«

Literatur

Adams, J. (1980): The Writings of Allan G. Gruchy, in: Ders. (Hrsg.): Institutional Economics. Contributions to the Development of Holistic Economics. Essays in Honor of Allan G. Gruchy, Boston/The Hague/London, S. 3-18.

---

[103] Auch Autoren, die nicht dem institutionalistischen Spektrum zuzuordnen sind, haben in der Vergangenheit auf die Bedürfnisproblematik in Überflußgesellschaften mit ähnlichen Schlußfolgerungen hingewiesen. Dies gilt vor allem für Erich Egner, Erich Fromm, Herbert Marcuse und Vance Packard. Vgl. Wirz 1993.

Afheldt, H. (1994): Wohlstand für niemand? Die Marktwirtschaft entläßt ihre Kinder, München.
Altschul, E. (1931): Vorwort des Herausgebers, in: Mitchell (1931), S. IIIff.
Ayres, C.E. (1944): The Theory of Economic Progress, New York.
Ayres, C.E. (1952): The Industrial Economy. Its Technological Basis and Institutional Destiny, Cambridge, Massachusetts.
Ayres, C.E. (1953): Technology. The Role of Technology in Economic Theory, in: American Economic Review, Bd. 43, Mai, S. 279-287.
Ayres, C.E. (1961): Towards a Reasonable Society. The Values of Industrial Civilization, Austin.
Ayres, C.E. (1962): Foreword – 1962, in: Ders.: The Theory of Economic Progress. A Study of the Fundamentals of Economic Development and Cultural Change, 2. Aufl., New York, S. v-xxv.
Ayres, C.E. (1966): The Nature and Significance of Institutionalism, in: The Antioch Review, Bd. 26, Nr. 1, S. 70-90.
Ayres, C.E. (1967) The Theory of Institutional Adjustment, in: Thompson, Carey C. (Hrsg.): Institutional Adjustment. A Challenge to a Changing Economy, Austin/London, S. 1-17.
Breit, W./Culbertson, W.P. (Jr.) (1976): Clarence Edwin Ayres: An Intellectuel's Portrait, in: Breit/Culbertson (1976a), S. 3-22.
Breit, W./Culbertson, W.P. (Jr.) (Hrsg.) (1976a): Science and Ceremony. The Institutional Economics of C.E. Ayres, Austin/London.
Brinkman, R.L. (1981): Culture in Neoinstitutional Economics: An Integration of Myrdal and Galbraith into the Veblen-Ayres Matrix, in: American Journal of Economics and Sociology, Bd. 40, Oktober, S. 401-413.
Bush, P.D. (1981/82): The Normative Implications of Institutional Analysis, in: Economic Forum, Bd. 12, Winter, S. 9-29.
Bush, P.D. (1986): On the Concept of Ceremonial Encapsulation, in: Review of Institutional Thought, Bd. 3, Dezember, S. 25-45.
Bush, P.D. (1987): The Theory of Institutional Change, in: Journal of Economic Issues, Bd. 21, Nr. 3, S. 1075-1116.
Bush, P.D. (1989): The Concept of »Progressive« Institutional Change and Its Implications for Economic Policy Formation, in: Journal of Economic Issues, Bd. 23, Nr. 2, S. 455-464.
Chandler, C.C. (1959): Institutionalism and Education: An Inquiry into the Implications of the Philosophy of Thorstein Veblen, Diss., Michigan.
Cochran, K.P. (1955): The Concept of Economic Planning in Institutional Economics, Diss., Ohio State University.
Commons, J.R. (1928): Das Anglo-amerikanische Recht und die Wirtschaftstheorie, in: Mayer, H. (Hrsg.): Die Wirtschaftstheorie der Gegenwart, Bd. 3, Wien, S. 293-317.
Commons, J.R. (1935): The Place of Economics in Social Philosophy, in: Journal of Social Philosophy, Bd. 1, Oktober, S. 7-22.

Commons, J.R. (1959): Institutional Economics. Its Place in Political Economy (1934), 2 Bde., Madison.

Commons, J.R. (1974): Legal Foundations of Capitalism (1924), Clifton.

Davis, A.K. (1941): Thorstein Veblen's Social Theory, Diss., Harvard.

De Gregori, T.R. (1987): Resources Are Not; They Become: An Institutional Theory, in: Journal of Economic Issues, Bd. 21, Nr. 3, S. 1241-1263.

Dewey, J. (1930): Theory of Valuation, in: International Encyclopedia of Unified Science, Bd. 2, Chicago, S. 1-67.

Diggins, J.P. (1977): Reification and the Cultural Hegemony of Capitalism: The Perspectives of Marx and Veblen, in: Social Research, Bd. 44, Nr. 2, S. 354-383.

Dorfman, J. (1934): Thorstein Veblen and his America, New York.

Dugger, W.M. (1984): The Nature of Capital Accumulation and Technological Progress in the Modern Economy, in: Journal of Economic Issues, Bd. 18, Nr. 3, S. 799-823.

Elsner, W. (1986): Ökonomische Institutionenanalyse. Paradigmatische Entwicklung der ökonomischen Theorie und der Sinn eines Rückgriffs auf die ökonomische Klassik am Beispiel der Institutionenanalyse (»Property Rights«), Berlin.

Ferguson, F.P. (1971): Analysis, Interpretation, and Institutional Change. Marx and the Institutionalists, Commons and Veblen, Diss., Wisconsin.

Foster, J.F. (1981a): The Effect of Technology on Institutions, in: Journal of Economic Issues, Bd. 15, Nr. 4, S. 907-913.

Foster, J.F. (1981b): Syllabus for Problems of Modern Society: The Theory of Institutional Adjustment (1948), in: Journal of Economic Issues, Bd. 15, Nr. 4, S. 929-935.

Gordon, W. (1980): Institutional Economics. The Changing System, Austin/London.

Hamilton, D. (1970): Evolutionary Economics. A Study of Change in Economic Thought (1953), Albuquerque.

Hamilton, D. (1986): Technology and Institutions are Neither, in: Journal of Economic Issues, Bd. 20, Nr. 2, S. 525-532.

Harter, L.G. (Jr.) (1962): John R. Commons, Corvallis.

Hartwell, R.M. (1976): C.E. Ayres on the Industrial Revolution, in: Breit/Culbertson (1976a), S. 49-62.

Hill, F.G. (1958): Veblen and Marx, in: Dowd, D.F. (Hrsg.): Thorstein Veblen: a Critical Reappraisal. Lectures and Essays Commemorating the 100. Anniversary of Veblen's Birth, New York, S. 129-149.

Homan, P.T. (1928): Contemporary Economic Thought, New York/London.

Jensen, H.E. (1987): The Theory of Human Nature, in: Journal of Economic Issues, Bd. 21, Nr. 3, S. 1039-1073.

Junker, L.J. (1968): Theoretical Foundations of Neo-Institutionalism, in: American Journal of Economics and Sociology, Bd. 27, April, S. 197-213.

Junker, L.J. (1982): The Ceremonial-Instrumental Dichotomy in Institutional Analysis: The Nature, Scope and Radical Implications of the Conflicting Systems, in: American Journal of Economics and Sociology, Bd. 41, April, S. 141-150.

Junker, L.J. (1983): The Conflict Between the Scientific-Technological Process and Malignant Ceremonialism, in: American Journal of Economics and Sociology, Bd. 42, Juli, S. 341-352.

Katterle, S. (1995): Marktwirtschaft und Ethik, Diskussionspapier Nr. 302, Universität Bielefeld, Fakultät für Wirtschaftswissenschaften.

Lerner, M. (1948): The Portable Veblen, New York.

Mitchell, L.S. (1953): Two Lives. The Story of Wesley Clair Mitchell and Myself, New York.

Mitchell, W.C. (1910): The Rationality of Economic Activity, in: Journal of Political Economy, Bd. 18, Februar/März, S. 97-113 und S. 197-216.

Mitchell, W.C. (1914): Human Behavior and Economics: A Survey of Recent Literature, in: Quarterly Journal of Economics, Bd. 29, November, S. 1-47.

Mitchell, W.C. (1915): Wieser's Theory of Social Economics, in: Mitchell (1937), S. 225-257.

Mitchell, W.C. (1916): The Role of Money in Economic Theory, in: Mitchell (1937), S. 149-176.

Mitchell, W.C. (1918): Bentham's Felicific Calculus, in: Mitchell (1937), S. 177-202.

Mitchell, W.C. (1922): The Crisis of 1920 and the Problem of Controlling Business Cycles, in: American Economic Review, Bd. 12 (Supplement), März, S. 20-32.

Mitchell, W.C. (1923): Making Goods and Making Money, in: Mechanical Engineering, Januar, S. 4-6.

Mitchell, W.C. (1923a): The Problem of Business Cycles, in: Edie, Lionel D. (Hrsg.): The Stabilization of Business, New York, S. 1-53.

Mitchell, W.C. (1923b): Making Goods and Making Money, in: Mitchell (1937), S. 137-148.

Mitchell, W.C. (1924): Quantitative Analysis in Economic Theory, in: Mitchell (1937), S. 20-37.

Mitchell, W.C. (1924a): The Prospects of Economics, in: Mitchell (1937), S. 342-385.

Mitchell, W.C. (1931): Der Konjunkturzyklus. Problem und Problemstellung, Leipzig.

Mitchell, W.C. (1931a): Engineering, Economics, and the Problem of Social Well Being. The Economist's View, in: Mechanical Engineering, Bd. 53, Februar, S. 105-110.

Mitchell, W.C. (1936): Intelligence and the Guidance of Economic Evolution, in: Mitchell (1937), S. 103-136.

Mitchell, W.C. (1937): The Backward Art of Spending Money and other essays, New York/London.

Mitchell, W.C. (1939): The Public Relations of Science, in: Science, Bd. 90, 29. Dezember, S. 599-607.

Mitchell, W.C. (1944): Facts and Values in Economics, in: Journal of Philosophy, Bd. 41, 13. April, S. 212-219.

Mitchell, W.C. (1950): Business Cycles and Their Causes. A New Edition of Mitchell's »Business Cycles: Part III« (1941), Berkeley/Los Angeles.

Mitchell, W.C. (1967): Types of Economic Theory. From Mercantilism to Institutionalism, edited with an Introduction by Joseph Dorfman, 2 Bde., New York.

Neale, W.C. (1987): Institutions, in: Journal of Economic Issues, Bd. 21, Nr. 3, S. 1177-1206.

Noble, D.W. (1958): The Paradox of Progressive Thought, Minneapolis.

North, D.C. (1992): Institutionen, institutioneller Wandel und Wirtschaftsleistung (1990), Tübingen.

Ogburn, W.F. (1969): Die Theorie der kulturellen Phasenverschiebung (lag), in: Ders.: Kultur und sozialer Wandel. Ausgewählte Schriften. Herausgegeben und eingeleitet von Otis Dudley Duncan (1964), Neuwied/Berlin, S. 134-145.

Priddat, B.P. (1995): Ökonomie und Geschichte: Zur Theorie der Institutionen bei D.C. North, in: Seifert/Priddat (1995a), S. 205-239.

Reuter, N. (1994a): Institutionalismus, Neo-Institutionalismus, Neue Institutionelle Ökonomie und andere »Institutionalismen«. Eine Differenzierung konträrer Konzepte, in: Zeitschrift für Wirtschafts- und Sozialwissenschaften (ZWS), Bd. 114, S. 5-23.

Reuter, N. (1994b): Der Institutionalismus. Geschichte und Theorie der evolutionären Ökonomie, Marburg.

Reuter, N. (1996): Die Kapitalismuskritik Veblens. Zur Aktualität eines unorthodoxen Ansatzes, in: Penz, R./Wilkop, H. (Hrsg.): Zeit der Institutionen – Thorstein Veblens evolutorische Ökonomik, Marburg, S. 133-170.

Rutherford, M. (1983): J.R. Commons's Institutional Economics, in: Journal of Economic Issues, Bd. 17, Nr. 3, S. 721-744.

Samuels, W.J. (1977): Technology Vis-à-Vis Institutions in the JEI: A Suggested Interpretation, in: Journal of Economic Issues, Bd. 11, Nr. 4, S. 871-895.

Schumpeter, J.A. (1961): Konjunkturzyklen. Eine theoretische, historische und statistische Analyse des kapitalistischen Prozesses (1939), 2 Bde., Göttingen.

Seifert, E.K./Priddat, B.P. (1995): Einleitung – Neuorientierungen in der ökonomischen Theorie. Zur moralischen, institutionellen, evolutorischen und ökologischen Dimension des Wirtschaftens, in: Seifert/Priddat (1995a), S. 7-54.

Seifert, E.K./Priddat, B.P. (Hrsg.) (1995a): Neuorientierungen in der ökonomischen Theorie. Zur moralischen, institutionellen und evolutorischen Dimension des Wirtschaftens, Marburg.

Shafer, J.E. (1932): Institutional Economics of Professor Commons, in: American Economic Review, Bd. 22, Nr. 2, S. 261-264.

Simmel, G. (1977): Philosophie des Geldes (1900), Berlin.

Smith, B.W. (1969): The Political Theory of Institutional Economics, Diss., Austin.

Stadler, M. (1983): Institutionalismus heute. Kritische Auseinandersetzung mit einer unorthodoxen wirtschaftswissenschaftlichen Bewegung, Frankfurt a.M./New York.

Tool, M.R. (1979): The Discretionary Economy. A Normative Theory of Political Economy, Santa Monica, California.

Tool, M.R. (1993) (Hrsg.): Institutional Economics: Theory, Method, Policy, Boston/Dordrecht/London.

Vaihinger, H. (1921): Wie die Philosophie des Als Ob entstand, in: Schmidt, Raymund (Hrsg.): Die deutsche Philosophie der Gegenwart in Selbstdarstellungen, Bd. 2, Leipzig, S. 175-203.

Veblen, T.B. (1898): Why is Economics Not an Evolutionary Science?, in: Veblen (1990), S. 56-81.

Veblen, T.B. (1909): The Limitations of Marginal Utility, in: Veblen (1990), S. 231-251.

Veblen, T.B. (1964): The Instinct of Workmanship and the State of the Industrial Arts (1914), New York.

Veblen, T.B. (1978): The Theory of Business Enterprise (1904), New Brunswick.

Veblen, T.B. (1981): Theorie der feinen Leute. Eine ökonomische Untersuchung der Institutionen (1899), München.

Veblen, T.B. (1990): The Place of Science in Modern Civilisation and Other Essays (1919), New York.

Walker, D.A. (1977): Thorstein Veblen's Economic System, in: Economic Inquiry, Bd. 15, April, S. 213-237.

Waller, W.T. (Jr.) (1982): The Evolution of the Veblenian Dichotomy: Veblen, Hamilton, Ayres, and Foster, in: Journal of Economic Issues, Bd. 16, Nr. 3, S. 757-771.

Waller, W.T. (Jr.) (1987): Ceremonial Encapsulation and Corporate Cultural Hegemony, in: Journal of Economic Issues, Bd. 21, Nr. 1, S. 321-328.

Wirz, S. (1993): Vom Mangel zum Überfluß. Die bedürfnisethische Frage in der Industriegesellschaft, Münster.

Z'Graggen, A. (1983): Thorstein Veblen. Eine kritische Interpretation seiner Theorie der Instinkte und Institutionen, Diss., Zürich.

Zingler, E.K. (1974): Veblen vs. Commons: a Comparative Evaluation, in: Kyklos, Bd. 27, Nr. 2, S. 322-344.

Zinn, K.G. (1995): Konjunktur und Wachstum (1994), Aachen.

Die Bedeutung von Institutionen

Modelltheoretische Überlegungen

Karl Reinhard Lohmann[1]

Einleitung

Ökonomische Entscheidungen sind Auswahlfunktionen, die gegebenen individuellen Zielen eine optimale Mittelwahl (Handlung) zuordnen. Diese Auffassung ist trivial, wenn man die Auswahlkriterien unbestimmt läßt.

Folgt man dem konsequentialistischen Standardmodell der Ökonomik, maximiert die Auswahlfunktion den Nutzen einer Entscheiderin. Dabei ist die Menge der Handlungsmöglichkeiten einer Person im ökonomischen Modell durch den Budgetrahmen und technische Restriktionen (einen zu veranschlagenden Mindestkonsum oder die Produktionsfunktion) bestimmt. Schwächt man das strikt konsequentialistische Modell ab, kann auch das institutionelle »Setting« der Entscheidungssituation in der Rekonstruktion von Entscheidungen berücksichtigt werden. Wir sagen, daß an einem Markt oder allgemeiner in einer spezifischen Entscheidungssituation Regeln gelten.[2] Die Beschreibung und Analyse dieser Regeln ist der Gegenstand der Institutionen-Ökonomik.[3]

---

[1] Mein Dank gilt den Teilnehmenden am Seminar »Ökonomische Hermeneutik« im Sommersemester 1995 an der Universität Witten/Herdecke, Dr. Gerhard Wegner und Prof. Dr. B. Priddat, Universität Witten/Herdecke, sowie Prof. Dr. Nida-Rümelin und Thomas Schmidt, Universität Göttingen.

[2] Zu der Vorstellung, daß Institutionen sinnvoll als Regeln aufgefaßt werden können s. Rowe 1989, 1-35. In einer deutlich normativen Sprache könnte man auch von Normen sprechen; die beiden Begriffe werden hier synonym verwendet.

[3] Mäki (1993, 11) schlägt als Definition eines minimalen Institutionalismus vor: »Any economic endeavour pursuing explanations which involve institutions in the role of either explanatia or explananda or both, constitutes a case of institutionalist

Durch die Erweiterung um ein institutionelles »Setting«, die geltenden Regeln, können Entscheidungssituationen »realistischer« modelliert werden. Entscheidungstheoretische Rekonstruktionen beanspruchen zwar keine Abbildfunktion; eine »realistische« Modellierung ist nicht äquivalent einer naturalistischen Repräsentation. Trotzdem enthalten explanatorische Modelle ontologische Annahmen über eine Entscheiderin und die Umstände einer Entscheidung. Zum einen trägt es zur Verständlichkeit (»understandability«) der Rekonstruktion bei[4], wenn das Set theoretischer Annahmen nicht beständig mit unseren vortheoretischen Vorstellungen konfligiert. Zum anderen ist der Erklärungsgehalt ontologisch reicherer Modelle in der Regel größer als der ganz einfacher Modelle. Dabei gibt es einen trade-off zwischen dem explanatorischen Gehalt und der verallgemeinerbaren Prognosefähigkeit eines Modell. Im Einzelfall mag uns interessieren, was eine ganz bestimmte Maria in einer ähnlichen Situation zukünftig machen wird (das mag der Fall sein, wenn wir mit Maria verheiratet sind), im allgemeinen untersuchen wir das Wahlverhalten von »typischen«, aber eben menschen-ähnlichen Homunkuli, das sich mit dem Ziel der Prognose auf eine Vielzahl von Personen übertragen läßt (das Handeln anderer Menschen interessiert uns auch dann, wenn wir nicht mit ihnen verheiratet sind, z.B. wenn wir Aktien kaufen wollen).

Das Problem der Modellierung von Institutionen stellt sich insbesondere, wenn man an der Einheit der Rationalität in der ökonomischen Theorie festhalten möchte, d.h. wenn man die Auffassung vertritt, daß das Befolgen von Regeln und die individuellen Wahlhandlungen miteinander vereinbar sein müssen. Für diese Auffassung spricht unsere Vorstellung, daß handelnde Personen im allgemeinen keine geteilte Persönlichkeit besitzen, oder positiv unsere Vorstellung der Integrität handelnder Personen.[5] Geht man außerdem vom methodologischen Individualismus aus und betrachtet das Wahlverhalten einzelner Personen, müssen die *institutionellen* Regeln in Parameter der *individuellen* Entscheidungssituation übersetzt werden.[6] Für den Begriff der

economics.« Die Definitionen anderer Vertreter des neuen oder alten Institutionalismus sind restriktiver, vgl. Langlois/Csontos 1993; Rutherford 1994.

[4] Langlois/Csontos 1993, 115.

[5] Man mag diese Auffassung aufgeben wollen; m.E. scheitert dann jeder Versuch einer prognosefähigen Wissenschaft. Das allein mag noch kein bedauernswertes Resultat sein; schlimmer scheint der Verzicht auf jede Art von Moralphilosophie, vgl. Vossenkuhl 1992[1], 167.

[6] Auch diese Auffassung kann man kritisieren und versuchen Makrophänomene unabhängig von jeder Mikrotheorie zu erklären. Ich halte dies insbesondere für Marktphänomene, bei denen paradigmatisch einzelne Personen einzelne Güter han-

»Regel« ist konstitutiv, daß Regeln für eine Menge von (vielleicht für alle) Personen in gleicher Weise gelten; Regeln sind für das Individuum extern gegeben. In das Entscheidungskalkül eines Individuums, so wie es in der Ökonomik modelliert wird, gehen als Argumente einzig die Präferenzen der Person und ihre individuell geltenden Restriktionen, also interne Gründe, ein. Es muß gezeigt werden, in welcher Weise die unterschiedlichen Arten von Handlungsgründen sinnvoll kompatibel modellierbar sind.[7] Für historisch orientierte Ansätze entsteht das Problem in modifizierter Form, wenn ihre Vertreter historische Daten ordnen, um vergangenes Verhalten von Wirtschaftssubjekten zu *erklären*, d.h. nicht rein deskriptiv (oder narrativ) sind, sondern einen explanatorischen Gehalt behaupten.[8]

Ich gehe im folgenden von dem ökomischen Standardmodell aus. Ich möchte zeigen, daß das ökonomische Standardmodell der nutzenmaximierenden Entscheidung unter Nebenbedingungen ungeeignet ist, Institutionen zu modellieren. Dazu werde ich zunächst (1) das Standardmodell der ökonomischen Theorie diskutieren, um in einem zweiten Abschnitt (2) eine Kritik und einige mögliche Modifikationen vorzustellen. Anschließend (3) stelle ich einige kritische Punkte heraus, die auch die Modifikationen treffen, und skizziere thetisch Argumente für einen alternativen Lösungsversuch. Ich schließe (4) mit einer Zusammenfassung.

---

deln, nicht für besonders überzeugend. Das gilt auch dann, wenn eine Menge von Personen eine Menge von Gütern handelt, wobei der Preis der einzelnen Güter eine Funktion der aggregierten Nachfrage und des aggregierten Angebots ist. Zum methodologischen Individualismus s. Danto 1980, 426-465.

[7] Vossenkuhl (1992[1], 155, 160f., 166ff.) untersucht dies für den Spezialfall der moralischen Regeln. Gerhard Wegner hat mich darauf hingewiesen, daß man den Begriff der Regel auch in einer anderen Weise verwenden könne. Man kann z.B. sagen, daß (1) eine Person ihren eigenen Regeln folge, oder (2) eine Menge von Personen sich de facto regelgemäß verhalte, wenn die Interaktion als unintendierte Folge der Einzelhandlungen zu sich wiederholenden Ereignissen führt. Die erste Verwendungsweise läßt sich in Analogie zu externen Handlungsgründen diskutieren, weil hier (im ökonomischen Standardmodell) interne Handlungsgründe auf den Bereich der Präferenzen und der individuell geltenden Restriktionen eingeschränkt sind. Der zweiten Verwendungsweise liegt tatsächlich ein anderer Regelbegriff zugrunde, der hier nicht diskutiert wird.

[8] Das gilt natürlich nur, so lange man nicht stark aggregierte Gruppen als historische Subjekte wählt. In bezug auf »Klassen«, »Rassen« etc. kann man nicht sinnvoll von einem Entscheidungskalkül sprechen; sie folgen – so sagt man – (historisch oder biologisch) determinierten Regeln. Zu holistischen Ansätzen in der institutionenökonomischen Tradition Commons s. Schotter 1981, 1-5; allgemein zu einem Vergleich der alten Institutionenökonomik mit Ansätzen der neuen Institutionenökonomik Rutherford 1994.

1. Das Standardmodell der ökonomischen Theorie

Ich werde zunächst das Standardmodell in einer ganz einfachen Form einführen. Anschließend diskutiere ich, wie sich Institutionen, die in einer noch sehr unpräzisen Weise eingeführt werden, im Rahmen des Modells darstellen lassen.

1.1

In der Standardökonomik wird ein ganz einfacher Markt modelliert, an dem Akteure Kaufentscheidungen treffen. Es wird unterstellt, daß eine Entscheiderin an diesem Markt eine wohldefinierte Nutzenfunktion über eine Menge alternativer Handlungen hat. Diese Handlungen werden für Kaufhandlungen abgekürzt mit der Benennung der Menge eines Gutes, die gekauft wird; also z.B. in einer ganz einfachen Form $u = (x_1 + a) \times (x_2 + b)$ für zwei Güter(mengen) x_1 (z.B. Tee) und x_2 (Kaffee) aus der Menge koffeinhaltiger, warmer Getränke $X = \{x_1, x_2\}$ und a und b als zu konsumierende Mindestmenge der entsprechenden Güter.[9] Die Nutzenfunktion repräsentiert in der dargestellten Form ein Austauschverhältnis der beiden Güter.[10]

Es wird angenommen, daß eine repräsentative Entscheiderin sich so verhält, *als ob* sie einer ganz einfachen Entscheidungsregel folge: Maxi-

[9] Zur Vereinfachung wurde eine ganz einfache Nutzenfunktion gewählt, wie sie sich z.B. bei Stobbe 1983, 70ff. findet. In Abhängigkeit von der konsumierten Menge an Kaffee und Tee steigt das Nutzenniveau stetig an. For the sake of the argument bevölkern wir unsere ökonomische Welt mit dieser Art von koffeinsüchtigen Zufriedenheitsmonstern, vgl. Nida-Rümelin 1993[1], 57. Die Nutzenfunktion ist formal eine Repräsentation der Präferenzordnung. Die in der empirischen Ökonomik verwendeten Nutzenfunktionen werden gemäß der Theoreme der Haushaltstheorie konstruiert; die aus den Nutzenfunktionen ableitbaren Nachfragefunktionen müssen homogen vom Grade 0 in Einkommen und Preisen sein, um Geldillusion auszuschließen, außerdem gelten die Adding-up Bedingung (1. Ableitung der Budgetrestriktion nach dem Einkommen ergibt 1, so daß das gesamte Einkommen auf die Güter verteilt wird) und die Slutsky-Anforderungen bezüglich der Symmetrie der Kreuzpreis-Elastizitäten und der Negativität der Eigenpreis-Elastizität; vgl. Phlips 1983, 32-56. Auf den Zusammenhang zwischen diesen homothetischen Nutzenfunktionen der Ökonomik und den Annahmen der formalen Entscheidungstheorie werde ich unten eingehen.

[10] Alternativ zu der Nutzenfunktion wird in der Ökonomik auch die graphische Darstellung in Form von Indifferenzkurven gewählt, die Güterkombinationen gleichen Nutzens abbilden (klassisch dazu v. Neumann/Morgenstern 1968, 217ff.).

miere Deinen Nutzen oder max! u[11].[12] Sie tut dies in einer Welt, in der Kaffee und Tee knapp sind, unter den restriktiven Nebenbedingungen eines begrenzten Einkommens (Y) und der Güterpreise (p) und einem definierten Mindestbedarf an Kaffee oder Tee (a/b). Unter der Voraussetzung eines idealen Marktes gibt es keine weiteren Beschränkungen. Seien $p_1 = 8/100$g und $p_2 = 12/$Pfund und $Y = 120$ (der Teil des Einkommens, den die Entscheiderin für X vorgesehen hat), weiterhin gelte für die Entscheiderin, daß $a = b = 2$ (sie trinkt also mindestens jeden Morgen zwei Tassen Kaffee und Abends zwei Tassen Tee), dann schreiben wir:

$$\mathrm{u} = (x_1 + a) \times (x_2 + b) \qquad (1)$$

$$\mathrm{Y} = p_1 x_1 + p_2 x_2. \qquad (2)$$

Löst man das Maximierungsproblem nach der Lagrange-Funktion (L), wobei jede Nebenbedingung mit einer reelen Zahl (dem sog. Lagrange-Multiplikator λ)[13] multpliziert wird, gilt also:

$$\max u\!: = L = u + \lambda(Y) = (x_1 + a) \times (x_2 + b) + \lambda(Y - p_1 x_1 - p_2 x_2) \qquad (3)$$

---

11 Friedman 1984. Hier wie im folgenden entsprechen die ökonomischen Formalisierungen nicht der mathematischen Schreibweise.

12 Eine probabilistische Erweiterung in einer Welt, in der die Kaffee- und Teepreise oder das Einkommen unsicher sind, würde in Form der Erwartungsnutzentheorie lauten $E(u) = \varpi(u + \lambda(Y_1) + (1-\varpi)(u + \lambda(Y_2)$; wobei ϖ die Wahrscheinlichkeit für das Eintreten eines Ereignisses (hier: entweder Y_1 oder Y_2) bezeichnet.

13 Der Lagrange-Multiplikator λ hat auch eine sinnvolle ökonomische Interpretation als Grenznutzen des Geldes, vgl. Stobbe 1983, 98. Im Fall von Randlösungen, $\delta L/\delta \mathrm{l} = Y - p_1 x_1 - p_2 x_2 \neq 0$, können an sich optimale Lösungen ausgeschlossen werden. Eine solche Modellierung entspräche jedoch der Vorstellung von auf unbedingte Durchsetzbarkeit angelegten, d.h. notwendig geltenden Regeln. Ein solches Regelverständnis, bei dem Regeln nicht verletzbar sind, ist in der Moderne nicht besonders plausibel. In der Moderne glauben wir zumeist nicht, daß uns der Himmel auf den Kopf fällt, wenn wir *h* tun, sondern erwarten bei Regeldeviationen eher banale Ereignisse wie zum Beispiel einen Eintrag in das Flensburger Punkteregister. Rowe (1989, 117ff.) argumentiert für dieses moderne Regelverständnis mit dem Argument der Drohfunktion von prinzipiell möglichen Regelverstößen. Wir können auch einfach sagen, daß Menschen über einen großen Bereich, der ökonomische Butter-Margarine-Entscheidungen im allgemeinen einschließt, frei sind, irgendeine der ontologisch möglichen Handlungen zu wählen. Zwar haben wir in der Moderne eine Verwendungsweise von »es gilt, daß *a*«, mit der wir ausdrücken, daß *a* notwendig gelten soll. Solche Regeln sind in dem einfachen ökonomischen Modell jedoch nicht modellierbar. Hier wird nur die schwächere Verwendungsweise von »es gilt, daß *a*« diskutiert, nach der eine Person normative Geltungsansprüche anderer Personen bei ihren Wahlhandlungen berücksichtigt.

so daß

$$\delta L/\delta x_1 = x_2 + b - \lambda p_1 = 0 \quad (4)$$

$$\delta L/\delta x_2 = x_1 + a - \lambda p_2 = 0 \quad (5)$$

$$\delta L/\delta \lambda = Y - p_1 x_1 - p_2 x_2 = 0 \quad (6)$$

$$p_1 x_1 + a p_1 = p_2 x_2 + b p_2, \text{ aus (4) und (5)} \quad (7)$$

so daß sich nach Umformung von (2) und Ersetzen von p_1x_1 resp. p_2x_2 ergibt[14]

$$x_1 = (Y + bp_2 - ap_1)/(2p_1) \quad (8)$$

$$x_2 = (Y + ap_1 - bp_2)/(2p_2) \quad (9)$$

Für unsere Entscheiderin folgt:

$$x_1 = 8; x_2 = 4{,}67; \quad (10)$$

sie wird also, wenn sie der Entscheidungsregel folgt,[15] 800 g Tee und ca. 4,5 Pfund Kaffee trinken.

1.2

Man kann nun der Auffassung sein, daß Institutionen Wahlentscheidungen, also Handlungen beeinflussen.[16] Dabei seien Institutionen vorgängig und wenig präzis als »underlying rules of a game«, also über ihre Funktion definiert. Formale und informelle Institutionen subsumieren wir unter einen Begriff. Eine formale Institution ist z.B. die Straßenverkehrsordnung, in der die Regel festgeschrieben ist »Wenn eine Verkehrsampel ein rotes Licht zeigt, muß der Fahrer anhalten«. Anders als Juristen sagen Ökonomen in der Tradition funktionalistischer Ansätze,

[14] Diese Funktionen geben die Nachfrage nach den Gütern wieder, die bei der linearen Nutzenfunktion von dem Einkommen, dem Eigenpreis und dem Preis des anderen Gutes abhängig ist (substitutive Güter).

[15] Natürlich kann es sein, daß unsere Entscheiderin keine Nutzenmaximiererin ist. Prognostische Theorien, und die ökonomische Theorie ist eine prognostische Theorie, beanspruchen immer auch explanatorischen Gehalt. Die Annahme, daß die Entscheiderin versucht, bei der Kaffee-Tee-Entscheidung ihren Nutzen zu maximieren, wird mit Gründen vorausgesetzt; vgl. Nida Rümelin 1993, 80; Hollis 1991, 1. Kap., insbes. 35-36.

[16] North 1990, 4: »Institutions define and limit the set of choices of individuals«.

daß eine Regel gilt, wenn die Mehrzahl der Autofahrer in der Mehrzahl der Fälle die Regel befolgt. Sie sagen, daß aggregiert über eine große Zahl von Personen regelgemäßes Verhalten vorhergesagt werden kann.[17] Nun besucht mich mein alter Freund Pedro aus Mittelamerika. Auch in Pedros Heimat gilt analog eine Straßenverkehrsregel. Leider wird Pedro, der ein ausgewiesener Experte für Entscheidungstheorie ist, auf dem Weg zu einer Tagung der Gesellschaft für angewandte Entscheidungstheorie beim Überfahren einer roten Ampel an einer verkehrsarmen Kreuzung von der Polizei gestoppt, so daß er seinen Vortrag über die Kontextsensitivität rationalen Entscheidens nicht halten kann. Auch Pedros Verteidigung, daß er bei der Mehrzahl der roten Ampeln angehalten habe, die Regel also nicht außer Kraft gesetzt sei, kann die Polizisten nicht dazu bewegen, ihn freizulassen.[18] Die Aussage, daß Institutionen Handlungen beeinflussen, ist so banal wie unpräzise, wenn damit gemeint ist, daß Institutionen oder allgemeiner institutionelle Regeln Handlungsgründe sein können[19], wenn der Status dieser Handlungsgründe in einem Entscheidungskalkül nicht präzisiert wird. Natürlich trifft es zu, daß eine Mehrzahl der Personen in der Mehrzahl der Fälle an einer Ampel halten, wenn sie das rote Licht zeigt. Halten sie aber an, *weil* die Ampel »rot ist«, oder weil sie vermuten, daß sie im entgegengesetzten Fall einen Unfall verursachen (weil die Fahrer auf der Querstraße ein grünes Signal als Aufforderung zum Fahren verstehen, und also ein Koordinationsproblem entsteht)? Im ersten Fall könnten wir sagen, sie folgten einem externen Handlungsgrund, im zweiten Fall sprechen wir von einem internen Handlungsgrund.[20] Die Vorstellung, daß das rote Licht eine Reaktion des »Bremse-Tretens« auslöst, ist insbesondere, wenn wir es mit autofahrenden Menschen und nicht mit Ratten zu tun haben, einigermaßen opak.[21]

Es reicht im Kontext der ökonomischen Theorie nicht hin, allgemein davon zu sprechen, daß eine Menge von Institutionen und eine Menge

---

[17] Der funktionalistische Ansatz geht auf Pareto (1976) zurück. Zu einem funktionalistischen Ansatz in der Institutionenökonomik und möglichen Kritikpunkten vgl. Knudsen 1993, 277ff.; Rowe 1989, 16ff. Ein interessantes, hier aber nicht auszuführendes wissenschaftstheoretisches Problem ist, ob der funktionalistische Ansatz mit dem Methodologischen Individualismus vereinbar ist, s. Rowe 1989, 8, 19; Mäki 1993, 25f.

[18] Eine ganz ähnliche Geschichte erzählt Ross (1995, 132ff.) für Ottawa.

[19] Raz 1990, Kap. 1.1.

[20] Die Differenzierung zwischen internen und externen Handlungsgründen geht auf Williams 1984, 112-124 zurück, vgl. Vossenkuhl 1993[1], wobei Williams die Begriffe etwas anders einführt.

[21] Vgl. dazu Sugdens (1994) Ökonomie der Ratten; auch Dennett 1981.

von (Kauf)Handlungen in einer statistisch signifikanten Weise verknüpft sind. Um Prognosen über das Verhalten einer Mehrzahl von Menschen in spezifischen Situationen und zu bestimmten Zeitpunkten abgeben zu können, müssen wir genauer verstehen, in welcher Weise (»warum«) eine *bestimmte* Institution eine *spezifische* Wahlhandlung beeinflußt[22]. Diese Vorstellung kürze ich, weil wir sie noch häufiger verwenden, zur Vereinfachung (und unabhängig jeglicher logischer Bedeutung der Zeichen) mit I $\rightarrow x_i$ ab. Wie läßt sich dann, d.h. wenn wir nicht einfach von in einer Mehrzahl von Fällen für eine Mehrzahl von Personen dominanten Regeln ausgehen können, ein Zusammenhang im Rahmen des einfachen ökonomischen Standardmodells modellieren?

1.3

Eine erste ökonomische Standardinterpretation von I $\rightarrow x_i$ besagt, daß eine Institution oder Regel sanktioniert wird, so daß mit der Nicht-Einhaltung monetär bewertbare Kosten verbunden sind. Kosten wirken erstens direkt substitutiv auf die Wahlentscheidung zwischen alternativen Handlungen oder Produkten und zweitens indirekt über die Budgetrestriktion, weil mit derselben Geldsumme insgesamt weniger Güter gekauft werden können. Das gilt für alle monetär bewert*baren* Kosten. Monetär bewertbar sind (1) Kosten, die monetär anfallen, (2) Zustände, die für die Entscheiderin mit monetär bewerteten Opportunitätskosten verbunden sind, oder (3) Zustände, die von der Entscheiderin über Vergleichsrechnungen monetär bewertet werden können. Beispiele sind für (1) Bußgelder oder auch indirekte Steuern, für (2) eine soziale Sanktion durch den Freund, der seine Hilfe bei der Gartenarbeit einschränkt, so daß die Leistung über den Markt bezogen werden muß, und für (3) ein psychisches Unbehagen, das über den Erholungswert von Freizeit monetär bewertet werden kann. Auch informelle Institutionen können monetär bewertbar sein.

Die monetären institutionellen Kosten einer Kaufhandlung können im ökonomischen Modell auf den Marktpreis aufgeschlagen werden. Genau dies beobachten wir z.B. bei der Kaffeesteuer (s_2), die mengenmäßig erhoben wird und anteilsmäßig über den Preis auf den Verbraucher überwälzt wird ($p_2' = p_{2-s} + s_2$; wobei p_{2-s} dem Marktpreis für Kaffee ohne Steuern in einer Referenzsituation *t* entspricht).

Ein schwieriger Fall scheint derjenige der sozialen Sanktion, weil hier die monetären Kosten nicht mengenmäßig zuzuordnen sind. Nehmen

[22] Hollis 1991, 36.

wir an, mein Freund Pedro bricht den Kontakt zu mir ab, weil ich Kaffee trinke, der unter Ausbeutung der Plantagenarbeiter vermarktet wird. Ein alternatives Kaffeeprodukt sei nicht erhältlich.[23] Weil Pedro weiß, daß ich nur Tee-Kampagnen-Tee trinke, gelte diese Sanktion nur für Kaffee. Die Sanktion ist eine 0/1-Entscheidung und also unabhängig von der Menge des von mir getrunkenen Kaffees. Um die soziale Sanktion in das ökonomische Entscheidungskalkül aufnehmen zu können, muß der Marktwert der von Pedro insgesamt erbrachten Leistungen (die Oppportunitätskosten) in die Budgetrestriktion aufgenommen werden.

Der dritte Fall kann entweder in Analogie zur Steuer aufgefaßt werden, wenn mein Unbehagen eine Funktion der konsumierten Kaffeemenge ist, oder in Analogie zur sozialen Sanktion, wenn mein Unbehagen unabhängig von der konsumierten Menge bei jedem Kaffeekonsum auftritt.

Gegeben die Nutzenfunktion wirken sich die erhobene Kaffeesteuer und die soziale Sanktion unterschiedlich aus; das gilt auch dann, wenn die Leistungen meines Nachbarn dem Wert der über meinen Gesamt-Kaffeekonsum aggregierten Steuer entspricht. Weil die gekaufte Menge eines Gutes abhängig von dem Preis dieses Gutes ist ($x_i = x_i(p_i)$), läßt sich eine Differenz nicht dadurch erklären, daß die Bezugsgröße in dem einen Fall der Preis, in dem anderen die konsumierte Menge in der Referenzperiode ist. Eine Differenz zwischen den Varianten (a) und (b) ergibt sich, weil bei (b) die nicht zuzuordnenden Kosten vollständig Einkommenswirksam werden, also keine Substitution stattfindet.

Nehmen wir an, es würde eine Steuer $s_2 = 4$ DM/je Mengeneinheit erhoben; dies entspräche in der durch Y vorgegebenen Referenzperiode (bei Unteilbarkeit des Gutes, so daß immer ganze Pfundpakete gekauft werden) Leistungen durch Pedro (β) im Wert von β = 18 DM, so daß:

Für Beispiele der ersten Kategorie (a)

$(1^{t+1})^a \quad Y = p_1 x_1 + p_2' x_2$

$(7^{t+1})^a \quad p_1 x_1 + a p_1 = p_2' x_2 + b p_2'$

$(8^{t+1})^a \quad x_1 = (Y + b p_2' - a p_1)/(2 p_1)$

$(9^{t+1})^a \quad x_2 = (Y + a p_1 - b p_2')/(2 p_2')$, so daß

$(10^{t+1})^a \quad x_1 = 8{,}5;\ x_2 = 3{,}25$

[23] Diesem bedauerlichen Zustand wurde erst durch die Einführung des Nica-Kaf-

oder für Beispiele der zweiten Kategorie (b)

$$(1^{t+1})^b \quad Y = p_1x_1 + p_2x_2 + b \quad \begin{cases} \beta = 0, & x_2 = 0 \\ \beta = n, & x_2 > 0 \end{cases}$$

$$(8^{t+1})^{b'} \quad x_1 = Y/p_1$$

$$(8^{t+1})^{b''} \quad x_1 = (Y + bp_2 - ap_1 - n)/(2p_1)$$

$$(9^{t+1})^{b''} \quad x_2 = (Y + ap_1 - bp_2 - n)/(2p_2), \text{ so daß}$$

$$(10^{t+1})^{b'} \quad x_1 = 15$$

$$(10^{t+1})^{b''} \quad x_1 = 6{,}8;\ x_2 = 3{,}9$$

Anders als die anonyme Entscheiderin kann ich also unter den institutionellen Rahmenbedingungen bei identischer Nutzenfunktion weniger Kaffee trinken und muß auch insgesamt auf einige Tassen der geliebten belebenden Getränke verzichten.[24] Genau dies galt es zu zeigen: Institutionen beeinflussen Wahlhandlungen. Dabei ist zu beachten, daß bei dieser Interpretation Institutionen immer über das Realeinkommen (oder die realen Preise[25]) marktwirksam werden; wir legen also einen engen Institutionenbegriff zugrunde[26].

1.4

Die Auffassung, daß I → x_i, hat eine zweite ökonomische Interpretation. Bestimmte mögliche Handlungsweisen werden durch die Institu-

---

fees und schließlich des Fairtrade-Kaffees ein Ende bereitet.

[24] Damit ist noch nichts über die Bewertung von Institutionen gesagt. Man könnte der Auffassung sein, daß die Resultate institutioneller Beschränkungen wohlfahrtsökonomisch optimal seien, weil nur solche Institutionen durchsetzbar seien, denen eine Mehrzahl der Betroffenen zustimmen kann. Dieser Auffassung sind insbesondere Institutionen-Ökonome in der Tradition der Gleichgewichtstheorie. Zu einer Diskussion s. Rutherford 1994, 54ff. Zustimmung zu institutionellen Beschränkungen ist jedoch nicht Bestandteil der Allgemeinen Gleichgewichtstheorie. Institutionen werden vielmehr wie eine Einkommensverteilung (und also die Budgetrestriktion) vorausgesetzt. Zustimmung ließe sich hingegen in Verhandlungsspielen modellieren, s.o. Rowe (1989, 1-34) vertritt in der Tradition des Regelutilitarismus die Auffassung, daß Regelfolgen in dem Sinne wohlfahrts-maximierend ist, daß über die Menge der Handlungen in der Zeit optimiert würde. Zu einer ganz kurzen Kritik am Regelutilitarismus s. Birnbacher 1990.

[25] Mit realen Preisen sind hier wie im folgenden nicht tatsächliche, sondern im Gegensatz zu nominalen Preisen mit dem Einkommen gewichtete Preise gemeint.

[26] Knudsen 1993, 274; Rutherford 1994, 80.

tion ausgeschlossen.[27] Alternative Handlungsmöglichkeiten werden in bezug auf die Regel als unabhängig betrachtet.[28] Unabhängigkeit der Handlungsalternativen kann in der Nutzenfunktion modelliert werden.[29] Die Modellierung von Institutionen über die Nutzenfunktionen (d) ist auch dann möglich, wenn anders als in den oben diskutierten Fällen (a) – (c) keine Kosten einer Institutionendevianz angebbar sind. Die Ableitung der Nutzenfunktion aus der Präferenzordnung nach dem revealed preference-Konzept erfolgt formal. Die konkrete Form der Präferenzordnung und also der Nutzenfunktion wird aus vergangenen Kaufakten der Entscheiderin hergeleitet – unabängig von der Art der Handlungsgründe. Die institutionen-orientierte Interpretation von Präferenzordnungen im ökonomischen Standard-Modell erlaubt eine Rekonstruktion der Aussage $I \rightarrow x_i$ auf der Grundlage der bestehenden Instrumente:

Es gelte wie oben, daß die Entscheiderin nach Bekanntwerden der Produktions- und Vermarktungsbedingungen von Tee und Kaffee ersteren vor zweiteren präferiert ($x_1 > x_2$), so daß:

$$(1^{t+1})^{d} \rightarrow u = x_1{}^{a} \times x_2{}^{b}$$

dabei sind die Exponenten empirisch geschätzte Gewichtungen; es gelte $a = 0{,}7$ und $b = 0{,}001$ (das heißt in der Vergangenheit hat die Person geringe Mengen von x_2 gekauft), so daß:

$$(8^{t+1})^{d} \quad x_1 = aY/(a+b)p_1$$

[27] Diese Auffassung widerspricht nicht der Vorstellung, daß Menschen frei sind, jede ontologisch mögliche Handlung zu wählen; vgl. Fn. 13. Im Präferenzmodell, das im folgenden diskutiert wird, werden ontologisch mögliche Handlungen *durch die Person* für sich ausgeschlossen; vgl. dazu Freys Überlegungen zu ipsativer Selbstbeschränkung (1990, Kap. 12).

[28] Unabhängigkeit entspricht formal (!), d.h. bezüglich der Slutsky-Eigenschaften, der ökonomischen Verwendungsweise von Komplementarität von Gütern (Phlips 1983, 66-86). Unabhängigkeit einiger Handlungsmöglichkeiten oder Güter wird – aus anderen Gründen – auch in der empirischen Ökonomik für bestimmte Gütergruppen angenommen; sie erfordert etwas mehr Aufwand bei der Modellierung der Nutzenfunktion.

[29] Diese Aussage aus dem Bereich der empirischen Ökonomik ist für Entscheidungstheoretiker prima facie unverständlich, weil das in der Entscheidungstheorie geltende Prinzip der »Unabhängigkeit von irrelevanten Alternativen« (Sen 1970, 41-42) solche Handlungen ohnehin negativ selektiert. Die Unabhängigkeit von irrelevanten Alternativen oder das Sure-Thing-Principle ist aber nur ein formales Kriterium, nach dem gilt, daß zwei Alternativen unabhängig von den Konsequenzen betrachtet werden, in denen die beiden Alternativen übereinstimmen.

$(9^{t+1})^d \quad x_2 = bY/(a+b)p_2$

Die Nachfragefunktionen, bei denen die Nachfrage nach jedem Gut nur von dem Eigenpreis abhängt, zeigen, daß die Nachfrage nach beiden Güter tatsächlich je unabhängig voneinander ist[30], so daß:

$(10^{t+1})^d \; x_1 \approx 15; x_2 \approx 0$

Institutionen können auch im individuellem Entscheidungskalkül als exklusive Regeln modelliert werden. Diese Möglichkeit scheint vielleicht besonders wünschenswert und entspricht unserem vortheoretischem Verständnis der Wirkung von Institutionen. Exklusive Regeln gelten unabhängig von dem Realeinkommen; es liegt also ein im Vergleich mit (1.3) »weiter« Institutionenbegriff vor. Dabei ist zu beachten, daß die Modellierung von Regeln über Präferenzen entweder die vielleicht heroische Annahme impliziert, daß die Personen, für die eine Regel gilt, ähnliche Präferenzen haben. Diese Annahme ist unter der Bedingung des Marktes besonders plausibel, wenn man anerkennt, daß Präferenzen nicht unabhängig von den (unter Vernachlässigung des einkommensabhängigen Grenznutzen des Geldes) für alle Personen gleichen Gleichgewichtspreisen sind.[31] Oder man spricht von Regeln in Analogie zu internen Handlungsgründen und sagt, daß sie nur je individuell gelten. Diese Verwendungsweise widerspricht unserem vortheoretischen Verständnis von Regeln.

1.5

Welche der beiden ökonomischen Interpretationen von $I \rightarrow x_i$ ist vorzuziehen? Beide erlauben im Rahmen eines Modells (und des bekannten Instrumente-Kanons) eine Erklärung der Wirkung von Institutionen. Der ökonomische Begriff der »Erklärung« ist funktionalistisch[32]. Das gilt auch dann, wenn man mit den oben diskutierten Gründen (vgl. 1.2) einen naiven Funktionalismus ablehnt, dessen Vertreter behaupten, die

---

30 Es muß aber die Anforderung der Additivität gelten; die Nachfrage nach beiden Gütern ist also über die Einkommenswirkung nicht »wirklich« unabhängig; es muß gelten, daß das Einkommen insgesamt auf beide Güter verteilt wird, vgl. Fn. 9, Phlips 72-76.

31 Diese Annahme liegt tatsächlich der empirischen Ökonomik immer dann zugrunde, wenn sie mit einem (sic!) Idealtypus arbeitet, zur Kritik s. Ebeling 1991. Zu einer Kritik an der Modellierung von Institutionen als Präferenzen s. Rowe 1989, 30ff.

32 Knudsen 1993, 275ff.

Validität der Prognose sei unabhängig von den theoretischen Annahmen[33]. Auch eine intelligente funktionalistische Theorie enthält keine Aussagen über die kausale Wirkung einer in unserer Welt individuierbaren Entität »Institution« auf individuierbare reale Personen. Der empirische Erklärungsgehalt der Ökonomik beruht auf der Rekonstruktion einer Humeschen Kausalität, die im Modell eine Menge von Verallgemeinerungen (eine Theorie) voraussetzt[34]. Diesen Verallgemeinerungen oder »real patterns« kann ein eigentümlicher ontologischer Status zugeschrieben werden. Sie sind in einem nicht naturalistischen Sinne real, weil sie relativ stabile Strukturen von Informationen beinhalten.[35] Eine »Institutionen« oder eine »Präferenzordnung« ist in diesem Sinne ein »real pattern«. Wir verwenden Verallgemeinerungen auch, wenn wir z.B. Aussagen über die Korrelation von Veränderungen der aggregierten Nachfrage nach einem Gut des täglichen Bedarfes und des Preises dieses oder anderer Güter machen wollen: wir sagen, daß für die Eigenpreiselastizität resp. Kreuzpreiselastizität der Nachfrage ein Betrag zwischen 0 und 1 zu erwarten ist. Die Entscheidung für eine der beiden Interpretationsformen von $I \rightarrow x_i$ ist abhängig davon, welche sich je im Rahmen der spezifischen Problemstellung als geeignet, d.h. funktional, erweist, einen behaupteten Zusammenhang zu modellieren. Folgt man dem ökonomischen Prinzip wird man die Interpretation vorziehen, die den (Arbeits-)Aufwand minimiert.

Wir hatten oben gesehen, daß ein strikt funktionalistisches Theorie-Design nicht besonders überzeugend ist. Wir haben eingewandt, daß ein Modell auch theoretischen Standards (und vielleicht ästhetischen Anforderungen) zu genügen habe. Folgt man diesem Einwand und erweitert also unsere Ansprüche an Modelle z.B. um das Konsistenz Kriterium, bietet das Präferenzmodell drei Vorteile. Es ist erstens umfassender, weil es auch eine Erklärung des Einflusses von Institutionen auf Wahlhandlungen erlaubt, wenn mit der Institution keine monetär bewertbaren Kosten einhergehen oder die Kosten schwanken (Persistenz der Wahlhandlungen): der Institutionenbegriff ist nicht auf die Verwendung im Kontext von Märkten, auf denen Preissignale wirken, restringiert.[36] Sind keine monetär bewertbaren Kosten einer Institutionen-

[33] Friedman 1984.

[34] MacIntyre 1985, 175.

[35] Diese Vorstellung geht auf Dennetts Begriff der »real patterns« zurück. Siehe Ross 1995, 127ff; Dennett 1991; vgl. zum empirischen Erklärungsgehalt der Ökonomik auch Rappaport 1995; Hausman 1984.

[36] Ebeling (1991) zeigt, daß die Vorstellung eindeutiger Preissignale auch für Märkte problematisch ist.

devianz angebbar, muß die Wahlhandlung über die Präferenzordnung modelliert werden. Dies ist z.B. der Fall, wenn ich auf den Genuß von Kaffee auch dann verzichte, wenn er mir in einem verschlossenen Päckchen an den wachsamen Augen des wackeren Pedro vorbei zugeschickt werden könnte, oder wenn Pedro im Urlaub ist. Auch in solchen Fällen sprechen wir von (internen informellen) Institutionen. Wir können also zweitens sagen, daß das Präferenzmodell der weiteren Verwendung des Begriffs »Regel« in unserer Alltagssprache entspricht. Die Modellierung von Regeln in Präferenzen ist prima facie eine sinnvolle (unserem vortheoretischem Verständnis entsprechende) Erweiterung des Präferenzbegriffes. Der mögliche Einwand, daß wir dann aber eine Theorie der Präferenz*veränderung* bräuchten, würde nur dann zutreffen, wenn wir eine explanatorische Theorie über die Entstehung von Regeln hätten (vgl. Fn. 24). Die Modellierung ist für unsere Problemstellung, bei der Regeln vorausgesetzt wurden, hinlänglich genau. Drittens schließlich lassen sich im Präferenzmodell Abweichungen von regelmäßigem (und regelgemäßem) Handeln erklären.[37]

2. Kritik und Modifikationen des Standardmodells

Leider scheitern die im ersten Abschnitt diskutierten Modellierungsversuche an formalen Kriterien, die wir nicht aufgeben können oder wollen. In diesem Abschnitt werden nach der Kritik Modifikationen vorgestellt, die das Standardmodell um weitere Informationen anreichern.

2.1

Das Problem der Modellierung des Einflusses von Institutionen auf Wahlhandlungen scheint im Rahmen des ökonomischen Standardmodells lösbar. Die ganz einfache Ontologie des Standardmodells scheint

[37] Diese dritte Eigenschaft ist nicht unkritisch, da sie zur Immunisierung des Modells gegen Einwände benutzt werden kann, indem im einfachen Präferenzmodell alle logisch möglichen Präferenzen zugelassen werden. In (2.5) diskutiere ich einen Einwand gegen nicht plausibel interpretierbare Metapräferenzen. Für Präferenzen über Handlungen läßt sich – de gustibus non est discutandum – kein formales Kriterium zum Ausschluß bestimmter logisch möglicher Präferenzen angeben. Trotzdem gilt, daß Theoretiker bei der Zuweisung von Präferenzen ein Vorsichts- oder Plausibilitäts-Prinzip beachten sollten: Es ist einfach nicht plausibel, verschimmeltes Schwarzbrot frischem Kuchen vorzuziehen.

hinreichend differenziert, um auch solche Wahlhandlungen zu erklären, die über den ökonomischen Normalfall des strikt konsequentialistischen Nutzenkalküls hinausgehen, so daß man hier abbrechen könnte und es sich im Lehnstuhl bequem machen könnte.[38] Das wäre tatsächlich ein erstaunliches Resultat (der Erfolg unserer Bemühungen, nicht die verdiente Ruhepause), weil wir es scheinbar geschafft haben, mit den bestehenden Instrumenten *allgemeingültige* Regeln in ein *individuelles* Entscheidungskalkül einzubinden. Dagegen lassen sich mehrere Einwände formulieren, die zu Modifikationen des Standardmodells führen. Der erste Teil (in 2.2 und 2.3) der Kritik an dem Standardmodell trifft das Modell unabhängig von der institutionellen Erweiterung bereits in seiner ganz einfachen Form. Die Modifikationen sind als Antworten auf formale Probleme des Standardmodells konzipiert; sie eignen sich aber auch, institutionelle Einflüsse zu modellieren.

2.2

Betrachten wir zunächst den Versuch, die Aussage $I \rightarrow x_i$ über die Restriktionen einer nutzenmaximierenden Wahlhandlung zu modellieren. Der Kern der formalen ökonomischen Theorie rationaler Wahl[39] lautet normalsprachlich:[40]

(1) Für jedes Individuum A und beliebige Alternativen *x* und *y* gilt genau einer der folgenden Sätze: A präferiert *x* vor *y*; A präferiert *y* vor *x*; A ist indifferent zwischen *x* und *y*.
(2) A's Präferenzen zwischen den Alternativen sind transitiv.
(3) Wir sagen, A maximiere ihren Nutzen, wobei der Nutzen eines gewählten *x* größer ist als der Nutzen der Alternative y, genau

[38] Für eine Kritik an dieser Art der »Armchair-Economics« s. Brandes 1988, der analog zu der Kritik an der armchair-psychology der analytischen Philosophie des Geistes (Bieri 1981, 1-27, insbes. 14) fordert, daß die Ökonomik um empirische Untersuchungen zur motivationalen Einstellung der Wirtschaftssubjekte erweitert werden müßte. Vgl. auch Simon (1986, 219), der die »armchair-guessings« des Standardmodells kritisiert.

[39] Die Theorie rationaler Wahl liegt jeder neoklassischen Gleichgewichtstheorie zugrunde, vgl. Vilks 1991, 8ff., weil sich nur aufgrund spezifischer Annahmen über das Wahlverhalten ein Gleichgewichtspunkt im Möglichkeitenraum ergibt. Dies gilt auch für solche neoklassischen Ungleichgewichtstheorien, die Ungleichgewichte mit Referenz auf die Gleichgewichtstheorie zu erklären versuchen; s. Rothschild 1981.

[40] Nach Hausman 1984, 345; (1), (2) und (4) eigene Übersetzung. (3) lautet im Original: »A seeks to maximize his or her utility where the utility of an option *x* is greater than the utility of an option *y*, if and only if A prefers *x* to *y*. The utility of options are equal just in case the agent is indifferent between them.«

dann, wenn A *x* vor *y* präferiert. Der Nutzen der Alternativen ist gleich, wenn A zwischen den Alternativen indifferent ist.

(4) Wenn die Alternative x das Güterbündel *x'* und die Alternative *y* das Güterbündel *y'* umfaßt, und *y'* enthält von jedem Gut mindestens so viel wie *x'*, von mindestens einem Gut jedoch mehr, dann präferieren alle Akteure *y* vor *x*.

(1), (2) und (4) formulieren Mindestbedingungen an eine Theorie rationaler Wahl. Wir sagen, daß die Ordnung der Alternativen (1) vollständig, (2) transitiv und (4) monoton ist.[41] Akzeptiert man diese schwachen Mindestbedingungen oder Axiome der Theorie rationaler Wahl und interpretiert man die Alternativenmenge als Menge möglicher Handlungen, dann kann man sagen, daß es im Sinne der Theorie rational ist, die Handlung zu wählen, die vor allen anderen Handlungen präferiert wird. Man kann auch mit (3) davon sprechen, daß die präferierte Handlung nutzenmaximierend ist, wobei hier der Begriff »Nutzen« formal über den Begriff der Präferenz definiert ist.[42] (3) besagt dann, daß den Präferenzen Nutzen(werte) zugeordnet werden können, so daß die Präferenzordnung in eine realwertige Nutzenfunktion überführt werden kann.[43] Dies entspricht dem ökonomischen Nutzentheorem, das eine Metrisierungsfunktion übernimmt. Wenn die Bedingung (3) gilt, dann wäre die ökonomische Nutzentheorie logisch äquivalent mit der durch die Bedingungen (1), (2) und (4) gekennzeichneten Theorie der rationalen Wahl.[44] In einer weniger formalen Sprache können wir sagen, daß die Nutzentheorie keine neue Informationen enthält; das Entscheidungskriterium der Nutzenmaximierung ist nicht unabhängig von der Präferenztheorie begründet.[45] Daraus ergeben sich Anforderungen an die Modellierung von Wahlhandlungen mit Hilfe der Nutzentheorie. Die Nutzenfunktion und die Präferenzordnung müssen ko-extensional sein, d.h. sie müssen sich auf dieselbe Alternativenmenge beziehen. Dies ist aber für die ökonomische Standardinterpretation der Nutzentheorie,

---

[41] Es fehlt das formale Kriterium der Reflexivität. Vgl. zu den Mindestbedingungen einer Theorie rationaler Wahl z.B. Nida-Rümelin 1993[1], 37; Sen 1970, 2-20. (4) entspricht auch dem »weak axiom of revealed prefernce«, wie es Samuelson eingeführt hat; vgl. Sugden 1994, 31-33; Sen 1986, bes. 63-66.

[42] Schmidt (1995[1], 4) weist pointiert darauf hin, daß die Nutzenmaximiererin dann besser als eine »Axiomenerfüllende« anzusehen ist.

[43] Unterstellt man ordinale Präferenzordnungen, sind alle monoton (steigenden) Transformationen der abgeleiteten Nutzenfunktionen zulässig.

[44] Nida-Rümelin 1993, 36-40.

[45] Malmnäs 1994.

bei der der Nutzen unter Restriktionen (Nebenbedingungen) maximiert wird, nicht gegeben.

Eine Person ordnet die Menge alternativer Handlungen *H* so, daß die Bedingungen (1), (2) und (4) erfüllt sind. Handlungen sind formal definiert als Funktionen, die jedem Weltzustand eine Konsequenz zuordnen.[46] Dabei verwenden wir den formalen Begriff der »Konsequenz« anders als den umgangssprachlichen Begriff der »Folge«. Folgen von Handlungen sind Ereignisse, die regelmäßig mit Handlungen einhergehen.[47] Konsequenzen hingegen bezeichnen Zustände von Personen. Diese Vorstellung wird verständlich, wenn wir an die Präferenzordnung einer Person über Handlungen denken. Wenn wir sagen, daß eine Person eine Ordnung über alternative Handlungsmöglichkeiten erstellen kann, dann setzt das die Existenz irgendeines Bewertungsmaßstabes voraus. »Zustände« von Personen sind diese Art ordinaler Bewertungsmaßstab.[48] »Weltzustände« sind vollständige Beschreibungen der Welt oder doch zumindest solche Beschreibungen der Welt, die keinen relevanten Umstand auslassen. Präferenzordnungen über alternative Handlungen enthalten also folgende Informationen: (a) Meinungen der Person über Weltzustände[49]; (b) die Bewertungsfunktion der Person. Betrachtet man nun die ökonomische Standardinterpretation der Nutzentheorie, bei der die Nutzenfunktion unter Nebenbedingungen maximiert wird in

---

[46] Vgl. Nida-Rümelin 1993[1], 16ff.; die Termini »Weltzustand« und »Konsequenz« wurden von Savage eingeführt. Beachte, daß Handlungen hier formal, d.h. unabhängig von der vollständigen Beschreibung weiterer Eigenschaften aufgefaßt werden. Handlungen können mit den Konsequenzen gleichgesetzt werden, so daß zwei Handlungen identisch sind, wenn ihre Konsequenzen für gleiche Umstände identisch sind. In einer Welt der Unsicherheit werden den mit der Wahrscheinlichkeit ihres Eintretens zu gewichtenden Weltzuständen Konsequenzen zugeordnet; für den folgenden Einwand ist unsere ganz einfache Welt hinreichend kompliziert. Allgemein zur Entscheidungstheorie s. Hollis/Sugden 1993.

[47] Das ist natürlich sehr unkonkret; der Bezug ist der skeptische Kausalitätsbegriff von Hume, 1990, zuerst 1748, Abschnitt 4-6; vgl. MacIntyre 1985, 175.

[48] Auch die Vorstellung einer angebbaren ordinalen Ordnung über Alternativen ist nicht trivial; eine lexikographische Präferenzrelation ist plausibler, erlaubt aber keine Mathematisierung, vgl. Sen 1970, 34. Die Rede von »Zuständen« korrespondiert mit den Arbeiten der frühen Utilitaristen insbesondere Bentham und Mill (1985, 11ff., zuerst 1871; vgl. Frankena 1994, 54ff., zuerst 1963; Nida-Rümelin 1993[1], 54-57).

[49] Das gilt (wenn man keine naturalistische Position einnimmt) insbesondere in einer Welt der Unsicherheit, wenn die Person eine Wahrscheinlichkeitsverteilung über die Weltzustände angeben können muß (wobei die Summe der Einzelwahrscheinlichkeiten 1 ergeben muß), aber auch in unserer einfachen ökonomischen Welt, in der eine Person Meinungen über die Welt hat. Ich habe diesen Punkt ausführlicher diskutiert in Lohmann 1995[1], vgl. Goodman 1993, 114ff.

der einfachen Lagrange Schreibweise $L = u + \lambda(Y)$, dann erhalten wir die Informationen (a) und (b) und zusätzlich (c) das Realeinkommen der Person. Alle monetär bewertbaren Kosten werden mit dem Einkommen verrechnet. Die Nutzenfunktion ist in der ökonomischen Standardinterpretation keine Repräsentation der Präferenzordnung: Nutzenfunktion und Präferenzordnung sind nicht ko-extensional.

Das Interdependenzargument, das auf die mögliche Interdependenz von Präferenzen und Restriktionen hinweist,[50] variiert dieses formale Argument der fehlenden Ko-Extensionalität. Wenn Handlungen eine Funktion der Weltzustände über die Konsequenzen sind, und eine relevante Beschreibung der Welt auch die Höhe des Realeinkommens umfaßt, dann ist die Annahme konstanter Präferenzen bei Variation des Realeinkommens (der Restriktionen) nicht begründet.[51]

2.3

Die Ökonomik wird von den meisten ihrer Vertreterinnen nicht als eine Formalwissenschaft wie die Mathematik angesehen, sondern als angewandte Erfahrungswissenschaft.[52] Die Aussage, daß die ökonomische Nutzentheorie und die formale Entscheidungstheorie nicht äquivalent sind, muß dann nicht als Bedrohung der Theorie aufgefaßt werden, wenn sich Instrumente der empirischen Ökonomik als hinlänglich prognosefähig erweisen würden. Eine Extrapolation vergangener Daten auf die Zukunft, die unter stabilen Rahmenbedingungen hinlänglich genaue Vorhersagen erlaubt,[53] ist nicht geeignet, Handeln auf dynamischen Märkten zu prognostizieren. Die empirischen Daten müssen also auf der Grundlage einer Theorie des Konsumentenverhaltens interpretiert werden. In der ökonomischen Haushaltstheorie findet sich eine solche

---

[50] Frey 1990 bezeichnet diese Trennung von Präferenzen und Restriktionen als den methodischen Vorteil der Ökonomik. Das Interdependenzargument findet sich z.B. bei Hollis 1991, Kap. 2. Das Interdependenzargument ist von der Nicht-Separierbarkeits-Annahme, wie sie z.B. Davidson (1990, insbes. 329-335) vertritt, zu unterscheiden. Ich komme auf Davidson noch zurück.

[51] Das ökonomische Standardmodell dient gerade dazu, Verhaltensänderungen bei Variation einiger Variabler wie Einkommen oder Preisen zu prognostizieren. Dazu werden alle anderen Faktoren einer Entscheidung inkl. der Nutzenfunktion konstant gehalten (ceteris paribus Annahme).

[52] Diese wissenschaftstheoretische Position geht auf Pareto (1976) zurück, vgl. Fn. 17, und wurde von Friedman (1984) in der as-if Annahme formalisiert, zur Kritik vgl. z.B. Brandes 1988.

[53] Elster diskutiert Zufallsauswahl als Alternative zu Modellen rationaler Wahl (1989, 36ff.).

theoretische Annahme mit dem (schwachen) Axiom offenbarter Präferenzen (WARP).[54] WARP entspricht dem vierten Axiom der ökonomischen Theorie rationaler Wahl, wie es oben als Monotonie-Annahme eingeführt wurde (s. 2.2). In einer Zwei-Güter-Welt impliziert dieses harmlose Axiom auch Transitivität. Eine ökonomische Handlungstheorie, so die ökonomische Entgegnung auf den Einwand fehlender Äquivalenz, könne unabhängig von den weitergehenden Forderungen der formalen Entscheidungstheorie betrieben werden. Es könne insbesondere auf das Konstrukt einer Präferenzordnung zugunsten einer empirisch gehaltvollen indirekten Nutzenfunktion verzichtet werden. Eine indirekte Nutzenfunktion enthält wie die Nachfragefunktionen die relativen Preise und das Realeinkommen als Argumente. Auf Märkten oder in Marktanalogen Austauschverhältnissen seien auch Institutionen auf eine Funktion, die realen Preisen Handlungsweisen zuordnet, reduzierbar. Will man die empirischen Ergebnisse aus Zeitreihenuntersuchungen in Form der linearen Regression übertragen, müssen lineare (Stone-Geary) Nachfragefunktionen (und entsprechende direkte Nutzenfunktion)[55], zugrundegelegt werden, an die insbesondere drei Forderungen gestellt werden, die den »harten Kern« der ökonomischen Haushaltstheorie bilden: Sie sollen so gestaltet sein, daß (a) das verfügbare Einkommen auf die alternativen Güter verteilt wird (Additivität), (b) Geldillusion der Verbraucher ausgeschlossen wird (Homogenität vom Grade Null in Preisen und Einkommen) und (c) die Kreuzpreiselastizitäten symmetrisch und die Eigenpreiselastizität negativ sind

---

[54] Zum sog. »Weak Axiom of revealed Preferences« (WARP) s. Sugden 1994; Sen 1986.

[55] Die Stone-Geary-Nachfragefunktion hat die Form $x_i = Y_i + \beta_i/p_i(Y - \Sigma p_j Y_j)$, wobei Y_i/Y_j den entsprechenden Einkommensanteilen der Güter entsprechen. Diese Funktion, deren Herleitung auf Arbeiten von Stone, Geary und Samuelson aus den 50iger Jahren zurückgeht, ist unter dem Namen »linear expenditure system« bekannt geworden (Phlips 1983, 119-131). Natürlich sind aus den Stone-Gaery-Nutzenfunktionen entsprechende lineare Präferenzordnungen rekonstruierbar. Die Eigenschaft der Linearität hat die starke Implikation, daß alle Güter substitutiv sind. Bei der Betrachtung von Güteraggregaten erweist sich diese Eigenschaft, die z.B. die Betrachtung inferiorer Güter ausschließt, als nicht hinderlich. Diese Beschränkung würde aber z.B. den in 1.4 holzschnittartig gezeigten Ansatz ausschließen. Neuere Entwicklungen bedienen sich der Dualitätsannahme von Kosten- und Nutzenfunktion (bekannter aus der Produktionstheorie) und leiten über eine indirekte Nutzenfunktion nicht lineare Präferenzen her; zu den formalen Grundlagen s. Phlips 1983, 122-138. Diese Präferenzordnungen sind, folgt man meiner obigen Argumentation, natürlich nicht mit dem Präferenzbegriff der formalen Entscheidungstheorie äquivalent.

(Slutsky-Forderungen).[56] Eine so empirisch fundierte ökonomische Handlungstheorie, deren Vertreter meinen, mit Ockhams scharfem Rasiermesser auf Präferenzen inkl. dem Konzept der Indifferenz (und den damit verbundenen oben diskutierten Minimalforderungen) verzichten zu können, ist jedoch unterbestimmt. Zum einen ist der Erklärungsgehalt der Theorie unklar. Sie gilt im *zwei Güter Fall* genau dann, wenn die Haushaltstheorie empirisch zutrifft. Der Verzicht auf theoretisch reichere Begriffe wird mit einem willkürlich verengten Anwendungsbereich erkauft, in dem die theoretischen Aussagen tautologisch sind.[57] Bezogen auf Institutionen heißt dies, daß die genaue Wirkung einer Institutionen auf die Wahlentscheidung von Personen bekannt sein muß. Dies widerspricht unserer ökonomischen Vorstellung der prinzipiellen Ergebnis-Offenheit von Märkten und wohl auch unserer Vorstellung von Institutionen in demokratischen Gesellschaften.[58] Zum anderen ist das in der prognostischen Arbeit notwendige Auswahlkriterium der Nutzenmaximierung nicht theorie-immanent unabhängig von dem Konzept der Präferenzordnung begründbar.[59] Eine alternative Begründung des Auswahlkriteriums wird nicht vorgelegt.[60] Dieses formale

[56] Vgl. Stobbe Fn. 9, auch Phlips 1983, 27-56; zur Kritik dieser Art der »armchair-guessings« in der empirischen Ökonomik Simon 1986, vgl. Fn. 38. Simon diskutiert u. a. die empirischen Forschungen von Becker (1981; vgl. Simon 1986, 213-215) und die Einkommensverteilung im Management (219-222; vgl. Eglau 1994; Blüthmann 1995). Für beide Beispiele zeigt er, daß die neoklassischen Prognosen auf den zusätzlichen theorie-internen Annahmen beruhen, nicht auf dem Kern des Rationalitätsmodells.

[57] Sudgen 1994, 32; Sen 1986, 63-66; ähnlich Broome 1991.

[58] In der praktischen Philosophie wird das Problem unter dem Begriff der »Freiheit« diskutiert, dazu s. Frankenas Auseinandersetzung mit Determinismus und (Willens-)Freiheit in der Ethik 1994, 86-96. Homann und Pies, die modelltheoretisch die Wirkung von Institutionen in diesem Sinne deterministisch rekonstruieren, kritisieren in ihrer Auseinandersetzung mit Locke (1993, 302ff., 311ff.) gerade dessen metaphysische naturrechtliche Fundierung bestimmter Regeln, denen notwendig Folge zu leisten sei, weil sie das Gebot Gottes, des Schöpfers der Natur, seien.

[59] Malmnäs (1994) formal ausgeführtes Argument stimmt cum grano salis mit der Kritik Lowes (1984, 228) an der Nutzentheorie überein, der feststellt, daß nur der Rückbezug auf den in der Präferenzordnung relevanten Gebrauchswert der Ökonomik den motivationalen Gehalt sichert oder (in seiner Sprache) modale auf finale Ziele zurückführt.

[60] Die Vorstellung, daß das Auswahlkriterium nicht begründungs*bedürftig* sei, ist im Kontext einer entscheidungstheoretischen Rekonstruktion nicht wirklich verständlich; vgl. die sich an Simon anschließende Debatte um das Satisfaktions-Prinzip, stellvertretend für viele Holler/Illing 1990, 170ff. Der Verweis auf Hobbes, den man z.B. bei Homann/Pies (1993, 307-311) findet, ist selbst erläuterungsbedürftig, vgl. die Kontroverse zwischen Cramer und Bartuschat (1981) über die Frage, ob für den Menschen in der Hobbesschen Anthropologie Grenzen des Aneignungstriebes gelten.

Argument gilt unabhhängig von der Auseinandersetzung mit Institutionen. Auf das grundlegendere Modell der Präferenzordnung inkl. der oben diskutierten Minimalforderungen kann nicht verzichtet werden.[61] Der Verteidigungsversuch mit dem Argument der Ökonomik als angewandter Erfahrungswissenschaft ist also gescheitert.

2.4

Auch die ökonomische Handlungstheorie muß von Präferenzordnungen ausgehen. In einer Welt, in der alle Marktteilnehmer ehrlich, also nicht strategisch antworten,[62] könnten die Präferenzordnungen von Personen über Befragungen ermittelt werden. Diese Präferenzordnungen und die daraus abgeleiteten Nutzenfunktionen, so die These analog zu 1.4, enthalten auch institutionelle Regeln.[63] Anders als in 1.4 unterstellen wir nun, daß die Präferenzordnung alle relevante Informationen enthält. Die Maximierung der aus der Präferenzordnung abgeleiteten Nutzenfunktion erfolgt also nicht unter weiteren Nebenbedingungen.

Betrachten wir eine im Vergleich mit 1.4 modifizierte Variante des Versuches, $I \rightarrow x_i$ über die Präferenzordnung zu modellieren. Wir können jetzt unsere in 1.2 ohne jede Begründung eingeführte Hypothese präzisieren, daß die Vertreterinnen der These $I \rightarrow x_i$ meinen, Institutionen seien (interne) Handlungsgründe analog zu den in der Bewertungsfunktion repräsentierten Vorlieben einer Person und den spezifischen Weltzuständen. Wenn wir von den Präferenzen von Personen reden, ist der Begriff des Handlungsgrundes normalsprachlich (vortheoretisch) hinlänglich klar. Gehen wir wieder von dem ganz einfachen Modell aus und verlangen von unserer Entscheiderin, daß sie alle Handlungsalternativen in eine (Quasi-)Ordnung mit den bekannten Eigenschaften bringt. Ausgangspunkt unserer institutionen-ökonomischen Untersuchung war der Versuch, das Modell realitätsnäher zu gestalten (vgl. Einleitung).

[61] Die Argumente treffen auch die Variante empirischer Ökonomik, bei der die *Nachfragefunktion* nicht extrapoliert wird, sondern in Befragungen zur Zahlungsbereitschaft ermittelt wird, weil die Zahlungsbereitschaft von dem Einkommen abhängt. Diese Versuche sind zusätzlich mit dem technischen Problem strategischer Antworten belastet.

[62] Thomas Schmidt, Göttingen, hat angemerkt, daß es wohl auch ehrliche Antworten, die strategisch sind, geben kann. Dies gilt z.B. dann, wenn das Verschweigen eines Sachverhaltes nicht als Falschaussage gilt. Diese in der juristischen Praxis gängige Vorstellung entspricht m.E. nicht unserem Alltagsverständnis von »ehrlich« in Verwendungsweisen wie »Pedro ist eine ehrliche Haut«.

[63] Diese These könnte man testen, indem man die institutionellen Rahmenbedingungen ändert und die Präferenzordnungen vor und nach der Änderung vergleicht.

Um dieses ganz einfache Modell etwas an die Marktrealität anzupassen, wollen wir zwei weitere Forderungen stellen. Zum einen enthalte die Menge der Handlungsmöglichkeiten immer mehr als zwei Handlungsoptionen (oder in der Abkürzung der ökonomischen Theorie: mehr als zwei Güter). Zum anderen seien die Konsequenzen für eine Person abhängig von der Wahlentscheidung mindestens einer weiteren Person. Diese Modellierung entspricht der Marktsituation, in der die Wirtschaftssubjekte als Konkurrenten auftreten. Weil der Preis eine Funktion der Nachfrage ist, sind die Konsequenzen der Konkurrenten nicht unabhängig voneinander. Diese Marktsituation läßt sich spieltheoretisch modellieren. Es läßt sich zeigen, daß für das einfache Modell der Präferenzordnung schon je eine der beiden plausiblen Forderungen zu ernsten Problemen führt.

Wir kürzen wieder (Kauf)Handlungen mit Gütermengen ab und sagen, daß eine Entscheiderin über die drei Güter-Menge Sommerobst in einer Befragung, bei der strategische Antworten ausgeschlossen wurden, die Präferenzordnung Äpfel > Birnen > Pflaumen angibt. Auf einem Empfang der Gesellschaft für angewandte Entscheidungstheorie treffen wir unsere Entscheiderin am Buffet und sehen, wie sie sich aus dem Obstkorb, der noch einen Apfel und mehrere Pflaumen enthält, Pflaumen nimmt. Nachdem sie zu Ende gekaut hat, stellen wir sie zur Rede und weisen sie daraufhin, daß sie uns entweder neulich belogen habe oder jetzt das Gebot der Transitivität verletze. Nun antwortet sie, daß sie zwar geschmacklich Äpfeln vor Birnen vorzieht und beide vor Birnen, daß sie aber im besonderen Fall, in dem nur noch ein Apfel und keine Birne zur Auswahl gestanden habe, nicht den letzten Apfel habe nehmen wollen und also zu den Pflaumen gegriffen habe. Sie weist uns also daraufhin, daß die Präferenzordnung nur unter ganz speziellen Bedingungen gilt, unter denen sie ihre Wahlentscheidung ausschließlich nach geschmacklichen Kriterien fällt. Im konkreten Fall müßten die Handlungsoptionen nach einem alternativen Auswahlkriterium, dem der Höfflichkeit, beschrieben werden. Sie verletze also das formale Kriterium der Transitivität nicht (sie beharrt darauf, geschmacklich Äpfel lieber zu mögen als Birnen und diese immer noch lieber als Pflaumen)[64]; der Begriff der Handlung müsse nur hinreichend präzisiert wer-

[64] Die Entscheiderin in der Apfel, Birnen, Pflaumen-Geschichte verstößt jedoch gegen eine weitere harmlos aussehende Forderung das sog. Sure-Thing-Principle (STP), demgemäß die Präferenzen konstant bleiben müssen, wenn sich die Entscheidungsumstände für die Alternativen in gleicher Weise ändern, so daß also Fallobst in gleicher Weise wie Obst auf der Käseplatte geordnet wird (das STP gilt aber nicht, wenn die Alternativen so verändert werden, daß ein Fallobstapfel mit einer Käseplat-

den. Folgen wir diesem Einwand unserer Entscheiderin, ergibt sich für unser Modell die unangenehme Folge, daß der Geltungsbereich verschiedener Präferenzordnungen je in bezug auf die spezifischen relevanten Handlungsumstände festgelegt werden müßte. Für die ökonomische Güterwelt, müßten wir dann feststellen, daß völlig unklar ist, gemäß welcher Eigenschaften alternative Güter verglichen werden. Das Modell verliert also seine Allgemeingültigkeit und so jeden prognostischen Gehalt.[65]

Auch die zweite Forderung, daß die Konsequenzen für eine Person abhängig von der Wahlentscheidung mindestens einer weiteren Person sind, verweist auf die unzureichende Präzision des einfachen Modells.[66] Sind die Konsequenzen mehrerer Personen nicht unabhängig, dann sind zwei Handlungen schon dann zu unterscheiden, wenn sie je mit einer anderen Handlung einer anderen Person einhergehen. Für den zwei Güter-Fall und zwei Personen Fall entspricht das einer olipsonistischen Marktkonstellation wie sie in Analogie zum Oligopolistenfall spieltheoretisch rekonstruiert werden kann[67]. Diese Rekonstruktion entspricht dem bekannten Prisoner's Dilemma (PD).[68] Es läßt sich nun zeigen, daß diese harmlos erscheinende, empirsch plausible Forderung zu einem Ergebnis mit höchst unangenehmen Eigenschaften führt. Unterstellt man nutzenmaximierendes Wahlverhalten (hier: die Wahl der dominanten Strategie) ist das Ergebnis aufgrund der Struktur des Spieles (des Marktes) pareto-inferior.[69] Die Struktur des Spieles ist für das Ergebnis einer

---

tenpflaume verglichen wird). Vgl. zu dem ganzen Abschnitt Broome 1991[1]; Phlips 1983, 6; Sen 1970,. 95 Fn. 10). Die (empirisch nachweisbare) Verletzung des STP wird auch als Allais-Paradoxon bezeichnet; Schmidt 1995[2], Kap. 4.1.1; Kreps 1988, 192ff.) Die in 2.2 eingeführte Monotonie-Annahme kann im Sinne des STP interpretiert werden.

65 Pettit 1991, 164-165.

66 Sen 1995, 18; ders. 1977, 336.

67 Holler/Illing 1990, 7ff.

68 Holler/Illing 1990, 4; Sen 1986.

69 Zu dem formalen Pareto-Kriterium vgl. Nida-Rümelin/Kern 1994, 45ff.; Sen 1970, 21ff. Geschulte Ökonome mögen einwenden, daß für das Oligopol resp. Oligopson aufgrund möglicher Marktverzerrungen durch das Ausüben von Marktmacht ohnehin keine pareto-optimale Lösung zu erwarten sei. Das gilt nur für asymmetrisch verteilte Marktmacht, die im PD gerade ausgeschlossen ist. Dilemmasituationen entstehen, wenn für eine Person unterschiedliche Regeln *ceteris paribus* widersprüchliche Verhaltensweisen empfehlen. In der Diskussion um das PD wird gesagt, daß das Dominanzargument und das Symmetrieargument für den Spieler je verschiedene Handlungen empfehlen. Das ist tatsächlich nicht der Fall. Das Symmetrieargument zeigt, daß von zwei möglichen Strategiepaaren defektieren/kooperieren die Kooperation *pareto-besser* ist. Das Dominanzargument zeigt, daß Defektieren, die unter allen möglichen Strategien des Gegenspielers *für einen Spieler je die beste* Hand-

Wahlentscheidung nicht irrelevant, so daß in Analogie zu der Diskussion der ersten Forderung gilt, daß unser ganz einfaches Modell nicht hinreichend präzise ist, um rationale Wahlentscheidungen abbilden zu können.[70]

2.5

Die Diskussion der Probleme, die sich aus den beiden harmlos erscheinenden Forderungen ergeben, hat zu Modifikationen des Präferenzmodells geführt. Betrachten wir zunächst Modifikationen, die als Lösungsvorschläge für das PD entwickelt wurden. Zum einen könnte man der Meinung sein, daß die dominante Strategie zu der pareto-inferioren Gleichgewichtslösung führt, weil die Präferenzordnungen nicht adäquat bestimmt sind. Die pareto-inferiore nicht-kooperative Lösung könne vermieden werden, wenn man berücksichtige, daß mit der Wahl der nicht-kooperativen Strategie[71] für jeden Spieler Kosten verbunden seien. Diese Kosten können entweder monetär bewertbar sein oder direkt über die Bewertungsfunktion zu einer veränderten Bewertung der Alternativen führen. Die Annahme eines solchen empirisch zu ermittelnden »psychological make-up«[72] der Spieler in sozialer Interaktion verändert die Auszahlungsmatrix des Spieles so, daß die dominante Strategiewahl zu der pareto-inklusiven kooperativen Gleichgewichtslösung führt. Statt eines spezifischen »psychological make-up« können auch

lungsweise ist. Das Dominanzkriterium ist mit dem Pareto-Kriterium logisch kompatibel, schließt dieses aber nicht notwendig ein: Dominate Strategien ergeben per definitionem ein Nash-Gleichgewicht, nicht aber notwendig eine pareto-optimal Lösung. Der Wechsel des Beurteilungskriteriums verletzt die für Dilemma konstitutive c.p. Bedingung, so daß man nicht eigentlich von einem Dilemma für den Spieler sprechen kann. Das PD zeigt aber tatsächlich, daß es für eine Entscheiderin rational sein kann, ihr Entscheidungskalkül um Informationen über die Struktur der Interaktion zu erweitern. In diesem Sinne gilt, daß unser einfaches Modell nicht hinreichend präzise ist, um rationale Wahlhandlungen abbilden zu können. Für Diskussionen über diesen Punkt danke ich Thomas Schmidt, Göttingen.

[70] Die Diskussion der Forderung, weitere Personen in unsere ökonomische Welt einzuführen, bleibt hier kursorisch; vgl. die umfangreiche Debatte zum PD bei Kern/Nida-Rümelin 1994, 201ff; Güth 1992, 167; Holler/Illing 1990, 4ff.

[71] Diese Terminologie ist gebräuchlich (s. z.B. Harsanyi 1986), aber nicht sehr glücklich gewählt, da man auch zwischen kooperativen und nicht-kooperativen Spielen unterscheidet. Die Nicht-Kooperative und Kooperative Lösungen im PD beziehen sich auf Stratgien innerhalb eines nicht-kooperativen Spieles, d.h. eines Spieles, in dem die Spieler keine bindenden Vereinbarungen über ihre Strategiewahl eingehen (können).

[72] Harsaniy 1986, 95.

sanktionsfähige gemeinsame (konstitutionelle) Regeln zu einer veränderten individuellen (nach-konstitutionellen) Bewertung der Alternativen führen. Dabei wird vorausgesetzt, daß die externen Regeln wohlfahrts-maximierend sind. Diese Unterscheidung von konstitutioneller und nach-konstitutioneller Ebene findet sich bei Buchanan (1989).[73] Die Trennung von konstitutioneller und nach-konstitutioneller Ebene verletzt aber (im Gegensatz zu den von Harsanyi eingeführten psychologischen Annahmen) unsere Forderung nach der Einheit der Rationalität (s. Einleitung), weil die Auswahlregel für konstitutionelle Normen, bei der über alle Personen der Nutzen maximiert wird, von der individuellen Auswahlregel, die den je eigenen Nutzen maximiert, verschieden ist. Das neue Spiel stellt kein PD dar, so daß man nicht eigentlich von einer spieltheoretischen Lösung des Rationalitätsdilemmas sprechen kann.[74] Sen (1974) stellt eine davon verschiedene Lösung vor, bei der die Struktur des PD erhalten bleibt. Er erweitert das PD nur insofern, als er (Meta-)Präferenzen über die Präferenzen in der Spielsituation modelliert. Wenn, so das Argument, die Spieler die Struktur des PD verstehen, dann sind sie in der Lage, Präferenzen über ihre zu verfolgenden Präferenzen anzugeben. Sen betont, daß die Wahl einer Metapräferenz nicht analog zu der Wahl einer Handlung ist, da sich kein eindeutiges Kriterium für die Wahl einer Präferenzordnung aus der Menge logisch möglichen Präferenzen angeben läßt.[75] Weil die pay offs von ansonsten gleichen Handlungen durch die Wahlentscheidung des Mitspielers bestimmt werden, können wir allgemein sagen, daß Handlungsalternativen im PD durch Informationen über die Struktur der Interaktion (oder allgemeiner die Beziehung der Spieler zueinander) spezifiziert sind.[76]

---

[73] Vgl. auch Homann/Pies 1993.

[74] Harsanyi 1986, 93-96.

[75] Das unterscheidet Sens Ansatz von Versuchen, wie sie von Rawls (1993) oder Harsanyi (1982) vorgestellt wurden. Beide gehen von einem Grundsatz der Unparteiigkeit aus und entwickeln eine Art »ethischer Präferenz«, die von der aktuellen Präferenz der Person (in der konkreten Situation) unterschieden ist, aber wie diese handlungsleitend ist. Sen zeigt, daß auch ausschließlich eigen-interessierten Entscheiderinnen, wenn sie die Struktur des Spieles verstanden haben, über den Umweg der Metapräferenzen ein Ausweg aus dem PD möglich ist. Harsanyis Ansatz der über alle Personen nutzenmaximierenden (ethischen) Präferenzen erfordert Kardinalität. Die von Harsanyi (und Buchanan, s.o.) unterstellte wohlfahrts-maximierende Funktion der Regel, lehnt Sen mit diesem Hinweis auf das Auswahlproblem zwischen Metapräferenzen ausdrücklich ab. Zur Darstellung und Kritik beider Ansätze vgl. Sen 1970, 141ff; insbesondere zu Sen vgl. Vossenkuhl 1992[2].

[76] Diese Struktur-Abhängigkeit wird z.B. in dem Spiel »battle of the sexes« ausgenutzt, wenn man sagt, daß die Dilemma-Situation, in der sich die beiden Verliebten befinden, überwunden werden kann, wenn Konventionen das Verhalten zwischen

Metapräferenzen über Präferenzen sollen genau diese Information abbilden. Dazu müßten die Metapräferenzen aber plausibel interpretierbar sein. Eine wohlwollende Deutung könnte die Metapräferenzen als egoistische, moralische oder altruistische Einstellung der Personen interpretieren. Kern und Nida-Rümelin[77] zeigen, daß es eine Reihe nicht interpretierbarer Metapräferenzen gibt. Man mag dagegen einwenden, daß Präferenzen formal definiert seien. Folgt man aber den wissenschaftstheoretischen Überlegungen zur modelltheoretischen Konstruktion von stabilen Verallgemeinerungen oder »real patterns« (vgl. Fn. 35), dann ist der Anspruch auf Interpretierbarkeit unabhängig von dem Anspruch auf naturalistische Repräsentation begründet. Der Präferenzbegriff wird ohne sinnvolle Interpretation vollständig opak. Die von Sen eingeführten Metapräferenzen weisen einen nur formalen Ausweg aus dem PD.

Davon zu unterscheiden sind Versuche, das Problem der unzulänglichen Spezifizität des Vergleichskriteriums im Mehr-Güter-Fall zu lösen. Es wird ein hinlänglich präzises Vergleichs-Kriterium gesucht, das auf der einen Seite eine Unterscheidung von Handlungsmöglichkeiten gestattet, auf der anderen Seite jedoch hinreichend allgemein ist, um Prognosen zu erlauben.[78]

Auch hier ist es notwendig zwischen Metapräferenzen und Präferenzen über Entscheidungsalternativen zu unterscheiden, wobei wir noch klären müssen, worüber die Metapräferenzen definiert sind, da es offensichtlich nicht hinreicht, sie über Präferenzen zu definieren. Dabei muß nach den kritischen Anmerkungen zu Sen auch beachtet werden, daß Metapräferenzen plausibel interpretierbar sein müssen. Die nur formale Lösung Sens (s.o.), ist nicht befriedigend. Präferenzen sind über Entscheidungsalternativen (Handlungsmöglichkeiten) definiert, wobei die Entscheidungsalternativen nur über die Konsequenzen individuierbar sind. Diese formale Definition entspricht nicht unserer vortheoretischen Verwendung des Begriffs der »Handlung«, die bei vollständiger Beschreibung (soweit es unsere Sprache erlaubt) über ihre Eigenschaften von anderen Handlungen unterschieden wird. Betrachten wir also »Ei-

Männern und Frauen eindeutig regelten. Eine solche Konvention ist in patriarchalischen Gesellschaften noch gegeben, wo die Vorlieben des Mannes stärker gewichtet werden. Eine Einführung in das »battle of the sexes« und anderen korrelierten Spielen findet sich bei Holler/Illing 1990, 90ff.

77 Kern/Nida-Rümelin 1994, 228ff.; Nida-Rümelin 1993.

78 Pettit 1991, 165: »Clearly what is needed is a principle of equivalence for options and outcomes which is moderate in its effects; that is which makes sufficient distinctions to handle the sort of counterexamples mentioned without making so many distinctions that no choice bears on any other.«

genschaften von Handlungen« (Propositionen) als Kandidaten, über die (Meta-)Präferenzen anzugeben seien. Wenn wir annehmen, daß Personen *zusätzlich zu ihren Präferenzordnungen* eine Ordnung über Eigenschaften angeben können (eine Metapräferenz)[79], und wenn diese Ordnung den oben diskutierten minimalen Rationalitätsbedingungen genügt, dann können wir die Wahlentscheidung unserer Entscheiderin erklären, ohne ihr eine Verletzung der Forderung nach Transitivität zu unterstellen. Wir können sagen, daß ihre Metapräferenz von Höflichkeit vor Geschmack im konkreten Fall für ihre Wahl (Präferenz) der Pflaumen vor dem letzten Apfel entscheidend ist. Davon unberührt bleibt ihre Präferenz von Äpfeln vor Pflaumen, wenn »Höflichkeit« keine Eigenschaft der zur Wahl stehenden Alternativen ist. Mit dieser Anreicherung des Modells gewinnt man einen unserer vortheoretischen Vorstellung von Präferenzen entsprechenden normativen Bezug zur handelnden Person.[80] Institutionen lassen sich mit der Metapräferenz modellieren. Es läßt sich plausibel und innerhalb eines Modells begründen, daß Institutionen persistent sind, Wahlhandlungen aber in Abhängigkeit von den Umständen in der Zeit stark differieren können, ohne wie im ökonomischen Standardmodell die Wahlhandlungen unter Nebenbedingungen unabhängig von dem Präferenzmodell einzuführen. Die Mindestanforderungen an eine Theorie rationaler Wahl bleiben erhalten, so daß wir also eindeutig zwischen rationalen und irrationalem Handeln unterscheiden können.[81] Dafür müssen wir die Vorstellung aufgeben, daß Präferenzen unmittelbar mit Wahlhandlungen zusam-

---

[79] Wobei der hier verwendete Begriff der »Metapräferenz« von der Verwendungsweise, die wir bei Sen (1974) finden, verschieden ist; Metapräferenzen über Eigenschaften, wie sie von Pettit (1991) und formal präziser von Schmidt (1995², Kap. 5) diskutiert werden, ähneln eher den von Frankfurt (1981) eingeführten Second Order Desires oder Volitionen, vgl. Taylor 1992, Kap. 1. Schmidt unterscheidet formal Präferenzen über mögliche Welten und Metapräferenzen über Mengen von möglichen Welten. Eine Metapräferenz sei dann über eine Präferenzordnung entscheidend, wenn die Präferenzen Instantiierungen der Metapräferenz sind und die Metapräferenz wichtiger ist als alle anderen Metapräferenzen.

[80] Das um Metapräferenzen erweiterte Modell ist auch nicht der Kritik Rowes (1989) ausgesetzt, daß Präferenzen (sic) nur je individuelle Vorlieben repräsentieren, vgl. Fn. 31. Zum Personenbegriff in der Entscheidungstheorie im Kontext der Moraltheorie vgl. z.B. Vossenkuhl 1992¹, 167.

[81] Irrational ist eine Handlung genau dann, wenn die für eine Alternativenmenge entscheidende Metapräferenz verletzt wird, also von unserer Entscheiderin der Apfel gewählt worden wäre, obwohl sie Höflichkeit höher gewichtet als Geschmack (und – in der Handlungssituation – Höflichkeit eine Eigenschaft der alternativen Handlungen ist).

menhängen. Eigenschaften haben sich als erfolgreiche Kandidaten für Metapräferenzen erwiesen.

3. Kritischer Ausblick

In diesem abschließenden Abschnitt zeige ich kursorisch einige Kritikpunkte an unserer Lösung innerhalb des Präferenzmodells auf und skizziere thetisch Argumente für einen alternativen Ansatz im Rahmen der nicht-kooperativen Theorie iterierter Spiele. Weitere Forschung müßte zeigen, ob sich das alternative Programm als leistungsfähiger erweist.

3.1

Es scheint, daß wir mit den Modifikation des Standardmodells eine gute Grundlage gewonnen haben, unsere einfache ökonomische Welt mit Informationen so anzureichern, daß auch Wahlhandlungen außerhalb der institutionenlosen Zwei-Güter-Welt erklärbar sind. Wir haben dafür den Preis zahlen müssen, daß wir uns nicht weiterhin in unseren bequemen Lehnstühlen zurücksetzen können (vgl. Fn. 38): das Bonmot, daß es so etwas wie ein kostenloses Essen nicht gibt, gilt leider auch für die Welt der Theorien. Der im Standardmodell unterstellte direkte Bezug von gewählter Handlung und Präferenzordnung einer Person ist so nicht aufrechtzuerhalten. Wenn das oben diskutierte Argument zutrifft, daß die revealed preference Theorie ohne Rückbezug auf ein Modell der Präferenzordnung kein begründetes Auswahlkriterium enthält und also unvollständig ist,[82] dann impliziert dies den Verzicht auf den revealed preference Ansatz in der Ökonomie.[83] Das Modell ist nicht autonom.[84] Weil wir aus den gewählten Handlungen nicht direkt Aussagen über die Metapräferenzen von Personen ableiten können, ohne die Metapräferenzen das Modell aber keinen explanatarischen (und prognostischen) Gehalt hat, bedarf es der Erweiterung um weitere Theorieelemente.[85]

---

[82] Malmnäs 1994.

[83] Vgl. Schmidt 1995, Kap. 5.2.2.

[84] Pettit 1991, 163-166.

[85] Dabei zeigen viele Ökonomen eine Affinität zur Psychologie und ihren empirischen Untersuchungen (Frey 1990; Brandes 1988; Simon 1986). Ein Blick zu den Nachbardisziplinen der analytischen Philosophie des Geistes, der empirischen Entscheidungstheorie und der philosophischen Handlungstheorie, erweist sich auch als

Die folgenden kursorischen Anmerkungen beschäftigen sich mit der Frage, welche Art zusätzlicher Theorieelemente wir brauchen.

3.2

Betrachten wir noch einmal den Versuch, die Präferenzen, hier die Metapräferenzen, einer Person aus einer Menge von Handlungen zu rekonstruieren. Wir behaupten also, daß zwischen einer Metapräferenz und einer Handlung ein nicht kontingenter systematischer Zusammenhang besteht, wie wir ihn auch für Institutionen unterstellt haben. Soll der Versuch gelingen, muß es sich um eine eindeutige reflexive Relation handeln. Wir sagen also, daß das Set aus Metapräferenzen und Präferenzen Handlungen erklärt. Wir verlangen auf der anderen Seite, daß Personen alternative Handlungen, soweit es *unsere* Sprache erlaubt, vollständig beschreiben können, um auf Metapräferenzen schließen zu können (und so Prognosen über zukünftiges Handeln erstellen zu können). Für hinlänglich einfache Handlungen ließen sich vielleicht hinreichend vollständige Metapräferenzen angeben. Wir könnten dann nicht den Anspruch auf Vollständigkeit erheben, aber für einen wohl definierten Bereich einfacher Wahlhandlungen, die Apfel-Birnen-Entscheidungen der ökonomischen Theorie, könnten wir gute, empirisch testbare Prognosen erwarten.[86] Dies gilt, soweit *unsere* Sprache vollständige Handlungsbeschreibungen erlaubt. Diese Einschränkung hatte ich bereits oben (in 2.5) eingeführt. Leider ist aber genau diese Anahme nicht trivial. An eine vollständige Handlungsbeschreibung lassen sich einige Anforderungen stellen. Zum einen haben wir aus den Problemen mit dem Transitivitätskriterium gelernt, daß eine Handlungsbeschreibung alle relevanten Eigenschaften der Handlung umfassen muß. Nehmen wir einmal an, wir hätten beliebig viel Zeit zur Verfügung, und unsere Sprecher verfügten über einen ausreichend großen aktiven Wortschatz, so daß sich keine technischen Pobleme auftun, und die Forderung nach Vollständigkeit sich erfüllen ließe.[87] Zum anderen fordern wir aber, daß eine Handlungsbeschreibung abgeschlossen ist. Diese formale Forde-

fruchtbar (Cottrell 1995; Ross 1995; Pettit 1991; Dennett 1981/1991; Davidson $1990^1/1990^2$).

[86] Stoecker (1993, 274-276) weist ganz analog daraufhin, daß Erklärungen den Bereich möglicher Handlungsursachen eingrenzen.

[87] Vgl. zum Problem der Vollständigkeit Davidsons Auseinandersetzung mit Kenny (1990^2, insbes. Fn. 2), eine vollständige Beschreibung muß alle nicht weiter reduzierbaren Angaben über die Handlung enthalten, nicht aber vollständig in bezug auf alle weiteren Umstände sein.

rung scheint zunächst harmlos. Handlungen, so mag man sagen, sind (abgeschlossene) Ereignisse, so daß die zweite Forderung immer dann erfüllbar ist, wenn die Forderung nach Vollständigkeit erfüllt ist. Diese Ansicht ist problematisch.[88] Betrachten wir folgendes Beispiel: Maria kauft Klaus einen Kaktus, um ihm eine Freude zu machen.[89] Was ist in diesem Fall eine abgeschlossene Handlungsbeschreibung für »Maria macht Klaus eine Freude«? Beschränken wir die Handlungsbeschreibung auf das Ereignis »Maria kauft einen Kaktus«, so geraten wir in die oben diskutierten Probleme, daß wir keinen systematischen Zusammenhang mit Marias Präferenzen herstellen können. Auch eine Beschreibung von »Maria kauft einen Kaktus und schenkt ihn Klaus« ist nicht äquivalent zu »Maria macht Klaus eine Freude«. Es könnte sein, daß Maria weiß, daß Klaus keine Kakteen mag, und sie Klaus ärgern möchte. Vollständige und abgeschlossene Handlungsbeschreibungen enthalten neben anderen relevanten Eigenschaften Wünsche und Meinungen der handelnden Person. Nehmen wir an, sie möchte Klaus mit dem Kaktus eine Freude bereiten, weiß aber nicht, daß Klaus keine Kakteen mag. Auch in diesem Fall können wir nicht sagen, »Maria macht Klaus eine Freude«, weil dies eben beinhaltet, daß Klaus sich freut. Vollständige und abgeschlossene Handlungsbeschreibungen enthalten neben anderen relevanten Eigenschaften, den Wünschen und Meinungen der handelnden Person auch die Erfüllungsbedingungen für diese Wünsche.[90] Handlungsbeschreibungen sind nicht unabhängig von den Wünschen, Meinungen und kausalen Beziehungen. Wünsche und Meinungen des Handelnden sind im Gegensatz zu beobachtbaren Ereignissen interpretationsbedürftig. Dieser Punkt wird im allgemeinen als Problem des Fremdpsychischen bezeichnet,[91] das dem Beobachter nicht einfach ersichtlich ist.[92] Der Beobachter geht von Annahmen über die Wünsche und Meinungen der handelnden Person aus, um eine Handlung sinnvoll

---

[88] Daraus muß man nicht wie Stoecker (1993, 276-286) entgegen aller Intuitionen folgern, daß Handlungen keine Ereignisse seien, vgl. Davidson 1993[1].

[89] Das von Stoecker (1993) und Davidson (1993[1]) diskutierte Beispiel (eingeführt von Davidson in »Adverbs of Action« (1980, dtsch. 1990, zitiert bei Stoecker) eines Mannes, der in einem Koffer eine Bombe aufgibt, um ein Flugzeug in die Luft zu sprengen, ist zwar pittoresque, aber auch sehr blutrünstig.

[90] Lanz 1993, 293; Nida-Rümelin 1993, 29.

[91] Hollis 1991, 38.

[92] Mit der Verwendung dieses Begriffes wird keine (Leib-Seele)-dualistische oder (gegen Davidson) anti-naturalistische Position eingenommen. Das hermeneutische Problem kann auch im Kontext monistischer und naturalistischer Theorien sinnvoll diskutiert werden.

beschreiben zu können. Davidson[93] verweist auf das traurige Ende seiner Karriere als experimenteller Psychologe bei dem Versuch, die Ergebnisse der Ramsey-Experimente zu testen. Seine (in Zusammenarbeit mit M. Carlsmith durchgeführten) Experimente ergaben, daß sich intransitives Wahlhandeln mit der Zeit auflöst. Dieses Ergebnis ist nicht interpretierbar, es sei denn der Begriff der Transitivität ist Bestandteil der Interpretation des Experimentators. Damit das Wahlhandeln für den Beobachter verstehbar ist, müssen bestimmte theoretische Annahmen vorausgesetzt werden, die nicht Teil der Handlung sind (klassisch sprechen wir von einem hermeneutischen Zirkel[94]). Davidson folgert aus den Ergebnissen dieser empirischen Experimente, daß eine Interpretation von Handlungen, die keine Ergebnisse präjudiziert, eine Theorie der Kommunikation[95] voraussetzt.[96] In unserer einen Welt können wir Handlungen beobachten; alle weiteren Informationen über Wünsche und Meinungen der Person sind interpretationsbedürfig. Die Annahme von Metapräferenzen erfordert also für den Ökonomen oder andere Vertreter einer erfahrungswissenschaftlichen Diziplin eine spezifische Methode der Interpretation oder eine ökonomische Hermeneutik.[97]

3.3

Eine vollständige Theorie rationaler Entscheidung muß auch Annahmen über die Wünsche und Meinungen der Personen enthalten.[98] Die Begründung für diese These, die im vorhergehenden Abschnitt diskutiert wurde, ist zunächst formaler Art: Wünsche und Meinungen sind Teil einer vollständigen Beschreibung der Handlungsalternativen. In

---

[93] Davidson 1990, 331.

[94] Hollis 1991, 32; Dennett 1981, 178.

[95] Eine Theorie der Kommunikation hier im Sinne einer Theorie radikaler Übersetzung, vgl. Davidson 1986/1993[3]. Rowe (1989, 13) unterscheidet interpretationsbedürftige »social facts« von »physical facts«; nur zweitere seien auch einem Besucher vom Mars ohne weitere Übersetzungsleistung einsichtig.

[96] Davidson 1990, 333; Stoecker 1993; Lanz 1993; Davidson 1993_1, 1993_2.

[97] Harsaae 1994; Hollis 1991; Ebeling 1991; Benton 1990.

[98] Es dürfte klar sein, daß wir mit diesem Anspruch die enge Verwendungsweise von »Rationalität«, die sich ausschließlich auf die effiziente Verwendung von Mitteln zum Erreichen vorausgesetzter Zwecke bezieht (Robbins 1984) zugunsten eines weiteren Rationalitätsbegriffes aufgeben, vgl. Knudsen 1993, 294f. Simon (1986, 210) unterscheidet die »substantive rationality« der Ökonomie von einer weiter gefaßten »procedural rationality« z.B. in der Psychologie. Dabei ist natürlich noch völlig unklar, was mit dem zweiten Begriff genau gemeint ist. Wir verlassen auch das Feld einer strikt konsequentialistischen Theorie, s. Nida-Rümelin 1993[1], 36-78; vgl. Lohmann 1995[2].

Abwesenheit eines »Cerebroskops«, das in Analogie zum Thermometer die Wünsche und Meinungen messen könnte[99], sind Wünsche und Meinungen interpretationsbedürftig.[100] Wir müssen also besser verstehen, welchen Status Wünsche und Meinungen in unserer Theorie haben und wie sie interpretiert werden *können*. Dies ist im Rahmen modelltheoretischer Überlegungen eine Frage der Rationalitätsanforderungen, die wir an Wünsche und Meinungen stellen können.[101] Zunächst eine Vereinfachung: das Set aus Wünschen und Meinungen fassen wir zusammen als intentionales System einer Entscheiderin.[102] Der Grund für diese Vereinfachung ist ein pragmatischer: Wir können davon ausgehen, daß Wünsche und Meinungen interdependent sind.[103] Intentionale Systeme sind ein formales Konstrukt der Theorie, das eine Menge von Informationen codiert, die wir brauchen, um sinnvoll über (rationale) Handlungen zu sprechen.[104,105] Betrachten wir wieder Maria und den Kaktus. Wenn wir sagen, daß Maria Klaus eine Freude macht, dann schließen wir eine Reihe möglicher Gründe für »Maria kauft einen Kaktus« aus. Wir sind offensichtlich der Überzeugung, daß Maria Klaus nicht ärgern will, daß sie nicht einfach eine empfangene Gabe gemäß einer uralten Sitte vergilt.[106] Wie können wir unsere Überzeugung rechtfertigen? Wir könnten andere Ereignisse anführen, die nicht sinnvoll interpretierbar wären, wenn Maria Klaus ärgern wollte oder Geschenke immer mit Gegengaben vergelten würde. Wenn wir Handlungen anderer Personen erklären wollen, müssen wir von unseren Überzeugungen über ihre möglichen intentionalen Systeme ausgehen. Unsere Überzeugungen sind mit Verweis auf die Menge von Handlun-

[99] Cortrell 1995, 162.

[100] Das ist natürlich metaphorisch gemeint, denn für Wünsche und Meinungen gilt in Analogie zu Bedeutungen, daß sie nicht in den Köpfen sind (Putnam zitiert bei Davidson 1993[3], 93).

[101] In 2.5 hatten wir für Metapräferenzen über Eigenschaften die gleichen Mindestanforderungen erhoben, die wir auch für Präferenzen über Handlungen erheben. Diese Mindestanforderungen sind Rationalitätsanforderungen an Ordnungen. Für Meinungen und Wünsche reichen diese formalen Konsistenzanforderungen nicht hin.

[102] Dennett 1981/1991; Ross 1995; Cottrell 1995.

[103] Hollis 1991, 46ff.

[104] Ross 1995, 127; Davidson 1990, 321; Dennett 1981, 175ff.

[105] Der ontologische Status der intentionalen Systeme gleicht dem der Präferenz; es handelt sich um stabile Strukturen, die geeignet sind, Handlungen zu erklären. Dieser liberale Umgang mit Ontologie ist für angewandte Wissenschaften besonders geeignet (Ross 1995, 128; Hacking 1991); vgl. Fn. 94.

[106] Stoecker 1993, 274ff.

gen einer Person begründungsfähig.[107] Wir gehen davon aus, daß die Menge von Handlungen einer Person kohärent interpretierbar sein muß.[108] Das Kohärenzkriterium ist offensichtlich stärker als das formale Konsistenzkriterium, das wir an Ordnungen stellen. Es fordert, daß eine Menge von Handlungen in bezug auf ein stabiles und zusammenhängendes Set an Wünschen und Meinungen interpretierbar ist.[109] Das Kohärenzkriterium für Wünsche und Meinungen entspricht unserer Vorstellung von Personen, die in der Zeit mit sich selbst identisch und individuierbar sind,[110] und ist also als Rationalitätsanforderung gut begründet.

3.4

Die methodische Forderung nach einer Theorie der Kommunikation und das Rationalitätskriterium der Kohärenz könnten sich vermutlich mit einigem Aufwand in das Präferenzmodell in seiner modifizierten Form integrieren lassen. Die theoretischen Kosten scheinen zumindest für einen Ökonom aber sehr hoch. Die Theorie rationaler Entscheidung wird mit zunehmender Komplexität als Muster für Entscheidungskalküle ungeeignet. Das heißt nicht, daß sie keinen Wert mehr hätte, da sie einen Kanon von Rationalitätsanforderungen enthält, an

[107] Dieses Begründungskriterium findet sich auch in der empirischen qualitativen Sozialforschung, wenn verlangt wird, daß *alle* Daten unter Variation der Beobachterperspektive berücksichtigt werden müssen; vgl. Kleining 1982.

[108] Nida-Rümelin 1993².

[109] »Zusammenhängend« ist natürlich nur die deutsche Übersetzung von »Kohärenz« und höchst vage. Trotzdem scheinen wir in unserer Alltagssprache ein hinreichend genaues Verständnis davon zu haben, was kohärent ist. Es ist nicht kohärent, oder – wie wir alltagssprachlich sagen – es kann doch nicht sein, daß Maria, die sonst nie ein empfangenes Geschenk vergilt, sich gegenüber Klaus so verhält. Man könnte versuchen, diese Intuition über den schwachen Universalismus, wie ihn Mackie (1992, 107-111) diskutiert, zu begründen Das Kohärenzkriterium gilt gleichermaßen für die theoretische und praktische Rationalität, vgl. Gosepath 1992, 90ff, 210ff, 259.

[110] Davis (1995) entwickelt in seiner Kritik an dem neoklassischen Personenbegriff mit Hinweis auf Hume die Vorstellung, daß Personen im ökonomischen Modell nicht über ihre Präferenzen, sondern über ihre Zeitrestriktion individuierbar seien. Mit einer solchen Vorstellung geht der Verzicht auf unseren vortheoretischen Begriff der Person einher, der immer auch auf die Identität mit sich selbst oder die Integrität einer Person rekurriert. Der Glaube an die Wiedergeburt einer Person, mit der jede Zeitrestriktion überschritten wird, ist *hinsichtlich unserer Vorstellungen von Personen* leichter verständlich als die Vorstellung, daß ich mich vor aller Augen in einen Esel verwandel, der mit dem vorher bekannten Karl Reinhard Lohmann nichts gemein habe als das Zeitbudget, das ich-Esel nunmehr auf die nutzenmaximierende Wahl zwischen zwei Heuhaufen aufzuwenden habe.

denen sich Entscheidungskalküle zu messen haben.[111] Trotzdem würden wir gerne auch die praktische Funktion der Theorie rationaler Entscheidung beibehalten. Mit dieser praktischen Funktion geht aber leider eine weitere nicht triviale Forderung an das Modell einher: es muß in besonderer Weise an Veränderungen anpassungsfähig sein.[112] Im Standardmodell ist diese Forderung trivialerweise erfüllt, weil Handlungen formal als Funktion der Umstände auf die Konsequenzen, Zustände von Personen, eingeführt werden. Präferenzen über Handlungen sind nicht weiter begründungsfähig, so daß in der Zeit veränderte Wahlhandlungen durch veränderte Präferenzen erklärt werden können.[113] Dies gilt aufgrund der veränderten Universalisierbarkeitsbedingungen nicht in gleicher Weise für Präferenzen über Eigenschaften, die begründungsfähig sind.[114] Es ist also notwendig, in ein (normatives) Modell rationaler Entscheidung auch den Prozeß der Begründung aufzunehmen.[115] Dabei ist zu beachten, daß diese zusätzliche Forderung mit dem Kohärenzkriterium konfligieren kann. Wir brauchen also eine Theorie, die sowohl einen adäquaten Begriff individuierbarer Person (das Kohärenzkriterium) als auch eine Theorie der begründeten Veränderung enthält.

3.5

Es stellt sich die Frage, ob wir kein alternatives Modell rationalen Entscheidens haben, das den vielfältigen Anforderungen gerecht werden kann und das Entscheidungsregeln aufzeigt. Ich möchte abschließend und sehr kursorisch in fünf Thesen die nicht-kooperative Theorie iterierter Spiele[116] als mögliches alternatives Forschungsprogramm zu den Modifikationen der klassischen Entscheidungstheorie diskutie-

---

[111] Diese Unterscheidung der zwei Betrachtungsweisen der Entscheidungstheorie als Kalkül und als Rationalitätstest findet sich bei Pettit (1991, 167), der sie zugleich der anwendungsorientierten Ökonomik und der theoretischen Philosophie zuweist.

[112] Diese Forderung der angewandten Ökonomik wird mit der prinzipiellen Ergebnis-Offenheit von Märkten begründet, s. v. Lingen 1993, insbes. 275-287; Witt 1987, insbes. 9.

[113] Diese Strategie ist nicht unproblematisch und dient auch der Immunisierung der Theorie gegen Einwände und Versuche der Falsifikation.

[114] Pettit 1991, 169.

[115] Dabei mag ein pragmatischer Begründungsbegriff zugrundegelegt werden, s. Nida-Rümelin 1994; Gosepath 1992, 11-17; Hegselmann 1979, 174.

[116] In iterierten Spielen bieten sich Drohstrategien als Lösung des PD an. Im Gegensatz zu der Sen-Lösung sind Drohstrategien plausibel interpretierbar.

ren.[117] Meine erste These (i) lautet, daß die Spieltheorie im Gegensatz zur Entscheidungstheorie besonders geeignet ist, die Interdependenz von Personen darzustellen. Interdependenz läßt sich zwar auch im klassischen entscheidungstheoretischen Ansatz durch eine besondere Form interdependenter oder konditionaler Präferenzen darstellen.[118] Dagegen lassen sich Meinungen einer Person über das Verhalten anderer Personen nicht oder nur unter erheblichem Aufwand modellieren. Institutionen setzen genau an der Interdependenz der Handlungen von Personen an. Ihre Durchsetzbarkeit hängt maßgeblich von der Glaubwürdigkeit ihrer Umsetzung durch die anderen oder eine Mehrzahl der anderen Mitspieler ab. Die zweite These (ii) schließt an diesem Punkt an. In iterierten Spielen lassen sich wechselseitige Reaktionen der Spieler einfach modellieren. Man kann Strategien entwerfen, die wachsendes Vertrauen (oder Reputation) enthalten. Die Reaktionen der Spieler lassen sich plausibel als Zustimmung oder Ablehnung eines Strategieangebotes interpretieren, so daß (iii) die Theorie ohne theoretische Kosten um eine Verhandlungstheorie erweiterungsfähig ist. Dies entspricht der Forderung nach einer Theorie der Kommunikation. Der Verhandlungsprozeß läßt sich plausibel als Genese von Institutionen interpretieren. In Verhandlungen haben wir (iv) individuierbare Personen, die ihre Wünsche und Meinungen anpassen können. Dies ist im Entscheidungstheoretischen Modell nicht in gleicher Weise möglich, da dort Personen über die Präferenzordnung repräsentiert werden. Änderungen der Präferenzordnung stellen uns vor das ernste Problem der Integrität der Person; es fragt sich, in welchem Sinne wir noch von derselben Person sprechen.[119] Schließlich (v) wird die Vorstellung einer eindeutigen Lösbarkeit zugunsten der Möglichkeit alternativer Gleichgewichte aufgegeben. Die Vorstellung eindeutiger Nash Gleichgewichte entspricht nicht der ökonomischen Erfahrung an Märkten. Institutionelle Arran-

[117] Dieser Vorschlag ist nicht besonders originell und findet sich im Vergleich zweier Steinzeit-Modelle der Entscheidungs- resp. Spieltheorie auch bei Braithwaite 1955. Außerdem hat Schotter (1981) eine Modellierung von Institutionen in iterierten Spielen vorgeschlagen. Im Gegensatz zu Schotter, der in Analogie zur biologischen Evolution die Entstehung und Veränderung von Institutionen funktionalistisch über die wohlfahrtsmaximierende Wirkung zu erklären versucht, würde ich mit der Erweiterung um verhandlungstheoretische Überlegungen die Struktur der Interaktion zwischen Personen in den Mittelpunkt stellen.

[118] Lohmann 1995³, 3. Hauptteil.

[119] Der originelle Vorschlag von Davis (1995), Personen über ihr Zeitbudget zu individuieren, scheint mir nicht überzeugend, vgl. Fn. 110.

gements können scheitern.[120] Die spieltheoretische Modellierung enthält zwar kein eindeutiges Entscheidungskalkül, sie bildet aber einen Entscheidungsprozeß hinreichend genau ab, um einer Person praktische Entscheidungshilfen zu gewähren.[121]

4. Zusammenfassung

Ich fasse meine modell-theoretischen Überlegungen zur Integration institutionen-ökonomischer Analyse in die Theorie rationaler Wahl zusammen.

4.1

Das ökonomische Standardmodell der Nutzenmaximierung unter Nebenbedingungen ist aus formalen Gründen kein geeignetes Modell einer Theorie rationaler Entscheidung. Es ist extensional nicht äquivalent mit dem Präferenzmodell. Unabhängig von dem Präferenzmodell läßt sich aber die Maximierungsregel nicht begründen. Diese Kritik gilt unabhängig von jeder Forderung nach institutionen-ökonomischer Erweiterung. Institutionenökonomik stellt (ohne den Anspruch realistischer Abbildfunktion) den Versuch dar, ökonomische Modelle realitätsnäher zu gestalten. Um diesem Anspruch gerecht zu werden, muß das einfache Präferenzmodell um Informationen über die Akteure und die Struktur der Interaktion erweitert werden.

---

[120] Zu den Argumenten vgl. zu (i) Gauthier 1986, zu (ii) Kreps 1990; Gauthier 1994; zu (iii) Carlson 1994; Vasylchenko 1994; Abreu/Pearce 1991; Harsanyi 1986; Kreps 1990; Ebeling 1990; zu (iv) Sen 1995; Tilly 1994; Gosepath 1992; Hegselmann 1979; zu (v) v. Lingen 1993; Witt 1987; Rothschild 1981; etwas anders auch Simon 1986.

[121] Entscheidungshilfen haben dann z.B. die Form *Überlege, ob Dein Konkurrent in der Vergangenheit bemüht war, Reputation aufzubauen. Vertraue zunächst seinen Angeboten, es könnte auch Dir nützen* oder *Bedenke, daß mit jedem Angebot Kosten entstehen, biete also zustimmungsfähige Strategien an.* Diese Art der Entscheidungshilfen lassen sich m.E. auch praktisch in die Struktur von Unternehmensentscheidungen (das »Dezisiogramm« eines Unternehmens) implementieren.

4.2

Eine erweiterte Modifikation des Präferenzmodell scheint ein geeigneter Kandidat für ein Modell rationaler Entscheidung. Dabei werden Metapräferenzen über Eigenschaften von Präferenzen über Handlungen (oder Konsequenzen) unterschieden. Persistente Institutionen werden in Analogie zu den (Meta)präferenzen als Handlungsgründe interpretiert, die eine Person für sich hat. Damit lassen sich Institutionen in ein (modifiziertes) Modell individueller rationaler Wahl integrieren.

4.3

Auch die modifizierte Fassung unserer klassischen Entscheidungstheorie ist theoretischen Einwänden ausgesetzt. Zum einen umfassen vollständige und abgeschlossene Handlungsbeschreibungen notwendig das intentionale System von Personen, so daß ein Interpretationsproblem entsteht. Zum anderen sind Metapräferenzen über Eigenschaften (und Institutionen) im Gegensatz zu Präferenzen über Handlungen begründungsbedürftig. Es fehlt aber eine Theorie der Kommunikation und Begründung.

4.4

Das modifizierte Modell ist nicht geeignet, praktische Entscheidungsregeln abzubilden, die Entscheiderinnen unter sich verändernden Rahmenbedingungen ein »Kalkül« oder eine Entscheidungshilfe sein könnten.

4.5

Die Theorie iterierter Spiele könnte in Verbindung mit Überlegungen der Verhandlungstheorie eine Alternative zu dem modifizierten entscheidungstheoretischen Modell sein. Der Beweis dafür ist jedoch noch zu erbringen.

Literatur

Abreu, D./Pearce, D. (1991): A Perspektive on Renegotiation in Repeated Games; in: Selten, R. (Hrsg.): Game Equilibrium Models II – Methods, Morals and Markets, Berlin.

Bartuschat, W. (1981): Anthropologie und Politik bei Thomas Hobbes; in: Höffe, O. (Hrsg.): Thomas Hobbes – Anthropologie und Staatsphilosophie, Fribourg.

Becker, G.S. (1981): A Treatise on the Family, Cambridge/Mass.

Brandes, W. (1988): On the Limitation of Armchair Economics, Göttingen.

Benton, R. (1990): A Hermeneutic Approach to Economics: If Economics is not Science, and if it is not merely Mathematics, then what could it be?; in: Samuels, W. J. (Hrsg.): Economics as Discourse; Norwell, S. 65-89.

Bieri, P. (1981): Generelle Einführung; in: ders. (Hrsg.): Analytische Philosophie des Geistes, Königstein, S. 1-28.

Birnbacher, D. (1990): Der Utilitarismus in der Ökonomie; in Biervert, B./Wieland, J. (Hrsg.): Sozialphilosophische Grundlagen ökonomischen Handelns, Frankfurt/M., S. 65-85.

Blüthmann, H. (1995): Manager und Märkte – Renault: Kraftprobe in Paris, Westinghouse: Zukunft in den Medien, Spitzengehälter: Striptease in London; in: Die Zeit Nr. 30, 21.Juli 1995, S. 16.

Braithwaite, R.B. (1955): Theory of Games as a Tool for the Moral Philosopher, Cambridge.

Broome, (1991[1]): Rationality and the Sure-Thing-Principle; in Meeks (Hrsg.): Thoughtful Economic Man, Oxford, S. 74-102.

Broome, (1991[2]): The Structure of the Good: Decision Theory and Ethics; in: Bacharach, M./Hurley S. (Hrsg.): Foundation of Decison Theory, Oxford, S. 132-146.

Buchanan, J.M. (1989): Marktversagen und Politikversagen; in: Koslowski, P. (Hrsg.): Individuelle Freiheit und demokratische Entscheidung, Tübingen, S. 34-47.

Carlson, L. (1994): Logic for Dialogue Games; in: Synthese 99.3 June 1994.

Cottrell, A. (1995): Intentionality and Economics; in: Economics and Philosophy Vol. 11, No.1, April 1995, S. 159-176.

Cramer, K. (1981): Naturzustand und Vernunft; in: Höffe, O. (Hrsg.): Thomas Hobbes – Anthropologie und Staatsphilosophie, Fribourg.

Danto, A.C. (1980): Analytische Philosophie der Geschichte, Frankfurt/M.

Davidson, D. (1984): Wahrheit und Bedeutung; in: ders.: Wahrheit und Interpretation, Frankfurt/M., S. 40-67.

Davidson, D. (1990[1]): Psychologie als Philosophie; in: ders.: Handlung und Ereignis, Frankfurt/M., S. 321-335.

Davidson, D. (1990[2]): Die logische Form der Handlungssätze; in: ders.: Handlung und Ereignis, Frankfurt/M., S. 155-177.

Davidson, D. (1993[1]): Reply to Ralf Stoecker; in: Stoecker, R. (Hrsg.): Reflecting Davidson, Berlin, S. 287-290.

Davidson, D. (1993[2]): Reply to Peter Lanz; in: Stoecker, R. (Hrsg.): Reflecting Davidson, Berlin, S. 302-303.

Davidson, D. (1993[3]): Der Mythos des Subjektiven; in: ders.: Der Mythos des Subjektiven: Philosophische Essays, Stuttgart, S. 84-107.

Dennett, (1981): Intentionale Systeme; in: Bieri, P. (Hrsg.): Analytische Philosophie des Geistes, Königstein, S. 162-183.

Dennett, (1991): Real Patterns; in: The Journal of Philosophy 88, S. 27-51.

Ebeling, R.M. (1991): What is a Price: Explanation and Understanding; in: Lavoie, D. (Hrsg.): Economics and Hermeneutics, New York, S. 177-194.

Eglau, H.O. (1994): Ohne Maß und Stil – Managergehälter: In Topetagen wird oft schamlos abkassiert; in: Die Zeit, Nr. 48, 25.11.94, S. 33-34.

Elster J. (1989): Solomonic Judgement, Cambridge.

Frankena, (1994): Einführung in die analytische Ethik, Stuttgart.

Frankfurt, H.G. (1981): Willensfreiheit und der Begriff der Person; in: Bieri, P. (Hrsg.): Analytische Philosophie des Geistes, Königstein, S. 287-302.

Frey, B. (1990): Ökonomie ist Sozialwissenschaft, München.

Friedman, M. (1984): The Methodology of Positive Economics; in: Hausman, D.M. (Hrsg.): The Philosophy of Economics, Cambridge/Mass., S. 210-244.

Gauthier, D. (1986): Morals by Agreement, Oxford.

Gauthier, D. (1994): Assure and Threaten; in: Ethics 104.4, S. 690-721.

Goodman, N. (1993): Weisen der Welterzeugung, Frankfurt/M.

Gosepath, S. (1992): Aufgeklärtes Eigeninteresse – eine Theorie theoretischer und praktischer Rationalität, Frankfurt/M.

Güth, W. (1992): Spieltheorie und ökonomische (Bei)spiele, Berlin.

Hacking, I. (1991): World-Making by Kind-Making, (unveröffentlichtes Typoskript).

Harsaae, E. (1994): Verwendung der hermeneutischen Methode in der Ökonomie; in: Homo Oeconomicus XI.(1); S. 99-111.

Harsanyi (1982): Morality and the Theory of Rational Behaviour; in: Sen, A./Williams, B. (Hrsg.): Utilitarianism and Beyond, Cambridge, S. 42ff.

Harsanyi, J.C. (1986): Advances in Understanding Rational Behaviour; in: Elster, J. (Hrsg.): Rational Choice, Oxford, S. 82-107.

Hausman (1984): Are General Equilibrium Theories Explanatory?; in: ders. (Hrsg.): The Philosophy of Economics, Cambridge/Mass., S. 344-359.

Hegselmann, R. (1979): Normativität und Rationalität – Zum Problem praktischer Vernunft in der analytischen Philosophie, Frankfurt/M.

Holler, M./Illing, G.(1990): Einführung in die Spieltheorie, Berlin.

Hollis, M. (1991): Rationalität und soziales Verstehen, Frankfurt/M.

Hollis, M./Sugden R. (1993): Rationality in Action; in: Mind 102, Jan. 1993, S. 1-35.

Homann, K./Pies, I. (1993): Liberalismus: kollektive Entwicklung individueller Freiheit – Zu Programm und Methode einer liberalen Gesellschaftstheorie; in: Homo Oeconomicus Bnd. X (3/4), S. 297-347.

Hume, D. (1990): Eine Untersuchung über den menschlichen Verstand, Stuttgart.

Kern, L./Nida-Rümelin, J. (1994): Logik kollektiver Entscheidungen, München.

Kleining, G. (1982): Umriss zu einer Methodologie qualitativer Sozialforschung; in: Kölner Zeitschrift für Sozialpsychologie und Soziologie, 34-82, S. 224-253.

Knudsen, C. (1993): Modelling Rationality, Institutions and Processes in Economic Theory; in: Mäki, U./Gustafsson, B./Knudsen, C. (Hrsg.): Rationality, Institutions & Economic Methodology, London, S. 265-299.

Kreps, (1988): Notes on the Theory of Choice, London.

Kreps, (1990): Game Theory and Economic Modelling, Oxford.

Langlois, R./Csontos, L. (1993): Optimizing, Rule-Following and the Methodology of Situational Analysis; in: Mäki, U./Gustafsson, B./Knudsen, C. (Hrsg.): Rationality, Institutions & Economic Methodology, London, S. 113-132.

Lanz, P. (1993): The Explanatory Force of Action Explanation; in: Stoecker, R. (Hrsg.): Reflecting Davidson, Berlin, S. 291-301.

Lingen, T.v. (1993): Marktgleichgewicht oder Marktprozeß – Perspektiven der Mikroökonomik, Wiesbaden.

Lohmann, K.R. (1995[1]): Die Bedeutung der Intuition bei Entscheidungen; in: Priddat, B. (Hrsg.): Wittener Jahrbuch für ökonomische Literatur, Marburg, S. 175-189.

Lohmann, K.R. (1995[2]): Konsequentialismus; in: Prechtl, P. (Hrsg.): Metzler-Philosophielexikon, Stuttgart.

Lohmann, K.R. (1995[3]): Darf Pedro sein Land verkaufen? Versuch einer sozialwissenschaftlichen Perspektive in der Ökonomik, Marburg.

Lowe, A. (1984): Politische Ökonomik, Königstein.

MacIntyre, (1985): Was dem Handeln vorhergeht; in: Beckermann, A. (Hrsg.): Analytische Handlungstheorie, Bnd. 2, Frankfurt/M., S. 168-194.

Mackie, J. L.(1992): Ethik – Die Erfindung des moralisch Richtigen und Falschen, Stuttgart.

Malmnäs (1994): Axiomatic Justification of the Utility Principle: A formal Investigation; in: Synthese 99.2, May 1994, S. 233-249.

Mäki, U. (1993): Economics with Institutions – Agenda for Methodological Enquiry; in: Mäki, U./Gustafsson, B./Knudsen, C. (Hrsg.): Rationality, Institutions & Economic Methodology, London, S. 3-42.

Mill (1985): Der Utilitarismus, Stuttgart.

Neumann, J.v./Morgenstern, O. (1968): The Notion of Utility; in: Page, A.N. (Hrsg.): Utility Theory – A Book of Readings, S. 215-233.

Nida-Rümelin, J. (1993[1]): Kritik des Konsequentialismus, München.

Nida-Rümelin, J. (1993[2]): Das rational-choice Paradigma: Extension und Revisionen; in: ders./Wessel, U. (Hrsg.): Praktische Rationalität: Grundlagenprobleme und ethische Anwendungen des rational-choice Paradigmas, Berlin.

Nida-Rümelin, J. (1994): Begründungen in der Ethik; in: Logos Bnd. 1, Heft 3, S. 306-320.

North, D.C. (1990): Institutions, Institutional Change and Economic Performance, Cambridge/Mass.

Pareto, V. (1976): Das Individuelle und das Soziale, Frankfurt/M.

Pettit, P. (1991): Decision Theory and Folk Psychology; in: Bacharach, B./Hurley S. (Hrsg.): Foundation of Decison Theory, Oxford, S. 147-175.

Phlips, L. (1983): Applied Consumption Analysis, Oxford.

Rappaport, (1995): Is Economics Empirical Knowledge; in: Economics and Philosophy Vol 11, No. 1 April 1995, S. 137-158.

Rawls, J. (1993): Theorie der Gerechtigkeit, Frankfurt/M.

Raz, J. (1990): Practical Reasons and Norms, New Jersey.

Robbins, L. (1984): The Nature and Significance of Economic Science; in: Hausman, D.M. (Hrsg.): The Philosophy of Economics, Cambridge/Mass., S. 113-140.

Ross (1995): Ontological Foundations of Microeconomics; in: Economics and Philosophy Vol. 11, No. 1 April 1995, S. 113-136.

Rothschild, K.W. (1981): Einführung in die Ungleichgewichtstheorie, Berlin.

Rowe, N. (1989): Rules and Institutions, New York.

Rutherford, M. (1994): Institutions in Economics – The old and the new Institutionalism, Cambridge/Mass.

Sen, A. (1970): Collective Choice and Social Welfare, Cambridge.

Sen, A. (1974): Choice, Orderings and Morality; in: Körner, S. (Hrsg.): Practical Reason, Oxford, S. 54-67.

Sen, A. (1977): Rational Fools: A Critique of the Behavioral Foundations of Economic Theory; in: Philosophy and Public Affairs 6, S. 317-344.

Sen, A. (1986): Behaviour and the Concept of Preference; in: Elster, J. (Hrsg.): Rational Choice, Oxford, S. 60-81.

Sen, A. (1995): Rationality and Social Choice; in: The American Economic Review Vol 85, No. 1 March 1995, S. 1-24.

Schmidt, T. (1995[1]): Klassische Erwartungsnutzentheorie: Status, Anwendbarkeit, Perspektiven, unveröffentlichtes Vortragsmanuskript eines Vortrages gehalten bei der 3. Tagung des Arbeitskreises »Handlungs- und Entscheidungstheorie« der DVPW in Stuttgart am 03.02.1995.

Schmidt, T. (1995[2]): Rationale Entscheidungstheorie und reale Personen: Eine kritische Einführung in die formale Theorie individueller Entscheidung, Marburg.

Schotter, A. (1981): The Economic Theory of Social Institutions, Cambridge/Mass.

Simon, H. (1986): Rationality in Psychology and Economics; in: Journal of Business Vol.59, No. 4 pt. 2, S. 209-224.

Sugden, R. (1994): Consumer Theory; in: Hargreave, S. et al (Hrsg.): The Theory of Choice – A Critical Guide, Oxford, S. 26-35.

Stobbe, (1983): Volkswirtschaftslehre II – Mikroökonomik, Berlin.

Stoecker, R. (1993): Reasons, Actions and their Relationship; in: Stoecker, R. (Hrsg.): Reflecting Davidson, Berlin, S. 265-285.

Taylor, C. (1992): Negative Freiheit, Frankfurt/M.

Tilly, J. (1994): Accounting for the Tragedy in the Prisoner's Dilemma; in: Synthese 99.2, May 1994, S. 251-276.

Vasylchenko, A. (1994): Interpreting Action as Answer; in: Synthese 100.1.

Vilks, A. (1991): Neoklassik, Gleichgewicht und Realität, Heidelberg.

Vossenkuhl, W. (1992[1]): Vernünftige Wahl, rationale Dilemmas und moralische Konflikte; in: ders./Hollis, M. (Hrsg.): Moralische Entscheidung und rationale Wahl, München, S. 153-173.

Vossenkuhl, W. (1992[2]): Ökonomische Rationalität und moralischer Nutzen; in: Lenk, H./Maring, M. (Hrsg.): Wirtschaft und Ethik, Stuttgart, S. 186-213.

Williams, B. (1984): Moralischer Zufall, Königstein.

Witt, U. (1987): Individualistische Grundlagen der evolutorischen Ökonomik, Tübingen.

Verhaltenskoordination durch soziale Normen und Kräfte

Peter Weise

»In der Menschenwelt unterliegt das Individuum nicht nur dem Schicksal seiner Konstitution, sondern auch dem Urteil fremder Konstitutionen, die sich zur kompakten Masse der Heuchler zusammengeschlossen haben.«
(Hans Henny Jahnn)

1. Einleitung

Vor allem Rechtswissenschaftler, Soziologen und Ökonomen analysieren gesellschaftliche Ordnungszusammenhänge sowie Institutionen und diejenigen Verfahren, die menschliche Handlungen oder menschliches Verhalten koordinieren.[1] Allerdings besteht zwischen Rechtswissenschaftlern und Soziologen auf der einen und Ökonomen auf der anderen Seite eine stark divergierende Betrachtung derartiger Koordinationsverfahren. Sehen Rechtswissenschaftler und Soziologen menschliches Handeln überwiegend durch Normen koordiniert, so sieht der Ökonom allenthalben den Preis- und Marktmechanismus am Werk – mit der Folge, daß dem einen noch Regelungsbedarf besteht, wo dem anderen der Preis- und Marktmechanismus bereits letal stranguliert ist: Effiziente Arbeitsteilung zwischen den Wissenschaften bei der Betrachtung einer gleich wahrgenommenen Wirklichkeit oder ineffiziente Spe-

[1] Üblicherweise versteht man unter einer Handlung ein bewußt kalkuliertes und rationales Verhalten. Im folgenden werden die Begriffe Handlung und Verhalten aber synonym gebraucht, da der Verf. sich außerstande sieht, diejenige Debilitätsschwelle genau anzugeben, die beide trennt.

zialisierung auf jeweils unterschiedlich interpretierte Wirklichkeiten? Tatsächlich werden bekanntermaßen in der Realität Handlungen sowohl durch Normen als auch durch Preise und Märkte koordiniert. Auf die Unterschiede und Gemeinsamkeiten der beiden Institutionen und Verfahren möchte ich im folgenden eingehen.

Der Kern der Unterschiede und Gemeinsamkeiten wird bereits in einigen recht oberflächlichen Bemerkungen sichtbar. Gemeinhin versteht man unter einer Norm: eine allgemein anerkannte, als verbindlich geltende Regel, einen eigentlich üblichen, erwartungsgemäßen Zustand, eine geforderte Handlung oder Unterlassung – also kurz das, was normal oder normentsprechend ist, was anerkannt, verbindlich, üblich, erwartungsgemäß, regelgemäß, vorschriftsmäßig ist. Diese Aneinanderreihung von Synonymen deutet darauf hin, wie Normen Handlungen koordinieren: Aus einer Vielzahl von Handlungsmöglichkeiten werden bestimmte Handlungen als zu befolgende oder zu unterlassende für alle Gesellschaftsmitglieder verbindlich gemacht, quasi normiert und standardisiert; in diesen Handlungen werden die Menschen egalisiert. Demgegenüber bewirkt der Preis- und Marktmechanismus den Tausch von Wertäquivalenten, die wechselseitige wertmäßige Entschädigung von Handlungen zwischen den Menschen, Handlungen, die sehr verschieden voneinander sein können. Preise und Märkte koordinieren Handlungen in einer Gesellschaft, indem jeweils zwei Handelnde ihr Verhalten wertmäßig miteinander abstimmen, so daß tendenziell gleichen Handlungen gleiche Preise zugeordnet werden; gleichen Handlungen messen verschiedene Menschen gleiche Werte zu, führen aber unterschiedliche Handlungen durch. Grob vereinfachend könnte man sagen, daß Normen Menschen zu einer gleichen Handlungsweise trotz unterschiedlicher persönlicher Bewertungen zwingen und daß Preise und Märkte zu verschiedenen Handlungen bei jeweils gleichen persönlichen Bewertungen für alle Handlungen führen. Dieses klingt gut, jenes schlecht; andererseits ist beispielsweise Unbestechlichkeit gut und Bestechlichkeit schlecht – und die Bezahlung von Unbestechlichkeit kein Kompromiß.

Um dies alles exakter analysieren zu können, genügt es nicht, den Normbegriff normativ zu fassen und ihm einen bestimmten Sinn oder eine Funktion beizumessen; die folgenden Ausführungen wären dann lediglich semantische Übungen in Sinn und Funktion des Sollens, da Normen gemäß dieser Definition nicht durch das Interdependenzgeflecht menschlicher Handlungen entstehen können und diese wiederum koordinieren, sondern Funktionen zu erfüllen haben.[2] Es genügt aber auch nicht, Normen aus allgemeineren Normen und diese wiederum aus noch allgemeineren Normen herzuleiten; eine derartige Begründung einer Normenhierarchie läuft auf einen infiniten Regreß hinaus, der aber abrupt einer Randlösung zugeführt wird, indem Gott, der Kaiser, der Papst oder das Naturrecht als sakrosankte Letztinstanz stipuliert wird. Es genügt schließlich nicht, Normen lediglich als Handlungsbeschränkungen aufzufassen, deren Akzeptanz oder Nichtakzeptanz den Nutzen-Kosten-Kalkülen isolierter Individuen anheimgestellt wird, ohne daß zwischen Sanktionen und Preisen unterschieden wird.

Daher kommt man nicht umhin, eine Modellvorstellung zu entwickeln, in der Personen handeln und ihre Handlungen selbstorganisatorisch koordinieren. Ein stringent formuliertes Modell dieser Art liegt vor: Es ist das Modell der allgemeinen Gleichgewichtstheorie; es ist ein Extremmodell, in dem alle Handlungen perfekt koordiniert sind, ein höchster Grad an Ordnung erzielt ist – allerdings durch Preise und nicht durch Normen. Ein anderes Extremmodell ist das Modell vollständiger Unordnung, in dem keinerlei Verhaltenskoordination stattfindet. Dieses Gedankenmodell werde ich als Ausgangspunkt nehmen und zu zeigen versuchen, wie durch die Interdependenz der Menschen Normen und Verhaltensregelmäßigkeiten entstehen können; diese Koordination durch Normen wird dann verglichen mit der Koordination durch Preise und Märkte in der Gleichgewichtstheorie.

2. Normen und Verhaltensregelmäßigkeiten

1. Neben den bereits erwähnten Versuchen, aus dem normativen Sinn von Normen auf Problemstellungen hypothetischen Charakters zu schließen, die irgendwie gelöst werden müssen, beziehungsweise Normen durch andere Normen zu begründen beziehungsweise Normen analog zu einem Verkaufsangebot zu interpretieren, gibt es eine Anzahl

---

[2] Siehe Luhmann 1972, 43 der Normen definiert, als »kontrafaktisch stabilisierte Verhaltenserwartungen« und erläuternd hinzusetzt, daß »der Sinn des Sollens nicht weniger faktisch als der Sinn des Seins« ist; Normen werden also »durch ein funktionales Problem definiert« (61), und für das Problem der Handlungskoordination wird gefolgert: »Handlungssysteme strukturieren sich nicht durch Seinsgesetze, sondern durch Erwartungszusammenhänge« (116). Folgerichtig wird Gesellschaft begriffen »als ein soziales System, das in einer übermäßig komplexen und kontingenten Umwelt Sinnbeziehungen zwischen Handlungen konstant halten kann« (132/3), und festgestellt: »Mensch und Gesellschaft sind deshalb füreinander Umwelt« (134).

Arbeiten, die sowohl das Entstehen als auch die Verhaltenskoordination sozialer Normen analysieren.[3] Vielen dieser Arbeiten ist eine bestimmte Grundvorstellung gemein: Nicht der Sinn der Norm, die Rechtfertigung einer Norm oder der durch die Norm implizierte Preis einer Handlung bildet den Ausgangspunkt der theoretischen Betrachtung, sondern die Unstrukturiertheit einer Situation, in der sich mehrere oder viele Personen befinden; es wird dann zu zeigen versucht, wie Verhaltensregelmäßigkeiten entstehen können, wann sie zu Normen werden, ob die Normen verinnerlicht werden oder nicht und anderes mehr. Zwar sind die Modelltypen und -annahmen recht unterschiedlich – so werden Interaktions-, Verhaltens- oder Spielmodelle betrachtet, bei letzteren werden Koordinations-, Gefangenen-Dilemma-, Chicken-Spiele u.a.m. unterschieden, es werden Präferenzen als konstant oder variabel angenommen, oder es wird überhaupt von Präferenzen abgesehen, die Situationen sind diffus oder klar definiert und viele Unterschiede mehr –, doch werden Normen einheitlich als Mittel zur Verhaltensabstimmung von Menschen betrachtet, das durch deren Miteinander endogen erzeugt und stabilisiert wird. Im folgenden möchte ich diese Grundvorstellung in möglichst großer Allgemeinheit darstellen und zeigen, wie Normen entstehen und stabilisiert werden können.

2. Als Referenz für diese Grundvorstellung ist es nützlich, die perfekt geordnete Struktur des allgemeinen Gleichgewichts zu betrachten. Nur einige wenige Folgerungen dieses Modells, die für den folgenden Gedankengang wichtig sind, sollen hier in Erinnerung gerufen werden.[4] Die Individuen sind charakterisiert durch ihre Präferenzen und Handlungsmöglichkeiten, die sich wiederum aus dem Ressourcenbesitz und den Preisen ergeben; jedes Individuum begeht diejenigen Handlungen, die es präferiert, und alle Handlungen zusammen sind vollkommen koordiniert; aber tendenziell bewerten alle Individuen alle Handlungen jeweils gleich; es werden nur Wertäquivalente getauscht, d.h. jeder ent-

---

[3] Mittlerweile sind es so viele, daß nur einige wenige hier aufgeführt werden können, die neueren Datums oder von besonderer Bedeutung sind: Klassiker sind bereits Geiger 1964 und Elias 1976; eine umfassende Darstellung ist Opp 1983; soziologisch orientiert sind Klages/Kmieciak 1979 und Ellwein/Stachowiak 1982; sozialpsychologisch ausgerichtet ist Graumann 1972; mit Hilfe vor allem ökonomischer Verhaltensannahmen argumentieren Schotter 1981 und Todt 1984; eine explizit evolutorische Perspektive nehmen ein Witt 1989, Elster 1989 und Sugden 1989. In einem weiteren Rahmen gehört hierzu auch die Literatur über Eigentumsrechte und Verfassungen, die jedem Ökonomen zumindest ansatzweise vertraut ist.

[4] Zur allgemeinen Gleichgewichtstheorie vgl. vor allem Arrow/Hahn 1971. Für eine differenzierte Einschätzung dieser Theorie siehe Vogt 1986.

schädigt jeden vollständig, und alle Handlungen geschehen freiwillig; kein Individuum hat Macht über ein anderes Individuum.

Von besonderem Interesse sind die folgenden zwei Gesichtspunkte. Zum einen interagieren die Individuen nur über Preise miteinander, entweder indirekt über den Walras-Auktionator oder direkt über Preisverhandlungen, andere wechselseitige Einflußnahmen aufeinander existieren nicht; die individuellen Handlungen werden addiert und ergeben gesellschaftliche Gesamthandlungen, indem jeder durch seine Handlungen bei gegebenen Preisen einen sehr kleinen Einfluß auf die Preise ausübt, so daß die Preise die Handlungen zwischen den Menschen koordinieren können. Zum anderen werden die Handlungen innerhalb jedes einzelnen Menschen abgestimmt durch seine entsprechende Präferenzfunktion; diese gibt die persönlichen Bewertungen der durch Preise bewerteten Handlungen. Im Gleichgewicht stimmen objektive, d.h. durch Preise bewertete, und subjektive, d.h. durch individuelle Präferenzen bewertete, Wertschätzungen überein. Man könnte auch sagen, daß die Menschen untereinander nur über die Preise – und nicht über die Handlungen selber – Zwänge oder Kosten aufeinander ausüben oder Macht entwickeln und daß die Güter auf die einzelnen Menschen Einfluß dadurch haben, daß sie von diesen gemäß ihren Nutzenfunktionen präferiert werden.

Aber üben Menschen nicht auch noch andere Zwänge aufeinander aus? Menschen stehlen, betrügen, töten, fahren links. Und sind die Menschen in ihren Aktivitäten nicht auch miteinander verbunden? Menschen vergleichen sich mit anderen, imitieren andere, setzen sich von anderen ab. Kurz: Menschen bilden durch vielerlei Aktivitäten ein Interdependenzgeflecht.

3. Kehren wir zurück zur Vorstellung einer vollständig unstrukturierten Situation. Betrachten wir den einfachsten denkbaren Fall, der dem Normenproblem angemessen ist: Eine Anzahl von Menschen, die zwei Attitüden einnehmen oder zwei Handlungen begehen können, d.h. sich alternativ in zwei Zuständen befinden können.[5] Gibt es keine Wahl oder existiert nur eine Person, entfällt das Problem; d.h. die Möglichkeit für eine Person, sich anders verhalten zu können, eine Alternative zu haben, und das Vorhandensein von mehereren Personen, das mögliche positive oder negative Wechselwirkungen zwischen Menschen erzeugen kann, werden als Minimal-Voraussetzungen unterstellt. Nehmen

[5] Konkret könnte dies sein: Rauchen oder nicht rauchen, rechts oder links fahren, einem anderen Güter wegnehmen oder nicht, einen anderen schlagen oder nicht usw.

wir weiter an, daß uns das Verhalten einzelner Personen nicht interessiert, sondern nur die aus den Einzelhandlungen zusammengesetzten Handlungen der Gruppe. Wie könnte eine Verhaltensregelmäßigkeit entstehen?

Angenommen, die Handlungen der Personen seien vollständig unabhängig voneinander, d.h. weder positive noch negative Wechselwirkungen können auftreten, und keine Person bevorzugt eine Handlung gegenüber der anderen.[6] Ein Beobachter dieser Personengruppe wird feststellen, daß die Gruppe eine stabile Mischung der Verhaltensweisen realisiert: Auf die Dauer und im Durchschnitt seiner Beobachtungen wird die Hälfte der Personengruppe die eine und die andere Hälfte der Personengruppe die andere Verhaltensweise gewählt haben. Die Personengruppe hat ein stabiles Verhaltensgleichgewicht realisiert, obwohl jede einzelne Person stochastisch wählt. Allerdings ist die Unsicherheit maximal, für eine einzelne Person ein bestimmtes Verhalten vorherzusagen. Die Gruppe befindet sich im Zustand der maximalen Entropie.

Man könnte nun sinnvollerweise jeden Zustand, der von diesem dauerhaft abweicht, einen Ordnungszustand nennen, da zumindest ein gewisses Maß an Regelhaftigkeit besteht. Denn in einem solchen Zustand sind nicht mehr alle Verhaltensweisen gleich wahrscheinlich; für jede einzelne Person ist das Auftreten einer bestimmten Verhaltensweise wahrscheinlicher als das einer anderen, wodurch Unsicherheit reduziert ist. Für einen Beobachter besteht eine gewisse Regelhaftigkeit des Verhaltens, die man statistisch messen könnte. Die Gruppe befindet sich in einem Zustand geringerer Entropie.

Zwei Ursachen für diese Regelhaftigkeit sind denkbar: zum einen die Präferenzen, die internen Verhaltensbeschränkungen, der Personen, die eine Verhaltensweise gegenüber einer anderen vorziehen; zum anderen die Interdependenzen zwischen den Menschen, die als externe Verhaltensbeschränkungen oder Kräfte bewirken, daß eine Verhaltensweise einer anderen vorgezogen wird. Beide Ursachen laufen darauf hinaus, daß eine Ordnung oder Regelhaftigkeit durch Verhaltensbeschränkungen erzeugt wird: Der freie Wille der stochastischen Wahl von gleich geschätzten Alternativen wird entweder dadurch unfrei, daß die Handlungen über die Präferenzfunktionen Macht über jeden einzelnen bekommen oder daß die im sozialen Interdependenzgeflecht verdichteten

[6] Dies bedeutet, daß auch kein nutzenstiftender Tausch möglich ist; d.h. die Situation entspricht einer Welt, in der nichts knapp ist. Die Personen könnten folglich würfeln, welches Verhalten sie wählen; beide Verhaltensweisen sind gleich wahrscheinlich.

Zwänge oder Kräfte jeden einzelnen zu einer bestimmten Handlung hintreiben.[7]

Betrachten wir kurz die erste Ursache. Hier ist der Grund für die Regelhaftigkeit des Verhaltens in den einzelnen Personen angelegt. Sie halten sich jeweils an eine interne Verhaltensregel, die vollkommen unabhängig von irgendwelchen Interaktionen zwischen den Menschen ist. Umgekehrt ist das Verhalten jedes einzelnen Menschen ohne jegliche Auswirkungen auf das Verhalten der anderen Menschen. Im Extremfall wählt jeder mit einer Wahrscheinlichkeit von 1 die gleiche Handlung; das Verhalten jedes einzelnen und das der Gruppe ist eindeutig bestimmt und vorhersehbar. Ein Zustand höchster Ordnung oder Regelhaftigkeit ist realisiert, ohne daß doch die Ordnung irgendetwas bewirkt: Die Individuen sind voneinander isoliert. Wir könnten einen derartigen Zustand als exogene Ordnung bezeichnen; wir könnten auch sagen, daß jeder einzelne gemäß seiner eigenen Norm handelt, die ihm ein bestimmtes Verhalten vorschreibt, oder seine Handlungswahl mit Begriffen wie Moral, Ethik usw. überhöhen – aber alles wäre ohne jede Bedeutungskraft, denn tatsächlich handelt jeder nur nach seinen Präferenzen.[8]

Wir erkennen aber an diesem Beispiel, daß nicht jede Verhaltensregelmäßigkeit auch eine Koordination von Handlungen bewirken muß und daß Begriffe wie Norm, Moral, Ethik usw. bedeutungslos werden, wenn die Interaktionen zwischen den Menschen selber bedeutungslos sind: Sie sind nichts weiter als Neigungen oder Präferenzen.[9]

4. Betrachten wir nun die zweite Ursache etwas näher. Wie kann durch das Miteinander der Menschen eine Ordnung entstehen, und wann tritt ein Zustand auf, den wir sinnvollerweise als Norm bezeichnen können? Angenommen, es seien wiederum zwei Handlungsalternativen gegeben, zwischen denen alle Personen indifferent sind, so daß wir sie als Zufallswähler ansehen können, die mit gleicher Rate zwischen den Zuständen wechseln. Ist ihr Verhalten voneinander unabhängig, so ist der wahrscheinlichste Zustand derjenige, bei dem beide Zustände gleich be-

[7] »Freiheit ist das Vermögen, die Motive des Wollens schlechthin selbst hervorzubringen« (I. Kant) bzw. »Gewissen ist soziale Angst« (Th. Geiger) oder »Sittlichkeit ist Triebeinschränkung« (S. Freud). Formal: Die Symmetrie wird gebrochen.

[8] Zur Unterscheidung von Ordnungen, die auf externe Ursachen zurückzuführen sind, wie das Aufspannen von Regenschirmen bei beginnendem Regen oder das Beklatschen einer Arie, und Ordnungen, die durch das menschliche Miteinander erzeugt werden, vgl. auch Geiger 1926, 12ff.

[9] In der Welt des Schlaraffenlandes dürfte auch eine Tendenz zur Konsumvereinheitlichung hin zu superioren Gütern bestehen.

setzt sind; geordnete Zustände sind hochgradig unwahrscheinlich. Sind aufgrund von Fluktuationen mehr als die Hälfte der Personen in einem Zustand, so ist die Wahrscheinlichkeit hoch, daß die Gleichverteilung wieder angestrebt wird. (Bei 20 Personen beispielsweise ist die Verteilung (10,10) bereits 184.756mal so wahrscheinlich wie die Verteilung (20,0) oder (0,20); d.h. praktisch wird mit geringen Fluktuationen nur die Gleichverteilung beobachtet.) Man könnte auch sagen: Auf das Gruppenverhalten wirkt eine Kraft ein, die ein Gleichgewicht bei der Gleichverteilung stabilisiert und größere Abweichungen verhindert: diese Kraft nennen wir Fluktuationskraft. In unserem Gedankenmodell kann es zu einer geordneten Situation demnach nur dann kommen, wenn die Interaktionen eine Gegenkraft aufbauen, die die Fluktuationskraft überwiegt; und dies wiederum kann nur bedeuten, daß die individuellen Übergangsraten zwischen den Zuständen unterschiedlich werden. Wie kann man sich dies vorstellen?

An dieser Stelle setzen verschiedene Theorien an und bilden eine spezifische Ausgangssituation mehr oder weniger exakt ab. So wird beispielsweise in spieltheoretischen Modellen unterstellt, daß eine Verhaltenskoordination zu Nutzenzuwächsen für alle Spieler führt, unkoordiniertes Verhalten hingegen mit entgangenen Nutzengewinnen bestraft wird, wie in den bekannten Koordinations- und Gefangenen-Dilemma-Spielen, oder daß eine bestimmte Verhaltensweise einen höheren Erwartungswert hat gegenüber einer anderen Verhaltensweise, falls sie in einem zu geringen Anteil vorhanden ist, bis eventuell eine evolutionsstabile Strategie entsteht, wie in den Spielen vom Chicken-Typ. So wird beispielsweise in der Theorie der Eigentumsrechte unterstellt, daß positive oder negative externe Effekte zwischen den Wirtschaftseinheiten bestehen, die als Nutzen oder Kosten interpretiert werden. So nimmt beispielsweise die Theorie der Verfassung an, daß Interdependenzkosten zwischen den Individuen bestehen. Andere Theorien unterstellen, daß zwischen Menschen Machtbeziehungen herrschen, daß Menschen sich lieben oder hassen, voneinander absetzen wollen, einander imitieren, sich untereinander vergleichen, sich wechselseitig anöden, sich helfen oder sich schädigen und anderes mehr.[10]

---

[10] Für eine gute Übersicht über einige Theorien vgl. Opp 1983, 59ff. Wer selbst isoliert vom menschlichen Miteinander dahindämmert, greife zu Schriftstellern, um sich Bescheid zu geben; Beispiel: »Die Freude ist ein eingeführtes Gut; die Freude ist ein Tausch, kein Monopolium: sie will von zweien gesucht sein« (J. G. v. Herder). Oder: »Wenn der Mensch feierlich behandelt wird, so sieht er sich selber für ein höheres Wesen an und begeht sein Namensfest mit Andacht« (J. Paul).

Diese Aufzählung läßt erahnen, auf wie unterschiedliche Art und Weise das Normproblem behandelt werden kann und wieviele verschiedene Theorien zu seiner Lösung entwickelt worden sind. Doch verliert diese Bedeutungsvielfalt an Gewicht, wenn man sich auf das Koordinationsproblem der Normen beschränkt. Dann bleibt nämlich nur noch ein Gesichtspunkt in Betracht: Die direkten Wechselbeziehungen oder Interdependenzen der Personen, die Anlaß zu wechselseitigen Verhaltensanpassungen geben. Die einzelnen Motive oder Gründe für die wechselseitigen Verhaltensanpassungen mögen verschieden und auch für die einzelnen Personen unterschiedlich sein, ihr gemeinsamer Effekt liegt in einer wechselseitigen Abhängigkeit des individuellen Verhaltens. Und die Wirkungen dieses gemeinsamen Effekts lassen sich systematisieren; die Wirkungen werden, formal betrachtet, immer gleich sein.

Nehmen wir an, daß jede Person eine Neigung hat oder sich gezwungen fühlt, ihr Verhalten an dem durchschnittlichen Verhalten aller Personen oder an einer Größe, die damit monoton variiert, auszurichten; dies bedeutet, daß die Wahrscheinlichkeit, eine bestimmte Handlung zu wählen, mit der Anzahl der Personen ansteigt, die diese Handlung durchführen. Ist diese Neigung oder dieser Zwang zwar vorhanden, aber nicht sehr groß, so bleibt die Gleichverteilung bestehen, sie wird allerdings instabiler. Wird die Neigung oder der Zwang größer, so kann die Tendenz zur Gleichverteilung gerade aufgehoben oder gar umgekehrt werden. Da jedes Individuum für jedes andere Individuum, neben seiner Eigenschaft als Handelnder, auch einen Teil der Handlungsumgebung darstellt, erzeugen somit alle Individuen zusammen eine Kraft, die jedes Individuum zu einem bestimmten Verhalten zwingt. Diese Kraft wollen wir Anziehungskraft nennen. Ist die Anziehungskraft größer als die Fluktuationskraft, entsteht ein gleichförmiges Verhalten in der Personengruppe, sind beide Kräfte gleich, ist das Gesamtverhalten anomisch, d.h. erhebliche Verhaltensfluktuationen sind beobachtbar, und ist schließlich die Anziehungskraft kleiner als die Fluktuaktionskraft, bleibt eine etwas instabilere Gleichverteilung bestehen.

Die Differenz zwischen Anziehungs- und Fluktuationskraft nennen wir Konformitätskraft, so daß einem Überwiegen der Anziehungs- über die Fluktuationskraft eine positive Konformitätskraft entspricht und vice versa. Der Konformitätsprozeß geschieht evolutionär und selbstorganisierend, indem im Laufe der Zeit eine Handlung einer anderen immer häufiger vorgezogen wird, bis schließlich eine dauerhafte Verhaltensregelmäßigkeit entstanden ist.[11] Diese Verhaltensregelmäßigkeit ist nicht nur für einen Beobachter auf der Makroebene interessant, sondern vor allem für die Personen in ihrem wechselseitigen Wirkungsgeflecht selber. Während beim Fehlen jeglicher Verhaltensregelmäßigkeit kein Individuum a priori weiß, welche Handlungen ein anderes Individuum begehen wird, ist dies nun anders. Jedes Individuum kennt mit hoher Wahrscheinlichkeit von vornherein die Verhaltensreaktion eines anderen Individuums. Ordnungs- und Verhaltenssicherheit bestehen. (Formal kann man diese mit Hilfe des Entropie-Maßes messen.)

Der Prozeß der Entstehung der Verhaltensregelmäßigkeit erzeugt Erwartungen. Dadurch, daß alle Personen zusammen einen Konformitätsdruck erzeugen, der sie in einen Ordnungszustand zwingt und zu einer Verhaltensregelmäßigkeit führt, wird dieser Zustand der normale und wird als solcher erwartet. Nicht die Erwartungen sind das primäre Movens, sondern der Konformitätsdruck ist es; dieser erzeugt erst die Erwartungen. Erwartungen ohne tatsächliche Gegebenheiten werden sich schnell verflüchtigen.

5. Der Konformitätsdruck bewirkt eine Veränderung in der Wahrscheinlichkeit der Wahl einer Handlungsalternative für jedes Individuum. Doch was bedeutet dies genau? Wieder angenommen, ein Individuum wähle mit gleicher Wahrscheinlichkeit zwischen zwei Handlungsalternativen. Es ist völlig frei in dem Sinne, daß keinerlei Freiheitsgrade beschränkt sind. In jedem Einzelfall entscheidet der Zufall, was es tun wird, aber auf die Dauer und im Durchschnitt wird es ceteris paribus in der Hälfte aller Fälle die eine Handlung und in der anderen Hälfte aller Fälle die andere Handlung begehen. Und dieser Freiheitsgrad wird durch den Konformitätsdruck beschränkt. Der Mensch wird in seinem Verhalten verbogen; er tut nur etwas, weil es andere auch tun. Tatsächlich hat er in unserem Gedankenbeispiel eine Präferenz für eine gleichmäßige Mischung der Handlungen; diese ist nun nicht mehr möglich.

Man geht sicherlich nicht fehl, wenn man annimmt, daß die Menschen eine Neigung haben, dem Konformitätsdruck zumindest teilweise auszuweichen. Und diese Neigung wird um so stärker sein, je konformer das Verhalten ist, und sie wird proportional zu den Interaktionen der Menschen sein, die letztlich den Konformitätsdruck ausüben.[12]

---

[11] Für Begründungen hierfür siehe Eger/Weise 1990.

[12] Ähnliche Vorstellungen, die zu dem üblichen Verlauf der Indifferenzkurven führen, liegen der ökonomischen Nutzentheorie zugrunde. Vgl. dazu im einzelnen Weise 1992.

Analog zu dem Entstehen der Konformitätskraft bauen die Menschen untereinander eine, so wollen wir sie der Einfachheit halber nennen, Antikonformitätskraft auf, die sich allerdings nicht direkt auf das Durchschnittsverhalten bezieht, sondern proportional dem Durchschnittsverhalten und den Interaktionen ist. Die Folge ist, daß bei steigendem Konformitätsdruck ein immer stärker steigender Antikonformitätsdruck entsteht, bis schließlich ein Gleichgewicht erreicht ist, in dem sich beide Kräfte ausgleichen. Die entstehende Verhaltensregelmäßigkeit ist nun nicht mehr total, wie bei alleinigem Wirksamwerden der Konformitätskraft, sondern graduell, je nach differentieller Stärke der beiden Kräfte. Ordnungs- und Erwartungssicherheit bestehen auch hier, aber nur wahrscheinlichkeitsmäßig.

6. Damit habe ich gezeigt, wie Personengruppen oder Gesellschaften zu bestimmten Verhaltensregelmäßigkeiten gelangen können. Indem jede einzelne Person ihr Verhalten in der oben dargestellten Art und Weise von dem Verhalten aller anderen Personen abhängig macht, erzeugen alle Personen zusammen Kräfte, die jede einzelne Person wiederum zu einem bestimmten Verhalten veranlassen. Der Verhaltensprozeß ist evolutionär und selbstorganisierend; er entwickelt und stabilisiert die Kräfte, die nichts weiter als eine Verdichtung der gesellschaftlichen Interdependenzen sind und jedem Individuum nur als Kräfte oder Zwänge erscheinen.[13]

Wir haben zwei derartige Kräfte kennengelernt: die Konformitäts- und die Antikonformitätskraft. Fügen wir beide in einer Modellvorstellung zusammen und berücksichtigen darüber hinaus, daß Individuen von vornherein eine bestimmte Handlung einer anderen vorziehen, und nicht gleichwahrscheinlich zwischen beiden wählen, wie wir bisher angenommen haben – und bezeichnen wir diese Präferenz als Bevorzugungskraft –, so haben wir ein vergleichsweise reichhaltiges Verhaltensmodell.

In diesem Modell hängen die individuellen Präferenzen von der Nutzenbewertung einer Handlung gegenüber einer anderen, von dem Verhalten aller anderen Personen sowie den Interaktionen zwischen allen Personen ab. Je nach Größe der Kräfte können sehr verschiedene Verhalteneigenschaften auf der Makroebene auftreten. Ungeordnetes, vollständig geordnetes, graduell geordnetes sowie anomisches Verhalten kann bestehen; kleine Anfangsunterschiede im Verhalten können große

[13] Dieser evolutionäre und sich selbst organisierende Verhaltensprozeß kann mit Hilfe der Synergetik formalisiert werden; siehe dazu Eger/Weise 1995.

unterschiedliche Folgen haben; Hysterese-Effekte können auftreten, gleiche Ursachen können zu zwei verschiedenen stabilen Gleichgewichten führen; kleine Veränderungen in den Kräften können sehr große, abrupte Verhaltensveränderungen bewirken; zyklische Verhaltensabläufe können auftreten – alles Eigenschaften, die bei der Verhaltenskoordination durch Normen beobachtet worden sind.

Hervorgerufen werden diese Eigenschaften von Kräften recht allgemeiner Natur. So repräsentiert die Fluktuationskraft die Tatsache, daß die Personen überhaupt Wahlmöglichkeiten haben; so drückt die Anziehungskraft die Neigung oder die Kosten aus, sein eigenes Verhalten von dem der anderen abhängig zu machen; beide Kräfte haben wir zur Konformitätskraft zusammengefaßt. Die Antikonformitätskraft repräsentiert die bei zunehmendem Konformitätsdruck steigenden Interaktionskosten oder Nutzengewinne des abweichenden Verhaltens. Mit der Bevorzugungskraft schließlich wird die Tatsache berücksichtigt, daß die Individuen auch Präferenzen haben, die unabhängig von dem Interdependenzgeflecht sind.

Werfen wir kurz noch einen Blick zum Vergleich auf die allgemeine Gleichgewichtstheorie. Auch dort wird eine Größe von allen Individuen zusammen erzeugt, und diese beeinflußt wiederum das Verhalten jedes einzelnen; diese Größe ist das Preissystem.[14] Der Unterschied liegt in folgendem: In der allgemeinen Gleichgewichtstheorie beziehen die Individuen ihre Handlungen nur auf sich selber und nicht auf die Handlungen der anderen; die Individuen werden in ihrem Verhalten beeinflußt durch die Kosten ihres Verhaltens und nicht durch das direkte Verhalten der anderen. Folgerichtig handeln im allgemeinen Gleichgewicht die Individuen unterschiedlich, alle bewerten aber die Handlungen gleich, eben mit den für alle Individuen gleichen Preisen, während in einem Modell des oben dargestellten Typs die Handlungen, die die Individuen durchführen, gleich sind, nicht unbedingt aber die Bewertungen dieser Handlungen. Dieser Unterschied ist recht bedeutsam für eine Einschätzung der Art und Weise, wie Normen Handlungen koordinieren.

[14] Die allgemeine Gleichgewichtstheorie ist also ebenfalls eine Theorie der Selbstorganisation; siehe dazu Weise 1990.

3. Normen, Sanktionen und Preise

1. Bleiben wir gleich bei der allgemeinen Gleichgewichtstheorie. Da hier die Menschen quasi-isoliert sind, d.h. allein über Preise, nicht aber über andere direkte Interdependenzen verbunden sind, gibt es auch keine Auswirkungen derartiger Interdependenzen und folglich keine Verhaltensabstimmungen zwischen einzelnen Menschen; lediglich Wertäquivalente werden miteinander getauscht, wenn beide Tauschpartner zustimmen; was aber wertäquivalent ist, wird durch die Tauschhandlungen aller bestimmt. Warum aber tauscht einer nicht eine Patrone, in den Körper des anderen verbracht, gegen das Vermögen dieses anderen oder, so er Humanist ist, konfrontiert den anderen mit einem höflich vorgebrachten Tauschangebot »Geld her oder das Leben«? Sind derartige Tauschhandlungen ausgeschlossen? Aber was heißt das: Sind sie verboten, mit einem Tabu belegt? Wir wenden uns wieder dem Normenproblem zu.

Wir haben gesehen, wie durch die soziale Interdependenz Verhaltensregelmäßigkeiten aus einem vollständig unstrukturierten Zustand entstehen können und diesen ordnen: Ein bestimmtes Verhalten wird üblich, wird eigentlich erwartet. Wir haben ebenfalls gesehen, daß in einer Gruppe quasi-isolierter Individuen keinerlei Verhaltensregelmäßigkeiten entstehen, obgleich auch hier der Zustand wohlgeordnet sein kann: Kein bestimmtes Verhalten wird üblich, wird eigentlich erwartet. Im ersten Fall wird durch die anderen Individuen eine Reaktion erfolgen, falls ein Individuum die Verhaltensregelmäßigkeit durchbricht, im zweiten Fall wird keinerlei Reaktion auf eine Verhaltensänderung erfolgen, weil keine Verhaltensregelmäßigkeit vorhanden ist. Welcher Art könnte eine solche Reaktion sein?

Durch die Verhaltensregelmäßigkeit ist eine gewisse Ordnungssicherheit entstanden; jeder kennt in einer bestimmten Situation im voraus das Verhalten des anderen. Die Vorstellungen von diesem Verhalten und die Alternativkosten beim Abweichen von diesem Verhalten können allerdings sehr unterschiedlich sein. Ist das Verhalten nur einfach üblich und wird immer wiederkehrend auch erwartet, sind die Kosten der Verhaltensabweichung für die anderen aber sehr gering, so wird man vielleicht sein Befremden äußern, wenn jemand von dem erwarteten Verhalten abweicht, nicht aber Anstrengungen unternehmen, ihn zu dem erwarteten Verhalten zurückzubringen. Die soziale Konformitätskraft ist in einem solchen Falle recht schwach. Zwar koordiniert die Verhaltensregelmäßigkeit die Interdependenz, es wäre aber auch nicht viel verloren, wenn eine andere Verhaltensregelmäßigkeit bestünde oder wenn überhaupt keine Verhaltensregelmäßigkeit vorhanden wäre. Eine derartige Verhaltensregelmäßigkeit könnte man einen Brauch oder eine Tradition nennen: eine soziale Gewohnheit bei geringer Konformitätskraft.

Ist die Verhaltensregelmäßigkeit dagegen von erheblicher Bedeutung für die Individuen, so wird die Reaktion bei einem abweichenden Verhalten nicht mehr lediglich in einer Befremdensbekundung bestehen, sondern in Entrüstung und Erzürnung sowie dem Bestreben, den Abweichler wieder zu der Verhaltensregelmäßigkeit zu veranlassen. Die Verhaltenskoordination ist nun bedeutsam und von erheblichem Interesse für die Individuen. Die soziale Konformitätskraft ist stark. Man erwartet nicht nur ein Verhalten als übliches, sondern fordert von dem anderen ein bestimmtes Verhalten; eine Abweichung von diesem Verhalten ist eine Verletzung einer geforderten Regelmäßigkeit und verlangt nach einer Ahndung: »So sollte man handeln!« Ein bestimmtes Verhalten gilt als geboten oder verboten. Man könnte eine derartige Verhaltensregelmäßigkeit als Sitte oder Norm bezeichnen: ein gefordertes Verhalten mit sozialem Reaktionshandeln bei abweichendem Verhalten, d.h. starker Konformitätskraft, oder kürzer: eine sanktionierte Verhaltensregelmäßigkeit.[15]

2. Indem eine Norm besteht, die ein bestimmtes Verhalten gebietet oder verbietet, sichert sie jedem Individuum eine hohe Wahrscheinlichkeit für ein bestimmtes Verhalten des anderen zu und, was nur die Kehrseite der Betrachtung ist, fordert von jedem Individuum dieses bestimmte Verhalten. Jeder weiß, was in Ordnung ist und was er tun darf und was er nicht tun darf, wenn er eine soziale Reaktion vermeiden will. Fehlt eine Norm, so besagt dies, daß bestimmte Handlungen ohne jegliches Reaktionsrisiko durchgeführt werden können. So sind die Käufe und Verkäufe in der allgemeinen Gleichgewichtstheorie nicht mit Normen belegt, wohl aber andere Handlungen: Töten und unentgeltliche Güterwegnahme beispielsweise sind nicht zugelassen, sie sind mit Normen belegt oder aus dem individuellen Verhaltensrepertoire gestrichen.

Die Norm stellt jeden einzelnen vor die Alternative, das geforderte Verhalten zu erbringen oder ein gewisses Reaktionsrisiko einzugehen. Dieses Reaktionsrisiko besteht darin, daß ihn der vom Normbruch Enttäuschte sowie alle anderen Gruppenmitglieder sanktionieren werden. Andererseits ist jedes Individuum auch Mitglied der reagierenden Grup-

[15] Siehe dazu Geiger 1964, 95ff.

pe, wenn ein anderer die Norm übertritt. Das Individuum befindet sich also in einer Doppelrolle: Sowohl die Einhaltung der Norm als auch die Sanktion des Normübertreters werden von ihm erwartet und gefordert. Die Stärke der Sanktion durch alle macht die Stärke der Konformitätskraft aus. Die Norm ist also nicht lediglich eine individuelle Handlungsbeschränkung, welche Kosten bei einer Mißachtung setzt, dies ist sie auch, sondern sie ist ebenfalls eine Verhaltensregelmäßigkeit, die aus dem Miteinander der Menschen entsteht und von diesen sanktioniert wird.[16]

Eine Norm ist demnach in höherem oder niedrigerem Grad verbindlich, je nach Stärke der Konformitätskraft. Diese wird stabilisiert und für alle einheitlich, indem jeder das abweichende Verhalten eines anderen schematisch und ohne Berücksichtigung der individuellen Umstände beurteilt, wenn er auch für sich selbst Entschuldigungen vorbringen würde. Die Sanktionstätigkeit bezieht sich auf die normierte Handlung als solche, nicht auf die Person, die die Normübertretung begeht. In den Vorstellungen der allgemeinen Gleichgewichtstheorie hingegen fehlt diese Reaktionstätigkeit; hier ist es jedem egal, ob ein anderer Scotch oder Bourbon trinkt, eine Norm ist nicht vorhanden, die Bewertung einer Handlung eines Individuums durch andere fehlt.

Festzustellen, daß jedes Individuum als Nutzenmaximierer eine Norm nur dann übertritt, wenn der Erwartungswert der Normübertretung größer als der der Normeinhaltung ist, und daß es die entsprechenden Nutzen und Kosten exakt kalkuliert, führt zu einem ermattenden Wust von Vernünfteleien. Diesem kann man entgehen, wenn man weniger exakt die Gründe und Motive betrachtet, die eine Normeinhaltung wahrscheinlich machen und zu einer Konformitätskraft verdichtet werden. Ein Individuum wird andere imitieren, die imitierte Handlung wird gebilligt, die Wertnorm bekräftigt diese, über eine Werttransformation wird die Handlung moralisch gut, sie wird durch Erziehung zur Lebensregel, kurz: sie wird internalisiert und zur zweiten Natur des Menschen. Darüber hinaus empfindet das Individuum Unbehagen, aus dem Rahmen zu fallen, hat Furcht vor einer Mißbilligung, kalkuliert auch die Wahrscheinlichkeit der Vergeltung, hat Furcht vor Zwang, die Handlung dennoch tun zu müssen, und Furcht vor Repressalien, empfindet Abscheu vor der Alternativhandlung als schlechter Handlung.

[16] Die Einhaltung der Norm ist also weder eine Sache des Willens noch ist das Entstehen einer Norm ein Beweis für die zweckmäßige Koordination einer Gesellschaft. »Es ist Ehrgeiz des Menschen, Subjekt in einer Welt der Objekte zu sein« (Geiger 1964, 57). Konstitutionsökonomen sind hier anderer Auffassung und führen eine Norm auf die rationale Wahl quasi-isolierter Individuen zurück.

Übertritt das Individuum dennoch die Norm, aus Gründen und Motiven, die in die Antikonformitätskraft eingehen oder die zu einer Präferenzbewertung für die alternative Handlung führen, so wird das Verhalten des Individuums sanktioniert, indem eine Strafe verhängt wird: an Körper, Freiheit, Ehre, Vermögen in Form von Zwang zur Reparation, zum äquivalisierenden Schadensersatz oder zum Erdulden von Repressalien wie Strafe, Buße, Boykott, Ausschließung, Tod.[17]

3. Ein Individuum kann also im Einklang mit der Norm handeln, weil es automatisch immer so handelt (Norm als habituelle Routineregel), weil die Handlung vorteilhaft ist (Norm als nicht bindende Handlungsbeschränkung), weil es seine heilige Pflicht ist (Norm als Moral), weil es den Handlungszwang einsieht (Norm als zweckmäßige Handlungskoordination) oder weil es Furcht vor Sanktionen hat (Norm als sanktionierte Verhaltensbeschränkung). Allgemeiner kann man sagen, daß ein Individuum eine Norm als von außen gesetzte Zwangsalternative, eine geforderte Handlung durchzuführen oder ein Reaktionsrisiko einzugehen, empfindet, daß ein Individuum diese Zwangsalternative aber auch verinnerlicht und mit sittlichen Bedeutungsinhalten füllt. Diese Verinnerlichung von Verhaltensregelmäßigkeiten und Ordnungserscheinungen kann man als Moral bezeichnen.[18] Indem der Mensch bestimmte Handlungen gefühlsmäßig mag oder nicht mag, entsteht in ihm eine Übersetzung dieser Gefühle in objektive Eigenschaften der Handlungen selber: Diese werden als gut oder schlecht bezeichnet. Aus »ich mag die Toskana« wird »die Toskana ist schön«. So entstehen Werte wie Ehre, Fleiß, Sparsamkeit, Treue, Respekt vor dem Eigentum, Familienverantwortung, Gehorsam, Disziplin usw. – alles imaginäre Objektivierungen gefühlsmäßig empfundenen Verhaltens, die zu internen Verhaltensstandards werden können, auf die man sich verpflichtet fühlt und bei deren Mißachtung man Gewissensbisse oder Schamgefühle empfindet: »Ehre gebietet, Treue verlangt«, und ein Abweichler ist ehr- oder treulos.

In seinem Trachten, Subjekt sein zu wollen, biegt der Mensch die externen Verhaltensregelmäßigkeiten in eine interne autonome Gewissensmoral um, die es ihm freiwillig gebietet, bestimmte Handlungen um

---

[17] Ihre Voraussetzung hat diese Sanktion in der Macht aller Individuen zusammen, d.h. der Konformitätskraft, über jedes einzelne Individuum. Ist diese Macht als Gewaltmonopol auf eine Institution verlagert, so ist sie zu Recht geworden.

[18] Siehe dazu Geiger 1964, 293ff.; vgl. auch Elias 1976 passim, insbesondere zur Herleitung von Scham- und Peinlichkeitsschwellen, und Weise 1989. Zu unterschiedlichen Begründungen von Moral siehe Weise 1995.

ihrer selbst willen zu begehen, ohne zu durchschauen, daß er ein Objekt der Interdependenz ist, welche er verinnerlicht hat. Diesen Prozeß zu durchschauen beinhaltet eine Erklärung des Entstehens der Normen über gesellschaftliche Interaktionen, was bereits sehr schwierig ist, und eine Loslösung von internalisierten Verhaltensstandards, was bekanntermaßen nicht leichter ist. Daher werden nach diesem Münchhausen-Prinzip nur wenige Wertnihilisten entstehen. Die meisten Werte werden einfach dadurch vergehen, daß das faktische Gewicht entfällt, mit dem sie gestützt werden.

Während in kleineren Gesellschaften, Gemeinden und Gruppen mit direkten Interaktionen noch eine Entsprechung von internen und externen Verhaltensbeschränkungen besteht, geht diese verloren in größeren Gesellschaften. Durch die Institutionalisierung des Reaktionspotentials und die Verrechtlichung von vielen Handlungen entschwindet der Anreiz, Normen, die das Verhaltensmiteinander koordinieren, zu verinnerlichen. Dort, wo Rechte koordinieren, bleibt die äußere Verpflichtung zu einem bestimmten normgerechten Verhalten bestehen, die innere Verpflichtung mag hinzukommen, fehlen oder gar der äußeren Verpflichtung widersprechen, sie ist für die Verhaltenskoordination in großen Gesellschaften bedeutungslos. Bedeutsam bleibt nur für jedes Individuum die Erwartungssicherheit hinsichtlich des Verhaltens der anderen, deren Motive und persönlichen Bewertungen interessieren nicht und sind auch nicht mehr der Garant für ein bestimmtes Verhalten. Moralkodices werden private Angelegenheiten, gruppenspezifisch oder beziehen sich auf rechtlich nicht geregelte Handlungen, die öffentliche Koordination übernimmt das Recht.[19] Damit ist das Individuum frei von internen Handlungsbeschränkungen, nur noch seine eigenen Präferenzen zählen, es wird zum homo clausus der allgemeinen Gleichgewichtstheorie: vollständig abgebildet durch seinen Besitz an Ressourcen und ein Bewertungsschema für alle Güter sowie quasiisoliert von seinen Mitmenschen; Normen verkümmern ihm zu rechtlichen Minimalstandards, welche effizient in seinem Verhalten zu berücksichtigen ihm zur neuen Ehrensache wird.

4. Worin liegt nun genau der Unterschied zwischen Sanktionen und Preisen? Beide belegen Handlungen mit Alternativkosten; in dieser All-

[19] Dieses knüpft an die vorrechtlichen Normen an, wenn auf Generalklauseln wie »gute Sitten«, »sittliche Pflicht«, »Anstand«, »Billigkeit«, »Natur der Sache«, »nachbarschaftliche Gemeinschaftsverhältnisse«, »Rechtspflicht zum Handeln«, »Treu und Glauben«, »Verkehrssitte«, »im Verkehr erforderliche Sorgfalt«, »Ermessen«, »Usancen«, »faktische Vertragsverhältnisse« und dergleichen rekurriert wird.

gemeinheit ist kein Unterschied feststellbar. Aber die Norm sagt: »Dies ist verboten« oder »dies ist geboten« und knüpft an die Nichterfüllung des Verbotes oder Gebotes eine Sanktion. Eine Sanktion ist also die Aussetzung von Alternativkosten für die Nichteinhaltung einer geforderten Handlung. Demgegenüber ist der Preis die Aussetzung von Alternativkosten für eine erlaubte Handlung, d.h. eine Handlung begehen zu dürfen, falls man den geforderten Preis entrichtet. Im ersten Fall wird erwartet, daß man eine Handlung nicht begeht; um der Forderung Nachdruck zu verschaffen, werden Sanktionen angedroht. Im zweiten Fall wird eine Handlung prinzipiell gestattet; sie kann durchgeführt werden, wenn man den Preis zahlt. Primär für die Sanktionen ist ihr Abschreckungseffekt, primär für die Preise ist ihr Entschädigungseffekt.

Wir haben gesehen, daß Menschen verschiedene Motive und Gründe haben können, Normen einzuhalten oder nicht einzuhalten. Der einzelne Mensch kann eine Norm wertmäßig überhöhen, ähnlich wie viele Völker ihre Normen mythisch überhöht haben, und verlegt die externe Kontrollinstanz als moralisches Gewissen in sich selbst – seine Umgebung (Theologen, Philosophen, Wirtschaftsethiker und andere) mag ihn darin sogar bestärken: Er wird vermutlich eine Norm auch dann nicht übertreten, wenn es sich ansonsten rechnen würde – die seelischen oder psychischen Kosten sind zu groß. Der einzelne Mensch kann aus Einsicht in die Notwendigkeit der Norm als Koordinationsmittel oder aus Mitleid mit den anderen diese befolgen, im Sinne des neminem laede von Kant und Schopenhauer, ohne sich dabei mythischen Überhöhungsphantasien hinzugeben; der einzelne Mensch kann aus Routine oder aufgrund einer erlernten Lebensregel nach der Norm handeln, ohne daß er Nutzen-Kosten-Vergleiche der Normübertretung anstellt: In beiden Fällen bestehen ebenfalls Zusatzkosten der Normübertretung, die über die eigentlichen Kosten und Nutzen der Normübertretung hinausgehen. Wir haben aber auch gesehen, daß die wirkliche normbildende und normstabilisierende Kraft die faktischen Konformitätsbeziehungen sind. Steht die Konformitätskraft der Wertüberhöhung, der Einsicht oder der Lebensregel entgegen, so werden diese dadurch langsam verschwinden, daß immer weniger Menschen diese Zusatzkosten aufbringen werden.

Verbleiben diejenigen Menschen, deren Durchsetzungsdynamik ungebremst ist, die alles für gerade noch vertretbar halten und die Moral und Ethik als bindende Beschränkung für den Deppen ansehen. Diese Menschen kalkulieren allein den Nutzen und die Sanktionskosten einer Normübertretung. Werden dadurch die Sanktionen zu Preisen? Nein, denn an der Tatsache, daß eine Norm eine Handlung verbietet und diesem Verbot mit einer Sanktionsandrohung Nachdruck verleiht, ändert sich nichts. Die Norm besagt nicht: »Tue dies und zahle, tue jenes und zahle nichts«, sondern »tue dies auf keinen Fall, wenn du es dennoch tust, wirst du bestraft«. Der Abschreckungseffekt der Sanktion ist das entscheidende; verliert der Abschreckungseffekt seine Wirkung, so ist die Norm nicht mehr gültig: Das Verbot ist dann unwirksam, da der Konformitätsdruck zu schwach ist, mit der Folge, daß die Verhaltensweise als Brauch oder Tradition weiterlebt oder als Verhaltensregelmäßigkeit zu existieren aufhört. Die ehemals normierte Verhaltensweise kann nun ohne Reaktionsdruck frei gewählt werden. Die Norm ist also gültig, völlig unabhängig davon, welche Kosten und Nutzen der Normübertretung jemand kalkuliert, sie ist aber nur solange gültig, wie sie mit einer hinreichenden Konformitätskraft versehen ist. Im Extremfall degeneriert die Norm zum Kavaliersdelikt und die Sanktion zur festen Einheitsstrafe; im Normalfall allerdings wird die Sanktion gestaffelt nach Schwere oder Häufigkeit des Vergehens sowie nach geistiger und seelischer Verfassung des Täters.

Daß Menschen Empfindungen mit Handlungen verbinden, daß diese Empfindungen alternativkostenmäßig interpretiert werden können und daß Normen solche Alternativkosten setzen, ist meines Erachtens korrekt. Daß diese Kosten nicht nur in egoistischen, rational faßbaren und kalkulierbaren Bedürfnissen begründet sind, sondern auch durch das menschliche Interdependenzgeflecht entstehen und eine imaginäre Komponente haben können, dürfte ebenfalls korrekt sein. Daraus folgt aber, daß die Behandlung der Norm als parametrisch gesetzte Handlungsbeschränkung nur partialanalytisch korrekt ist, daß die Nichtberücksichtigung der Kosten, die aus der Interdependenz entstanden sind, bereits eine wesentliche Einschränkung bedeutet, daß die Folgerung, die Sanktion sei nichts weiter als der Preis für die Normübertretung, eine Argumentserschleichung ist, und daß Normen korrekterweise nur totalanalytisch erklärt werden können.

5. Eine Norm koordiniert Verhalten zwischen den Menschen, indem sie eine bestimmte Handlung verbietet oder gebietet. So ist beispielsweise das Rauchverbot für eine Menschengruppe in einem geschlossenen Raum eine solche Norm. Steht hinter dieser Norm tatsächlich eine starke Konformitätskraft, so kann jede Person relativ sicher sein, von Rauch nicht belästigt zu werden, darf aber selbst auch nicht rauchen. Ebenso ist »du sollst nicht töten« eine solche Norm, die, falls hinreichend befolgt, bewirkt, daß jede Person weder Opfer noch Täter ist.

Gleiches gilt für Diebstahl, Gotteslästerung, Links fahren usw. In allen Fällen gilt, daß eine bestimmte Handlung nicht durchgeführt werden soll. Zwar werden vermutlich einige Personen die Norm übertreten, die meisten werden sie aber befolgen.

Dies bedeutet, daß fast alle Personen eine bestimmte Handlung unterlassen oder durchführen; eine Substitution von Handlungen ist nicht gestattet. Bei fast keiner Person entspricht die Grenzrate der Substitution den entsprechenden Kosten. Einer Handlung bei unterschiedlichen persönlichen Bewertungen im Falle der Normenkoordination entspricht die Verschiedenartigkeit der Handlungen bei einheitlichen persönlichen Bewertungen im Falle der Preiskoordination. Dem Ökonomen ist dies ein Indiz für Ineffizienz. Doch reflektiert es nur die Tatsache, daß jeder ziemlich sicher sein kann, daß der andere eine bestimmte Handlung unterläßt, auch wenn die Konformitätskraft leicht variieren sollte, und nicht stetig Handlungen substituiert. Man könnte auch sagen, daß es unbeachtlich ist, aus welchen Motiven und mit welchen Kosten jemand eine verbotene Handlung unterläßt, daß es vielmehr nur darauf ankommt, sicher zu sein, daß er sie unterläßt.

Daraus folgt die Inelastizität des Verhaltens auf Veränderungen der Konformitätskraft; nur wenige Personen werden bei einer geringen Veränderung der Konformitätskraft ihr Verhalten verändern. Beim Preismechanismus hingegen werden fast alle Personen, da sie marginal ihr Verhalten anpassen, auf eine Preisänderung reagieren; das Verhalten reagiert elastisch auf Preisänderungen. Die Wirkung ist eine gewisse Ordnungssicherheit und Verläßlichkeit: jeder weiß, was er selbst tun darf und was er von den anderen zu erwarten hat. Die Normenkoordination sorgt für Zuverlässigkeit, die Preiskoordination für Anpassungsfähigkeit.

Wäre die Sanktion primär Entschädigung und diese jeweils so hoch wie der entsprechende Schaden, so wäre bei positiven Entdeckungskosten der Erwartungswert der Sanktion niedriger als der Gewinn bei Normübertretung; diese wäre rentabel. Um sie dennoch zu verhindern, müßte eine Zusatzstrafe ausgesprochen werden. Die Strafe wäre quasi das Wertäquivalent zu der Wahrscheinlichkeit, unentdeckt zu bleiben, einschließlich der Verurteilungskosten. Eine Norm wäre aus dieser Sicht das Angebot der Gesellschaft an jeden einzelnen, eine Handlung zu unterlassen oder den Geschädigten und die anderen betroffenen Gesellschaftsmitglieder zu entschädigen, und nicht ein Verbot mit Sanktionsandrohung: Die ganze Welt ein Warenhaus, in dem alles erlaubt ist, falls man nur zahlungskräftig ist. Daß diese Sicht nicht korrekt ist, habe ich oben zu zeigen versucht. Bezogen auf das Koordinationsproblem kommt noch ein weiterer Punkt hinzu: Auch die Pflicht, den Preis zu zahlen und nur bei beiderseitigem Einverständnis zu tauschen, ist eine Norm; diese sichert die Selbstbestimmung und die Freiheit des Willens. Auch die dadurch entstehenden Kosten müßte man als Schädiger entschädigen – aber dann hätte man wieder freiwilligen Tausch. Wiederum erkennen wir, daß Normen bestimmte Handlungen bereits unterbinden müssen, bevor der Preismechanismus erst existieren kann. Normen und Sanktionen stehen also sowohl in einem substitutiven als auch in einem komplementären Verhältnis zu Märkten und Preisen: Sie koordinieren Handlungen und schaffen die Voraussetzungen für einen freiwilligen Tausch.

Indem Normen Verbote oder Gebote aussprechen, erhöhen sie in einem Interdependenzgeflecht die Ordnungssicherheit und senken die Kosten für die Ermittlung eines Schädigers, der Geschädigten, des Schadens und der Schadensbewertung sowie für die Durchführung der Schadensregulierung. Daß Normen diese Kostenkategorien minimieren und immer effizient oder zweckmäßig sind, erscheint als sehr zweifelhaft. Da in ihnen ein Beharrungsmoment angelegt ist und da sie Werthypostasierungen anheimfallen, können sie hochgradig inoptimal sein. Dennoch unterliegen sie der gesellschaftlichen Evolution: Sie passen sich langsam und verzögert an Ordner einer höheren Stufe an und bilden die kurzfristig unveränderlichen Daten für die Anpassung schnellerer Variablen, zu denen die Preise gehören.

4. Schlußbemerkungen

Ich habe zu zeigen versucht, wie Normen im Unterschied zum Preismechanismus Handlungen koordinieren. Wir haben gesehen, daß es wenig Sinn gibt, Normen als etwas Gesolltes, aus Funktionsnotwendigkeiten Erforderliches zu bezeichnen, daß es sicherlich unzutreffend ist, Normen aus irgendwelchen Letztbegründungen wie das Gute, der Lebenssinn und ähnliches mehr herzuleiten, und daß es inkorrekt oder zumindest verkürzt ist, Normen als Handlungsbeschränkungen aufzufassen, die überwunden werden dürfen, sofern man den entsprechenden Preis hierfür bezahlt. Normen sind vielmehr Verhaltensregelmäßigkeiten, die als Verbot oder Gebot mit Sanktionsandrohung aus der menschlichen Interdependenz entstehen.

Normen koordinieren Handlungen zwischen den Menschen, indem sie bestimmte Handlungen verbieten oder gebieten und dadurch Ordnungssicherheit schaffen. Die Menschen werden dadurch in ihren Handlungen egalisiert, bei unterschiedlichen persönlichen Bewertungen dieser Handlungen. Aufrechterhalten werden sie durch die Konformitätskraft; ist diese zu schwach, besteht ein nicht sanktionierter Brauch oder eine Tradition, oder die Norm existiert nicht. Moralische Überhöhungen werden oft an manche Normen geknüpft und erhöhen dadurch die Kosten der Normübertretung; sie sind allerdings imaginär, wenn auch tatsächlich vorhanden, und nicht notwendig für die Existenz von Normen. Normen verändern sich vor allem durch Veränderungen des Konformitätsdrucks aufgrund von tatsächlichen Veränderungen in der menschlichen Interdependenz und weit weniger durch Veränderungen in den Erwartungen; diese sind im Regelfall nur ein Produkt der realen Veränderung. Da Normen ein Produkt der menschlichen Interdependenz sind, ist es eher unwahrscheinlich, daß Normen und ihre Entwicklungen immer optimal sind.

Literatur

Arrow, K.J./Hahn, F.H. (1971): General Competitive Analysis, San Francisco/Edinburgh.

Eger, T./Weise, P. (1990): Normen als gesellschaftliche Ordner, Jahrbuch für Ökonomie und Gesellschaft, Bd. 8, Frankfurt/New York, S. 65-111.

Eger, T./Weise, P. (1995): Die Evolution von Normen aus Unordnung: Ein synergetisches Modell, Jahrbuch für Ökonomie und Gesellschaft, Bd. 11, Frankfurt/New York, S. 192-209.

Elias, N. (1976): Über den Prozeß der Zivilisation, 2 Bde., Baden-Baden.

Ellwein, T./Stachowiak, H. (1982) (Hrsg.): Bedürfnisse, Werte und Normen im Wandel, 2 Bde., München usw.

Elster, J. (1989): Social Norms and Economic Theory, Journal of Economic Perspectives, Vol. 3, S. 99-117.

Geiger, T. (1926): Die Masse und ihre Aktion, Stuttgart.

Geiger, T. (1964): Vorstudien zu einer Soziologie des Rechts, Neuwied.

Graumann, C.F. (1972) (Hrsg.): Sozialpsychologie, 2 Bde., Göttingen.

Klages, H./Kmieciak, P. (1979) (Hrsg.), Wertwandel und gesellschaftlicher Wandel, Frankfurt/New York.

Luhmann, N. (1972): Rechtssoziologie, 2 Bde., Reinbek.

Opp, K.-D. (1983): Die Entstehung sozialer Normen, Tübingen.

Schotter, A. (1981), The Economic Theory of Social Institutions, London usw.

Sugden, R. (1989): Spontaneous Order, Journal of Economic Perspectives, Vol. 3, S. 85-97.

Todt, H. (1984) (Hrsg.): Normengeleitetes Verhalten in den Sozialwissenschaften, Berlin.

Vogt, W. (1986): Theorie der kapitalistischen und einer laboristischen Ökonomie, Frankfurt/New York.

Weise, P. (1989): Homo oeconomicus und homo sociologicus: Die Schreckensmänner der Sozialwissenschaften, Zeitschrift für Soziologie, Vol. 18, S. 148-161.

Weise, P. (1990): Der synergetische Ansatz zur Analyse der gesellschaftlichen Selbstorganisation, Jahrbuch für Ökonomie und Gesellschaft, Bd. 8, Frankfurt/New York, S. 12-64.

Weise, P. (1992): Evolution of a Field of Socioeconomic Forces, in: Witt, U. (ed.), Explaining Process and Change – Approaches to Evolutionary Economics, Ann Arbor, S. 35-48.

Weise, P. (1995): Moral: Die Handlungsbeschränkung für den Deppen? in: Seifert, E.K./Priddat, B.P. (Hrsg.), Neuorientierungen in der ökonomischen Theorie: Zur moralischen, institutionellen und evolutorischen Dimension des Wirtschaftens, Marburg, S. 73-105.

Witt, U. (1989): The Evolution of Economic Institutions as a Propagation Process, Public Choice, Vol. 62, S. 155-172.

Die Entstehung von Recht als Prozeß der Selbstorganisation

Thomas Eger[1]

> »Infolge der akademischen Mißachtung der Wissenschaft von der Kultur ist die Welt voller Moralisten, die stur behaupten, sie hätten frei gewollt, was sie unwissentlich zu wollen gezwungen waren, während infolge des Unverständnisses der Faktoren, die freier Entscheidung entgegenstehen, sich Millionen Menschen, die frei sein könnten, in neue Formen von Versklavung und Abhängigkeit begeben haben. Um das gesellschaftliche Leben zum Besseren zu wenden, muß man an der Analyse dessen ansetzen, weshalb es sich gewöhnlich zum Schlechteren wendet.« (Harris 1978, 12)

1. Einleitung

Über Begriff, »Wesen«, Inhalt und Funktion von Recht zerbrechen sich die Menschen schon seit mehr als zweitausend Jahren die Köpfe. Dabei lassen sich vier Auffassungen über die Entstehung und Begründung von Recht unterscheiden:

- Die frühen *naturrechtlichen Auffassungen* sehen Recht als ein ideales System von Verhaltensregeln an, das aus der göttlichen Schöpfungsordnung oder der »Natur des Menschen« abgeleitet werden kann, das dem Menschen unveränderlich vorgegeben ist[2] und dem sich der Mensch durch seine Vernunft allmählich annähern kann.

---

[1] Für wertvolle Anregungen danke ich Roman Jaich, Bernhard Nagel und Peter Weise, Kassel.

[2] »Nein, eine Grenze hat Tyrannenmacht,
Wenn der Gedrückte nirgends Recht kann finden,
Wenn unerträglich wird die Last – greift er
Hinauf getrosten Mutes in den Himmel
Und holt herunter seine ew'gen Rechte,
Die droben hangen unveräußerlich
Und unzerbrechlich wie die Sterne selbst –«
Friedrich Schiller 1804, 440.

- Der *Rechtspositivismus*, der praktisch von einer beliebigen Gestaltbarkeit des Rechts ausgeht, führt das jeweils bestehende positive Recht auf einen unpersönlichen Staatswillen (»Auctoritas, non veritas facit legem«)[3] oder einen überpersönlichen Gesamtwillen zurück.[4]
- Neuere *vertragstheoretische Ansätze* sehen diejenigen Verhaltensregeln als gerecht an, denen rationale Individuen in einem hypothetischen Naturzustand zustimmen würden[5].
- *Evolutorische Ansätze* sehen die Ursprünge des Rechts in der Selektion von Verhaltensregeln, die sich in irgendeiner Hinsicht als überlegen erweisen[6].

Eine besondere Schwierigkeit bei einem Vergleich der verschiedenen Ansätze und Positionen resultiert daraus, daß nicht immer von vornherein klargestellt wird, ob unter »Recht« etwas verstanden wird, das *ist*, oder etwas, das *sein sollte*. Häufig werden die Analyse bestehender sozialer Zusammenhänge und persönliche Vorstellungen darüber, was »gut«, »gerecht« oder »natürlich« ist, nicht sauber getrennt[7].

Im folgenden wird der Versuch unternommen, einige Erkenntnisse der Ökonomie, Soziologie und Anthropologie, die die Entstehung, Stabilisierung und Veränderung von Recht betreffen, in einem einheitlichen Ansatz zu verbinden. Dieser Ansatz ist durch drei Merkmale gekennzeichnet:

- Er ist *ökonomisch*: Ausgangspunkt ist eine Welt knapper Ressourcen, in der jedes einzelne Individuum gezwungen ist, zwischen Alternativen zu wählen, und in der alle Individuen zusammen mehr oder weniger geregelt um die knappen Ressourcen konkurrieren.
- Er ist *explikativ*: Unter Recht wird eine spezifische Ordnung im sozialen Handeln der Menschen verstanden und keine Bewertung sozialer Normen.
- Er ist *evolutorisch*: Es liegt das Konzept eines irreversiblen, in der historischen Zeit ablaufenden Entwicklungsprozesses zugrunde. Die zentralen Größen (regionale Bevölkerungsdichte, Technik, soziale Institutionen und Wertvorstellungen) werden – wenn auch sehr holzschnittartig – als endogene Variablen im Rahmen eines selbstorganisatorischen Prozesses behandelt.[8]

[3] Hobbes 1651, Kap. 26.

[4] Vgl. hierzu auch die Ausführungen von Geiger 1964, 364f.

[5] Rawls 1971; Nozick 1974; Buchanan 1975.

[6] Geiger 1964; v. Hayek 1980-1981; Hirshleifer 1982; Elliott 1985.

[7] Geiger 1964, passim.

[8] Zu den Kriterien einer evolutorischen Theorie und zu verschiedenen evolutorischen Ansätzen in der Ökonomik siehe auch Witt 1987.

Mit Hilfe dieses Ansatzes wird versucht, diejenigen Prozesse zu analysieren, die über zehntausende von Jahren hinweg bestimmte typische soziale Normen und Institutionen in nicht-staatlichen Gesellschaften aufrechterhalten haben und die unter spezifischen Bedingungen Staat und Recht als spezifische soziale Institutionen hervorgebracht haben.

Insbesondere die folgenden Fragen werden dabei berücksichtigt: Wie kommt es überhaupt zur Herausbildung sozialer Normen? Welche Prozesse sind dafür verantwortlich, daß bislang unnormierte Beziehungen auf einmal durch Normen geregelt werden? Wie läßt es sich erklären, daß sich verschiedene Gesellschaften in bestimmten sozialen Normen sehr stark voneinander unterscheiden? Unter welchen Bedingungen wird es zu einer tendenziellen Angleichung der sozialen Normen verschiedener Gesellschaften kommen? Aus welchen Gründen kommt es zu einem Wandel sozialer Normen und zur Entstehung von Recht?

2. Die Herausbildung sozialer Normen durch Konformitätsdruck

1. Soziale Normen koordinieren das Verhalten von Menschen, indem in typischen, wiederkehrenden Situationen aus einer Vielzahl von Handlungsmöglichkeiten bestimmte Handlungen als zu befolgende oder zu unterlassende für alle Adressaten einer Norm verbindlich gemacht werden. Ein mikroökonomisch fundiertes Modell der Entstehung sozialer Normen muß zumindest die folgenden drei Sachverhalte berücksichtigen:[9]

1) Jedes Individuum hat die Möglichkeit, zwischen Alternativen zu wählen und diese Alternativen gemäß seinen individuellen Präferenzen zu bewerten und zu ordnen.
2) Jedes Individuum ist einem mehr oder weniger starken Konformitätsdruck ausgesetzt, der vom Verhalten der jeweils anderen Individuen ausgeht. Dadurch werden bestimmte Alternativen für das Individuum kostspieliger als andere Alternativen.
3) Alle Individuen zusammen erzeugen durch ihr Verhalten den Konformitätsdruck.

[9] Vgl. ausführlich Eger/Weise 1995.

Wie kommt es überhaupt zu einem Konformitätsdruck? In allgemeiner Sicht lassen sich drei Formen des Konformitätsdrucks unterscheiden.[10]

Zum einen sind sich die Individuen häufig *unsicher*, welche Verhaltensweise in einer bestimmten Situation die für sie vorteilhafteste ist. Um den kostspieligen Prozeß des individuellen Lernens durch Versuch und Irrtum zu vermeiden, greifen die Individuen in diesem Fall auf die Erfahrungen bestimmter Bezugspersonen wie Eltern, Lehrer u.a. zurück, indem sie entweder deren Verhalten imitieren oder sich darüber belehren lassen, welche Verhaltensweise der jeweiligen Situation angemessen ist. Soziales Lernen durch Imitation und Weitergabe von Erfahrungen wird begünstigt, wenn (1) individuelles Lernen schwierig oder kostspielig ist und wenn (2) die Umgebung nicht zu variabel ist. Ist es nämlich für die Individuen mit geringen Kosten verbunden, durch individuelles Lernen die jeweils vorteilhafteste Verhaltensweise zu erkunden, so besteht kein Anreiz, andere Verhaltensweisen zu imitieren. Das gleiche gilt für den Fall einer sich schnell verändernden Umgebung, da nicht mehr gewährleistet ist, daß die tradierten Verhaltensregeln der Eltern, Großeltern und Lehrer auch unter den veränderten Lebensbedingungen eine vorteilhafte Strategie darstellen. Diese Form des Konformitätsdrucks und einige Implikationen für die Evolution von Normen (bzw. Kultur) im Vergleich zur genetischen Evolution werden insbesondere von Boyd und Richerson[11] eingehend untersucht.

Zweitens kann ein Konformitätsdruck darauf zurückzuführen sein, daß Individuen einen *Vorteil* daraus ziehen, daß sie sich wie die Mehrheit der anderen Individuen verhalten. Dies ist der Fall, wenn die Individuen Kommunikation nachfragen (»lies die Bücher, die die anderen lesen, geh in die Kneipen, in die die anderen gehen – und du bist nicht allein!«), wenn es ihnen unangenehm ist aufzufallen oder wenn aus einem konformen Verhalten unmittelbare oder mittelbare Koordinationsvorteile resultieren. Ein unmittelbarer Koordinationsvorteil resultiert beispielsweise, wenn Tauschpartner sich zu bestimmten Zeitpunkten an bestimmten Orten treffen; durch ein einseitiges Abweichen von dieser Regel schädigt man sich selbst. Die Entstehung sozialer Normen unter derartigen Bedingungen untersucht beispielsweise Schotter[12] in Anlehnung an Lewis[13], der in diesem Zusammenhang allerdings nicht von sozialen Normen, sondern von sozialen Konventionen spricht. Ein mittelbarer Koordinationsvorteil resultiert aus sogenannten Netzwerk-

[10] Zu einer differenzierteren Sicht vgl. Eger/Weise 1990, 69ff.
[11] Boyd/Richerson 1985; 1994.
[12] Schotter 1981.
[13] Lewis 1969.

effekten, d.h. aus dem Wunsch der Konsumenten, an Netzwerken zu partizipieren, um Datenbanken zu nutzen, Zugriff zu vielfältiger kompatibler Software zu haben (MS-DOS, VHS), Dokumente auszutauschen (Telefax, E-Mail), Produkte verschiedener Hersteller miteinander zu kombinieren (Bausteine einer Stereoanlage) oder einfach direkt miteinander Ferngespräche zu führen (Telefon). In der ökonomischen Literatur spricht man in diesem Zusammenhang allerdings nicht von Normen, sondern von Standards.[14]

Drittens kann für jeden einzelnen ein Konformitätsdruck entstehen, wenn die jeweils anderen durch Sanktionen auf die eigenen Handlungen *reagieren*. Diese Reaktion kann darin bestehen, daß regelkonformes Verhalten durch ermutigendes Lächeln, wohlwollendes Schulterklopfen, Worte des Lobes u.ä. bestätigt wird oder daß Abweichungen vom geforderten Verhalten durch Zeigen der kalten Schulter, grimmige Blicke, Worte des Tadels, Verspottung, Liebesentzug, bis hin zum Ausschluß aus einer Gruppe und körperlicher Gewalt mißbilligt werden. Das einzelne Individuum wird somit vor die Alternative gestellt, sich entweder regelkonform zu verhalten oder von der Regel abzuweichen und dabei das Risiko einer negativen Reaktion der Öffentlichkeit einzugehen. Der Schaden, den die Öffentlichkeit durch ihre Reaktionen nichtkonform handelnden Individuen zufügt, soll im folgenden als *Sanktion* bezeichnet werden. Derartige Reaktionen werden vor allem dann zu beobachten sein, wenn bestimmte Verhaltensweisen den Nutzen anderer Individuen beeinträchtigen, d.h. wenn negative Externalitäten bestehen.[15] Doch auch in diesem Fall ist zu begründen, aus welchen Motiven heraus Menschen andere Menschen für abweichendes Verhalten bestrafen. Denn jede Sanktion, die ein Individuum durchführt, ist zunächst einmal mit sicheren Kosten (Zeit, Mühe, Verzicht auf mögliche Kooperationsvorteile etc.) verbunden, denen unsichere Erträge (Schadensverminderung durch Abschreckung von zukünftigen Regelverstöße) gegenüberstehen, die sich auf zahlreiche andere Individuen verteilen. Es besteht somit für die Individuen ein gewisser Anreiz, sich

[14] Vgl. etwa David 1987; Blankert/Knieps 1993; Tietzel 1994.

[15] Opp (1994) kritisiert zu Recht Boyd und Richerson, die in ihrem Modell Externalitäten zumindest nicht explizit berücksichtigen. Der erste neoklassische Ökonom, der einen expliziten Zusammenhang zwischen Externalitäten und dem Entstehen sozialer Normen hergestellt hat, ist Demsetz (1967, 350): »... property rights develop to internalize externalities when the gains of internalization become larger than the cost of internalization.« Bei diesem Ansatz bleibt allerdings die Frage offen, was für Kosten und Erträge welcher Akteure zu berücksichtigen sind und über welche Mechanismen veränderte Kosten und Erträge in (veränderte) soziale Normen transformiert werden.

bezüglich der Verhängung von Sanktionen als Trittbrettfahrer zu verhalten. Unter der Annahme, daß eine kritische Minderheit in der Bevölkerung existiert, die aus Rache, Neid, Eifersucht, ökonomischem Interesse oder anderen Motiven nicht nur bestimmte Handlungen bestraft, sondern auch das Tolerieren dieser Handlungen durch andere ächtet, kann aber durch spontane, unorganisierte Sanktionen ein hinreichend starker Konformitätsdruck erzeugt werden, um eine soziale Norm zu erzeugen und zu stabilisieren.[16] Ein Spezialfall der Reaktion der Öffentlichkeit auf Abweichungen vom geforderten Verhalten besteht in den zentralisierten, organisierten Sanktionen des Staates.

2. Wesentlich für das Verständnis der Evolution von sozialen Normen und Recht ist die Erkenntnis, daß sich die Gesellschaftsmitglieder in einer Doppelrolle befinden: einmal in der Rolle des »Normadressaten«, der in einer typischen, wiederkehrenden Situation vor der Wahl steht, die Norm einzuhalten oder von der Norm abzuweichen und dabei irgendwelche Nachteile (Sanktionen) in Kauf zu nehmen; zum anderen in der Rolle der »Öffentlichkeit«, deren Verhalten als Maßstab für die Handlungen der Gesellschaftsmitglieder dient und die das Verhalten der Normadressaten beobachtet, sie von Normverstößen abhält oder bei Normverstößen durch Stirnrunzeln, schlechte Laune, Liebesentzug, Verspotten, Ächten, Gewaltmaßnahmen, Anzeige usw. reagiert. Diese Doppelrolle und der ständige Rollenwechsel der Gesellschaftsmitglieder tragen zur Aufrechterhaltung sozialer Normen bei.[17]

Soziale Normen können aber nicht nur als Recht, Sitte, Konvention u.a.m. *institutionalisiert* sein und durch externe Sanktionen (Fremdzwänge) stabilisiert weren. Normen können auch als Moral, Ethiken und Tabus durch die Individuen *internalisiert* sein. Normabweichungen werden in diesem Fall mit psychischen Kosten belegt, d.h. eigenes Fehlverhalten führt zu schlechtem Gewissen und Schamgefühlen, fremdes Fehlverhalten erzeugt im Individuum ein Gefühl der Pein.[18]

---

[16] Vgl. hierzu Axelrod (1986), der dieses Ergebnis durch Computersimulationen eines wiederholten Gefangenendilemma-Spieles erzeugt hat.

[17] Auch diejenigen Gesellschaftsmitglieder, die selbst gegen Normen verstoßen, reagieren häufig auf die Normverletzung anderer – beispielsweise aus Rache oder Eifersucht, weil sie selbst in der Vergangenheit Sanktionen ausgesetzt waren oder weil sie zwar grundsätzlich die Norm anerkennen, aber in ihrem jeweils spezifischen Einzelfall besondere Bedingungen geltend machen, die sie den anderen nicht zubilligen. Geiger 1964, 74ff.

[18] »Die Institutionalisierung ist für eine soziale Gruppe das, was die Internalisierung für das Individuum ist.« Rapoport 1975, 244. »Der Kontroll- und Überwachungsstruktur in der Gesellschaft entspricht die Kontrollapparatur, die sich im

Soziale Normen stellen somit Verhaltensregelmäßigkeiten dar, die durch das Zusammenwirken der Menschen entstehen und aufrechterhalten werden, indem sie rückkoppelnd die Ursachen stabilisieren, aus denen sie entstehen und aufrechterhalten werden.[19] Sie sind gesellschaftliche Ordner, die durch das Zusammenwirken der Menschen erzeugt werden und an denen sich umgekehrt jeder einzelne Mensch orientiert. Es ist dabei unerheblich, ob sich die einzelnen Gesellschaftsmitglieder bewußt an einer schriftlich fixierten oder mündlich überlieferten Verhaltensvorschrift orientieren, ob sie sich unmittelbar am Mehrheits- oder Durchschnittsverhalten der jeweils anderen Menschen orientieren oder ob sie sich an einer Größe orientieren, die von dem Verhalten der jeweils anderen erzeugt wurde und die ihr Verhalten systematisch in Richtung des Mehrheits- oder Durchschnittsverhaltens lenkt.

Dieser *Prozeß der Selbstorganisation* sozialer Normen läßt sich durch folgende Abbildung veranschaulichen:

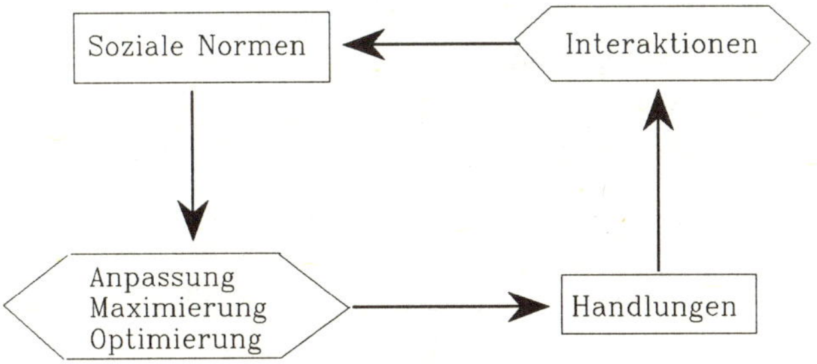

Dieses Schema ist wie folgt zu lesen: Jedes einzelne Individuum paßt sich gemäß bestimmten Verhaltensregeln an die Handlungen der jeweils anderen an. Alle Individuen zusammen erzeugen durch ihre Interaktionen auf diese Weise einen Zwang zu konformem Handeln (= soziale Norm), den jedes einzelne Individuum als Handlungsbeschränkung empfindet.[20]

Derartige Prozesse der Selbstorganisation von Normen durch die interdependent handelnden Menschen haben einige bemerkenswerte Eigenschaften. Normen werden aus einer zunächst nicht normierten Situation langsam aufgebaut, wobei der Zufall, die Historie und Nicht-

Seelenhaushalt des Individuums herausbildet.« Elias 1977, 327f. »... wenn ich nicht an Gott glaubte, würde ich mir ein tolles Leben machen.« R. Robinson, zitiert nach Mackie 1985, 404. Eine ökonomische Analyse der Moral liefert Weise 1995.

[19] Vgl. zu derartigen Fragestellungen ausführlich Eger/Weise 1990/1995.

[20] Vgl. auch Eger/Weise 1986.

linearitäten eine große Rolle spielen.[21] Kleine Unterschiede in der Ausgangssituation können völlig unterschiedliche Normen hervorbringen (Divergenz), ja es können sich sogar in ein und derselben Umgebung unterschiedliche Normen herausbilden, wenn man die Geschichte noch einmal wiederholen könnte (Bimodalität). Eine Norm stellt keinesfalls notwendig eine effiziente Anpassung der interdependent handelnden Individuen an die jeweils spezifischen Umgebungsbedingungen dar. Hat sich eine Norm einmal etabliert, dann hat sie ein starkes Beharrungsvermögen, auch wenn sich die dem Prozeß der Normbildung zugrundeliegenden Bedingungen verändern (Hysterese). Ändern sich allerdings die Umgebungsbedingungen derart, daß die Bevorzugung einer bestimmten Handlung dem Konformitätsdruck zu einer anderen Handlung dauerhaft entgegenläuft, dann kann es nach einiger Zeit zu einem erdrutschartigen Verfall der Norm kommen, eine »Katastrophe« tritt ein.[22]

3. Soziale Normen in nicht-staatlichen Gesellschaften

3.1 Jäger-Sammler-Gesellschaften

1. Aufgrund archäologischer Ausgrabungen und ethnologischer Studien noch bestehender Jäger-Sammler-Gesellschaften lassen sich heute einige Hypothesen über die grundlegenden Organisationsprinzipien steinzeitlicher Jäger und Sammler formulieren, die – obwohl nicht frei von spekulativen Elementen – einen hohen Grad an Plausibilität besitzen.[23]

Die Jäger und Sammler waren Nomaden und lebten in Horden, die in der Regel aus 25–50 Personen bestanden. Als Nahrungsgrundlage diente eine reichhaltige wilde Flora und Fauna. Bei einer sehr niedrigen regionalen Bevölkerungsdichte[24] benötigten die Jäger und Sammler nach heutigen Erkenntnissen in der Regel nur wenige Stunden pro Tag, um sich eine an Proteinen und anderen wesentlichen Nährstoffen reichhal-

---

[21] Ähnlich auch Schotter 1981, 53 und 79; Axelrod 1986, 1098. Vgl. auch Basu/Jones/Schlicht 1987.

[22] Vgl. hierzu das synergetische Modell von Eger/Weise 1995.

[23] Um etwas über unsere Vorfahren zu lernen, kann man versuchen, »... ethnographische Beschreibungen zeitgenössischer Völker mit archäologischem Material von vergangenen Gesellschaften zu kombinieren, um zu Allgemeinaussagen über die soziokulturelle Evolution der Menschheit zu gelangen. Das ist das Beste, was wir ohne eine Zeitmaschine tun können.« Vivelo, 1981, 60.

[24] Nach Harris (1980, 79) betrug die regionale Bevölkerungsdichte weniger als eine Person pro Quadratmeile.

tige Nahrung zu verschaffen.[25] War ein Lager nicht ergiebig genug, so zogen sie weiter, teilten sich (Fission) oder schlossen sich ganz (Fusion) oder teilweise anderen Horden mit ergiebigeren Lagerstätten an. Die Horde war eine sehr flexible, egalitäre Einheit, es entstanden keine permanente Führung und keine soziale Schichtung[26].

2. Im Laufe der Jahrtausende entwickelten die Jäger und Sammler eine Reihe wechselseitig anerkannter und sanktionierter Verhaltensregeln, die ihnen das Leben und Überleben unter den jeweils spezifischen natürlichen Bedingungen erleichterten, indem sie die individuelle Mobilität sicherten, das Bevölkerungswachstum begrenzten, eine Übernutzung von Flora und Fauna verhinderten, gegen Schwankungen der individuellen Nahrungsmittelversorgung versicherten und Ängste und Spannungen in der Horde reduzierten. In einer statischen Umgebung wurden durch Versuch und Irrtum »erfolgreiche« – d.h. die Mobilität und den Frieden in der Horde bewahrende – von weniger erfolgreichen Verhaltensregeln geschieden und zu Sitten und Bräuchen verfestigt sowie teilweise als Tabus internalisiert. In rituellen Handlungen offenbarte Gefühle wurden durch Mythen objektiviert.[27] Sitten, Bräuche, Tabus und Mythen wurden durch mündliche Überlieferung an die nachfolgenden Generationen weitergegeben und über Konformitätsdruck durch die öffentliche Meinung und zum Teil auch durch mystische Überhöhung und Drohung mit »übernatürlichen« Sanktionen durchgesetzt.

Betrachten wir einige typische soziale Institutionen im einzelnen. »*Mobilität*« war für die Jäger und Sammler der wichtigste Produktionsfaktor, der durch zahlreiche institutionalisierte Verhaltensregeln und entsprechende Werte und Ideologien systematisch reproduziert wurde. Exogamie, d.h. die Regel, daß der Ehepartner außerhalb der eigenen

---

[25] Siehe etwa Sahlins 1974, 1-39. Dieser Überfluß ist ein wichtiger Unterschied zu den heute noch bestehenden Jäger-Sammler-Gesellschaften. Vgl. Wesel 1985, 71.

[26] Vivelo 1981, 71ff.

[27] »Riten sind in der Tat motorische Manifestationen psychischen Lebens. Sie offenbaren gewisse fundamentale Strebungen, Begierden, Bedürfnisse, Wünsche; nicht bloß 'Vorstellungen' oder 'Ideen'. Und diese Strebungen werden in Bewegungen umgesetzt – in rhythmische, feierliche Bewegungen oder wilde Tänze, in geordnete und regelmäßige rituelle Handlungen oder in heftige, orgiastische Ausbrüche. Mythus ist das *epische* Element im primitiven religiösen Leben; Ritus ist das *dramatische* Element. Wir müssen mit dem Studium des letzteren beginnen, um das erstere zu verstehen. Für sich allein können die mythischen Geschichten von Göttern und Heroen uns nicht das Geheimnis der Religion enthüllen, weil sie nichts anderes sind als *Interpretationen* der Riten.« Cassirer 1949, 41; Hervorhebungen im Original.

Horde gesucht wurde, und Inzest-Tabu schufen ein geographisch ausgedehntes Netzwerk von Verwandtschaftsbeziehungen und senkten somit die Kosten der Mobilität einzelner Individuen oder Familien zwischen den Horden. Durch Mittel der Bevölkerungskontrolle wie Verlängerung der Stillzeit, Abtreibung, Kindestötung (meist selektiver Infantizid an Mädchen) und eine Vielzahl von Sexualtabus sowie durch Altentötung sicherte die einzelne Familie ihre Mobilität und trug dazu bei, daß die regionale Bevölkerungsdichte sehr gering blieb.[28] Die niedrige Bevölkerungsdichte, die geringe Arbeitsintensität der einzelnen Jäger und Sammler (ein Jäger war in der Regel nicht mehr als ein oder zwei Tage die Woche aktiv) sowie zahlreiche Regeln und Tabus, die eine Übernutzung von Tieren und Pflanzen verhinderten[29], hatten zur Folge, daß sich Flora und Fauna schnell wieder regenerieren konnten und daß die Produktionsweise des Sammelns, Jagens und Weiterziehens über Jahrtausende hinweg stabil bleiben konnte. Die geringe Arbeitsintensität wurde durch entsprechende Ideologien abgesichert, nach denen Bescheidenheit geschätzt und Prahlerei geächtet wurde. Alle Dinge, die schwer zu transportieren waren, wurden gering bewertet[30], und als persönliches Eigentum wurden nur die Gegenstände des täglichen Bedarfs (Waffen, Kleidung, Arbeitsgeräte etc.) wechselseitig anerkannt, die man bei sich trug und ständig benutzte[31].

Eine weitere typische soziale Institution in Jäger-Sammler-Gesellschaften bestand darin, daß das anerkannte Recht des Jägers an seiner Beute kein exklusives, transferierbares Eigentumsrecht war, sondern lediglich das Recht, über die Verteilung der Beute zu bestimmen. Es wurde allgemein erwartet, daß ein erfolgreicher Jäger auch die übrigen Mitglieder der Horde versorgte. Je großzügiger er sich bei der Verteilung zeigte, desto größer war nicht nur sein Ansehen in der Horde, sondern desto größer waren auch die zukünftigen Verpflichtungen der anderen ihm gegenüber, wenn er einmal weniger Erfolg bei der Jagd hatte. Dieses Prinzip des reziproken Tausches oder des »Gabentau-

---

28 Verlängerung der Stillzeit ist zwar die Methode, die die geringsten psychischen Widerstände herausfordert, setzt aber eine proteinreiche und an Kohlehydraten arme Ernährung voraus. In ökologisch weniger günstigen Regionen mit weniger Wildvorkommen ist diese Methode somit nicht anwendbar. Siehe hierzu auch Harris 1980, 82f. Bei Kindes- und Altentötung wurden die psychischen Kosten des Tötens häufig durch rituelle Handlungen gesenkt. Zu den Sexualtabus vgl. auch Wilkinson 1973, 30ff.

29 Wilkinson 1973, 45ff.

30 Sahlins 1974, 9ff.

31 Wesel 1985, 103ff.

sches«[32] war unter den damaligen Bedingungen eine vernünftige Form der *Versicherung* gegen Schwankungen in der Nahrungsmittelversorgung:[33] Einerseits war die Alternative, sich durch Lagerhaltung selbst zu versichern, für den einzelnen und für die Horde insgesamt unvorteilhaft, weil dadurch die Mobilität behindert wurde und weil intensive Lagerhaltung zu einer schnelleren Erschöpfung der Flora und Fauna in der Umgebung des Lagers geführt hätte; zum anderen verursachte diese Form der Versicherung dem einzelnen Jäger nur geringe Kosten, da kaum alternative Güter zur Verfügung standen, gegen die man die Überschußproduktion hätte tauschen können. »Moral hazard« in Form von Faulheit bei der Jagd wurde durch verschiedene Sanktionsmöglichkeiten der Horde mit Kosten belegt.

Da die Jäger und Sammler nur über sehr unvollkommene Kenntnisse der Naturvorgänge verfügten, spielten *Riten* verschiedener Art, der Glaube an »übernatürliche« Kräfte und *Mythen* über die kosmische Ordnung eine große Rolle.[34] Durch Intensivierungsriten[35] wurden das Gemeinschaftsgefühl ständig erneuert und das Prinzip der wechselseitigen Versicherung stabilisiert. So stellten z.B. Unwetter, Krankheiten, Wildmangel etc. permanente Bedrohungen dar, deren Ursachen man nicht erklären konnte. Jäger und Sammler reagierten auf derartige Bedrohungen mit rituellen Handlungen, durch die die »übernatürlichen« Kräfte versöhnlich gestimmt werden sollten. Diese rituellen Handlungen waren unter den damaligen Bedingungen sinnvolle Überlebensstrategien; denn die Ursachen der Bedrohungen konnte man mit dem damaligen Informationsstand nicht beseitigen, man konnte aber in Zeiten der Not das Zusammengehörigkeitsgefühl der Gruppe stärken. Darüber hinaus bestanden zahlreiche Initiationsriten[36], Totenrituale, Namensgebungszeremonien u.ä.m., die regelmäßige Verbindungen zwischen Jägern und Sammlern auch aus verschiedenen Horden sowie rituelle Abhängigkeiten schufen. Priester gab es allerdings keine; statt dessen

32 Mauss 1968.

33 Vgl. hierzu auch Sahlins 1974, 31f. und Posner 1981, 153ff. Dieser Verteilungsmechanismus bezog sich gewöhnlich nicht auf die gesammelten Pflanzen, da die Versorgung mit wilden Pflanzen zuverlässiger vorherzusagen ist als die Versorgung mit Wild. Vgl. Vivelo 1981, 74.

34 Vgl. zu derartigen Fragen auch Elias 1983.

35 Vivelo 1981, 164f.

36 Diese verringerten die Wahrscheinlichkeit, daß individuelle Lebenskrisen, ausgelöst durch den Übergang von einer in die andere Lebensphase, zu Spannungen in der Gruppe führten. Vgl. auch Vivelo 1981, 164ff.

traten häufig *Schamanen* als religiöse oder magische Teilzeitpraktiker auf[37].

3. In Jäger-Sammler-Gesellschaften gab es nur relativ wenig Konfliktarten und nur relativ wenig potentiell an einem Konflikt beteiligte Personen. Abgesehen von den üblichen Reibereien, die ein enges Zusammenleben mit sich bringt, entstanden Konflikte vor allem wegen Faulheit bei der Jagd, Eheproblemen, Konkurrenz um Frauen (vor allem in Gesellschaften mit selektivem Infantizid als Mittel der Bevölkerungskontrolle) und gelegentlich aus Tötungsdelikten. Aufgrund der geringen Bedeutung exklusiver persönlicher Eigentumsrechte war Diebstahl ein sehr seltenes Delikt. Zur Konfliktlösung gab es keine Instanzen mit besonderer Autorität, auch die Älteren spielten keine große Rolle. Viele Konflikte wurden durch Diskussion in der Horde beigelegt, durch rituelle Zweikämpfe und Wettbewerbe entschärft oder durch Wechsel zu einer anderen Horde erledigt. Wenn es sich nicht verhindern ließ, wurde bei Tötungsdelikten Vergeltung durch Blutrache in der Horde anerkannt. Besonders schlimme Störenfriede wurden auch aus der Horde (und damit der Versicherungsgemeinschaft) ausgeschlossen oder mitunter auch durch einen Beauftragten der Horde getötet. Grundsätzlich wurden Streitigkeiten so gehandhabt, daß Spannungen in der Gruppe minimiert wurden[38].

Verbrechen spielten in den frühen Jäger-Sammler-Gesellschaften eine geringe Rolle, und zwar aus einleuchtenden Gründen: Zum einen war es in diesen auf Reziprozität beruhenden Gesellschaften kaum möglich, durch ein Verbrechen etwas zu bekommen, was man sich nicht auch auf »legalem«, d.h. gesellschaftlich anerkanntem, Wege hätte beschaffen können; zum anderen war es in derartigen kleinen Gesellschaften, in denen die Menschen eng zusammenlebten und praktisch jeder jeden kontrollierte, sehr unwahrscheinlich, daß ein Verstoß gegen die anerkannten Regeln des Zusammenlebens nicht bemerkt wurde (hohe Aufklärungswahrscheinlichkeit).[39]

---

[37] Vivelo 1981, 77f.

[38] Vivelo 1981, 206.

[39] Posner stellt allerdings die Dinge auf den Kopf, wenn er schreibt: »The example of crime suggests, however, that the absence of privacy in primitive societies may itself be an adaptation to the high costs of information in a society that lacks public or private investigatory institutions or any form of press. One way of reducing information costs is to create living conditions in which everyone knows everything about everyone else. The denial of privacy in a primitive society serves to enlist the entire population as informers and policemen.« Posner 1981, 148.

3.2 Nicht-staatliche seßhafte Gesellschaften

1. Es stellt sich nun die Frage, warum die Menschen nach zehntausenden von Jahren des Jagens und Sammelns begannen, zu Ackerbau und Viehzucht überzugehen und warum sich in den darauffolgenden Jahrtausenden diese Produktionsweise weltweit immer mehr durchsetzte. Die Antworten auf diese Frage sind alle vorläufig und unvollständig, aber einige dieser Antworten sind plausibler und andere weniger plausibel.

Eine gängige Erklärung führt die »neolithische Revolution« auf das Wirken einiger unbekannter Genies zurück, die die Techniken des Ackerbaus und des Zähmens wilder Tiere erfanden und dadurch den Menschen eine Steigerung ihres Lebensstandards ermöglichten. Diese Erklärung ist aus heutiger Sicht nicht sehr plausibel: Zum einen läßt sie die Frage unbeantwortet, warum diese Ideen von so vielen Genies in aller Welt unabhängig voneinander entwickelt wurden; die Vorstellung, daß sich die Ideen allmählich ausgebreitet haben, ist nicht stichhaltig, da in den verschiedenen Teilen der Welt ganz unterschiedliche Tiere und Pflanzen domestiziert wurden. Zum anderen widerspricht diese Erklärung der Tatsache, daß vielen heute noch existierenden Jäger-Sammler-Gesellschaften diese Techniken durchaus bekannt sind, ohne daß sie deshalb systematisch angewendet würden.

Der Grund für den Übergang vom Jagen und Sammeln zu Ackerbau und Viehzucht sollte somit weniger im Entstehen neuer Ideen als vielmehr in veränderten Anreizen, diese Ideen anzuwenden, gesucht werden. So scheint heute weitgehend Einigkeit darüber zu bestehen, daß durch globale klimatische Veränderungen, die mit dem Ende der letzten Eiszeit vor ca. 13.000 Jahren einsetzten und einen beträchtlichen Teil der Megafauna vernichteten,[40] und durch zunehmendes Bevölkerungswachstum[41] der Bevölkerungsdruck auf die Flora und Fauna insbesondere in überdurchschnittlich fruchtbaren Regionen schnell zunahm, die Kosten des Jagens und Sammelns stark stiegen und sich die Anreize zur Intensivierung der Produktion systematisch verstärkten.

2. Der von Childe[42] geprägte Ausdruck »neolithische Revolution« darf nicht darüber hinwegtäuschen, daß der Übergang der Jäger-Sammler-Gesellschaften zur seßhaften Produktionsweise ein sehr langwieriger

---

[40] Vgl. hierzu Harris 1980, 85ff. und Wilkinson 1973, 100f.

[41] Cohen 1977.

[42] Childe 1951.

Prozeß war, der von den damals lebenden Menschen kaum als eine Revolution empfunden worden sein dürfte[43]. So beruhten die frühen Formen des Bodenbaus (niederer Bodenbau, Pflanzertum), die sich unter anderem im Mittleren Osten, Südostasien und Nordafrika entwickelten, auf dem Einsatz einfacher Handwerkzeuge wie Grabstock, Pflanzstock und Hacke[44] . Die verbreitetste Form des niederen Bodenbaus, die heute noch bei vielen Völkern der Welt ausgeübt wird[45] und einen relativen Überfluß an Boden voraussetzt, war die Wechselwirtschaft (insbesondere der Brandrodungsbau)[46]. Zunächst machten die durch Bodenbau gewonnenen Nahrungsmittel nur einen geringen Anteil der gesamten Ernährung aus; der größte Teil der Nahrungsmittel wurde weiterhin durch Jagen und Sammeln gewonnen, deren Bedeutung sich im Laufe der Zeit allmählich verringerte. Mit der Zeit gewann auch (in der Alten Welt) die Viehzucht an Bedeutung: Ziegen, Schafe, Schweine und Rinder wurden domestiziert[47]. Die Viehzucht trat in zwei Formen auf: als Nebentätigkeit von Bodenbauern (seßhaftes Hirtentum) oder als nomadisches Hirtentum[48].

Frühe seßhafte Gesellschaften werden auch als »segmentäre Gesellschaften« bezeichnet, da es sich um eine relativ lockere Verbindung von autonomen, lokalen Gruppen (primären Segmenten, bestehend aus etwa 50 bis 250 Menschen) handelte, die weitgehend durch verwandtschaftliche Beziehungen verbunden waren. Primäre Segmente, die durch Ähnlichkeiten von Sprache und Brauch sowie durch ein Gefühl ethnischer oder kultureller Verbundenheit gekennzeichnet waren, bildeten einen Stamm. Es gab keine feste Organisation und keine zentrale Autorität auf Stammesebene. Ein gewisser Zusammenhalt der Segmente eines Stammes entstand durch Heirat (Exogamie bezüglich der Lineage[49]), durch religiöse Gemeinschaften (Polytheismus, Ahnenverehrung) und durch vorübergehende militärische Allianzen bei äußerer Bedrohung.

---

[43] Wesel 1985, 189ff.

[44] Vivelo 1981, 89ff.

[45] Vor allem, aber nicht ausschließlich, in tropischen Gegenden wie den Stromgebieten des Amazonas oder des Kongo.

[46] Bargatzky 1986, 103ff.

[47] Thomas 1984, 37ff.

[48] Vivelo 1981, 122ff.

[49] In den meisten segmentären Gesellschaften wurden nicht alle Blutsverwandten gesellschaftlich als Verwandte anerkannt, sondern häufig nur die Blutsverwandten einer Linie (= Lineage); in den meisten Fällen wurde die Abstammung über die männliche Linie definiert (Patrilinearität), in relativ wenigen Fällen über die weibliche Linie (Matrilinearität). Zu einer möglichen Begründung der unterschiedlichen Abstammungsregeln siehe Harris 1978, 83ff. und derselbe 1980, 96ff.

Auf der Ebene der primären Segmente (Lineage, Gehöft, Dorf) entstanden Führungspositionen wie »Ältester« oder »Big man«, die zwar stabiler als bei den Wildbeutern waren, die aber auf die Dauer eher mit Pflichten als mit besonderen Vorrechten oder gar mit Möglichkeiten der Machtausübung verbunden waren.[50]

Bei allen Unterschieden zwischen den verschiedenen frühen Pflanzer- und Hirtengesellschaften gibt es doch eine Reihe typischer sozialer Institutionen und Organisationsprinzipien, die sich systematisch als Anpassungen an eine veränderte Umgebung erklären lassen. Ganz allgemein betrachtet, nahm im Laufe der Zeit aufgrund der höheren Bevölkerungsdichte die Bedeutung von »Abwanderung« (Fluktuation, Mobilität) ab, während sich die Rolle von »Widerspruch« (Vermittlung, stabilen persönlichen Beziehungen, Status, Krieg) vergrößerte.[51] Im einzelnen bedeutete das: Bei der Allokation knapper Ressourcen nahm die Bedeutung von Verwandtschaftsbeziehungen zu; Fluktuation als Mittel der Konfliktbeilegung spielte eine immer geringere Rolle, während verschiedene Formen der Vermittlung sowie die Drohung mit dem Vorwurf der Hexerei und Zauberei die soziale Ordnung stabilisierten; Kriege als Mittel der Konfliktaustragung zwischen den einzelnen Siedlungen gewannen an Bedeutung.

3. In den frühen seßhaften Gesellschaften war jungfräulicher Boden relativ reichlich vorhanden, Arbeitskraft, bearbeiteter Boden und domestiziertes Vieh waren dagegen relativ knapp. Zusammenarbeit beim Anbau von Feldfrüchten und Investitionen in die Zukunft gewannen an Bedeutung. Mit zunehmender Seßhaftigkeit stieg somit auch der ökonomische Nettonutzen der Kinder. Da Mobilität nicht mehr wichtig war, sanken die Kosten der Kinder für die einzelne Familie und für die Gesellschaft insgesamt. Gleichzeitig stieg der ökonomische Nutzen der Kinder, da sie in vielen Bereichen (Unkraut jäten, Ernteeinsatz, Vieh hüten, Einsammeln von Mist etc.) produktiv eingesetzt werden konnten[52]. Darüber hinaus wurden Kinder als Altersversicherung wichtig. Während es in Jäger-Sammler-Gesellschaften, für die eine hohe Mobilität von existentieller Bedeutung war, keine andere Möglichkeit der Altersvorsorge gab, als sich gesund zu erhalten und der Horde nicht zur

[50] Das änderte sich erst mit dem Entstehen einer anderen Form der Stammesgesellschaft, die mit einem intensiveren Bodenbau verbunden war: dem Häuptlingstum. Siehe hierzu unten, Kapitel 4.

[51] Zu den Mechanismen »Abwanderung« und »Widerspruch« siehe Hirschman 1970.

[52] Harris 1980, 88.

Last zu fallen, hing in frühen seßhaften Gesellschaften die Versorgung im Alter sowohl für den einzelnen als auch für die Gesellschaft insgesamt von der Anzahl der arbeitsfähigen Nachkommen ab. Die Erwachsenen hatten somit ein Interesse an der Arbeitskraft der Kinder. Gleichzeitig waren die Nachkommen daran interessiert, den von den Eltern bebauten Boden und das von den Eltern domestizierte Vieh zu nutzen.

Unter diesen Bedingungen entwickelten sich in allen frühen seßhaften Gesellschaften unter anderem klar definierte, wechselseitig anerkannte und sanktionierte *Abstammungs-, Heirats- und sonstige Verwandtschaftsregeln*, die die Allokation knapper Ressourcen auf friedliche Weise ermöglichten, indem sie Rechte und Pflichten bezüglich der Nutzung knapper Ressourcen zwischen Verwandten aller Art definierten.[53]

Zum einen stellten die Verwandtschaftsregeln eine spezifische Form der *Versicherung* gegen Schwankungen der Nahrungsmittelproduktion dar, indem ein Risikopool für Versicherungszwecke geschaffen wurde[54]. Durch die wechselseitig anerkannte Verpflichtung, innerhalb klar definierter Verwandtschaftsgruppen zu teilen,[55] und durch Exogamie (verstärkt durch Inzestverbot) wurden der Risikopool vergrößert, die geographische Streuung erhöht und gleichzeitig der Nachteil einer adversen Selektion, d.h. einer systematischen Verdrängung der guten Risiken aus der Versicherungsgemeinschaft, vermieden.

Zum anderen wurde durch die Institution des Brautpreises eine *friedliche Allokation der knappen Arbeitskraft* bei relativ reichlich vorhandenem Boden erleichtert. Bei dem Brautpreis handelte es sich um Leistungen eines Mannes und seiner Verwandtschaft an die Lineage der Frau, die er heiratete. Brautpreise lassen sich als Ausgleich dafür auffassen, daß die Lineage der Frau deren Arbeitskraft verlor oder die Lineage des Mannes die Kinder erhielt[56]. Die Zahlung des Brautpreises an die Verwandtschaft der Braut wirkte sich auch stabilisierend auf die Institution der Ehe aus[57]. Wollte nämlich eine Frau »schuldhaft« ihren Mann verlassen, so hatte die Verwandtschaft einen ökonomischen Anreiz, sie nicht aufzunehmen und sie zu überreden zurückzukehren, da sie ande-

---

[53] Vgl hierzu ausführlich Wesel 1985, 191ff.; Vivelo 1981, 212ff.; Sahlins 1973, 114ff.

[54] Posner 1981, 153ff.

[55] Boden und – im Falle der Milchwirtschaft – Vieh waren letztlich Bezugspunkte eines Bündels von Berechtigungen, die von mehreren Personen im Rahmen ihrer verwandtschaftlichen Beziehungen geltend gemacht wurden; Boden konnte nicht verkauft oder verpachtet werden, ebenso wie die Zugehörigkeit zur Lineage nicht verkauft oder verpachtet werden konnte. Vgl. Wesel 1985, 215ff.

[56] Wesel 1985, 233ff.; Harris 1987, 86.

[57] Posner 1981.

renfalls den Brautpreis hätte zurückzahlen müssen.[58] Der Mann hatte seinerseits einen Anreiz, die Frau gut zu behandeln, da sie ihm andernfalls weggelaufen wäre, ohne daß er den Brautpreis zurückerhalten hätte.

4. Es hatten sich in den frühen seßhaften Gesellschaften eine Reihe von Regeln des Zusammenlebens entwickelt, die u.a. die Zugehörigkeit zu Verwandtschaftsgruppen, Residenz und Brautpreisleistungen regelten, die Exogamie vorschrieben und Inzest verboten, die Nutzungsrechte bezüglich des Bodens, Viehs und anderer Ressourcen zuordneten und deren Vererbung regelten, die Tötung, Körperverletzung, Ehebruch, Aneignung fremder Sachen, Beleidigung verboten usw.[59]. Diese sozialen Verhaltensregeln entwickelten sich durch das Miteinander der Menschen unter veränderten Bedingungen, die dadurch gekennzeichnet ware, daß sich zahlreiche neue Konfliktmöglichkeiten ergaben.[60] In den segmentären Gesellschaften wurde mit mehr oder weniger großem Erfolg versucht, Konflikte durch Verhandlungen (ggf. unter Einschaltung von Vermittlern) beizulegen, anstatt dem Konflikt durch Abwanderung auszuweichen. Gelang dies nicht, so wurde häufig zu gewaltsamer Selbsthilfe gegriffen.[61] Da mit der Seßhaftigkeit Besitz wichtiger wurde, verbesserten sich auch die Möglichkeiten, Regelverletzungen durch Sachleistungen (Vieh oder andere wertvolle Güter) auszugleichen; Verhandlungen wurden möglich. So entwickelten sich zum Teil regelrechte Tarife für Entschädigungen bei Tötungen und Körperverletzungen.[62]

Neben den Mechanismen der öffentlichen Bloßstellung und Verspottung von Normverletzern sowie der Veranstaltung von Tauschwettbewerben und streng regulierten Duellen gewann mit zunehmender sozialer Dichte ein anderer Mechanismus der Stabilisierung der sozialen

[58] Ob in diesem Fall der Brautpreis ganz, teilweise oder gar nicht zurückgezahlt werden mußte, hing häufig davon ab, wieviele Kinder geboren wurden. Vgl. für die Nuer Wesel 1985, 245.

[59] Wesel 1985, 319.

[60] »Der Rahmen dieser erweiterten normativen Grundlage läßt eine ganze Reihe neuer Konfliktmöglichkeiten entstehen. Nun kann man miteinander streiten über die beste Wohnlage und das günstigste Kulturland, über das aus erfolgreicher pflanzerischer Tätigkeit hervorgegangene Erzeugnis, über die Hilfe, die Verwandte oder Nachbarn beim Roden, Urbarmachen und Ernten voneinander erwarten, und über die Übertragung der Anteile an Immobilien und beweglichen Gütern, wenn jemand stirbt.« Roberts 1981, 106.

[61] In der Regel gab es bei gewaltsamer Selbsthilfe Einschränkungen derart, daß die Vergeltung dem Delikt entsprechen mußte: »Auge um Auge, Zahn um Zahn.« Vgl. Roberts 1981, 59 sowie 163ff.

[62] Siehe z.B. Wesel 1985, 260f.; Posner 1981, 193.

Ordnung an Bedeutung: Jeder, der ständig gegen irgendwelche Regeln verstieß und der sichtbar mehr Reichtümer anhäufte als die anderen Dorfbewohner, mußte befürchten, der Hexerei und Zauberei angeklagt zu werden. Dadurch wurden Abweichungen vom Durchschnittsverhalten mit zusätzlichen Sanktionen belegt.[63]

5. Während es innerhalb der frühen seßhaften Gesellschaften somit eine Reihe von Mechanismen der friedlichen Konfliktbewältigung gab, fehlten derartige Mechanismen zur Beilegung von Konflikten zwischen verschiedenen seßhaften Gesellschaften. Da Mobilität kostspielig und der Sinn für territoriale Zugehörigkeit geschärft war, spielten *Kriege* eine zunehmende Rolle. Unter den damaligen Bedingungen sorgte die häufige Kriegführung dafür, daß der Bevölkerungsdruck auf die Ressourcen begrenzt wurde.[64]

Man kann sich den Mechanismus etwa folgendermaßen vorstellen: Überschritt eine Siedlung eine bestimmte Größe, so spaltete sich ein Teil der Gruppe ab und suchte sich einen neuen Standort.[65] Verringerte sich der Abstand zwischen den Siedlungen, so mehrten sich die Konflikte, bis es schließlich zu kriegerischen Auseinandersetzungen kam. Solange noch genügend fruchtbarer Boden vorhanden war, suchte sich die unterlegene Gruppe einen entfernteren Standort[66]. Dadurch wurde

---

[63] Vgl. hierzu z.B. Wesel 1985, 323f.; Posner 1981, 168f.; Vivelo 1981, 169f. Roberts weist allerdings darauf hin, daß der Zauberglaube nicht nur Konflikte kontrollieren, sondern auch seinerseits Quelle von Streitigkeiten sein kann; er verweist dabei auf Berichte, »... die schildern, wie die Furcht vor Zauberei in einer Gemeinschaft eine von Düsternis erfüllte, bedrückende Atmosphäre verbreitete und wie im Bemühen, doch ja gegen jedermann höflich zu sein, die Menschen sich unnatürlich verkrampft benahmen.« 1981, 113.

[64] Vgl. Harris 1978, 51ff. »In der Tat spricht etliches dafür, daß das Gleichgewicht zwischen Bevölkerungsgröße und Ressourcen der eigentliche Grund für Banden- und Dorfkriege ist und daß der Ursprung dieser Geißel in der Unfähigkeit vorindustrieller Gesellschaften zu sehen ist, weniger kostspielige und gutartigere Mittel zur Erreichung niedrigerer Bevölkerungsdichten und -wachstumsraten zu entwickeln.« (ebenda, 55). Vgl auch Harris 1980, 90ff.

[65] Zur Bedeutung der Spaltung (»fissioning«) wachsender nicht-staatlicher Gesellschaften vgl. auch Taylor 1982, 90ff. Wann diese kritische Größe erreicht war, hing von der Verfügbarkeit fruchtbaren Bodens ab. Nach Angaben von Carneiro fand im Amazonasgebiet, wo eine riesige Regenwaldfläche existierte und die Bedingungen für eine Neuansiedlung günstig waren, eine Spaltung oft bei einer Dorfgröße von weniger als 100 Personen statt, und nur wenige Dörfer erreichten einen Umfang von mehr als 200 Personen. Im Küstengebiet von Peru war dagegen das Land eng begrenzt, und die Bevölkerungszahlen der Dörfer lagen im Durchschnitt bei über 300 Personen. Vgl. Carneiro 1973, 163, Anmerkung 19.

[66] Harris 1978, 60; Roberts 1981, 116ff.

ein »Niemandsland« zwischen den Siedlungen geschaffen, das als Reservat für verschiedene Tier- und Pflanzenarten diente und eine schnelle Erschöpfung der Flora und Fauna durch menschliche Aktivitäten verhinderte. Aber die Kriege verminderten noch auf eine andere Weise den Bevölkerungsdruck auf die Ressourcenbasis: Mit zunehmender Bedeutung der Kriegführung wurde das Überleben der Gruppe von der Aufzucht kampfbereiter Männer abhängig. Dies führte zu einer sozialen Aufwertung von Söhnen und Abwertung von Töchtern in diesen Gesellschaften mit der Folge, daß durch selektiven Infantizid der weibliche Nachwuchs und damit das Bevölkerungswachstum begrenzt wurden.[67]

3.3 Die Selbstorganisation nicht-staatlicher Gesellschaften durch Gruppenprozesse

Nicht-staatliche Gesellschaften haben somit bei allen Unterschieden im Detail eines gemeinsam: Sie organisieren sich durch Gruppenprozesse, d.h. das grundlegende Organisationsprinzip ist das der sozialen Gruppe. Unter sozialer Gruppe (Kleingruppe, face-to-face Gruppe) kann man ein Interdependenzgeflecht von Individuen verstehen, das durch unmittelbare und diffuse Mitgliederbeziehungen und relative Dauerhaftigkeit gekennzeichnet ist.[68] Diese drei Merkmale treffen im großen und ganzen auch auf nicht-staatliche Gesellschaften zu.[69] So ist mit dem Kriterium der *Unmittelbarkeit* gemeint, »... daß die Kontakte in Gruppen 'face-to-face' laufen, daß jedes Mitglied jedes andere wahrnehmen und mit ihm direkt umgehen kann.«[70]. Dieses Kriterium ist nicht nur bei den Jäger-Sammler-Horden erfüllt; auch in den Dörfern der frühen seßhaften Gesellschaften spielen unmittelbare persönliche Beziehungen zwischen den Gesellschaftsmitgliedern eine große Rolle (Nachbarschaftshilfe beim Bestellen der Felder, zahlreiche gemeinsame Riten etc.). Ein zweites Merkmal der sozialen Gruppe besteht darin, daß die Mitgliederbeziehungen *diffus* sind. Damit ist gemeint, daß »... Mitgliederbeziehungen nicht auf spezifische Zwecke oder Ziele eingegrenzt er-

---

[67] Vgl. hierzu ausführlich Harris 1978, 63ff. Harris kommt zu dem Ergebnis, »daß ohne Fortpflanzungsdruck weder die Kriegführung noch der Infantizid an weiblichen Kindern sich ausgebreitet hätten und daß die Verbindung beider eine grausame, aber einzigartig wirksame Lösung des Malthusianischen Dilemmas geboten hat.« 1978, 64.

[68] Ein formales Modell der Koordination individueller Handlungen durch Gruppenprozesse findet sich bei Weise/Eger 1987.

[69] Vgl. hierzu auch die Gegenüberstellung bei Wesel 1985, 348f.

[70] Neidhardt 1980, 105.

scheinen, sondern mit einer Vielzahl von Bezügen auf einer formell nicht eingegrenzten Zahl von Bezugsebenen stattfindet.«[71]. Genau dies trifft auf die nicht-staatlichen Gesellschaften zu, bei denen es weniger darauf ankommt, bestimmte abstrakte Verhaltensweisen mit Sanktionen zu belegen; vielmehr geht es darum, auf Dauer ein friedliches Zusammenleben zwischen konkreten Personen sicherzustellen, die sich persönlich kennen und täglich miteinander zu tun haben. Diffus bedeutet in diesem Zusammenhang auch, daß die sozialen Verhaltensregeln undifferenziert sind, daß Stimmungen und Gefühle eine große Rolle spielen und daß eine Trennung in Recht, Sitte, Moral und Religion nicht besteht. Schließlich sind Gruppenbeziehungen durch *relative Dauerhaftigkeit* gekennzeichnet, d.h. es bestehen Kosten der Abwanderung für die einzelnen Gruppenmitglieder. Diese Kosten der Abwanderung sind bei Jägern und Sammlern in der Regel noch relativ gering, steigen aber mit zunehmender Bedeutung von Viehzucht und insbesondere Ackerbau (Dauerfeldbau).

Es entstanden somit in den nicht-staatlichen Gesellschaften soziale Institutionen, die durch Übersichtlichkeit, intensive persönliche Wechselbeziehungen und Egalität gekennzeichnet waren.[72] Diese Institutionen stabilisierten über sehr lange Zeiträume rückkoppelnd die Ursachen, aus denen sie entstanden waren, indem sie die Triebe und Affekte der Individuen in einer der sozialen Ordnung dienlichen Weise kanalisierten und indem sie eine schnelle Verknappung der strategischen Ressourcen (wilde Tiere und Pflanzen bei den Jägern und Sammlern, fruchtbarer Boden bei den frühen seßhaften Gesellschaften) systematisch verhinderten.

4. Die Entstehung von Staat und Recht als Prozeß der Selbstorganisation

1. Solange der Bevölkerungsdruck auf den Boden nicht zu stark wurde, konnten die frühen seßhaften Gesellschaften ihre egalitären Institutionen durch den Mechanismus der Spaltung (Fission) wachsender Gruppen ständig reproduzieren. Mit steigenden ökonomischen Anreizen zu Bevölkerungswachstum und zunehmender regionaler Bevölkerungsdichte kam es demgegenüber verstärkt zu Kriegen zwischen den Dör-

[71] Neidhardt 1980, 106.

[72] Vgl. hierzu auch Taylor 1982, 65ff.

fern, wobei im Unterschied zu früheren Kriegen der Anlaß weniger Rache als vielmehr die Notwendigkeit war, Land in Besitz zu nehmen. Der Verlierer hatte immer schlechtere Möglichkeiten abzuwandern und mußte sich daher dem Sieger unterordnen und Tribut zahlen bzw. sich in die politische Einheit des Siegers eingliedern[73]. Eine weitere Reaktion auf den Bevölkerungsdruck bestand darin, die Bodennutzung zu intensivieren.[74] Bei günstigen Bodenverhältnissen konnten die Ackerbauern ihre Anstrengungen über relativ lange Zeiträume intensivieren, ohne die Umwelt zu erschöpfen. Unter derartigen Bedingungen entwickelte sich der Brauch, Leute, die härter arbeiteten als andere, auffällig zu belohnen[75]. Derartige »Big men« hatten ein hohes Prestige, solange sie hohe Überschüsse erwirtschafteten und diese beispielsweise im Rahmen großer Feste an die übrigen Dorfbewohner und ggf. an weitere Stammesmitglieder verteilten. Der »Big man« auf Dorfebene, der seinen Status ausschließlich seiner Persönlichkeit und seinen technischen und organisatorischen Fähigkeiten verdankte, hatte drei wichtige Funktionen zu erfüllen: *Intensivierung* der Produktion, *Umverteilung* von Ernteüberschüssen und Handelsgütern sowie *Organisation* von Handelsexpeditionen, militärischen Aktionen gegen feindliche Dörfer und Arbeiten im Interesse gemeinsamer Vorhaben (Bau von großen Kanus, Gebäuden etc.). Bei diesen einfachen Formen der Umverteilung konnte der Umverteiler (»Big man«) keine Macht über andere Stammesmitglieder ausüben, er war vollständig von der freiwilligen Unterstützung der Nahrungsmittelproduzenten abhängig.

Diese einfachen, symmetrischen Umverteilungssysteme tendierten aber mit der Zeit dazu, sich zu asymmetrischen Formen der Umverteilung zu entwickeln. Es entstanden *Häuptlingstümer*, die durch ein Machtgefälle zwischen dem Häuptling (Umverteiler) und seiner engsten Gefolgschaft einerseits und den (auf mehrere Dörfer verteilten) gewöhnlichen Produzenten andererseits gekennzeichnet waren und in denen die Position des Häuptlings ein offizielles, festumrissenes, erbliches Amt wurde.[76] Eine notwendige Bedingung für die Entwicklung asymmetri-

---

[73] Carneiro 1973, 160ff.

[74] Zum Zusammenhang zwischen Bevölkerungsdichte und Intensität der Bodennutzung siehe die grundlegende Arbeit von Boserup 1965.

[75] Harris 1980, 92ff.; Vivelo 1981, 201f.

[76] Zur Organisation von Häuptlingstümern vgl. Vivelo 1981, 201f. Macht ist eine Struktureigentümlichkeit aller menschlichen Beziehungen, und mit dem Begriff »Macht« kennzeichnet man in der Regel Asymmetrien in diesen Beziehungen (Machtbalancen, Machtdifferentiale): »Wer braucht wen mehr? Wessen Funktion für den anderen, wessen Angewiesenheit auf den anderen ist größer oder kleiner? Wessen Ab-

scher Umverteilungssysteme bestand darin, daß der Umverteiler fähig war, als »Energy gate« zu agieren und den Zufluß an lebensnotwendigen Proteinen und Kalorien zu kontrollieren.[77]

Die Tendenz eines wachsenden Machtgefälles zwischen »Umverteiler« und Nahrungsmittelproduzenten läßt sich als ein Prozeß der positiven Rückkopplung beschreiben, der von einfachen, symmetrischen Umverteilungssystemen zu Häuptlingstümern und in einigen Fällen bis zur Entstehung ursprünglicher Staaten führte: Je mächtiger der Umverteiler (die herrschende Klasse), desto stärker konnte die Produktion intensiviert werden, desto stärker konnte die Bevölkerung wachsen, desto mehr Kriege konnten erfolgreich geführt werden, desto stärker konnte das Territorium erweitert werden, desto überzeugender konnte den Nahrungsmittelproduzenten Schutz vor natürlichen und übernatürlichen Kräften geboten werden und desto stärker konnte der Umverteiler seine Macht vergrößern, d.h. desto schwieriger war es, ihn zu ersetzen oder ganz auf einen Häuptling zu verzichten[78].

2. Als *Staat* kann man eine autonome, politische Einheit bezeichnen, »... die viele Gemeinden auf ihrem Gebiet vereinigt und eine zentrale Regierung besitzt, welche die Machtbefugnis hat, Steuern einzuziehen, Männer zur Arbeit oder zum Kriegsdienst heranzuziehen und Gesetze zu verabschieden und ihnen Geltung zu verschaffen.«[79]. Die allgemeinen Prozesse der territorialen Expansion, der militärischen Beutezüge und der Intensivierung der Bodennutzung, die in allen Häuptlingstümern auftraten, führten nur unter sehr spezifischen Umweltbedingungen zur Entstehung ursprünglicher Staaten.[80] Der Grund hierfür liegt darin, daß die sich entwickelnde soziale Schichtung, auf der die Häuptlingstümer basierten, häufig zu politischer Instabilität, Parteistreitigkeiten, Aufständen, Spaltung und Abwanderungen führte. Dadurch

hängigkeit vom den anderen ist dementsprechend kleiner oder größer?« Elias 1978, 821.

[77] Harris 1980, 93. Gut geeignet war z.B. Getreide mit hohem Proteingehalt und guter Lagerfähigkeit; schlecht geeignet waren beispielsweise Knollengewächse wie Maniok und Yams.

[78] Harris 1980, 102f.

[79] Carneiro 1973, 153.

[80] »Ursprüngliche Staaten« haben keinen Vorläufer, der einen Einfluß auf die Staatsbildung hatte. »Nachfolgende Staaten« entwickelten sich aus dem Kontakt mit anderen Staaten. Mit großer Wahrscheinlichkeit gibt es sechs Zentren ursprünglicher Staatsentstehung: Mesopotamien (ca. 3.300 v. Chr.); Ägypten (ca. 3.100 v. Chr.); Indus-Tal (kurz vor 2.000 v. Chr.); Becken des Gelben Flusses in Nordchina (kurz nach 2.000 v. Chr.); Peru (um das Jahr 0); Mittelamerika (ca. 300 n. Chr.). Vgl. Harris 1978, 103.

wurde die Fähigkeit der Elite, Macht über die Nahrungsmittelproduzenten auszuüben, beschränkt. Harris[81] nennt zwei Bedingungen, die dafür verantwortlich waren, daß die oben beschriebenen Selbstverstärkungsprozesse nicht lediglich zur Entstehung mehr oder weniger stabiler Häuptlingstümer, sondern bis hin zur Staatenbildung führten:

1) Die Energiebasis mußte hinreichend groß sein, um eine einige Tausend Mann starke Einheit an Militär-, Polizei- und Verwaltungspersonal zu ernähren.
2) Die Abwanderung in weniger dicht besiedelte Gebiete mußte für die einzelnen Bauern mit deutlichen Einbußen an Arbeitseffizienz und Lebensqualität verbunden sein.

Die erste Bedingung, die eine hohe Intensivierbarkeit der Produktion impliziert, ist nicht hinreichend zur Erklärung der Staatenbildung. Sind nämlich die Kosten der Abwanderung gering, so ist die Entwicklung eines stabilen staatlichen Herrschaftssystems nicht denkbar. Carneiro[82] unterscheidet drei Faktoren, die zu positiven Kosten der Abwanderung in einer Region führen. Der wichtigste ist die *umweltbedingte Abgegrenztheit*. Ist ein begrenztes Gebiet fruchtbaren Ackerlandes von Bergen, Meeren oder Wüsten umgeben, so sind die Kosten der Abwanderung sehr hoch.[83] Darüber hinaus führt Carneiro noch die *Konzentration von Ressourcen* auf ein relativ begrenztes Gebiet und die *soziale Begrenzung* der im Zentrum eines Gebietes mit hoher Bevölkerungsdichte befindlichen Dörfer als die Kosten der Abwanderung erhöhende Faktoren auf.

Als Folge des Prozesses der positiven Rückkopplung zwischen der Macht der »Umverteiler« und der Intensivierung der Produktion, die teils durch intensivere Nutzung bisher genutzter Böden, teils durch Erschließung neuer Böden mittels Bewässerungssystemen, Terrassenbau etc. erfolgte, entstanden unter den Bedingungen einer hohen Energiebasis (und damit einer hohen Intensivierbarkeit) und hoher Abwanderungskosten die ersten Staaten. Die starke Intensivierung der Produktion in den Staaten ermöglichte ein hohes Bevölkerungswachstum und führte zu einer im Vergleich zu den frühen segmentären Gesellschaften und Häuptlingstümern sehr hohen regionalen Bevölkerungsdichte. Darüber hinaus waren diese Staaten durch ein hohes Maß an sozialer

[81] Harris 1980, 101f.

[82] Carneiro 1973, 160ff.

[83] Dies trifft zu für die Flußtäler am Nil, am Euphrat und Tigris sowie am Indus in der Alten Welt und für die Gebirgs- und Küstentäler Perus und das Hochtal von Mexiko in der Neuen Welt.

Schichtung gekennzeichnet, angefangen beim Herrscher und seinen Verwandten, verdienten Kriegern, die mit politischen Ämtern betraut wurden, und Priestern als hauptberuflichen religiösen Funktionären über die einfachen Bauern und Handwerker bis zur Unterschicht der Kriegsgefangenen, die teilweise als Diener und Sklaven eingesetzt wurden[84]. Schließlich zogen diejenigen, die durch den Krieg ihren Grundbesitz verloren hatten und nicht versklavt wurden, in Ansiedlungen, die sich aufgrund ihrer besonderen Funktionen zu kleineren oder größeren Städten entwickelten, und waren dort als Arbeiter und Handwerker tätig. In den frühen Staaten entstanden auch die ersten Zahlen-, Gewichts- und Maßsysteme, Kalender, verschiedene Schriftformen sowie ein hohes Niveau mathematischen Denkens[85]. Diese Entwicklungen waren eine Antwort auf die immer komplizierter werdenden *Konstruktionen* (Bau von Palästen, Tempeln, Statuen und Pyramiden sowie der entsprechenden Arbeitsgeräte) und die Probleme der *Koordination* der Aktivitäten zahlreicher Menschen für bestimmte Zwecke, die mit der Entstehung der frühen Staaten auftauchten.[86] Nachdem sich die Staaten einmal etabliert hatten, war für die Bauern das beste, was sie tun konnten, Abgaben zu zahlen und die staatlichen Dienstleistungen in Anspruch zu nehmen.[87]

Die Errichtung monumentaler Statuen, Altäre, Tempel, Pyramiden etc. in den frühen Staaten half, die Bauern zu überzeugen, daß die Eliten wohlwollend versuchten, die übernatürlichen und natürlichen Kräfte zu kontrollieren, von denen sie ihr menschliches Wohlbefinden abhängig sahen, und damit mögliche Widerstände gegen staatlich verordnete Beschränkungen der individuellen Handlungsmöglichkeiten abzubauen.

Die ursprünglichen Staaten sind somit weder das Werk eines genialen Organisators, der durch kooperatives Handeln die Effizienz der Nahrungsmittelproduktion steigern wollte, noch das Ergebnis eines Gesellschaftsvertrages zwischen autonomen, rational handelnden Individuen; sie sind vielmehr das Ergebnis eines sehr langsamen Prozesses der Selbstorganisation.[88] Entsprechend läßt sich auch die Entstehung der

---

[84] Carneiro 1973, 166ff.

[85] Thomas 1984, 51ff.

[86] Zum Zusammenhang zwischen Länge, Anzahl und Differenzierung der Interdependenzketten, die sich im einzelnen kreuzen, und dem Zeitbegriff und Zeiterleben siehe die interessante Arbeit von Elias 1984.

[87] Besonders stabil waren die asiatischen Herrschaftssysteme, die auf Bewässerungslandwirtschaft beruhten. Vgl. hierzu Wittfogel 1957.

[88] »An der Entstehung ursprünglicher Staaten scheint mir der bemerkenswerteste Umstand der zu sein, daß sie als Resultat eines unbewußten Prozesses erfolgte: Die Mitwirkenden dieser enormen Umwandlung scheinen nicht gewußt zu haben, was

sog. »nachfolgenden Staaten«, die sich aus dem Kontakt mit anderen Staaten entwickelten, als Prozeß gesellschaftlicher Selbstorganisation beschreiben.[89]

3. In den egalitären, sich durch Gruppenprozesse organisierenden nichtstaatlichen Gesellschaften durchdrangen sich äußere Zwänge in Form von Sitten und Bräuchen, die immer an gewisse magisch-religiöse Vorstellungen geknüpft waren, und innere, psychische Zwänge (Ehrfurcht) wechselseitig bis zu völliger Einheit.[90] Mit zunehmender sozialer Asymmetrie, zunehmender Intensivierung der Produktion, zunehmender Größe und Anonymität der Gesellschaft und zunehmender Funktionsdifferenzierung entwickelten sich aus diesem homogenen Gefüge äußerer und innerer Zwänge Recht, Sitte, Religion und Moral als spezifische Ordnungserscheinungen, die sich teils auf dieselben, teils auf unterschiedliche typische Handlungen bezogen und die sich nicht notwendig deckten.[91]

Unter *Recht* soll im folgenden eine spezifische Institution verstanden werden, die folgende Eigenschaften hat[92]:

- Monopolisierung der Reaktionstätigkeit auf unerwünschte Verhaltensweisen durch eine Zentralmacht; aus der spontanen Reaktion der Öffentlichkeit wird die (hinsichtlich Verhängung und Vollstreckung) *organisierte Sanktion* der Zentralgewalt.
- Handhabung der monopolisierten Reaktionstätigkeit durch eine *richterliche Instanz*; diese kann mit der Zentralgewalt zusammenfallen, muß es aber nicht (z.B. Häuptling, Hohepriester, Vogt, das Thing, Gerichte).
- Organisierung und Regulierung der Reaktionstätigkeit durch Normierung eines *förmlichen Verfahrens* der Sanktionsverhängung.

---

sie da schufen. Durch unmerkliche Verlagerungen im Umverteilungsgleichgewicht von Generation zu Generation hat sich die Spezies Mensch in eine Form sozialen Lebens eingebunden, in der die Vielen sich selbst herabsetzten, um die Wenigen zu erhöhen.« Harris 1978, 121.

[89] Zur Entstehung der Nationalstaaten in Westeuropa als Prozeß gesellschaftlicher Selbstorganisation siehe Elias 1977 und North/Thomas 1973.

[90] »Wenn wir rückschauend ein und dieselbe archaische Bildung einmal als Recht und ein andermal als Sitte betrachten zu können glauben, wenden wir nur analysierend die Kategorien unserer gegenwärtigen gesellschaftlichen Vorstellungswelt auf eine ganz anders strukturierte soziale Wirklichkeit an.« Geiger 1964, 126.

[91] Siehe hierzu auch den kurzen Überblick bei Wesel 1984, 195f. Zum Zusammenhang zwischen Recht und Moral siehe Geiger 1964, 293ff.

[92] Geiger 1964, 125ff.

– *Normierung der Reaktionsweisen* im Verhältnis zu den Normüberschreitungen (Sanktionen sind aufgrund reflektiver Bewertungen angemessen und abgestuft).

Je stärker eine soziale Institution diese Eigenschaften erfüllt, desto mehr hat sie den Charakter von Recht. Die sozialen Normen, deren Verbindlichkeit durch organisierte Sanktionsandrohung gesichert wird,[93] können sich habituell herausgebildet haben (Gewohnheitsrecht) oder gesetzt sein (Gesetzesrecht bzw. Richterrecht).

Staat und Recht sind letztlich Ergebnis des gleichen selbstorganisatorischen Prozesses. Mit der Entstehung und dem Wachstum von Staaten ist die Bedeutung des Rechts als gesellschaftlicher Ordner gestiegen. Immer mehr Rechtsnormen wurden kodifiziert, und das Recht wurde zunehmend unpersönlich, systematisch, vorhersehbar und professionell[94]. Frühe Beispiele der *Kodifizierung* sind die »Gesetzessammlungen« von Ur-Nammu, dem Gründer einer sumerischen Dynastie (ca. 2.100 v. Chr.), und von Hammurabi, einem babylonischen Herrscher (1.758 v. Chr.). Diese Kodices waren allerdings keine Gesetze im heutigen Sinn, sondern eine Mischung aus kodifizierten gewohnheitsrechtlichen Normen und Proklamationen des Herrschers, die dazu diente, dessen Ruhm zu mehren und den Bestand und die Legitimation der Herrschaft zu sichern[95]. Im europäischen Kulturkreis sind vor allem die »Gesetzessammlungen« von Drakon (624 v. Chr.) und Solon (594 v. Chr.) in Athen und das römische Zwölftafelgesetz (451 v. Chr.), die unter dem Druck der aufstrebenden freien Bauern und Handwerker entstanden, als Beispiele früher Kodifikationen bekannt geworden. Sie hatten zur Folge, daß die Willkür des Adels beschränkt und die Gerichtsherren an die schriftlich fixierten Rechtsnormen gebunden wurden[96]. Die für die europäische Rechtsprechung und Gesetzgebung wohl bedeutendste

[93] Normen im allgemeinen und Rechtsnormen im besonderen erlangen auf zweierlei Weise Geltung in einer Gesellschaft: Die Norm wird eingehalten (Verhaltensgeltung) oder Normverletzungen werden sanktioniert (Sanktionsgeltung). Die Sanktionsandrohung wird zwar nicht jeden hochmotivierten Rechtsbrecher von Regelabweichungen abhalten; sie wird aber einerseits den »zwangfrei und 'von innen heraus' Gehorsamen« (Geiger 1964, 216) eine gewisse Sicherheit geben, daß die Norm im allgemeinen eingehalten wird und ihnen kein Nachteil aus normkonformem Verhalten entsteht. Andererseits signalisieren Sanktionen der Bevölkerung, daß bestimmte Verhaltensweisen unerwünscht sind, und erhöhen damit die Bereitschaft der Individuen, andere von Rechtsbrüchen abzuhalten oder bei der Aufklärung von Rechtsbrüchen zu helfen.

[94] Hirshleifer 1982, 53.

[95] Krecher 1980, 325ff.

[96] Guha 1981, 28ff.; Söllner 1985, 134ff.

frühe Kodifikation, die bis in die Gegenwart hineinwirkt, ist das Corpus Iuris, das im Auftrag des oströmischen Kaisers Justinian in den Jahren 528-533 n.Chr. entstanden ist und eine Mischung aus verschiedenen kaiserlichen Dekreten, Auszügen aus klassischen Juristenschriften (kommentierten Fallsammlungen) und einem amtlichen Lehrbuch des römischen Rechts enthält[97].

Während sich die frühen Kodifikationen zum überwiegenden Teil auf die Aufzeichnung bereits bestehender, als unveränderlich angesehener Anschauungen von Gerechtigkeit beschränkten, hat sich die Gesetzgebung seit dem Aufstieg der Nationalstaaten auf dem europäischen Kontinent immer stärker zum bewußt eingesetzten Mittel gesellschaftlicher Gestaltung entwickelt. So enthalten heute die Gesetze (theseis) nicht nur abstrakte Regeln des gerechten Verhaltens (nomoi), sondern in zunehmendem Maße auch Organisationsregeln zur Kontrolle und Lenkung des Regierungsapparates, dic ganz konkreten Zwecken dienen.[98] Darüber hinaus wurde mit dem Abbau des Zunftzwanges und sonstiger Marktzutrittsbeschränkungen und mit der Schaffung exklusiver, transferierbarer Eigentumsrechte bezüglich des Bodens, der Arbeitskraft und bezüglich technischer Erfindungen (Patentrecht) seit dem 18. Jahrhundert – zunächst in Westeuropa, später auch in anderen Teilen der Welt – die Menge der rechtlich geschützten individuellen Handlungsalternativen beträchtlich erweitert und die Entwicklung einer anderen sozialen Institution, des Marktmechanismus, systematisch gefördert[99].

4. Moderne, demokratische Industriegesellschaften sind dadurch gekennzeichnet, daß viele Aktivitäten nicht durch soziale Normen, sondern durch den Marktmechanismus koordiniert werden.[100] Rechtsnormen haben teilweise die Funktion, den Marktmechanismus zu unterstützen und zu ergänzen, wie beispielsweise das Eigentumsrecht, das dispositive Vertragsrecht und Teile des Deliktsrechts; teilweise haben sie aber auch die Funktion, ihn zu ersetzen, wie insbesondere das regulatorische Recht.[101] Auch die Stabilisierung und Veränderung derartiger

[97] Söllner 1985, 134ff.

[98] Vgl. zu dieser Unterscheidung ausführlich v. Hayek 1980-81, Bd. 1. Zu diesen Fragen siehe auch van Caenegem 1980, 609ff.

[99] North/Thomas 1973.

[100] Vgl. zum Unterschied zwischen diesen beiden Koordinationsmechanismen auch den Beitrag von Weise in diesem Band.

[101] Recht bzw. soziale Normen und Markt sind somit sowohl komplementäre (Grundsatz der Privatautonomie) als auch substitutive (Regulierung vs. Deregulierung) Institutionen. Vgl. auch Eger/Weise 1990 und Eger 1995.

Rechtsnormen läßt sich als Prozeß der Selbstorganisation beschreiben, obwohl dieser Prozeß sehr viel stärker formalisiert und organisiert ist als der der Prozeß der Entstehung von Sitten und Bräuchen und obwohl die Handlungsumgebung der Akteure in sehr viel stärkerem Maße »menschengemacht« ist als die Umgebung in vorstaatlichen Gesellschaften. Von zentraler Bedeutung für die Evolution von Rechtsnormen sind dabei zwei Mechanismen – der Gesetzgebungsmechanismus und der Gerichtsmechanismus:

- Durch ihr Handeln und Unterlassen tragen die Gesellschaftsmitglieder als Politiker, als Wähler, als Lobbyisten, als Demonstranten oder als Journalisten dazu bei, daß bestimmte Gesetze aufrechterhalten bzw. geändert werden;
- durch ihr Handeln und Unterlassen als Amtsinhaber, als kritische Öffentlichkeit oder als Richter tragen die Gesellschaftsmitglieder dazu bei, daß bestehende Gesetze auch mehr oder weniger gründlich vollzogen werden;
- durch ihr Handeln und Unterlassen als Kläger und als Richter tragen die Gesellschaftsmitglieder dazu bei, daß die herrschende Rechtsprechung aufrechterhalten bzw. verändert wird.

Auch Rechtsnormen sind somit ein Ordner, der durch das mehr oder weniger organisierte und formalisierte Zusammenwirken der Gesellschaftsmitglieder erzeugt wird und der bestimmte Handlungen jedes einzelnen Gesellschaftsmitglieds mit Kosten belegt.[102]

5. Abschließende Bemerkungen

Es wurde gezeigt, daß »Recht« und »Staat« als spezifische Institutionen aufgefaßt werden können, die durch das Miteinander der Menschen selbstorganisatorisch geschaffen wurden. Soziale Normen im allgemeinen und Rechtsnormen im besonderen sind Ordner, die durch die interdependenten Handlungen der Individuen langsam aufgebaut werden und rückkoppelnd diese Handlungen stabilisieren. Sie enthalten die »geronnenen« Erfahrungen anderer Menschen, zu einem beträchtlichen Teil sogar die Erfahrungen vieler Generationen, und ermöglichen es da-

---

[102] Vgl. zu einer derartigen Sichtweise etwa Eger 1991 mit weiteren Nachweisen sowie neuerdings das synergetische Modell der Evolution von Rechtsnormen bei v. Wangenheim 1995.

durch den Menschen, den kostspieligen Prozeß des individuellen Lernens, d.h. des Lernens durch Versuch und Irrtum, zu vermeiden[103].

Es gibt allerdings keine Gewähr dafür, daß eine Orientierung der Menschen an sozialen Normen auf Dauer die Bedingungen reproduziert, unter denen sich die Handlungen vergangener Generationen als erfolgreich erwiesen haben mögen. Einzig bei den paläolithischen Jäger- und Sammlerhorden kann man annehmen, daß sich im Laufe der Zeit durch einen Prozeß der Variation und Selektion weitgehend »erfolgreiche« Normen mit positiven Effekten für das Leben und Überleben der Gruppen durchgesetzt haben. Der Grund hierfür liegt darin, daß die Regeln der Jäger- und Sammlerhorden dafür sorgten, daß die Technik des Jagens, Sammelns und Weiterziehens über viele Jahrtausende aufrecht erhalten werden konnte, ohne daß sich dadurch die natürliche und soziale Umgebung der einzelnen Horde spürbar veränderte.

In der heutigen dicht besiedelten und international verflochtenen Welt ist für die Bevölkerung keines Staates mehr die Bedingung einer konstanten natürlichen und sozialen Umgebung gegeben.[104] Die Orientierung an den »geronnenen« Erfahrungen von gestern verändert die Bedingungen, unter denen die Erfahrungen entstanden sind. Die (selbstorganisatorische) Stabilisierung und Veränderung von Rechtsnormen führt unter diesen Bedingungen nicht notwendig zu immer besseren Zuständen, sondern es können auch Entwicklungen eingeleitet und Ordnungen stabilisiert werden, die kein Mensch (oder lediglich eine Minderheit) beabsichtigt hat und die auch niemand (oder lediglich eine Minderheit) als wünschenswert betrachtet, die aber gleichwohl durch die individuellen Handlungen der Menschen erzeugt werden. Der seit dem 18. Jahrhundert in Westeuropa einsetzende und sich weltweit ausbreitende Industrialisierungsprozeß hat nicht nur zu einer bisher nicht gekannten Intensivierung und Steigerung der Produktion geführt, sondern hat die Menschen auch immer mehr von nicht-regenerierbaren Rohstoffen und zentralisierten Formen der Energieerzeugung abhängig gemacht. Begleiterscheinungen des Industrialisierungsprozesses sind daher in zunehmendem Maße die irreversible Umwandlung von wohlgeordneter Energie und Materie in ungeordnete Energie und Materie, d.h.

---

[103] v. Hayek 1980-81, Band 1, 27.

[104] »Anders als alle anderen biologischen Arten verändert der Mensch seine Umwelt kumulativ, so daß er jetzt seine Umwelt größtenteils selbst geschaffen hat.« Rapoport 1975, 7. Eine recht brauchbare Klassifikation von Umgebungstypen findet sich bei Emery/Trist 1969. Zu einer Anwendung dieser Klassifikation siehe auch die kurzen Bemerkungen bei Weise/Brandes/Eger/Kraft 1993, 476f.

der beschleunigte Anstieg der Entropie[105], sowie die ständige Veränderung der relativen Ressourcenknappheiten und der Machtbalancen in der Gesellschaft. Hierin sind letztlich auch die Gründe für den raschen institutionellen Wandel in allen Industriegesellschaften zu sehen.

Während in den nicht-staatlichen Gesellschaften die natürlichen Lebensbedingungen über Jahrtausende ständig reproduziert wurden, veränderten sich diese Bedingungen dauerhaft mit der Entstehung von Staaten, Gesetzgebung und Rechtsprechung und insbesondere mit der Ausbreitung der industriellen Revolution durch geplante und ungeplante Konsequenzen menschlicher Aktivitäten. Eine ökonomische Analyse der Evolution von Institutionen sollte sich aus diesem Grunde nicht der Frage verschließen, unter welchen Bedingungen die grundlegenden Institutionen rechtsstaatlicher, demokratischer Industriegesellschaften stabil sind und welche Handlungen zu einer Erosion dieser Bedingungen führen könnten. Einige Autoren[106] schließen nicht mehr aus, daß die ökologischen und kulturellen Konstellationen, die Wirtschaftswachstum und politische Demokratie in Westeuropa erst ermöglichten, Schritt für Schritt beseitigt werden.[107]

Eine ökonomische Theorie des Rechts darf sich somit nicht allein darauf beschränken, für eine bestimmte Menge an Individuen mit gegebenen Präferenzen, gegebenen Ausgangsausstattungen an Ressourcen und gegebenen Produktionsmöglichkeiten die Effizienz bzw. Ineffizienz bestimmter Rechtsnormen in einer Welt positiver Transaktionskosten herzuleiten. Vielmehr ist diese, für viele Fragestellungen sehr nützliche, Sichtweise der »Ökonomischen Analyse des Rechts«[108] und der »Theorie der Property Rights«[109] durch einen evolutorischen Ansatz zu ergänzen, der es ermöglicht, Verzweigungspunkte gesellschaftlicher Entwicklung zu identifizieren sowie alternative Entwicklungspfade als solche zu erkennen und unter anderem danach zu bewerten, wie sich die Machtbalancen in der Gesellschaft verändern und welche Optionen

---

[105] Weise/Brandes/Eger/Kraft 1993, 205f.

[106] Wilkinson 1973; Harris 1978, 262.

[107] Zu dem Problem, das quantitative Wirtschaftswachstum auf Dauer aufrechtzuerhalten, siehe den Vergleich der alternativen Entwicklungspfade »Nachschub-Strategie« und »Spar-Strategie« bei Binswanger/Frisch/Nutzinger u.a. 1983, 156ff. Zu möglichen Zusammenhängen zwischen einem weiteren Ausbau der Kernenergie und einer Erosion von Gewaltenteilung, rechtsstaatlichen Grundsätzen und bürgerlichen Freiheiten siehe Meyer-Abich/Schefold 1986 und die dort angegebene Literatur. Zur aktuellen Diskussion um das Konzept der nachhaltigen Entwicklung vgl. Nutzinger 1995.

[108] Posner 1977.

[109] Furubotn/Pejovich 1974.

den Menschen zur Bewältigung der unbekannten Probleme einer unsicheren Zukunft verbleiben. Die gesellschaftliche Evolution ist nicht notwendig blind, sie muß nicht ausschließlich auf Versuch und Irrtum beruhen. Denn der Mensch kann – im Unterschied zu anderen Lebewesen – bei aller Unvollkommenheit und beschränkten Rationalität grundsätzlich Regeln im vorhinein entwickeln, Szenarien entwerfen und – wenn auch mit starken Einschränkungen – Konsequenzen interdependenter Handlungen antizipieren. Warum sollte er diese einzigartigen Fähigkeiten nicht nutzen, »... (um) das gesellschaftliche Leben zum Besseren zu wenden,« indem er an der Analyse dessen ansetzt, »... weshalb es sich gewöhnlich zum Schlechteren wendet«[110]?

Literatur

Axelrod, R. (1986): An Evolutionary Approach to Norms, in: American Political Science Review, 80, S. 1095-1111.

Bargatzky, Th. (1986): Einführung in die Kulturökologie, Berlin.

Basu, K./Jones, E./Schlicht, E. (1987): The Growth and Decay of Custom: The Role of New Institutional Econmics in Economic History, in: Explorations in Economic History, 24, S. 1-21

Binswanger, H.C./Frisch, H./Nutzinger H.G. u.a. (1983): Arbeit ohne Umweltzerstörung. Strategien einer neuen Wirtschaftspolitik, Frankfurt/ Main.

Blankard, Ch.B./Knieps, G. (1993): States and Standards, in: Public Choice, 77, S. 39-52.

Boserup, E. (1965): The Conditions of Agricultural Growth, Chicago.

Boyd, R./Richerson, P.J. (1985): Culture and the Evolutionary Process, Chicago.

Boyd, R./Richerson, P.J. (1994): The Evolution of Norms: An Anthropological View, in: Journal of Institutional and Theoretical Economics, 150, S. 72-87.

Buchanan, J.M. (1975): The Limits of Liberty. Between Anarchy and Leviathan, Chicago/London.

Caenegem, R.C. van (1980): Das Recht im Mittelalter, in: W. Fikentscher u.a. (Hrsg.): Entstehung und Wandel rechtlicher Traditionen, München/ Freiburg, S. 609-667.

---

[110] Harris 1978, 12.

Carneiro, R.L. (1973) Eine Theorie zur Entstehung des Staates, in: K. Eder (Hrsg.): Seminar: Die Entstehung von Klassengesellschaften, Frankfurt/Main, S. 153-175.

Cassirer, E. (1949): Der Mythus des Staates. Philosophische Grundlagen politischen Verhaltens, Zürich/München; zitiert nach der ungekürzten Ausgabe von 1985 (Frankfurt/Main: Fischer).

Childe, V.G. (1951): Man Makes Himself, London.

Cohen, M. (1977): The Food Crisis in Prehistory: Overpopulation and the Origins of Agriculture, New Haven.

David, P.A. (1987): Some New Standards for the Economics of Standardization in the Information Age, in: P. Dasgupta (ed.), Economic Policy and Technological Performance, Cambridge, S. 201-238.

Demsetz, H. (1967): Toward a Theory of Property Rights, in: American Economic Review, 57, S. 347-359.

Eger, T. (1991): Veränderungen von Rechtsnormen im Systemvergleich. Eine ökonomische Analyse, in: H.J. Wagener (Hrsg.), Anpassung durch Wandel. Evolution und Transformation von Wirtschaftssystemen, Berlin, S. 81-99.

Eger, T. (1995): Wieviel Normierung braucht der Markt? Ökonomische Aspekte der Vertragsfreiheit, in: Ökonomie und Gesellschaft, Jahrbuch 11: Markt, Norm und Moral, Frankfurt/New York, S. 45-88.

Eger, T./Weise, P. (1986): Liberalismus und gesellschaftliche Selbstorganisation, in: H.G. Nutzinger (Hrsg.): Liberalismus im Kreuzfeuer, Frankfurt/Main, S. 60-78.

Eger, T./Weise, P. (1990): Normen als gesellschaftliche Ordner, in: Ökonomie und Gesellschaft, Jahrbuch 8: Individuelles Verhalten und kollektive Phänomene, Frankfurt/New York, S. 65-111.

Eger, T./Weise, P. (1995): Die Evolution von Normen aus Unordnung: Ein synergetisches Modell, in: Ökonomie und Gesellschaft, Jahrbuch 11, Markt, Norm und Moral, Frankfurt/New York, S. 192-209.

Elias, N. (1977): Über den Prozeß der Zivilisation, Bd. 2, 3. Auflage, Frankfurt/Main.

Elias, N. (1978): Was ist Soziologie?, München.

Elias, N. (1983): Engagement und Distanzierung, Frankfurt/Main.

Elias, N. (1984): Über die Zeit, Frankfurt/Main.

Elliott, E.D. (1985): The Evolutionary Tradition in Jurisprudence, in: Columbia Law Review, 85, S. 38-94.

Emery, F.E./Trist, E.L. (1969): The Causal Texture of Organizational Environments, in: F.E. Emery (ed.): Systems Thinking, Harmondsworth, S. 241-257.

Furubotn, E.G./Pejovich, S. (1974): Introduction, in: Dies. (eds.): The Economics of Property Rights, Cambridge/Mass., S. 1-9.

Geiger, Th. (1964): Vorstudien zu einer Soziologie des Rechts, Neuwied/Berlin.

Guha, A.S. (1981): An Evolutionary View of Economic Growth, Oxford.

Harris, M. (1978), Kannibalen und Könige. Aufstieg und Niedergang der Menschheitskulturen, Frankfurt/Main.

Harris, M. (1980): Cultural Materialism. The Struggle for a Science of Culture, New York.

Hayek, F.A. v. (1980-1981): Recht, Gesetzgebung und Freiheit. Bd. 1: Regeln und Ordnung; Bd. 2: Die Illusion der sozialen Gerechtigkeit; Bd. 3: Die Verfassung einer Gesellschaft freier Menschen. Landsberg.

Hirschman, A.O. (1970): Exit, Voice, and Loyalty. Responses to Decline in Firms, Organizations, and States, Cambridge/Mass.

Hirshleifer (1982): Evolutionary Models in Economics and Law: Cooperation versus Conflict Strategies, in: Research in Law and Economics, 4, S. 1-60.

Hobbes, Th. (1651): Leviathan, zitiert nach der deutschen Übersetzung, Stuttgart: Reclam 1976.

Krecher, J. (1980): Das Rechtsleben und die Auffassung vom Recht in Babylonien, in: W. Fikentscher et al. (Hrsg.): Entstehung und Wandel rechtlicher Traditionen, Freiburg/München, S. 325-354.

Lewis, D. (1969): Convention: A Philosophical Study, Cambridge/Mass.

Mackie, J.L. (1985): Das Wunder des Theismus, Stuttgart.

Mauss, M. (1968): Die Gabe, Frankfurt/Main.

Meyer-Abich, K.M./Schefold, B. (1986): Die Grenzen der Atomwirtschaft, München.

Neidhardt, F. (1980): Innere Prozesse und Außenweltbedingungen sozialer Gruppen, in: B. Schäfers (Hrsg.): Einführung in die Gruppensoziologie, Heidelberg, S. 105-126.

North, D.C./Thomas, R.P. (1973): The Rise of the Western World. A New Economic History, Cambridge.

Nozick, R. (1974): Anarchy, State, and Utopia, New York.

Nutzinger, H.G. (Hrsg.) (1995): Nachhaltige Wirtschaftsweise und Energieversorgung. Konzepte, Bedingungen, Ansatzpunkte, Marburg.

Opp, K.-D. (1994): The Evolution of Norms: An Anthropological View – Comment, in: Journal of Institutional and Theoretical Economics, 150, S. 93-96.

Posner, R.A. (1977): Economic Analysis of Law, Boston/Toronto, Second edition.

Posner, R.A. (1981): The Economics of Justice, Cambridge/Mass./London.

Rapoport, A. (1975): Konflikt in der vom Menschen gemachten Umwelt, Darmstadt.

Rawls, J. (1971): A Theory of Justice, Cambridge.

Roberts, S. (1981): Ordnung und Konflikt. Eine Einführung in die Rechtsethnologie, Stuttgart.

Sahlins, M. (1973): Die segmentäre Lineage: Zur Organisation räuberischer Expansion, in: K. Eder (Hrsg.), Seminar: Die Entstehung von Klassengesellschaften, Frankfurt/Main, S. 114-152.

Sahlins, M. (1974): Stone Age Economics, London.

Schiller, F. (1804): Wilhelm Tell, zitiert nach Schillers Werke, Bd. 5, Berlin (Ost)/Weimar, 1981, S. 391ff.

Schotter, A. (1981): The Economic Theory of Social Institutions, Cambridge.

Söllner, A. (1985): Einführung in die römische Rechtsgeschichte, 3. Auflage, München.

Taylor, M. (1982): Community, Anarchy, and Liberty, Cambridge.

Thomas, H. (1984): Geschichte der Welt, Stuttgart.

Tietzel, M. (Hrsg.) (1994): Ökonomik der Standardisierung, Homo Oeconomicus XI (3), München.

Vivelo, F.R. (1981): Handbuch der Kulturanthropologie, Stuttgart.

Wangenheim, G. (1995): Die Evolution von Recht. Ursachen und Wirkungen häufigkeitsabhängigen Verhaltens in der Rechtsfortbildung, Tübingen.

Weise, P. (1995): Moral: Die Handlungsbeschränkung für den Deppen? in: E. K. Seifert/B.P. Priddat (Hrsg.), Neuorientierungen in der ökonomischen Theorie. Zur moralischen, institutionellen und evolutorischen Dimension des Wirtschaftens, Marburg, S. 73-105.

Weise, P./Brandes, W./Eger, T./Kraft, M. (1993): Neue Mikroökonomie, 3. Auflage, Heidelberg.

Weise, P./Eger, T. (1987): Das Koordinationsproblem sozialer Gruppen, in: European Journal of Political Economy, 3, S. 351-367.

Wesel, U. (1984): Juristische Weltkunde, Frankfurt/Main.

Wesel, U. (1985): Frühformen des Rechts in vorstaatlichen Gesellschaften, Frankfurt/Main.

Wilkinson, R.G. (1973): Property and Progress. An Ecological Model of Economic Development, London.

Witt, U. (1987): Individualistische Grundlagen der evolutorischen Ökonomik, Tübingen.

Wittfogel, K.A. (1957): Oriental Despotism: A Comparative Study of Total Power, New Haven; deutsch: Frankfurt/Main/Berlin/Wien 1977.

Hayek, Selbstorganisation und Evolution

Theoretische Überlegungen und politische Schlußfolgerungen

Friedrich Hinterberger[1]

Ein zentraler Aspekt im Werk Friedrich A. von Hayeks und den Werken anderer »österreichischer« Ökonomen ist das Anliegen, den *mainstream* der Ökonomik weiterzuentwickeln bzw. zu überwinden, um so ein besseres Verständnis ökonomischer Prozesse zu gewinnen, in denen kulturelle Entwicklungen ebenso von Bedeutung sind wie der Wettbewerb zwischen individuellen Akteuren. Diese Faktoren zu untersuchen, deren Funktionsweise und Einfluß meist einfach als exogen angenommen wird anstatt ihre Funktionsbedingungen wirklich zu erklären, war einer der wesentlichen Aspekte im wissenschaftlichen Werk von Hayek. Die Beschränktheit der expliziten und impliziten Annahmen neoklassischer Modelle in bezug auf das, was mit ihnen erklärt werden kann, wird von vielen Ökonomen unterschätzt. Die Beschreibung einer wirklichen Dynamik der Wirtschaft lassen diese Annahmen nicht zu. Diese freiwillige Selbstbeschränkung hat aber auch gute Gründe. Lange Zeit fehlten wissenschaftliche Methoden, die engen Grenzen der Neoklassik wirklich zu sprengen. Erst in den letzten Jahrzehnten entstanden in verschiedenen naturwissenschaftlichen Disziplinen neue Analysemethoden, die uns dabei helfen können, auch in den Wirtschaftswis-

---

[1] Obwohl als Österreicher geboren und aufgewachsen (oder vielleicht gerade deshalb), verstehe ich mich nicht als »österreichischer« Ökonom. Peter Boettke, Bernulf Kanitscheider und Gerhard Wegner haben mich auf verschiedene Weise dazu angeregt, mich eingehender mit Hayeks Ökonomik auseinanderzusetzen. Dieses Papier basiert auf Gedanken, die ich in verschiedenen Diskussionen mit ihnen gewonnen habe. Eine frühere Fassung dieses Beitrags wurde als Vortrag im Austrian Economics Colloquium an der New York University gehalten. Er faßt einige frühere Arbeiten zusammen und bezieht sie auf das Werk von Friedrich A. Hayek. Ich danke der New York University, als deren Gast ich diesen Beitrag verfassen konnte, und der Deutschen Forschungsgemeinschaft für die finanzielle Unterstützung.

senschaften einige dieser Beschränkungen zu überwinden. Neue Wirtschaftstheorien sind dabei eher komplementär als substitutiv zu den alten zu betrachten, so daß eine pluralistischere Ökonomik erreicht werden kann, wenn es gelingt, zutreffenden Beschreibungen und Erklärungen wirtschaftlicher Prozesse aus den verschiedenen Bereichen (Mainstream und Alternative) zu verbinden.[2]

In diesem Kapitel fragen wir nun danach, welchen Beitrag Konzepte der Selbstorganisation und der Evolution im Sinne von Hayek hier leisten können. Es geht also nicht um eine Untersuchung dessen, was Hayek »wirklich gemeint« haben könnte, noch wird sein Werk hier systematisch untersucht und interpretiert. Ebensowenig kann ein Überblick gegeben werden über den Stand der evolutorischen Ökonomik. Es geht um die Frage, wie einige von Hayeks Ideen weitergeführt werden können im Rahmen derjenigen wissenschaftlichen Ansätze, die Hayek selbst als Grundlagen für die Wirtschaftswissenschaft vorgeschlagen hat.[3]

Dieses Kapitel hat drei Abschnitte. Wir beginnen mit einigen Bemerkungen dazu, inwieweit neuere wissenschaftliche Ansätze mit Hayeks Untersuchungen über die Gesellschaft und die Wirtschaft als selbstorganisierende (Abschnitt 1) und evolutionäre (Abschnitt 2) komplexe Systeme vereinbar sind. Solche Analogien und Rückgriffe auf die Naturwissenschaft waren für Hayek sicherlich nicht *l'art pour l'art*. Zeit seines wissenschaftlichen Lebens hat er immer wieder sehr explizit darauf hingewiesen, worum es ihm ging, wenn er Ansätze aus anderen Wissenschaften auf die Untersuchung ökonomischer Prozesse angewendet hat: »that one of the most influential political movements of our time, socialism, is based on demonstrably false premises, and despite being inspired by good intentions and led by some of the most intelligent representatives of our time, endangers the the standard of living and the life itself of a large proportion of our existing population.«[4]

Wenn auch die Notwendigkeit eines solchen Beweises mit dem Zusammenbruch des sogenannten real existierenden Sozialismus nicht mehr besteht, ist eine Auseinandersetzung mit den Möglichkeiten politischer Intervention in ökonomische Prozesse nach wie vor relevant, etwa im Zusammenhang mit den wachstenden Gefahren ökologischer Katastrophen. Der 3. Abschnitt dieses Kapitels fragt daher nach den

---

[2] Hinterberger 1994e, Norgaard 1985.

[3] Dieser Beitrag beschränkt sich daher vor allem auf den »späten« Hayek; es ist aber auch nicht mein Anliegen, einen Beitrag zur Diskussion zu leisten, wie sich Hayeks Früh- und Spätwerk aufeinander beziehen (vgl. dazu Boettke 1991).

[4] Hayek 1988/1991, 9.

Implikationen für die Wirtschaftspolitik unter der Annahme bestimmter Werthaltungen in einer Welt, in der ökonomische Tatbestände zutreffend durch evolutorische Theorien und das Paradigma der Selbstorganisation beschrieben werden können. Ein besseres Verständnis dieser Zusammenhänge nutzt nicht nur Politikern und Wählern, sondern allen wirtschaftlichen Akteuren, die ein Interesse daran haben (sollten) zu verstehen, wie die Wirtschaft wirklich funktioniert, was ihnen dabei helfen könnte, ihre eigenen wirtschaftlichen Entscheidungen aufgrund ihrer objektiven und subjektiven Zielvorstellungen in einer komplexen und dynamischen Welt besser informiert zu treffen.[5]

1. Hayek und Selbstorganisation

Eine zentrale Botschaft Hayeks ist zweifelsohne, daß die soziale und wirtschaftliche Ordnung (etwa die Rechtsordnung, die Sprache oder die Marktwirtschaft) das Ergebnis menschlicher Handlung, aber nicht menschlichen Entwurfs sind.[6] Die Ergebnisse ökonomischer Prozesse entstehen im sozioökonomischen System ohne willentliche geplante Steuerung. Um diese Prozesse angemessen zu beschreiben, verweist Hayek immer wieder auf biologische Theorien komplexer Phänomene.[7] Im Jargon der heutigen Naturwissenschaft würden wir von selbstorganisierenden Systemen sprechen, die wir angemessen mit Hilfe sogenannter Selbstorganisationstheorien beschreiben würden. Auch wenn Selbstorganisation und Evolution eng miteinander zusammenhängen, wollen wir sie hier getrennt betrachten. Vor allem auch deshalb, weil Hayek sehr viel stärker auf Zweiteres eingegangen ist (wir kommen im zweiten Abschnitt dieses Beitrags darauf zurück).

In diesem Abschnitt beschäftigen wir uns zunächst mit verschiedenen Ansätzen der Selbstorganisation und versuchen, Bezüge zu Hayeks eigenem Forschungsprogramm herzustellen. Wir beginnen damit, Hayeks wenige Anmerkungen zu konkreten naturwissenschaftlichen Methoden, die sich seiner Meinung nach auf die Ökonomie anwenden lassen, zu referieren (1.1). Wir gehen dann speziell auf makroökonomisch orientierte Ansätze der Selbstorganisation ein (1.2) und fragen uns, wie sich aus anderen Ansätzen mikroökonomische Theorien ablei-

[5] Vgl. den Beitrag von Wegner in diesem Band sowie Wegner 1996, Hinterberger/Luks/Stewen 1996a, 1996b.

[6] Hayek 1967a.

[7] Siehe z.B. Hayek, 1964/1967, 26.

ten ließen (1.3). Abschließend präsentieren wir den sogenannten synergetischen Ansatz als Möglichkeit einer Verknüpfung von Mikro- und Makrotheorien (1.4).

1.1 Hayek über Selbstorganisation

Hayek hat immer wieder vorgeschlagen, daß sogenannte »Theorien komplexer Phänome« aus den Naturwissenschaften auf die Untersuchung sozioökonomischer Prozesse angewendet werden können und sollen. In diesem Zusammenhang verweist er häufig auf Arbeiten von Warren Weaver, die sich mit von ihm so genannten unorganisierten und organisierten Komplexitäten beschäftigen. Weavers Artikel (aus dem Jahre 1948) entwickelt für die Rockefeller Foundation ein Forschungsprogramm für die »nächsten 50 Jahre« (S. 540). Er stellt darin eine Reihe von Fragen und geht sehr allgemein darauf ein, wie diese Fragen in Zukunft zu behandeln wären im Sinne einer »science of organized complexity«. Zu diesen Fragen gehören:

»What makes an evening primerose open when it does? ... Why can one particular genetic strain of microorganism synthesize within its minute body certain organic compounds that another strain of the same organism cannot manufacture? Why is one chemical substance a poison when another, whose molecules have just the same atoms but assambled into a mirror-image pattern, is completely harmless?«[8].

Schließlich bezieht sich Weaver auch auf ökonomische Fragestellungen, die in einem Paradigma »organisierter Komplexität« zu behandeln wären: On what does the price of wheat depend? ... How can currency be wisely and effectively stabilized?«[9]

Weaver (1948) behandelt diese Fragestellungen rein verbal; ein formales Instrumentarium zur Beschreibung des Verhaltens in und von komplexen Sysstemen stand ihm nicht zur Verfügung. Heute können komplexe Systeme mit Hilfe nichtlinearer dynamischer mathematischer Modelle analysiert und so als chaotische und selbstorganisierende Systeme und Phänomene untersucht werden. In seinem letzten Buch »*The Fatal Conceit*«, das gewissermaßen sein Lebenswerk noch einmal zusammenfaßt, schreibt Hayek explizit, auf welche theoretischen Konzepte er sich bezieht: »When I bagan my work I felt that I was nearly alone in working on the evolutionary formation of highly complex self-maintaining orders. Meanwhile, researches on this kind of problem –

[8] Weaver 1948, 539.

[9] Ebd.

under various names, such as autopoiesis, cybernetics, homeostasis, spontaneous order, self-organization, synergetics, systems theory, and so on – have become so numerous that I have been able to study closely no more than a few of them.«[10]

Hayek hat diese Ansätze nie so konkret angewendet, wie er dies mit evolutionären Konzepten getan hat; in »*The Fatal Conceit*« und anderen Werken beschreibt er aber verbal, in welche Richtung formale Modelle aus der zeitgenössischen Physik, Chemie und Biologie weiterentwickelt werden sollten. Sein Hauptargument in bezug auf komplexe Systeme bezieht sich auf die Unterscheidung zwischen spontaner Ordnung und Organisation. Hinsichtlich spontaner Ordnung bezieht er sich auf die Konzepte System, Struktur und Muster, die er als beinahe äquivalent ansieht.[11] Organisationen sind willentlich vom Menschen geschaffen und Teil der spontanen Ordnung menschlicher Gesellschaften. Dabei ist bedeutsam, daß diese Aspekte beinhaltet, die nicht das Ergebnis menschlichen Willens darstellen, auch wenn sie von den willentlichen Handlungen der Menschen beeinflußt sind. Institutionalisten würden hier an Institutionen denken, wo Hayek von formellen und informellen Verhaltensregeln (rules of conduct) spricht, die die sozioökonomische Ordnung beeinflussen.[12]

Auch wenn sich Hayek oft auf physikalische und biologische Methoden bezieht, argumentiert er andererseits auch häufig gegen ein – wie er es nennt – »szientistisches Vorgehen«, d.h. gegen die Neigung »to imitate as closely as possible the procedures of the brillantly successful physical science – an attempt which in our field may lead to an outright error«.[13] Es mag prima facie als paradox erscheinen, daß Hayek auf der anderen Seite so sehr für die Einbeziehung moderner wissenschaftlicher

[10] Hayek 1988/1991, 9.

[11] Hayek 1988/1991, 15.

[12] Siehe auch Douglass North 1991. Siehe auch die Beiträge von (Herausgeber bitte einfügen!) in diesem Band. Hayek (1988/1991, 14) weist darauf hin, daß Adam Smith erstmals die Wirtschaft als komplexes evolutionäres System gesehen hat. Dies muß zumindest erstaunen, denn Smith – ein Jahrhundert vor Darwin – war eindeutig von Isaak Newton und seinem mechanistischen Wissenschaftsprogramm beeinflußt. Andererseits kann man sicherlich sagen, daß Adam Smith in sehr viel allgemeinerer Weise die Newtonsche Mechanik angewendet hat als die »Väter« der Neoklassik 100 Jahre später, die ihm zwar nachfolgten, aber andererseits das Smithsche Programm im wesentlichen auf mathematisch Beschreibbares reduzierten. In diesem Sinn haben denn auch die klassischen Ökonomen, vor allem Adam Smith und Thomas Malthus, nicht nur die Wirtschaftswissenschaften auf einen vor allem mechanistischen Weg gebracht, sondern auch den evolutionären Ansatz, wie er später von Darwin aufgenommen wurde, vorgezeichnet (siehe dazu Hinterberger/Hüther 1993).

[13] Hayek 1974/1978, 23.

Richtungen argumentiert hat, die vor allem in Physik, Chemie und Biologie entwickelt wurden und dort mehr als überall anders Anwendung finden – jedenfalls bis heute. Dieser Widerspruch löst sich auf, wenn man seine Kritik im wesentlichen als gegen einfache statische und linear-dynamische Modelle gerichtet sieht, wie sie heute vorwiegend im ökonomischen Gedankengebäude Anwendung finden. Diese sind in einer sehr eindeutigen Analogie zur klassischen Physik nach Newton konstruiert.[14] Die Biologie ist in diesem Sinne schon eine »weiche« Naturwissenschaft.

1.2 Einige makro-orientierte Selbstorganisationstheorien

Einer der wichtigsten Ansätze zur Entwicklung eines systemübergreifenden Selbstorganisationsparadigmas kommt von Ilja Prigogine.[15] Prigogines Ausgangspunkts ist das zweite Gesetz der Thermodynamik, wonach isolierte Systeme einem Entropiemaximum zustreben und gleichzeitig die Ordnung des Systems kontinuierlich abnimmt. Nur in offenen Systemen (die mit ihrer Umwelt Energie und Materie austauschen) und in geschlossenen Systemen (die nur Energie austauschen) kann die Ordnung zunehmen, indem von außen Energie zugeführt wird. Biologische, kulturelle und wirtschaftliche Evolution auf der Erde ist nur möglich, weil die Systeme die Möglichkeiten haben, die Energie der Sonne zu nutzen. Prigogine und Stengers beschreiben dies als »Ordnung aus dem Chaos«.[16]

Die Fortschritte der nicht-linearen Mathematik haben es ermöglicht, das Verhalten solcher komplexen Strukturen zu beschreiben, deren Teile durch positive und negative Rückkopplungen miteinander verbunden sind; diese Strukturen haben die Möglichkeit, neue kohärente Entitäten zu schaffen – ohne externe (menschliche) Steuerung. Nichtlineare komplexe mathematische Systeme haben den Nachteil, daß sie sich analytischen Lösungen entziehen; um das evolutionäre Verhalten dieser komplexen Systeme zu untersuchen, finden vor allem numerische Computersimulationen Anwendung.

Immer mehr physische und chemische Prozesse werden so erfolgreich untersucht. Anwendungen existieren auch für biologische und soziale Prozesse; über deren Anwendbarkeit wird aber noch heftig dis-

[14] Ein Blick in ein beliebiges Lehrbuch fortgeschrittener Mikroökonomik zeigt dies sofort (siehe z.B. Henderson/Quandt 1980); dies wurde von Philip Mirowski (1989) in exzellenter Weise dargelegt.

[15] Prigogine/Stengers 1984.

[16] Siehe auch Hayek 1964/1967, 27.

kutiert. Einige theoretische Aspekte komplexer Systeme lassen es aber dennoch sinnvoll erscheinen, über ihre Anwendung auf die Beschreibung ökonomischer Systeme nachzudenken. Alvin Toffler bezieht das Prigoginesche Paradigma explizit auf soziale Probleme: »What makes the Prigoginian paradigm especially interesting is that it shifts attention to those aspects of reality that characterize today's accelerated social change: disorder, instability, diversity, disequilibrium, nonlinear relationships (in which small inputs can trigger massive consequences), and temporality – a heightened sensitivity to the flows of time.«[17]

Selbstorganisation bedeutet also, daß die Gesellschaft selbst und für sich selbst Strukturen schafft, die das System verändern und es weiter entwickeln. Diese Strukturen wie der Staat, Unternehmen, Vereine und Interessenvertretungen schaffen Regulierungen für die eigene Organisation wie auch für ihre Kooperation (Unternehmensorganisation, Wirtschaftsrecht, Märkte). Daß diese Prozesse Selbstorganisationsprozesse sind, bedeutet, daß sie nicht vollständig erklärbar sind, so wie dies normalerweise in einem mechanischen System wie einer vom Menschen geschaffenen Maschine der Fall ist; dies gilt etwa auch für die Ergebnisse von (impliziten und expliziten) Verträgen zwischen Vertragspartnern, wie sie beispielsweise im Zentrum der institutionellen Ökonomik stehen. Auch diese beruhen im Kern auf klaren Regeln, was aber in realwirtschaftlichen Prozessen daraus folgt, hängt sowohl von äußeren Einflüssen wie auch von der inneren Dynamik dieser Prozesse ab.

Ein anderer Ansatz der Selbstorganisation ist in der *Scientific Community* bei weitem weniger akzeptiert: Humberto Maturanas und Francisco Varelas Arbeiten über biologische Systeme und ihr Konzept der Autopoiesis. Die grundlegenden Einheiten dieses Ansatzes sind *Beziehungen* zwischen verschiedenen Elementen und nicht die Elemente selbst. Überträgt man diese Sicht auf sozio-ökonomische Systeme, ist dieser Ansatz eindeutig nicht-individualistisch: es geht um die Beziehungen zwischen Individuen und nicht um Individuen selbst. Niklas Luhmann, der seine soziologische Systemtheorie darauf aufbaut, sieht folgerichtig die Systeme Wirtschaft und Gesellschaft strikt voneinander getrennt. Die Wirtschaft ist definiert als ein System, dessen Elemente Zahlungen sind, die im ökonomischen System produziert und reproduziert werden, während die Elemente des politischen Systems kollektive Entscheidungen sind; diese Sichtweise ist nach Luhmann fundiert durch unsere Erfahrung von dem, was wir unter Wirtschaft verstehen, etwa

---

[17] Im Vorwort zu Prigogine/Stengers 1984, xiv-xv.

im internationalen Handel.[18] In diesem Sinn unterscheidet sich Luhmann wenig von der traditionellen Ökonomik.

Es ist aber genau der Zusammenhang *zwischen* Wirtschaft und Gesellschaft, der in einer Selbstorganisationssichtweise besser dargestellt werden könnte und so die methodischen Beschränkungen der traditionellen Ökonomik überwinden könnte: Die komplexen Systeme westlicher Gesellschaften haben ihre Märkte, Regierungen, Unternehmen und Institutionen geschaffen und entwickelt als Ergebnis ihres eigenen Selbstorganisationsprozesses. Dabei spielt Wettbewerb ebenso eine Rolle wie Kooperation oder soziale Konflikte. Dies trifft sich gut mit einem Argument, das sehr häufig von heterodoxen Ökonomen und anderen Sozialwissenschaftlern gegen die Neoklassik (als Teil des Newtonschen Forschungsprogramms) vorgebracht wird: Es ist ein Modell vollständiger Harmonie und insofern wenig realitätsnah. Michael Radzicki schlägt vor, daß »a synthesis of chaos theory and institutional economics can potentially produce ... an improved understanding of social conflict«[19]. Der institutionalistische Teil einer solchen Theorie könnte einiges darüber aussagen, wie ökonomische Aktivitäten in welche sozialen Strukturen eingebettet sind, die sie und ihre Ergebnisse mitbestimmen. Die Theorie selbstorganisierender Systeme (von Radzicki auf die Chaos-Theorie reduziert) könnte darüber hinaus helfen, zu verstehen, wie ökonomische Aktivitäten selbst ablaufen. Dabei tritt aber das fundamentale Problem all dieser Ansätze auf, daß Ergebnisse weniger einfach vorherzusagen sind als im mechanistischen Forschungsprogramm, und daß daher die Theorien selbst nicht so einfach zu widerlegen sind.[20] Hayek leitet daraus Anforderungen an die weitere Entwicklung der Sozialwissenschaften ab.

»The advance of science will thus have to proceed in two different directions: while it is certainly desirable to make our theories as falsible as possible, we must also push forward into fields where, as we advance, the degree of falsifiability necessarily decreases. This is the price we have to pay for an advance into the field of complex phenomena.«[21] und »We are ... interested in the recurrence of abstract patterns as such; and the prediction that a pattern of a certain kind will appear in defined circumstances is a falsifiable (and therefor empirical) statement.«[22]

[18] Siehe etwa Luhmann 1989, 17, 52-59. Zu Grundlagen der Autopoiesis vgl. etwa Maturana/Varela 1980.

[19] Radzicki 1990, 68f. Siehe dazu auch Hinterberger 1994d.

[20] Hayek 1964/1967, 28.

[21] Hayek 1964/1967, 29.

[22] Hayek 1964/1967, 28.

Nicht-lineare mathematische Systeme haben Eigenschaften, die wir als isomorph zu bestimmten Phänomen in der »wirklichen« wirtschaftlichen Welt ansehen können, wie etwa die Tendenz ökonomischer Prozesse, *nicht* zu einem Gleichgewicht zu führen, sogenannte *Lock-ins* und Pfadabhängigkeit. Eine ökonomische Theorie sollte auch solche Phänomene angemessen beschreiben können, auch wenn wir dabei zu einem bestimmten Grad auf empirische Falsifizierbarkeit verzichten müssen.

1.3 Neuronale Netze und ökonomische Entscheidungen

Ein zentraler Aspekt der neoklassischen Ökonomik ist – entsprechend des Newtonschen Forschungsprogramms , daß sich die Funktionsbedingungen einer Wirtschaft deduktiv und nicht induktiv ableiten lassen. Deduktiv meint dabei, daß ökonomische Prozesse und ihre Ergebnisse von allgemeinen Prinzipien ableitbar sind. Das axiomatische Konzept der Theorie rationaler Entscheidungen ist ein solches allgemeines Prinzip. Individuen optimieren danach aufgrund wohlspezifizierter Zielfunktionen (Gewinne und Nutzen) unter bestimmten Bedingungen (Budget, Informationen, Transaktionskosten, institutionelle Restriktionen).

Hayek betont hingegen die Bedeutung induktiven Lernens bei der Beschreibung dessen, wie Individuen abstrakte Regeln lernen »by analogy from concrete instances«.[23] Wenn jemand eine Angebots- oder Nachfrageentscheidung trifft, ist dies immer auf der Basis von Informationen zu tun, die durch einen *trial and error*-Prozeß in historischer Zeit zu gewinnen ist. Um dies zu beschreiben, reicht es nicht aus, ökonomische Akteure als einfache »Maximierer« zu beschreiben, die eine wohlspezifizierte Zielfunktion unter wohl-spezifizierten Bedingungen optimiert. Wirtschaftliche Akteure müssen ihre Entscheidungen immer unter Bewertung ihrer Erfahrungen treffen. Neuronale Netze sind eine wissenschaftliche Methode, um einen solchen Prozeß zu untersuchen. Nur ein Beispiel: Eric Baum präsentiert einen Algorithmus der »back propagation«, mit dessen Hilfe er ein Expertensystem zur Simulation von medizinischen Diagnosen simuliert. Ausgehend von bestimmten Symptomen und bestimmten Krankheiten »lernt« das System Entscheidungen zu treffen. Analog dazu könnte ein neuronales Netz dazu verwendet werden, den Prozeß zu beschreiben, mit dem ein Individuum

---

[23] Hayek 1967b, 67.

Schritt für Schritt Informationen sammelt, um zu einer optimalen Entscheidungs zu gelangen.

Ein wirtschaftlicher Akteur beobachtet die »Realität«, versucht notwendige Informationen herauszufiltern und dann seine oder ihre Entscheidung zu treffen. Die Umwelt wird in der einen oder anderen Weise darauf reagieren, und diese Reaktion erlaubt es dem Akteur, die neue Situation und seine eigene Situation zu bewerten und einzuschätzen, inwieweit sich die Veränderung auf seine Aktion bezieht und weitere Entscheidungen zu treffen. In diesem Sinn bewerten wirtschaftliche Akteure ihre eigenen Entscheidungen immer wieder selbst. Das Problem liegt darin, daß sie unmöglich wissen können, inwieweit ihre Entscheidung optimal war oder ob bessere Entscheidungen möglich gewesen wären. Sie wissen nicht einmal, inwieweit die wahrgenommene Änderung der Umwelt sich auf ihre Entscheidung hin geändert hat oder inwieweit andere Änderungen im System dafür verantwortlich waren. Aber nicht nur die wahrgenommene »Wirklichkeit« ändert sich; auch die Wahrnehmung selbst kann sich ändern, wenn neue Informationen einbezogen werden oder – besser gesagt – als relevant »(an)erkannt« werden.

Ein solcher Prozeß ist also mit sehr vielen Unsicherheiten verbunden. Ohne einen Feedback-Mechanismus, der uns hilft, unsere eigenen Entscheidungen zu bewerten, wäre eine rationale Entscheidung nicht möglich.[24] Optimierung wird in einer solchen Sicht als Prozeß verstanden, der in historischer Zeit abläuft. Vielleicht wäre es besser, in diesem Zusammenhang den Begriff Rationalität zu vermeiden und den allgemeineren Begriff »bewußtes intelligentes Entscheidungsverhalten« zu verwenden, um den Unterschied zum traditionellen Konzept zu verdeutlichen, der Rationalität als Set von Axiomen definiert, von denen sich Entscheidungen ableiten. Nur wenn die Umwelt sich nicht ändert, würde die Erfahrung die Akteure in Richtung einer optimalen Entscheidung bringen, so daß im Endeffekt das Individuum ein Entscheidungsmuster erreichen würde, das wir beschreiben könnten »als ob« es sich um einen gewinn- oder nutzenmaxierenden Akteur handeln würde, so wie ihn die standardökonomische Theorie beschreibt. In einer dynamischen, sich immer ändernden Welt aber ist dies einfach nicht möglich.[25] Das Hauptproblem beim Versuch, einen solchen Prozeß zu modellieren, liegt darin, daß nicht einmal die Antwort darauf, ob die

[24] Siehe dazu den Beitrag von Ötsch in diesem Band.
[25] Hinterberger 1993.

Rezeption der Umwelt »richtig« oder »falsch« ist, als gesichert angesehen werden kann.[26]

Ökonomisch sprechen wir von endogenen Präferenzen. Radzicki (1988, 1990) entwickelte ein *system dynamics* Computer-Simulationsmodell, in dem individuelle Präferenzen sich ändern in Abhängigkeit zur Perzeption von Umweltveränderungen als Reaktion auf die eigenen Entscheidungen. Es handelt sich dabei um eine induktive Methode, in der das Verhalten nicht von allgemeinen Prinzipien oder Axiomen abgeleitet wird. Die subjektiven Wünsche und Perzeptionen beeinflussen direkt die sozioökonomischen Ergebnisse. Ein solcher Ansatz ermöglicht es, zwei – jedenfalls im amerikanischen Diskussionskontext einander ausschließende – Konzepte miteinander zu verbinden: das institutionalistische Forschungsprogramm, das beschreibt, wie Institutionen individuelles Verhalten beeinflussen, und die österreichische Sichtweise, die umgekehrt Institutionen eher als Ergebnis individuellen Verhaltens versteht – wenn auch nicht unbedingt in der individuellen gewünschten Weise. In einem solchen Modell können Individuen Schritt für Schritt ihr eigenes Verhalten beurteilen und verändern und so in einem trial and error process »lernen«. Wenn die Computer-Simulation zu Ergebnissen führt, die entsprechenden empirischen Daten isomorph sind, dann scheint es plausibel zu argumentieren, daß die Struktur des Modells der »Wirklichkeit« nahekommt. Ein solches Theorie-Konzept wurde zunächst für globale Modelle des Ökologie-Ökonomie-Zusammenhangs verwendet (»Grenzen des Wachstums«-Studien). Es wird nun weiterentwickelt zu einem Modell, das eine dynamische Mikrofundierung sozioökonomischer Prozesse erlaubt. Statt Gleichgewichten verwenden solche Modelle Attraktoren, die als temporär stabile Situationen interpretiert werden können; solche Attraktoren können auch als partielle Gleichgewichte im Sinne Marshalls interpretiert werden.[27]

---

[26] In diesem Zusammenhang gibt es eine andere interessante Variante für vergleichbare Fragestellungen: sogenannte genetische Algorithmen. Dabei handelt es sich um eine Art der Programmierung von Computern, die das adäquate Programm für die Lösung eines bestimmten Problems durch rekursive Rekombination von Teilen des Programmes oder von mehreren Programmen selbst findet, die sich in früheren Schritten als erfolgreich erwiesen haben (siehe Goldberg 1989).

[27] Dardi 1991.

1.4 Synergetik: Selbstorganisation zwischen Individualismus und Kollektivismus

Hayek versteht »Regeln« als Aussagen »by which regularities of the conduct can be described«.[28] Eine beobachtbare Ordnung von Handlungen hängt ab von einem System von Regeln, die Hayek als das Ergebnis von Gruppenselektionsprozessen versteht.[29] Die Unterscheidung zwischen *rules of conduct* und der daraus entstehenden Ordnung von Handlungen kann als direkte Analogie zu biologischen Unterscheidungen zwischen Genotypen und Phänotypen angesehen werden.

»The evolutionary selection of different rules of individual conduct operates through the reliability of the order it will produce, and any given rules of individual conduct may prove beneficial as part of one set of such rules, or in one set of external circumstances, and harmful as part of another set of rules or in another set of external circumstances.«[30]

Dies entspricht weitgehend dem Verständnis von kultureller Evolution bei Boyd und Richerson.[31] Prozesse so zu beschreiben, daß sie die Entstehung von Zusammenschlüssen und Kooperationen zwischen Individuen beinhalten, führt uns auf das Gebiet der Synergetik.[32] Individuelles Verhalten basiert auf Verhalten anderer Individuen (nicht auf dem Verhalten eines metaphysischen »Ganzen«). Mathematisch kann dies mit Hilfe einer Master-Gleichung beschrieben werden, die die Interdependenz von Änderungen individuellen Verhaltens in algebraischen und numerischen Modellen beschreibt. Etwas allgemeiner drückt Hayek einen ähnlichen Sachverhalt folgendermaßen aus: »mind is not a guide but a product of cultural evolution, and is based more on imitating than on insight or reason.«[33] Und: »It is not our intellect that created our morals; rather, human interactions governed by our morals make possible the growth of reason and those capabilities associated with it. Man became intelligent because there was tradition – that which lies between instinct and reason – for him to learn.«[34]

[28] Hayek 1967b, 67.

[29] Hayek bezieht sich hier auf Carr-Saunders; wir können uns aber auch auf neuere Diskussionen in der Biologie beziehen. Vgl. hier Bücher in evolutionärer Biologie, wie z.B. Volpe 1995.

[30] Hayek 1967b, 67

[31] Boyd, Richerson 1985. In diesem Zusammenhang sei bemerkt, daß Pavel Pelikan (1992) ein solches Schema verwendet, um die Unterscheidung zwischen Ordnungspolitik (als den Genotyp) und Prozeßpolitik (als den Phänotyp) beschreibt.

[32] Haken 1977.

[33] Hayek 1988/1991, 21.

[34] Ebenda.

Haken und andere schlagen den folgenden Ansatz vor:[35] Betrachten wir eine (0,1)-Entscheidung, z.B. ob ein Individuum eine bestimmte Meinung annimmt oder nicht oder ob ein Individuum sich in einem bestimmten Markt engagiert oder nicht. In einer Population können wir verschiedene Übergangswahrscheinlichkeiten beobachten, die uns sagen, mit welcher Wahrscheinlichkeit eine Person seine oder ihre Meinung von 0 nach 1 ändert oder umgekehrt. Bei einer zu Anfang gegebenen Verteilungsfunktion von Meinungen bzw. Marktbeteiligungen können wir eine sogenannte Master-Gleichung aufschreiben, die die Änderungen der relativen Häufigkeiten von Individuen, die entweder 0 oder 1 zuneigen, angibt.

Das Interessante an diesem Ansatz ist die Möglichkeit, die individuellen Übergangswahrscheinlichkeiten in Abhängigkeit von der gegebenen Verteilungsfunktion zu beschreiben (oder auch der Verteilung innerhalb bestimmter Untergruppen). Die Wahrscheinlichkeit einer Änderung einer individuellen Entscheidung hängt dann von der gegebenen Verteilung innerhalb der Bevölkerung oder Untergruppe ab. Und dies ermöglicht uns eine Beschreibung von Phänomenen wie Imitation, Mode, Snobeffekten etc. Obwohl kollektive Effekte das Resultat dieser Ansätze sein können, ist der Ausgangspunkt immer die individuelle Entscheidung. Konzepte wie Kommunikation und Information bekommen dann eine spezifische Bedeutung innerhalb eines selbstorganisierenden Systems, in dem Makroprozesse nicht alleine aus der Gewinn- oder Nutzenmaximierung individueller Akteure zu erklären sind.

Im Falle einer überfüllten Straße ist z.B. das Muster von Fahrzeugen, das wir von außen beobachten, anders als auf einer Straße, die den einzelnen Fahrzeugen genug Platz gibt, um ihre Geschwindigkeit selbst bestimmen zu können.[36] Dennoch sind auch die Teilnehmer an einem Stau nicht von einer exogenen Regel geleitet – sie verhalten sich aber »als ob«. Analoge Phänomene können in turbulenten Flüssigkeiten und vielen anderen Beispielen gezeigt werden.[37] Dies zeigt auch, wie natürliche und soziale Systeme mit Knappheiten »umgehen«. In diesem Sinn stellt Selbstorganisation einen »Mittelweg« zwischen radikalem Individualismus und Kollektivismus oder Holismus dar. Individuen schließen sich zu kohäsiven Ganzen zusammen, die erklärt werden können aus einer Untersuchung der individuellen Verhalten *und* der Randbedingungen (z.B. der Überfüllung einer Straße). Dennoch ist auch in diesem

[35] Vgl. zum Folgenden Weidlich, Braun 1991 sowie Eger/Weise 1990. Eine formale Beschreibung findet sich in Haken 1977, Kapitel 11.

[36] Briggs/Peat 1989.

[37] Prigogine/Stengers 1984.

Modell alles von den Entscheidungen der einzelnen Individuen abhängig, die teilweise von den einzelnen Individuen als kollektive Phänomene *wahrgenommen* werden.

2. Hayek und Evolution

Wir haben uns im ersten Abschnitt dieses Kapitels mit Hayeks Aussagen zu Wirtschaft und Gesellschaft als komplexe selbstorganisierende Systeme beschäftigt und kommen nun zu seiner Beschäftigung mit evolutorischen Gedanken, wo er noch konkreter auf die Übertragung von Methoden aus den Naturwissenschaften (hier der Evolutionbiologie) auf sozio-ökonomische Fragestellungen verweist. Nach einer Beschreibung von Hayeks Sichtweise (2.1) soll dies auf frühe und zeitgenössische Werke der Biologie und evolutorischen Ökonomik angewendet werden (2.2), bevor wir kurz auf einige eigene Gedanken zu kultureller und ökonomischer Evolution eingehen (2.3).

2.1 Hayek zu Evolution

Es ist wiederum »*The Fatal Conceit*«, in dem Hayek am konkretesten die Anwendung der evolutionären Methode auf die Untersuchung kultureller und ökonomischer Prozesse beschreibt. Er verweist dabei vor allem auf Arbeiten aus der ersten Hälfte unseres Jahrhunderts, die er in seinem Sinn weiter bearbeitet.[38] Der Text zeigt aber auch eine profunde Kenntnis heutiger nichtreduktionistischer evolutorischer Wissenschaft. Hayek beschreibt den Mechanismus kultureller Evolution als nicht darwinianisch, konzidiert aber Analogien »in some important ways«[39].

»Though governed in our conduct by what we have learnt, we often do not know why we do what we do. Learnt moral rules, customs, progressively displaced innate responses, not because men recognized by reason that they were better but because they made possible the growth of an extended order exceeding anyone's vision, in which more

---

[38] Siehe zum Beispiel Hayek 1988/1991, 16, wo er etwa auf Carr-Saunders verweist, aber auch auf Popper/Eccles und Durham. Depew/Weber 1985 geben einen Überblick über neuere biologische und philosophische Diskussionen zu diesem Thema.

[39] Hayek 1988/1991, 23-28.

effective collaboration enabled its members, however blindly, to maintain more people and to displace other groups.[40]«

Die entsprechende Theorie der Gruppenselektion, die erklärt, daß nicht nur individuelle biologische Merkmale weitervererbt werden können, sondern daß auch Gruppen bestimmte Merkmale haben können (wie etwa bestimmte Hierarchien im Rudel), die sich in ihrem Überlebenskampf mit anderen Arten als vorteilhaft erweisen, ist bisher in der Biologie noch nicht sehr weit entwickelt. Hayek unterstützt aber Gedanken, die in diese Richtung gehen. Das sich Herausbilden und Stabilisieren von kulturellen Merkmale einer Gesellschaften könnte so erklärt erden. Dies paßt wiederum gut zu einigen oben diskutierten systemtheoretischen Ansätzen.[41]

Auf der anderen Seite kritisiert Hayek aber auch biologische Ansätze, wo diese seiner Ansicht nach zu weit gehen in der Erklärung menschlichen Verhaltens als determiniert durch genetische »Programme«, wie sie beispielsweise von Edward O. Wilson als Soziobiologie behandelt werden.[42] Wilson versucht eine »neue Synthese« zwischen Biologie und Soziologie, indem er vorschlägt, daß jegliches menschliche Verhalten von genetischen Prozessen bestimmt wird.[43] Darüber hinaus kritisiert Hayek das, was wir heute als Sozialdarwinismus bezeichnen, ein Ansatz, den übrigens auch Darwin selbst kritisiert hat, als er zum Beispiel auf seiner Reise nach Amerika mit der Sklaverei konfrontiert wurde.

Zuletzt möchte ich auf einen Punkt erwähnen, den Hayek im Zusammenhang mit der Evolution von Sprache und physischen Merkmalen[44] bespricht. Hayek bezieht sich dabei auf das Werk von William Jones, der schon 1887 die Evolution indogermanischer Sprachen beschrieben hat. Neuere Studien[45] zeigen eine signifikante Parallelität in der Unterschiedlichkeit von Genen und sprachlichen Besonderheiten beim Vergleich von verschiedenen Gesellschaften in verschiedenen Teilen der Welt. Dort, wo die Sprachen sehr unterschiedlich sind, etwa zwischen dem Baskischen und anderen europäischen Sprachen, unterscheiden sich auch die Gene stärker als zwischen Gesellschaften, deren

---

[40] Hayek 1988/1991, 23.

[41] Hayeks Ansatz korrespondiert dabei auch mit dem eines anderen österreichischen Nobelpreisträgers, nämlich Konrad Lorenz (vgl. etwa Lorenz 1977).

[42] Wilson 1975, Hayek 1978a.

[43] In Lumbsden/Wilson (1981) gesteht er aber seinen Kritikern ein, daß er in seinem früheren Buch (1975) zu »reduktionistisch« vorgegangen ist.

[44] Hayek 1988/1991, 23-24.

[45] Cavalli-Sforza 1991.

Sprache ähnlicher ist. Eine Erklärung dafür ist, daß die Entwicklung der Sprache ähnlichen Gesetzen gehorcht wie die Entwicklung physischer Merkmale.

2.2 Ökonomik und Biologie

»More heat than light: economics as social physics, physics as nature's economics« lautet der Titel von Philip Mirowskis einflußreichem Buch, das zeigt, wie eng sich die heutige Ökonomik an die Physik anlehnt. Ein Buch »Economics as social biology, biology as nature's economics« muß noch geschrieben werden.

Knappheit ist sicherlich eines der wesentlichen Probleme, mit dem die Natur auf hervorragende Weise umgeht, und zwar gerade mit Hilfe des evolutionären Prozesses, der dazu führt, daß knappe Ressourcen immer effizienter ausgenutzt werden. Natürliche Selektion basiert darauf, daß die Zahl von Organismen, die die Natur schafft, immer größer ist als die Zahl, die letztendlich überleben kann. Das Problem, das es zu lösen gilt, entspricht also dem Grundproblem der wirtschaftswissenschaftlichen Allokationstheorie. Die letztere wird aber dem Problem nicht wirklich gerecht, weil sie ein bestimmtes Verhalten der Akteure einfach postuliert, anstatt die Prozesse näher zu betrachten mit denen die Akteuere und das System insgesamt mit Knappheit umgehen. Es gibt aber noch andere Überlegungen, die es nahelegen, biologische Evolution als »Vorbild« und theoretische Grundlage für ökonomische Überlegungen zu nehmen. Evolution läuft in historischer Zeit ab, sie ist pfadabhängig und nicht vorhersehbar. Das evolutorische Konzept betrachtet die Natur als komplexes System, in dem nichtlineare Rückkopplungen wichtig sind.

Diese Eigenschaften der Natur gelten offensichtlich auch für ökonomische Systeme.[46] Evolution kann auf einer Mikroebene betrachtet werden, wenn wir auf bestimmte Spezies bzw. Märkte abheben, und/oder auf einer Makroebene, wenn wir das gesamte System in die Betrachtung einbeziehen. Von Bedeutung ist dabei, daß biologische, kulturelle und wirtschaftliche Evolution eng zusammenhängen. Der

[46] In der Ideengeschichte wurde die Wirtschaftswissenschaft stark von der Biologie beeinflußt, aber auch umgekehrt. Wir haben bereits auf den Einfluß von Adam Smith und Thomas Malthus auf Darwin hingewiesen. Alfred Marshall und Veblen haben gefordert, daß die evolutorische Biologie das »Mekka der Wirtschaftswissenschaften« sein sollte. Erst in jüngster Zeit aber haben etwa Boulding, Nelson, Winter, Witt u.a. konkrete Anstrengungen übernommen, in dieser Richtung eine »evolutorische Ökonomik« zu entwickeln (vgl. etwa den Überblick von Witt 1995).

Mensch als Spezies hat sich schließlich mit Hilfe seiner kulturellen, technischen und wirtschaftlichen Erungenschaften evolutionär weitgehend gegenüber dem Rest der Natur durchgesetzt. Dies zeigt deutlich, daß diese Errungenschaften nichts anderes sind, als die Fortsetzung der natürlichen Evolution mit neuen – sehr viel potenteren – Mitteln.[47]

2.3 Ein umfassendes evolutorisches Modell

Einen formalen Blick auf die Verbindungen zwischen kultureller und wirtschaftlicher Evolution ermöglicht der Vorschlag von Richard Dawkins, kulturelle Evolution als »memetische« Evolution zu betrachten.[48] Obwohl dieses Modell sich sehr streng an das biologische Modell der Evolution hält, betrachte ich es eher als heuristischen Ansatz, mit Hilfe dessen Hayeks Konzepte in einer formalen Art und Weise präsentiert werden können. Nach Dawkins spielen sogenannte Meme eine zentrale Rolle in der kulturellen Evolution, genauso wie die Gene die biologische Evolution bestimmen.[49] Meme sind demnach – wie Gene – Replikatoren des evolutionären Prozesses und spielen daher die zentrale Rolle des evolutionären Prozesses.[50] In der biologischen Evolution vermehren sich Gene durch den Reproduktionsprozeß der DNS; diese sind nicht direkt der natürlichen Selektion ausgesetzt, weshalb Hull das Konzept der Interaktoren eingeführt hat.[51] Biologische Interaktoren sind Organismen, die entsprechend ihrer Fitneß Replikatoren reproduzieren und mit ihrer Umwelt interagieren. Diese Unterscheidung spiegelt sich auch in der Unterscheidung zwischen Genotypen und Phäno-

---

[47] Andererseits scheint diese Entwicklung dazu geführt zu haben, daß unsere Kultur und Wirtschaftsweise immer mehr die Beziehung verliert, zu den natürlichen Grundlagen auf der unser – biologisches – (Über-)Leben beruht (vgl. Norgaard 1984, 1994, Hinterberger 1994b, 1994d). Ein solcher Ansatz kann auch beschreiben, wie etwa der Homo oeconomicus sich entwickelt hat und geschichtlich andere psychologische »Merkmale« (oder besser Verhaltensweisen) verdrängt hat (Binmore 1989) – ein Gedanke, der sicherlich auch Hayek nicht ganz fremd war.

[48] Dawkins 1976/1989. In diesem Abschnitt fassen wir einige Arbeiten zusammen, die in Hinterberger 1993, 1994a, 1994b ausführlich beschrieben sind; siehe auch Hinterberger 1994c, 1994d.

[49] Dawkins' Beschreibung der biologischen Evolution wurde heftig kritisiert, vor allem, weil sie reduktionistisch und mechanistisch sei (siehe zum Beispiel Depew/Weber, Hrsg., 1985). Ich meine aber, daß das Konzept der Meme nicht unbedingt auf sein Konzept der biologischen Evolution beschränkt bleibt. Das hier präsentierte Konzept läßt sich eher auf Konrad Lorenz' (1977) Konzept der Koevolution kultureller und natürlicher Merkmale beziehen.

[50] Siehe Dawkins 1976/1989, 15.

[51] Hull 1981.

typen wider, die der gegenwärtigen Lehrbuch-Version evolutorischen Denkens entspricht.[52] Wenn ein Gen einen Interaktor (Organismus) entstehen läßt, der besser in die Umwelt paßt als andere, wird der Replikator (das Gen) mit größerer Wahrscheinlichkeit überleben.

In einem Kapitel seines Buches schlägt Dawkins vor, innovative Ideen, wie Lieder, Moden oder bestimmte Techniken,[53] als Replikatoren der sozialen Evolution zu betrachten. Dawkins führt das Kunstwort »Mem« ein, um diese Ideen zu bezeichnen, die von bestimmten Individuen in die Welt gesetzt werden, um dann von anderen nachgeahmt zu werden; sie werden also zu Replikatoren der sozialen Evolution durch direkte Kommunikation, Innovation und Lernen, genauso wie Gene die Replikatoren der biologischen Evolution sind. Was aber sind die Interaktoren der kulturellen Evolution? Für Dawkins sind es menschliche Individuen. Dies führt uns in Richtung einer Boyd/Richerson-Variante der kulturellen Evolution.[54] Neben der biologischen Vererbung werden Verhaltensmerkmale auch kulturell weitergegeben, etwa von Eltern auf ihre Kinder, aber auch grundsätzlich von Individuum zu Individuum. Der Ansatz ermöglicht es, das Entstehen und die Veränderung von Institutionen zu beschreiben, wie der Rechtsordnung, der Sprache oder bestimmten Werthaltungen. In anderen Worten: Dawkins Ansatz kann uns helfen, Hayeks Vorstellungen über kulturelle Evolution in einem formalen Konzept neu zu fassen und zu beschreiben.

Dieses Konzept der kulturellen Evolution läßt sich erweitern auf wirtschaftliche Evolution.[55] »Meme« des Marktprozesses wären dann Präferenzen und Technologien, also Ideen, die das individuelle Marktverhalten beeinflussen. Die Interaktoren aber, die der Selektion ausgesetzt sind, sind jetzt nicht menschliche Individuen, sondern Güter. Technologien und Präferenzen werden vom Markt verschwinden, wenn die Güter, auf die sie sich beziehen, vom Markt verschwinden. Einige Isomorphismen zwischen natürlichen kulturellen und wirtschaftlichen Prozessen leuchten unmittelbar ein und lassen es daher sinnvoll erscheinen, analoge Ansätze zu deren Erklärung zu verwenden. Menschen haben die Möglichkeit, Selektionsprozesse, denen sie ausgesetzt sind, bewußt zu beobachten. In diesem Sinn ist die kulturelle und wirtschaftliche Evolution daher von der biologischen Evolution verschieden, in der individuelle Organismen dem evolutionären Prozeß »ausgeliefert« sind.

---

[52] Mayr 1978.

[53] Dawkins 1976/1989, 192.

[54] Boyd/Richerson 1985.

[55] Siehe Hinterberger 1993; 1994a; 1994b.

Aus diesem Grund muß eine umfassende Beschreibung kultureller und ökonomischer Prozesse auf drei Säulen aufbauen, die komplementär sind. Erstens können wir mit Hilfe der neoklassischen Mikroökonomik Wahlhandlungen beschreiben, solange nicht endogene Änderungen von Technologien und Präferenzen in die Betrachtung einbezogen werden. Ähnliche Methoden werden in der Biologie verwendet, wenn sogenannte evolutionär stabile Situationen untersucht werden. Zweitens: Evolutionäre und Selbstorganisationstheorien sind dann adäquat, wenn es um die Beschreibung von neu entstehenden Strukturen (Märkten, Werten, Organisationen, Institutionen etc.) geht und menschliche Fähigkeiten wie Bewußtsein und Kreativität von geringerem Interesse sind. Diese Einschränkung führt uns zu der dritten Säule, über die zu sprechen ist, wenn bewußtes Entscheiden und Kreativität nicht aus der Erklärung und Beschreibung ökonomischer Prozesse ausgeblendet werden sollen. Auch hier treffen wir auf ein Argument, auf das Hayek immer wieder hingewiesen hat.[56] Er stellt dabei kulturelle entstehende und weitergegebene Werte zwischen solche, die durch Instinkt (also auf natürliche Weise) und Intellekt entstanden sind: »Culture is neither natural nor artificial, neither genetically transmitted nor rationally designed!«[57].

Er bezieht sich dabei nicht explizit auf die Mängel der neoklassischen Ökonomik (unsere erste Säule), verweist aber darauf in anderen Zusammenhängen: »Where economists have become so misleading ... is in describing beautifully how a given system of data determines the particular organization of society, suggesting that all we have to know is the 'data' in order to bring about by deliberate organization a much better utilisation of resources than is actually achieved«[58]

Hayek bezweifelt dabei nicht, daß »forces at work which can usefully be described as equilibrating tendencies«[59] sowie auch physikalische Systeme zu einem Gleichgewicht streben, aber »of course will never reach a state of equilibrium. And the same is true of the economic efforts of the production and use of goods and services where every part may all the time tend toward a partial or local equilibrium, but long before that is reached the circumstances to which the local efforts adapt themselves will have changed themselves as a result of similar processes.[60]

---

[56] Hayek 1967a, 76; 1978a; 1988/1991, 45 etc.

[57] Hayek 1978a, 5.

[58] Hayek 1978a; 1983 35f.

[59] Hayek 1983, 22.

[60] Ebd.

3. Einige Implikationen für die Wirtschaftspolitik

Für eine wissenschaftliche Fundierung von Wirtschaftspolitik ist es nötig, Werturteile zu formulieren, um sagen zu können, was das Ziel einer Politikmaßnahme ist.[61] Wenn Hayek beispielsweise den Sozialismus als »Fehler« beurteilt und eine Politik der freien Marktwirtschaft favorisiert, bezieht er seine Werturteile auf die (dynamische) Effizienz dieses Wirtschaftssystems, während der Sozialismus »endangers the standard of living and the life itself of a large proportion of our existing population«.[62]

Hayek weist aber auch darauf hin, daß er auch die »Realität« anders sieht als »der Sozialismus«. Er sieht daher keine Notwendigkeit, darüber zu spekulieren, ob ein bestimmtes Sozialprodukt gerechter verteilt werden kann, da er keine Möglichkeit sieht, dies ohne Verringerung des Gesamtprodukts zu bewerkstelligen, was nur als Ergebnis einer wissenschaftlichen Untersuchung erkannt werden könne.[63]

Liberalismus als Werturteil (wie wir die Welt haben wollen) einerseits und die »österreichische« Erklärung, wie wirtschaftliche Phänomene »richtig« zu beschreiben sind, andererseits basieren auf ähnlichen philosophischen Grundlagen. Wissenschaftlich gibt es gute Gründe dafür, die wirtschaftliche Phänomäne als auf individuellem Entscheidungsverhalten basierend zu beschreiben; diese Gründe können sowohl empirischer als auch theoretischer Natur sein. Grundsätzlich unabhängig davon ist, ob man den Liberalismus als Werturteil teilt. Insoweit sich eine von der Erklärung unterschiedliche Norm ergibt, tut sich ein Feld für die Wirtschaftspolitik auf: Die Wirtschaftspolitik müßte dann versuchen, Gesellschaft und Wirtschaft einer Situation näherzubringen, die dem individualistischen (oder kollektivistischen) Werturteil entspricht.[64]

---

[61] Es ist hier nicht der Ort, auf den Stellenwert der Wertfreiheit bzw. des Positivismus aus »österreichischer« Sicht einzugehen (siehe dazu Kirzner 1992). In Hinterberger (1992) habe ich mich ausführlich mit den Problemen einer positivistischen Sichtweise in einer evolutorischen Ökonomik beschäftigt.

[62] Hayek 1988/1991, 9.

[63] Hayek 1988/1991, 6f. Dies läßt aber immer noch ein Werturteil hinsichtlich der Frage zu, ob nicht die Verringerung von Ungleichheit durch ein geringeres Sozialprodukt erkauft werden könne.

[64] Dies wirft aber ein weiteres Problem auf: Werturteile sind auch gesellschaftliche »Realität«. Sie entstehen als Ergebnis natürlicher und kultureller Prozesse und sind nicht im strengen Sinne exogen zum sozioökonomischen Prozeß. Darauf hat Hayek

Werturteile können nicht wissenschaftlich begründet werden, aber Wissenschaft kann uns dabei helfen, Systeme von Werturteilen als beispielsweise in sich unschlüssig oder widersprüchlich aufzudecken.[65] Hayek sagt hierzu ausdrücklich, daß es ein Fehler wäre, alle tradierten Werte einfach zu übernehmen, daß aber niemals zugleich alle Werte, also die gesamte Wertvorstellung einer Gesellschaft, in Frage gestellt werden kann.[66] Eine interessante Anmerkung dazu macht Hayek in seinem Postskript zu »*The Constitution of Liberty*« mit dem Titel »*On why I am not a conservative*«[67]. Dort definiert er Konservativismus als »a legitimate, probably necessary, and certainly widespread attitude of opposition to drastic change«[68]. Dies sagt aber eben nichts darüber aus, welche Richtung die gewünschte Entwicklung nehmen soll. »But the main point about liberalism is that it wants to go elsewhere, not to stand still«[69].

Wie kann aber eine gewünschte Entwicklung in einer komplexen evolutionären selbstorganisierenden Welt erreicht werden? In einer mechanistischen Welt ist eine Intervention im Sinne einer geplanten Steuerung bestimmter Teile des Mechanismus theoretisch einfach zu erreichen. Die Theorie erlaubt es, relevante Teile des Systems zu isolieren und alle relevanten Zusammenhänge so zu beschreiben, daß das Resultat der Eingriffe vollständig vorhersehbar ist. Aus diesem Grund ist es etwa in einem neoklassischen Modell relativ einfach, die Effekte einer spezifischen Steuer zu beschreiben und auch, in welchem Ausmaß beispielsweise Steuervermeidung und Steuerhinterziehung betrieben wird. Ähnlich »einfach« ist es in einem keynesianischen Modell, den Effekt eines Budgetdefizits auf Zinssatz und Arbeitslosigkeit zu beschreiben. In einer komplexen evolutionären – und damit »realitätsnäheren« Welt ist dies bedeutend schwieriger.

Zu Hayeks wichtigen Argumenten gehört, daß der »Sozialismus« die selbstregulierenden Mechanismen, die die Märkte bereitstellen, außer Kraft setzt[70]. Oskar Lange hat in seiner Debatte mit Ludwig von Mises behauptet, das Allokationsproblem könne durch eine vollständig informierte Planungsinstanz wie ein neoklassisch beschriebenes Markt-

---

m.E. nicht wirklich geachtet. Ob die Gesellschaft eine Freiheit der Märkte anstrebt, ist zunächst eine Frage empirischer und theoretischer Untersuchungen.

[65] Hayek 1970/78, 20.

[66] Ebd.

[67] Hayek 1960.

[68] Hayek 1960, 397.

[69] Hayek 1960, 404.

[70] Hayek 1983, 52f.

system gelöst werden. Genau dies ist das Problem: Solange die Allokationsprobleme relativ einfache und statische waren (so am Beginn der sozialistischen Experimente und während der Wiederaufbauphase nach dem 2. Weltkrieg), war es weniger schwierig für zentrale Planungsinstanzen, die richtige Struktur zu planen. Die Unterschiede zwischen sozialistischen und kapitalistischen Systemen waren daher in dieser Zeit auch weniger gravierend als später, als die Planwirtschaft mit ihrer Unfähigkeit in bezug auf das dynamische Problem konfrontiert wurde: dem Entstehen neuer Bedürfnisse und neuer Technologien. Erst hier konnte die Marktwirtschaft in vollem Ausmaß zeigen, daß sie überlegen war. Und *so* gesehen *war* der Sozialismus »a mistake«, wie Hayek immer wieder betont hat.

Ist deshalb *jede* Wirtschaftspolitik unmöglich? »Even if we cannot control the external circumstances at all, we may adapt our actions to them. And sometimes, though we may not be able to bring about the particular results we would like, knowledge of the principle of the thing will enable us to make circumstances more favorable to the kinds of events we desire. ... An explanation of the principle will thus often enable us to creat such favourable circumstances even if it does not allow us to control the outcome. Such activities in which we are guided by a knowledge merely of the principle of the thing should perhaps be described by the term cultivation than by the familiar term »control«-cultivation in the sense in which the farmer or gardener cultivates his plants, where he knows and can control some of the circumstances, and in which the wise legislator or statesman will probably attempt to cultivate rather than to control the forces of social processes.«[71]

Der Begriff der Kultivierung scheint mir besonders interessant vor dem Hintergrund evolutorischen Denkens. Als Charles Darwin seine Ideen des Ursprungs der Arten entwickelt, betont er die Bedeutung der landwirtschaftlichen Zuchtwahl und Kultivierung, durch die der Mensch über Jahrhunderte das Wissen erlangt hat, wie in die natürlichen Prozesse der Evolution eingegriffen werden kann. Züchtung bedeutet dabei einen gewollten Eingriff in diese Prozesse durch die Bevorzugung bestimmter Merkmale und das Zurückdrängen anderer. Heute ist beinahe alles, was wir als »natürlich« bezeichnen, in Wirklichkeit gewollt und ungewollt vom Menschen beeinflußt. Dennoch ist nicht alles möglich, wie die Erfahrung mit lokalen und globalen Umweltproblemen immer mehr deutlich macht.

---

[71] Hayek 1955/1967, 19.

Leider ist Hayek nicht sehr konkret, wenn er diese Möglichkeiten von politischen Eingriffen in das evolutionäre System beschreibt. Hayek betont die wachsende Ausdifferenzierung von Eigentumsrechten als großen Fortschritt der politischen »Domestizierung« der spontanen Ordnung, und befürwortet dabei gesellschaftliche Experimente[72], wenn auch sicherlich innerhalb seines allgemeinen Paradigmas. Ich glaube, daß hier »österreichische« Ökonomen weiterhin einen wesentlichen Beitrag zur Gestaltung wirtschaftlicher Politik (und gerade auch der Umweltpolitik) leisten können, wenn es darum geht, das Wechselspiel von Evolution und politischen Eingriffen zu beschreiben und so eine »optimale« Politik vorzuschlagen.

Literatur

Baum, Eric (1988): Neural Nets for Economists, in: Andersen, Ph.W./Arrow, K.J./Pines D. (Hrsg.): The Economy as an Evolving Complex System, Redwood et al., S. 33-48.

Binmore, K. (1990): Evolution and Contractarianism, in: Constitutional Political Economy 1, S. 1-26.

Boettke, Peter J. (1991): The Theory of Spontaneous Order and Cultural Evolution, in: the Social Theory of F.A.Hayek, in: Cultural Dynamics 3, S. 61-83.

Boyd, R./Richerson P.J. (1985): Culture and the Evolutionary Process. Chicago: Chicago University Press.

Briggs, John/Peat,F. David (1989): Turbulent Mirror. An Illustrated Guide to Chaos Theory and The Science of Wholeness. New York: Harper & Row.

Cavalli-Sforza, L.L. (1991): Genes, Peoples and Languages, in: Scientific American, 11/1991.

Dardi, Marco (1991): The Concept and Role of the Individual in Marshallian Economics, in: Dardi, M./Gallegati, M./Pesciarelli, E. (Hrsg.): Alfred Marshall's »Principles of Economics« 1890-1990, in: Quaderni di Storia dell' economia politica.

Dawkins, Richard (1976/1989): The Selfish Gene. Oxford/New York.

Depew, David J./Weber Bruce H. (Hrsg.) (1985): Evolution at the Crossroads: The New Biology and the New Philosophy of Science. Cambridge, Mass/London.

---

[72] Hayek 1988/1991, 37, 53.

Eger, Thomas/Weise, Peter (1990): Normen als gesellschaftliche Ordner, in: Ökonomie und Gesellschaft, Jahrbuch 8: Institutionelles Verhalten und kollektive Phänomene, Frankfurt/Main, S. 65-111.

Goldberg, David E. (1989): Genetic Algorithms in Search, Optimizstion, and Machine Learning. Reading, Mass.

Haken, Hermann (1977): Synergetics. Berlin et al.

Hayek, Friedrich A. (1955/1967): Degrees of Explanation, in: Studies in Philosophy, Politics and Economics. Chicago.

Hayek, Friedrich A. (1960): The Constition of Liberty. dt.: Die Verfassung der Freiheit, Tübingen (1971).

Hayek, Friedrich A. (1964/1967): The Theory of Complex Phenomena, in: Studies in Philosophy, Politics and Economics. Chicago.

Hayek, Friedrich A. (1967a): The Results of Human Action but not of Human Design, in: Studies in Philosophy, Politics and Economics. Chicago.

Hayek, Friedrich A. (1967b): Notes on the Evolution of Rules of Conduct, in: Studies in Philosophy, Politics and Economics. Chicago: Chicago University Press.

Hayek, Friedrich A. (1970/1978): The Errors of Constructivism, in: New Studies in Philosophy, Politics, Economics and History of Ideas. Chicago.

Hayek, Friedrich A. (1974/1978): The Pretence of Knowledge, in: New Studies in Philosophy, Politics, Economics and History of Ideas. Chicago.

Hayek, Friedrich A. (1978a): The Three Sources of Values. London.

Hayek, Friedrich A. (1983): Knowledge, Evolution, and Society. London.

Hayek, Friedrich A. (1988/1991): The Fatal Conceit. The Errors of Socialism. Chicago .

Henderson, J.M./Quandt R.E. (1980): Microeconomic Theory: a Mathematical Approach, 3rd Ed. New York.

Hinterberger, Friedrich (1992): The Role of Norms and State Activity in an Evolutionary Context. Paper presented at the 1992 SASE conference, Irvine, California.

Hinterberger, Friedrich (1993): A Note on Sociobiology. Georgescu-Roegen, Schumpeter and Beyond, in: Martinez-Alier J./Seifert E. (Hrsg.): Entropy and Bioeconomics, Milano, S. 282-310.

Hinterberger, F. (1994a): On the Evolution of Open Socio-Economic Systems, in: Mishra, R.K./Zwierlein, E./Maass, K. (Hrsg.): Self-organization as a Paradigm in Science, ed. by Berlin et al., S. 35-50.

Hinterberger, F. (1994b): Biological, Cultural and Economic Evolution and the Economy-Ecology-Relationship, in: van den Bergh, Jeroen/van der Straaten, Jan (Hrsg.): Toward Sustainable Development. Washington D.C, S. 55-78.

Hinterberger, Friedrich (1994c): Self-organizing systems, in: Boettke, P. (Hrsg.): The Edward Elgar Companion of Austrian Economics, Aldershot, S. 187-191.

Hinterberger, Friedrich (1994d): (Ko-?)Evolution von Natur, Kultur und Wirtschaft – einige modelltheoretische Überlegungen in: Beckenbach, Frank/Diefenbacher, Hans (Hrsg.): Zwischen Entropie und Selbstorganisation – Perspektiven einer ökologischen Ökonomie. Marburg, S. 317-347.

Hinterberger, Friedrich (1994e): Towards on Integration of Natural and Social Science?, Paper presented at the workshop on »Pluralistic Economics«, Bad Boll.

Hinterberger, Friedrich/Hüther, Michael (1993): Von Smith zu Hayek und zurück, Jahrbücher für Nationalökonomie und Statistik 211/3-4, S. 218-238.

Hinterberger, Friedrich/Luks, Fred/Stewen, Marcus (1996a): Ökologische Wirtschaftspolitik in einer komplexen Welt, in: Eicker-Wolf, Kai et al. (Hrsg.): Wirtschaftspolitik im theoretischen Vakuum?, Marburg.

Hinterberger, Friedrich/Luks, Fred/Stewen, Marcus (1996b): Ökologische Wirtschaftspolitik zwischen Ökodiktatur und Umweltkatastrophe, Berlin et al.

Hull, D. (1981): Units of Evolution. A Metaphysical Essay, in: Jensen, U.-J./Harré, R. (Hrsg.): The Philosophy of Evolution, New York, S. 23-44.

Kirzner, Israel (1992): Austrian Economics and the Doctrine of Wertfreiheit. Paper presented at the Austrian Economics Colloquium, New York University.

Lorenz, Konrad (1977): Die Rückseite des Spiegels, München.

Lumbstden, Ch./Wilson, E.O. (1981): Genes, mind, and culture: the coevolutionary process. Cambridge, Mass.

Luhmann, Niklas (1989): Die Wirtschaft der Gesellschaft, Frankfurt/M.

Maturana, Humberto R./Varela, Francisco (1980): Autopoiesis and Cognition: The Realization of Living. Dordrecht.

Mayr, Ernst (1978): Thr Growth of Biological Thought. Cambridge/Mass.

Mirowski, Ph. (1989): More heat than light: economics as social physics, physics as nature's economics. Cambridge: Cambridge University Press.

Norgaard, Richard B. (1984): Coevolutionary Development Potential. Land Economics 60, S. 160-173.

Norgaard, Richard B. (1985): Environmental Economics. An Evolutionary Critique and a Plea for Pluralism, in: Journal of Environmental Economics and Managements 12, S. 382-394.

Norgaard, Richard B. (1994): Development Betrayed. London.

North, Douglass (1991): Institutions, in: Journal of Economic Perspectives 5, S. 97-112.

Pelikan, Pavel (1992): The dynamics of economic systems, or how to transform a failed socialist economy, in: Journal of Evolutionary Economics 2, S. 39-63.

Prigogine, Ilya/Stengers, Isabel (1984): Order out of Chaos. Man's New Dialogue with Nature. Toronto et al.

Radzicki, Michael J. (1988): Institutional Dynamics: An Extension of the Institutionalsit Approach to Socioeconomic Analysis, in: Journal of Economic Issues 22, S. 633-665.

Radzicki, Michael J. (1990): Institutional Dynamics, Deterministic Chaos, and Self-Organizing Syztems, in: Journal of Economic Issues 24, S. 57-102.

Volpe, E.P. (1985): Understanding Evolution. Dubuque.

Weaver, Warren (1948): Science and Complexity, American Scientist 36, S. 536-544.

Weidlich, W./Braun, M. (1991): The Master Equation Approach to Nonlinear Economic Processes. Papers on Economics & Evolution, No. 9101.

Wegner, Gerhard (1996): Wirtschaftspolitik zwischen Selbst- und Fremdsteuerung – ein neuer Ansatz, Baden-Baden.

Wilson, Edward O. (1975): Sociobiology. The New Synthesis. Cambridge, Mass./London.

Witt, Ulrich (1995): Evolutorische Ökonomik – Umrisse eines neuen Forschungsprogramms, in: Seifert, Eberhard K./Priddat, Birger P. (Hrsg.): Neuorientierungen in der ökonomischen Theorie, Marburg, S. 153-179.

Informelle Soziale Netze und Sozialstaat

Substitutionale oder komplementäre Institutionen?

Stephan M. Panther

1. Einleitung

Institutionenökonomische Analysen verschiedener Provenienz haben sich in den vergangenen Jahren sowohl empirisch als auch theoretisch zunehmend mit Unternehmensnetzwerken beschäftigt. Darunter werden institutionelle Arrangements verstanden, deren gemeinsames Charakteristikum in relativ dauerhaften Beziehungen zwischen den beteiligten Unternehmen bei gleichzeitiger rechtlicher Autonomie besteht. Durch diese Forschungen wird die vor allem von der »Neuen Institutionenökonomik« ursprünglich vertretene Dichotomie von Märkten und Hierarchien zunehmend obsolet, wobei Unternehmensnetzwerke hinsichtlich ihrer formalen Integration zwischen (Spot)märkten und Hierarchien stehen.[1]

Diese Entwicklung hat bisher kein Gegenstück in ökonomisch ausgerichteten institutionellen Analysen im sozialpolitischen Bereich. Vielmehr dominieren hier Markt und Staat, als die wichtigste relevante hierarchische Organisationsform in diesem Bereich, das Feld der untersuchten institutionellen Alternativen. Dies gilt nicht nur für eher neoklassisch orientierte Analysen,[2] sondern auch für Autoren, die in der Tradition der älteren deutschen Sozialpolitiklehre stehen, die an die

[1] Dabei sind die unter dem Begriff »Unternehmensnetzwerk« zusammengefaßten institutionellen Arrangements durchaus heterogen und einer differenzierteren Betrachtungsweise zugänglich. Vgl. hierzu Lindberg, Campbel und Hollingworth (1991), die auch den fließenden Übergang zu Unternehmens(interessen)verbänden herausarbeiten. Ihr Beitrag ist auch aufgrund seiner Berücksichtigung unterschiedlicher Forschungstraditionen sehr lesenswert.

[2] Siehe Abschnitt 3.1. für einen ausführlicheren Überblick.

historische und sozialrechtliche Schule in der deutschen Volkswirtschaftslehre anknüpft.[3] Dies mag auch daran liegen, daß diesen Autoren die historische Entwicklung der Institutionen zur Bewältigung sozialer Notlagen besonders bewußt ist.[4] Zweifellos war der ursprüngliche, auf verwandt- und nachbarschaftlichen Beziehungen beruhende Sozialverband lange auch die dominierende Institution zur Vermeidung und Bewältigung von Notlagen.[5] Mit zunehmender ökonomischer Arbeitsteilung entstanden zunächst in den Städten, z.T. in den Zünften und Gilden, formelle Institutionen zur Absicherung einzelner Risiken wie Krankheit, Tod oder Invalidität. Diese waren Vorläufer sowohl des Versicherungsvereins auf Gegenseitigkeit, und damit des modernen privaten Versicherungsmarktes, als auch staatlicher Sozialversicherung. Die beiden letzteren verdrängten in den westlichen Industriestaaten im 19. und 20. Jahrhundert schließlich informelle Gemeinschaften mehr und mehr bei der Absicherung insbesondere der klassischen Existenzrisiken, Krankheit, Unfall, Invalidität, Tod des Ernährers,[6] was augenscheinlich zu der konstatierten Amnesie ökonomischer Analysen gegenüber informellen Unterstützungsnetzen beitrug. Es war der politischen Diskussion vorbehalten, die Aufmerksamkeit erneut auf diese Institution zu richten.

Diese war seit den achtziger Jahren durch verstärkte Kritik von beiden Seiten des politischen Spektrums am Sozialstaat gekennzeichnet. Pointiert formuliert beklagt die konservative Kritik die Überexpansion des Sozialstaats. Aus ihrer Sicht lähmt der krebsartig gewucherte Sozialstaat sowohl individuelle als auch kollektive Selbsthilfe und ermutigt die exzessive Inanspruchnahme staatlicher Leistungen. Hohe Steuerlasten haben negative Anreizeffekte auf Arbeitsleistung und Investition. Langfristig ist die nationale Wettbewerbsfähigkeit in Gefahr. Die Kritik der (neuen) Linken tendierte dazu, sich auf die Bevormundung durch große Bürokratien zu konzentrieren, die ein Interesse an einem kontinuierlichen Strom einer willigen Klientel haben.[7]

---

[3] Vgl. z.B. Engelhardt 1991.

[4] Vgl. z.B. Koch (1988) für einen Überblick über die Geschichte der Privatversicherungen, und de Swaan (1993) für einen Einstieg in die Geschichte des Sozialstaats.

[5] Vgl. z.B. Weber 1972, 215ff.

[6] Daß dies wiederum Rückwirkungen auf Familie, Nachbarschaft, etc. haben kann, wird vereinzelt gesehen, so, mit positiver Wertung, bei Engelhardt 1991, 87. Siehe auch die Überlegungen in Abschnitt 3.2.1.

[7] Für einen Überblick über die Bürokratiekritik beider Lager vgl. Blien/Widmaier 1990.

Für beide Seiten wurde »Selbsthilfe« für einige Zeit zum positiv besetzten Schlagwort in der sozialpolitischen Diskussion. Die genaue Bedeutung des Begriffs blieb jedoch häufig unklar. Für die konservativen Protagonisten der Debatte ist er fast synonym mit individueller Selbsthilfe im engeren Sinn, d.h. mit individuellen Vorsichtsmaßnahmen zur Vermeidung und Bewältigung von Notlagen. Diese umfassen u.a. Aus- und Fortbildung, Kapitalbildung und private Versicherung über den Markt. Solidarität innerhalb der Familie und traditionelle karitative Wohltätigkeit kommen in dieser Konzeption ergänzend hinzu. Das andere Ende des politischen Spektrums betont informelle Unterstützung in auch über die Familie hinausreichenden sozialen Netzen stärker, ebenso wie die mehr oder weniger organisierte Solidarität der von einem Problem Betroffenen untereinander.[8]

Beide Seiten der hier sicherlich nur holzschnittartig wiedergegebenen politischen Debatte beziehen sich somit explizit auf informelle Unterstützung in sozialen Netzwerken bzw. Selbsthilfegruppen als mögliche Form der Institutionalisierung sozialpolitisch relevanter Hilfeleistung neben Markt und Staat.[9] Will die institutionell orientierte ökonomische Analyse des Sozialstaats dieser Entwicklung gerecht werden, muß sie sich mit sozialen Netzwerken und der in ihnen geleisteten informellen Unterstützung auseinandersetzen und die Fixierung auf Markt und Staat aufgeben. Der folgende Beitrag versucht dies, indem er traditionelle staatliche Sozialpolitik, insbesondere die Sozialversicherung, mit informeller Unterstützung in sozialen Netzen vergleicht. Er nimmt dabei die in der oben skizzierten politischen Debatte angelegte Frage nach dem Verhältnis dieser beiden Institutionen auf. Dieses ist für die skizzierten politischen Wertungen zentral.

In der konservativen Sicht soll der Sozialstaat zugunsten von mehr Selbsthilfe teilweise abgebaut werden. Hier sind individuelle Vorsicht und informelle soziale Unterstützung Substitute für sozialstaatliche Leistungen. Die Gegenseite sieht informelle Unterstützung und Solidarität der Betroffenen eher als Instrument zur Rekonstruktion des Wohlfahrtsstaats. Der traditionelle Sozialstaat und informelle soziale Unterstützung sind hier eher komplementäre Institutionen, die sich bei der

[8] Direkte Bezüge zur inzwischen auch hierzulande rezipierten und fortgeführten us-amerikanischen Kommunitarismusdebatte sind offensichtlich. Auch diese zeichnet sich unter anderem durch im Sinne des herkömmlichen politischen Koordinatensystems z.T. sehr unterschiedliche politische Provenienz der kommunitaristischen Protagonisten aus.

[9] Siehe Abschnitt 2.1 für eine ausführlichere Darstellung des Konzepts »Soziales Netzwerk«.

Bewältigung sozialer Risiken ergänzen. Die hier angesprochene sozialpolitische Debatte läßt sich somit in der Frage nach Substitutionalität versus Komplementarität von informeller sozialer Unterstützung und sozialstaatlichen Leistungen verdichten.

Abschnitt 2 charakterisiert informelle Unterstützung in sozialen Netzwerken unter Rückgriff auf die empirischen Ergebnisse der soziologischen Literatur. Dort wurde das Konzept entwickelt und in den vergangenen Jahrzehnten vielfach in Fallstudien verwendet. Ein Blick auf die soziologische Theorie in diesem Bereich und ein erster Vergleich zwischen informeller Unterstützung und sozialstaatlichen Leistungen vor diesem Hintergrund leiten zu Abschnitt 3 über. Dieser befaßt sich mit dem möglichen Beitrag der ökonomischen Analyse zur Beantwortung der Frage nach dem Verhältnis von informeller Unterstützung und Sozialstaat. Abschnitt 4 faßt die Ergebnisse zusammen.

2. Informelle Unterstützung in sozialen Netzen

2.1 Soziale Netze

Ein soziales Netz wird durch eine Menge von Akteuren und den zwischen ihnen bestehenden Beziehungen konstituiert. Auf diesem hohen Abstraktionsniveau bleibt offen, ob es sich bei den Akteuren um Individuen, Gruppen oder Organisationen handelt. Auch kann jede Art sozialer Beziehung die Verbindung zwischen den Akteuren schaffen.[10] Im folgenden sind die Akteure Individuen. Die Beziehungen zwischen ihnen manifestieren sich in wiederholten Kontakten, die jedoch unregelmäßig sein können und deren Häufigkeit über die Zeit variieren kann. Die betrachteten Beziehungen sind informell: Rechtlich bindende Absprachen fehlen entweder völlig oder spielen eine untergeordnete Rolle. Letzteres gilt z.B. für Kleinfamilien in westlichen Gesellschaften, in denen eine zivilrechtliche Ehe zwischen den zusammenlebenden Erwachsenen nach wie vor die Regel ist. Ein derartiger Ehevertrag läßt jedoch den größten Teil der alltäglichen Interaktionen ungeregelt.[11]

[10] Vgl. Weber (1972, 13) für eine vielzitierte Definition des Begriffs »soziale Beziehung«.

[11] Damit soll nicht bestritten werden, daß der rechtliche Rahmen möglicherweise einen in jeder Hinsicht nicht unerheblichen Einfluß auf die alltäglichen Beziehungen hat.

Das hier relevante soziale Netz einer Person besteht typischerweise aus Lebenspartner, Freunden, Verwandten, Nachbarn und Arbeitskollegen. Je enger diese Beziehungen werden, um so eher werden sie multiplex, d.h. um so eher umfassen sie verschiedene Lebensbereiche. So können Verwandtschaftsbeziehungen so gut wie nur auf dem Papier bestehen, sie können sich in gelegentlichen Besuchen erschöpfen, sie können aber auch gemeinsame Freizeit bis hin zu Urlauben, regelmäßiges gegenseitiges Aushelfen oder gemeinsames Wohnen umfassen. Innerhalb von mehr oder weniger organisierten Selbsthilfegruppen, deren Mitglieder in ähnlicher Weise von einer bestimmten Notlage wie Krankheit, Arbeitslosigkeit, Tod des Lebenspartners o.ä. betroffen sind, sind die Beziehungen im Gegensatz hierzu eher eindimensional durch das gemeinsame Anliegen bestimmt.[12] Solange die persönliche Interaktion in der Gruppe entscheidend für die vom einzelnen durch die Gruppe erfahrene Unterstützung ist, scheint der Begriff »informelles soziales Netz« auch hier noch angemessen zu sein. Dies gilt nicht mehr, wenn durch einen monetären Mitgliedsbeitrag die Leistungen eines mehr oder weniger professionellen zentralen Büros gekauft werden. Selbstverständlich gibt es hier keine scharfe Trennungslinie. Vielmehr existieren vielfältige Übergangsformen.[13]

2.2 Soziale Unterstützung

2.2.1 Dimensionen der Unterstützung

Aufbauend auf die soziologische Forschung der vergangenen dreißig Jahre hat Diewald[14] eine nützliche Typologie der in informellen sozialen Netzen geleisteten Unterstützung ausgearbeitet. Diese ist in Tabelle 1 wiedergegeben. Diewald unterscheidet objektive Unterstützung von zwei Arten subjektiver Unterstützung, der Vermittlung von Kognitionen einerseits und von Emotionen anderseits. Diese groben Kategorien werden durch feinere Unterscheidungen mit Inhalt gefüllt.

Einige dieser in der Tabelle aufgelisteten Kategorien bedürfen einer weiteren Erläuterung. So ist die Unterscheidung zwischen güter- und

[12] Augenscheinlich entstehen jedoch aus derartigen Gruppen nicht selten – multiplexe – Freundschaften.

[13] Zintl (1993) diskutiert aus der Sicht der ökonomischen Theorie der Clubs, wie sich der Charakter von Personenvereinigungen ändert, wenn die Identität der Gruppenmitglieder wichtig wird, weil die konkrete Interaktion in der Gruppe an Bedeutung gewinnt.

[14] Diewald 1991, 70-77.

personenbezogenen Diensten vermutlich kommentierungsbedürftig. Unter güterbezogenen Diensten faßt Diewald Reparaturen, Hausarbeit, Einkäufe etc. zusammen. Personenbezogene Dienste schließen hingegen Kinderbetreuung und Pflege mit ein. Als Intervention wird jegliche Form von Handlung bezeichnet, welche die positive Beeinflussung Dritter zugunsten des zu Unterstützenden zum Ziel hat. Empfehlungen sind ein typisches Beispiel. Geselligkeit kann als eine Form sozialer Unterstützung aufgefaßt werden, da sie in allgemeiner Art und Weise zu einer positiven Grundstimmung beiträgt. Schließlich können alltägliche Kontakte zum Wohlbefinden einer Person beitragen, indem sie eine stabile, »normale«, Umgebung schaffen.

Tabelle 1: Arten der Unterstützung in informellen sozialen Netzen

Objektive Unterstützung	**Vermittlung von Kognitionen**	**Vermittlung von Emotionen**
• Dienste: – güterbezogen – personenbezogen • Materielle Unterstützung – Sachleistungen – Geld • Intervention • Information • Beratung • Geselligkeit • Alltägliche Kontakte	• Wertschätzung: – persönlich – Status • Orientierung • Zugehörigkeitsbewußtsein – Teilhabe – Gebraucht-werden	• Geborgenheit • Liebe und Zuneigung • Motivationale Unterstützung

Quelle: Diewald 1991, 71, vom Autor modifiziert.

Von den Kategorien subjektiver sozialer Unterstützung betont persönliche Wertschätzung die Einzelperson, während die Bestätigung des sozialen Status die Wertschätzung meint, die man aus der »Zugehörigkeit zu bestimmten Kreisen« ziehen kann. Orientierung umschreibt die Bereitstellung von Verhaltensmodellen und sozialen Normen in sozialen Netzen. Diewald subsummiert auch soziale Kontrolle unter diesen Begriff. Abschließend bleibt zu bemerken, daß es in der Natur der Sache liegt, daß die Grenzen zwischen den unterschiedlichen Arten subjektiver sozialer Unterstützung besonders fließend sind.

2.2.2 Empirische Ergebnisse

Es ist weder möglich noch sinnvoll, im vorliegenden Rahmen umfassend über die empirische Literatur zu informeller sozialer Unterstützung zu berichten. Vielmehr sollen deren Ergebnisse selektiv wiedergegeben werden. Die beiden hier besonders relevanten Bereiche sind das empirische Gewicht der einzelnen Unterstützungsarten einerseits sowie der verschiedenen Quellen der Unterstützung andererseits. Dabei ist zu beachten, daß die im vorherigen Abschnitt vorgestellte Klassifizierung von Unterstützungsarten aus verschiedenen empirischen Arbeiten destilliert wurde, jedoch keine Analyse existiert, die mehr als drei bis vier Unterstützungsarten auf einmal empirisch untersucht.

Relative Bedeutung verschiedener Arten der Unterstützung

Der empirische Teil von Diewalds Arbeit benutzt fünf vergleichbare repräsentative Untersuchungen zwischen den Jahren 1978 und 1988 in den alten Bundesländern der BRD[15]. Die Analyse der Daten von 1984[16] zeigt, daß 9% der Befragten Verwandte, Freunde oder Nachbarn in den zurückliegenden zwei bis drei Jahren durch Pflege im eigenen Haushalt unterstützt hat. Insgesamt haben 16% bei der Pflege von Personen in ihrem sozialen Netz geholfen, 28% bei der Kinderbetreuung. Etwas häufiger als diese personenbezogenen Dienste wurden güterbezogene Dienste geleistet: ungefähr 29% des Samples halfen bei der Wohnungsrenovierung, 25% bei der Gartenarbeit und 15% beim Neu- oder Umbau eines Hauses. Die häufigste Unterstützungsart war mit 35% die Hilfe bei persönlichen Problemen durch Gespräche, Rat etc.

Die Anteile unterscheiden sich zwischen verschiedenen, nach der persönlichen Lebenssituation (mit oder ohne Lebenspartner, mit oder ohne Kinder, Alter, etc.) unterschiedenen Bevölkerungsgruppen. Geht man davon aus, daß das soziale Netz einer Person einen deutlich überproportionalen Anteil an Personen mit einer vergleichbaren Lebenssituation enthält, so scheint es jedoch so, als ob die markantesten Unterschiede eher auf der unterschiedlichen Häufigkeit der Situation, die den Hilfebedarf erzeugt, beruhen, als auf unterschiedlichen Neigungen zur Hilfeleistung. So pflegen über 20% der Paare[17] über 60 eine behinderte

[15] Diewald 1991, 130-133.

[16] Diewald 1991, 179-183.

[17] Für die Klassifikation als Paar war das gemeinsame Zusammenleben innerhalb eines Haushalts entscheidend, nicht das Eingehen einer Ehe.

Person im eigenen Haushalt, 11% mehr als im Schnitt der Befragten insgesamt, wobei Pflegebedürftigkeit ein typisches Altersrisiko darstellt. 7% mehr als im Schnitt, nämlich 22% aller jungen Paare mit Kindern unter 12 Jahren halfen beim Bau von Häusern, erneut eine Situation, die in dieser Bevölkerungsgruppe gehäuft auftritt. Ähnlich läßt sich der Befund interpretieren, daß 48% der Paare mit Kindern unter 6 Jahren bei der Kinderbetreuung geholfen haben. Eine andersartige Schlußfolgerung läßt sich aus der Beobachtung ziehen, daß Personen ohne Lebenspartner oder Kinder am häufigsten Unterstützung bei persönlichen Problemen leisten. Diewald[18] schließt daraus, daß Kinder ein enges Substitut für gute persönliche Kontakte außerhalb der Familie darstellen.

Wellman und Mitarbeiter[19] berichten vergleichbare Ergebnisse in ihrer Studie in East York, einem von in der Regel fest beschäftigten Arbeitern und Angestellten bewohnten Vorort von Toronto. Ihre Arbeiten basieren auf längeren Interviews mit 29 Teilnehmern, die aus den 845 Befragten einer früheren Studie ausgewählt wurden.

- Emotionale Unterstützung wurde von etwa 62% der Befragten geleistet. Davon wurden 47% als geringfügig klassifiziert, ungefähr 39% berieten bei familiären Problemen und 33% leisteten emotionale Unterstützung in schwerwiegenderen Fällen. Mehrfachnennungen waren möglich. Man beachte die bemerkenswerte Übereinstimmung der letzten beiden Zahlen mit den entsprechenden Ergebnissen in der Studie von Diewald.
- Kleinere Dienste wurden von 62% des Samples geleistet, 40% gaben dabei diverse kleinere Hilfeleistungen an, 38% halfen mit Haushaltsgeräten aus und 10% halfen beim Umgang mit Behörden und Firmen.
- Größere Dienste haben 16% der Befragten geleistet, 16% durch größere Reparaturen oder andere Hilfeleistungen im Haushalt, 7% bei der Kinderbetreuung und Altenpflege.
- Finanzielle Hilfe wurde von immerhin 16% der Befragten geleistet, wobei 4% größere Darlehen oder Geschenke gaben.
- Geselligkeit wurde von 59% der Befragten als geleistete Unterstützungsform angegeben, davon nahmen 19% gemeinsam an den Aktivitäten eines Vereins, einer Initiative etc. teil.

In den hier wiedergegebenen Untersuchungen macht subjektive Unterstützung den Löwenanteil der im sozialen Netz geleisteten Hilfe aus.

---

[18] Diewald 1991, 182.

[19] Wellman/Carrington/Hall 1988; Wellman/Wortley 1990.

Sehr viel seltener wird materielle Hilfe geleistet, die einen großen Aufwand an Zeit oder Geld bedeutet. Wellman et al.[20] konstatieren jedoch, daß in den sozialen Netzen der einzelnen Akteure häufig irgendwo eine Quelle für derartige größere Hilfeleistungen existiert. Sie halten dies für einen wesentlichen Bestimmungsfaktor der »Qualität« des Netzes.

Unterstützungsquellen

Die Mitglieder eine sozialen Netzes leisten nicht im gleichen Ausmaß Hilfe. Geschlecht und der Ursprung der bestehenden sozialen Beziehung spielen hier eine wichtige Rolle. Diewald und Wellmann mit Mitarbeitern bestätigen sowohl frühere Ergebnisse[21] als auch die allgemeine Auffassung, daß in westliche Gesellschaften Frauen signifikant mehr emotionale Unterstützung sowie zeit- und kraftraubende Pflege und Kinderbetreuung leisten, während Männer eher zu praktischen, güterbezogenen, Hilfeleistungen neigen.

Diewalds[22] Analyse seiner Daten von 1986 ergibt, daß innerhalb verheirateter Paare 20% weniger Frauen als Männer sich in erster Linie auf ihren Partner verlassen, wenn sie krank oder niedergeschlagen sind.[23] Die männliche Dominanz bei objektorientierter Hilfe zeigt sich in den Antworten auf die Frage nach Hilfequellen außerhalb des Haushalts. Ein Blick auf die Daten über geleistete Hilfe bestätigt dies. Wellman und Wortley[24] kommen ebenfalls zu dem Ergebnis, daß Frauen sehr viel häufiger als Quelle emotionaler Unterstützung genannt werden als Männer.

In ihrer Diskussion der Unterschiede zwischen Verwandtschafts- und Nicht-Verwandtschaftsbeziehungen betonen Wellman und Wortley[25] die Rolle von Eltern-Kind Beziehungen. Sie transportieren alle Unterstützungsarten, mit Ausnahme reiner Geselligkeit. Darüber hinaus gibt es keine andere Beziehungsart, die in ähnlichem Umfang als Quelle für mit größeren Opfern verbundene materielle Hilfe bereitsteht. Geschwi-

[20] Wellman et al. 1988, 164f.

[21] Fisher 1982, 132.

[22] Diewald 1991, 221ff.

[23] Innerhalb von unverheirateten Paaren die im selben Haushalt wohnen änderte sich die Balance etwas, jedoch nicht wesentlich (Diewald 1991, 221ff). Frauen bauten 10% weniger oft als Männer auf ihren Partner, wenn sie krank sind, bzgl. Rat bei wichtigen Entscheidungen betrug die Differenz 7% in dieselbe Richtung. Bemerkenswerter Weise verließen sich 9% weniger Männer als Frauen auf ihren Lebenspartner, wenn es um Hilfe bei größeren persönlichen Problemen ging.

[24] Wellman/Wortley 1990, 575ff.

[25] Wellman/Wortley 1990, pp. 527.

ster stehen diesbezüglich zwischen den Eltern und Freunden, während entferntere Verwandte die Beziehungsart mit dem geringsten Unterstützungspotential darstellen. Unter Verwendung seiner Daten von 1986 verglich Diewald[26] ebenfalls verschiedene Beziehungsarten hinsichtlich der durch sie bereitgestellten Unterstützungsart. Er differenzierte dabei die Beziehungsarten feiner, schloß jedoch reine Geselligkeit als Unterstützung aus. Für alle Unterstützungssituationen, außer dem Besprechen von Partnerschaftsproblemem, war der Lebenspartner die häufigste Quelle von Hilfeleistungen. Ebenfalls für alle Unterstützungsarten wichtig waren Eltern für Kinder und auch Kinder für Eltern, allerdings in geringerem Maße. Bezüglich größerer Darlehen sind Eltern die dominante (informelle) Quelle. Freunde und Freundinnen sind die wichtigsten Berater und Tröster nach Lebenspartner/in und in dieser Rolle in der Tendenz wichtiger als Geschwister. Seine Daten von 1980, 1984 und 1988 vergleichend schließt Diewald[27], daß Freunde und Freundinnen für alle Unterstützungsarten wichtiger wurden.

Insgesamt bewerten sowohl Wellman und Wortley[28] als auch Diewald[29] die Beziehungen der von ihnen untersuchten sozialen Netze als höchst spezifisch hinsichtlich der von ihnen zu erwartenden Hilfeleistungen. Enge Verwandtschaft ist dabei eine multiplexe Verbindung, die unterschiedliche Hilfeleistungen transportieren kann, während Freundschaft, Nachbarschaft, etc. in der Regel nur als Quelle für ausgewählte Hilfearten in Frage kommen.

2.2.3 Bildung, Geschlecht, Beschäftigung und die Verfügbarkeit informeller Unterstützung

Nicht jeder hat gleichen Zugang zu informeller sozialer Unterstützung. Diewald[30] fand in einer Analyse seiner Daten von 1984 signifikante Effekte verschiedener sozio-ökonomischer Parameter. Drei Zustände wurden unterschieden: Hilfe geleistet zu haben, ohne mit einiger Sicherheit seinerseits Hilfe erwarten zu können (einseitige Unterstützungsleistung), Hilfe erwarten zu können, ohne geholfen zu haben (einseitiger Unterstützungsempfang), und schließlich die ausgeglichene Situation, Hilfe erwarten zu können und sich verpflichtet fühlen zu helfen (reziproke Unterstützung).

[26] Diewald 1991, pp. 227.
[27] Diewald 1991, pp. 243.
[28] Wellman/Wortley 1990, p. 580.
[29] Diewald 1991, p. 232.
[30] Diewald 1991, p. 580.

Das Lebensalter war negativ mit allen Konstellationen korreliert, die eine Unterstützungsleistung implizierten. Je älter eine Person, um so weniger wahrscheinlich war es, daß sie sich in einer einseitigen oder reziproken Unterstützungssituation befand, wobei ersteres stärker durch das Alter beeinflußt wurde. Entsprechend stieg die Wahrscheinlichkeit, ausschließlich am empfangenden Ende einer Unterstützungsbeziehung zu stehen. Ergebnisse die dem common sense entsprechen.

Nicht verheiratet zu sein oder gewesen zu sein, reduziert die Wahrscheinlichkeit, in einer einseitigen Unterstützungssituation zu stehen, während die Wirkung auf die reziproke Situation nicht signifikant ist. Falls dies bedeutet, daß Singles mehr als Paare auf Beziehungen bauen, die auf kurzfristiger Reziprozität beruhen, kann dies eine hinsichtlich der Verfügbarkeit informeller Hilfe riskante Lebenssituation beschreiben: Unterstützung bleibt aus, wenn man selbst nicht mehr in der Lage ist, anderen zu helfen.

Je höher das Bildungsniveau einer Person, um so eher befand sie sich in einer reziproken Situation. Bei Männern erhöhte sich mit dem Bildungsniveau darüber hinaus die Wahrscheinlichkeit, sich in einer der beiden einseitigen Situationen zu befinden. Bei Frauen reduzierte das Ausbildungsniveau hingegen die Wahrscheinlichkeit, sich am gebenden Ende einer einseitigen Unterstützungsbeziehung zu befinden.

Beschäftigte standen eher als Arbeitslose in einer reziproken Beziehung. Dasselbe galt für Mitglieder von Vereinen oder anderen Organisationen mit Freiwilligkeitscharakter. Letzteres erhöhte auch die Wahrscheinlichkeit, sich in einer einseitigen Beziehung wiederzufinden.

Diese Ergebnisse bestätigen ältere von Fisher[31], der 1977 eine extensive Studie in Zentralkalifornien durchgeführt hatte. Auch hier reduziert Alter und Armut die Chance, informelle Unterstützung zu erhalten. Gut ausgebildete und wohlhabende Personen verfügen auch über reichlich potentielle informelle Unterstützung. Fisher betont darüber hinaus das Risiko junger Mütter (ob alleinerziehend oder nicht), keine informelle soziale Unterstützung zur Verfügung zu haben.[32]

Während der statistische Effekt von Mitgliedschaften kaum jemanden erstaunen wird, ist die Wirkung von Bildung und Beschäftigungsstatus potentiell von nicht unerheblicher Bedeutung: Insoweit diese Ergebnisse verallgemeinert werden können,[33] lassen sie die Schlußfolgerung zu, daß

---

[31] Fisher1982, 125-138.

[32] Diewald (1991, 213) berichtet, daß sich Personen beiderlei Geschlechts eher subjektiv einsam fühlen, wenn ein Kind unter 18 Jahren im Haushalt lebt.

[33] Wellman und Wortley (1990, 578) fanden im Gegensatz zu den bisher diskutierten Analysen keinen signifikanten Einfluß von Alter und anderen sozioökonomi-

informelle Unterstützung denen eher zur Verfügung steht, die bereits aus anderen Gründen sozial oder ökonomisch bessergestellt sind. Informelle Unterstützung verstärkt soziale Ungleichheit eher, als daß sie diese reduziert.

2.3 Soziologische Theorie informeller Unterstützung in sozialen Netzen

Zwei der mehr analytischen Forschungsfragen, die in der soziologischen (und psychologischen) Literatur zu informeller Unterstützung in sozialen Netzen aufgeworfen wurden, sind unmittelbar für die Beziehung zwischen sozialen Netzen und Sozialstaat relevant. Zum einen die Frage nach der Art und Weise, wie informelle Unterstützung das Wohlbefinden des einzelnen beeinflußt, und zum anderen die Frage, wie das vorfindbare Unterstützungsverhalten in sozialen Netzen am besten erklärt werden kann.

Direkte Effekte vs. Puffer Effekte

Man kann zwei Grundhypothesen über die Wirkung informeller Unterstützung auf das Wohlbefinden einzelner Personen unterscheiden. Die Hypothese Direkter Effekte sieht informelle Unterstützung als Befriedigung elementarer persönlicher Bedürfnisse, die unabhängig von einer spezifischen Situation existieren und die nur durch informelle Unterstützung befriedigt werden können[34]. Die Puffer-Effekt Hypothese hingegen geht davon aus, daß informelle Unterstützung nur dann vom Empfänger positiv bewertet wird, wenn dieser sich in bestimmten ungünstigen Situationen befindet, die durch die Unterstützung »abgepuffert« werden. In einer abgeschwächten Variante soll zumindest gelten, daß informelle Unterstützung in diesen Situationen deutlich mehr geschätzt wird als sonst[35].

Die beiden Hypothesen sind ganz offensichtlich eher komplementär als konkurrierend[36].

Der größte Teil der oben als »subjektiv« klassifizierten Unterstützungsformen wird einen großen direkten Effekt bewirken: die Vermitt-

schen Parametern auf den Unterstützungsgehalt von Beziehungen. Ihre Studie hatte jedoch eine örtlich sehr begrenzte Reichweite.

[34] Diewald 1991, 91.

[35] Diewald 1991, 96.

[36] Diewald 1991, 91-100.

lung von Zugehörigkeitsgefühl, Wertschätzung, Liebe und Zuneigung. Gleiches gilt für Geselligkeit und alltägliche Interaktionen, die ein Gefühl von Stabilität erzeugen. Es ist jedoch auch kaum zu bestreiten, daß diese Unterstützungsarten in Notsituationen Pufferеffekte bewirken, ebenso wie die zweckorientierte, »objektive«, Unterstützung: »objektive« Unterstützung wird am meisten geschätzt, wenn sie am meisten notwendig ist, und »subjektive« Unterstützung wird besonders dann gebraucht, wenn objektive Faktoren eine ungünstige Situation erzeugen.

Soziale Netze als Medien sozialen Austauschs: Formen der Reziprozität

Eine wichtige soziologische Forschungstradition interpretiert informelle Unterstützung in sozialen Netzen als einen durch Reziprozitätsregeln gesteuerter Austauschprozeß. Dabei werden unterschiedliche Reziprozitätsregeln unterschieden[37]. An einem Ende der Skala liegt »unmittelbare« Reziprozität. Hier nimmt sozialer Austausch Formen an, die den Transaktionen auf Spotmärkten gleichen. Erhaltene Unterstützung wird baldmöglichst erwidert, häufig in derselben Form. Am anderen Ende stehen Systeme generalisierten Austauschs. Unterstützung wird frei zwischen Netzwerkmitgliedern ausgetauscht, individuelle »Unterstützungsbilanzen« können auch langfristig unausgeglichen sein: Mitglieder eines Netzwerks gehen davon aus, daß gewährte Unterstützung schließlich und endlich von irgendeinem, beliebigen, Mitglied des Netzwerks ausgeglichen wird.[38].

Der Raum zwischen den beiden extremen Reziprozitätsregeln ist nicht leer. Wentowski[39] folgend verwendet Diewald[40] den Begriff »aufgeschobene Reziprozität« für Unterstützungsbeziehungen, in denen zwar paarweise »Unterstützungsbilanzen« geführt werden, diese jedoch

[37] Vgl. Ekeh 1974 und neuerdings Uehara 1990.

[38] Es existiert keine einheitliche Terminologie. Uehara (1990) benutzt den Begriff »eingeschränkter Austausch« für die hier mit »unmittelbare Reziprozität« bezeichnete Reziprozitätsregel. Wellman et al. (1988, 167-171) unterscheiden hier noch einmal zwei unterschiedliche Typen. Unter »spezifischer Austausch« verstehen sie Austauschprozesse, bei denen Erwiederung nur durch dieselbe Unterstützungsform möglich ist, während sie den Begriff »generalisierter Austausch« für Austauschnormen anwenden, bei denen unterschiedliche Unterstützungsformen »konvertibel« sind. Das oben mit »generalisiertem Austausch« bezeichnete Phänomen, wird von ihnen als »Netzwerksaldierung (network balancing)« bezeichnet.

[39] Wentowski 1981.

[40] Diewald 1991, 119.

über lange Zeiträume unausgeglichen sein können. Uehara[41] destillierte diese Kategorie aus ihrer empirischen Untersuchung, nachdem sie zunächst nur von den extremen Regeln ausgegangen war.

Ueharas Beitrag ist jedoch hauptsächlich auf eine andere interessante Frage gerichtet. Sie versucht, die in bestimmten Netzwerken herrschenden Reziprozitätsregeln mit strukturellen Merkmalen dieser Netzwerke in Verbindung zu bringen. Ihre Daten wurden in einer Befragung junger schwarzer Frauen in Chicago gewonnen, die alle vor kurzem arbeitslos geworden waren. Nur finanzielle Unterstützung wurde betrachtet. Uehara kommt zu dem Ergebnis, daß generalisierte Reziprozität um so eher auftritt, desto engmaschiger das betrachtete Beziehungsnetz ist. In diesen kann nichtkooperatives Verhalten (gemessen an der Regel generalisierter Reziprozität) schnell entdeckt und sanktioniert werden. Es ist vor diesem Hintergrund sehr bemerkenswert, daß Wellman et al.[42] das Verhalten in den von ihnen untersuchten stark spezialisierten und fragmentierten Netzwerken ebenfalls als ein Beispiel generalisierter Reziprozität in dem hier benutzten Wortsinne betrachten. Aus irgendeinem Grund verhalten sich East Yorkers nach der Regel »Handle so, wie du willst, daß Dein Netzwerk Dir gegenüber handelt«[43].

Wie diese Bemerkung andeutet, impliziert die Anwendung der Theorie sozialen Tauschs auf informelle Unterstützung in sozialen Netzen nicht, daß zweckrationales, egoistisches Verhalten unterstellt wird. Unterstützungshandeln kann so motiviert sein, insbesondere in Beziehungen, die durch unmittelbare Reziprozität gekennzeichnet sind. Verhalten unter generalisierter Reziprozität hingegen dürfte in hohem Maße normgeleitet sein[44].

2.4 Informelle Unterstützung und der Wohlfahrtsstaat: Schlußfolgerungen aus der soziologischen Bestandsaufnahme

Wellman und Wortley[45] haben informelle Unterstützung in sozialen Netzen sehr treffend charakterisiert:

> »Die Netzwerke sind wichtig für die alltäglichen Verrichtungen der Haushalte, sie sind entscheidend für die Bewältigung von Krisen und sind manchmal nützlich, wenn die Befragten ihre Situation ändern wol-

---

[41] Uehara 1990, 548.

[42] Wellman et al. 1988, 170.

[43] Wellman et al. 1988, 171.

[44] Vgl hierzu insbesondere Ekeh 1974.

[45] Wellman/Wortley 1990, 583.

> len. Viele bieten Häfen: Ein Gefühl der Zugehörigkeit und Unterstützungsbereitschaft. Viele stellen Bandagen zur Verfügung: alltägliche emotionale Unterstützung und kleinere Dienste helfen den Befragten, die Belastungen ihrer Situation besser zu bewältigen. Eine beträchtliche Minderheit sind Sicherheitsnetze, welche akute Krisen und chronische Schwierigkeiten mildern. Einige stellen soziales Kapital dar, das hilft, die eigene Situation (Wohnung, Arbeitsplatz, Lebenspartner) oder die Welt (lokale Schulpolitik, Verbot gefährlicher Zusatzstoffe in Nahrungsmitteln, Verbot von Tierversuchen) zu verändern.« (Übersetzung vom Autor)

Die hier genannten Leistungen sind offensichtlich nicht mit denen identisch, die durch den Wohlfahrtsstaat bereitgestellt werden. Insbesondere hinsichtlich der »subjektiven« Unterstützung scheinen sie auch kaum durch staatliche Leistungen substituierbar. Andererseits bestätigt die bisher betrachtete Literatur, daß dies historisch fast vollständig hinsichtlich der großen Einkommensrisiken geschehen ist. Die Entwicklung des Sozialstaats in fast allen westlichen Gesellschaften in den vergangenen hundert Jahren hat zur Absicherung des Berufs- und Arbeitsunfähigkeitsrisikos, des Überlebensrisikos im Alter, des Krankheits- und zuletzt auch des Arbeitslosigkeitsrisikos durch den Staat geführt. Kleinere Solidargemeinschaften spielen hier nur noch eine marginale, wenn auch möglicherweise im Einzelfall entscheidende Rolle.

Ein großer Teil der Formen informeller sozialer Unterstützung liegt zwischen diesen beiden Extremen. Information, Rat, Dienste und materielle Unterstützung, sogar psychologische Hilfe werden teilweise durch den Staat, oder auch von Märkten, bereitgestellt. Informelle und formelle Unterstützung koexistieren in diesem Bereich.

Insbesondere hier kommen auch diejenigen Formen informeller Unterstützung zum Tragen, die im Übergangsbereich zur organisierten Unterstützung anzusiedeln sind. Sie bieten Personen, die sich in einer bestimmten Schwierigkeit befinden, Rat, Information, gegenseitige Hilfeleistung oder Geselligkeit. Dies sind Leistungen, wie sie auch teilweise durch den Sozialstaat angeboten werden, die den Kernbereich der Einkommensrisiken jedoch nicht berühren. Folgerichtig erklärte Kaufmann[46] im Abschlußbericht eines großen DFG-Forschungsprojekts zu diesen Selbsthilfeinstitutionen, daß deren Wachstum in den vergangenen Jahrzehnten die Notwendigkeit staatlicher Leistungen in diesem Kernbereich unangetastet läßt.

Es ist offensichtlich, daß sich informelle Unterstützung und sozialstaatliche Leistung nicht nur, wie bisher herausgearbeitet, in der Art

[46] Kaufmann 1987, 38.

und Form der Unterstützungsleistung unterscheiden. Die hier vorgenommene begriffliche Gegenüberstellung fußt ja geradezu auf der verschieden geregelten Leistungserstellung und -verteilung: durch Reziprozitätsregeln geregelter sozialer Tausch ohne Rechtsanspruch auf der einen Seite und bürokratisch organisierte Bereitstellung mit Rechtsanspruch auf der anderen. Insbesondere in dem damit angesprochenen Bereich kann die Ökonomik zusätzliche Erkenntnisse liefern.

3. Zur Ökonomik informeller Unterstützung in sozialen Netzen

3.1 Die Ökonomik des Sozialstaats

Der Siegeszug formaler, mikroökonomisch orientierter Analysen in der Finanzwissenschaft hat auch die ökonomische Analyse des Sozialstaats grundlegend verändert. Die Akteure werden als rationale, durch Eigennutz motivierte, Individuen gesehen. Die Anreizeffekte staatlicher Interventionen sowohl auf der Einnahmen- als auch auf der Ausgabenseite stehen im Mittelpunkt des analytischen Interesses. Sogar die Rechtfertigung umverteilender Sozialpolitik selbst wurde durch Anwendung der von Harsanyi und Rawls stammenden Idee des »Schleiers des Unwissens« zu einer allokationstheoretischen Angelegenheit: Umverteilung wird zu einer Versicherung gegen unspezifische Unwägbarkeiten des Lebens.

Asymmetrische Information wurde zu einem zentralen Konzept in der Analyse der Sozialversicherung, insbesondere für Probleme der adversen Selektion und des Moral Hazard. Mit ihrer Hilfe konnten sowohl staatliche Interventionen aus Effizienzgründen gerechtfertigt als auch die Grenzen derselben aufgezeigt werden. Insbesondere das Konzept des Moral Hazard wurde zur Formalisierung der Idee des »überexpandierten«, die Vorsorgeaktivitäten des einzelnen erstickenden Wohlfahrtsstaats angewandt. Das Modell überlappender Generationen diente zur Analyse von intergenerationalen Transfers, wobei die Anreizeffekte unterschiedlicher Finanzierungsmodi von Altersrenten im Vordergrund des Interesses standen. Weniger entwickelt sind Analysen der Bereitstellung von Dienstleistungen durch den Sozialstaat. Allerdings enthält die moderne Gesundheitsökonomik einiges in dieser Hinsicht. Schließlich konnte die moderne Analyse des Sozialstaats bisher wenig zur Klärung der Frage beitragen, ob sozialstaatliche Leistungen durch staatliche Behörden bzw. Unternehmen oder von privaten, regulierten Unternehmen bereitgestellt werden sollten.

Die ökonomischen Analysen des Sozialstaats blieben nicht ohne Wirkung. Während der achtziger Jahre haben sie die Sozialpolitik in vielen Staaten zunehmend mitgeprägt, was überwiegend zu Leistungseinschränkungen geführt hat, welche die individuelle Selbsthilfe und Selbstverantwortung stärken sollen.

3.2 Ökonomik und informelle soziale Netze

Informelle soziale Netze sind kein traditionelles Forschungsfeld für Ökonomen. Dasjenige informelle soziale Netz, das in ihr Blickfeld kam, war die Familie, als »Haushalt« zentraler ökonomischer Entscheidungsträger, eine Black Box, durch wohldefinierte Präferenzen und Resourcenausstattung vollständig gekennzeichnet. Die Analyse von Interaktionen innerhalb dieser Black Box wurde jedoch traditionell den Soziologen überlassen, ein Beispiel für die Arbeitsteilung zwischen Ökonomie und Soziologie, die sich seit der Etablierung der Soziologie als eigenständige akademische Disziplin zu Anfang des Jahrhunderts eingespielt hatte.[47]

Spätestens Ende der siebziger Jahre erwies sich diese Arbeitsteilung angesichts des »ökonomischen Imperialismus« als zunehmend fragil. Die Familie, immer noch identisch mit dem Haushalt, wurde von Gary Becker 1981 unter Zuhilfenahme traditioneller Konzepte aus der Produktions- und Preistheorie eingehend analysiert. Für die hier interessierenden Fragestellungen ist jedoch nur wenig von Beckers Monografie relevant. In einigen wenigen Seiten am Ende seines Buches[48] erwähnt er jedoch eine Perspektive, die im folgenden hilfreich sein wird: (Groß)-Familien hätten historisch eine wichtige Versicherungsfunktion. In »modernen« Gesellschaften wird diese Funktion von Märkten und anderen Institutionen übernommen, da diese weitaus bessere Risikokonsolidierungsmöglichkeiten haben. Ein Preis, der dafür zu zahlen ist, ist die Schwächung des Zusammenhalts der Familie[49].

Etwas weniger zuversichtlich hinsichtlich der Vorzüge anonymer Märkte und Bürokratien sind die Arbeiten zweier Ökonomen aus dem Bereich der Neuen Institutionenökonomik, Ben-Porath und Pollak[50],

---

[47] Vgl. z.B. Swedberg, 1990, 3-22, insbesondere 10.

[48] Becker 1981, 238-244.

[49] Becker 1981, 244.

[50] Ben-Porath 1980; Pollak 1985.

wobei ersterer auch nichtverwandte Mitglieder des sozialen Beziehungsnetzes einer Person in seine Analyse miteinbezieht, nämlich Freunde. Pollak[51] sieht jeweils vier grundlegende Vor- und Nachteile der Familie als Organisationsstruktur (»Governance Structure«) für Transaktionen:

- *Anreize*: Alle Familienmitglieder haben einen Anspruch auf das Vermögen der Familie. Die Stärke der hiervon ausgehenden Anreize zur Vermehrung des Familienvermögens hängt davon ab, wie das Vermögen aufgeteilt wird, wie stabil die Familienbande über die Zeit sind und wie stark dynastische Überlegungen verankert sind.
- *Monitoring:* Häufiger Kontakt und langjährige persönliche Vertrautheit ermöglicht es, persönliche Charakterzüge gut zu kennen und sich gegenseitig häufig zu kontrollieren, insbesondere falls die Familie im selben Haushalt wohnt.
- *Altruismus*: Insoweit Familienmitglieder sich gegenseitig Zuneigung entgegen bringen, werden sie sich weniger gegenseitig zu übervorteilen versuchen.
- *Familienloyalität*: Für Pollak ein Sammelbegriff, unter dem er die Fähigkeit der Familie zusammenfaßt, ihre Mitglieder so zu sozialisieren, daß nicht-kooperatives Verhalten intern, über ein »schlechtes Gewissen«, oder extern, durch entsprechendes Verhalten der Familienmitglieder, sanktioniert wird.
- *Übergreifen von Konflikten*: Die Mischung von zweckgerichteter, »geschäftlicher«, und privater Interaktion kann sich von einem Vor- in einen Nachteil verwandeln, wenn private Konflikte instrumentellen Interessen entgegenlaufen: Der Konflikt zwischen den Erben eines Familienunternehmens ist ein fast schon klassisches Beispiel hierfür.
- *Bummelei*: Schwierigkeiten in der Bewertung und Sanktionierung von Familienmitgliedern kann subnormale Leistungen verursachen.
- *Auseinanderfallen von Begabungen und Anforderungen*: Besondere Begabungen verbessern die Leistungen auf bestimmten Gebieten erheblich. Derartige Begabungen sind in einer Familie möglicherweise nicht zu jedem gegebenen Zeitpunkt verfügbar.
- *Steigende Skalenertäge können nicht ausgenutzt werden*: Familien sind möglicherweise nicht groß genug, um das technisch optimale Niveau einer Aktivität sicherstellen zu können.

Pollaks Argumente sind sicherlich nicht über jede Kritik erhaben. So sind Anreize und Monitoring eng miteinander verzahnt. Extern sank-

---

[51] Pollak 1985, 585-588.

tionierte Normen sind besser als ein besonderer Fall von Anreizen und Monitoring zu sehen und sollten getrennt von genuin internalisierten Normen betrachtet werden. Auch steht das »Bummelei« Argument im Widerspruch zu dem zuvor über Anreize und Monitoring Gesagten, usw. Insgesamt dürfte Pollak jedoch einen nützlichen Rahmen liefern, um die instrumentelle Seite der Familie zu analysieren, der darüber hinaus auch zur Analyse informeller sozialer Netze in einem umfassenderen Sinne geeignet erscheint.

Dies wird besonders deutlich, wenn Pollak den Versicherungsaspekt der Familie betrachtet und explizit mit formellen Versicherungsinstitutionen vergleicht[52]. Die Nähe und Vertrautheit der Familienmitglieder reduzieren die asymmetrische Information innerhalb der Familie erheblich, wohingegen asymmetrische Information die Effizienz anonymer Versicherungsmärkte und der Sozialversicherung wesentlich einschränkt. Die Mitglieder einer Familie kennen ihre Eigenschaften und können ihre Handlungen gegenseitig relativ gut kontrollieren. Zusätzlich reduzieren Altruismus und internalisierte Normen den Anreiz zu Freifahrerverhalten auf Kosten der anderen Familienmitglieder. Hauptnachteil der Familie als Versicherungsmechanismus bleibt ihre bereits erwähnte begrenzte Risikokonsolidierungskapazität.

Ben-Porath präsentiert seine Überlegungen zu Versicherung via Familie in einem etwas anderen Rahmen und erweitert das Argument auf alle Arten von Beziehungen, in denen die Identität des Partners die Qualität der Transaktion wesentlich beeinflußt.

Es ist interessant, diese Sicht informeller sozialer Netze als Versicherungsinstitutionen mit der oben geschilderten soziologischen Sicht zu vergleichen. Die Puffereffekte informeller Unterstützung lassen sich offensichtlich problemlos als Versicherungsleistungen sehen: Soziale Unterstützung mildert oder kompensiert die Wirkungen der Wechselfälle des Lebens. Dasselbe tun Versicherungen. Dies heißt natürlich nicht, daß die jeweils erbrachten Leistungen identisch sind. Trost, Begleitung, Rat, die von Mitgliedern des sozialen Netzes gegeben werden, bleiben etwas anderes als monetäre Versicherungsleistungen, auch wenn sie eine Versicherungsfunktion haben. Die direkten Effekte informeller Unterstützung schließlich werden durch die Versicherungsanalogie nicht erfaßt.

---

[52] Pollak 1985, 588-591.

3.3 Ökonomische Theorie, soziale Netze und der Sozialstaat

Die theoretische, stark formalisierte Literatur kann im Lichte der bisher vorgebrachten Überlegungen zu weiteren Einsichten und Präzisierungen der bereits gewonnenen beitragen. Allerdings kann man dabei weniger auf die traditonelle Literatur über die Wechselwirkungen zwischen Familie und Sozialstaat zurückgreifen. Diese hat Wechselwirkungen zwischen informellen sozialen Netzen und dem Sozialstaat nur in der Form von Effekten verschiedener Vererbungsmotive auf die Systeme der Alterssicherung betrachtet. Weder in der Analyse des altruistischen noch des strategischen Vererbungsmotivs, um die relevantesten zu nennen, hat die Familie jedoch eine Funktion, die derjenigen des diskutierten Sozialversicherungszweigs ähnelt.[53] Fragen der Komplementartät oder Substitutionalität beider Sicherungsinstitutionen kommen also überhaupt nicht in das Blickfeld. Drei neue Aufsätze[54] nähern sich diesem Fragenkomplex, indem sie die Wirkung einer sozialen Pflegeversicherung auf die Pflegeleistung innerhalb der Familie analysieren. Wie oben beschrieben, stellt letzteres ein wichtiges Element informeller Unterstützung in sozialen Netzen dar. Der oben diskutierten Sicht informeller Unterstützung als Versicherung kommt ein anderer Literaturstrang jedoch näher.

3.3.1. Aufgeschobene Reziprozität als wiederholtes Spiel

Bereits Taylor[55] hat wiederholte Spiele benutzt um die Entstehung von Normen in Gruppen zu erklären, Ben-Porath[56] schlug vor, informelle soziale Netze mit ihrer Hilfe zu modellieren. Coate und Ravallion[57] schließlich waren nach Kenntnis des Autors die ersten, die informelle Versicherungsinstitutionen explizit als wiederholtes Spiel analysiert haben. Sie selbst stellen ihre Analyse in den Kontext informeller Versicherungsinstitutionen in Entwicklungsländern, die zur Absicherung eines ganz konkreten Risikos, z.B. einer Mißernte, dienen. Nach dem bisher Gesagten sollte die Relevanz einer solchen Analyse für informelle Unterstützung im allgemeinen jedoch nicht in Frage stehen. Aufgrund

[53] Barro (1974) und Bernheim, Shleifer und Summers (1985) sind die wegweisenden Aufsätze.

[54] Pauly 1990; Richter 1993; Zweifel/Strüwe 1994.

[55] Taylor 1976.

[56] Ben-Porath 1980.

[57] Coate/Ravallion 1993.

des spezifischen Modells gilt dies insbesondere für die Analyse aufgeschobener Reziprozität. Der Ansatz soll im folgenden nachgezeichnet werden.

Wie gewöhnlich geht die gesteigerte Präzision formaler Analyse mit beträchtlichen Vereinfachungen Hand in Hand. Coate und Ravallion gehen von zwei erwartungsnutzenmaximierenden, risikoaversen Akteuren aus. Diese sind ex ante identisch. Das Einkommen jedes einzelnen ist eine stochastische Variable, die einer identischen, unabhängigen Verteilung unterliegt. Im einfachsten Fall, der hier aus Gründen der Darstellbarkeit zu Grunde gelegt wird, ist das Einkommen der Akteure entweder hoch oder niedrig. Offensichtlich gibt es Anreize, hier einen informellen Versicherungsmechanismus zu etablieren. Wenn einer der beiden Akteure Glück hatte und über ein hohes Einkommen verfügt, während der andere Pech hatte und nur über ein niedriges Einkommen verfügt, kann derjenige mit dem hohen Einkommen einwilligen, etwas von seinem Einkommen an den weniger Glücklichen abzugeben. Es wird angenommen, daß beide die Zukunft abdiskontieren. Das Periodenspiel wird unendlich oft wiederholt. Dies ist nicht essentiell[58].

Wenn es den beiden möglich wäre, ohne Kosten einen bindenden, durch externe Instanzen durchgesetzten Vertrag auszuhandeln, würden sie, wie einfache Optimierung zeigt, vereinbaren, ihr gesamtes Einkommen zu poolen, d.h., sich so vollständig wie möglich zu versichern. Immer wenn das Schicksal der beiden verschieden ist, gibt die Glücklichere von beiden dem anderen die Hälfte der Einkommensdifferenz, so daß die Einkommen nach erfolgter Umverteilung gleich sind. Vollständige Versicherung ist durch diese Institution nicht möglich, da es nicht möglich ist, die Einkommen nach Umverteilung in jedem möglichen Zustand der Welt zu egalisieren.

Das aus der Sicht dieses Aufsatzes entscheidende Ergebnis von Coate und Ravallion ist, daß dies nicht immer möglich ist, wenn die beiden nicht auf eine externe Institution zur Durchsetzung ihres Vertrags zurückgreifen können. Dies entspricht der Situation in einem informellen sozialen Netz. Der Glücklichere der beiden hat immer den Anreiz, die Reziprozitätsregel zu verletzen und sein Einkommen für sich zu behalten. Als eigennütziger Akteur wird er oder sie den Vorteil aus einer solchen Normverletzung mit der zu erwartenden Sanktion vergleichen. Im vorliegenden Rahmen ist die härteste mögliche Sanktion die Nicht-Umverteilung von Einkommen bis in alle Ewigkeit, d.h. der Abbruch der Beziehung. Da die Akteure zukünftige Einkommen abdiskontieren,

[58] Basu 1987; Smith 1992.

kann der Nutzenverlust, den diese Sanktion erzeugt, mit steigenden Diskontsätzen sehr klein werden. Daher existiert ein kritischer Diskontsatz, bei dessen Überschreitung vollständige Einkommensteilung nicht mehr durchsetzbar ist. In einem Übergangsbereich ist dann jedoch immer noch eine teilweise Einkommensteilung möglich, da hierbei der Gewinn des Glücklicheren aus Nichtkooperation geringer ist.

Die Abhängigkeit der Kooperation in sozialen Netzen vom Diskontsatz erhält inhaltlich ein größeres Gewicht, wenn man sich verdeutlicht, daß der Diskontsatz auch als exogene Wahrscheinlichkeit des Beziehungsabbruchs interpretiert werden kann. Sind bestehende soziale Beziehungen mit einer hohen exogenen Abbruchwahrscheinlichkeit konfrontiert, so wird es schwieriger, informelle Unterstützung aufrecht zu erhalten, da die Möglichkeit, nichtkooperatives Verhalten zu sanktionieren, schwindet.

Informelle Versicherungsinstitutionen sind den formellen folglich nicht nur hinsichtlich der geringeren Risikokonsolidierungsfähigkeit unterlegen – die beiden Akteure können sich gegenseitig nicht vollständig versichern –, sondern auch durch möglicherweise auftretende Durchsetzbarkeitsbeschränkungen. Wären die beiden Akteure Bewohner einer Ökonomie mit einer Vielzahl derartiger Zweiernetzwerke und würde in dieser nunmehr eine formelle Versicherung möglich, würde eine solche die informelle Versicherung via soziales Netzwerk vollständig verdrängen, da letztere in der hier modellierten Welt lediglich eine inferiore Institution darstellt. Dabei ist es völlig unerheblich, ob die formelle Versicherung eine Versicherung über den Markt oder eine staatliche Sozialversicherung darstellt.

Dieses Ergebnis hängt natürlich von den Modellannahmen ab. Hier ist informelle Versicherung via soziales Netz nichts als informelle Absicherung von Einkommensrisiken. Sie leistet nichts, was formelle Versicherung nicht effizienter leisten kann. Berücksichtigt man jedoch die direkten Effekte informeller Unterstützung oder die Tatsache, daß emotionale Unterstützung mit zu den Pufferwirkungen informeller Unterstützung zählt, so ändert sich das Bild etwas, auch in diesem Ansatz. So ist damit zu rechnen, daß sich die Durchsetzbarkeitsbeschränkungen in diesem Fall lockern werden. Die Sanktion »Beziehungsabbruch« erhält mehr Gewicht, wenn dies zusätzlich zum Verlust der Einkommensabsicherung auch den Verlust emotionaler Unterstützung mit sich bringt.

Eine explizite Analyse der Wirkungen sozialpolitischer Maßnahmen auf als wiederholtes Spiel modellierte informelle Unterstützung in sozialen Netzen liefert Hegselmann[59]. Wie bei Coate und Ravallion besteht ein potentielles soziales Netz aus zwei Akteuren. Diese sind entweder hilfsbedürftig oder nicht – Hilfeleistung ist nur nützlich wenn das Gegenüber bedürftig ist (reiner Puffereffekt), sie ist nur möglich, wenn der Akteur selbst nicht hilfsbedürftig ist und ist für den Hilfeleistenden mit Aufwand verbunden. Die Wahrscheinlichkeit, hilfsbedürftig zu werden, ist für beide Akteure gleich und über die Zeit konstant. Hilfeleistung ist sozial erwünscht, wenn die Kosten der Hilfeleistung geringer sind als der aus ihr entstehende Nutzen.

Kooperation im Sinne gegenseitiger Hilfeleistung kann auch hier durch eine Strategie, die mit dem Abbruch der Hilfe bei Nichtkooperation droht, durchgesetzt werden. Wie bei Coate und Ravallion existiert ein kritischer Diskontsatz, bei dessen Überschreitung die Kooperation im sozialen Netz nicht mehr durchsetzbar ist. Da Hilfe hier eine diskrete Handlung darstellt, ist eine reduzierte Hilfeleistung im Gegensatz zum gerade referierten Ansatz nicht möglich. Außer von der Höhe des Gewinns aus der Hilfeleistung im Vergleich zu deren Kosten ist die Höhe des kritischen Diskontsatzes in interessanter Weise von der Wahrscheinlichkeit der Hilfsbedürftigkeit abhängig. Eine mäßige Höhe der Letzteren ist für das Zustandekommen von Unterstützungsnetzen am günstigsten, während hohe und niedrige Werte den kritischen Diskontsatz senken. Dies liegt daran, daß es sowohl bei einer hohen als auch bei einer niedrigen Wahrscheinlichkeit der Hilfsbedürftigkeit in der Bevölkerung relativ selten vorkommt, daß Hilfe tatsächlich geleistet werden kann, bzw. die Sanktion der Nicht-Hilfeleistung spürbar wird. Ist die Wahrscheinlichkeit einer Notlage hingegen groß, so ist es relativ wahrscheinlich, daß beide Akteure hilfsbedürftig sind und sich nicht gegenseitig helfen können, während bei niedriger Wahrscheinlichkeit einer Notlage häufig die Situation auftritt, daß beide Akteure keine Hilfe benötigen.

Sozialstaatliche Leistungen werden von Hegselmann als Modifikation der Auszahlungen der Akteure modelliert. Dabei wird unmittelbar auf den durch eine Leistung veränderten Nutzen abgehoben. Veränderungen der Auszahlungen durch staatliche Leistungen haben keinen Effekt auf die Stabilität von Unterstützungsnetzen, wenn sie nur dann erfolgen, wenn informelle Hilfe entweder unnötig (beide nicht hilfsbedürftig) oder unmöglich (beide hilfsbedürftig) sind. Dies ist nicht verwunderlich, da die betreffenden Auszahlungen weder den Gewinn aus der

[59] Hegselmann 1995.

Hilfeleistung noch deren Kosten beeinflussen und somit für den kritischen Diskontsatz irrelevant sind.

Besondere Betonung legt Hegselmann auf das Resultat, daß eine Verbesserung der Auszahlung von Akteuren, die hilfsbedürftig sind, denen jedoch nicht geholfen wurde, obwohl dies möglich gewesen wäre, kontraintuitive Wirkungen haben kann. Eine derartige sozialstaatliche Leistung an Akteure, die von ihrem sozialen Netz im Stich gelassen wurden, kann kontraproduktiv sein. Sie reduziert den Gewinn aus informeller Hilfeleistung und erhöht somit den Anreiz, gegebenenfalls die Reziprozitätsnorm zu verletzen, d.h. nicht zu helfen, wenn dies eigentlich angebracht wäre. Der durch die dann als Sanktion erfolgende Nichtkooperation entgangene Gewinn aus Hilfeleistung schlägt nunmehr weniger stark zu Buche. Somit kann eine derartige staatliche Maßnahme zum Zusammenbruch bestehender Unterstützungsnetze führen. Reicht der staatliche Transfer gerade eben aus, das Unterstützungsnetz zum Zusammenbruch zu führen, so führt dies zu einem Verlust an Erwartungsnutzen aus dem Spiel für die beteiligten Akteure. Sozialstaatliche Politik ist dann kontraproduktiv.

Das Resultat gilt auch dann, wenn ein Transfer an alle Hilfsbedürftige geleistet wird, denen keine informelle Unterstützung zuteil wurde, unabhängig davon, ob dies möglich gewesen wäre oder nicht, solange die Auszahlung von Hilfsbedürftigen, denen geholfen wurde, nicht im selben Ausmaß erhöht wird. Hingegen riskiert eine Politik, die diejenigen begünstigt, die Hilfe leisten oder Hilfe erhalten haben, nicht, daß sie bestehende Unterstützungsnetze zerstört.

Hegselmanns Analyse richtet die Aufmerksamkeit auf einige wichtige potentielle Wechselwirkungen zwischen sozialstaatlicher Politik und informeller sozialer Unterstützung. Insbesondere legt sie nahe, daß die Wirkung sozialstaatlicher Politik wesentlich von der Art und Weise abhängen kann, in welcher der Erhalt und die Leistung informeller Unterstützung bei ihrer Ausgestaltung berücksichtigt wurde. Die Interpretation und Vergleichbarkeit seiner Ergebnisse im vorliegenden Kontext wird jedoch durch einige Besonderheiten seines Ansatzes erschwert. Hegselmann abstrahiert von dem Versicherungsaspekt der Hilfeleistung, indem er unmittelbar die Wirkung von Hilfe und Transfer auf die Auszahlung in Nutzen betrachtet. Die potentiell überlegene Risikokonsolidierungsfähigkeit staatlicher Politik kommt somit nicht in den Blick. Da auch ansonsten der Nutzen aus staatlicher und informeller Leistung gleich ist, kann es beim Zusammenbruch des Unterstützungsnetzes zu kontraproduktiven Effekten kommen. Allerdings kann man vermuten, daß dieser Effekt bei Betrachtung reduzierbarer Hilfeleistungen verschwinden würde. Die Nicht-Modellierung einer Finanzierungsbedingung für staatliche Leistungen verzerrt deren Effekt hingegen positiv.

3.3.2 Moral Hazard und soziale Kontrolle

Die einzige formale Analyse der Wechselwirkung zwischen informeller Unterstützung als informeller Versicherung und formeller Versicherung, die dem Autor bekannt ist, ist die Arbeit von Arnott und Stiglitz.[60] Die Akteure und ihre Einkommensverteilung entsprechen dem Modell von Coate und Ravallion. Allerdings können die Akteure nunmehr die Eintrittswahrscheinlichkeit des Zustandes mit niedrigem Einkommen durch ex ante Anstrengungen reduzieren. Die Zahl der Akteure in der Ökonomie ist groß, so daß das Gesetz der großen Zahl eine perfekte Risikokonsolidierung ermöglicht. Nur eine einzige Periode wird analysiert. Kurz, Arnott und Stiglitz gehen von dem einfachsten Versicherungsmodell mit ex ante Moral Hazard aus.

Wenn die ex ante Vorsichtsmaßnahmen vom Versicherer nicht beobachtbar sind, ergibt sich das Standardergebnis, daß erstbeste Effizienz nicht möglich ist. Eine zweitbeste Allokation erfordert, daß die Nachfrage der Akteure nach Versicherungsschutz rationiert wird: Im Optimum ist nur eine Teilversicherung erhältlich. An dieser Stelle kommt informelle Versicherung via soziale Netze ins Bild. Wie bisher können sich nur »Zweiernetze« bilden. Im Gegensatz zu den bisher referierten Ansätzen wird jedoch davon ausgegangen, daß die Reziprozitätsregeln bindend vereinbart sind. Aus dem bisher Gesagten ist klar, daß dies die Vorteilhaftigkeit informeller Unterstützung in diesem Modell überzeichnet.

Zwei Fälle werden untersucht. In dem ersten können die Mitglieder eines sozialen Netzes ihre Vorsichtsmaßnahmen gegenseitig beobachten, im zweiten ist ihnen dieses nicht möglich. In beiden Fällen antizipieren und berücksichtigen die Mitglieder des Netzwerks die Wirkung der zwischen ihnen bestehenden Vereinbarung auf das Verhalten des anderen Netzwerkmitglieds. Sie ignorieren hingegen die Wirkung auf die formelle Versicherung, da sie als einzelnes Paar nur einen vernachlässigbaren Einfluß auf dieses haben.

Im ersten Fall wählen die beiden Netzwerkmitglieder ihre Vorsichtsmaßnahmen als hätten sie die Maximierung der gemeinsamen Wohlfahrt zum Ziel. Wie bei Coate und Ravallion poolen sie ihre Ein-

[60] Arnott/Stiglitz 1991.

kommen vollständig. Insgesamt erhöht sich durch die Existenz informeller Unterstützung die soziale Wohlfahrt eindeutig im Vergleich zu einer Situation in der keine informelle Versicherung sondern nur formelle Versicherung existiert. Informelle und formelle Versicherung ergänzen einander und verdrängen sich auch nicht gegenseitig.

Dies liegt daran, daß nunmehr informelle Unterstützung und formelle Versicherung nicht mehr identische Leistungen anbieten. Formelle Versicherung bietet perfekte Risikokonsolidierung ohne soziale Kontrolle, während informelle Unterstützung relativ bescheidene Risikokonsolidierung unter starker sozialer Kontrolle bereitstellt.

Arnott und Stiglitz betonen jedoch den zweiten Fall, in dem die Vorsichtsmaßnahmen der Netzwerkmitglieder ihnen gegenseitig verborgen bleiben. Hier führt die privat optimale Lösung nur zu Teilumverteilung der Einkommen, und die Vorsichtsmaßnahmen werden zu stark reduziert. Obwohl die Existenz von Unterstützungsnetzwerken die soziale Wohlfahrt unzweideutig reduziert, besteht für die einzelnen ein ebenso unzweideutiger Anreiz, derartige Netze zu bilden. Arnott und Stiglitz betonen dieses Ergebnis als ein Gegenbeispiel gegen funktionalistische Erklärungen der Existenz von Institutionen. Soziale Netze bilden sich, obwohl sie dysfunktional sind. Während die Skepsis gegenüber funktionalistischen Erklärungen berechtigt erscheint, sind Zweifel angebracht, ob dieses spezifische Ergebnis robust ist. Die hier gemachten Annahmen unterstellen eine seltsame Mischung aus extremen Annahmen über die Möglichkeit sozialer Kontrolle. Einerseits können Vorsichtsmaßnahmen überhaupt nicht beobachtet werden, andererseits können die impliziten Versicherungsvereinbarungen in den sozialen Netzen perfekt durchgesetzt werden. Würde man die Interaktion im Netz wie oben als wiederholtes Spiel modellieren, würde nicht nur das Durchsetzungsproblem wieder in den Blick kommen, sondern auch das Problem der Beobachtbarkeit der Vorsichtsmaßnahmen zumindest gemildert werden.[61] Selbst wenn man von fehlender direkter Beobachtbarkeit der Vorsichtsmaßnahemn ausgeht, ist es dann möglich, die Zahl der Zustände mit niedrigem Einkommen als, wenn auch unvollkommenen, Indikator für den Präventionsaufwand zu benutzen.

[61] Arnott und Stiglitz (1991, 184) deuten dies auch in ihrer Fußnote 14 an.

4. Einige abschließende Bemerkungen

Informelle Unterstützung in sozialen Netzen und sozialstaatliche Leistungen sind weder aus der Sicht der Ökonomen noch aus der Sicht der Soziologen reine Subsitute oder reine Komplemente.

Soziale Netze haben selbst unter den günstigsten Bedingungen nur eine beschränkte Größe und weisen daher nur eine beschränkte Risikokonsolidierungskapazität auf. Da sie auf informellen Reziprozitätsregeln beruhen, können Durchsetzungsbeschränkungen ihre »Versicherungsleistung« weiter reduzieren. Außerdem legen empirische Ergebnisse nahe, daß informelle Unterstützung denen am ehesten fehlt, die sie bei einem Abbau des Sozialstaats am meisten bräuchten: den Armen, den Arbeitslosen und den schlecht Ausgebildeten.

Denjenigen, die in ihren Genuß kommen, bietet informelle soziale Unterstützung jedoch subjektive Unterstützung verschiedener Art, die der Sozialstaat nicht bieten kann. Außerdem existiert in sozialen Netzen soziale Kontrolle und möglicherweise gegenseitiger Altruismus, so daß das in anonymen Beziehungen auftretende opportunistische Verhalten erheblich begrenzt wird.

Informelle Unterstützung und sozialstaatliche Leistung verhalten sich also am ehesten wie imperfekte Substitute vis. Komplemente zueinander: Wir hätten am liebsten von beidem soviel wie möglich. Agieren wir unter einer budgetartigen Beschränkung, ziehen wir eine Mischung von beidem einem Zustand vor, in dem nur eines von beidem existiert.

Allerdings wurde auch deutlich, daß es unter Umständen weder möglich noch erwünscht ist, informelle Unterstützung und sozialstaatliche Leistung additiv zu kombinieren. Möglicherweise existiert informelle Unterstützung auch dort, wo sie aus gesamtgesellschaftlicher Sicht besser unterbliebe, weil sie die wegen Moral Hazard angebrachte Rationierung von Versicherungsschutz untergräbt. Wo diese von Arnott und Stiglitz diskutierte Sicht zutrifft, geht die eingangs skizzierte politische Diskussion unabhängig von ihrer Provenienz in die Irre. Umgekehrt hat sich herausgestellt, daß es denkbar ist, daß sozialpolitische Eingriffe informelle Unterstützung auch dann verdrängen, wenn dies nicht die gesamtgesellschaftliche Wohlfahrt erhöht.

Abschließend sei betont, wie sehr die präsentierten Ergebnisse der Kombination der beiden konsultierten Wissenschaften zu verdanken sind, und dies, in den Augen des Autors, durchaus nicht in additiver, sondern in synergetischer Art und Weise. Soziologische Forschungen haben ein reiches Bild der in modernen westlichen Gesellschaften existierenden informellen Unterstützung geliefert. Ökonomische Analysen wiesen auf die begrenzte Risikokonsolidierungsfähigkeit dieser Arrangements hin. Soziologen entwickelten Theorien sozialen Austauschs, Ökonomen konnten durch Anwendung wiederholter Spiele auf die hier entstehenden Durchsetzbarkeitsbeschränkungen hinweisen. Ökonomen haben die Rolle sozialer Kontrolle in sozialen Netzen betont, während die soziologische Literatur diesen Aspekt nicht in den Vordergrund stellt. Auf der anderen Seite haben schließlich Soziologen einen den ökonomischen Bereich betreffenden empirischen Befund beigetragen, der bisher von beiden Wissenschaften nicht erklärt wurde: der vergleichsweise eingeschränkte Zugang der Armen zu informeller Unterstützung.

Literatur

Arnott, Richard/Stiglitz, Joseph E. (1991): Moral Hazard and Nonmarket Institutions: Dysfunctional Crowding Out or Peer Monitoring?, in: American Economic Review, 81, 179-190.

Barro, Robert J. (1974): Are Government Bonds Net Wealth?, in: Journal of Political Economy, 82, 1095-1117.

Basu, Kaushik (1987): Modelling Finitely Repeated Games with Uncertain Termination, in: Economics Letters, 23, 147-151.

Becker, Gary (1981): A Treatise on the Family, Cambridge(Mass.): Harvard University Press.

Ben-Porath, Yoram (1980): The F-Connection: Families, Friends and Firms and the Organization of Exchange, in: Population Development Review, 6, 1-30.

Bernheim, Douglas/Shleifer, Andrei B./Summers, Lawrence H. (1985): The Strategic Bequest Motive, in: Journal of Political Economy, 93, 1045-1076.

Blien, Uwe/Widmaier, Hans-Peter (1990): Zur Theorie sozialpolitischer Institutionen. Bürokratie im Wohlfahrtsstaat, in: Thiemeyer, Theo (Hrsg.), Theoretische Grundlagen der Sozialpolitik, Schriften des Vereins für Sozialpolitik, NF Bd. 193, 119-150.

Coate, Stephen/Ravallion, Martin (1993): Reciprocity Without Comittment: Characterization and Performace of Informal Insurance Arrangements, in: Journal of Development Economics, 40, 1-24.

Diewald, Martin (1991), Soziale Beziehungen: Verlust oder Liberalisierung, Berlin.

Ekeh, Peter P. (1974): Social Exchange Theory: The Two Traditions, Cambridge (Mass.): Harvard University Press.

Engelhardt, Werner Wilhelm (1991): Einleitung in eine »Entwicklungstheorie« der Sozialpolitik. Institutionelle und Lebenslage-Analysen als Grundlagen der Sozialpolitik und Sozialpolitiklehre in: Thiemeyer, Theo (Hrsg.), Theoretische Grundlagen der Sozialpolitik II, Schriften des Vereins für Sozialpolitik, NF Bd. 205, 9-122.

Fisher, Claude S. (1982): To Dwell Among Friends: Personal Networks in Town and City, Chicago: Chicago University Press.

Hegselmann, Rainer (1995): Solidarnetzwerke und staatliche Sozialpolitik: Eine spieltheoretische Analyse der humboldtschen Sozialstaatskepsis, in: Homo Oeconomicus, 12, 321-366.

Kaufmann, Franz-Xaver (1987): Zur Einführung: Ein sozialpolitisches Schwerpunktprogramm der DFG – und was daraus wurde, in: Kaufmann, Franz-Xaver (Hrsg.), Staat, intermediäre Instanzen und Selbsthilfe, München, 9-38.

Koch, Peter (1988): Geschichte der Versicherung, in: Farny, Dieter et al (Hrsg.) Handwörterbuch der Versicherung, Karlsruhe, 223-232.

Lindberg, Leon N./Campbell, John L./Hollingsworth, J. Roger (1991): Economic Governance and the Analysis of Structural Change in the American Economy, in: Campbell, John L./Roger, J. Hollingsworth and Leon N. Lindberg (Hrsg.) Governance of the American Economy, Cambridge et al.: Cambridge University Press, 3-34.

Pauly, Mark V. (1990): The Rational Non-Purchase of Long Term-Care Insurance, in: Journal of Political Economy, 98, 153-168.

Pollak, Robert A. (1985): A Transaction cost Approach to Families and Households, in: Journal of Economic Literature, 23, 581-608.

Richter, Wolfram F. (1993): Bequeathing like a Principal, mimeo, University of Dortmund.

Smith, Lones (1992): Folk Theorems In Overlapping Generations Games, in: Games and Economic Behavior, 4, 426-449.

Swaan, Abraam de (1993): Der sorgende Staat, Frankfurt und New York.

Swedberg, Richard (1990): Economics and Sociology, Princeton: Princeton Univercity Press.

Taylor, Michael (1976): Anarchy and Cooperation, London et al.: John Wiley.

Uehara, Edwina (1990): Dual Exchange Theory, Social Networks, and Informal Social Support, in: American Journal of Sociology, 96, 521-557.

Weber, Max (1972[1922]): Wirtschaft und Gesellschaft, 5th ed., Tübingen.

Wellman, Barry/Wortley, Scot (1990): Different Strokes from Different Folks: Community Ties and Social Support, in: American Journal of Sociology, 96, 558-588.

Wellman, Barry/Carrington, Peter J./Hall, Alan (1988): Networks as Personal Communities, in: Wellman, Barry und S.D. Berkowitz, Social

Structures: A Network Approach, Cambridge: Cambridge University Press, 130-184.

Wentowski, G.J (1981): Reciprocity and the Coping Strategies for Older People: Cultural Dimensions of Network Building, The Gerontologist, 21, 600-609.

Zintl, Reinhard (1993): Clubs, Clans und Cliquen, in: Ramb, Bernd-Thomas und Manfred Tietzel, Ökonomische Verhaltenstheorie, München, 89-118.

Zweifel, Peter/Strüwe, Wolfram (1994): Pflegeleistung und Pflegeversicherung in einem Zwei-Generationen-Modell, in: Finanzarchiv 51, 28-48.

Recht als Selektionsumgebung für evolutorische Wettbewerbsprozesse

Wolfgang Kerber

1. Problemstellung

Bei der Thematisierung von Institutionen im Rahmen der Evolutorischen Ökonomik hat man sich bisher vor allem mit der Frage nach der Entstehung und dem Wandel von Institutionen befaßt.[1] In diesem Beitrag soll dagegen einer anderen Fragestellung nachgegangen werden, nämlich in welcher Weise aus evolutorischer Sicht die Wirkung von Rechtsregeln auf ökonomische Prozesse konzeptionell gefaßt und analysiert werden kann. Es geht folglich nicht um die institutionelle Entwicklung selbst, sondern um die Wirkung von Institutionen auf (als evolutorisch begriffene) ökonomische Prozesse. Gleichzeitig soll gleichsam als erster Schritt auch nur die Wirkung von Rechtsregeln – d.h. die für alle Wirtschaftssubjekte verbindlichen Regeln – betrachtet werden, was nur einen Teil dessen umfaßt, was inzwischen unter dem manchmal äußerst weitgefaßten Institutionenbegriff subsumiert wird.[2] Aus einem anderen Blickwinkel betrachtet, ließen sich die folgenden Überlegungen

---

[1] Vgl. bspw. Hayek 1967, 1980; Rosenberg/Birdzell 1986; Witt 1988; Hodgson 1993; Wangenheim 1995.

[2] Insofern beschäftige ich mich hier nicht mit der Wirkung von informellen Regeln im Sinne von Sitten, Gebräuchen und Gewohnheiten. Diese Beschränkung auf Rechtsregeln und damit auf »formal constraints« (North 1990) für das wirtschaftliche Handeln der Menschen soll hier lediglich den Gang der Argumentation vereinfachen. Ohne dies hier näher zu begründen, ließe sich die folgende Argumentation im Prinzip auch auf die Wirkung von informellen Beschränkungen (»informal constraints«) übertragen, soweit diese durch ausreichende Sanktionen auch tatsächlich durchgesetzt werden. Dagegen beschäftigt sich dieser Beitrag nicht mit Institutionen im Sinne von »Organisationen« als einer weiteren Klasse innerhalb eines weitgefaßten Institutionenbegriffs.

aber auch als Beitrag zu einer auf evolutorischer Grundlage stehenden »Ökonomischen Analyse des Rechts« verstehen.

Ausgangspunkt der folgenden Überlegungen zur Wirkung von Rechtsregeln auf ökonomische Prozesse wird dabei ein zentrales Problem der Evolutorischen Ökonomik sein, nämlich die Frage, inwieweit es noch möglich ist, Aussagen über ökonomische Prozesse zu machen, wenn diese evolutorischen Charakter haben, d.h. in ihnen laufend nichtantizipierbare Neuerungen auftreten. Die im folgenden ausgeführte und vertretene These lautet, daß Regeln im Sinne eines institutionellen Rahmens, innerhalb dessen die wirtschaftlichen Handlungen und Interaktionen von Wirtschaftssubjekten stattfinden, als Selektionsumgebung verstanden werden können, die auf die ökonomischen Entwicklungsprozesse eine Kanalisierungswirkung ausübt und ihnen folglich eine Richtung verleiht. Zur Konkretisierung und Begründung dieser These wird ein evolutorisches Konzept wissenschaffenden Wettbewerbs herangezogen, in dem Wettbewerb als ein Prozeß des Generierens und Testens von Hypothesen begriffen wird, und gezeigt, wie sich der institutionelle Rahmen sowohl auf die Richtung als auch auf die Geschwindigkeit solcher Wissenschaffungsprozesse auswirken kann.

In einem ersten Schritt wird zunächst methodologisch die Bedeutung der Selektionsumgebung für die Möglichkeit von Aussagen über evolutorische Prozesse herausgearbeitet. Anschließend wird die evolutorische Konzeption wissenschaffender Wettbewerbsprozesse skizziert, bevor gezeigt wird, wie Institutionen im Sinne von Rechtsregeln in dieses Konzept integriert und in ihrer prinzipiellen Wirkung auf diese Prozesse analysiert werden können. Ausgehend hiervon läßt sich dann unsere zentrale These begründen, nämlich daß diese Regeln – als Selektionsumgebung interpretiert – den evolutorischen Prozessen eine Richtung verleihen können. Abschließend wird anhand des Problems von Interdependenzen zwischen den Marktprozessen und dem institutionellen Rahmen auf einige Voraussetzungen und Grenzen dieser Argumentation hinzuweisen sein.

2. Zur zentralen Rolle der Selektionsumgebung in Variations-Selektions-Argumentationen

Kern der Evolutorischen Ökonomik ist die Erkenntnis, daß in ökonomischen Systemen laufend Neuerungen auftreten, deren Eigenschaften aus prinzipiellen Gründen als nichtantizipierbar angesehen werden müssen.[3] Ein großer Teil der Literatur erklärt dies anthropologisch und verweist hierbei auf die menschliche Kreativität.[4] Da die ökonomischen Handlungen von Individuen damit nicht mehr als determiniert angesehen werden können, ist aus evolutorischer Sicht auch immer die prinzipielle Offenheit von ökonomischen Prozessen herausgestellt worden. Gerade weil sich die Evolutorische Ökonomik damit aber von den als nicht mehr akzeptierbar empfundenen Fesseln geschlossener Modellvorstellungen befreit hat, stellt sich jedoch gleichzeitig die Frage, inwieweit die Evolutorische Ökonomik überhaupt noch Aussagen über das Verhalten von ökonomischen Systemen machen kann. Hier soll im Anschluß an Überlegungen von Alchian und Hesse eine solche Möglichkeit aufgezeigt werden, nämlich durch Verwendung von Variations-Selektions-Argumentationen.[5]

Der Ausgangspunkt von Variations-Selektions-Argumentationen – auch als Populationsdenken (»population thinking«) bezeichnet[6] – besteht darin, daß die Entwicklung einer Menge von individuellen Einheiten mit jeweils bestimmten Eigenschaften (Population) über die Zeit betrachtet wird. Die zu einem bestimmten Zeitpunkt in einer Population vorhandene Häufigkeitsverteilung von Eigenschaften wird dabei permanent durch zwei verschiedene Mechanismen verändert. Zum einen werden laufend Variationen generiert, so daß Einheiten mit neuen Eigenschaften auftreten. Zum anderen haben unterschiedliche Eigenschaften verschieden hohe Wahrscheinlichkeiten für ihre Reproduktion in der nächsten Generation, was als unterschiedlich gute Angepaßtheit an die jeweiligen Selektionsbedingungen interpretiert werden kann. Diese Kombination aus ständig ablaufenden Prozessen von Variation und (über diese differentielle Reproduktion stattfindende) Selektion führt zu einer ständigen Veränderung der Häufigkeitsverteilung der in der Population vorhandenen Eigenschaften individueller Einheiten. Die entscheidende Folgerung in solchen Variations-Selektions-Argumentationen besteht nun darin, daß aufgrund des ständigen Wirkens der Mechanismen von Variation und Selektion eine systematische Entwick-

---

[3] Vgl. Witt 1987a, 9ff.; Hesse 1990; Nelson/Winter 1982, 216f.; Dosi 1988, 1125f.; zur Nichtantizipierbarkeit von Neuerungen als entscheidendes Kriterium für den evolutorischen Charakter von Prozessen, vgl. Kerber 1989, 71.

[4] Vgl. Shackle 1979, 48ff.; Hesse 1990, 63f.

[5] Vgl. zu dieser Problematik auch Hayek 1972; Witt 1987a, 21ff.

[6] Darstellungen dieses Variations-Selektions-Mechanismus finden sich in der Literatur in verschiedenen Varianten. Vgl. bspw. Campbell 1965, Kieser 1988, Witt 1987a, 83ff., und Metcalfe 1989, 56.

lung in Richtung auf eine zunehmend bessere Anpassung an die jeweilige Selektionsumgebung stattfindet.[7]

Daß solche Variations-Selektions-Argumentationen als eine zur traditionellen neoklassischen Gewinnmaximierung alternative Methode zur Analyse von ökonomischen Prozessen angesehen werden können, hat Alchian als erster klar herausgearbeitet.[8] Alchians Problem bestand darin, daß für ihn die Gewinnmaximierungshypothese nicht mehr als Grundlage für die Erklärung des Verhaltens von Wirtschaftssubjekten sinnvoll erschien, da aufgrund von Ungewißheit und der mangelnden Voraussicht der Wirtschaftssubjekte das individuelle Verhalten nicht mehr voraussagbar sei. Alchian ging folglich nur noch aus von »adaptive, imitative, and trial-and-error behavior in the pursuit of 'positive profits'«[9] und interpretierte in Anlehnung an die »principles of biological evolution and natural selection ... the economic system as an adoptive mechanism which chooses among exploratory actions generated by the adaptive pursuit of 'success' or 'profits'«[10]. Da im ökonomischen System nach Alchian nur Wirtschaftssubjekte mit solchen Handlungen überleben, die zu positiven Gewinnen führen, würde es durch diesen Selektionsmechanismus zu ständigen Verbesserungen der Anpassung der Verhaltensweisen der Individuen an die Umwelt kommen.

Die entscheidende Idee besteht folglich darin, daß es die Selektionsumwelt ist, die trotz des weitgehend zufälligen Ausprobierens von Verhaltensweisen durch die Wirtschaftssubjekte zu einem systematischen Wandel der von den Individuen verwendeten Verhaltensweisen führt. Die Funktion der Selektionsumwelt besteht somit bei Alchian darin, diesem mehr oder minder blinden trial and error-Prozeß eine Richtung zu verleihen. Er folgerte daraus, daß die Ökonomen nur die »survival conditions and criteria« des ökonomischen Systems zu kennen brauchen, um trotz der Nichtvorhersehbarkeit individuellen Verhaltens Rückschlüsse auf diejenigen Verhaltensweisen ziehen zu können, die im

[7] Auf die bei solchen »natural selection«-Argumentationen auftretenden Gefahren von Fehlschlüssen, die sich zum einen in Tautologien äußern (»survival of the fittest« wird zu: »survival of the survivors«) und zum anderen in naturalistischen Fehlschlüssen (das was »überlebt« hat, wird auch normativ als »besser« qualifiziert) kann hier nicht näher eingegangen werden. Vgl. hierzu bspw. Kieser 1988, 615; Engels 1989, 131ff.; Vanberg 1994, 29ff.; Kerber 1994b, 211ff. u. 336ff.; Hodgson 1993, 197ff.

[8] Vgl. Alchian (1950).

[9] Ebd., 211.

[10] Ebd.

System überleben werden.[11] Das oben formulierte Kernproblem der Evolutorischen Ökonomik stellt sich nun in der Alchianschen Verwendung von Variations-Selektions-Argumentationen in der Form dar, daß die nichtantizipierbaren Neuerungen als Variation aufzufassen sind, während es die Analyse der Selektionsumgebung ist, durch die Aussagen über die Richtung des Prozesses möglich werden.

Die daraus zu ziehenden Folgerungen werden in Hesses Konzept der »innovativen Anpassung an invariante Restriktionen« noch wesentlich klarer herausgearbeitet.[12] Ausgangspunkt seiner methodologischen Überlegungen für die von ihm angestrebte Theorie langfristiger wirtschaftlicher Entwicklung ist die Frage, wie trotz der – einen endogenen Wandel auslösenden – spontanen und nichtprognostizierbaren Wissens- und Theorieänderungen der Menschen empirisch überprüfbare Aussagen über den Prozeß wirtschaftlicher Entwicklung möglich sind. Seine zentrale Idee besteht darin, daß dann Aussagen über den »gerichteten Wandel der Formen und Inhalte gesellschaftlicher Produktion von Waren und Diensten« möglich sind, wenn wir »invariante Restriktionen« finden, so daß die wirtschaftliche Entwicklung als ein Prozeß der innovativen Anpassung an diese Restriktionen verstanden werden kann.[13] Hesses Grundidee besteht somit darin, daß Aussagen über die Richtung des evolutorischen Prozesses deshalb möglich sind, weil es Restriktionen gibt, an die sich die Menschen mit ihren innovativen Bemühungen anzupassen haben. Konsequenterweise lautet deshalb die zentrale methodologische Forderung von Hesse für die Untersuchung von evolutorischen Prozessen, daß nach solchen invarianten Restriktionen zu suchen sei.[14]

Hesses Konzept der innovativen Anpassung an invariante Restriktionen ist analytisch äquivalent mit Alchians Variations-Selektions-Argumentation. Die menschliche Kreativität, die auch bei Hesse zum Ausprobieren verschiedener Handlungen führt, entspricht dabei der Variation, während die Restriktionen den Platz der Selektionsumgebung einnehmen, an die die Anpassung stattfindet. In Hesses Konzept wurde jedoch klarer als in dem frühen Artikel von Alchian eine zentrale Anforderung an die Restriktionen bzw. die Selektionsumgebung formuliert: Aussagen über die Richtung der innovativen Anpassung können nur ge-

---

[11] Vgl. bspw. Alchian 1950, 215: »As circumstances (economic environment) change, the analyst (economist) can select the types of participants (firms) that will now become successful«.

[12] Vgl. Hesse 1987.

[13] Vgl. ebd., 212ff.

[14] Vgl. ebd., 223ff.; für die konkrete Umsetzung vgl. bspw. Hesse 1992.

macht werden, soweit diese Restriktionen tatsächlich *invariant* sind, d.h. nicht durch die Neuerungsaktivitäten der Wirtschaftssubjekte selbst geändert werden können. Übertragen auf die Variations-Selektions-Argumentation impliziert dies, daß methodisch vorausgesetzt werden muß, daß durch die Evolution der betrachteten Population die Selektionsumgebung nicht verändert wird. Denn eine Selektionsumgebung, die durch die Variation der evolvierenden Einheiten selbst verändert wird, ist keine Selektions*umgebung* mehr und verliert folglich ihre Funktion, dem evolutorischen Prozeß eine Richtung zu verleihen.[15]

Hesse hat sein Konzept analytisch insofern weiter differenziert, als er nicht nur von einer Ebene von Restriktionen ausgeht, an die sich der evolutorische Prozeß innovativ anpaßt, sondern die Möglichkeit einer Hierarchie von Restriktionen einführt.[16] Hierdurch läßt sich eine größere analytische Flexibilität erreichen, weil dadurch zwischen Restriktionen mit unterschiedlich großen Wandlungsgeschwindigkeiten unterschieden werden kann. Während auf der obersten Stufe dieser Hierarchie diejenigen Restriktionen stehen, die völlig invariant sind (bspw. Naturgesetze), kann der Wandel von in der Hierarchie tieferstehender Restriktionen selbst wieder als evolutorischer Prozeß der Anpassung an jene höherstehenden Restriktionen verstanden werden. Insofern kann man von evolutorischen Prozessen sprechen, die sich an zumindest für einen bestimmten Zeitraum invarianten Restriktionen anpassen, während letztere – längerfristig gesehen – selbst wieder einer Evolution in bezug auf länger invariante, grundlegendere Restriktionen unterliegen. Ausgedrückt in der Variations-Selektions-Terminologie läßt sich daraus ein geschichtetes System hierarchisch angeordneter Variations-Selektions-Prozesse konstruieren, bei dem die Selektionsumgebungen niederer (und schnellerer) Variations-Selektions-Prozesse selbst wieder Gegenstand von Variationsprozessen für höhere (und langsamere) Variations-Selektions-Prozesse sein können.

---

[15] Diese Forderung der Invarianz von Restriktionen bzw. der Selektionsumgebung ist deshalb auch die Antwort auf die berechtigte Kritik von Penrose 1952 an Alchian, daß Firmen nicht nur versuchen, sich an ihre Umwelt anzupassen, sondern auch versuchen, diese zu verändern: »... innovations ... more often than not are direct attempts by firms to alter their environment« (ebd., 814f.). Die Notwendigkeit der zeitlichen Konstanz der Selektionsumgebung für die in den evolutorischen Prozessen stattfindenden Lernprozesse ist auch im Rahmen der evolutorischen Neo-Schumpeter-Ansätze betont worden; vgl. bspw. Dosi/Nelson 1994, 156f.; Metcalfe 1989, 57 u. 68f. Zur generellen Problematik der »boundary between unit of selection and selection environment« vgl. auch Metcalfe/Boden 1992, 56.

[16] Vgl. Hesse 1987, 214f.

Zusammenfassend besteht die methodologische Grundidee von Alchian und Hesse bei der Untersuchung evolutorischer Prozesse darin, daß dann Aussagen über evolutorische Prozesse möglich sind, wenn wir die von den (nichtantizipierbar) evolvierenden Einheiten nicht veränderbare Selektionsumwelt kennen, weil es diese Selektionsumgebung ist, an die sich die evolutorischen Prozesse anpassen.

3. Evolutorisches Konzept wissenschaffenden Wettbewerbs: Wettbewerb als Prozeß des Generierens und Testens von Hypothesen

In diesem und dem nächsten Abschnitt soll kurz ein evolutorisches Konzept von Markt- und Wettbewerbsprozessen vorgestellt werden, um anschließend zeigen zu können, wie Regeln, unter denen diese Prozesse ablaufen, als Selektionsumgebung für diese evolutorischen Prozesse verstanden werden können und damit diesen Prozessen – im Sinne unserer Überlegungen im letzten Abschnitt – eine Richtung verleihen. Vor allem unter Rückgriff auf zentrale Überlegungen von Schumpeter (Wettbewerb als Innovationswettbewerb) und Hayek (Wettbewerb als Entdeckungsverfahren) wird dabei Wettbewerb in bewußtem Gegensatz zur neoklassischen Preistheorie nicht in erster Linie als Preiswettbewerb bezüglich gegebener Produkte und Produktionsverfahren, sondern als evolutorischer Prozeß der Suche nach neuem Wissen verstanden, der damit auch als Variations-Selektions-Prozeß interpretiert werden kann. Insofern handelt es sich bei den folgenden, hier allerdings sehr knapp bleibenden Überlegungen um die Skizzierung eines neuen, evolutorischen Ansatzes der Wettbewerbstheorie.[17]

[17] Eine ausführliche Darstellung dieses Konzepts einschließlich einer Analyse seiner dogmengeschichtlichen Wurzeln findet sich in Kerber 1994b, 1996; vgl. auch bereits Kerber 1989, 1991. Dieses evolutorische Konzept wissenschaffenden Wettbewerbs verwendet Grundelemente dreier unterschiedlicher Argumentationsströmungen, die alle auf verschiedene Weise die Thematik »Wettbewerb und Wissen« untersucht haben: Österreichische Ansätze (Hayek 1952, 1968, 1969, 1980; Kirzner 1978, 1992; Lachmann 1977; Hoppmann 1988), Schumpetersche Ansätze (Schumpeter 1952; Clark 1954; Arndt 1952; Heuß 1965; Röpke 1977, 1990a; Fehl 1983; Nelson/Winter 1982; Dosi u.a. 1988) sowie Variations-Selektions-Argumentationen einschließlich der Evolutionären Erkenntnistheorie (Alchian 1950; Winter 1964; Nelson/Winter 1982; Metcalfe 1989; Loasby 1993; Dosi/Nelson 1994; Nelson 1995; Campbell 1965; Popper 1973; Irrgang 1993).

Menschen agieren immer unter einem nicht aufhebbaren Problem der Knappheit, so daß sie versuchen, durch die Suche nach erfolgreicheren Handlungen die Knappheiten, mit denen sie sich konfrontiert sehen, zu reduzieren. Bezüglich ihrer Handlungsmöglichkeiten (Aktionsparameter) können sie jedoch immer nur über ein subjektives und fallibles Wissen verfügen, d.h. sie besitzen weder sicheres Wissen über die Menge ihrer Handlungsmöglichkeiten noch über deren Konsequenzen. Ihr diesbezügliches Wissen kann nur den Charakter von mehr oder minder bewährten Hypothesen haben (»Vermutungswissen«), wobei sich laufend auch bisher gut bewährtes Wissen aufgrund von Veränderungen der Umwelt als veraltet erweisen kann. Da somit das subjektive Wissen der Wirtschaftssubjekte, auf dessen Basis sie sich in einer von Knappheiten geprägten Welt behaupten müssen, aufgrund seiner Fallibilität prinzipiell problematisch und somit der ständigen Aktualisierung und Verbesserung bedürftig ist, ist wirtschaftliches Handeln vor allem immer auch als ständige Suche nach neuen, besseren Problemlösungen zu verstehen und damit als permanenter Prozeß des Generierens und Testens von Hypothesen über erfolgreiches Handeln. Der Wissenserwerb bei einzelnen Individuen kann somit als Prozeß von Versuch und Fehlerelimination gedeutet werden und damit als Variations-Selektions-Prozeß bezüglich der Population von angewendeten Hypothesen.[18] Diese generelle Konzeption von Wirtschaftssubjekten, die gleichermaßen für Produzenten oder Konsumenten, Entscheidungsträger in der Verwaltung oder für Politiker verwendet werden kann, wird nun auf Wettbewerbsprozesse auf normalen Güter- und Dienstleistungsmärkten übertragen.

Ausgangspunkt für das zu skizzierende evolutorische Konzept wissenschaffenden Wettbewerbs[19] ist somit das Wissensproblem, vor dem die Wirtschaftssubjekte im Marktwettbewerb stehen. So besitzen die Anbieter immer nur unvollständiges, fallibles Wissen über die aktuellen Präferenzen der Nachfrager und welche Preis-Leistungs-Kombinationen diese am besten befriedigen, oder auf welche Weise die zu erstellende Leistung am günstigsten hergestellt werden kann (Produktionstechnologie). Die Grundidee dieses Wettbewerbskonzepts besteht nun darin, Wettbewerb als einen laufenden Prozeß des Aufstellens und Testens von Hypothesen über die möglichst gute bzw. kostengünstige Lösung von Problemen anderer Wirtschaftssubjekte zu sehen, in dem durch das

[18] Vgl. ausführlich Popper 1973. Auch regelgeleitetes (»routinehaftes«) Verhalten kann in dieser Weise verstanden werden, da Routinen gleichfalls Hypothesen über die in bestimmten Situationen erfolgreichen Handlungsweisen darstellen.

[19] Vgl. ausführlich Kerber 1994b, 236-286, sowie Kerber 1996.

laufende Ausprobieren solcher Hypothesen Erfahrungswissen gewonnen und durch Imitation verbreitet wird. Wettbewerb beeinhaltet folglich einen permanenten Prozeß des Generierens und Testens von neuen Hypothesen über den erfolgreichen Einsatz von Aktionsparametern (Variation), wobei der Markt (in Form der Entscheidungen anderer Wirtschaftssubjekte) als die »Realität« verstanden werden kann, die über »Bewährung« oder »Widerlegung« dieser Hypothesen entscheidet (Selektion).

Da die von den Anbietern den Nachfragern offerierten Preis-Leistungs-Kombinationen normalerweise aus einer komplexen Mischung von Teilleistungen bestehen und deren Erstellung von einer ganzen Reihe von unterschiedlichen Aktionsparametern abhängig ist, ist der Erfolg im Wettbewerb und somit der Gewinn letztlich vom adäquaten Einsatz von vielen Aktionsparametern abhängig. Aus der Überlegung, daß die Wettbewerber in bezug auf die Wirkung des Einsatzes jedes einzelnen Aktionsparameters nur über ein fallibles Wissen, d.h. über mehr oder minder bewährte Hypothesen, verfügen, wird das Ausmaß des Wissensproblems deutlich, vor dem die Wirtschaftssubjekte im Marktwettbewerb stehen. Verstärkt wird dieses Problem mangelhaften Wissens über den adäquaten Einsatz der Aktionsparameter dadurch, daß sich die Umwelt laufend verändert, so daß permanent bisher gut bewährtes Wissen obsolet werden kann.

Durch die Konkurrenzsituation wird dieses Wissensproblem für die Unternehmen stark verschärft. Da es im Wettbewerb für die Realisierung von (Vorsprungs-)Gewinnen entscheidend ist, über ein *relativ besseres* Wissen als die Konkurrenten zu verfügen, genügt es für die Wettbewerber nicht, sich mit ihrem Aktionsparametereinsatz im Bereich von inzwischen gut bewährten Hypothesen zu bewegen. Vielmehr ist es notwendig, in den Bereich des neuen – und damit auch des noch unsicheren – Wissens vorzustoßen und neue, bisher noch nicht getestete Hypothesen aufzustellen und auszuprobieren. Im Wettbewerb stehende Wirtschaftssubjekte müssen folglich im Grenzbereich zwischen dem bereits bewährtem Wissen und dem neuen, noch Unbekannten agieren. Denn echte Wettbewerbsvorsprünge lassen sich nur durch Neuerungen erzielen, d.h. dadurch daß man als Pionier in den noch unbekannten Bereich von neuem, noch ungesicherten Wissen vorstößt. Insofern ist Wettbewerb ein Forschungsprozeß.

Von zentraler Bedeutung für die Wissenschaffung in evolutorischen Wettbewerbsprozessen ist, daß durch die Kauf- bzw. Verkaufsentscheidungen anderer Marktteilnehmer an die Wirtschaftssubjekte Informationen über die Geeignetheit des Einsatzes ihrer Aktionsparameter rückgekoppelt werden, womit gleichzeitig über die Bewährung bzw. Widerlegung der Hypothesen dieser Wirtschaftssubjekte entschieden wird. Da es jedoch nicht nur darum geht, für die Nachfrager möglichst attraktive Preis-Leistungs-Kombinationen zu erstellen, sondern diese auch kostengünstig zu produzieren, ist das einzig gültige Kriterium über den Erfolg des Einsatzes der Aktionsparameter der Gewinn. Die Realisierung von Gewinnen bzw. Verlusten ist folglich der zentrale Rückkopplungsmechanismus,[20] der den Wirtschaftssubjekten vermittelt, für wie erfolgreich sich ihre Hypothesen im Wettbewerb mit anderen erwiesen haben. Aus der Beobachtung des Aktionsparametereinsatzes der erfolgreicheren Wettbewerber, deren Hypothesen über den adäquaten Einsatz ihrer Aktionsparameter sich offensichtlich als relativ besser erwiesen haben, können nun die weniger erfolgreichen Wirtschaftssubjekte lernen (Imitation), wodurch das neue, bessere Wissen verbreitet wird.

Entscheidend für den wissenschaffenden Charakter des Wettbewerbs ist, daß die Firmen ihre Aktionsparameter unterschiedlich einsetzen und folglich verschiedene Hypothesen über den erfolgreichen Einsatz ihrer Aktionsparameter testen. Es ist gerade die Varietät der angebotenen Preis-Leistungs-Kombinationen, die es den Nachfragern ermöglicht, mit ihren Kaufentscheidungen Informationen über ihre Präferenzen an die Anbieter zurückzukoppeln. Wenn die Nachfrager das Gut A dem Gut B vorziehen, so signalisieren sie damit den Herstellern, von welchem der beiden Güter sie glauben, daß es ihren Präferenzen besser entspricht. Diese aus der relativen Präferierung folgende Informationsrückkopplung kann sich jedoch nur auf die Dimensionen der Preis-Leistungs-Kombination beziehen, in denen sich die beiden Güter unterscheiden. Da aufgrund von Imitationsprozessen laufend Varietät abgebaut wird, ist es für die Aufrechterhaltung des wissenschaffenden Charakters von Wettbewerbsprozessen erforderlich, daß in den Wettbewerbsprozessen auch immer wieder neue Unterschiedlichkeit generiert wird.[21]

Wenn wir die Wissenschaffung in evolutorischen Wettbewerbsprozessen im Rahmen des Variations-Selektions-Argumentationsmuster

---

[20] Vgl. hierzu auch Streit/Wegner 1989, 195ff. und Wegner 1992, 51ff.

[21] Vgl. Fehl 1983, 76ff. und Metcalfe 1989, 55: »Economic change is driven by variety in economic performance between competing, alternative ways of meeting specific ends«. Als wichtige Determinante für das Ausmaß der in evolutorischen Wettbewerbsprozessen geschaffenen Wissens ist vor allem die Dezentralität der Suche nach neuem Wissen anzuführen. Vgl. hierzu Röpke 1977, 397f.; 1990b; Kerber 1994b, 277ff.

ausdrücken, so besteht die betrachtete Population aus den Hypothesen der Wirtschaftssubjekte über einen möglichst erfolgreichen Aktionsparametereinsatz. Die Wirtschaftssubjekte werden immer wieder neue Hypothesen generieren und ausprobieren (Variation), wobei ihnen über die Zuweisung von Gewinnen und Verlusten rückgekoppelt wird, inwieweit sich ihre Hypothesen als zutreffend erwiesen haben. Durch die laufende Kreation neuer Hypothesen, das Ausscheiden von Unternehmen mit ihren jeweiligen Hypothesen, die Übernahme erfolgreicher Hypothesen durch andere Wettbewerber und die sich verändernden Marktanteile kommt es dann zur differentiellen Reproduktion (und damit Selektion) von Hypothesen, wodurch sich über die Zeit die Zusammensetzung der Population der von den Unternehmen ihrem Aktionsparametereinsatz zugrundegelegten Hypothesen verändert.

Die Wissenschaffung in diesen evolutorischen Wettbewerbsprozessen bezieht sich dabei sowohl auf Wissen in Form »objektiver« neuer Technologien als auch auf Wissen über vorübergehende, spezifische Umstände.[22] Aufgrund der Kreativität der Wirtschaftssubjekte und der ständigen Veränderungen konkreter Umstände und Probleme handelt es sich um einen permanenten, endogenen und offenen Prozeß der Suche nach neuem Wissen und Problemlösungen, dessen konkrete Ergebnisse erst durch den Prozeß selbst geschaffen werden und folglich nicht voraussagbar sind. Weiterhin ist er wegen seines trial and error-Charakters als ein potentiell kumulativer Prozeß des Lernens und der schrittweisen Verbesserung des Wissens anzusehen.[23] In solchen Prozessen kann aber nicht nur Wissen akkumuliert, sondern auch Kompetenzen und Fähigkeiten in bezug auf die kreative Lösung von Problemen entwickelt werden.[24] Insofern können solche evolutorischen Wettbewerbsprozesse gleichzeitig als Kern wirtschaftlicher Entwicklungsprozesse verstanden werden.[25]

[22] Insofern umfaßt es sowohl das Wissensproblem im Sinne der Österreichischen Ansätze, bei denen vor allem das Wissen über spezifische Umstände von Raum und Zeit (bzw. Koordinationslücken) im Mittelpunkt steht, als auch die Schaffung neuen Wissens im Sinne der Kreation neuer Produkte, Produktionsverfahren und Organisationsformen, was insbesondere von den Schumpeterschen Ansätzen betont wurde.

[23] Konzepte wie »technological paradigms« und »technological trajectories« (Dosi 1982) können für eine genauere Ausarbeitung solcher kumulativer und pfadabhängiger Prozesse eine wichtige Hilfe sein, weil sie die Herausarbeitung spezifischerer Verlaufsmuster solcher Prozesse erlauben.

[24] Vgl. Röpke 1990a.

[25] Bei solchen wissenschaffenden Prozessen können nun eine Reihe von Problemen auftreten, die die Akkumulation des Wissens erschweren oder den Prozeß auch in Sackgassen führen können. Hierauf kann hier nicht weiter eingegangen werden.

4. Zur Wirkung von Regeln innerhalb des evolutorischen Konzepts wissenschaffenden Wettbewerbs

4.1 Regeln und Handlungsrechte

Nach dieser kurzen Skizzierung der Grundidee des evolutorischen Konzepts wissenschaffenden Wettbewerbs ist herauszuarbeiten, wie nun der institutionelle Rahmen systematisch in dieses Konzept integriert werden kann, welche Funktion er für die evolutorischen Wettbewerbsprozesse ausübt, und wie er auf den Prozeß der Wissenschaffung wirkt. Es ist dabei ausdrücklich darauf hinzuweisen, daß diese institutionelle Dimension ein zentraler und unerläßlicher Bestandteil des evolutorischen Konzepts wissenschaffenden Wettbewerbs ist.[26]

In Anlehnung an die Unterscheidung der Constitutional Economics zwischen einer Ebene der Handlungen der Wirtschaftssubjekte und einer – hierarchisch gesehen – darüberliegenden Ebene von Regeln, die festlegen, welche Handlungen die Wirtschaftssubjekte durchführen dürfen,[27] wird unter dem institutionellen Rahmen die Menge der für alle Wirtschaftssubjekte verbindlichen Regeln verstanden, d.h. insbesondere die Rechtsordnung.[28] Alternativ könnte man auch von einem Spiel sprechen, wobei entsprechend zu unterscheiden wäre zwischen den Spielzügen der Teilnehmer und den Spielregeln, die mit der Festlegung, welche Spielzüge die Spieler machen dürfen, gleichzeitig das Spiel definieren. Durch die Rechtsregeln werden den Individuen Handlungsrechte zugewiesen, durch die festgelegt wird, wer welche Handlungen durchführen darf bzw. sie zu dulden hat.[29] Die Gesamtheit der Regeln, die Wirtschaftssubjekte bei ihren wirtschaftlichen Aktivitäten beachten müssen und die sich auf den Ablauf von Markt- und Wettbewerbspro-

---

Vgl. bspw. zum »lock-in« Problem Arthur 1988 sowie allgemein Kerber 1994b, 254ff. u. 274ff.

26 Insofern liegt diesem wettbewerbstheoretischen Konzept nicht nur ein evolutorischer, sondern auch ein institutionenökonomischer Ansatz zugrunde.

27 Vgl. Brennan/Buchanan 1985.

28 Wie bereits oben angeführt, bleiben hier informelle Regeln ausgeklammert.

29 »Handlungsrechte sind in menschlichen Populationen erlaubte Handlungsmöglichkeiten. Handlungsrechte fixieren die erlaubte Beeinträchtigung anderer, die durch eigenes Handeln entstehen kann.« (Hesse 1983, 80; im Original teilweise hervorgehoben). Hierdurch werden gleichzeitig die Grenzen zwischen den Handlungsspielräumen von Individuen gezogen, so daß damit »geschützte individuelle Sphären« (protected domains) definiert werden. Vgl. zur Konzeption »geschützter Sphären« Hayek 1980, 147ff., Hoppmann 1993, 8ff., und Schmidtchen 1988, 115ff.

zessen auswirken, kann auch mit dem ordoliberalen Begriff der »Wettbewerbsordnung« verbunden werden.[30]

Da durch die Regeln bzw. Handlungsrechte definiert wird, welche der von den Wirtschaftssubjekten faktisch durchführbaren Handlungsmöglichkeiten erlaubt bzw. verboten sind, wirken folglich Handlungsrechte im Rahmen des Entscheidungsverhaltens von Wirtschaftssubjekten als Restriktionen, die die Menge der zur Verfügung stehenden Handlungsmöglichkeiten begrenzen.[31] Von besonderem Interesse aus evolutorischer Sicht ist dabei die Frage nach der rechtlichen Regelung der Kreation und Durchführung *neuer* Handlungsmöglichkeiten. Dies ist vor allem von Hoppmann im Rahmen seines Konzepts der Wettbewerbsfreiheit hervorgehoben worden.[32] Die Schlüsselstellung dieser Rechte ergibt sich daraus, daß ohne die rechtliche Erlaubnis der Realisierung von Innovationen die laufende endogene Kreation neuer Handlungsmöglichkeiten »leer läuft«, so daß es zu keiner evolutorischen Entwicklung kommen kann. Die von Hayek erhobene Forderung, daß Verhaltensregeln nur negativ als Verbote bestimmter Verhaltensweisen formuliert sein sollten, ist gerade ein Versuch, die Offenheit evolutorischer Marktprozesse zu gewährleisten.[33]

Bezüglich ihrer Auswirkungen auf die evolutorischen Wettbewerbsprozesse können zwei Arten von Regeln unterschieden werden. Insoweit Regeln die Menge der faktischen Handlungsmöglichkeiten von Wirtschaftssubjekten in erlaubte und nichterlaubte unterteilen, kann man – nun wettbewerbstheoretisch – davon sprechen, daß durch diese Regeln festgelegt wird, welche Aktionsparameter die Wirtschaftssubjekte in ihren Wettbewerbsprozessen einsetzen dürfen und welche nicht. Insofern wird durch diese Regeln die Menge der im Wettbewerb

---

30 Vgl. Eucken 1952, 241ff., sowie Vanberg 1988 zu den engen Parallelen zwischen dem Denken des Ordoliberalismus und der Constitutional Economics.

31 Für die Integration von Handlungsrechten in evolutorische Handlungsmodelle vgl. bspw. Röpke 1987, 233.

32 »Freiheit des Wettbewerbs besagt: Freiheit zur Initiative, Freiheit zum Vorstoß in technisches, organisatorisches und ökonomisches Neuland, zur Schaffung neuer Güter, neuer Verfahren, neuer Märkte, Freiheit zu ökonomischen Fortschritt« (Hoppmann 1966, 289). Zur Bedeutung von solchen Innovationsrechten für die wirtschaftliche Entwicklung vgl. auch Röpke (1983, 1990a) sowie Witt (1987b, 1993). Eine systematische Untersuchung der Wirkung unterschiedlicher Regeln auf die Anreize zur Kreation von neuen Handlungsmöglichkeiten, die sich positiv oder negativ auf andere auswirken, findet sich in Kerber (1992, 1993, 1994a). Hierbei wird insbesondere auf die von Neuerungen ausgelösten umverteilenden Effekte abgestellt, die bei diesen Anreizen systematisch zu berücksichtigen sind.

33 Vgl. Hayek (1976, 38ff.) sowie Streit (1992, 684).

zulässigen bzw. unzulässigen Aktionsparameter definiert.[34] Wir werden sehen, daß durch diesen ersten Typ von Wettbewerbsregeln der »Inhalt« des Wettbewerbs definiert wird, d.h. auf die Lösung welcher Probleme sich die wettbewerbliche Suche nach neuem Wissen bezieht. Hiervon kann ein zweiter Typ von Wettbewerbsregeln unterschieden werden, durch die die Anreize für Vorstöße bzw. Sanktionen für das Zurückbleiben im Wettbewerb geregelt werden, was sich auf die »Dynamik« der Suche nach neuem Wissen bzw. dessen Imitation auswirkt.

4.2 Wettbewerbsregeln I: Zur Regelung des »Inhalts« des Wettbewerbs

Aus dem Bereich des Strafrechts (Betrug, Diebstahl, Sachbeschädigung etc.), des Bürgerlichen Gesetzbuches (Haftung, Anfechtungsmöglichkeiten), des UWG (»Anschwärzung«, vergleichende Werbung, Bestechung von Angestellten etc.) und den vielfältigen öffentlich-rechtlichen Regulierungen sind eine Fülle von rechtlichen Regelungen bekannt, die das Handeln von Wirtschaftssubjekten im Wettbewerb regeln. Durch solche Regeln wird die Menge der prinzipiell im Wettbewerb einsetzbaren Aktionsparameter in die Teilmengen der erlaubten und nicht erlaubten Aktionsparameter unterteilt. Verbunden wird damit die Vorstellung, daß sich die Wirtschaftssubjekte nicht mit allen ihnen faktisch zur Verfügung stehenden Handlungsmöglichkeiten im Wettbewerb auf dem Markt durchsetzen sollen. Oder anders ausgedrückt: Mit dem Einsatz von Aktionsparametern aus dem nichterlaubten Bereich sollen im Wettbewerb keine Vorsprungsgewinne erzielt werden können.[35]

Welche Konsequenzen ergeben sich aus diesen Regelungen, welche Aktionsparameter erlaubt bzw. verboten sind, für die Wissenschaffung

---

[34] Die Hayeksche Forderung, Regeln nur negativ als Verbote zu formulieren, so daß die Menge der verbotenen Verhaltensweisen eine geschlossene, ex-ante bekannte und endliche Menge ist, während alle anderen Verhaltensweisen erlaubt sind, was eine nicht vorab definierte offene Menge impliziert, ist nur eine Möglichkeit, die Bereiche der zulässigen und unzulässigen Aktionsparameter voneinander abzugrenzen. Das Recht könnte auch umgekehrt vorgehen und die Menge der erlaubten Verhaltensweisen als geschlossene, vorabdefinierte Menge festlegen, so daß die Menge der verbotenen Verhaltensweisen eine offene Menge wäre.

[35] Die offensichtliche Notwendigkeit des Verbots bestimmter Aktionsparameter durch die Rechtsordnung impliziert aber gleichzeitig, daß es sich dabei um Verhaltensweisen handelt, deren Einsatz sich im Wettbewerb – bei Abwesenheit des Verbots – für die Wettbewerber lohnen würde. Dies ist eine wichtige Folgerung: viele der nichterlaubten Aktionsparameter würden sich im Wettbewerb bei der Aufhebung dieser Verbote durchsetzen.

in Wettbewerbsprozessen? Ausgehend von der Annahme, daß diese Regeln durch Sanktionen auch vollständig durchgesetzt werden,[36] bedeutet dies, daß es für die Wirtschaftssubjekte keinen Sinn macht, nach neuem Wissen darüber zu suchen, wie Aktionsparameter, deren Einsatz im Wettbewerb verboten ist, besser und erfolgreicher eingesetzt werden können. Die Wirtschaftssubjekte haben folglich nur Anreize, mit zulässigen Aktionsparameter vorzustoßen und Gewinne zu erzielen. Insofern werden sie ihre innovativen Bemühungen auf diesen Bereich der erlaubten Aktionsparameter lenken und innerhalb dieses Bereichs versuchen, ihr Wissen durch das Aufstellen und Testen von Hypothesen und die Übernahme der Erfahrungen anderer (Imitation) zu verbessern und weiterzuentwickeln. Durch die Differenzierung der faktisch vorhandenen Aktionsparameter in erlaubte und nichterlaubte findet folglich eine Konzentrierung der innovativen Bemühungen der Wirtschaftssubjekte auf den Bereich der zulässigen Aktionsparameter statt, womit gleichzeitig der in diesen Wettbewerbsprozessen stattfindende Wissenschaffungsprozeß in eine bestimmte Richtung gelenkt wird.

Wenn wir bspw. davon ausgehen, daß in einer Rechtsordnung das wechselseitige Ausspionieren von Betriebsgeheimnissen erlaubt ist, so wird die Betriebsspionage – zumindest in bestimmten Branchen, in denen das frühzeitige Wissen um wettbewerbliche Aktionen der Konkurrenz von entscheidender Bedeutung ist – zu einem normalen Aktionsparameter im Wettbewerb, für dessen erfolgreichen Einsatz Ressourcen eingesetzt und Fähigkeiten entwickelt werden müssen. Weiterhin wird der Einsatz dieses Aktionsparameters die Konkurrenten nicht nur dazu veranlassen, ihrerseits den Aktionsparameter Betriebsspionage einzusetzen, sondern auch Ressourcen für die erfolgreiche Abwehr der Betriebsspionageaktivitäten der Konkurrenten aufzuwenden und entsprechende Fähigkeiten zu entwickeln.[37] Ist folglich der Einsatz dieses Aktionsparameters erlaubt, so werden alle Wettbewerber genötigt sein, ihr Wissen über einen möglichst erfolgreichen Einsatz ihrer Aktionsparameter im Wettbewerb auch in bezug auf den Aktionsparameter Betriebsspionage bzw. deren Abwehr zu verbessern, weil für das Über-

---

[36] Im letzten Abschnitt dieses Beitrags wird noch kurz auf das Problem der Konsequenzen eingegangen, wenn Regeln nicht vollständig durchgesetzt werden.

[37] So ist bspw. davon auszugehen, daß sich Arbeitskräfte auf die Lösung dieser Probleme spezialisieren werden, so daß die Zulassung dieses Aktionsparameters im Wettbewerb eine weitere Ausdifferenzierung der Arbeitsteilung impliziert, einschließlich der Herausbildung eigener Berufe mit entsprechendem speziellen Wissen und Fähigkeiten.

leben im Markt auch der Einsatz dieses Aktionsparameters von Bedeutung ist.

In derselben Weise können eine Fülle weiterer Aktionsparameter angeführt werden, deren Erlaubnis oder Verbot darüber entscheidet, ob die Wettbewerber für den Einsatz dieser Aktionsparameter spezifisches Wissen aufbauen und weiterentwickeln oder nicht. Ist bspw. vergleichende Werbung oder Telefonwerbung gegenüber Privatkunden erlaubt, so werden Innovations- und Imitationsprozesse über die geschicktesten Methoden für den Einsatz dieser Aktionsparameter stattfinden und diesbezüglich überlegenes Wissen wird einen größeren oder kleineren Einfluß auf die relative Wettbewerbsposition gegenüber den Konkurrenten haben. Ist ein Markt stark reguliert oder sind umfangreiche und langwierige Genehmigungen für das Betreiben von Produktionsanlagen erforderlich, so ist der Aktionsparameter »erfolgreicher Umgang mit Regulierungs- und Genehmigungsbehörden« von zentraler Bedeutung. Der Aufbau eines umfangreichen Spezialwissens in bezug auf technische und juristische Feinheiten von Genehmigungsverfahren oder von Fähigkeiten, behördliche und politische Entscheidungsprozesse im eigenen Sinne zu beeinflussen, kann in solchen Märkten eine wichtige Voraussetzung für das Überleben im Markt sein.[38]

Zusammenfassend läßt sich festhalten, daß die durch die rechtlichen Regeln festgelegte Unterscheidung in zulässige und unzulässige Aktionsparameter dazu führt, daß die Wirtschaftssubjekte ihre Bemühungen um die Verbesserung ihres Wissens auf den Bereich der zulässigen Aktionsparameter konzentrieren werden. Insofern wird auch der wettbewerbliche Prozeß des Generierens und Testens neuer Hypothesen und die dabei stattfindende zunehmende Akkumulation von Wissen und Entwicklung von Fähigkeiten auf den Bereich der zulässigen Aktionsparameter gelenkt. Demgegenüber wird kein wettbewerblicher Wissenschaffungsprozeß in bezug auf diejenigen Aktionsparameter

---

[38] Sind andererseits in einer Volkswirtschaft selbst elementare Eigentumsrechte nicht gesichert, so daß das Eigentum der Unternehmen im Sinne von Produktionsanlagen oder Waren oder gar das Leben der Inhaber und Mitarbeiter – bspw. mangels Rechtsdurchsetzung – nicht durch die Rechtsordnung geschützt wird, so ist es für das erfolgreiche Überleben im Wettbewerb mit der Konkurrenz unumgänglich, Ressourcen einzusetzen und Wissen und Fähigkeiten zu erwerben, um sein Eigentum (und eventuell sein Leben) auch physisch vor den Angriffen anderer zu schützen. Wer unter solchen Umständen durch wirtschaftliche Aktivitäten Gewinne machen und folglich ökonomisch überleben will, kommt nicht umhin, auch in bezug auf diesen Aktionsparameter innovativ tätig zu sein und mit der Konkurrenz mitzuhalten. Diese Überlegungen finden ihren aktuellen Hintergrund in der desolaten Verfassung der Rechtsordnung in manchen Staaten der ehemaligen Sowjetunion.

stattfinden, die die Rechtsordnung verbietet. Was somit über die Regeln des Wettbewerbsspiels definiert wird, ist der *Inhalt*, auf den sich der rivalisierende Wettbewerb der Wirtschaftssubjekte in bezug auf die Schaffung neuen Wissens bezieht.[39]

4.3 Wettbewerbsregeln II: Zur Regelung der »Dynamik« des Wettbewerbs

Das laufende wechselseitige Vorstoßen, Nachziehen und Überholen von Wirtschaftssubjekten im Wettbewerb führt zu permanenten Umverteilungen zwischen den Wettbewerbern. Oder anders ausgedrückt: Neues überlegenes Wissen entwertet altes Wissen.[40] Dabei sind es diese laufend stattfindenden bzw. drohenden Umverteilungen, die den für die Dynamik so wichtigen immanenten Anreiz- und Sanktionsmechanismus für diese Wettbewerbsprozesse darstellen. Voraussetzung für die Funktionsfähigkeit dieses Anreiz- und Sanktionsmechanismus ist jedoch, daß die Wettbewerber auch das Handlungsrecht haben, im Rahmen der zulässigen Aktionsparameter mit der Kreation von neuen Preis-Leistungs-Kombinationen im Wettbewerb vorzustoßen, auch wenn sich dadurch die Marktposition und folglich auch die Vermögensposition von Konkurrenten verschlechtert. Üblicherweise haben Unternehmer in marktwirtschaftlichen Systemen dieses Recht. Es sind jedoch auch andere Regelungen denkbar.

Müßten bspw. Wettbewerber ihre Konkurrenten für die Verluste kompensieren, die sie ihnen mit ihren innovativen Vorstößen zufügen (Haftungsregel),[41] so ergäben sich völlig andere Anreize in bezug auf die Schaffung oder Verbreitung neuen Wissens. Eine solche Kompensationslösung würde zum einen den Anreiz zum Vorstoß stark vermindern, da aufgrund der Kompensationen die im Wettbewerb zu erzielen-

---

[39] Vgl. hierzu auch ausführlich Demsetz 1989, 229ff.

[40] Diese negativen Vermögenseffekte, die von innovativ vorstoßenden Wettbewerbern auf ihre Mitkonkurrenten ausgehen, haben ihre Ursache hauptsächlich in der (durch das Auftreten neuen, überlegenen Wissens bewirkten) Entwertung des spezifischen Real- und Humankapitals, das von diesen Unternehmen irreversibel für die Erstellung ihrer bisherigen Preis-Leistungs-Kombinationen investiert wurde. Zu ihrer Kennzeichnung als negative »pekuniäre externe Effekte« vgl. Witt 1987a, 184f., Streit/Wegner 1989, 195ff., Sälter 1989, 74ff., sowie Willgerodt 1992.

[41] Aus wohlfahrtsökonomischer Sicht wäre – abgesehen von Praktikabilitätsproblemen – gegen eine solche Regelung wenig einzuwenden, da Innovationen, die die Wohlfahrt im Sinne des Pareto-Kriteriums erhöhen, sich auch dann durchsetzen würden, wenn die negativen Vermögenswirkungen auf Dritte kompensiert würden. Vgl. hierzu ausführlich Willgerodt 1992.

den Vorsprungsgewinne wesentlich geringer würden. Wichtiger wäre jedoch, daß in diesem Fall die Konkurrenten weder unter Druck stünden, möglichst schnell nachzuziehen, d.h. ihr eigenes Wissen zu verbessern, noch sich vorsorglich um neues Wissen zu bemühen bräuchten, um ein solches Zurückfallen im Wettbewerb von vornherein zu vermeiden. Eine solche Regelung würde folglich dazu führen, daß nicht mehr alle sich am Wettbewerb beteiligenden Wirtschaftssubjekte laufend nach neuem Wissen suchen müssen, da durch solche Kompensationen jedes Wirtschaftssubjekt vor den negativen Folgen des Auftretens neuen Wissens geschützt wäre. Hierdurch würden die Wettbewerbsprozesse einen großen Teil ihres Charakters als wissenschaffende Prozesse verlieren, weil in diesem Wettbewerb dann nicht mehr der Wettbewerb um das bessere Wissen im Vordergrund stünde.[42]

Eine weitere Möglichkeit, die wechselseitigen pekuniären externen Effekte zwischen den Wettbewerbern einer Regelung zuzuführen, die den Wettbewerbsdruck zwischen den Konkurrenten vermindert, besteht in der horizontalen Koordination von Wettbewerbern, d.h. im Abschluß von Kartellverträgen bzw. oligopolistischen Verhaltensweisen. Horizontale Vereinbarungen zwischen Wettbewerbern über den Einsatz ihrer Aktionsparameter stellen nichts anderes dar als Verhandlungslösungen zur »Internalisierung« externer Effekte im Sinne von Coase. Je nachdem, ob es nun Regeln gibt, die solche Verträge bzw. Verhaltensweisen zwischen den Wettbewerbern als wettbewerbsbeschränkend verbieten, oder ob solche Verhaltensweisen erlaubt sind bzw. nicht von einer Wettbewerbsbehörde aktiv verfolgt werden, wird der zwischen den Wettbewerbern bestehende Wettbewerbsdruck, der diese zu einer laufenden Suche nach neuem Wissen zwingt, größer oder geringer sein. Kartelle wirken sich aber nicht nur auf die Anreize für die Schaffung und Verbreitung neuen Wissens aus, sondern durch die kartellartige Stillegung von Aktionsparametern wird auch der Wissenschaffungsprozeß bzgl. des adäquaten Einsatzes dieser Aktionsparameter ausgeschaltet, so daß durch Kartelle auch beeinflußt wird, welches Wissen im Wettbewerb geschaffen wird.

4.4 Fazit

Die Wettbewerbsordnung als Gesamtheit der Regeln, unter denen evolutorische Wettbewerbsprozesse verlaufen, beeinflußt erstens durch Regelung der im Wettbewerbsprozeß stattfindenden Umverteilungen

[42] Vgl. hierzu auch Witt 1993, 24ff.

zwischen den vor- und nachstoßenden Wettbewerbern (Anreiz- und Sanktionsmechanismus) die Schnelligkeit und damit die Dynamik der Schaffung und Verbreitung neuen Wissens. Und durch die Regelung, welche Aktionsparameter den Wirtschaftssubjekten bei ihren Versuchen, sich im Markt durchzusetzen, erlaubt bzw. verboten sind, setzt die Wettbewerbsordnung zweitens gleichzeitig spezifische Anreize, in welcher Richtung die Wirtschaftssubjekte in evolutorischen Wettbewerbsprozessen nach neuem Wissen suchen sollen. Durch diese Regelung des »Inhalts« der wettbewerblichen Wissenssuche wird folglich der Prozeß der kumulativen Entwicklung neuen Wissens in eine bestimmte Richtung gelenkt, so daß die Wirtschaftssubjekte dementsprechend auch bestimmte Kompetenzen und Fähigkeiten erwerben und weiterentwickeln.

5. Regeln als Teil der Selektionsumgebung für evolutorische Wettbewerbsprozesse

Aus dem evolutorischen Konzept wissenschaffenden Wettbewerbs kann somit gezeigt werden, daß der institutionelle Rahmen sowohl die Richtung als auch die Dynamik der wissenschaffenden Wettbewerbsprozesse und damit der wirtschaftlichen Entwicklung beeinflußt. Interpretiert man die evolutorischen Wettbewerbsprozesse wieder als Variations-Selektions-Prozesse, in denen laufend neue Hypothesen aufgestellt und getestet werden, so läßt sich die Funktion von Regeln bzw. des institutionellen Rahmens noch klarer herausarbeiten.

Auch hier empfiehlt sich unsere Unterscheidung zwischen den Regeln, die sich auf die Dynamik auswirken, und jenen, die den Bereich zulässiger Aktionsparameter festlegen. Da die Regelungen, die sich auf den Anreiz- und Sanktionsmechanismus im Wettbewerb beziehen, die Stärke der Anreize beeinflussen, das eigene Wissen zu verbessern, wirken sie sich zum einen auf das Ausmaß der Generierung neuer Hypothesen und folglich auf die Produktion von Varietät aus. Durch die Regelung der Sanktionen für im Wettbewerb um neues Wissen zurückbleibende Wirtschaftssubjekte haben diese Regeln aber zum anderen auch starken Einfluß auf die Geschwindigkeit der Verbreitung und damit der Selektion von Hypothesen. Implizieren diese Regeln große, negative Sanktionen für zurückbleibende Wettbewerber, so werden »veraltete« Hypothesen in bezug auf den Einsatz von Aktionsparameter schneller aus der »Population« von angewendeten Hypothesen eliminiert als bei geringeren Sanktionen.[43]

Wettbewerbsregeln, die den Bereich der zulässigen von den nichtzulässigen Aktionsparametern abgrenzen, üben eine unmittelbare selektierende Funktion in bezug auf das Wissen aus, nach dem in diesen wettbewerblichen Prozessen gesucht wird. Wenn diese Regeln tatsächlich durchgesetzt werden, wird diese Selektionsfunktion bereits dadurch bewirkt, daß die Wirtschaftssubjekte in Erwartung prohibitiver Sanktionen bei der Übertretung von Regeln keine neuen Hypothesen über den erfolgreichen Einsatz solcher nichterlaubter Aktionsparameter generieren oder ausprobieren werden, so daß in diesem Bereich keine entsprechende Varietät produziert wird und somit bezüglich solcher Aktionsparameter kein Wissenschaffungsprozeß stattfindet. Die Selektionswirkung tritt folglich bereits durch die von den Regeln ausgehende Bildung von stabilen Erwartungen ein, wodurch wiederum auch allen anderen Wirtschaftssubjekten die Gewißheit gegeben wird, daß sie mit solchen Verhaltensweisen anderer nicht zu rechnen brauchen, worauf sie wiederum auf »private« Vorkehrungen gegen solche Verhaltensweisen verzichten können.[44]

Dies läßt sich auch anders ausdrücken: Die innovativen Bemühungen der Wirtschaftssubjekte, durch das Aufstellen und Testen von Hypothesen ihr Wissen zu verbessern, lassen sich auch als Versuche interpretieren, Lösungen für die Probleme zu finden, auf die sie in ihrer Auseinandersetzung mit ihrer Umwelt stoßen. Von diesem Blickwinkel aus können wir Regeln, die bestimmte Verhaltensweisen verbieten, auch so verstehen, daß sie insofern auf die für die Wettbewerber bestehende Problemumwelt einwirken, als sie dafür sorgen, daß die Wirtschaftssubjekte sich auf die Lösung bestimmter Probleme konzentrieren können, während sie durch das Verbot gewisser Verhaltensweisen von der Auseinandersetzung mit anderen Problemen entlastet werden. Dadurch, daß folglich die Regeln durch die Bestimmung des »Inhalts« des Wettbewerbs mitdefinieren, welche Probleme die Wirtschaftssubjekte in evolutorischen Wettbewerbsprozessen *nicht* zu lösen brauchen, können wir

---

[43] Die Eliminierung solcher Verhaltensweisen kann dabei sowohl auf das Ausscheiden der sie anwendenden Wirtschaftssubjekte aus dem Markt als auch auf deren schnellere Imitation der offensichtlich erfolgreicheren Verhaltensweisen anderer Wirtschaftssubjekte zurückgeführt werden.

[44] Insbesondere österreichische Autoren (vgl. bspw. Hoppmann 1981, 229) haben immer wieder die erwartungsstabilisierende Funktion von Regeln hervorgehoben, da Wirtschaftssubjekte mit bestimmten – über Regeln untersagte – Handlungsmöglichkeiten anderer nicht zu rechnen brauchen, was Ungewißheit reduziert und die erfolgreiche Durchführung ihrer Pläne erleichtert (vgl. hierzu auch North 1990, 6).

auch davon sprechen, daß es durch diese Regeln zu einer Selektion der den Wirtschaftssubjekten präsentierten Probleme kommt, an denen sich die Wettbewerber mit ihren innovativen Problemlösungsversuchen abarbeiten und deren Lösung dann im Mittelpunkt des wissenschaffenden Wettbewerbs steht.

Versteht man die unter einem bestimmten Set von Regeln ablaufenden evolutorischen Wettbewerbsprozesse als ein »Wettbewerbsspiel«[45], so wird durch dessen Spielregeln mitbestimmt, welches Wissen und welche Fähigkeiten für das Gewinnen in diesem Spiel relevant sind bzw. auf was es dabei nicht ankommt.[46] Was folglich durch die Wettbewerbsregeln beeinflußt wird, sind die Kriterien, die für den »Erfolg« bzw. das »Überleben« im Markt gelten, d.h. sie definieren mit, welche Selektionskriterien im Markt herrschen. Lassen die Regeln bspw. Lobbyaktivitäten zur Gewinnung von Subventionen als Aktionsparameter zu, so bedeutet dies, daß die Fähigkeit, sich Subventionen zu verschaffen, eines der Selektionskriterien für den Erfolg in diesem Wettbewerbsspiel ist. Überlegene Fähigkeiten bei der Erlangung von Subventionen ermöglichen es dann gleichermaßen, einen wettbewerblichen Vorsprung zu erreichen oder mit vorgestoßenen Konkurrenten gleichzuziehen, wie die innovative Verbesserung der den Konsumenten angebotenen Preis-Leistungs-Kombinationen.[47]

Insofern als die Regeln die Selektionskriterien beeinflussen, kann der institutionelle Rahmen auch als Teil der Selektionsumgebung für evolutorische Wettbewerbsprozesse angesehen werden, da er darüber mitbe-

---

[45] Zur Idee des »Wettbewerbsspiels«, das durch eine Menge von Regeln definiert wird, vgl. auch Schmidtchen 1988, 119.

[46] So wie in einem Fußballspiel durch Regeln bewußt verhindert werden soll, daß die Fähigkeiten der Feldspieler, den Ball mit der Hand zu spielen, für den Gewinn des Spiels relevant sein sollen, soll bspw. durch den strafrechtlichen Betrugstatbestand verhindert werden, daß Wirtschaftssubjekte mit ihren überlegenen Fähigkeiten, andere zu betrügen, Gewinne machen können.

[47] Wettbewerbspolitische Konzepte, die auf den Wettbewerbsinhalt abzielen, können somit auch als Konzepte verstanden werden, die Aussagen darüber machen, welche Selektionskriterien über den Erfolg im Markt entscheiden sollen. Bspw. ist die Grundidee des Konzepts des Leistungswettbewerbs, daß es die Leistung für die Konsumenten ist, die das entscheidende Kriterium für die Erzielung von Gewinnen und folglich das zentrale Überlebenskriterium im Markt sein soll (vgl. Eucken 1952, 42f.). Vgl. auch Böhm 1933, 266; Hervorhebung im Original): »In einem Zustande des Kampfes [Böhm meint damit den Wettbewerb, W.K.] dagegen soll sich nach der Ansicht der Rechtsordnung der Anteil, den jeder einzelne an dem umkämpften Lebensgute haben soll, *nach dem Ergebnis dieses Kampfes bemessen*. Das Recht nimmt in diesem Fall nur mittelbar Einfluß auf die Zumessung der Anteile, und zwar dadurch, daß es bestimmt, *welche Waffen, welche Qualitäten in diesem Kampfe eingesetzt werden dürfen und welche Kriterien für den Kampferfolg ausschlaggebend sein sollen.*«

stimmt, welche Hypothesen sich in diesen Variations-Selektions-Prozessen als überlegen erweisen. Um Mißverständnisse auszuschließen: Die Regeln sind nur ein *Teil* der relevanten Selektionsumgebung. Ob ein Wirtschaftssubjekt mit der von ihm erstellten und angebotenen Preis-Leistungs-Kombination Erfolg hat oder nicht, hängt von einer ganzen Anzahl weiterer Faktoren und damit Selektionskriterien ab. Hierzu zählen insbesondere die Entscheidungen von Konsumenten, Vorlieferanten, Finanzierungsinstituten, Behörden und Politikern. Alle diese Akteure gehören gleichermaßen zur Umwelt des betreffenden Wirtschaftssubjekts und definieren somit im Rahmen ihrer Möglichkeiten die Selektionsbedingungen mit, denen sich das Wirtschaftssubjekt gegenübersieht. Insofern können durch den institutionellen Rahmen die Selektionskriterien auch nur *mit*beeinflußt werden.

Die Charakterisierung von Regeln als Teil der Selektionsumgebung von evolutorischen Wettbewerbsprozessen, die die Selektionskriterien mitbestimmen, impliziert gleichzeitig, daß die Frage, welches Wissen sich auf dem Markt als überlegen erweist, immer in Relation zu dem bestehenden Regelset zu sehen ist. Dies bedeutet, daß das, was im Markt als »besser« oder »überlegen« erscheint, immer nur als »besser« oder »überlegen« relativ zu dem bestehenden institutionellen Rahmen bezeichnet werden kann. Unter einem anderen Regelset herrschen andere Selektionskriterien und insofern werden sich andere Hypothesen bezüglich dieser Selektionsumgebung als überlegen erweisen. Entsprechend werden auch andere Preis-Leistungs-Kombinationen im Markt als überlegen selektiert und andere Wirtschaftssubjekte werden sich als erfolgreich im Wettbewerb durchsetzen. Festzuhalten bleibt folglich, daß das, was sich auf dem Markt als überlegen durchsetzt und damit gleichzeitig wiederum Ausgangspunkt für weitere Versuche zur Wissensverbesserung ist, prinzipiell abhängig von den jeweils bestehenden Regeln ist.[48]

Wenn wir auf das in Abschnitt 2 herausgearbeitete Problem, wie trotz des evolutorischen Charakters von ökonomischen Prozessen noch Aussagen über solche Prozesse möglich sind, zurückkommen, so läßt sich nun folgern, daß genau dann, wenn wir den institutionellen Rah-

[48] Auf diese Konsequenz hat bereits Röpke 1977, 374f., hingewiesen: »Wettbewerb ist nur sinnvoll zu deuten, wenn man ihn auf ein bestimmtes Regelsystem bezieht. Wettbewerbliche Aufstiegs- und Abstiegsprozesse und somit auch die Qualitäten der Auf- und Absteiger beziehen sich immer auf bestimmte verhaltensbeschränkende Normen. Im Gegensatz zur biologischen Evolution werden in einem Marktsystem die 'Tüchtigsten' oder 'Fähigsten' nicht vollständig opportunistisch ausgewählt. Vielmehr besteht die Möglichkeit, durch bewußte Einflußnahme auf die Setzung von Verhaltensregeln des Marktes indirekt zu bestimmen, welche Überlebenstests das System für seine Elemente bereithält.« Vgl. hierzu auch Vanberg/ Kerber 1994, 207ff.

men und damit einen Teil der Selektionsumgebung für evolutorische Wettbewerbsprozesse kennen, Aussagen über die Richtung und Dynamik der Schaffung neuen Wissens und damit der wirtschaftlichen Entwicklung möglich sind. Denn durch die Analyse der von den jeweiligen Regeln ausgehenden Anreizwirkungen bzgl. Richtung und Intensität der Suche nach neuem Wissen lassen sich Aussagen über die in diesen evolutorischen Wettbewerbsprozessen bestehenden Selektionskriterien machen. Insofern kann man auch davon sprechen, daß der institutionelle Rahmen durch seinen Charakter als Selektionsumgebung eine *kanalisierende* Wirkung auf die evolutorischen Wettbewerbsprozesse ausübt und ihnen damit eine Richtung verleiht.[49] [50]

6. Schlußbemerkungen zum Problem der Interdependenz von Regeln und evolutorischen Wettbewerbsprozessen

Bisher wurde argumentiert, daß rechtliche Regeln als Selektionsumgebung für evolutorische Wettbewerbsprozesse verstanden werden können und insofern auf Dynamik und Richtung der Wissenschaffungsprozesse und damit der wirtschaftlichen Entwicklung Einfluß nehmen. Bereits in Abschnitt 2 wurde jedoch gezeigt, daß um im Sinne von Alchian und Hesse Aussagen über Variations-Selektions-Prozesse durch Analyse der Selektionsumgebung ableiten zu können, diese Selektionsumgebung invariant zu sein hat. Da kein Zweifel darüber besteht, daß sich auch der institutionelle Rahmen für evolutorische Marktprozesse über die Zeit verändert bzw. Interdependenzen zwischen den evolutorischen Marktprozessen und dem Wandel von Regeln bestehen können, soll auf diese Problematik abschließend nochmals kurz eingegangen werden. Mit dieser Präzisierung der Voraussetzungen einer solchen Verwendung von Variations-Selektions-Argumentationen werden jedoch nicht nur ihre Grenzen, sondern auch die Möglichkeiten ihrer

[49] Dies ändert jedoch nichts daran, daß es sich bei diesen evolutorischen Prozessen um offene Prozesse handelt, deren spezifische Ergebnisse nicht prognostiziert werden können.

[50] Vgl. hierzu auch die systemtheoretisch begründeten Überlegungen von Röpke 1977, 53ff., über die Funktion von Regeln für die Verhaltensmöglichkeiten hierarchisch untergeordneter Teilsysteme sowie Witt 1987b. In der in Abschnitt 2 skizzierten Konzeption der innovativen Anpassung an eine Hierarchie invarianter Restriktionen von Hesse 1987 würden die rechtlichen Regeln folglich einer bestimmten Hierarchieebene entsprechen, an die sich die hierarchisch untergeordneten evolutorischen Prozesse innovativ anpassen würden.

weiteren Anwendbarkeit jenseits von evolutorischen Markt- und Wettbewerbsprozessen verdeutlicht.

Ein Problem bezüglich der Interpretation von Regeln als Selektionsumgebung besteht darin, daß bei vielen rechtlichen Regeln nicht von ihrer vollständigen Durchsetzung ausgegangen werden kann.[51] Wird eine Regel überhaupt nicht durchgesetzt, was bedeutet, daß Wirtschaftssubjekte bei ihrer Entscheidung über einen eventuellen Regelverstoß Sanktionskosten von null einkalkulieren, so liegt überhaupt keine verbindliche Regel vor, und entsprechend kann sie auch nicht als Selektionsumgebung wirken. Sobald Wirtschaftssubjekte aber überhaupt mit Sanktionen rechnen und diese bei ihrer Entscheidung berücksichtigen, wirkt die Regel als Restriktion, wenn auch nur in Höhe der erwarteten Sanktionierung. Inwieweit rechtliche Regeln mit genügend hohen Sanktionen ausgestattet sind, um als Restriktion für die Wirtschaftssubjekte und damit auch als Selektionsumgebung für evolutorische Wettbewerbsprozesse wirken zu können, ist eine von Rechtsgebiet zu Rechtsgebiet und von Rechtsordnung zu Rechtsordnung unterschiedlich zu beantwortende empirische Frage. Es kann jedoch kein Zweifel darüber bestehen, daß – zumindest in westlichen Industrieländern – ein großer Teil rechtlicher Regeln soweit durchgesetzt wird, daß sie Restriktionen für Wirtschaftssubjekte darstellen und insofern auch als Selektionsumgebung wirken können. Bei konkreten Untersuchungen ist dieses Problem mangelnder Rechtsdurchsetzung aber immer zu berücksichtigen.

Unabhängig von dem Problem der Rechtsdurchsetzung befindet sich der institutionelle Rahmen sowohl durch die richterliche Rechtsfortbildung als auch durch die Gesetzgebung in einer laufenden Weiterentwicklung.[52] Aus evolutorischer Sicht läge es nahe, auch den Prozeß der Rechtsentwicklung als einen Variations-Selektions-Prozeß zu deuten,

[51] Vollständige Rechtsdurchsetzung würde bedeuten, daß in jedem Einzelfall die Kosten der Nichtbeachtung der Regel für die Wirtschaftssubjekte prohibitiv hoch wären, so daß sich ein rational entscheidendes Wirtschaftssubjekt nie für den Regelverstoß entscheiden würde. In der Ökonomischen Analyse des Rechts ist schon früh gezeigt worden, daß eine solche vollständige Rechtsdurchsetzung für die Gesellschaft nur zu prohibitiv hohen Kosten zu realisieren und insofern nicht effizient wäre. (vgl. Cooter/Ulen 1988, 535ff.).

[52] Eine andere Frage, die eng mit der Rechtsdurchsetzung und der Rechtsfortbildung verknüpft ist, bezieht sich auf das gerade aus evolutorischer Sicht naheliegende Problem der Kreation neuer Handlungen zur Umgehung von rechtlichen Regeln. Dadurch daß permanent neue Möglichkeiten der Umgehung von Regeln kreiert werden, muß sich die Rechtsprechung laufend bemühen, über die Rechtsfortbildung solche Umgehungsmöglichkeiten wieder zu beseitigen. Auf dieses gerade aus der evolutorischen Perspektive wichtige Problem kann hier leider nicht weiter eingegangen werden.

wie dies bspw. in den Theorien kultureller Evolution oder neueren Ansätzen des institutionellen Wettbewerbs zwischen Staaten versucht wird.[53] Bezieht man dies mit ein, so steht man vor dem Problem, daß nun der institutionelle Rahmen für die evolutorischen Wettbewerbsprozesse keine invariante Selektionsumgebung mehr darstellt, sondern daß sich mit ihrer Entwicklung auch die Selektionskriterien für das »Überleben« in den evolutorischen Wettbewerbsprozessen verändern. Das Problem wird dann noch verschärft, wenn die Wirtschaftssubjekte im evolutorischen Wettbewerbsprozeß selbst Anstrengungen unternehmen (Lobbyismus), um die Regeln für die Wettbewerbsprozesse zu ändern und damit gleichzeitig die Selektionskriterien im Wettbewerb zu ihren eigenen Gunsten zu beeinflussen.[54]

Wie kann nun mit diesen Interdependenzen zwischen beiden Ebenen der Evolution analytisch umgegangen werden? Wenn man davon ausgeht, daß die evolutorischen Prozesse auf der Marktebene schneller ablaufen als der Wandel der Rechtsordnung,[55] so läßt sich Hesses Methodologie einer nach ihrer zeitlichen Invarianz gestaffelten Hierarchie von Restriktionen (Selektionsumgebungen) anwenden, d.h. daß der institutionelle Rahmen zumindest temporär als konstant angesehen und folglich für eine solche begrenzte Zeit als Selektionsumgebung für die evolutorischen Wettbewerbsprozesse wirkt, so daß sich insofern Aussagen über die Richtung der Wissenschaffungsprozesse ableiten lassen. Die obige Methodik, Aussagen über die evolutorischen Prozesse machen zu können, indem man die von den Regeln ausgehenden Anreizwirkungen bezüglich Neuerungen untersucht, ist folglich dann anwendbar, wenn die Rechtsentwicklung langsamer verläuft als die evolutorischen Wettbewerbsprozesse.[56] Gleichzeitig ermöglicht es dieses Konzept hierarchisch verbundener Variations-Selektions-Prozesse, nun ihrerseits die Entwicklung von Institutionen als einen evolutorischen Prozeß der

53 Vgl. zur Theorie der kulturellen Evolution bspw. Campbell 1965; Hayek 1967, 1980; Boyd/Richerson 1985; zur Idee eines institutionellen Wettbewerbs zwischen Staaten vgl. Siebert/Koop 1990, Streit 1995 sowie den Sammelband von Gerken 1995; für eine direkte Anwendung des in diesem Beitrag vertretenen evolutorischen Konzepts wissenschaffenden Wettbewerbs auf diesen institutionellen Wettbewerb zwischen Gebietskörperschaften vgl. Vanberg/Kerber 1994.

54 Dies ließe sich als Ausdruck normalen Rent-seeking-Verhaltens verstehen. Aus evolutorischer Sicht hat insbesondere Röpke (1983, 1990a) auf das Problem hingewiesen, daß die Wirtschaftssubjekte versuchen, sich über das politische System durch Ausdünnung von Innovationsrechten vor den negativen Konsequenzen innovatorischer Vorstöße zu schützen und damit die wirtschaftliche Entwicklung bremsen.

55 Diese Annahme dürfte im allgemeinen zutreffen.

56 Ob für konkrete Anwendungen dieser Methodik diese Voraussetzung besteht, kann nur jeweils anhand des Einzelfalls geprüft werden.

Anpassung an grundlegendere und länger invariante Restriktionen zu konzipieren. Damit wird gleichzeitig aber auch deutlich, daß es für einen solchen evolutorischen Ansatz der Entwicklung von rechtlichen Regeln notwendig ist, langfristig konstante Selektionsumgebungen zu identifizieren, die dieser Evolution von Regeln eine Richtung verleiht.[57]

Literatur

Alchian, A. (1950): Uncertainty, Evolution, and Economic Theory, in: Journal of Political Economy 58, S. 211-221.

Arndt, H. (1952): Schöpferischer Wettbewerb und klassenlose Gesellschaft, Berlin.

Arthur, B. (1988): Competing Technologies: An Overview, in: Dosi, G./ Freeman, C./Nelson, R./Silverberg, G./Soete, L. (Hrsg.), Technical Change and Economic Theory, London, S. 590-607.

Böhm, F. (1933): Wettbewerb und Monopolkampf. Eine Untersuchung zur Frage des wirtschaftlichen Kampfrechts und zur Frage der rechtlichen Struktur der geltenden Wirtschaftsordnung, Berlin.

Boyd, R./Richerson, P.J. (1985): Culture and the Evolutionary Process, Chicago.

Brennan, G./Buchanan, J.M. (1985): The Reason of Rules. Constitutional Political Economy, Cambridge.

Campbell, D.T. (1965): Variation and Selective Retention in Socio-Cultural Evolution, in: Barringer, H.R./Blanksten, G.I./Mack, R.W. (Hrsg.), Social Change in Developing Areas, Cambridge/Mass., S. 19-49.

Clark, J.M. (1954): Competition and the Objective of Government Policy, in: Chamberlin, E.H. (Hrsg.), Monopoly and Competition and their Regulation, London, S. 317-337.

Cooter, R./Ulen, Th. (1988): Law and Economics, Glenview, Ill.

Demsetz, H. (1989): Efficiency, Competition and Policy, Oxford.

---

[57] Eines der zentralen Probleme der Hayekschen Theorie der kulturellen Evolution besteht darin, daß Hayek keine solche Selektionsumgebung definiert, auf die hin die institutionelle Evolution als Anpassung interpretiert werden kann. Vgl. zu diesem Problem auch Vanberg (1994, 29ff.) und Kerber (1994b, 338ff.). Hesse dagegen versucht in seiner Theorie der langfristigen wirtschaftlichen Entwicklung, den Institutionenwandel als einen Prozeß der innovativen Anpassung an grundlegendere, längerfristig invariante Restriktionen zu erklären. Vgl. hierzu seine Theorie der Veränderung von Handlungsrechten bezüglich Boden als innovative Anpassung an Veränderungen der Landnutzungssysteme, die wiederum auf eine Erhöhung der Bevölkerungsdichte zurückgeführt werden (Hesse 1992).

Dosi, G. (1982): Technological Paradigms and Technological Trajectories: A Suggested Interpretation of the Determinants and Direction of Technical Change, in: Research Policy 11, S. 147-162.

Dosi, G. (1988): Sources, Procedures and Microeconomic Effects of Innovation, in: Journal of Economic Literature 26, S. 1120-1171.

Dosi, G./Freeman, C./Nelson, R./Silverberg, G./Soete, L. (Hrsg.) (1988): Technical Change and Economic Theory, London/New York.

Dosi, G./Nelson R.R. (1994): An Introduction to Evolutionary Theories in Economics, in: Journal of Evolutionary Economics 4, S. 153-172.

Engels, E.-M. (1989): Erkenntnis als Anpassung? Eine Studie zur Evolution der Erkenntnistheorie, Frankfurt/Main.

Eucken, W. (1952): Grundsätze der Wirtschaftspolitik, 6. Aufl., Tübingen 1990.

Fehl, U. (1983): Die Theorie dissipativer Strukturen als Ansatzpunkt für die Analyse von Innovationsproblemen in alternativen Wirtschaftsordnungen, in: Schüller, A./Leipold, H./Hamel, H. (Hrsg.), Innovationsprobleme in Ost und West. Schriften zum Vergleich von Wirtschaftsordnungen 33, S. 65-89.

Gerken, L. (Hrsg.) (1995): Competition Among Institutions, Houndsmill/New York.

Hayek, F.A. v. (1952): Individualismus und wirtschaftliche Ordnung, Erlenbach/Zürich, S. 122-140.

Hayek, F.A. v. (1967): Notes on the Evolution of Systems of Rules of Conduct, in: Hayek, F.A. v. (Hrsg.), Studies in Philosophy, Politics and Economics, Chicago, S. 66-81.

Hayek, F.A. v. (1968): Der Wettbewerb als Entdeckungsverfahren, Kiel.

Hayek, F.A. v. (1969): Rechtsordnung und Handelnsordnung, in: Hayek, F.A. v. (Hrsg.), Freiburger Studien. Gesammelte Aufsätze, Tübingen, S. 161-198.

Hayek, F.A. v. (1972): Die Theorie komplexer Phänomene, Tübingen; wiederabgedruckt in: Hayek, F.A. v., Die Anmaßung von Wissen. Neue Freiburger Studien (hrsg. von W. Kerber), Tübingen 1996, S. 281-306.

Hayek, F.A. v. (1976): Law, Legislation and Liberty, Bd.2: The Mirage of Social Justice, London/Henley.

Hayek, F.A. v. (1980): Recht, Gesetzgebung und Freiheit, Bd.1: Regeln und Ordnung, München.

Hesse, G. (1983): Zur Erklärung der Änderung von Handlungsrechten mit Hilfe ökonomischer Theorie, in: Schüller, A. (Hrsg), Property Rights und ökonomische Theorie, München, S. 79-109.

Hesse, G. (1987): Innovationen und Restriktionen, in: Borchert, M./Fehl, U./Oberender, P. (Hrsg.), Markt und Wettbewerb. Festschrift für Ernst Heuß zum 65.Geburtstag, Bern/Stuttgart, S. 195-226.

Hesse, G. (1990): Evolutorische Ökonomik oder Kreativität in der Theorie, in: Witt, U. (Hrsg.), Studien zur Evolutorischen Ökonomik I, Berlin, S. 49-73.

Hesse, G. (1992): Innovative Anpassung in sozio-ökonomischen Systemen – Ein Beispiel: Landnutzungsrechte und Handlungsrechte bezüglich Boden, in: Biervert, B./Held, M. (Hrsg.), Evolutorische Ökonomik. Neuerungen, Normen, Institutionen, Frankfurt/New York, S. 110-142.

Heuß, E. (1965): Allgemeine Markttheorie, Tübingen/Zürich.

Hodgson, G.M. (1993): Economics and Evolution. Bringing Life Back into Economics, Cambridge.

Hoppmann, E. (1966): Das Konzept der optimalen Wettbewerbsintensität. Rivalität oder Freiheit des Wettbewerbs: Zum Problem eines wettbewerbspolitisch adäquaten Ansatzes der Wettbewerbstheorie, in: Jahrbuch für Nationalökonomie und Statistik 179, S. 286-323.

Hoppmann, E. (1981): Über Funktionsprinzipien und Funktionsbedingungen des Marktsystems, in: Wegehenkel, L. (Hrsg.), Marktwirtschaft und Umwelt, Tübingen, S. 219-235.

Hoppmann, E. (1988): Wirtschaftsordnung und Wettbewerb, Baden-Baden.

Hoppmann, E. (1993): Prinzipien freiheitlicher Wirtschaftspolitik, Tübingen.

Irrgang, B. (1993): Lehrbuch der Evolutionären Erkenntnistheorie, München/Basel.

Kerber, W. (1989): Evolutionäre Marktprozesse und Nachfragemacht. Das Nachfragemachtproblem im Rahmen einer evolutionären Spielraumanalyse und Kritik seiner bisherigen wettbewerbspolitischen Behandlung, Baden-Baden.

Kerber, W. (1991): Evolutionäre Wettbewerbsprozesse über mehrere Wirtschaftsstufen: Das Beispiel »Industrie – Handel – Konsumenten«, in: ORDO 42, S. 325-349.

Kerber, W. (1992): Innovation, Handlungsrechte und evolutionärer Marktprozeß, in: Witt, U. (Hrsg.), Studien zur Evolutorischen Ökonomik II, Berlin, S. 171-195.

Kerber, W. (1993): Rights, Innovations and Evolution. The Distributional Effects of Different Rights to Innovate, in: Review of Political Economy 5, S. 427-452.

Kerber, W. (1994a): Some Notes on the Distributional Effects of Different Rights to Innovate, in: Review of Political Economy 6, S. 240-245.

Kerber, W. (1994b): Evolutorischer Wettbewerb. Zu den theoretischen und institutionellen Grundlagen der Wettbewerbsordnung, Freiburg (unveröffentlichte Habilitationsschrift).

Kerber, W. (1996): Evolutorischer Wettbewerb. Wettbewerb als Prozeß der Schaffung und Verbreitung neuen Wissens, in: Fehl, U./Delhaes, K. v. (Hrsg.), Dimensionen des Wettbewerbs (im Druck).

Kieser, A. (1988): Darwin und die Folgen für die Organisationstheorie: Darstellung und Kritik des Population Ecology-Ansatzes, in: Die Betriebswirtschaft 48, S. 603-620.

Kirzner, I.M. (1978): Wettbewerb und Unternehmertum, Tübingen.

Kirzner, I.M. (1992): The Meaning of Market Process, London/New York.

Lachmann, L.M. (1977): Capital, Expectations, and the Market Process. Essays on the Theory of the Market Economy (hrsg. von E. Grinder), Kansas City.

Loasby, B.J. (1993): Institutional Stability and Change in Science and the Economy, in: Mäki, U./Gustafsson, B./Knudsen, C. (Hrsg.), Rationality, Institutions and Economic Methodology, London/New York, S. 203-221.

Metcalfe, J.S. (1989): Evolution and Economic Change, in: Silberston, A. (Hrsg.), Technology and Economic Progress, Houndsmill, S. 544-585.

Metcalfe, J.S./Boden, M. (1992): Evolutionary Epistemology and the Nature of Technology Strategy, in: Coombs, R./Saviotti, P./Walsh, V. (Hrsg.), Technological Change and Company Strategies, Academic Press, S. 49-71.

Nelson, R.R. (1995): Recent Evolutionary Theorizing About Economic Change, in: Journal of Economic Literature 33, S. 48-90.

Nelson, R.R./Winter, S.G. (1982): An Evolutionary Theory of Economic Change, Cambridge/London.

North, D.C. (1990): Institutions, Institutional Change and Economic Performance, Cambridge.

Penrose, E.T. (1952): Biological Analogies in the Theory of the Firm, in: American Economic Review 42, S. 804-819.

Popper, K.R. (1973): Objektive Erkenntnis. Ein evolutionärer Entwurf, Hamburg.

Röpke, J. (1977): Die Strategie der Innovation, Tübingen.

Röpke, J. (1983): Staatsversagen als Ursache der Innovationsschwäche in westlichen Industrieländern, in: Schüller, A./Leipold, H./Hamel, H. (Hrsg.), Innovationsprobleme in Ost und West. Schriften zum Vergleich von Wirtschaftsordnungen 33, Stuttgart, S. 91-114.

Röpke, J. (1987): Möglichkeiten und Grenzen der Steuerung wirtschaftlicher Entwicklung in komplexen Systemen, in: Borchert, M./Fehl, U./Oberender, P. (Hrsg.), Markt und Wettbewerb. Festschrift für Ernst Heuß zum 65.Geburtstag, Bern/Stuttgart, S. 227-244.

Röpke, J. (1990a): Evolution and Innovation, in: Dopfer, K./Raible, K.F. (Hrsg.), The Evolution of Economic Systems. Essays in Honour of Ota Sik, Houndsmill/London, S. 111-120.

Röpke, J. (1990b): Externes Unternehmenswachstum im ökonomischen Evolutionsprozeß, in: ORDO 41, S. 151-172.

Rosenberg, N./Birdzell, L.E. (1986): How the West Grew Rich, New York.

Sälter, P.M. (1989): Externe Effekte: »Marktversagen« oder Systemmerkmal?, Heidelberg.

Schmidtchen, D. (1988): Fehlurteile über das Konzept der Wettbewerbsfreiheit, in: ORDO 39, S. 111-135.

Schumpeter, J.A. (1952): Theorie der wirtschaftlichen Entwicklung. Eine Untersuchung über Unternehmergewinn, Kapital, Kredit, Zins und den Konjunkturzyklus, 5. Aufl., Berlin.

Siebert, H./Koop, M.J. (1990): Institutional Competition. A Concept for Europe?, in: Aussenwirtschaft 45, S. 439-462.

Shackle, G.L.S. (1979): Imagination and the Nature of Choice, Edinburgh.

Streit, M.E. (1992): Economic Order, Private Law and Public Policy. The Freiburg School of Law and Economics in Perspective, in: Journal of Institutional and Theoretical Economics 148, S. 675-704.

Streit, M.E. (1995): Dimensionen des Wettbewerbs – Systemwandel aus ordnungstheoretischer Sicht, erscheint in: Zeitschrift für Wirtschaftspolitik 44.

Streit, M.E./Wegner, G. (1989): Wissensmangel, Wissenserwerb und Wettbewerbsfolgen – Transaktionskosten aus evolutorischer Sicht, in: ORDO 40, S. 183-200.

Vanberg, V. (1988): »Ordnungstheorie« as Constitutional Economics – The German Conception of a »Social Market Economy«, in: ORDO 39, S. 17-31.

Vanberg, V. (1994): Kulturelle Evolution und die Gestaltung von Regeln, Tübingen.

Vanberg, V./Kerber, W. (1994): Institutional Competition Among Jurisdictions: An Evolutionary Approach, in: Constitutional Political Economy 5, S. 193-219.

Wangenheim, G. v. (1995): Die Evolution von Recht, Tübingen.

Wegner, G. (1992): Wissensnutzung in Märkten. Zur Unvereinbarkeit von Ordnungstheorie und Gleichgewichtstheorie, in: Jahrbuch für Sozialwissenschaft 43, S. 44-64.

Winter, S.G. (1964): Economic »Natural Selection« and the Theory of the Firm, in: Yale Economic Essays 4, S. 225-272.

Willgerodt, H. (1992): Der Wettbewerb – ein Rechenfehler?, in: ORDO 43, S. 107-138.

Witt, U. (1987a): Individualistische Grundlagen der evolutorischen Ökonomik, Tübingen.

Witt, U. (1987b): How Transaction Rights are Shaped to Channel Innovativeness? in: Journal of Institutional and Theoretical Economics 143, S. 180-195.

Witt, U. (1988): Eine individualistische Theorie der Entwicklung ökonomischer Institutionen, in: Jahrbuch für Neue Politische Ökonomie Bd.9, S. 72-95.

Witt, U. (1993): Wann kommt es eigentlich zu wirtschaftlichem Fortschritt?, in: Wagner, A. (Hrsg.), Dezentrale Entscheidungsfindung bei externen Effekten, S. 19-35.

Erklärungsmusterimporte in der evolutorischen Ökonomik

Beate Männel[1]

1. Bedingungen für die Übertragung von Metaphern zwischen wissenschaftlichen Sprachspielen

Evolutorische Ökonomik untersucht den langfristigen gerichteten Wandel von (Markt-)Ökonomien. Ihren programmatischen Namen verdankt sie der Tatsache, daß sie ein Erklärungsmuster der Biologie auf einen anderen, nämlich den ökonomischen Untersuchungsgegenstand übertragen hat. Ein solcher Import eines theoretischen Erklärungsmusters in einen neuen Kontext kann nur unter zwei Bedingungen erfolgreich sein: (1) Das Erklärungsmuster muß hinreichend abstrakt formuliert bzw. formulierbar sein, damit die Importeure das »Gefühl«[2] haben, daß das Muster paßt, daß es eine zutreffende Beschreibung der untersuchten Phänomene darstellt, daß das Muster eine Ähnlichkeit der beiden Theoriebereiche allgemein beschreibt. (2) Das importierte Erklärungsmuster muß hinreichend im neuen Kontext konkretisiert werden (können), um dort eine eigenständige Bedeutung, einen Theoriestatus, zu erlangen. Zu dieser Konkretisierung gehört einerseits, daß den Elementen des Erklärungsmusters eine Menge von Elementen im neuen Untersuchungsbereich als Inhalt, als Bedeutung zugewiesen wird (Re-

---

[1] Für Anregungen und Diskussion danke ich Wolfgang Kerber, Klaus Wachholz und Ingo Cremer.

[2] Der Ausdruck »Gefühl« wird im wissenschaftlichen Kontext vermutlich zunächst irritieren, ich bin jedoch der Ansicht, daß die Beurteilung bzw. Akzeptanz, ob ein Begriff oder Begriffssystem auf einen Sachverhalt paßt, gerade im Falle neuer Metaphern tatsächlich stark vom Sprach*gefühl* abhängt. Bei bereits konventionalisierten Begriffen hängt die Akzeptanz und damit auch das Verstehen eher von der allgemeinen Geltung in der Sprachspielgemeinschaft ab.

Definition der Begriffe/Füllen abstrakter Begriffe im neuen Kontext)[3]. Andererseits gehört dazu eine konsequente Überprüfung, ob auch die mit dem Erklärungsmuster verbundenen Konsequenzen und Schlußfolgerungen sinnvoll aus dem anderen Bereich importiert werden können oder ob diese Schlußfolgerungen aufgrund der Verschiedenartigkeit der Untersuchungsbereiche neu, anders oder nach anderen Folgerungsregeln gezogen werden müssen. Findet keine eindeutige Konkretisierung des Erklärungsmusters statt, handelt es sich nicht um einen Import, sondern eine bloße Metapher oder Analogie, die zwar ein Argument oder einen Aspekt bildhaft verdeutlichen können, aber außer rethorischer Eleganz keinen Erklärungsgehalt für den Theoriebereich bringen.

Im Gegensatz zum Import bisher nicht verfügbarer Güter in ein Land, ist der Theoriemusterimport eine potentielle Innovation, da das »Gut« Theorie durch den Import verändert wird, eine neue Bedeutungsdimension erhält. Erklärungsmusterimporte stellen letztlich Akte der Inspiration für Wissenschaftler dar, Ideen, den eigenen Forschungsbereich neu zu denken, neu wahrzunehmen und neu zu strukturieren. Solche Inspirationen nehmen großen Einfluß auf die Wissenschaft, wenn sie die Grundlage für ein neues Paradigma schaffen, das die geltende Welt- oder auch nur Ökonomiesicht ablöst. Sie kommen auch nicht selten vor, wenn man bspw. an den Einfluß der Newtonschen Mechanik in der neoklassischen Theorie, den Hysterese-Effekt in der Arbeitsmarkttheorie (Franz) oder die Wirkung der Theorie der Thermodynamik (Georgescu-Roegen, Faber, Proops), der dissipativen Strukturen (Fehl, Jantsch), Chaos-Theorie usw. in der Ökonomik denkt.[4]

Im Folgenden soll das Phänomen des Erklärungsmusterimports anhand konkreter evolutionstheoretischer Aussagen näher analysiert werden. Zur Diskussion stehen Theorieaussagen, die in zweierlei Hinsicht mit Erklärungsmusterimporten zu tun haben. Gestützt auf österreichische, schumpeterianische Ansätze sowie auf Variations-Selektions-Argumentationen findet sich einerseits der Versuch, die aus der Biologie importierte Evolutionstheorie (v.a. im Hinblick auf die Selektionsum-

[3] Hierbei kann man so vorgehen, daß man einen konkreten Phänomenbereich im eigenen Forschungsgebiet auswählt (z.B. Institutionen der Rechtsordnung) und überlegt, wo diese im importierten Erklärungsmuster sinnvollerweise positioniert werden sollte (z.B. als Selektionsumgebung), oder indem man Elemente des Musters thematisiert und überlegt, welche konkreten Phänomenbereiche sinnvollerweise die möglichst vollständige Menge der Entitäten konstituieren, für die das gewählte Musterelement als Oberbegriff dienen kann.

[4] Vgl. Franz 1990; Georgescu-Roegen 1976; Faber 1984; Faber/Proops 1989; Fehl 1983; Jantsch 1975; allgemein Blaseio 1986.

gebung) im ökonomischen Kontext zu konkretisieren, und andererseits des Imports von Poppers Hypothese kumulativen Wissensfortschritts, indem Marktwettbewerb als permanenter Prozeß des Aufstellens und Testens von Hypothesen modelliert werden soll.[5] Ziel dieser Arbeit ist es zu untersuchen, ob die behaupteten Ähnlichkeiten der Entwicklungsmuster der verschiedenen Kontexte (Biologie, Ökonomie, Wissenschaft) tatsächlich bestehen, bzw. ob sie an den »Orten« besteht, die die Konkretisierung von Evolution im ökonomischen Kontext, wie Wolfgang Kerber (1994) sie vornimmt, behauptet. Letztlich geht es darum zu klären, ob der Erklärungsmusterimport gelingt, und an kritischen Punkten weiterführende Gedanken für eine sinnvolle Konkretisierung der ökonomischen Evolutorik zu entwickeln.

2. Die Evolutionsmetapher im ökonomischen Kontext

2.1 »Unit of Selection«: Arten

Das evolutorische Ökonomiekonzept stellt Marktprozesse, die von den Mechanismen Variation und Selektion geprägt sind, in den Vordergrund seiner Untersuchungen. Allgemein befassen sich Evolutionstheorien mit der Erklärung der Entwicklung von Arten, Populationen, einer »Menge von individuellen Einheiten mit jeweils bestimmten Eigenschaften«[6] in der Zeit. Für den (abstrakten) Artbegriff muß beachtet werden, daß die individuellen Einheiten der Art hinsichtlich der Eigenschaften eine hohe Variabilität aufweisen, jedoch (»Familien«-)Ähnlichkeiten[7],

[5] Inspiriert wurde diese Auseinandersetzung durch den Vortrag »Institutionen als Selektionsumgebung«, den Wolfgang Kerber im Rahmen der Tagung »Institutionelle und Evolutionäre Ökonomie« am 22.4.1995 an der Universität Witten/Herdecke hielt, sowie sein Beitrag in diesem Tagungsband »Recht als Selektionsumgebung für evolutorische Wettbewerbsprozesse«. Für die vertiefte Diskussion der Theorieimporte wurden außerdem Baumann 1993 und Kerber 1994 herangezogen.

[6] Kerber 1994, 208.

[7] Ich rekuriere hier auf den Begriff der Familienähnlichkeit, den Ludwig Wittgenstein in seinen Philosophischen Untersuchungen zunächst für seine Definition von Sprache bzw. Sprachspielen verwendet. Er kommt zu der Erkenntnis, daß »diesen Erscheinungen [, allen einzelnen Sprechakten; Anmerkung d. Verf.] garnicht Eines gemeinsam [ist], – sondern sie sind miteinander in vielen verschiedenen Weisen *verwandt.*« Wittgenstein 1990, 276f. § 65. Seine Aussagen zum Phänomen der Familienähnlichkeit lassen sich auch allgemein auf den Vorgang der Begriffsdefinition anwenden. Die Familienähnlichkeit rechtfertigt es, viele in Einzelheiten variierenden Erscheinungen unter einen Begriff zu subsumieren. Der Umfang eines solchen Begriffs ist »*nicht* durch eine Grenze abgeschlossen. [...] Kannst du die Grenzen an-

gemeinsame Eigenschaften, haben, mit Hilfe derer sie von anderen Arten unterschieden werden können. Biologisch werden Arten relativ trennscharf anhand ihrer Gene (Chromosomenanzahl, -form usw.) unterschieden.[8] Angewandt auf die Ökonomie handelt es sich bei den betrachteten Arten um soziale Entitäten, die mit sprachlichen Begriffen bezeichnet und kategorisiert werden. Sprachliche Begriffe sind jedoch in der Regel nicht trennscharf, ihre Grenzen werden durch Definitionen *gesetzt* und bedürfen der Zustimmung der anderen Sprachspielteilnehmer, welche sich auch stillschweigend im allgemein übereinstimmenden Gebrauch ausdrücken kann.

Im marktprozeßtheoretischen Kontext wird die Entwicklung der Art »Unternehmen« in der Zeit untersucht. Unternehmen seien hier definiert als ökonomische Akteure (Individuen oder Organisationen), die als Anbieter von Gütern an Märkten auftreten.[9] Kerber beschränkt sich in seiner Untersuchung dabei auf Güter und Dienstleistungsmärkte (Endverbrauch[10]). Die Eigenschaften des jeweiligen Unternehmens erhalten ihre Ausprägung durch das jeweils angebotene Gut sowie die zur Verfügung stehenden Handlungsparameter, wie Organisation, Produktionstechnologie, Kommunikation, Beschaffung, Absatz, Finanzierung usw. Diese übliche Konkretisierung des Artbegriffs als Unternehmen innerhalb der ökonomischen Evolution könnte auch anders gefaßt werden, z.B. Wirtschaftssubjekte allgemein betreffen, Produkte, Faktormärkte oder Wirtschaftspolitik umfassen. Da das Variation-Selektions-

geben? Nein. Du kannst welche *ziehen*: denn es sind noch keine gezogen.« (Wittgenstein 1990, 279, § 68, Hervorhebungen im Original) Die Begriffsabgrenzung ist also immer erst durch das aktive, bewußte Ziehen einer Grenze möglich. Die Unschärfe der Abgrenzung bleibt letztlich eine systematische, da auch Grenzen nur über Begriffe definiert werden.

8 Streng genommen beruht diese Trennschärfe auf den unter Biologen geltenden Konventionen, Einigungen bezüglich der Kriterien, anhand derer verschiedene Arten abgegrenzt werden, und bezüglich der Methoden, mit denen die Eigenschaften der individuellen Einheiten festgestellt werden, z.B. was als »ähnlicher« Chromosomensatz gilt.

9 Der Unternehmensbegriff wird i.d.R. nicht definiert, weil wohl davon ausgegangen wird, daß seine Bedeutung eindeutig und allgemein bekannt ist. Dies ist m.E. nicht ganz ungefährlich, da die gewöhnlichen Assoziationen »Unternehmen = Produzenten«, »Schumpeterscher Unternehmer« usw., die oben gegebene Definition einschränken würden. Stützt man seine Theorieaussagen implizit auf den verengten Unternehmensbegriff und vermutet nur, daß sie auch für die weite Definition zutreffen, kann sich diese Vermutung leicht als falsch erweisen und den Geltungsbereich der Theorie reduzieren. Um solche Unschärfen bei der Theoriebildung zu vermeiden, empfiehlt es sich, von Zeit zu Zeit Begriffsabgrenzungen zu hinterfragen.

10 Daß das Grundmodell wissenschaffenden Wettbewerbs auch bei der Analyse vorgelagerter Märkte angewendet werden kann, zeigt Kerber 1994, 270ff.; 1991.

Schema als allgemeines Denkmuster verstanden werden kann, hängt es grundsätzlich von der untersuchten Fragestellung ab, welche Konkretisierung sinnvoll ist. Für die Untersuchung evolutorischer Marktprozesse nimmt Kerber die Hypothesen der Unternehmen über einen möglichst erfolgreichen Aktionsparametereinsatz als »unit of selection« an.[11] Auf diese besondere Spezifizierung wird unter 3. genauer eingegangen.

2.2 Variation

Die Evolution der Arten wird biologisch durch Variation und Selektion innerhalb einer konkreten Selektionsumgebung erklärt. Es treten spontan neue (Varianten der) Eigenschaften der Population auf (Mutationen, Variationen). Obwohl in den Naturwissenschaften auch Ursachen von Variationen bekannt sind (chemische, physikalische usw.), bedeutet die Spontaneität von Variation, daß sie zeitlich und inhaltlich nicht prognostizierbar ist. Dies gilt auch im übertragenen, ökonomischen Bereich, wo die Variation in Gestalt der Innovation auftritt. Innovationen können das angebotene Gut oder die Produktionstechnologie betreffen, aber auch organisatorische, kommunikative und sonstige Handlungsparameter nach Kerber sind sie neue Hypothesen über erfolgreichen Aktionsparametereinsatz.[12] Als Ursache der Innovation gilt die Kreativität von Menschen, welche ihrerseits weder inhaltlich noch zeitlich prognostizierbar ist. Aufwendungen finanzieller und materieller Ressourcen, die für Innovationen nötig sind, und Faktoren, die Kreativität fördern bzw. mindern können, stellen, da keine Kausalität zwischen Höhe der Aufwendung und Kreativität im Unternehmen festgestellt werden kann, nicht Ursachen, sondern vermutlich eher Restriktionen von Innovationen dar.

2.3 Selektion

Der Selektionsmechanismus wirkt bei biologischen Arten über die Fortpflanzung oder auch Reduplikation der individuellen Einheiten. Erfolgreich sind hier genaugenommen die Individuen, die zur Fortpflanzung gelangen und so ihre Eigenschaften weiter im Genpool der Art halten können. Die Auswahl der zur Fortpflanzung gelangenden Individuen, also deren Reduplikationswahrscheinlichkeit, wird von der jeweiligen (historischen) Selektionsumgebung determiniert und bewirkt

[11] Vgl. Kerber 1994, 263.
[12] Vgl. Kerber 1994, 263.

eine bessere Anpassung der Art an diese Selektionsumgebung in der Zeit. Diese Anpassung kann nur in Zeiträumen stattfinden, in denen die Selektionsumgebung weitgehend unverändert bleibt. Eine traditionelle These ist dabei das »survival of the fittest«, das Überleben der Eigenschaften, die die beste Anpassung an die Umgebung konstituieren. Diese These ist m.E. problematisch, wenn nicht überhaupt falsch.

Innerhalb der Selektionsumgebung gibt es Eigenschaften der individuellen Einheiten, die selektionsrelevant sind, und selektionsneutrale Eigenschaften. Bezüglich selektionsrelevanter Eigenschaften übt die Umgebung Selektionsdruck aus, d.h. bei nicht hinreichend hohem Passungsgrad der Eigenschaft an die Umgebung wird die individuelle Einheit selektiert, überlebt nicht. Bei Selektionsneutralität hat die jeweilige Eigenschaftsausprägung keinen Einfluß auf die Reduplikationswahrscheinlichkeit. Die Anwendung evolutorischer Theorie vollzieht sich durch das Konkretisieren und Spezifizieren sowohl der Selektionsumgebung als auch selektionsrelevanter Eigenschaften sowie des Passungsgrades der Eigenschaftsausprägungen zur Selektionsumgebung. Ohne diese Konkretisierung der analysierten Situation unterliegt man der Gefahr, tautologische Aussagen zu produzieren, indem aus der erfolgreichen Reduplikation auf die beste Angepaßtheit des Individuums geschlossen wird, oder unzulässige normative Aussagen zu machen, indem das »besser angepaßt« unabhängig vom Selektionsumfeld als eine Entwicklung zum Besseren gedeutet wird.[13]

Da in weiten Teilen der Ökonomik immer wieder von Bestanpassung die Rede ist, muß hier betont werden, daß der Selektionsmechanismus nicht die *best*angepaßten Individuen überleben läßt, sondern diejenigen, die eine Mindestangepaßtheit an die Selektionsumgebung bezüglich der selektionsrelevanten Eigenschaften aufweisen. Das Reden vom »survival of the fittest« ist insofern unsinnig und irreführend. Evolutorische Theorie bleibt inhaltsleer, wenn nicht versucht wird, selektionsrelevante und -neutrale Eigenschaften in einer historischen Situation festzustellen und die Schwelle der Mindestangepaßtheit zu beschreiben, die zum Überleben gerade noch nötig ist.[14] Damit ist der Tautologievorwurf noch nicht überwunden, da Mindestangepaßtheit auch nur über das Kriterium des »Überlebens« festgestellt werden kann.

---

[13] Vgl. Kerber 1994, 208-213.

[14] Obwohl genau dieser Charakter der Mindestanpassung in der ökonomischen Evolutorik bisher nicht thematisiert wird und immer noch von Bestanpassung die Rede ist, korrespondiert gerade das Prinzip der Mindestanpassung mit dem von Evolutorikern vertretenen Satisfizierungsgedanken, der folglich sowohl seitens der Konsumenten als auch der Unternehmen anzunehmen ist.

Diese Tautologie kann die Evolutorik jedoch akzeptieren, da die Theorie nicht primär daran interessiert ist, *wer* überlebt, sondern *warum* wer überlebt, d.h. welche selektionsrelevanten Eigenschaftsausprägungen eine Mindestanpassung an welche Selektionsumgebung gewährleisten, – und in diesem Bereich der Theoriebildung ist tautologisches Vorgehen nicht möglich.

2.4 Überleben

Erfolg im Sinne der erfolgreichen Fortpflanzung des biologischen Kontextes kann in der Ökonomie nur im übertragenen Sinne Bedeutung erhalten, also in Form der Fortexistenz eines Unternehmens oder in der Weiteranwendung, d.h. der Reduplikation, einer erfolgreichen Hypothese in weiteren Perioden. Kerber nimmt als ökonomische Konkretisierung von »Überleben« das Überleben von Hypothesen der Unternehmen über erfolgreichen Parametereinsatz am Markt an. Als Erfolgskriterium gelte Gewinn bzw. Verlust, der sich mit der umgesetzten Hypothese erwirtschaften läßt. Dabei können Unternehmen i.d.R. kurzfristig Verluste hinnehmen, langfristig müssen sie im bestehenden Marktsystem jedoch Gewinne größer gleich Null erwirtschaften.[15] Gelangt dagegen eine Eigenschaftsausprägung einer biologischen Art nicht zur Fortpflanzung, ist sie sowohl kurzfristig als auch langfristig ausgestorben und taucht wahrscheinlich nicht als spontane Variation wieder auf. Obwohl die Metapher des Überlebens am Markt auf den ersten Blick intuitiv so passend erscheint, muß dieses Muster im ökonomischen Kontext modifiziert werden, da für das Verschwinden eines Unternehmens vom Markt nicht nur Verluste über einen (nicht objektiv feststehenden) Zeitraum, sondern auch ein mangelhaftes Liquiditätsmanagement, eine Auflösungsentscheidung der Unternehmensführung oder eine staatliche Restriktion verantwortlich sein können (vgl. dazu näher Abschnitt 3.2.3).

2.5 Selektionsumgebung

Gewinn und Verlust eines Unternehmens hängen vom *gesamten* Niveau und Struktur der eingesetzten Aktionsparameter sowie der Selektions-

[15] Ob dieser Kostendeckungszwang für alle Unternehmen am Markt gilt, läßt sich auch in Frage stellen. Insbesondere durch Subventionierung, fiskalische Ungleichbehandlung oder für Unternehmen im intermediären Sektor läßt sich dieser Zwang durchaus mildern.

umgebung ab. Als Selektionsumgebung gelten im ökonomischen Kontext v.a. Institutionen, die als Regeln (im Sinne v. Hayeks) spontan ablaufende Marktprozesse kanalisieren und somit der Evolution eine Gerichtetheit verleihen. Außerdem determinieren aber auch sämtliche Handlungen anderer (Markt-)Akteure, die eben nicht alle regelgeleitet ablaufen, die Selektionsumgebung von Unternehmen.[16] Da Kerber sich auf die Untersuchung der Rolle der Rechtsordnung als Teil der Selektionsumgebung konzentriert, kann er die kognitiven und wissenschaftlichen Probleme ignorieren, die entstehen, wenn eine Selektionsumwelt theoretisch erfaßt/modelliert werden soll, die außer den für alle Marktteilnehmer verbindlich geltenden Regeln auch Regeln mit einem höheren Freiheitsgrad sowie nicht-regelgeleitete Handlungen als konstitutive Elemente enthält. Eine allgemeine evolutorische Theorie kann von diesen Phänomenen jedoch nicht abstrahieren, soweit sie als Selektionskriterien wirken.

Evolutorische Ökonomen müssen zur Konkretisierung der Selektionsumgebung in der konkreten historischen Situation die selektionsrelevanten Aktionsparameter, die Selektionsdruck ausübenden Umgebungsparameter, d.h. auch die konkreten Institutionen, angeben sowie deskriptive und normative Aussagen über die Richtung der ökonomischen Evolution machen.[17] Die Forschungen der allgemeinen und speziellen Betriebswirtschaftslehre könnten als solche Versuche gewertet werden, (wichtige und weniger wichtige) selektionsrelevante Aktionsparameter von Unternehmen zu bestimmen (bspw. »die« Unternehmenskultur, »die« Organisation, »das« Berichtswesen, informatorische Frühwarnsysteme usw.) und aus empirischen Erfahrungen Gestaltungsempfehlungen zu entwickeln, welcher Aktionsparametereinsatz bessere Anpassung an die marktliche Selektionsumgebung verspricht. Innerhalb der Nationalökonomik entwickelt die Evolutorik Theorien,

[16] Die Selektionsumgebung ökonomisch evolutorischer Prozesse wird allgemein ungern konkreter gefaßt als »der Markt«. Vgl. Kerber 1994, 225; 263ff.

[17] Deskriptiv und normativ werden hier nicht als seperate Kategorien verwendet, da Deskription ohne normativen Gehalt nicht möglich ist. Es soll nur hervorgehoben werden, daß die Beschreibung der Entwicklungsrichtung »höherer Passungsgrad an die Selektionsumgebung« möglichst schwach normativ sein und um ein explizit normatives Urteil ergänzt werden sollte, wie die sich wandelnde Gesellschaft diese Entwicklung bewertet, z.B. hinsichtlich Gerechtigkeit, individuellem und kollektivem Wohlsein, ökologischer Nachhaltigkeit usw. Mit normativen Aussagen sind hier nicht die subjektiven Bewertungen der Entwicklungsrichtung durch den Wissenschaftler gemeint. Vielmehr sollte die wissenschaftliche Beschreibung auch die gesellschaftlichen Bewertung(-sart)en und (partikularen) Werturteile, die in der historischen Situation angewendet werden, umfassen.

d.h. Beschreibungsmuster von Märkten und Marktentwicklungen sowie von selektionsrelevanten Restriktionen. Die Selektionsumgebung wird anhand von rechtlichen, institutionellen, kulturellen usw. Regelsystemen beschrieben. Anhand der Theorien über die (Wechsel-)Wirkungen zwischen Akteuren und Selektionsumgebung werden Prognosen über zukünftige Entwicklungen bei alternativen Selektionsumgebungen deduziert.[18] Da – im Gegensatz zur biologischen Evolution – die Selektionsumgebung (und damit auch die Evolutionsrichtung) teilweise von den sich entwickelnden Einheiten gestaltet werden kann, ergibt sich ein weites Forschungsfeld für evolutorische Wirtschaftspolitik, die Gestaltungsempfehlungen für (die beeinflußbaren Anteile der) Institutionen entwickelt, welche bei gegebenen Eigenschaften der Wirtschaftssubjekte und unter Vermeidung zu großer Friktionen eine Entwicklungsrichtung prädeterminieren, die von der bestehenden Gesellschaft in einem freiheitlichen Diskurs als »gut« bewertet wird.[19] Gerade diese Anwendung des evolutorischen Erklärungsmusters in der historischen Zeit ermöglicht es, der oben genannten Gefahr der Tautologie und des naturalistischen Fehlschlusses zu entgehen und verbietet explizit, die Richtung der gesellschaftlichen Entwicklung als Höherentwicklung bzw. »Fortschritt« im traditionellen Sinne zu interpretieren. Vielmehr handelt es sich bei ökonomischer Evolution um »Verbesserung« der Angepaßtheit der Unternehmen(-sstrategien) an die sich im stetigen aber langsameren Wandel befindliche Selektionsumgebung, die als Hierarchie temporär invarianter Restriktionen, mit Institutionen als einer Hierarchieebene, modellierbar ist.[20]

2.6 Vorläufige Bewertung des Theoriemusterimports

Im vorangegangenen wurde aufgezeigt, wie das Erklärungsmuster der biologischen Evolutionstheorie in den ökonomischen Bereich übertragen wird, mit welchen Entitäten die theoretischen Begriffe hier sinnvoll

---

[18] Daß diese Möglichkeit von Prognosen im evolutorischen Modell besteht, hat Alchian 1950 gezeigt.

[19] Die Probleme, die mit dieser Utopie des freiheitlichen, demokratischen Diskurses verbunden sind, hat bereits Habermas offengelegt, was aber nicht gegen das Ideal spricht. Vgl. Habermas 1988, insbes. S. 70ff.; 1981, vgl. insbes. Habermas' Betrachtungen zum normativen Hintergrund kommunikativen Handelns v.a. S. 75-117. Klar ist auch, daß das, was eine Gesellschaft als gut bewertet, stark von dem Kommunikationsprozeß abhängt, der die Implementierung von institutionellen Änderungen realisiert.

[20] Vgl. Alchian 1950; 1953; Penrose 1952; 1953; Hesse 1987, 213ff.

gefüllt werden können und welche Unterschiede für das Muster in den beiden Kontexten bestehen. Daß die unter (1.) genannte erste Bedingung der hinreichenden Abstraktheit des Erklärungsmusters erfüllt ist, läßt sich m.E. damit belegen, daß die Übertragung von Evolutorik in den ökonomischen Bereich eine lange Tradition hat.[21] Diese Tradition und weite Verbreitung spricht für die Überzeugung vieler Ökonomen, daß das Muster »paßt«. Die zweite Bedingung der hinreichenden Konkretisierung des Musters im neuen Kontext ist noch nicht erfüllt. Es existieren verschiedene Konkretisierungsangebote nebeneinander, deren eindeutige Festlegung zur Stärkung des evolutorischen Paradigmas beitragen wird. Im nächsten Abschnitt (3.) wird Kerbers Konkretisierung, »Hypothesen der Unternehmen über erfolgreichen Aktionsparametereinsatz«, näher analysiert und auf seine Eignung hin diskutiert. Für die Diskussion einer konkreten Fassung der Selektionsumgebung wird daran anschließend nur ansatzweise auf Kerber rekuriert, da er sich für seine Untersuchung nur auf einen Teilbereich der Selektionsumgebung, nämlich allgemein verbindliche institutionelle Regeln, bezieht. Dem festgestellten Konkretisierungsbedarf bezüglich des Erklärungs*musters* entspricht der festgestellte Theoriebedarf für die *Anwendung* dieses Musters, wobei zum Teil nur bestehende (adäquate) Theorieansätze zur Beschreibung der historischen Situation ausgewählt und angewendet werden müssen, teilweise aber auch neue Beschreibungs- und Erklärungsmuster erstellt werden müssen.

An Verschiedenartigkeiten des biologischen und des ökonomischen Kontextes, die eine Modifikation der theoretischen Implikationen induzieren, wurde oben herausgearbeitet, daß das »Überleben« einer Eigenschaftsausprägung, also eines konkreten Unternehmens, am Markt »weicheren« Determinanten unterliegt als im biologischen Bereich. Am Markt existiert gleichsam ein immaterielles Gedächtnis und (begrenzt) die Möglichkeit intertemporaler und interindividueller bzw. intersystemischer Subventionierung, während einmal ausgestorbene, nicht zur Fortpflanzung gelangte Eigenschaften im biologischen Bereich i.d.R. endgültig aus dem Genpool der Art verschwinden. Eine weitere entscheidende Differenz der beiden Kontexte liegt darin, daß die im ökonomischen Bereich agierenden Individuen die sie umgebende Selektionsumgebung teilweise bewußt und unbewußt beeinflussen können und so bestehenden Selektionsdruck durch eine Variation auf der »Metaebene« der Institutionen oder Verfassungen usw. mindern, besei-

[21] Eine intensive Diskussion desselben in der Ökonomik beginnt spätestens mit Alchian 1950.

tigen oder Veränderungen in der Struktur von Selektionsrelevanzen erzeugen können. Da die Selektionsumgebung im Gegensatz zum biologischen Kontext für ökonomische Akteure nicht exogen ist, vollzieht sich der Wandel der Selektionsumgebung hier wesentlich schneller und macht sie so und aufgrund der hohen Interdependenz und Komplexität nur schwer erfaßbar.[22] (Gerade bezüglich der Bestimmung selektionsrelevanter Eigenschaften wird die Ökonomik wohl nie mehr als Vermutungswissen erreichen.) Wegen dieses Unterschieds bedarf die ökonomische Evolutorik zusätzlich einer Theorie über die Interdependenzen zwischen Akteur und Selektionsumgebung und über den Wandel letzterer.[23]

3. Das Falsifikationsmodell im marktprozeßtheoretischen Kontext

3.1 Darstellung der Idee

Im Folgenden soll zunächst die spezielle Konkretisierung der »unit of selection« als Hypothesen von Unternehmen über erfolgreichen Parametereinsatz dargestellt und diese anschließend einer kritischen Analyse unterzogen werden. Der zweite, von Kerber vorgenommene Erklärungsmusterimport, der Versuch, Poppers[24] wissenschaftstheoretisches Modell des Falsifikationismus auf Wettbewerbsprozesse zu übertragen, verbindet letztlich drei wissenschaftliche Forschungsbereiche, innerhalb derer ein gemeinsames Muster postuliert wird: nämlich Wissenschaftstheorie, Biologie und Ökonomie.

Popper selbst versuchte bereits den Export seines wissenschaftstheoretischen Modells in die biologische Evolutionstheorie, da er »eine starke Parallele zwischen dem Wachstum des Wissens und dem biologischen Wachstum, der Entwicklung der Pflanzen und Tiere«[25] sah. Bio-

[22] Vgl. dazu auch Röpke 1977.

[23] Dieser Unterschied ist letztlich kein absoluter. Auch in der Biologie wird eine Interdependenz und Koevolution von Populationen und Selektionsumgebung festgestellt. Das methodische Problem, die Selektionsumgebung zu definieren und abzugrenzen, ist in der Ökonomik nur erheblich größer, aufgrund der hohen Geschwindigkeit des Umgebungswandels, der tendenziell geringen Invarianz gesellschaftlicher Institutionen und der hohen Komplexität der Interdependenz von Individuum und Selektionsumgebung.

[24] Vgl. Popper 1973.

[25] Popper 1973, 139.

logische Organismen mit ihren jeweiligen Eigenschaftsausprägungen und Verhaltensweisen sind nach Popper Problemlösungsversuche in bezug auf ihre Selektionsumwelt, d.h. diese Eigenschaften und Verhaltensweisen »verkörpern« Hypothesen über erfolgreiche Überlebensstrategien.[26] ».. es gibt also eine *natürliche Auslese von Hypothesen*: Unser Wissen besteht zu jedem Zeitpunkt aus denjenigen Hypothesen, die ihre (relative) Tüchtigkeit dadurch gezeigt haben, daß sie bis dahin in ihrem Kampf ums Dasein überlebt haben; in einem Konkurrenzkampf, der die untüchtigen Hypothesen eliminiert.«[27] Der »wissenschaffende« Prozeß in der Popperschen Welt 1 der biologischen Organismen läuft dabei wesentlich langsamer ab als in der Welt 3 der sozialen menschlichen Systeme. Die allein genetische Kodifizierung des Wissens bedingt im biologischen Kontext, daß in der Generationenfolge »Wissen« nur in eine Richtung weitergegeben werden kann. In der Welt 3 kann das Wissen auf vielerlei Wegen weitergegeben, tradiert, kommuniziert werden, was auch eine Evolution in lamarckianischem Sinne, d.h. die »Vererbung« erworbener Eigenschaften miteinschließt.[28] Das Muster des wissenschaffenden Prozesses über Hypothesentests läuft insofern im biologischen Kontext als Mechanismus ab, dessen Bestandteile und Regeln – im Gegensatz zur Wissenschaftstheorie – eindeutig festgestellt werden können.

Die Analogie von Falsifikationismus und Evolutionsbiologie übernimmt Kerber in den ökonomischen Kontext, indem er postuliert, an evolutorischen Märkten finde die »unit of selection« ihre sinnvolle Konkretisierung nicht in den (»materiellen«) Unternehmen, die um das Überleben am Markt konkurrieren, sondern in ihren (eher »immateriellen«) Hypothesen über erfolgreichen Aktionsparametereinsatz, über deren Falsifikation oder vorläufige Bewährung »der« Markt mittels der erzielten Gewinne und Verluste entscheide und informiere. Wettbewerb wird dann modelliert als »Forschungsprozeß [..], in dem die Wirtschaftssubjekte laufend versuchen (müssen), ihr Wissen über die von anderen als Befriedigung ihrer Präferenzen (bzw. als Lösung ihrer Probleme) angesehenen Leistungen zu verbessern, was auch das Wissen über die möglichst günstige Erstellung dieser Leistungen miteinschließt.

[26] Die Interpretation von Lebewesen als physische Problemlösungsversuche ist eine gefährliche, zumindest aber unschöne Metapher. Sie birgt die Gefahr der Abstraktion von der Würde von Lebewesen, da die Assoziation naheliegt, solchermaßen hypothetische Lebewesen könnten ebenso unproblematisch und folgenlos verworfen/selektiert werden, wie Hypothesen von einem Wissenschaftler.

[27] Popper 1973, 312.

[28] Baumann 1993, 182-185.

Zentral ist hierfür die Idee, den Wettbewerb – in Analogie zum wissenschaftlichen Forschungsprozeß – als einen permanenten Prozeß des Testens von (neuen) Hypothesen zu verstehen (Variation), wobei der Markt (d.h. die anderen Wirtschaftssubjekte) als die 'Realität' verstanden werden kann, die über 'Bewährung' oder 'Widerlegung' dieser Hypothesen (Selektion) entscheidet. Wettbewerb ist folglich als ein trial and error-Prozeß [der Schaffung und Verbreitung neuen Wissens (Einfügung d. Verf., W.K.)] zu sehen, in dem die Wettbewerber über Rückkopplungsprozesse Erfahrungen machen, wessen Hypothesen sich als überlegen erwiesen haben, aufgrund dessen sie wechselseitig voneinander lernen und ihre Hypothesen verbessern können.«[29]

Diese Auffassung marktwirtschaftlicher Konkurrenz steht deutlich in der Tradition von Hayeks, der die Vorstellung von Wettbewerb als Entdeckungsverfahren sonst unbekannt bleibender Tatsachen oder nicht genutzten Wissens[30] prägte. Bei dem hier verwendeten Begriff von Wissen wird grundsätzlich davon ausgegangen, daß die Marktakteure immer nur über fallibles Vermutungswissen über ihre Situation, ihre Handlungsmöglichkeiten und deren Auswirkungen verfügen, das sich jederzeit als obsolet erweisen kann. Das zugrundeliegende Menschenbild wird im Rahmen radikal konstruktivistischer Kognitionstheorie modelliert[31], d.h. die Vorstellungen, das »Wissen«, der Akteure über die Welt werden intersubjektiv zumindest in Teilen divergieren. Der Erwerb des subjektiven Vermutungswissens vollzieht sich durch den permanenten Prozeß des Generierens und Testens von Hypothesen über erfolgreichen Aktionsparametereinsatz. Individuelle Einheiten können lernen, d.h. Wissen kumulieren, indem sie entweder eigene Hypothesentests durchführen oder indem sie erfolgreiche Hypothesen anderer übernehmen.

Lernprozesse von Individuen sind kumulativer Natur, d.h. das subjektive Wissen eines Individuums zu einem Zeitpunkt t ist die Summe der bis dahin von ihm als bewährt erachteten Hypothesen, zuzüglich der von anderen übernommenen erfolgreichen Hypothesen. Die Kumulation des Wissens schafft beim Individuum Pfadabhängigkeiten, d.h. das Individuum wird bewährte Hypothesen wieder anwenden, es bildet Routinen, Gewohnheiten, Traditionen aus.[32,33]

---

[29] Kerber 1994, 236f.

[30] Vgl. Hayek 1968, 3ff.

[31] Vgl. zum konstruktivistischen Kognitionsmodell Schmidt 1991, insbes. die Beiträge von Schmidt, Maturana, Richards, von Glasersfeld und Roth; sowie Hesse 1990.

[32] Die Ursachen dafür können vielfältiger Natur sein, psychologisch (Hang zur Gewohnheit), funktional (regelmäßiges Verhalten erhöht die Erwartungssicherheit)

Das akkumulierte Wissen einer Gesellschaft ist am »größten«, wenn es dezentral generiert und getestet wird, da die Individuuen dann ihre soziale Wirklichkeit aus den verschiedenen Blickwinkeln heraus konstruieren, divergierende Situationsbeschreibungen und Problemlösungsmöglichkeiten entwickeln und mit ihrer Kreativität an den unterschiedlichen Punkten ansetzen können.[34] Analog zum biologischen Kontext, wo ein möglichst varietätenreicher Genpool die Anpassungskapazität einer Art an Umweltänderungen erhöht, wird auch im ökonomischen Kontext eine möglichst hohe Varietät und Heterogenität von Wissen als Garant für eine hohe Problemlösungskapazität einer Gesellschaft angesehen. Da der ökonomische Evolutionsprozeß an materielle Strukturen (Technologien/Realkapital, Organisations- und Logistikstrukturen usw.) gebunden ist, die Hypothesen in sozialen Handlungen, sprich dem konkreten Aktionsparameter*einsatz*, »materiellen« Ausdruck finden müssen, läuft er langsamer ab als die Entwicklung der Wissenschaft. Die Konkretisierung des evolutionsbiologischen Erklärungsmusters im ökonomischen Kontext mittels einer wissenschaftstheoretischen Metapher verbindet die materielle und immaterielle Dimension sozialer Marktprozesse und wird insofern dem doppelten Charakter sozialer Marktprozesse eher gerecht als traditionelle Theorieansätze, die vom Wissensphänomen generell abstrahieren bzw. die Wissenschaffung und -kommunikation als unproblematisch beurteilen.

3.2 Kritische Analyse

In der folgenden kritischen Analyse werden Fragen aufgezeigt, die bei dem Kerberschen Erklärungsmusterimport noch offen bleiben. Es werden eigene Gedanken dazu entwickelt, wie eine sinnvolle weitergehende Konkretisierung des Falsifikationsmodells im marktprozeßtheoreti-

---

usw. Kerber geht auf diese Ursachen nicht ein, er verallgemeinert das Modell der Pfadabhängigkeit im Technologiebereich bzw. der technologischen Trajektorien generell für (individuelles) Wissen. Vgl. Kerber 1994, 218-225. Diese Verallgemeinerung ist m.E. nicht zulässig, da Technologien nicht nur das Wissen um die Technik, die Problemlösung, umfassen, sondern auch materielle und finanzielle knappe Ressourcen (teilweise) irreversibel binden. Die »Verschrottung« falsifizierter Hypothesen dagegen ruft schlimmstenfalls psychisches Unwohlsein hervor. Es muß also andere Ursachen dafür geben, warum Hypothesen eine gewisse Verharrungstendenz in subjektiven Weltbildern aufweisen.

[33] Solche Routine-Hypothesen verursachen Unternehmen oft Probleme, da das in der Vergangenheit bewährte Wissen zu jedem Zeitpunkt obsolet werden kann, die Gewohnheitshandlung aber von der fortdauernden Bewährtheit ausgeht.

[34] Vgl. Kerber 1994, 261-269.

schen Kontext aussehen könnte. Da die wissenschaftstheoretische Metapher als nähere Konkretisierung des biologisch-evolutorischen Erklärungsmusters im ökonomischen Kontext vorgeschlagen wird, wird die kritische Analyse gemäß der Elemente des Evolutionsmusters strukturiert.

3.2.1 »unit of selection«

Die Grundidee des hier diskutierten Erklärungsmusterimports ist es, die »unit of selection« im ökonomischen Kontext durch die Hypothesen der Unternehmen über erfolgreichen Aktionsparametereinsatz zu konkretisieren. Die erste Frage, die sich hier stellt, ist, ob der Begriff der Hypothese ähnlich verwendet werden soll wie bei Poppers Aussagen über biologische Organismen (s.o.). Dann bliebe dieser Begriff eine bloße Metapher, und die »unit of selection«, die faktisch am Markt evolviert, wäre weiterhin durch die ökonomischen »Organismen«, die (»materiellen«) Unternehmen, mit ihren spezifischen Eigenschaften und konkreten Handlungen in der Zeit als »verkörperte Hypothesen« gegeben. Wäre der Hypothesenbegriff tatsächlich nur als Metapher eingeführt, wäre diese für die Theorie weitestgehend nutzlos. In diesem Fall wäre es deshalb sinnvoller, in der evolutionstheoretischen Konkretisierung weiterhin an den »materiellen« Unternehmen und ihren Handlungen anzusetzen. Der metaphorische Hypothesenbegriff bietet so höchstens Anlaß zu Irritationen des Verstandes (der Wissenschaftler, nicht der Akteure).

Wirklich interessant ist der Erklärungsmusterimport, wenn es sich bei Hypothesen tatsächlich um Hypothesen im wissenschaftstheoretischen Sinne, d.h. Sätze über/Konstruktionen von Realität, handeln soll.[35] Mit dieser Idee könnte eine entscheidende Problematik der Anwendung der Evolutionsmetapher im ökonomischen Kontext umgangen werden: Konkurrierende Unternehmen am Markt sind im Gegensatz zu biologischen Arten nicht »lebenslänglich« an konstante genetische Eigenschaftsausprägungen gebunden, sie können sich, d.h. ihre Eigenschaften und Verhaltensdispositionen, bewußt ändern. Organisationsentwicklung vollzieht sich dadurch, daß sich das Wissen, die Einstellungen und die Handlungen der Personen ändern, die als Gesamtheit das Unternehmen konstituieren.[36] Diese Änderungen geschehen in der

[35] Von dieser Intention wird im Folgenden ausgegangen.

[36] Die Änderungen auf der theoretischen und auf der Handlungsebene sind dabei nicht voneinander zu trennen. Nur wenn Wissen *und* daraus sich ergebende Hand-

Regel nicht erst dann, wenn das Unternehmen vom Markt verschwindet (das biologische Individuum stirbt), sondern durch Lernen der Organisation. Insofern bleibt die biologische Analogie in der von Kerber vorgeschlagenen Konkretisierung stimmig, da die vom Unternehmen angewendete Hypothese »stirbt«, wenn sie falsifiziert wird, während das Unternehmen selbst weiterbestehen kann. Die »Population« der Hypothesen von Unternehmen über erfolgreichen Parametereinsatz kann dann auch als das akkumulierte dezentrale, (noch) nicht falsifizierte (Vermutungs-)Wissen der Unternehmen bezeichnet werden. Die »Population« aktueller Unternehmenshypothesen am Markt steht mit der »Population« der Unternehmen in einem Zusammenhang, der kein eineindeutiger wie im Fall der »Verkörperung« ist, sondern eher komplex, da das Verschwinden einer Hypothese nicht an das Verschwinden eines Unternehmens vom Markt und umgekehrt gebunden ist und Unternehmen die Hypothesen anderer übernehmen können (Lernen bzw. Imitation).

Mit dieser Konkretisierung der »unit of selection« ändert Kerber allerdings auch radikal den Blickwinkel der ökonomischen Theorie auf ihren Untersuchungsgegenstand. Während in der Tradition Max Webers die Perspektive auf die sozialen Handlungen von Akteuren gerichtet wird (inkl. Handlungsrechte), auf möglichst »materielle« Begriffe, die Markt konstituieren, stellt Kerber, von Hayek folgend, den eher immateriellen Bereich des Wissens und der Wissenschaffung in den Vordergrund seiner Untersuchung. Zwar wird die zu testende Hypothese in Handlungen (am Markt) übersetzt, an dem Marktprozesse ablaufen, die dem Unternehmen einen (materiellen) Gewinn oder Verlust als Folgen ihrer Handlungen zufließen lassen. Im Unternehmen wird diese materielle Größe jedoch nur als Indikator für die Bewährung oder Falsifikation der Hypothese genutzt und gelangt als solche interpretierte Information wieder auf die immaterielle Wissensebene. Fokussiert die Theorie vorrangig die immaterielle Ebene, bleibt die Art der bestehenden Verknüpfungen mit der »materiellen« Ebene als offene Frage bestehen: Wie werden *Hypothesen* über erfolgreichen Aktionsparametereinsatz am Markt zu *Handlungen* des Unternehmens bzw. seiner

lungen sich ändern, kann es zu Entwicklung kommen. Hierbei ist noch weitgehend ungeklärt und handelt sich um ein ganz aktuelles Forschungsgebiet, *wie* das Wissen in Organisationen vom individuellen zum kollektiven Wissen wird, wie Wissensdiffusion bzw. Wissenstransfer in Unternehmen und von Unternehmen zu ihrer Umwelt abläuft, und wie es zum Lernen in/von Organisationen kommt. Vgl. dazu u.a. Eden 1992; Geus 1988; Hirschfeld 1994; Huff 1990; Kim 1993; Senge 1994 u. 1992; Weick 1986.

Organisationsmitglieder?[37] Welche Handlungen konstituieren Märkte und welche Handlungsfolgen ergeben sich aus Handlungen, die an Märkten ausgeführt werden? Wie gelangt Information über solche Handlungsfolgen in das Unternehmen?

Der zentrale Begriff der am Markt zu testenden Hypothese der Unternehmen soll im Folgenden über die Aussagen Kerbers hinaus inhaltlich gefüllt und eine sinnvolle Abgrenzung diskutiert werden. Zunächst stellt sich die Frage nach dem Umfang, in dem die Hypothesen im Unternehmen vorliegen. In der üblichen Wenn-Dann-Formulierung könnte eine Musterhypothese beispielsweise so lauten: »Wenn ich, das Unternehmen A, das Gut B mit dem Eigenschaftsbündel C_i (i = n, ..., m) und meiner Marketingstrategie D, den Aktivitäten E, F, G, usw. im Beschaffungs-, Logistik-, Produktions-, Finanzierungsbereich usw. und meinem derzeitigen Vermögensbestand und Vermögensverwendungsstruktur am Markt M anbiete, dann werde ich einen Erfolgsvektor *X* in Form eines Gewinns *P*, eines Umsatzes von *U*, eines Marktanteils von *Z*, eines Images *Y* usw. haben.« Die Hypothese kann jedoch auch lauten: »Wenn ich, Unternehmen A, mit den üblichen Handlungen, über die bei mir kein genaues und explizites Wissen besteht, am Markt agiere, werde ich einen Gewinn *X* erwirtschaften«. Hinsichtlich Konkretion, Genauigkeit und Explizitheit ist also eine große Bandbreite der Hypothesenformulierung möglich.

Meines Erachtens sollte die Hypothese des Unternehmens das gesamte Wissen der Organisation über den Markt (inklusive Marktabgrenzung, Kundenpräferenzen usw.), die Selektionsumgebung, über sich selbst (Unternehmensbild, -identität) sowie eine Einschätzung der Selektionsrelevanz oder -neutralität ihrer Eigenschaften umfassen. Außerdem muß die Dann-Komponente die operationalisierte Zielfunktion der Unternehmung explizieren und Theoriewissen über zu erwartende

[37] Vorstellungen zu diesem Übergang Hypothese-Handlung expliziert Kerber an anderer Stelle (vgl. Kerber 1989). Nach Kerber muß der Übergang nicht über Entscheidungen geschaffen werden, sondern kann auch als Routine, Tradition oder Zufall vorliegen. Da mit Max Weber der von der handelnden Person subjektiv gemeinte Sinn die Bedeutung der Handlung bestimmt, müßte eine zufällige Verknüpfung von Hypothese und Handlung m.E. ausgeschlossen werden: Wenn die handelnde Person die Handlung nicht als bewußte Verwirklichung ihrer Hypothese über erfolgreichen Aktionsparametereinsatz ausführt, steht zumindest nicht zu vermuten, daß sie den Mißerfolg dieser Handlung als Falsifikation ihrer Hypothese werten wird, unabhängig davon, ob ein Beobachter die Handlung als Ausdruck der Hypothese wertet und die Falsifikation feststellt bzw. vermutet. An diesem Punkt treffen zwei verschiedene Interpretationen der Handlungsfolgen (Hypothesenfalsifikation und Nicht-Falsifikation) aufeinander, und es bedarf hier einmal mehr der Diskussion, welches Kriterium über die Wahrheit von Akteurs- oder Beobachterinterpretation entscheiden könnte.

Wirkungen der von der Unternehmung durchzuführenden Aktionen. Es ist anzunehmen, daß das Wissen, das am Markt durch Hypothesentest gewonnen und kumuliert wird, eine um so höhere Qualität aufweist, je spezifischer, genauer und explizit die zu testende Hypothese, das Hypothesenbündel, im Unternehmen vorliegt. Dann können problematische Aspekte der Unternehmenssituation genauer eruiert werden und Unternehmensführung als Feinsteuerung über verschiedenste Aktionsparameter stattfinden.

Untrennbar mit umfassenden und spezifischen Hypothesenbündeln verbunden ist jedoch das Problem der Falsifikation. Die informative Rückkopplung des Marktes in Form von Gewinn und Verlust muß bei einem großen Hypothesenumfang dem verursachenden Teil der Hypothese zugerechnet werden. Das heißt, wenn die Unternehmenshypothese am Markt falsifiziert wird, ist es für das Unternehmen von Interesse, welcher Teil seines Wissens obsolet geworden ist, einerseits um sinnvolle Variationen im Sinne der oben erwähnten Feinsteuerung vorzunehmen (Management), andererseits – wenn man im wissenschaftstheoretischen Sprachspiel bleibt – weil es genau das Ziel des Hypothesentestens ist, festzustellen, welche Hypothese falsifiziert ist, um eine möglichst gute Qualität des kumulierten Wissens zu gewährleisten. Die (verursachungsgerechte) Zurechnung des Unternehmenserfolgs zu Hypothesenteilen (bzw. eingesetzten Aktionsparametern) ist jedoch in der Praxis i.d.R. nicht ohne Willkür möglich (vgl. zum Falsifikationsproblem weiter Abschnitt 3.2.3.).

Hier schließt sich direkt die Frage an, wer die Hypothese des Unternehmens aufstellt und in welcher Form, d.h. wie explizit, bewußt, konkret und spezifisch, sie bzw. das kumulierte Wissen im Unternehmen vorliegen muß. Da es oben als nicht ausreichend beurteilt wurde, den Begriff »Hypothese« für die Summe der Handlungen des Unternehmens am Markt zu gebrauchen, kann es auch nicht ausreichen, daß die Hypothese nur im »kollektiven Unterbewußtsein« der Unternehmung existiert oder dezentral im Unternehmen aufgestellt und »gewußt« wird, d.h. daß jedes Organisationsmitglied zwar weiß, mit welchen Aktivitäten es versucht, zum Unternehmenserfolg beizutragen, aber kein Wissen über die Hypothesen und Aktivitäten anderer hat. Das dezentrale individuelle und partielle Wissen der Organisation muß intern zu einem gewissen Grad diffundieren, und zwar entweder so, daß eine bestimmte Abteilung (z.B. Unternehmensführung) das Wissen konzentriert und die Hypothese explizit aufstellen kann, oder durch eine gleichmäßige Wissensdiffusion an alle Mitglieder, was zur Koordinierung und Abstimmung der einzelnen Handlungen beitragen würde. Wie bereits erwähnt, sind die Kanäle und das optimale Ausmaß der Wissensdiffusion in der Unternehmung noch wenig erforscht. Obwohl das Wissen bspw. innerhalb der strategischen und operativen Unternehmensplanung oder durch Controlling zumindest teilweise zentralisiert und explizit (bewußt) gemacht wird, muß davon ausgegangen werden, daß der Ausdifferenzierungsgrad solcher »Informationssysteme« von Unternehmen zu Unternehmen stark divergiert, woraus folgen würde, daß auch die vom Unternehmen getestete Hypothese in unterschiedlichster Genauigkeit explizit formuliert vorliegt. Die Frage, wie explizit und bewußt das oben genannte Wissen dem Unternehmen, sprich: allen seinen Mitgliedern, sein muß oder sollte, kann hier nicht abschließend beantwortet werden. Meines Erachtens sollte als Hypothese des Unternehmens jedoch nur das (Vermutungs-)Wissen angesehen werden, das im Unternehmen bewußt und explizit vorliegt, da sonst der Wissensbegriff aufgeweicht wird und da außerdem die Falsifikation von »tacit knowledge«[38], also des unbewußten, nicht expliziten Wissens, nicht klar und eindeutig festgestellt werden kann.[39]

Offen bleibt außerdem, *wie* die Hypthese des Unternehmens in Handlungen umgesetzt wird. Prinzipiell ist hier eine Abweichung der individuellen Handlungen von dem als erfolgreich vermuteten Aktionsparametereinsatz möglich. Eine Theorie der Marktprozesse, die an den individuellen Handlungen und deren intendierten und nicht intendierten Folgen ansetzt, wird mit der evolutorischen Theorie des unternehmerischen Hypothesentestens am Markt nicht überflüssig. Sie wird vielmehr benötigt, um Höhe und Entstehung des durch die Unternehmensaktivitäten erwirtschafteten Gewinns oder Verlusts zu erklären. Desweiteren ist eine genauere theoretische Klärung der unternehmensinternen Organisation, Kommunikation und Entscheidungsfindung (so die Hypothesen denn durch eine Entscheidung festgelegt wird) notwendig.

In der hier vorgenommenen Konkretisierung wurde vor allem auf unternehmensindividuelles Wissen bzw. Wissensakkumulation abge-

---

[38] Vgl. zu diesem Begriff Polanyi 1983.

[39] Kerber betont selbst, daß er beim Wissen der Marktteilnehmer »nur« von fallibleм, subjektiven Vermutungswissen ausgeht. Das heißt, beim Import des Popperschen wissenschaftstheoretischen Modells verzichtet er ausdrücklich auf die Beibehaltung des wissenschaftlichen Wissensbegriffs, nach dem Wissen bestimmten Forderungen genügen muß, seine Geltung bzw. »Wahrheit« (mit guten Gründen) begründbar sein muß, wobei die Güte meistens durch die Qualität der verwendeten Erkenntnismethode bestimmt wird. Die Übertragung dieses Wissensbegriffs ist auch nicht sinnvoll, da am Markt gerade das nicht gesicherte, neue Vermutungswissen die kreativen Hypothesen Pioniergewinne erwirtschaften helfen sollen. Vgl. auch Kerber 1994, 283.

stellt. Aus volkswirtschaftlicher Perspektive ist aber nicht nur das subjektive Wissen der Unternehmen interessant, sondern die »Population« der Hypothesen setzt sich aus sämtlichen von Unternehmen vertretenen Hypothesen zusammen. Der nationale Wissensbestand ist insofern nicht die Summe des individuellen Wissens, da die individuellen Einheiten auch gemeinsame Vermutungen über Realität haben, intersubjektiv verbindliches Wissen und allgemeine Interpretationsmuster (z.B. Kalkulationsverfahren, Gewinnermittlungsnormen, Kennziffern, Grundsätze usw.), und voneinander lernen. Die Heterogenität von Wissen kann also innerhalb des Unternehmens sowie zwischen den Unternehmen in der Volkswirtschaft vorliegen. Es kann angenommen werden, daß gemeinsame Institutionen und Regeln sowie Kommunikation und Lernen für einen gewissen Grad an Homogenität von Wissen in der Gesellschaft sorgen. Da Homogenität von Wissen einerseits Kommunikation und Erwartungsstabilität (auch in komplexen Gesellschaften) ermöglicht, andererseits aber auch dafür sorgen kann, daß viele Individuen denselben Fehler machen (Netzwerkexternalitäten), liegt der »gute« Grad von Wissensheterogenität vermutlich irgendwo zwischen den Extremen.

3.2.2 Variation

Der biologische Variationsbegriff korrespondiert im Rahmen der neuen Konkretisierung der ökonomischen »unit of selection« mit Variationen der Unternehmenshypothese bzw. Teilen des Hypothesenbündels. Die Hypothesenvariation kann sich dadurch vollziehen, daß entweder grundsätzlich neue Elemente in der Hypothese auftauchen, also neue Aktionsparameter, neue Ausprägungen/Werte bestehender Parameter bzw. neue Definitionen von Erfolg, oder daß die Struktur als Neukombination bestehender, bekannter Elemente (Aktionsparameter und deren Bandbreite von Ausprägungen sowie Erfolgsdefinition) verändert wird. Variationen von Unternehmenshypothesen zielen somit z.B. auf Produktinnovationen und -differenzierungen, Prozeßinnovationen, technische, organisatorische und institutionelle Innovationen.

Diese scheinbar so klare Definition von Variationen bedarf infolge des unklaren Hypothesenbegriffs klarer Kriterien, um das Vorliegen von Variationen eindeutig feststellen zu können. Handelt es sich um eine Variation, wenn die Änderung im unbewußten Hypothesenteil vorliegt bzw. wenn sich die aus der Hypothese folgenden Handlungen nicht ändern bzw. sich aus der Perspektive der Unternehmensumgebung nicht ändern? Der erste Teil der Frage läßt sich nur bei einer eindeutigen Abgrenzung des Hypothesenbegriffs beantworten. Bleibt man bei der von mir oben vorgenommenen Abgrenzung und läßt unbewußtes Wissen als Teil der Unternehmenshypothese nicht zu, handelt es sich bei einer solchen Veränderung des tacit knowledge auch nicht um eine Variation. Der Verweis auf die strikte Begriffsabgrenzung soll aber nicht davon ablenken, daß die Veränderung von tacit knowledge erheblichen Einfluß auf die Handlungen der Unternehmensmitglieder haben kann und folglich auch auf den rückgekoppelten Unternehmenserfolg. Es gilt nur weiterhin das Argument: über die Kriterien für die korrekte Wahrnehmung von Bestätigung oder Falsifikation nicht expliziter bzw. unbewußter Hypothesen liegen bisher keine konsensfähigen Aussagen vor.[40]

Der zweite Teil der Frage betrifft das Problem, ob eine Variation am »Markt« als solche »erkannt« werden muß, genauer: selektiert die Selektionsumgebung des Marktes Handlungen oder Hypothesen? Setzt die Selektion auf der Handlungsebene an, würden nur die Variationen von Hypothesen »sichtbar«, die in Handlungsänderungen umgesetzt werden. Handlungen von Unternehmen am Markt sind soziale Handlungen. Die Bedeutung einer sozialen Handlung beruht auf intersubjektiv verbindlicher Bedeutungszuschreibung und ist in der Regel nicht sinnlich unmittelbar, sondern nur über sprachliche Konstrukte wahrnehmbar. Eine gelungene Kommunikation der Bedeutung einer sozialen Handlung liegt vor, wenn der subjektiv vom Handelnden gemeinte Sinn der Handlung und die von der sozialen Umgebung des Handelnden verstandene Bedeutung der Handlung in eins fallen. Da der Gewinn oder Verlust eines Unternehmens das Ergebnis seiner (sozialen) Handlungen am Markt, d.h. seiner Interaktion und Kommunikation mit anderen ökonomischen Akteuren, ist, muß davon ausgegangen werden, daß das Ergebnis in seiner Höhe durch die Reaktionen der anderen Akteure determiniert wird. Die anderen ökonomischen Akteure werden ihre Reaktionen auf die Unternehmenshandlung an der Handlungsbedeutung ausrichten, die *sie* verstehen. Diese wiederum wird dem vom Unternehmen gemeinten Sinn der Handlung nur dann entsprechen, wenn dieser Sinn der Unternehmensumwelt erfolgreich kommuniziert wird.[41]

---

[40] An der Zusendung von Vorschlägen hierzu wäre ich sehr interessiert.

[41] Dabei kann das Unternehmen die Mehrdeutigkeit dessen, was es kommuniziert, zu seinen Gunsten nutzen, wenn es von der Anwendung etablierter Interpretationskonstrukte seitens der adressierten sozialen Gruppen ausgehen kann. Wenn bspw. Herr Schrempp rote Zahlen der Daimler Benz AG der Unternehmensumgebung kommuniziert, kann dieser Sprechakt gleichzeitig eine Aufforderung an den Staat zur

Damit läge eine Variation der Unternehmenshypothese vor, wenn diese Variation in Form der veränderten Handlungsbedeutung der Selektionsumgebung erfolgreich kommuniziert wird. Für diese Kommunikation genügt der Hayekianische Optimismus nicht, daß sämtliches relevante Wissen und Informationen in Preisen enthalten ist und die Marktkommunikation korrektes Verstehen gewährleistet. Im Falle von Produktinnovationen muß beispielsweise die Bedeutung des Produkts, seine Existenz, sein Gebrauchswert usw. tatsächlich über sprachliche oder symbolische Kommunikationsmedien vermittelt werden. Wird das Produkt nämlich nicht wahrgenommen, wird es nicht nur nicht nachgefragt, sondern es ist faktisch nicht am Markt. Prozeßinnovationen oder organisatorischen Neuerungen, die vor allem innerhalb des Unternehmens zu Handlungsänderungen führen, könnten über Preisänderungen oder als verändertes Unternehmensimage nach außen kommuniziert werden, könnten aber auch lediglich die Gewinnspanne des Unternehmens erhöhen. Welche Bedeutungen alternativer Handlungen am Markt kommuniziert werden, ist letztlich auch eine politische Entscheidung des Unternehmens. Fest steht jedoch, daß die Marktselektion nicht am subjektiv gemeinten Sinn von Hypothesen bzw. daraus folgenden Handlungen ansetzt, sondern daß letztlich die Hypothese falsifiziert wird, die die anderen Marktakteure »verstehen«, also dem Unternehmen interpretierend zuschreiben.[42]

3.2.3 Selektion

In der Kerberschen Konkretisierung der »unit of selection« selektiert die Selektionsumgebung durch Falsifikation bzw. vorläufige Bestätigung

Subventionierung sein, eine Rechtfertigung gegenüber der Belegschaft für geplante Entlassungen, eine persönliche Rache durch Diskreditierung seines Amtsvorgängers usw. Da solche »Informationsakte« untrennbar mit der Möglichkeit der Einflußnahme auf Wirtschaftssubjekte verbunden sind, kann Kommunikation immer auch als Instrument der Machtausübung, -erhaltung oder -expansion angewendet werden. In diesem instrumentellen Sinn (Machtsprachspiel) ist die Regel der Wahrhaftigkeit von untergeordneter Bedeutung. Über die gemeinte Bedeutung von Handlungen des Unternehmens wird das Unternehmen folglich nur in den Fällen aufrichtig kommunizieren, wo ihm daraus kein Schaden entsteht, oder wo sie ihm sogar nützlich ist, eben beispielsweise bei der Publikmachung neuer Produkte oder ethisch hoch anerkannten Handlungen. Die Machtkomponente der betrieblichen Kommunikationspolitik erschwert natürlich die Interpretation der Kommunikationsakte.

[42] Gleichgültig ist diese Frage bei Vorliegen von Variationen selektionsneutraler Teile der Unternehmenshypothese. Diese können weder falsifiziert noch vorläufig bestätigt werden, da auf ihnen kein Selektionsdruck liegt.

der Hypothese/des Hypothesenbündels des Unternehmens. Wenn im ökonomischen Kontext von »Falsifikation von Hypothesen«, also von Unternehmenshypothesen am Markt, gesprochen wird, bedarf es der Festlegung von Kriterien, wann eine Hypothese als falsifiziert zu gelten habe. Ein relativ eindeutig wahrnehmbares (und deshalb übliches) Kriterium ist das Verschwinden von Unternehmen vom Markt.[43] Die Idee des Hypothesentestens soll aber gerade ermöglichen, auf ein derart grobes Selektionskriterium verzichten zu können, zumal die Beziehung zwischen Hypothesenpopulation und Unternehmenspopulation nicht eineindeutig ist. Laut Kerber werden die Unternehmen durch die vom Markt rückgekoppelten Gewinne und Verluste über die Falsifikation oder Bestätigung ihrer Hypothese »informiert«. Hierbei ist jedoch zu beachten, daß Gewinne und Verluste zwar meßbar sind, jedoch bedarf die »Information«, die sie enthalten, der Interpretation.

Diese Interpretation, um Wissen darüber zu erhalten, ob die (oder Teile der) Unternehmenshypothese falsifiziert wurde, wird um so schwieriger, je umfangreicher die Unternehmenshypothese ist.[44] Wenn der Wenn-Teil der Hypothese die Gesamtheit der Aktionsparameter und Eigenschaften des Unternehmens umfaßt, die Erfolgsrückkopplung sich für alle Parameter aber nur über die Gewinn/Verlust-Komponente vollzieht, entsteht im Falle der Falsifikation das Problem, den/die Parameter zu ermitteln, die für den Mißerfolg der Hypothese am Markt verantwortlich ist/sind. Aus diesem Grund ist zu vermuten, daß das Ausmaß der Wissenschaffung einer Unternehmung durch Hypothesentesten um so geringer ist, je umfangreicher das Hypothesenbündel ist, das am Markt getestet wird.[45]

Damit über Gewinn und Verlust überhaupt eine Rückkopplung stattfinden kann, muß im Unternehmen eine (möglichst richtige) Vorstellung darüber bestehen, welche seiner Eigenschaften (Hypothesenparameter) selektionsrelevant sind. Die Interpretation des Rückkopplungsparameters Gewinn/Verlust bedarf einer doppelten Zurechnung: 1) allein den Aktionsparametern der Hypothese, die in der momentanen Selektionsumgebung selektionsrelevant sind, ist Gewinn/ Verlust als Rückkopplung zuzurechnen, 2) der rückgekoppelte Wert muß den selektionsrelevanten Parametern verursachungsgerecht zugerechnet

[43] Es ist zu beachten, daß vom Verschwinden eines Unternehmens vom Markt nicht automatisch auf Vorliegen von Marktselektionskräften geschlossen werden kann. Solche rein persönlich, ethisch o.ä. motivierte Entscheidungen zu Unternehmensliquidation dürften jedoch eher den geringeren Anteil der Fälle darstellen.

[44] Vgl. Kerber 1994, 254ff.

[45] Vgl. Kerber 1994, 283f.

werden, so daß erkennbar wird, welche der Teilhypothesen falisifiziert und welche vorläufig bestätigt wird. Mit dieser Zurechnung stellt das Unternehmen weitere Hypothesen auf, deren »Richtigkeit« wiederum im Verbund mit den anderen Hypothesen am Markt getestet werden muß. Auf Basis der doppelten Zurechnung stellt das Unternehmen falsifiziertes Wissen fest (wobei Fehler der ersten und zweiten Art auftreten können) und damit auch den Bedarf, neue Hypothesen zu generieren oder zu übernehmen, die der Anpassung an die Selektionsumgebung näherkommen und somit einen höheren Zielerreichungsgrad gewährleisten. Die aktive Erhöhung des Passungsgrades an die Selektionsumgebung bedarf wiederum des (Vermutungs-)Wissens über die Selektionsumgebung (dazu näher unten).

Der Umfang der zu testenden Hypothesen kann dadurch verringert werden, daß das Unternehmen bzw. seine Organisation horizontal und/oder vertikal in kleinere selbstverantwortliche Leistungseinheiten aufgegliedert wird. So entstehen gleichsam Märkte im Unternehmen, die über die interne Leistungsverrechnung in den Unternehmensteilen direkt zurechenbare Gewinne und Verluste entstehen lassen. »Die« Hypothese des Unternehmens spaltet sich auf in dezentral und jeweils eigenverantwortlich generierte und getestete Hypothesen der Unternehmensteile und steigert somit den Umfang geschaffenen Wissens.[46]

Eine solche organisatorische Zergliederungsstrategie und Dezentralisierung von Entscheidungskompetenz und -verantwortung ist nicht die einzige Möglichkeit des Umgangs mit komplexem (zu testendem) Wissen. Statt der Dezentralisation von Wissen in der Unternehmung kann das Wissen auch von zentraler Stelle gesammelt/generiert und den Entscheidungsträgern zur Verfügung gestellt werden, etwa durch eine Intensivierung und Präzisierung des inneren Rechnungswesens bzw. des Controllings zur Aufdeckung der inter- und intrabetrieblichen Kosten- und Leistungsströme sowie der Erfolgsstruktur des Unternehmens. Ein anderer Weg kann die Verstärkung der Wissensdiffusion im gesamten Unternehmen sein, so daß das dezentral im Unternehmen verfügbare Wissen bei jedem Organisationsmitglied größer wird – und zwar nicht nur das individuelle Spezialwissen, sondern auch das intersubjektiv verbindliche gemeinsam gewußte Wissen in der Organisation. Ansatzpunkt hierfür sind die Kommunikationsprozesse im Unternehmen.[47] Alle drei genannten Strategien stellen Möglichkeiten dar, mit dem komplexen Wissen, das in den zu testenden Hypothesen enthalten ist, umzu-

---

[46] Vgl. Kerber 1994, 279-285.

[47] Vgl. etwa Theis 1994.

gehen und aus der Gewinn/Verlust-Rückkopplung des Marktes sinnvolle Vermutungen anstellen zu können, welcher Teil des Hypothesenbündels am Markt falsifiziert wurde bzw. dem Selektionsdruck unterliegt.

Gewinn und Verlust erhalten ihre soziale Bedeutung nur im Kontext des Marktes, auf dem sie erzielt werden. Damit das Unternehmen eine sinnvolle Interpretation der erzielten Gewinne vornehmen kann, muß Wissen, Vorstellungen über die Marktprozesse und -strukturen, über Konkurrenzanbieter, über Kunden (-präferenzen), (wirtschafts-)politische Programme usw. bestehen. Zwar räumt Kerber ein, daß das Unternehmen auch über solche Informationen bzw. über Vermutungswissen darüber verfügt.[48] Letztlich geht er jedoch davon aus, daß der Selektionsmechanismus allein über die Gewinne/Verluste funktioniert.[49]

Es bleibt unklar, wie die interpretative Wahrnehmung unternehmensinterner und unternehmensexterner Realität abläuft. Die »Marktbeobachtung« eines Unternehmens kann mit vielfältigen Wahrnehmungsfehlern bzw. -unsicherheiten behaftet sein. Da Marktprozesse in ihrer relevanten sozialen Bedeutung nicht sinnlich direkt wahrnehmbar sind, werden sie indirekt anhand der Interpretation von Symbolen und Indikatoren wahrgenommen, deren soziale Bedeutung und zur Wahrnehmung verwendete Interpretationsregeln mehr oder weniger intersubjektiv verbindlich sind.[50] Wenn Falsifikation nicht mehr allein über Gewinn und Verlust rückgekoppelt wird, sondern beispielsweise über die Entwicklung von Marktanteilen oder über (qualitative[51]) Verhaltensänderungen von Marktteilnehmern, benötigt die ökonomische Evo-

[48] Vgl. Kerber 1994, 255f.

[49] Kerber verwendet allerdings auch einen sehr abstrakten Gewinn/Verlustbegriff, der mit konkreten Bilanzgewinnen, Jahresüberschüssen u.ä. wenig gemein hat, da gleichsam ein vom Markt zufließendes Unternehmensergebnis unterstellt wird, dessen Information objektiv und nicht hintergehbar ist. Das im Unternehmen ermittelte Periodenergebnis wird zwar durch die geltenden Gesetze und Bewertungs- und Bilanzierungsrichtlinien innerhalb einer bestimmten Bandbreite liegen, die konkrete Höhe wird jedoch von der individuellen Unternehmenspraxis der normativen Bewertung und Bilanzierung gesetzt. Die Marktinformation besteht v.a. in den abgesetzten Mengen und Werten, Gewinn oder Verlust müssen ermittelt werden.

[50] Ansätze, eine hermeneutische Herangehensweise an Märkte durch Akteure theoretisch zu erfassen und die interpretierende Wahrnehmung von Marktprozessen durch die Wirtschaftssubjekte zu modellieren, finden sich bspw. bei Prychitko 1995, Bacharach 1989; Ebeling 1991; Benton 1990.

[51] »Qualitativ« steht hier für Verhaltensänderungen, die nicht an meßbaren Indikatoren festgemacht werden können, so z.B. neue Güter, veränderte Atmosphäre bei Verhandlungen oder beim Tausch, Wertewandel innerhalb der Gesellschaft, der sich auf Konsumverhalten und Präferenzen niederschlägt usw.

lutorik eine Theorie der Kommunikation von Unternehmen und ihrer Umgebung sowie eine Theorie der interpretativen Wahrnehmung (von Veränderungen) sozialer Variablen.

3.2.4 Selektionsumgebung

Das »Feststellen« der Falsifikation bzw. Selektion ist nur mit Bezug auf die Selektionsumgebung möglich, da diese die selektionsrelevanten Eigenschaften der Unternehmen und den jeweiligen Passungsgrad der Eigenschaftsausprägungen determiniert. Auch ist eine aktive Anpassung an die Selektionsumgebung nur möglich, wenn sie bekannt ist. Es soll hier versucht werden, die Selektionsumgebung, die über die Falsifikation der Hypothesen entscheidet, zu konkretisieren, wobei dieser Beschreibungversuch über Kerbers Ansatz hinausgeht. Er fokussiert seine Untersuchung nur auf rechtliche Regeln, die allgemeinverbindlich gelten. Kerbers Anwendung evolutorischer Theorie besteht dann darin, von diesem System allgemeinverbindlicher Regeln (Selektionsumgebung) auf die Entwicklungsrichtung unternehmerischen Handelns bzw. deren Hypothesen rückzuschließen. Meines Erachtens ist ein solcher Erklärungsmusterimport nur für Teile des Theoriebereichs der ökonomischen Evolutorik jedoch nicht sinnvoll, da eine Beschränkung der Geltung der behaupteten Ähnlichkeiten Unklarheit hervorruft und gegen das wissenschaftliche Gebot der Einfachheit und Allgemeinheit verstößt. Hier sollen deshalb *alle* Parameter der Selektionsumgebung in einem allgemeinen Muster diskutiert werden.

Traditionell gilt »der« Markt, der sich aus den Handlungen der Marktakteure konstituiert, als Selektionsumgebung. Es sei wieder unterstellt, daß Wissen über diesen Markt nur in Form von bewußtem Wissen vorliegen kann. Wie oben gezeigt, ist die Wahrnehmung sozialer Handlungen nicht sinnlich direkt möglich ist, sondern die Handlungsbedeutung wird mittels sprachlicher Begriffe interpretativ bestimmt. Auch bei der Beschreibung von Märkten, Markthandlungen, Marktprozessen, werden Theorien (Systeme von Sätzen) als Interpretationsmuster benutzt. Mit Hilfe der festgelegten Kategorien können Regelmäßigkeiten von Handlungen, Handlungstypen, wahrgenommen werden. Regelmäßige Handlungen können über die zugrundeliegende Regel beschrieben werden. Ökonomie als Summe ökonomischer Handlungen kann dann als System von impliziten und expliziten Regeln beschrieben werden, von denen sich ökonomische Akteure bewußt oder in Form von Routinen und Gewohnheiten leiten lassen.

Dieses Regelsystem ist einem kontinuierlichen Wandel unterworfen, jedoch sind die Systemelemente über unterschiedliche Zeiträume temporär invariant. Damit das Regelsystem sinnvoll die Selektionsumgebung repräsentieren kann, muß auch die Bedingung erfüllt sein, daß der Wandel des Regelsystems sich so langsam vollzieht, daß die ökonomischen Akteure sich innovativ an das System anpassen können. Anpassung ist hier insofern möglich, als die Akteure frei entscheiden können, welchen Regeln des Systems sie folgen und ob sie neue Handlungsmöglichkeiten kreieren. Die Entscheidungsfreiheit ist durch die menschliche Tendenz zum Regelfolgen und zur Ausbildung von Gewohnheiten sowie im Falle sanktionsgeschützter Regeln durch Sanktionen beschränkt. Der Wandel des Regelsystems wird dabei endogen induziert durch innovative Anpassungen, d.h. neue Handlungen.[52]

Für die Beschreibung des Regelsystems sind grundsätzlich verschiedene Theorien möglich. Mindestanforderung an ein solches Beschreibungsmuster ist jedoch, daß es vom Phänomen des »Neuen« (Variation) und des Subjektiven nicht abstrahieren darf, sondern es explizit thematisieren muß.[53] Hier besteht Forschungsbedarf, um abzugleichen, ob oder inwieweit das Sprachspiel, das von den ökonomischen Akteuren, also den Marktteilnehmern, selbst benutzt wird, von den in der Wissenschaft genutzten bzw.entworfenen Beschreibungsmustern von Märkten abweicht und inwieweit die beiden gesellschaftlichen Bereich einander im Wissenschaffungsprozeß beeinflussen. Solche Untersuchungen würden das dezentrale Vermutungswissen der Akteure und die Wahrnehmungsangebote der Wissenschaftler über die Selektionsumgebung in einen gemeinsamen Diskurs bringen, zur Wissensdiffusion und Kritik der individuellen Vorstellungen beitragen. Um die aktuelle Selektionsumgebung wahrnehmen zu können und so eine gute Orientierung anhand des »Wissens« über selektionsrelevante und -neutrale Eigenschaften zu erreichen, muß das individuelle und gesellschaftliche (Vermutungs-)Wissen kontinuierlich in einen Kommunikationsprozeß von Konstruktion und Kritik eingebunden sein.

Bei konsequentem Erklärungsmusterimport von Poppers Falsifikationismus ist eine andere Möglichkeit der Konkretisierung der Selektionsumgebung aus dem wissenschaftstheoretischen Kontext abzuleiten. In der Wissenschaft entspricht der Selektionsumgebung der Bereich, der über »Wahrheit« von postulierten Theorien entscheidet, analog zu dem Bereich der Ökonomie, der über Falsifikation der Unternehmenshypo-

[52] Vgl. Hesse 1987, 211-215.

[53] Damit wäre eine neoklassische Theorie zur Beschreibung von Märkten bereits als unzureichendes Begriffssystem ausgeschieden. Vgl. Blaseio 1986, 136-155.

these, also über Erfolg und Satisfizierung, entscheidet. Je nach Methodologie kann der Wahrheitsbegriff verschiedene Bedeutungen haben. Da es ja auch in der Wissenschaft nicht möglich ist, eine Hypothese aufzustellen und dann »die« Realität anzuschauen, ob die Hypothese stimmt, müssen Kriterien festgelegt werden, welche Arten der »Beobachtung« von Realität als möglichst vorurteilsfrei, als »gute« Annäherungen an Realität gelten können, welche empirischen Daten, in welcher Häufigkeit ihres Auftretens als Indikator für die Falsifikation der Hypothese angenommen werden usw. Über die Falsifikation von Hypothesen wird bei Popper anhand von Standards entschieden, die innerhalb der scientific community festgelegt sind und intersubjektiv als verbindlich gelten. Erklärungen der Prozesse der Entstehung und Entwicklung der Standards bietet Popper leider nicht an, obwohl auch er sieht, daß die Interdependenz von Beobachter und Beobachtetem es gerade in den Sozialwissenschaften unmöglich macht, wertfreie und »objektiv« wahre Sätze zu finden.[54]

Realiter konstituieren solche wissenschaftlichen Standards die Spielregeln des wissenschaftlichen Sprachspiels. Die sozialen Prozesse ihrer Genese und Entwicklung sind von Sozialisation, Lernen, Innovation und Anpassung geprägt. Da die geltenden Standards die »blinden Flecken« von Theorien und die als wahr geltenden Sätze über Wirklichkeit inhaltlich determinieren, muß in einer sich wandelnden Welt der Konsens über geltende »Falsifikationsstandards« immer wieder kritisch in Frage gestellt werden.[55] Wenn die Standards über die Falsifikation von Hypothesen entscheiden und die Standards von einer Gemeinschaft von Wissenschaftlern festgelegt werden bzw. ihre Geltung akzeptiert wird, ist die Selektionsumgebung in der Wissenschaft, wie im ökonomischen Kontext, eine sozial produzierte, auf die die teilnehmenden Wissenschaftler (Wirtschaftssubjekte) erhaltend und verändernd Einfluß nehmen. Das heißt, um die »Wahrheit« einer bei bisherigen Wissenschaftsstandards falsifizierten Hypothese behaupten zu können, kann ein Wissenschaftler entweder die Hypothese variieren oder Einfluß auf eine entsprechende Änderung der Standards nehmen.

Für die Selektionsumgebung von Hypothesen im ökonomischen Kontext heißt das, daß die am Markt wirkenden Selektionskriterien aus mehreren Gründen nicht eindeutig angegeben werden können: Da, wie oben gezeigt, die Unternehmen die Falsifikation ihrer Hypothesen selbst interpretierend feststellen müssen, können sie bei dieser Interpre-

[54] Vgl. Popper 1987, 12f.
[55] Vgl. Hesse 1979, 182ff.

tation sowohl unterschiedliche Standards anwenden und entwickeln, als auch bei Anwendung gleicher Standards aufgrund unterschiedlicher Zurechnungen (s.o.) zu verschiedenen Ergebnissen darüber kommen, welche ihrer Hypothesen falsifiziert wurde. Weiterhin werden diese Ergebnisse auch von der unternehmensindividuellen Wahrnehmung der Selektionsumgebung beeinflußt, d.h. von den Vermutungen über die selektionsrelevanten Unternehmensaktivitäten, sowie von den Veränderungen der Selektionsumgebung, die das Unternehmen durch seine innovative Anpassung selbst hervorruft. Nimmt man an, daß die einzelnen Unternehmen an intersubjektiv verbindliche Falsifikationsstandards der »Wettbewerbsgemeinschaft« gebunden sind, also die Schwelle der Mindestanpassung beispielsweise in Form von Nutzschwellen (Kostendeckung als Selektionskriterium) vorliegt, stehen dem Unternehmen intern genügend Bewertungs-, Erfassungs- und Zurechnungsspielräume offen, daß die interpretierte Falsifikation von Unternehmen zu Unternehmen differiert.

Der Erklärungsmusterimport des Falsifikationismus scheitert daran, daß Popper selbst bereits die Falsifikationsumgebung des wissenschaftstheoretischen Kontext nicht definiert. Da Popper die sozialen Prozesse, die zur Entstehung und Entwicklung der wissenschaftlichen Standards führen, nicht thematisiert, also die Selektionsumgebung in ihrer Veränderlichkeit nicht hinreichend beschreibt, bleibt die Selektionsumgebung ökonomischer sozialer Prozesse nach dem Erklärungsmusterimport auch undefiniert. Auf Kerbers Untersuchung trifft diese Kritik dabei nur bedingt zu. Da rechtliche, allgemein verbindlich geltende Regeln in der Gesellschaft qua definitionem bekannt sind und zur Sicherung ihrer Eindeutigkeit ein erheblicher Aufwand innerhalb der Justiz betrieben wird, könnte man hier die Ähnlichkeit zu den Falsifikationsstandards Poppers zugeben. Analog zum Wissenschaftskontext muß Kerber dann die Rechtproduktion und -entwicklung in seine Evolutorik miteinbeziehen, um Aussagen über die Selektionswirkung von rechtlichen Regeln machen zu können.

Innerhalb der Vorstellung Poppers, die den wissenschaftlichen Fortschritt als kontinuierliche Annäherung an Wahrheit unterstellt, bleibt es auch unverständlich, warum empirisch Theorien eine so hohe Stabilität der Akzeptanz aufweisen, auch wenn nach herrschenden Standards bereits Anzeichen ihrer Falsifikation bestehen. Solche »Produktlebenszyklen« von Theorien und »Marktlebenszyklen« von Methodologien (methodologischen Standards) lassen sich jedoch innerhalb Kuhns wissenschaftsevolutorischer Theorie der »Struktur wissenschaftlicher Revolutionen« erklären. Wissenschaftler lernen ihre wissenschaftlichen

Sprachspiele ebenso, wie die ökonomischen Akteure die Sprachspiele zur Beschreibung von Märkten, wettbewerblichen Selektionsumgebungen, lernen, und in beiden Kontexten wird die Wahrnehmung von den gelernten Theorien, Begriffsystemen, determiniert. Insofern ist anzunehmen, daß in beiden Bereichen das Erkennen von Falsifikation von Hypothesen durch Denkgewohnheiten, gewohnheitsmäßiges Überzeugtsein von der Wahrheit der Hypothese behindert wird.

Wären die individuellen Wirtschaftseinheiten für das Generieren von Wissen über erfolgreiches Agieren am Markt und Wissen über realistische Erkenntnis falsifizierten Wissens tatsächlich nur auf ihre eigenen Vermutungen und Hypothesentests angewiesen, würden Marktprozesse unter wesentlich größerer Unsicherheit und möglicherweise in geringerem Umfang, jedenfalls aber in einem ganz anderen Regelsystem ablaufen. Das Wissen der Unternehmen wird nicht nur der Kontrolle/Überprüfung durch ein Zusammenspiel von Markthandlungen ausgesetzt, sondern auch durch die Unternehmensumwelt determiniert (außerhalb der Organisation gelerntes Wissen der Organisationsmitglieder, Sozialisation, Kommunikation mit der Umwelt direkt oder durch Medien) und durch Kritik von außen falsifiziert[56] (Unternehmensberater, Bewertungen durch Konkurrenten, Zulieferer, Abnehmer, Kreditinstitute, Aktienmärkte, Medien usw.). Um diesen wissenselektierenden Einfluß adäquat beschreiben und erklären zu können, ist wiederum eine Theorie der Kommunikation und des Überzeugens notwendig.

Ein entscheidender Unterschied des wissenschaftlichen und des ökonomischen Sprachspiels liegt darin, daß der »Witz« des Sprachspiels[57] und folglich die Bedeutung von und der Umgang mit Wissen jeweils verschieden sind. Überspitzt könnte man behaupten, daß der Witz der Ökonomie v.a. im faktischen Lösen von materiellen und energetischen Knappheitsproblemen liegt und vom menschlichen Streben nach Lebenserhaltung geprägt ist. In diesem Spiel hat die Schaffung und der Erwerb von Wissen eher instrumentellen Charakter, da das Wissen, dem allgemein hohe Qualität, hohe Relevanz, hoher Realitätsgehalt zuerkannt wird, eine gute Orientierung in der komplexen und stetig sich wandelnden Welt verspricht bzw. gewähren soll und damit eine Metho-

[56] Eine solche Falsifikation von Unternehmenswissen von außen kann i.d.R. nur geschehen, wenn das Unternehmen die Kritik annimmt, sonst bleibt es von der von ihm »gewußten« Vermutung weiter überzeugt.

[57] »[§] 564. Ich bin also geneigt, auch im Spiel zwischen wesentlichen und unwesentlichen Regeln zu unterscheiden. Das Spiel, möchte man sagen, hat nicht nur Regeln, sondern auch einen *Witz*.« Wittgenstein 1990, 450, Hervorhebung im Original.

de zur Erhöhung der Erfolgswahrscheinlichkeit des eigenen Handelns darstellt.

Im wissenschaftlichen Kontext ist die Schaffung von »wahrem« Wissen dagegen die Zielgröße. Die Lebenserhaltung der am Sprachspiel beteiligten Akteure wird über ganz andere institutionelle Regelsysteme gesichert, sie ist für die Inhalte des produzierten und kommunizierten Wissens irrelevant.[58] Die wissenschaftliche »Zielsetzung: *Erreichen der* (möglichen, und das bedeutet partiell schon erreichten) *historischen Situation* und damit *der bestmöglichen Orientierung* ist ihrerseits 'begründet' durch den vorausgesetzten Drang der Wissenschaft, das jeweils Mögliche *wissen zu wollen* und durch die Einsicht in die Verantwortung (d.h. ethische Relevanz) der Wissenschaft, die sie ... dadurch gewonnen hat, daß sie den Handeln-Müssenden unvermeidlich orientiert, ohne dies 'letztlich' verantworten zu können, die Verantwortung, die sie dazu zwingt, das Mögliche *wissen zu müssen*.«[59]

Der Witz des wissenschaftlichen Sprachspiels nähert sich dem des Marktes an, wenn die Wissenschaftler ihr Streben nach gutem Wissen verantwortungsbewußt an dem Ziel ausrichten, eine bestmögliche Orientierung der Handeln-Müssenden in der historischen Situation zu erreichen. Wissen nimmt hier als Orientierungsmittel für Akteure instrumentellen Charakter an. Der verantwortungsvolle Wissenschaftler produziert schwerpunktmäßig Wissen unter der normativen Restriktion, daß das Wissen eine gute Orientierung der Handeln-Müssenden leisten muß. Der ökonomische Akteur produziert schwerpunktmäßig Lösungen von Knappheitsproblemen (mittels Wissen, Energie und Materie) unter der Restriktion, daß sein angewandtes Wissen möglichst die historische Situation erreicht und damit die Erfolgswahrscheinlichkeit seiner Aktivitäten auf hohem Niveau hält. Dann (und nur dann), wenn die Wissenschaftler im Bewußtsein ihrer ethischen Relevanz handeln, wird dem Wissen im ökonomischen und im wissenschaftlichen Sprachspiel nur schwerpunktmäßig unterschiedliche Bedeutung eingeräumt. Ob aus diesem unterschiedlichen Schwerpunkt extrem unterschiedliche Selektionsumgebungen der Evolution von Wissen in den beiden Kontexten resultieren, bleibt herauszufinden.

---

[58] Über diese Frage läßt sich natürlich trefflich und endlos streiten, vor allem darüber, ob die Finanzierung von Forschungseinrichtungen private oder Staatsaufgabe ist, welche Evaluationsmethoden und institutionellen Rahmenbedingungen die Qualität, praktische Relevanz und Realitätsgehalt (wie auch immer zu definieren) von Forschung und Lehre positiv beeinflussen.

[59] Hesse 1979, 190f., Hervorhebungen im Original.

3.2.5 Bewertung des Theoriemusterimports

Zusammenfassend ist festzustellen, daß der Theoriemusterimport des Popperschen Falsifikationismus in den evolutorisch-ökonomischen Kontext nicht gelingt. Die Ursachen dafür liegen einerseits in den unterschiedlichen Wissensbegriffen der beiden Sprachspiele: der Poppersche Wissensbegriff ist nicht abstrakt genug, um im ökonomischen Bereich passen zu können. Andererseits bestehen sie darin, daß die Selektionsumgebung bei Popper in Form von wissenschaftlichen Standards als gegeben und objektiv angenommen wird, was seine Position bereits innerhalb der Wissenschaftstheorie angreifbar wenn nicht unhaltbar macht. Im ökonomischen Kontext sind die Falsifikationsstandards jedoch nur teilweise gegeben, in Form von allgemein verbindlichen Regelsystemen (Recht), und deshalb nicht einheitlich für alle Wirtschaftssubjekte, sondern müssen von den Unternehmen individuell und/oder eingebettet in den intersubjektiven Diskurs entwickelt werden. Insofern Poppers Selektionsbegriff bereits im Ursprungsland »Wissenschaftstheorie« zu wenig konkretisiert ist, kann er auch nicht zur Konkretisierung der allgemeinen ökonomischen Selektion importiert werden. Ohne Konkretisierung dieses zentralen Begriffs kann die Variations-Selektions-Argumentation in der Ökonomik jedoch keinen Erklärungsgehalt erlangen.

Die Idee der Konkretisierung der evolutionären »unit of selection« als Hypothesen von Unternehmen über erfolgreichen Aktionsparametereinsatz weist aber – wie oben gezeigt – den Vorzug auf, daß die Rolle von Wissen im Wettbewerb bzw. für erfolgreiches Markthandeln näher untersucht und modelliert werden kann. Um diese Modellierung auf ein zufriedenstellendes Niveau von Begriffsklarheit und Erklärungsgehalt zu bringen, bietet sich an, einerseits über die Anwendung neueren wissenschaftstheoretischen Wissens, andererseits durch die Erforschung des tatsächlichen Umgangs der Marktakteure mit Wissen die Bedeutung des immateriellen Produktionsfaktors Wissen, seine Generierung, Entwicklung und seinen Einfluß auf die Evolution von Märkten näher zu klären. Der Bedarf an Anreicherung dieser Modellierung mit Theorien zur Erklärung von Kommunikations- und Wissensdiffusionsprozessen wurde bereits oben angesprochen.

4. Schlußfolgerungen und offene Fragen

Die vorliegende Arbeit versucht eine Konkretisierung des evolutorischen Erklärungsmusters im ökonomischen Kontext. Dabei wurde die Idee Wolfgang Kerbers aufgegriffen, Marktprozesse als wissenschaffenden Wettbewerb von Unternehmen zu modellieren, die am Markt ihre Hypothesen über erfolgreichen Aktionsparametereinsatz testen. Obwohl der Erklärungsmusterimport von Poppers Falsifikationismus letztlich als gescheitert angesehen werden muß, wurden oben Interpretationen und weiterführende Gedanken entwickelt, die ausgehend von der Relevanz von Wissen für evolutorische Prozesse Ansätze für eine sinnvollere Modellierung der Kreation und der Bedeutung von Wissen im evolutorischen Erklärungsmuster bieten.

Gerade die Konkretisierung der »unit of selection« als Hypothesen von Unternehmen ermöglicht es der evolutorischen Theorie, das Streben der Unternehmen nach aktiver Anpassung an die Selektionsumgebung zu modellieren. Die Hypothesen, die am Markt der Selektion ausgesetzt werden, sind über ihre »Lebensdauer« so konstant wie biologische Organismen einer Population, die Unternehmen können sich jedoch ändern, indem sie ihre Hypothesen und folglich ihre Handlungen verändern. Es ist dabei anzunehmen, daß Unternehmen eine um so längere »Lebensdauer« am Markt erzielen werden, je besser deren kumuliertes (Vermutungs-)Wissen, inklusive des Erfahrungswissens über falsifizierte Vermutungen, ist. Da die aktive Anpassung an die Selektionsumgebung dem Verschwinden von Unternehmen von Märkten entgegenwirkt, ist dieses Verschwinden ein zu grober Indikator für Selektion. Selektion über »Falsifikation« von Hypothesen ermöglicht dagegen die Modellierung der Evolution sich aktiv an die Selektionsumgebung anpassender Unternehmen. Jedoch ist Selektion bzw. Falsifikation nicht mehr eindeutig und unmittelbar feststellbar, sondern es wird interpretativ Vermutungswissen darüber konstruiert, und zwar einerseits »subjektives« Wissen der Unternehmen, die ihre Aktionen an ihrem evolvierenden kumulierten Wissen ausrichten. Und andererseits wird dieses subjektive Wissen im Diskurs mit der Wissenschaft und innerhalb der Wissenschaft reflektiert, um das gesellschaftlich intersubjektive Wissen über »die Wirtschaft« und erfolgreiches ökonomisches Verhalten in der historischen Zeit zu verbessern.

Literatur

Alchian, Armen A. (1950): Uncertainty, Evolution, and Economic Theory, in: Jounal of Political Economy 58, S. 211-221.

Alchian, Armen A. (1953): Biological Analogies in the Theory of the Firm: Comment, in: American Economic Review 43, S. 600-603.

Bacharach, Michael (1989): The Role of »Verstehen« in Economic Theory, in: Ricerche Economiche, Vol. XLIII (1989) 1-2, S. 129-150.

Baumann, Bernd (1993): Offene Gesellschaft, Marktprozeß und Staatsaufgaben, Baden-Baden.

Benton, Raymond Jr. (1990): A hermeneutic approach to economics: if economics is not science, and if it is not merely mathematics, then what could it be?, in: Samuels, Warren J. (Hrsg.): Economics as discourse, Norwell Massachusetts, S. 65-89.

Blaseio, Helmuth (1986): Das Kognos-Prinzip, Berlin.

Ebeling, Richard M. (1990): What is a price? Explanation and understanding, in: Lavoie, Don (Hrsg.): Economics and hermeneutics, New York, 1990, S. 177-194.

Eden, C. (1992): On the nature of cognitive maps, in: Journal of Management Studies Bd. 29, S. 261-265.

Faber, M. (1984): A Biophysical Approach to the Economy. Entropy, Environment and Resources, Universität Heidelberg Diskussionsschrift Nr. 88, Heidelberg.

Faber, M./Proops, J. (1989): Time Irreversibility in Economic Theory: A Conceptual Diskussion, in: Seoul Journal of Economics, Vol. 2, Nr. 2, S. 109-129.

Fehl, U. (1983): Die Theorie dissipativer Strukturen als Ansatzpunkt für die Analyse von Innovationsproblemen in alternativen Wirtschaftsordnungen, in: Schüller, A./Leipold, H./Hamel, H. (Hrsg.): Innovationsprobleme in Ost und West, Heft 33, Stuttgart, S. 65-89.

Franz, W. (1990): Hysteresis in economic relationships: an overview, Universität Konstanz, Diskussionsbeitrag SFB 178, Ser. 2, Nr. 104, Konstanz.

Georgescu-Roegen, N. (1976): Energy and Economic Myths, New York.

Geus, A. de (1988): Planning As Learning, in: Harvard Business Review, March/April 1988, S. 70-74.

Habermas, Jürgen (1988): Diskursethik, Notizen zu einem Begründungsprogramm, in: ders.: Moralbewußtsein und kommunikatives Handeln, 3. Aufl., Frankfurt a.M., S. 53-125.

Habermas, Jürgen (1988): Theorie des kommunikativen Handelns, Frankfurt a.M.

Hayek, Friedrich A. von (1968): Der Wettbewerb als Entdeckungsverfahren, Kiel.

Hesse, Günter (1990): Evolutorische Ökonomik oder Kreativität in der Theorie, in: Witt, Ulrich (Hrsg.): Studien zur evolutorischen Ökonomik I, Berlin, S. 49-73.

Hesse, Günter (1987): Innovationen und Restriktionen, in: Borchert, Manfred/Fehl, Ulrich/Oberender, Peter (Hrsg.): Markt und Wettbewerb, Bern und Stuttgart, S. 195-226.

Hesse, Günter (1979): Staatsaufgaben, Baden-Baden.

Hirschfeld, L. et al. (Hrsg.) (1994): Mapping the Mind, Cambridge Massachusetts.

Huff, A.S. (Hrsg.) (1990): Mapping Strategic Thought, Chichester.

Jantsch, E. (1975): Dissipative Strukturen: Ordnung durch Fluktuation, Neue Züricher Zeitung 26.11.1975, S. 55ff.

Kerber, Wolfgang (1995): Institutionen als Selektionsumgebung für evolutorische Marktprozesse, Vortrag gehalten am 22.4.95 auf der Tagung »Institutionelle und Evolutionäre Ökonomie« vom 21.-23.4.1995 an der Universität Witten/Herdecke.

Kerber, Wolfgang (1994): Evolutorischer Wettbewerb – Zu den theoretischen und institutionellen Grundlagen der Wettbewerbsordnung, Freiburg.

Kerber, Wolfgang (1991): Evolutionäre Wettbewerbsprozesse über mehrere Wirtschaftsstufen: Das Beispiel »Industrie – Handel – Konsumenten, in: ORDO, Vol. 42, 325-349.

Kerber, Wolfgang (1989): Evolutionäre Marktprozesse und Nachfragemacht: Das Nachfragemachtproblem im Rahmen einer evolutionären Spielraumanalyse und Kritik einer bisherigen wettbewerbspolitischen Behandlung, Baden-Baden.

Kim, D. (1993): A Framework and Methodology for Linking Individual and Organizational Learning: Applications in TQM and Product Development, Dissertation, MIT Sloan School of Management, Cambridge Massachusetts.

Penrose, Edith T. (1952): Biological Analogies in the Theory of the Firm, in: American Economic Review 42, S. 804-819.

Penrose, Edith T. (1953): Rejoinder, in: American Economic Review 43, S. 603-609.

Polanyi, M. (1983): Personal Knowledge, London.

Popper, Karl R. (1973): Objektive Erkenntnis. Ein evolutionärer Entwurf, Hamburg.

Popper, Karl. R. (1987): Das Elend des Historizismus, 6. Aufl. (1. Aufl. 1965), Tübingen.

Prychitko, David L. (Hrsg.; 1995): Individuals, Institutions, Interpretations, Aldershot.

Röpke, Jochen (1977): Die Strategie der Innovation, Tübingen.

Schmidt, Siegfried S. (Hrsg.) (1991): Der Diskurs des radikalen Konstruktivismus, 4. Aufl., Frankfurt a.M.

Senge, Peter et al. (Hrsg.) (1994): The Fifth Discipline Fieldbook, New York.

Senge, Peter (1992): Mental Models, in: Planning Review, March/April 1992, S. 5-10.

Theis, Anna Maria (1994): Organisationskommunikation, Opladen.

Weick, K.E., et al. (1986): Organizations as Cognitive Maps, Charting Ways to Success and Failure, in: Sims, H.P. et al. (Hrsg.): The Thinking Organization, Dynamics of Organizational Social Cognition, San Francisco.

Wittgenstein, Ludwig (1990): Philosophische Untersuchungen, Werkausgabe Band 1, 7. Aufl., Frankfurt a.M.

Zur Pathologie wirtschaftspolitischer Lenkung

Eine neue Betrachtungsweise

Gerhard Wegner

1. Vorklärungen: Wirtschaftspolitische Lenkung in der Demokratie

Unter wirtschaftspolitischer Lenkung wird im folgenden der *Versuch* seitens der Politik verstanden, Marktprozesse nach politisch gesetzten Zielen zu gestalten. Es wird angenommen, daß die konstitutionellen Voraussetzungen einer Marktökonomie erfüllt seien und von der Politik respektiert werden. Ich beziehe mich also auf das Feld ablaufpolitischen Handelns in der »post-konstitutionellen« (Buchanan)Phase einer Gesellschaft.[1] »Die Politik« sei hier bestimmt als ein zusammenfassender Terminus für die entscheidungskompetenten politischen Institutionen eines demokratischen Rechtsstaates (politische Entscheider in Parlament einschließlich der zielbeeinflussenden Vollzugsorgane wie Ministerien und nachgeordnete Behörden). Mir kommt es im folgenden darauf an, einen möglichst politiknahen Ausgangspunkt zu wählen. Deswegen wird hier davon ausgegangen, daß die Wahl wirtschaftspolitischer Ziele qua Dezision erfolgt. Fragen nach der ökonomischen Legitimation von Ablaufzielen bleiben somit ausgeklammert. Ich werde also nicht thematisieren, ob Ablaufziele unter Heranziehung des Paretokriteriums oder einer anderen Norm aus ökonomischer Sicht empfohlen oder gerechtfertigt werden können.[2] Ebensowenig gehe ich davon aus, daß die Wahl

---

[1] Eucken verwendet den Terminus »Prozeßpolitik«.

[2] In der Public-Choice-Literatur dürfte ohnehin hinreichend dargelegt worden sein, daß eine Übereinstimmung von Ablaufzielen mit ökonomischen Normen eher selten sein dürfte, Diskrepanzen dagegen die Regel, weil die politischen Institutionen

der Ziele nach einem verfassungsmäßig festgelegten Lenkungsauftrag erfolgt, in welchem die Ziele nach ökonomischen Kriterien substantiell begrenzt werden.[3] De facto sind für die Politik lediglich die *geltenden* verfassungsmäßigen Restriktionen eines demokratischen Rechtsstaates bindend. Dies schließt aus, daß die Politik zur Durchsetzung ihrer Ziele die verfassungsmäßig garantierten wirtschaftlichen Freiheitsrechte antastet, wie z.B. das Eigentum oder die Vertragsfreiheit. Ansonsten unterliegt die Politik also lediglich jenen Handlungsmaximen, die sie sich selbst auferlegt, z.B. um ihre Wiederwahlinteressen zu verfolgen.

Als »Objekt« wirtschaftspolitischer Lenkungsmaßnahmen werden im folgenden Marktprozesse betrachtet. Im Gegensatz zu ordnungspolitischen Maßnahmen, welche nur die Voraussetzungen der Marktallokation schaffen, sichern oder verbessern, ansonsten aber die daraus entstehenden Marktergebnisse akzeptieren, zielt eine Ablaufpolitik im weitesten Sinne auf eine Korrektur von Marktergebnissen. Als solche werden im folgenden Allokationszustände betrachtet, für die von der Politik – nach hier nicht näher thematisierten Kriterien – Bewertungen und Zielvorgaben formuliert werden.[4]

Obwohl die Inhalte allokationspolitischer Ziele hier offen gelassen werden, darf die Umweltpolitik für die nachfolgende Betrachtung als prototypischer Anwendungsfall angesehen werden. Insofern nämlich umweltpolitische Ziele in Form exogen gesetzter Umweltstandards formuliert werden, bleibt die Politik auf eine *ergebnisorientierte* Korrektur von Allokationsentscheidungen angewiesen, unabhängig davon, welche Instrumente dabei eingesetzt werden.[5] Die Realisiation von

---

der Demokratie einen wirtschaftspolitischen Dezisionismus begünstigen, dessen Eingrenzung ohne eine »constitutional revolution« (Buchanan) Vision bleiben muß.

[3] Dies ist ein voraussetzungsarmer, weil empirisch naheliegender Ausgangspunkt. Ich schicke diese Einschränkungen vorweg, weil im Rahmen der »Constitutional Economics« Buchananscher Prägung, aber auch in der Hayekschen Theorie Verfassungsreformvorschläge unterbreitet (und gut begründet) worden sind, welche auf eine Eingrenzung eines wirtschaftspolitischen Dezisionismus zielen. Die Frage nach der ökonomischen Legitimation einer dezisionistischen Wirtschaftspolitik würde sich in jedem Falle stellen, bleibt hier aber ausgeklammert, weil ich mich auf eine Folgenbetrachtung im Sinne einer positiven Theorie konzentriere.

[4] Sowohl verteilungs- als auch stabilitätspolitische Ziele bleiben also im folgenden von nachrangiger Bedeutung.

[5] Dies gilt auch im Falle vermeintlich marktkonformer (indirekter) Instrumente. So stellen auch pretiale oder (mengensteuernde) Zertifikatlösungen marktergebnisorientierte Korrekturmaßnahmen dar, anders etwa als reine Coase-Lösungen, die dem Feld ordnungspolitischer Maßnahmen zuzurechnen sind. Hier werden nämlich lediglich die eigentumsrechtlichen Voraussetzungen einer Internalisierungslösung geschaffen, ansonsten aber handelt es nicht um eine marktergebnisorientierte Korrektur,

Umweltstandards korrespondiert zu spezifischen (also nicht mehr beliebigen) Marktergebnissen und hängt darum von einer Korrektur einzelwirtschaftlicher Allokationsentscheidungen unmittelbar ab.[6] Vom Ansatz bleibt eine solche Politik dezisionistisch, weil sich die Politik eine Zielsetzungskompetenz vorbehält.[7]

Daraus folgt indessen nicht, daß eine zielkonforme Reallokation realisierbar ist. Hier wird vielmehr ein Ansatz vorgestellt, in dem der Erfolg ablaufpolitischer Lenkung a priori offengelassen wird. Lenkung soll zunächst nur als Lenkungsversuch aufgefaßt werden, der auch scheitern kann, was eine beliebige Lenkbarkeit von Marktprozessen folglich ausschließt. Auch eine solche Annahme wäre allerdings eher trivial, wenn damit lediglich auf die Menge wählbarer Ziele abgestellt würde und auf die Notwendigkeit, aufgrund von trade-off-Beziehungen politische Präferenzen auszubilden. Das ist hier nicht gemeint, wenn von begrenzter Lenkbarkeit die Rede ist. Ich konzentriere mich auf den empirisch wie theoretisch interessanten Fall eines *begrenzten wirtschaftspolitischen Lenkungswissens*. Dieser ist – technisch gesprochen – dadurch charakterisiert, daß die nomologischen Beziehungen zwischen Lenkungsimpulsen und Wirkungen (»technologische Beziehungen« in der Terminologie der Theorie der Wirtschaftspolitik) nur unvollständig bekannt sind.

Die Lenkungsabsichten sind also nicht nur dadurch begrenzt, daß die Eigenschaften des »Steuerungsobjektes« die Wahl der Ziele begrenzen, sondern auch dadurch, daß die steuerungsrelevanten Ursache-Wirkungsbeziehungen ex ante unvollständig bekannt sind.[8,9] Ein solcher Lenkungsbegriff schließt die Möglichkeit des Scheiterns a priori ein, trifft allerdings noch keine Aussage darüber, ob die Entscheider um diese Möglichkeit selbst wissen oder nicht. Insbesondere wird die Mög-

weil unter den neu geschaffenen Eigentumsrechten jede Verhandlungslösung und darum jedes Marktergebnis zu akzeptieren ist.

6 Wobei es in unserem Zusammenhang unerheblich ist, daß in der praktischen Ausgestaltung einer Umweltpolitik aufgrund kaum lösbarer Informationsbeschaffungs- (resp. Präferenzaufdeckungs-)probleme wohl ausschließlich second-best-Lösungen in Frage kommen.

7 Sollte dabei eine Orientierung an faktischen Zahlungsbereitschaften für Umweltmaßnahmen vorgenommen werden (z.B. mit Hilfe des kontingenten Bewertungsansatzes), so stellt auch dies eine politische Entscheidung dar, die auch anders hätte ausfallen können.

8 So sind beispielsweise den Lenkungsabsichten eines Autofahrers Grenzen durch die Gesetze der Fliehkraft gesetzt, aber die wirksamen physikalischen gesetzmäßigen Beziehungen sind gegeben und im Prinzip bekannt; ein Defizit an verfügbarem Lenkungswissen liegt hier nicht vor.

9 Die Begriffe Lenkung und Steuerung werden synonym verwendet.

lichkeit eingeräumt, daß sich erst im Verlaufe von Lenkungsmaßnahmen das wirtschaftspolitische Lenkungswissen verbessert, und sei es dadurch, daß sich ex post die mangelnde Realisierbarkeit von Zielen herausstellt.

2. Lenkungspathologien als Form wirtschaftspolitischer Fehlsteuerung

Offen bleibt allerdings, in welcher Weise sich die politischen Entscheider der Grenzen ihres Lenkungswissens bewußt sind und welche Schlüsse sie daraus ziehen. In sozialpsychologischen Studien ist von Dörner (1992) an Hand von Computersimulationen untersucht worden, welche Formen strategischen Denkens Menschen in komplexen Situationen ausbilden und welche typischen Formen von Fehlentscheidungen sich dabei einstellen können (»Logik des Mißlingens«). Es dürfte kein Zufall gewesen sein, daß die simulierten Entscheidungssituationen zu einem Teil wirtschaftspolitischen Beispielen entstammen und die untersuchten Entscheider ihre Eingriffsmöglichkeiten häufig überschätzten oder Nebenfolgen auslösten, die sich als kaum noch kontrollierbar erwiesen.[10] Für eine wirtschaftspolitische Betrachtung erweisen sich Dörners Studien als anregend, da sie eine traditionelle ökonomische Interventionismuskritik von Ökonomen zugleich bestätigen als auch erweitern.[11]

Unter »Pathologien« wirtschaftspolitischer Lenkung möchte hier ich folgende Fälle subsumieren:

---

[10] Als häufigste Ausprägung von fehlerhaftem Entscheidungsverhalten in komplexen Situationen nennt Dörner:

»– Handeln ohne vorherige Situationsanalyse,
– Nichtberücksichtigung von Fern- und Nebenwirkungen,
– Nichtberücksichtigung der Ablaufgestalt von Prozessen,
– Methodismus: man glaubt, über die richtigen Maßnahmen zu verfügen, weil sich keine negativen Effekte zeigen,
– Flucht in die Projektmacherei,
– Entwicklung von zynischen Reaktionen.« Dörner 1992, 32.

[11] So gelangt Dörner keineswegs zu dem Schluß, daß politische Eingriffe wegen kognitiver Überforderung der Entscheidungsträger besser unterlassen werden sollten, sondern vertritt die These, daß kompetentes Entscheidungsverhalten in »komplexen Situationen« erlernbar sei, zumindest aber typische Formen von Fehlverhalten vermieden werden könnten; zur älteren Interventionismuskritik vgl. z.B. Mises 1929/1976; Küng 1956.

a) Fortgesetzte Lenkungsmaßnahmen führen auch bei zunehmender Dosis nicht zu einer Annäherung der Ist-Zustände an wirtschaftspolitische Zielgrößen. Ablaufziele erweisen sich als nicht realisierbar, ohne daß die Politik als »Lenkungssubjekt« die Nicht-Realisierbarkeit erkennt.
b) Lenkungsmaßnahmen lösen Nebenfolgen auf dem Wege von Funktionsstörungen aus. Ziele erweisen sich zwar grundsätzlich als realisierbar, jedoch nur auf Kosten der Funktionsfähigkeit des gelenkten Systems, ohne daß diese Nebenfolge rechtzeitig erkannt wird.[12]
c) Lenkungsmaßnahmen führen zwar zu einer Zielannäherung, lösen jedoch Rückwirkungen auf andere Systemvariable aus, die nachträglich ihrerseits zu Zielen erhoben werden, so daß die Anzahl der Zielvariablen anwächst. Eine Beschränkung der Zielvariablen ist jedoch allein schon aus formalen Gründen notwendig (wie bereits im Falle einfacher linearer Modelle in Form der Tinbergen-Regel gezeigt worden ist).

Im weiteren werde ich mich auf die unter a) und b) genannten Fälle konzentrieren. Es bleibt hier darauf hinzuweisen, daß diese Charakterierung noch nicht jede Fehlsteuerung als Lenkungspathologie ausweist. Mit nicht antizipierbaren, nicht-intendierten Folgen ist stets zu rechnen, insbesondere unter der hier getroffenen Voraussetzung eines begrenzten Lenkungswissens. Charakteristisch für Pathologien im hier verstandenen Sinne sind vielmehr sukzessive Engriffe (»Spiralen«), die aufgrund nicht-antizipierter Nebenfolgen für erforderlich gehalten werden, wobei in jeder Steuerungsperiode irrtümlich davon ausgegangen wird, daß mit einem erneuten Eingriff eine zuvor aufgetretene Fehlsteuerung korrigiert werden kann. Obwohl sich ex post die Chance dazu böte, unterlassen es die wirtschaftspolitischen Akteure, ihren Wissensstand zu erhöhen. Diese Charakterisierung nimmt ein Leitmotiv der älteren, von Mises (1929/1976) begründeten und von der ORDO-liberalen Schule fortgesetzte Interventionismuskritik auf, welche insbesondere Interventionsspiralen als prototypisch für Lenkungspathologien herausgestellt hat (»Ölfleckentheorie«).[13] Zugleich aber wird die Thema-

[12] Insofern wird die Politik von dieser Nebenfolge überrascht, ihr Einteffen wurde also nicht in Kauf genommen im Sinne von »gewählt«.

[13] Vgl. hierzu Mises: »Interventionistische Maßnahmen werden von den Verfassern wirtschaftspolitischer Bücher und Abhandlungen, von den Journalisten und von den politischen Parteien gefordert, ehe sie getroffen wurden; sind aber einmal verfügt worden, dann ist niemand mit ihnen einverstanden, dann bezeichnet sie jedermann – in der Regel selbst die Machthaber, die für sie verantwortlich sind – als ungenügend und unzulänglich. Und allgemein wird dann die Forderung erhoben, daß an Stelle

tik gegenüber Mises verschoben. Dort bezog sich die Kritik – obwohl in genereller Form präsentiert – in erster Linie auf interventionistische Eingriffe, welche zu Marktungleichgewichten führen und darum wesentliche Funktionen der Preise außer Kraft setzen (etwa in Form der bei Mises diskutierten Preistaxen). Diese Formen von Eingriffen bedürfen nachfolgender Korrekturen und führen zu einer Kumulation von Eingriffen; weil die Folgen aber im Rahmen einer Partialmarkttheorie abbildbar sind, können sie als im Prinzip vorhersehbar gelten – ein Wissensproblem entsteht hierbei noch nicht.

Eine neue Dimension von nicht vorhersehbaren Folgen aufgrund von Lenkungsmaßnahmen tritt auf, wenn wir den evolutiven Charakter von Marktprozessen berücksichtigen, in die korrigierend eingegriffen wird. Aus evolutionären Marktprozesse gehen neue Allokationszustände hervor, die ihrerseits temporärer Natur sind. Da die Antizipierbarkeit solcher Prozesse systembedingt herabgesetzt ist, können Eingriffe notwendigerweise nur bei begrenztem Wissensstand der Entscheider erfolgen. Mit Fehlsteuerungen, die als solche nicht unmittelbar zu identifizieren sind und darum nach unserem Verständnis die Form einer Lenkungspathologie annehmen können, ist hier in besonderem Maße zu rechnen.

Letzteres ist in extremer Weise von Hayek gemutmaßt worden. Bekanntlich hat Hayek zu zeigen versucht, daß jede ablaufpolitische Lenkung von Marktprozessen einen pathologischen Charakter annehmen muß, weil sich evolutionäre Prozesse seiner Auffassung nach – im Gegensatz zu Hierarchien – nicht ergebnisorientiert lenken lassen. Dieser Nicht-Steuerbarkeitsthese Hayeks kommt in der Theorie der Wirtschaftspolitik insofern zentrale Bedeutung zu, als Hayek explizit den evolutiven Charakter von Marktprozessen als Ursache anführt, was sich an seiner in verschiedenen Schriften immer wiederkehrenden Aussage zeigt, daß »endzustandsbezogene Bewertungskriterien« nicht zu einer spontanen Ordnung passen. Das heißt, Systemzustände des Marktes – Hayek thematisiert in erster Linie Verteilungspositionen, verallgemeinert aber sein Argument – stellen lediglich transitorische Interaktionsphänomene autonomer Markthandlungen dar. Als solche entziehen sie sich einer Lenkbarkeit (Hayek, 1986; 1981a; 1969). Diese Aussage wird in Antithese zur Wohlfahrtsökonomik gesetzt, in der in vielfältiger

der unbefriedigenden Eingriffe andere, zweckmäßigere gesetzt werden sollten. Sind dann die neuen Forderungen erfüllt worden, dann beginnt wieder dasselbe Spiel. So allgemein das Verlangen ist, am interventionistischen System festzuhalten, so allgemein ist auch die Ablehnung aller konkreten Maßnahmen der interventionistischen Politik.« Mises 1929/1976, 42.

Weise allokations- und verteilungspolitische Korrekturmöglichkeiten unterstellt werden, ja sogar Korrekturen der Marktallokation unter Hinweis auf eine zu erzielende Pareto-Effizienz gefordert werden. Hayek zufolge stellen sich Lenkungsversuche als pathologisch dar, weil sie notwendigerweise zu einem Verlust zentraler Systemeigenschaften evolutiver Märkte führen, nämlich a) die Evolutionsfähigkeit der Marktordnung bedrohen und b) im Gefolge zu einem Freiheitsverlust führen (»Road to Serfdom«).

Ich möchte im weiteren der Hayek-These nachgehen und die Erfolgsaussichten einer ablauforientierten Wirtschaftspolitik bei defizitärem Lenkungswissen untersuchen. Dabei werde ich mich auf die Darstellung eines theoretischen Konzeptes beschränken, das in gewisser Weise an Hayeks evolutorischem Ordnungsverständnis anknüpft, aber differenziertere Schlüsse zu ziehen erlaubt. Obwohl die Nicht-Steuerbarkeitsthese Hayeks tendenziell Zutreffendes erfaßt, gilt sie dennoch nicht in der von Hayek offerierten generellen Form, wie die weiteren Ausführungen zeigen werden.

3. Defizitäres Lenkungswissen und Marktevolution

Prima facie kann ein Defizit an wirtschafspolitischem Lenkungswissen in evolutorischen Marktprozessen auf zwei Ursachen zurückgeführt werden:

1. Die Anreizwirkung von indirekten, verhaltenssteuernden Maßnahmen wird von den verfügbaren Sets an Handlungsalternativen bestimmt, über die die ökonomischen Akteure verfügen. Im Falle einer asymmetrischen Information können die Reallokationseffekte aus Sicht der Wirtschaftspolitik unbestimmt sein. Dieses Wissensdefizit korrespondiert zu der Hayekschen Aussage, daß ökonomisches Wissen um Handlungsmöglichkeiten ein Wissen der besonderen Umstände von Zeit und Ort darstellt, auf das die Politik naturgemäß verzichten muß. Nur bei vollständiger Information der Wirtschaftspolitik über die Handlungsmöglichkeiten von Akteuren können Reallokationseffekte vorhergesagt werden.[14]

[14] Obwohl Hayek (1976) mit seiner Aussage eine evolutive Perspektive verbindet, sollte festgehalten werden, daß dezentrale Information noch nicht zu einem evolutiven Theorieansatz zwingt; auch im Rahmen stationärer Ansätze bei asymmetrischer Information geht bereits die Eindeutigkeit verloren, welche Modelle mit vollkomme-

2. Dieses Informationsproblem für die Wirtschaftspolitik wird zusätzlich dadurch erschwert, daß die jeweils genutzten Wissensbestände (falls man im Falle von Wissen von Entitäten sprechen will) variabel sind. Der Wettbewerb als Entdeckungsverfahren wird nämlich von zwei Momenten geprägt: a) Infolge von Innovationsaktivitäten *erweitern* Akteure (in erster Linie Organisationen) ihr Wissen um ökonomische Handlungsmöglichkeiten permanent; b) Parallel dazu ist jeder Akteur den Innovationsaktivitäten von potentiellen Konkurrenten ausgesetzt. Deren möglicher Markterfolg kann aber Substitutionsprozesse auf der Marktgegenseite auslösen und auf diese Weise auf Seiten der Wettbewerber bisher genutzte Handlungsmöglichkeiten *entwerten* (s.u.).

Beide Punkte sind von Relevanz: Die Sets an Handlungsmöglichkeiten ökonomischer Akteure sind für eine Ablaufpolitik, welche Allokationszustände des Marktes auf verhaltenssteuerndem Wege zu korrigieren wünscht, nicht nur zum Teil unbekannt, sondern darüber hinaus invariant. Diese letzte Aussage gewinnt Bedeutung, weil die Chancen einer trial- and error-Politik gemindert sind. Bezeichnen wir die Sets an Handlungsmöglichkeiten eines Akteurs i zum Zeitpunkt t_0 mit $A_{t0}{}^i = \{A_1{}^i, A_2{}^i, ..., A_j{}^i, .. A_l{}^i\}_{t0}$, so wird der »Reallokationsraum« u.a. von den Bestandteilen dieser Sets, i.e. den individuellen Handlungsmöglichkeiten, bestimmt. Sind der Politik die einzelnen Handlungsmöglichkeiten aller Akteure zumindest partiell unbekannt – und eben dies macht die Dezentralität ökonomischen (Handlungs-) Wissens aus –, so könnte zumindest durch ein trial- and error-Verfahren der Reallokationsraum »abgesucht« und dadurch sukzessive in Erfahrung gebracht werden.[15] Diese Möglichkeit ist genau dann nicht mehr gegeben, wenn zu unterschiedlichen Zeitpunkten t die Sets an Handlungsmöglichkeiten Veränderliche darstellen. Die Anreizwirkung von verhaltenssteuernden (z.B. pretialen) Lenkungsinstrumenten wird entsprechend unbestimmt, es entsteht ein Defizit an Lenkungswissen.

Mit diesen Momenten läßt sich die Fragestellung nach der Steuerbarkeit evolutiver Systeme unter einem speziellen Aspekt aufnehmen. Zu

ner Information prägt; für den Fall einer Korrektur umweltbedingter externer Effekte via pretialer Lenkungsmaßnahmen vgl. z.B. Buchholz/Haselbeck 1992; Weimann 1990, 136 ff.

[15] Ein solches trial-and-error-Verfahren wird z.B. als allokationspolitische Strategie im Rahmen des Preis-Standard-Ansatzes in der Umweltökonomik erwogen, und zwar für jene Fälle, in denen die Grenzvermeidungskosten einer umweltpolitischen Steuerungsinstanz unbekannt sind; vgl. hierzu Weimann 1990, 140 ff.

untersuchen sind zwei Teilantworten, auf die sich die Hayeksche Nicht-Steuerbarkeitsthese bei näherem Hinsehen stützt. Sie lauten:

- Zielorientierte Lenkungen/Korrekturen von Marktprozessen sind aufgrund des Charakters der spontanen Ordnung Hayek zufolge nicht möglich. Diese Aussage wird bei Hayek wohlgemerkt aus dem Ordnungstypus deduziert und ohne nähere Betrachtung von in Frage kommenden Lenkungsinstrumenten sowie ohne nähere Analyse ausgewählter Politikziele getroffen.
- Lenkungs*versuche* beeinträchtigen die Funktionsbedingungen des Marktsystems und gelten in diesem Sinne als ordnungsinkonform (also unabhängig der Tatsache, daß sie aufgrund der ersten Aussage für zielinkonform befunden werden).

Eine kritische Erörterung hat deshalb insbesondere zu prüfen, ob und unter welchen Bedingungen defizitäres Lenkungswissen sowohl zu *ziel*-inkonformen als auch zu *ordnungs*inkonformen Eingriffen führt. In diesem Zusammenhang stellt sich auch die Frage, welcher Kausalzusammenhang zwischen beiden Interventionskriterien besteht und was über die Ordnungskonformität von Eingriffen überhaupt sicher gesagt werden kann, wenn Lenkungswissen unvollständig ist.

4. Funktionsbedingungen evolutiver Märkte

Über die Ordnungskonformität wirtschaftspolitischen Mitteleinsatzes können nur Aussagen getroffen werden, wenn konkretere Vorstellungen über die Funktionsbedingungen der Marktordnung existieren. Solche Aussagen dürften unproblematisch zu finden sein, wenn wir das Feld wirtschaftspolitischer Handlungen nicht näher beschränken. Es ist dann sofort evident, daß jene wirtschaftspolitische Maßnahmen, die eine Marktordnung überhaupt erst konstituieren, als ordnungskonform anzusehen sind (»systemnotwendig« im Sinne der älteren Thalheimschen Kasuistik)[16], also z.B. die Schaffung und Garantie des Privateigentums, der wirtschaftlichen Freiheitsrechte wie Vertragsfreiheit, Niederlassungsfreiheit, evtl. auch die Durchsetzung eines Wettbewerbsrechts, welches wettbewerbsbeschränkende Praktiken verbietet, vorausgesetzt, dies ließe sich auf justiziable Weise bestimmen. Entsprechend sind alle wirtschaftspolitische Maßnahmen als ordnungsinkonform anzusehen,

[16] Vgl. Thalheim 1965

welche marktkonstituierende Regeln aufheben oder aushöhlen. Darüber hinaus gelten sämtliche Maßnahmen als ordnungsinkonform, welche direkt in Märkte eingreifen und elementare Preisfunktionen wie die Marktausgleichsfunktion oder Knappheitsfunktion der Preise außer Kraft setzen (Höchst- oder Mindestpreispolitik, Preisstopps etc.).

Schwieriger ist eine Bestimmung allerdings vorzunehmen, wenn wir das Feld ordnungspolitischer Maßnahmen verlassen und uns allein auf ablaufpolitische Handlungen konzentrieren, welche nicht direkt in Märkte eingreifen und elementare Preisfunktionen antasten. Dies soll hier geschehen, da ablaufpolitische Handlungen dieses Typs – abgesehen von wirtschaftshistorischen Ausnahmephasen – den größten Anteil wirtschaftspolitischen Handelns ausmachen.[17]

Wenn in Abläufe, d.h. in Marktprozesse, wirtschaftspolitisch eingegriffen wird – und auf diesen Fall fokussiere ich hier ausschließlich – kann eine Bestimmung der Ordnungskonformität wirtschaftspolitischer Intervention nur vom Standpunkt einer Theorie der Funktionsbedingungen von Märkten vorgenommen werden. Die hier gewählte Perspektive stellt auf die Entwicklungseigenschaft ab und faßt Markteingriffe als Eingriffe in evolutive Prozesse. Funktionsstörungen werden deshalb als Entwicklungsstörungen gefaßt. Es wird sich gleich herausstellen, daß eine solche Sichtweise den stationär-allokationstheoretischen Kontext verläßt und die Ordnungskonformität ablaufpolitischer Maßnahmen ausdrücklich nicht an die Bedingungen stationärer Allokationseffizienz bindet. Auf diese Weise wird die Norm der Allokationseffizienz als Interventionskriterium zwar nicht suspendiert, wohl aber ordnungstheoretisch ergänzt und relativiert.

Betrachtet sei ein bereits oben angesprochener Aspekt, der die *latente* Gefärdung von Funktionsbedingungen evolutiver Marktprozesse zu untersuchen gestattet. In diesem Zusammenhang ist eine zentrale Aussage zu treffen: *In evolutiven Märkten findet systemendogen eine Entwertung von Handlungsmöglichkeiten statt, die permanent zu einer vorbeugenden (kompensierenden) Suche nach neuen Handlungsmöglichkeiten anreizt.*

Diese Aussage soll als Tendenzaussage begriffen werden; es wird nicht behauptet, daß zu jedem Zeitpunkt ausnahmslos alle Handlungsmöglichkeiten der Marktakteure dieser Entwertung ausgesetzt sind.[18]

---

[17] Ich spare hier auch wirtschaftspolitische Maßnahmen aus, welche Eigentumsrechte auf zuvor freie Güter definieren (z.B. im Falle geistigen Eigentums oder freier Umweltgüter), da auch solche Maßnahmen dazu dienen, Voraussetzungen der Marktallokation zu schaffen anstatt Marktprozesse zu lenken.

[18] Insbesondere im Falle von Rentenphänomenen, welche z.B. aus der Knappheit natürlicher Ressourcen erwachsen, existieren zahlreiche Ausnahmen.

Dennoch scheint mir diese Eigenschaft für moderne Marktökonomien geradezu charakteristisch zu sein, was im Falle der dazu komplementären Negativaussage noch besser einsehbar sein dürfte: Wettbewerber, welche die Sets ihrer Handlungsmöglichkeiten unverändert lassen und auf lange Sicht gleiche Produkte zu unveränderten Produktionstechniken produzieren, werden mit einiger Sicherheit einer existenzgefährdenden Marktverdrängung ausgesetzt sein. Zwischen marktendogener Aufwertung, z.B. infolge eines Präferenzenwandels, und marktendogener Entwertung von Handlungsmöglichkeiten besteht eine Asymmetrie: Während erstere durchaus gelegentlich stattfindet, können Akteure gleichwohl nicht eine langfristige Aufwertung systematisch erwarten. Umgekehrt haben sie vielmehr stets von der Möglichkeit nachfrageseitiger Substitutionsprozesse auszugehen, die zu ihren Lasten gehen könnten.[19] Die »Belastung« aber besteht in einer Entwertung von Handlungsmöglichkeiten. Ein Marktsystem kann nicht in der Weise geschlossen werden, daß sämtliche Quellen möglicher Entwertungen von Handlungsmöglichkeiten ausgeschaltet sind, die zu nachfrageseitigen Substitutionsprozessen führen.

Diese charakteristische Eigenschaft offener Marktsysteme bewirkt nicht nur einen permanenten Innovationsanreiz, sondern erfordert zugleich auf Seiten der Akteure den Aufbau und den Erhalt von Innovationskompetenzen. Dabei handelt es sich um eine spezifische Herausforderung des Marktsystems an die Akteure, welche die dazu benötigten Fähigkeiten immer neu zu erlernen haben. Selbst Erfahrungen und Fähigkeiten, die in der Vergangenheit ein erfolgreiches Innovieren ermöglicht haben, bieten keinen Garant für künftige Markterfolge. Diese Aussage gilt für individuelle Marktteilnehmer ebenso wie für Branchen oder größere Teile einer Volkswirtschaft. Zum Systemerfordernis, marktendogen verursachte Entwertungen von Handlungsmöglichkeiten kompensieren zu können, korrespondiert noch nicht eine entsprechende Handlungs- (i.e.: Innovations-) Kompetenz (Röpke, 1987).[20]

---

19 Für eine Analyse der Teilprozesse auf dynamischen Märkten vgl. Streit/Wegner 1992/1989; Wegner 1995a.

20 Vgl. hiezu auch die häufig zitierte Wendung Schumpeters von der »schöpferischen Zerstörung«

5. Entwertung von Handlungsmöglichkeiten als Eingriffsoption einer Ablaufpolitik

Die Relevanz dieser Aussage zeigt sich, wenn wir uns den Möglichkeiten ablaufpolitischen Handelns zuwenden. Eine Analyse könnte auf einzelne ablaufpolitische Instrumente abstellen und wäre dann institutionell-historisch ausgerichtet; denn die ablaufpolitischen Instrumente variieren mit dem jeweiligen institutionellen (somit auch nationalstaatlichen) Kontext und werden im Laufe der Zeit weiterentwickelt. Aus Abstraktionsgründen verzichte ich auf eine Instrumentenanalyse und frage statt dessen nach der generellen Eingriffsoption ablaufpolitischen Handelns. Anstatt also einzelne Politikinstrumente und ihre Wirkungen zu analysieren – dies wäre speziellen Theorien der Wirtschaftspolitik vorbehalten – stelle ich auf eine (in Anlehnung an Kaldors »stylized facts«) stilisierte Eingriffsoption ab, die eine Vielfalt möglicher Instrumente abstrakt zu fassen versucht. Diese Stilisierung wird sich für eine Betrachtung der Ordnungsfolgen als nützlich erweisen und – wie sich zeigen wird – eine veränderte Perspektive eröffnen.[21] Meine These lautet:

These: In Marktökonomien verfügt die Politik über die generelle Eingriffsoption, ökonomische Handlungsmöglichkeiten der Marktakteure zu *entwerten*, nicht aber zu kreieren oder dauerhaft aufzuwerten.

Behauptet wird also eine Asymmetrie wirtschaftspolitischer Interventionsmöglichkeiten in bezug auf ökonomische Handlungsmöglichkeiten, und diese These steht in gewisser Hinsicht konträr zu statisch-allokationstheoretischen Theorieauffassungen.

Es ist zu beachten, daß hier von der generellen wirtschaftspolitischen *Eingriffsoption* die Rede ist, nicht von möglichen Effekten wirtschaftspolitischen Handelns. Thematisiert wird *Machtbasis* der Wirtschaftspolitik gegenüber einer ansonsten liberal verfaßten Marktökonomie. Hier werden im wesentlichen zwei Eingriffsoptionen relevant, nämlich die »power to tax« und die »power to regulate«.

(1) Um mit letzterem zu beginnen: innerhalb rechtsstaatlicher Grenzen, die den Staat zur Respektierung auch der wirtschaftlichen

[21] Daß ich auf eine konkrete Instrumentenanalyse hier verzichte, erklärt sich auch dadurch, daß es mir hier speziell um Ordnungsaspekte wirtschaftspolitischer Intervention geht, und zwar aus der Perspektive einer allgemeinen Theorie der Wirtschaftspolitik.

Freiheitsrechte seiner Bürger zwingen, besteht die Möglichkeit des selektiven Verbotes von ökonomischen Handlungsmöglichkeiten z.B. auf dem Weg vielfältiger Regulierungen oder hoheitlicher Auflagen. Es liegt innerhalb rechtsstaatlicher Grenzen im Ermessen der Politik, historisch kontingente Handlungsmöglichkeiten auf regulativem Wege auszuschließen.[22] Verbote von Handlungsmöglichkeiten lassen sich als Extremfall einer Entwertung auffassen, nämlich als eine Entwertung auf Null Geldeinheiten.

(2) Auch Gebote, wie sie etwa in der umweltpolitischen Regulierungspraxis vielfältig anzutreffen sind, können Handlungsausschlüssen zugerechnet werden, weil sie de facto auf dasselbe hinauslaufen: Gebote (die z.B. im Rahmen einer behördlichen Genehmigungspraxis veranlaßt worden sind) verbieten de facto jene Handlungsmöglichkeiten, die bei Abwesenheit von Geboten gewählt worden wären. Letztere aber werden einen höheren Wert aufweisen, denn andernfalls würden sich rational handelnde Akteure freiwillig für die gebotenen Handlungsmöglichkeiten entscheiden, womit Gebote redundant und somit verzichtbar wären. Kurz: auch Gebote (Auflagen), welche die Politik auf hoheitlicher Basis einsetzen kann, entwerten de facto Handlungsmöglichkeiten.

(3) Ein weites Feld möglicher Entwertungen stellen schließlich *Besteuerungen* dar, und zwar um so mehr, als hier für eine Politik kaum rechtsstaatliche Grenzen bestehen – ein Umstand, der bekanntlich die »Constitutional Economics« um Buchanan (1993) zu Überlegungen einer Verfassungsreform veranlaßt hat. Daß der Rechtsstaat in seiner ursprünglichen Form Besteuerungsgrenzen nicht vorsieht, unterstreicht die Machtbasis der Wirtschaftspolitik gegenüber den Marktakteuren.[23] Diese Machtbasis erstreckt sich nicht nur auf die Wahl der Steuertarife (bzw. der Grenzsteuersätze), sondern auch auf die Wahl der in Frage kommenden Steuerbasis. Letzteres aber eröffnet für die Politik grundsätzlich die Möglichkeit, Handlungsmöglichkeiten nicht nur unspezifisch (wie etwa im Fall der Einkommenssteuer), sondern auch *selektiv* zu be-

---

[22] Wie dies etwa im Fall der auflagenorientierten Umweltpolitik in vielfältiger Weise geschieht: Die Objekte möglicher Regulierungen – umweltschädigende ökonomische Aktivitäten – wandeln sich und können bestenfalls ex post definiert werden.

[23] Wobei Buchanan (1984) allerdings die Rechtsstaatlichkeit einer unbeschränkten Machtausübung dann bezweifeln würde, falls die Besteuerungsentscheidungen nach der üblichen Mehrheitsregel gefällt werden. Diese Überlegungen resultieren aus einem verallgemeinerten Pareto-Prinzip, an das Budget-Entscheidungen des Fiskus Buchanan zufolge gebunden weden sollen.

steuern bzw. zu entwerten (in Form von Akzisen, Verbrauchssteuern etc.).[24]

Diese Aussagen beziehen sich wohlgemerkt auf die generelle *Eingriffsoption* der Wirtschaftspolitik. Umgekehrt stehen einer Kreation oder Aufwertung von Handlungsmöglichkeiten Grenzen entgegen. Dabei wird durchaus zugelassen, daß die Intentionen der Politik auf die Kreation oder Aufwertung von Handlungsmöglichkeiten gerichtet sein mögen; dies steht in vielen Fällen zu vermuten. Aber dies kann von der Politik nicht auf hoheitlicher Basis vollzogen werden, und deswegen liegt ein Unterschied zu einer Politik der Entwertung von Handlungsmöglichkeiten vor.

Diese Aussage mag erläuterungsbedürftig sein; denn bekanntlich haben die modernen Industrieländer in neuerer Zeit in vielfältiger Weise versucht, ökonomische Handlungsmöglichkeiten selbst zu kreieren oder aber die private Suche nach neuen Handlungsmöglichkeiten anzureizen. Politiken dieser Art firmieren als Innovations- oder Technologiepolitik, bisweilen auch als Industriepolitik. Über den Erfolg solcher Strategien braucht hier nicht spekuliert zu werden, insbesondere brauchen wir nicht annehmen, daß eine solche Politik per se zum Mißerfolg verurteilt ist. Entscheidend für unser Argument ist folgender Punkt: Erst durch Vermarktbarkeit entsteht eine ökonomische Handlungsmöglichkeit, und der Markterfolg einer Innovations- und Technologiepolitik wird zum Prüfstein für das Gelingen dieser Politik. Es entzieht sich aber der Macht von Politik, Markterfolge zu veranlassen, und deswegen stellt die Kreation ökonomischer Handlungsmöglichkeiten keine generelle Eingriffsoption dar!

Auch im Falle einer Subventionierung schon existierender Handlungsmöglichkeiten (wie sie z.B. bei einer Strukturerhaltungspolitik praktiziert wird) läßt sich nachvollziehen, daß die Politik Aufwertungen von Handlungsmöglichkeiten nicht auf hoheitlicher Basis vollziehen kann, obwohl temporär und in Einzelfällen eine solche Aufwertung gelingen kann. Bekanntlich wird der Wert subventionierter Handlungsmöglichkeiten nicht nur von den Subventionssätzen bestimmt, sondern zusätzlich von den Marktkräften, die ja weiterhin wirksam bleiben (und in nicht wenigen Fällen die Spielräume für eine Subventionspolitik empfindlich geschmälert haben). Hier aber erhalten die obigen Überlegungen Relevanz: Eine marktendogene Tendenz der Entwertung von Handlungsmöglichkeiten kann auch von der Politik

---

[24] So können etwa im Falle umweltpolitischer Ziele umweltbelastende Handlungsmöglichkeiten entwertet werden (Öko-Steuer).

nicht außer Kraft gesetzt werden, vielmehr hängt der wirtschaftspolitische (Subventions-) Erfolg vom Ausmaß dieser politisch unkontrollierbaren (langfristigen) Entwertungstendenz ab. Im Zweifel ließe sich die Politik auf einen Wettlauf mit den Marktkräften ein, was steigende Subventionssätze erforderlich macht. Eben weil eine Politik der Aufwertung von Handlungsmöglichkeiten durch marktendogene Systemwirkungen latent gefährdet ist, liegt keine generelle Eingriffsoption von Politik vor.

Diese Aussagen verdeutlichen ein Spezifikum wirtschaftspolitischer Eingriffsmöglichkeiten in offenen Systemen. Anders als in geschlossenen Systemen, welche im Rahmen der konventionellen Allokationstheorie modelliert werden, besteht keine Symmetrie in bezug auf die wirtschaftspolitischen Eingriffsoptionen; d.h. Handlungsmöglichkeiten können nicht in kontrollierbarer Weise aufgewertet oder kreiert werden.[25] Aus diesem Umstand ergeben sich Schlußfolgerungen, die erkennen lassen dürften, daß die Interventionsmöglichkeiten einer Wirtschaftspolitik in offenen Systemen neu anzudenken ist.[26],[27]

---

[25] Zu dieser Aussage existieren zwei Einschränkungen, von denen die erste fast trivial ist: Selbstverständlich besteht die Möglichkeit einer Deregulierungspolitik, die bestehende Entwertungen von Handlungsmöglichkeiten rückgängig macht und in diesem Falle durchaus gezielt Handlungsmöglichkeiten aufwerten kann. Zweitens kann die Politik Eigentumsrechte schaffen im Falle von Handlungsmöglichkeiten, die noch nicht eigentumsrechtlich geschützt sind (Beispiel: Patentschutz, Schaffung von Eigentumsrechten an übernutzten Umweltgütern). In diesem Falle handelt es sich jedoch eher um einen ordnungspolitischen Eingriff, insofern die Politik lediglich Voraussetzungen für eine marktliche Allokation schafft, aber nicht auf Marktergebnisse zielt. Hierein unterscheidet sie sich von einer ablaufpolitischen Intervention, die oben ausschließlich betrachtet wird.

[26] In ähnlicher Weise trifft es *nicht* zu, wie man meinen könnte, daß eine Entwertung von Handlungsmöglichkeiten quasi automatisch andere Handlungsmöglichkeiten (nämlich Substitute) aufwertet, eine Aussage, wie sie eine konventionell-allokationstheoretische Perspektive nahelegen würde. Im Rahmen solcher Modelle realisieren die Akteure unter Abwägung aller Handlungsalternativen ihre optimalen Pläne, und aufgrund einer Besteuerung realisierter Handlungsmöglichkeiten erfahren substitutive Handlungsalternativen automatisch eine Erhöhung ihres relativen Wertes. Hier bleibt jedoch zu beachten, daß solche automatischen Aufwertungseffekte nur dann eintreten, wenn die Akteure bereits über Handlungsmöglichkeiten verfügen, die als Substitute in Betracht kommen. Eine Marktprozeßtheorie legt den Akzent darauf, daß solche Substitute erst gefunden werden müssen, also nicht bereits zum Entwertungszeitpunkt virtuell zur Verfügung stehen. Diese Suche muß zum einen gelingen, und selbst für diesen Fall steht ex ante noch nicht fest, *welche* substitutive Handlungsmöglichkeit gefunden werden wird. Das aber bedeutet, daß die Aufwertung von Handlungsmöglichkeiten – anders als in geschlossenen Modellen – aus Sicht der Politik unkontrolliert erfolgt und darum keine generelle Eingriffsoption darstellt. Abgesehen davon dürfte intuitiv plausibel sein, daß eine überbordende Politik

6. Reaktionen der Marktteilnehmer auf wirtschaftspolitische Entwertungen von Handlungsmöglichkeiten

Aus dem Bisherigen lassen sich Ansatzpunkte für eine evolutorische Steuerungstheorie gewinnen.

Zunächst kann festgehalten werden, daß die Marktakteure als Adressaten wirtschaftspolitischer Steuerungsversuche zwei Entwertungsquellen von Handlungsmöglichkeiten ausgesetzt sind, nämlich einer marktexternen und einer marktendogenen. Zusätzlich zu marktendogenen Entwertungen von Handlungsmöglichkeiten, welche auf evolutiven Märkten weiterhin stattfinden, treten aufgrund ablaufpolitischer Zielsetzungen exogene Entwertungen hinzu. Die Innovationskompetenz der Akteure wird infolge wirtschaftspolitischer Steuerungsversuche also doppelt gefordert.

Der Umfang politikbedingter, (markt-)externer Entwertungen von Handlungsmöglichkeiten hängt von den Eigenschaften des jeweiligen Ablaufzieles ab. Offenere (z.B. negativ formulierte) Politikziele können eine geringere Entwertung von Handlungsmöglichkeiten bedingen als positiv formulierte Politikziele:

Betrachten wir dazu die Menge an Handlungsmöglichkeiten HM^i eines beliebigen Akteurs i, der aktuell eine Handlungsmöglichkeit HM_1 mit $HM_1 \in HM^i$ realisiert. Diese werde von der Politik als inkonform mit einem anvisierten Ablaufziel erachtet und darum entwertet. Nehmen wir an, daß eine Teilmenge HMZ^i mit $HMZ^i \subset HM^i$ aus dem Set verfügbarer Handlungsmöglichkeiten zielkonform ist. Diese Teilmenge ist dann am größten, wenn die Politik ein Negativziel formuliert, welches sämtliche Handlungsmöglichkeiten außer der aktuell realisierten zuläßt. Dies gilt z.B. im Falle einer Entwertung einer genau definierten

der Entwertung von Handlungsmöglichkeiten sich auf ein wirtschaftspolitisches Abenteuer einließe, verließe sie sich auf eine Kompensierbarkeit durch substitutive Handlungsmöglichkeiten.

[27] Mit dieser Betrachtung wird ein Weberscher Politikbegriff auf eine Theorie evolutionärer Marktprozesse bezogen. Indem die Politik über das Recht als Instrument verfügt, besitzt sie ein Monopol der legalen Zwangsgewalt zur verbindlichen Durchsetzung von Entscheidungen. Für eine Theorie der Wirtschaftspolitik ist dann zu fragen, welche Interventionsmöglichkeiten in Marktprozesse der Politik erwachsen. Offensichtlich befähigt das Machtmonopol nicht dazu, Marktwerte zu bilden, denn diese entstehen aus dem Zusammenspiel autonomer Angebots- und Nachfrageentscheidungen. Hingegen besteht die Eingriffsoption der Entwertung, der sich die Marktakteure als Normadressaten nicht zu entziehen vermögen (Zu den möglichen Reaktionen der Marktteilnehmer vgl. die weiteren Ausführungen des Textes.)

umweltschädigenden Aktivität, wenn *sämtliche* substitutiven Handlungsmöglichkeiten zugelassen bleiben. Umgekehrt kann bei einem Positivziel, das eine einzige Handlungsmöglichkeit HM_s als zielkonform bewertet, eine Entwertung sämtlicher Handlungsmöglichkeiten HM_j bis auf HM_s mit $HM_j \in HM^i$ erforderlich sein. Dies mag z.B. der Fall sein, wenn seitens der Umweltpolitik Produktqualitäten eines »umweltfreundlichen« Gutes exakt definiert oder Techniken festgeschrieben werden.

Aufgrund asymmetrischer Information wird der Steuerungserfolg ex ante ungewiß. Es ist nämlich davon auszugehen, daß aufgrund der Dezentralität des Wissens der Marktteilnehmer (»Kenntnis der besonderen Umstände von Zeit und Ort« gemäß Hayek) keine Einsicht in den Set an Handlungsmöglichkeiten besteht. Beobachtbar ist lediglich die aktuell realisierte Handlungsmöglichkeit, nicht aber der Set aller verfügbaren Substitute. Von daher kann die Politik bei der Formulierung eines Ablaufzieles im allgemeinen nicht (mit Ausnahme des oben genannten Negativ-Zieles) bestimmen, ob und wieviele substitutive Handlungsmöglichkeiten aus dem aktuell verfügbaren Set zielkonform sind. Dies bedeutet wiederum, daß erst ex post beobachtbar wird, ob eine zielkonforme oder zielinkonforme Handlungsmöglichkeit realisiert wird, und beide Reaktionen seitens der Marktakteure stellen eine Möglichkeit dar.

Diese Überlegungen sind aber um einen zusätzlichen Punkt zu erweitern: Oben wurde festgestellt, daß die Akteure aufgrund marktendogener Entwertungen von Handlungsmöglichkeiten einen Anreiz zur Innovationssuche besitzen. Diese Aussage läßt sich verallgemeinern und für den Fall politikbedingter Eingriffe übertragen. Analog zum Fall marktendogener Entwertungen bleibt allerdings offen, ob diese Suche gelingt. Es stellt zunächst nur eine Möglichkeit dar, daß der Set an Handlungsmöglichkeiten um neue Handlungsmöglichkeiten erweitert wird. Für die neu gefundenen Handlungsmöglichkeiten trifft wiederum dasselbe zu, was für eine Substitution innerhalb gegebener Handlungsmöglichkeiten bereits festgestellt wurde: eine neu gefundene und realisierte Handlungsmöglichkeit kann sich ex post sowohl als zielkonform oder zielinkonform herausstellen.

Mit diesen elementaren Überlegungen läßt sich eine Kasuistik der Intervention gewinnen, die eine im Vergleich zu Hayek differenziertere Betrachtung wirtschaftspolitischer Steuerungsmöglichkeiten zuläßt: Wir können die Reaktionsweisen von Marktakteuren zunächst danach unterscheiden, ob eine Substitution innerhalb eines gegebenen Sets oder aber eines innovativ erweiterten Sets von Handlungsmöglichkeiten erfolgt. In jedem der beiden Fälle wiederum kann sich die substituierte Handlungsmöglichkeit ex post als zielkonform oder aber zielinkonform herausstellen. Daß wir jede der genannten Reaktionen ex ante als Möglichkeit einstufen, stellt eine Konsequenz der Annahme begrenzten Lenkungswissens dar, die auf zwei Gründe zurückzuführen ist:

- Die Annahme eines dezentralen Wissens von Handlungsmöglichkeiten im Falle entscheidungsautonomer Subjekte schließt aus, daß ein Steuerungsakteur die vollständigen Sets kennt, aus denen die als optimal beurteilten Handlungsmöglichkeiten gewählt werden. Diese Annnahme entspricht dem klassischen Privatheitspostulat, auf das sich Hayek in seiner Auseinandersetzung mit der Gleichgewichtstheorie gestützt hat.
- Aus der Eigenschaft der Innovation folgt streng genommen, daß ex ante noch nicht einmal die Suchenden selbst die Eigenschaften der erst noch zu findenden neuen Handlungsmöglichkeiten kennen. A fortiori bleibt für einen Steuerungsakteur ex ante offen, ob neue Handlungsmöglichkeiten zielkonform sind oder nicht.[28]

Es lassen sich darum vier Steuerungsresultate unterscheiden, die im folgenden als Idealtypen der Steuerung unter den Bedingungen defizitären Lenkungswissens gefaßt und näher betrachtet werden sollen. Diese elementare Einführung von Idealtypen gestattet Schlußfolgerungen, die sowohl das wirtschaftspolitische Steuerungsmodell wohlfahrtsökonomischer Provinienz verlassen als auch Hayeks Nicht-Steuerbarkeitsthese entscheidend erweitern.

Reaktionsweisen der Marktakteure

	substitutiv	*innovativ*
zielkonform	Fall I	Fall III
zielinkonform	Fall II	Fall IV

Von diesen vier Fällen charakerisieren die Fälle I und III einen Steuerungserfolg; im Fall II kommt es zu einem Mißerfolg, der dem von Hayek gemutmaßten Szenario recht nahe kommen dürfte, während Fall IV einen Steuerungsmißerfolg bezeichnet, der jedoch nicht auf Kosten der Funktionsbedingungen evolutiver Märkte geht, sondern die

[28] Vgl. auch Witt 1987, 22.

Eingriffsmöglichkeiten von Politik langfristig untergräbt und gleichfalls aus den Hayekschen Überlegungen ausgespart bleibt.

6.1 Fall I: zielkonforme Substitution innerhalb eines konstanten Sets von Handlungsmöglichkeiten

Hier wird idealtypischerweise nach einem einmaligen Steuerungseingriff a) der Set von Handlungsmöglichkeiten invariant gelassen (anstatt innovatorisch erweitert) und b) zielkonform substituiert. Es stellt sich ein Steuerungserfolg ein, der immerhin eine Möglichkeit darstellt, wenn er auch nicht sehr wahrscheinlich ist und eher als »triviale Lösung« anzusehen ist. Lediglich unter den Annahmen vollkommener Information könnte nämlich eine Allokationspolitik betrieben werden, welche die Anreize in einer Weise so auswählt und dosiert, so daß eine zielkonforme Reallokation ex ante sichergestellt ist. Aber da wir aus der Perspektive einer Theorie der Marktprozesse diese Annahme aufgehoben haben, ist dieser Fall nur noch zufällig zu erwarten. Im Falle von Negativzielen, die nur die aktuell realisierten Handlungsmöglichkeiten ausschließen und jede Substitution als zielkonform zulassen, wird eine zielkonforme Reaktion allerdings wahrscheinlicher bzw. sogar ein sicher zu erwartendes Ereignis. Ausschlaggebend hierfür wird das eingesetzte Instrument und die gewählte Dosierung.[29]

Die Funktionsbedingungen evolutiver Märkte bleiben bei einer Ablaufpolitik, die diesen idealtypischen Fall I erzeugt, weitgehend gewahrt. Der Set von Handlungsmöglichkeiten auf seiten der von der Intervention betroffenen Akteure ist nur geringfügig vermindert, so daß eine Beeinträchtigung der Entwicklungsmöglichkeiten nicht oder nur in unwesentlichem Maße zu erwarten ist. In diesem Sinne kann dem Eingriff auch Ordnungskonformität attestiert werden: Eine zielkonforme Lenkung schränkt die Menge wählbarer Subsititutionsmöglichkeiten nicht (oder nur unwesentlich) ein und gefährdet deshalb nicht die Entwicklung einer Marktökonomie.

---

[29] Im Falle von Verboten ist die zielkonforme Reaktion gewiß, sofern wir von Vollzugsproblemem praktischer Wirtschaftspolitik absehen. Bei pretialen Lenkungsinstrumenten hängt die Reaktion von der Substitutionselastizität in bezug auf alternative Handlungsmöglichkeiten ab, und deswegen entsteht – wie aus der umweltökonomischen Diskussion bekannt – ein zusätzlicher Lenkungswissensbedarf bei der Dosierung eines solchen Instrumentes.

6.2 Fall II: Interventionsspirale bei entwicklungshemmender Überregulation

In dem zweiten zu betrachtenden idealtypischen Fall substituieren die Akteure eine zielinkonforme Handlungsmöglichkeit durch eine andere – ob dies intentional oder nicht-intentional geschehe, sei hier offen. Ex post hat die Politik deshalb zu entscheiden, ob sie in der kommenden Steuerungsperiode an dem Ablaufziel festhält oder aber das Ziel aufgibt. In dem hier betrachteten Szenario gehen wir von ersterem aus, und deshalb wird eine Nachintervention erforderlich: Auch die in der nächsten Periode realisierte (substitutive) Handlungsmöglichkeit ist seitens der Politik zu entwerten in der Absicht, daß auf eine Handlungsmöglichkeit ausgewichen wird, welche zu einem von der Politik als zielkonform bewerteten Resultat führt.

Wiederholt sich das Resultat aus der ersten Runde, entsteht eine im Extremfall unabsehbare Kette aufeinanderfolgender Interventionen, wobei stets das Ablaufziel verfehlt wird.[30] Es stellt sich eine Interventionsspirale ein, die mit zunehmender Dauer Ausdruck einer Steuerungspathologie wird. Bereits in der klassischen Interventionsmuskritik – sie wurde von v. Mises (1929/1976) begründet und später vom ORDO-Liberalismus aufgegriffen – wurden Interventionsspiralen analysiert, wenngleich im Rahmen einer stationären Allokationstheorie.

Aus zwei Gründen kann diese Interventionsspirale als pathologisch gelten: zum einen wird das Ziel permanent verfehlt, was mit zunehmender Anzahl von Steuerungsperioden zumindest die Frage aufwirft, ob es sich ein im Hinblick auf die verfügbaren Sets an Handlungsmöglichkeiten überhaupt realisierbares Politikziel handelt. Ein Festhalten der politischen Akteure an dem einmal gewählten Ziel läßt den Rückschluß zu, daß eine nahegelegte Neubewertung des Ziels unterlassen wird, statt dessen auf eine Strategie des »Mehr desselben« gesetzt wird.

Zweitens aber greift eine Interventionsspirale die Funktionsbedingungen evolutiver Märkte unweigerlich an, so daß sich eine zunehmend ordnungsinkonforme Lenkung einstellt. Denn die Sets wählbarer Handlungsmöglichkeiten werden *politikbedingt* dezimiert mit der Folge, daß jeder Marktakteur, dessen Handlungsmöglichkeiten entwertet worden sind, nur noch innerhalb der nicht entwerteten Handlungsmöglichkeiten Substitutionen vornehmen kann. Daraus aber resultiert ein Entwicklungsproblem, welches im Rahmen einer stationären Allokations-

[30] Es sind auch »Mischfälle« denkbar, aber es kommt mir hier darauf an, Pathologien wirtschaftspolitischer Lenkung idealtypisch zu beschreiben.

theorie nicht zu diagnostizieren ist. Marktendogende Entwertungen von Handlungsmöglichkeiten finden in einem offenen System weiterhin statt, bürden den Akteuren deshalb eine zusätzliche Anpassungsleistung in Form von Substitutionen auf. Deshalb bleiben sie auf einen hinreichend großen Set an Handlungsmöglichkeiten angewiesen, um aufgrund marktendogener Entwertungen ihrer Handlungsmöglichkeiten über Substitutionsmöglichkeiten verfügen zu können, weil andernfalls der Marktverbleib gefährdet wird. Solche Substitutionsmöglichkeiten werden jedoch politikbedingt mehr und mehr dezimiert.

Dieses Szenario ähnelt Hayekschen Auffassungen zur Nicht-Steuerbarkeit einer spontanen Ordnung, insoweit Hayek zufolge eine Ablaufpolitik nicht nur scheitert, sondern auch ordnungsgefährdende Folgen hervorruft. Wir können den hier betrachteten Fall deshalb auch als (verallgemeinerten) Hayek-Fall bezeichnen.[31] Während es Hayek jedoch bei ontologischen Grundsatzüberlegungen und der für ihn zentralen bzw. von ihm überhaupt erst eingeführten ordnungstheoretischen Unterscheidung von Kosmos und Taxis beließ, lassen sich die Gründe für eine Ordnungsgefährdung aus der hier gewonnenen Perspektive genauer benennen.

Es dürfte offensichtlich sein, daß die Marktteilnehmer im Falle einer Interventionsspirale unterhalb eines gewissen Niveaus verfügbarer Handlungsmöglichkeiten die Suche nach neuen Handlungsmöglichkeiten aufnehmen werden, um über ökonomische Anpassungsmöglichkeiten für den Fall marktendogener Entwertungen von Handlungsmöglichkeiten zu verfügen.[32] Zu einer *fortgesetzten* Verminderung der Sets an Handlungsmöglichkeiten muß es kommen, wenn die Suche nach neuen Handlungsmöglichkeiten mißlingt (resp. die Politik stets mehr Handlungsmöglichkeiten entwertet, als die Akteure aufgrund ihrer Innovationskompetenzen zu finden in der Lage sind).

---

[31] In Wegner (1995b) habe ich genauer begründet, warum ich von einem verallgemeinerten Hayek-Fall spreche. Ein entscheidender Punkt besteht nämlich darin, daß auch eine Politik, welche sich an allgemeinen Regeln orientiert, das im Fall II geschilderte Szenario evozieren kann. Diese Aussage gilt dann, wenn keine weiteren Qualifikationen für allgemeine Regeln gestellt werden, und genau darauf hat Hayek (übrigens in Anlehnung an Überlegungen Kants) verzichten wollen. An näheren Qualifikationen kommt aber eine Politik, die in ordnungskonformer Weise intervenieren will, keineswegs umhin, und es trifft nicht zu, daß das Kriterium der Allgemeinheit (resp. Universalisierbarkeit) bereits hinreichend für eine ordnungskonforme Politik sei, wie Hayek annimmt. Vielmehr handelt sich um ein notwendiges Kriterium.

[32] Was wiederum die Verfügbarkeit ökonomischer Handlungsmöglichkeiten voraussetzt.

Gleichzeitig wird erkennbar, warum in einem solchen Fall die von Hayek befürchtete Tendenz besteht, daß eine spontane Ordnung in eine Taxis (gleich gemachte oder geplante Ordnung) transformiert wird. Im Verlauf einer Interventionsspirale, wie sie sich in dem hier betrachteten Szenario einstellt, *verliert das Marktsystem sukzessive seine Anpassungsreserven, bleibt einem Anpassungsdruck aber weiterhin ausgesetzt, solange an der marktwirtschaftlichen Ordnung festgehalten wird.* Dies aber führt zunehmend zu einem Konflikt; denn bei verminderten Anpassungsreserven in Form verfügbarer Handlungsmöglichkeiten muß der Anpassungsdruck *politisch* gemildert werden. Dies ist nur auf dem Wege einer tendenziellen Systemschließung zu erreichen, deren Hauptinstrument eine restriktive Außenhandelspolitik sein dürfte, eventuell flankiert von einer Wettbewerbspolitik, die Oligopolbildungen auf Märkten toleriert (anstatt einem Verbotsprinzip zu unterwerfen).[33] Um Politikzielen überhaupt noch eine Realisierungschance einzuräumen, kommt es für die Wirtschaftspolitik nämlich darauf an, die Quellen marktendogener Entwertungen von Handlungsmöglichkeiten weitgehend zu verschließen. Dabei jedoch büßt die Marktökonomie ihre Dynamik ein und wandelt sich aufgrund einer entwicklungshemmenden Überregulation mehr und mehr in eine gemachte Ordnung (Taxis), sofern die Politik eine Revision ihrer Zielbildung unterläßt.[34]

Anders als von Hayek angenommen, stellt dieses Szenario aber nicht den einzig denkbaren Fall dar. Ebenso ist der von Hayek nicht in Erwägung gezogene Fall einer ordnungs- und zielkonformen Lenkung möglich:

[33] Zu einer restriktiven Außenhandelspolitik kommt es automatisch, wenn auf ausländische Wettbewerber das Bestimmungslandprinzip angewandt wird. Lediglich im Falle des Ursprungslandprinzip werden zusätzliche Regulierungen oder eben ein Übergang zum Bestimmungslandprinzip erforderlich.

[34] Die hier gegebene Darstellung unterscheidet sich von Hayeks (1986) Begründung. Weder wird pauschal auf ontologische Argumentationsmuster zurückgegriffen, daß endzustandsbezogene Bewertungskriterien für eine spontane Ordnung nicht passen und deshalb Ablaufpolitik a priori ordnungsinkonform sei noch wird behauptet, eine Ablaufpolitik sei dazu gezwungen, die wirtschaftlichen Freiheitsrechte der Marktakteure außer Kraft zu setzen. (Dies wird erst in einem Spätstadium der Interventionspirale zu erwarten sein.) Die Entwicklungsdynamik einer Marktökonomie kann aus der hier vorgestellten Sicht auch bei weitgehend intakten Freiheitsrechten gelähmt werden. Deswegen ist eine Ablaufpolitik nicht a priori als freiheitsgefährdend einzustufen, wie Hayek dies noch annahm, wohl aber als latent entwicklungsgefährdend (s. dazu die weitere Darstellung).

6.3 Fall 3: Steuerungserfolg durch zielkonforme Innovation

In diesem Szenario substituieren die Marktakteure ihre entwertete Handlungsmöglichkeit nicht innerhalb des verfügbaren Sets von Handlungsmöglichkeiten, sondern suchen und finden eine neue Handlungsmöglichkeit. Idealtypischerweise erweist sich diese als zielkonform, so daß – anders als in dem zuvor betrachteten Fall – eine Nachintervention entbehrlich wird. Nach dem zuvor entwickelten Kriterium bleiben die Funktionsbedingungen dynamischer Märkte gewahrt: Für Substitutionsprozesse aufgrund marktendogener Entwertungen von Handlungsmöglichkeiten steht ein Set zahlenmäßig konstant gebliebener Handlungsmöglichkeiten zur Verfügung, verglichen mit dem Set vor dem Interventionszeitpunkt.

Oder anders ausgedrückt: die Innovationskompetenzen der Marktakteure erweisen sich als ausreichend, um einen Entwertungseingriff zu kompensieren. Daß bei der Suche nach einer neuen Handlungsmöglichkeit eine zielkonforme gefunden wurde, mag zufällig sein, kann aber auch eine »Akzeptanz« des Politikziels seitens der Marktakteure indizieren.[35]

Offensichtlich – und im Gegensatz zum zuvor betrachteten Fall – erweist sich deshalb dieses Szenario nicht nur als zielkonform, sondern auch als ordnungskonform. Die Innovationskompetenzen der Marktakteure können hier quasi als Steuerungsressource genutzt werden. Um jedoch ohne Einschränkung von einer ordnungskonformen Ablaufpolitik sprechen zu können, wäre noch eine zusätzliche Voraussetzung zu erfüllen: Danach realisieren die Marktakteure nicht nur eine zielkonforme neue Handlungsmöglichkeit (Innovation); darüber hinaus schließt die anschließende Suche nach neuen Handlungsmöglichkeiten in kommenden Perioden, zu denen der Wettbewerb die Marktakteure zwingt, mit zielkonformen Handlungsmöglichkeiten ab.

Als Beispiel mag an den Fall einer Umweltpolitik gedacht werden, die umweltunverträgliche Produktionstechniken entwertet (d.h. mit einer Steuer belegt oder verbietet), um die Suche nach umweltverträglichen Techniken anzuregen. Der weitere technische Fortschritt finde dann entlang des eingeschlagenen Technologiepfades statt, so daß in kommenden Perioden weiterhin umweltverträgliche Techniken gewählt werden. Eine – theoretisch immerhin denkbare – Rückkehr zu dem früheren Technologiepfad findet aufgrund von lock-in-Effekten nicht statt.

[35] In diesem Fall kann man von einer »kooperativen Innovation« sprechen.

Die Ordnungskonformität eines solchen Szenarios ist offensichtlich und hängt mit der Existenz versunkener Such- und Informationskosten zusammen. Bei der Suche nach neuen Handlungsmöglichkeiten sind Such- und Informationskosten (worunter auch F&E- Aufwendungen fallen) aufzuwenden, die auch anders verwendet werden könnten; insofern werden Innovationskompetenzen seitens der Ablaufpolitik zunächst *beansprucht*. Im Falle versunkener Transaktionskosten bleibt diese Beanspruchung jedoch vorübergehend. Es besteht kein Bedarf, in kommenden Perioden erneut Handlungsmöglichkeiten zu entwerten, da nicht nur eine singuläre zielkonforme Handlungsmöglichkeit gefunden wurde, sondern ein zielkonformer Entwicklungspfad aufgrund von Lernkurveneffekten.[36,37] Insofern stellen die einmal aufgewandten Such- und Informationskosten versunkene Kosten dar. Der Steuerungseingriff verschiebt den Entwicklungspfad, behindert aber nicht (bzw. nur vorübergehend) per se ökonomische Entwicklungsdynamik. Insofern handelt es sich um einen ordnungskonformen Eingriff.

6.4 Fall 4: Steuerungsmißerfolg durch defektierende Innovation

Der zuletzt zu betrachtende Fall stellt möglicherweise den interessantesten dar, wenngleich ihm in der bisherigen ordnungspolitischen Diskussion nur geringe Aufmerksamkeit zuteil geworden ist: Die Akteure suchen und finden aufgrund der politikbedingten Entwertung eine neue Handlungsmöglichkeit, die sich jedoch als zielinkonform herausstellt. Hält die Politik an dem Ablaufziel fest, wird sie – wie in dem bereits betrachteten Fall 2 – eine Nachintervention vornehmen und deshalb die neue Handlungsmöglichkeit ebenfalls entwerten.

Idealtypischerweise wiederholt sich dieser Vorgang, so daß abermals eine Interventionsspirale eingeleitet wird. Anders als in Fall 2 reichen aber die Innovationskompetenzen der Marktakteure hin, um die Entwertungseingriffe zu kompensieren. Weder wird das Ablaufziel erreicht

[36] Andernfalls wären durchaus Entwicklungseinbußen zu konstatieren, die aber – anders als im zuvor betrachteten Fall nicht zu einer entwicklungshemmenden Überregulation führen. Zwar reichen die Innovationskompetenzen der Marktakteure aus, Entwertungseingriffe zu kompensieen. Aber je häufiger in kommenden Perioden Entwertungseingriffe zu wiederholen sind, desto stärker wird die Entwicklungsdynamik der Marktökonomie beeinträchtigt (wenn auch nicht außer Kraft gesetzt wie in Fall II).

[37] Dieses Szenario entspricht einer intuitiven Vermutung, wonach technischer Fortschritt »in der Nähe« bereits gewählter Produktionstechniken zu erwarten ist; zu einer formalen Darstellung auf der Basis eines Markov-Modells vgl. Nelson/Winter 1982, 175-192.

noch entsteht eine entwicklungshemmende Überregulation. Es handelt sich um eine Lenkungspathologie aus *Sicht der Politik*, wobei – anders als in Fall 2 – die Funktionsbedingungen einer Marktökonomie gewahrt bleiben. Insofern resultiert ein neuer Idealtypus wirtschaftspolitischer Intervention, der von den bisher betrachteten Fällen zu unterscheiden ist.

Je länger die Interventionsspirale andauert, desto weniger dürfte davon auszugehen sein, daß die Marktakteure aus Zufall zielinkonforme neue Handlungsmöglichkeiten finden. Vielmehr dürfte von einer »defektierenden Innovationsaktivität« auszugehen sein; in einem solchen Fall suchen die Marktakteure gezielt nach zielinkonformen Handlungsmöglichkeiten, z.B. aufgrund mangelnder Akzeptanz des Politikziels und/oder einer tatsächlichen oder angenommenen Konkurrenzbeziehung zwischen dem Politikziel einerseits und ökonomischen Handlungsinteressen (Gewinnmotiven) andererseits. Zweifelsfrei kann von defektierender Innovation gesprochen werden, wenn die Akteure ihre Suche nach neuen Handlungsmöglichkeiten auf Felder konzentrieren, auf denen sie sich politischen Entwertungseingriffen dauerhaft zu entziehen vermögen. Allokationspolitische Beispiele sind hierfür schwer zu finden bzw. nur theoretischer Natur; um einen klaren Fall defektierender Innovation handelt es sich indessen bei einer Steuerpolitik, der sich die Marktakteure z.B. durch die Aufnahme schattenwirtschafticher Aktivitäten, Produktionsverlagerungen ins Ausland u.a. Aktivitäten dauerhaft entziehen. Solche Handlungsmöglichkeiten bedürfen in der Regel der Aufnahme von Such- und Informationstätigkeiten; insofern handelt es sich um neue Handlungsmöglichkeiten, mit denen die Marktakteure gegen Politikziele defektieren. Auch in diesem Fall wird – ähnlich zu Fall 3 – ein Entwicklungspfad eingeschlagen, auf dem sich jetzt *zielinkonformer* Handlungsmöglichkeiten in künftigen Perioden aneinanderreihen. Interessanterweise kommt es hierbei zu lock-in-Effekten, wie sie in der evolutorischen Ökonomik vielfach in anderen Zusammenhängen thematisiert worden sind (Witt, 1995). In dem hier betrachteten Fall würden die Akteure nämlich bei einer Reduzierung der Entwertungsintensität nicht mehr auf zuvor gewählte Handlungsmöglichkeiten zurückkehren. Die Such- und Informationskosten stellen sunk costs dar; das gewonnene Wissen um verfügbare Handlungsmöglichkeiten würde auch bei einem künftig ausgedünnten Regulierungsumfeld genutzt werden.[38]

[38] Ausführlicher s. hierzu Wegner 1995a.

In diesem Szenario nutzen die Marktakteure ihre Innovationskompetenzen, um sich Entwertungseingriffen temporär oder sogar dauerhaft zu entziehen. Anthropomorphistisch ausgedrückt: das ökonomische System wehrt wirtschaftspolitische Intervention auf eine Weise ab, in der die Entwicklungsdynamik sichergestellt bleibt. Lediglich die Politik büßt an Macht ein, wobei sich der Machtverlust nicht zuletzt darin zeigt, daß die Interventionsspirale aus der hier gewählten Entwicklungsperspektive heraus noch nicht einmal ordnungsinkonform genannt werden kann. Die Politik verliert lediglich das Spiel gegen die Innovationskompetenzen der Marktakteure. Dabei wird die Entwicklungsdynamik allenfalls geschwächt, weil die Innovationskompetenzen von vornherein zur Suche nach marktverwertbaren Handlungsmöglichkeiten genutzt werden könnten anstatt zur Abwehr wirtschaftspolitischer Intervention, und in diesem Fall würde den Akteuren eine größere Zahl an Handlungsmöglichkeiten zur Verfügung stehen, um auf marktendogen verursachte Entwertungen von Handlungsmöglichkeiten reagieren zu können. Aber es kommt nicht zu einer entwicklungshemmenden Überregulation mit der Gefahr, die spontane Ordnung in eine Taxis zu überführen, wie dies im zweiten Szenario der Fall ist.

Die geschilderten Szenarien sind in der beiliegenden Graphik zusammengestellt. Die Idealtypen bestehen aus vier Fällen, unter denen zwei Fälle als Steuerungserfolg bezeichnet werden können (Fall 1 und 3). Dabei rubriziert der erste Fall aus den bereits geschilderten Gründen als »triviale Lösung«. Wir haben es mit zwei Pathologien wirtschaftspolitischer Lenkung zu tun, die jeweils durch eine Interventionsspirale gekennzeichnet sind (im Sinne einer »Ölfleckentheorie«, um eine Metapher der ORDO-liberalen Schule hier zu verwenden). Dabei ist jedoch nur das zweite Szenario als Fall ordnungsinkonformer Intervention zu bezeichnen, während der vierte Fall auf eine Autonomisierungstendenz der Marktökonomie gegenüber wirtschaftspolitischen Eingriffsversuchen verweist.[39]

[39] Auch die Systemtheorie Luhmanns (1988) unterstellt eine Autonomie der Ökonomie gegenüber politischen Eingriffsversuchen aufgrund eines kommunikationstheoretischen Ansatzes. Insofern liegt eine Parallele zu dem hier beschriebenen Fall vor. Problematisch ist allerdings, daß aufgrund der Differenzierungsthese die Autonomie der Ökonomie quasi verabsolutiert wird und die Funktionsbedingungen des ökonomischen Systems seitens der Politik bestenfalls gelernt, nicht aber ernsthaft gestört werden können. Dieser Fall bleibt aber nach wie vor relevant, und deshalb genügt die Systemtheorie nicht den Anforderungen einer Theorie der Wirtschaftspolitik, welche Aussagen über die Ordnungskonformität von Zielen und Mitteln anstrebt.

Da wir von Idealtypen gesprochen haben, sollte hier abschließend auf Mischfälle hingewiesen werden: so ist es denkbar, daß die Interventionsspirale des Falles 2 nach einer gewissen Zahl von Steuerungsperioden in die Fälle 1, 3 oder 4 überwechselt. Die hier dargestellten Ergebnisse sind dann entsprechend zu modifizieren. Ebenso könnte im Fall 4 die Innovationskraft des Systems irgendwann gebrochen werden, und z.B. ein Übergang in den Fall 2 mit negativen Entwicklungsfolgen möglich werden. Gleichfalls könnte die Akzeptanz des Politikziels wachsen und die Interventionsspirale des Falles 2 durch einen Übergang in das Szenario 3 zum Abbruch kommen.

7. Resümee

Mit der Einführung von Idealtypen wirtschaftspolitischer Steuerung gewinnen wir auf der Basis elementarer Aussagen einen Ansatzpunkt, Lenkungsgrenzen offener Systeme theoretisch abzubilden. Hayeks Basisüberlegungen aufnehmend werden diese Grenzen in einen theoretischen Zusammenhang mit den Evolutionsbedingungen offener Marktsysteme gestellt, woraus – z.T. damit verknüpft – Grenzen wirtschaftspolitischen Lenkungswissens resultieren. Gegenüber der Hayekschen Ordnungstheorie sind allerdings einige Akzentverlagerungen erkennbar:

1. Die Analyse ist vergleichsweise politiknah ausgerichtet, als von einem Lenkungsinteresse der wirtschaftspolitischen Akteure ausgegangen wird. Ein wirtschaftspolitischer Dezisionismus wird als Ausgangspunkt gewählt, wobei die Frage nach der Legitimation wirtschaftspolitischer Eingriffe zurückgestellt wird (was nicht bedeutet, daß sich diese Frage vom Standpunkt einer normativen Theorie der Wirtschaftspolitik nicht stellen würde). Diese Vorgehensweise ist realitätsgerechter als die Hayeksche Ordnungstheorie, in der Ablaufpolitik praktisch nicht vorgesehen ist.
2. Aus dem Faktum eines begrenzten Lenkungswissens kann nach den bisherigen Überlegungen keine generelle Nichtsteuerbarkeitsthese im Sinne Hayeks abgeleitet werden (vgl. Fall I und Fall III).
3. Dies gilt in gleicher Weise in bezug auf die Tatsache, daß Marktökonomien evolutiver Natur sind. Die Evolutionseigenschaft marktökonomischer Systeme spricht nicht von vornherein gegen ihre Lenkbarkeit, sofern ein allgemeinerer Lenkungsbegriff verwendet wird, als

er von Hayek unter Hinweis auf stationäre Endzustände erörtert wird. Je mehr Handlungsmöglichkeiten als zielkonform zugelassen werden (im Falle »offener Politikziele«), in desto geringerem Maße werden stationäre Endzustände zwingend.

4. Die Innovationskompetenzen der Marktakteure sind in steuerungstheoretischer Hinsicht ambivalent zu beurteilen. Im Fall IV restringieren sie die Steuerungsmöglichkeiten, im Fall II restringieren sie die Entwicklung der Marktökonomie, während sie im Fall III für die Politik eine Steuerungs*ressource* darstellen.
5. Aufgabe praktischer Wirtschaftspolitik muß es dann sein, Ordnungsfolgen der Ablaufpolitik konkret danach zu prüfen, inwieweit eine entwicklungsgefährdende Entwertung von Handlungsmöglichkeiten stattgefunden hat. Anders als Hayek nahelegt, kann sich die Politik nicht darauf verlassen, daß ein bestimmter Typus von Instrumenten in Form allgemeiner Regeln automatisch Entwicklung offenhält. Insofern ist die strikte Trennung von Ordnungs- und Ablaufpolitik, an der Hayek festhalten wollte, zu lockern.[40]
6. Eine erfolgreiche Ablaufpolitik hat der Tendenz nach von einem einseitig hoheitlichen Machtmodell abzurücken und statt dessen Kooperationsformen mit den Normadressaten aufzunehmen (ohne deshalb Recht »auszuhandeln«, wie es im Rahmen neo-korporatistischer Politikkonzepte empfohlen wird).[41] Da kein ex ante-Kalkül einer »optimalen« Politik bestimmt werden kann, rückt die Wahl erfolgsträchtiger Entscheidungsverfahren ins Blickfeld der Betrachtung. Die Innovationskompetenzen der Marktteilnehmer erlangen für den Erfolg von Politik entscheidende Bedeutung und wären deshalb in geeigneten Verfahren zu identifizieren. Eine gewisse Abkehr vom einseitig hoheitlichen Machtmodell, an dem sich die traditionelle Theorie der Ordnungspolitik orientiert hat, dürfte dabei unvermeidlich sein und prägt auch jetzt schon neuere Politikmuster etwa im Bereich der Umweltpolitik.[42]

Trotz dieser Akzentverlagerungen gegenüber Hayek dürften allerdings die Unterschiede des hier skizzierten Entwurfes gegenüber statischen Steuerungskonzepten überwiegen. Der entscheidende Punkt gegenüber der wohlfahrtsökonomischen Theorie der Wirtschaftspolitik ist darin

[40] In Wegner (1995b) zeige ich ausführlicher, wie eine Politik der Setzung allgemeiner und abstrakter Regeln, welche Hayek verschiedentlich empfiehlt, zu Entwicklungsstörungen führen kann.

[41] Zu einer kritischen Diskussion vgl. Ritter 1990; Offe 1984; Streit 1988; Wegner 1993.

[42] Vgl. z.B. Gawel 1992.

zu sehen, daß Lenkungsmaßnahmen nicht ohne Einbeziehung der Entwicklungsfolgen ökonomisch legitimiert werden sollten. Jede ökonomische Begründung von Lenkungsmaßnahmen ist daraufhin gegenzuprüfen, ob eine kumulierte Entwertung von Handlungsmöglichkeiten resultieren kann. Dazu aber kann es insbesondere im Falle eines beliebig vermehrbaren Katalogs von Marktversagenstatbeständen kommen. Mit anderen Worten: Wirtschaftspolitik wird fehlorientiert, wenn die Frage nach der Legitimation von Eingriffen ohne Rücksicht auf das voraussichtliche Ausmaß von Korrekturmaßnahmen beantwortet wird. Dies steht etwa im Falle (z.B. umweltbedingter) externer Effekte zu vermuten, die kaum auf Ausnahmefälle begrenzt sein dürften, sondern fast als Regelfall der Marktallokation anzunehmen sind. Eine Politik der Internalisierung aller externer Effekte via Steuern könnte Entwicklungsstörungen erzeugen und wäre unbedingt unter diesem Aspekt zu prüfen; im Zweifel ist nach alternativen Steuerungsinstrumenten zu suchen. Eine solche theoretische Perspektive fehlt aber naturgemäß in der statischen Wohlfahrtsökonomik.

Solche Konsequenzen weisen für die Theorie der Wirtschaftspolitik in eine neue Richtung. Der hier entwickelte Ansatz erlaubt nämlich nicht die Deduktion von Handlungsempfehlungen aus einer umfassenden Norm.[43] Wenn die Szenariendarstellung auch Aufschluß über mögliche Konsequenzen gibt, so muß doch ungewiß bleiben, welche Politikmaßnahmen einen Steuerungserfolg garantieren. Die Ungewißheit bezieht sich dabei auch auf die Beurteilung eingetretener Folgen: es kann nicht unmittelbar aus der Empirie »abgelesen« werden, welches der beschriebenen Szenarien faktisch eingetreten ist. Eine Politikevaluierung, die sich auf Indizien zu stützen hätte und eine fallweise Beurteilung vornimmt, ist somit als Begleitmaßnahme vorzusehen.

In jedem Fall verlagert sich das Schwergewicht auf die Wahl erfolgsträchtiger *Entscheidungsverfahren* in der Wirtschaftpolitik. Sowohl in der Vorbereitungs- als auch der Evaluierungsphase dürfte Einiges für die Aufnahme kooperativer Politikmuster sprechen, damit die Politik ihre Normadressaten zumindest mittelbar erreichen kann und Maßnahmen auf die Handlungsmöglichkeiten der Akteure abzustimmen vermag. In der Umweltpolitik werden solche Verfahren erprobt und haben in Deutschland bereits Eingang in umweltpolitische Leitvorstellungen gefunden. Solche kooperativen Politikmuster dürften allerdings hoheitliche Funktionen von Politik nicht vollständig im Sinne eines

[43] Diese Vorgehensweise, wie sie in der wohlfahrtsökonomisch fundierten Theorie der Wirtschaftspolitik üblich ist, wurde bekanntlich von Albert (1975) immer wieder als »unkritisch« kritisiert. Die hier dargelegte Position unterstützt diese Kritik.

Neo-Kooperatismus preisgeben, in welchem dafür plädiert wird, Politikmaßnahmen zwischen Normadressaten und Normgebern auszuhandeln. Wie van der Straaten (1992) am Beispiel der niederländischen Umweltpolitik gezeigt hat, führen solche Verhandlungsprozesse tendenziell infolge unlösbarer Prinzipal-Agenten-Probleme zu einer Verwässerung, wenn nicht Preisgabe umweltpolitischer Ziele.

Dieser Konsequenz läßt sich m.E. dadurch begegnen, daß Politikmaßnahmen zwar hoheitlich durchsetzbar, aber zugleich revidierbar gestaltet werden im Sinne eines in den Verwaltungswissenschaften seit einiger Zeit diskutierten »experimentellen Rechts« (Ritter, 1990). Damit komme ich auf meinen eingangs eingeführten Begriff der »Pathologie« wirtschaftspolitischer Lenkung zurück. Fehlsteuerungen oder nicht-antizipierbare und nicht-intendierte Überraschungen stellen in diesem Sinne noch keine Pathologie dar. Diese entsteht erst dann, wenn Evaluierungen von Politiken sowie Neubewertungen von Politikzielen unterbleiben, statt dessen auf eine Kumulation von Maßnahmen gesetzt wird. Falls Indizien dafür sprechen, daß die idealtypischen Szenarien II und IV Realität geworden sind, wäre eine Revision wirtschaftspolitischer Maßnahmen vorzubehalten. Angesichts der Ungewißheiten, unter der Lenkung in evolutiven Systemen erfolgt, sind Lernmöglichkeiten offenzuhalten und vorzuinstallieren. Konzessionen an das Euckensche Prinzip der »Konstanz der Wirtschaftspolitik« können darum nicht ganz vermieden werden. Ablaufpolitik in evolutiven Systemen nimmt unverkennbar Züge eines Wagnisunternehmens an, in welchem mit einer Vielzahl von Allokations- und Ordnungsfolgen zu rechnen ist.

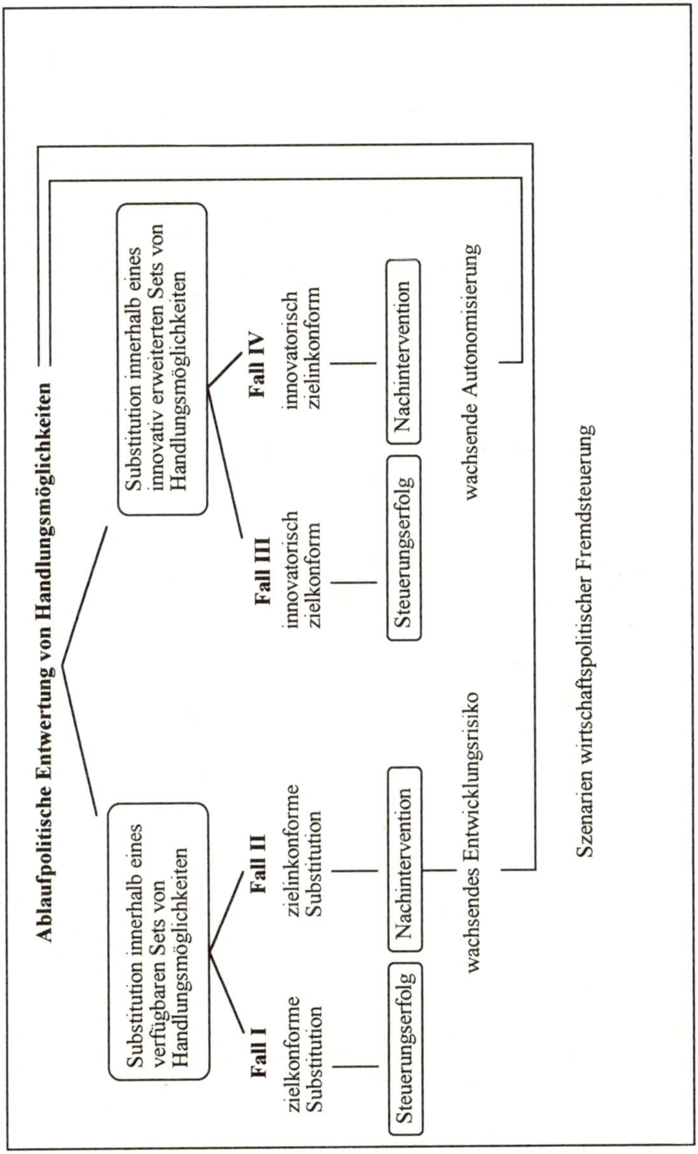
Ablaufpolitische Entwertung von Handlungsmöglichkeiten
Substitution innerhalb eines verfügbaren Sets von Handlungsmöglichkeiten
Substitution innerhalb eines innovativ erweiterten Sets von Handlungsmöglichkeiten
Fall I
zielkonforme Substitution
Fall II
zielinkonforme Substitution
Fall III
innovatorisch zielkonform
Fall IV
innovatorisch zielinkonform
Steuerungserfolg
Nachintervention
Steuerungserfolg
Nachintervention
wachsendes Entwicklungsrisiko
wachsende Autonomisierung
Szenarien wirtschaftspolitischer Fremdsteuerung

Literatur

Albert (Hrsg.) (1975): Aufklärung und Steuerung, Hamburg.

Arrow, K.J. (1963): Social Choice and Individual Values, New York.

Arthur, W.B./Ermoliev, Y.M./Kaniovski, Y.M. (1987): Path-Dependent Processes and the Emergence of Macro-Structure; in: European Journal of Operational Research (Vol. 30, S. 294-303; wiederabgedruckt in: Witt (Hrsg.) S. 257-272.

Baumann, B. (1993): Offene Gesellschaft, Marktprozeß und Staatsaufgaben. Möglichkeiten und Grenzen ökonomischer Theorien zur Erklärung der Funktionsweise offener Sozialsysteme und zur Legitimation staatlichen Handelns in Offenen Gesellschaften, Baden-Baden.

Boulding (1958): Principles of Economic Policy, Englewood Cliffs.

Brennan, G./Buchanan, J.M. (1985): The Reason of Rules. Constitutional Political Economy, Cambridge et. al.

Bresciani-Turroni, C. (1948): Einführung in die Wirtschaftspolitik, Bern.

Buchanan, J.M. (1993): How can Constitutions be designed so that Politicians who seek to serve »Public Interest« can survive and prosper?; in: Constitutional Political Economy (Vol. 4/1), S. 1-6.

Buchanan, J.M. (1987): The Constitution of Economic Policy; in: American Economic Review (Vol. 77), S. 243-250.

Buchanan, J.M. (1984): Die Grenzen der Freiheit, Tübingen.

Buchholz, W./Haselbeck, C. (1992): Private Verhandlungen und staatliche Regulierung bei asymmetrischer Information: Ein Wohlfahrtsvergleich; in: Finanzarchiv (Vol. 49), S. 167-180.

David, P.A. (1985): Clio and the Economics of QWERTY; in: American Economic Review (Vol. 75), S. 332-337; wiederabgedruckt in: Witt (Hrsg., 1993), S. 267-272.

Dörner, D. (1992): Die Logik des Mißlingens. Strategisches Denken in komplexen Situationen, Hamburg.

Dosi, G. (1991): Some thoughts on the promises, challenges and dangers of an »evolutionary perspective in economics«; in: Journal of Evolutionary Economics (Vol. 1), S. 5-7.

Downs, A. (1968): Ökonomische Theorie der Demokratie, Tübingen.

Eucken, W. (1959/1967): Grundsätze der Wirtschaftspolitik, Hamburg, 1967.

Frey, B.S. (1981): Theorie demokratischer Wirtschaftspolitik, München.

Gäfgen, G. (1991): Ordnungstheorie: Grundlage einer rationalen Gestaltung der Wirtschaftsordnung? in: Bohnen, A./Musgrave, A. (Hrsg.), Wege der Vernunft, Tübingen, S. 286-319.

Gäfgen, G. (1991): Ordnungstheorie: Grundlage einer rationalen Gestaltung der Wirtschaftsordnung?; in: Bohnen, A./Musgrave, A. (Hrsg.), Wege der Vernunft, Tübingen, S. 286-319.

Gawel, E. (1992): Die mischinstrumentelle Strategie in der Umweltpolitik; in: Jahrbuch für Sozialwissenschaft (Vol. 2/92), S. 267-286.

Giersch, H. (1960): Allgemeine Wirtschaftspolitik. Erster Band. Grundlagen, Wiesbaden.

Hayek, F.A.v. (1976b): Die Verwertung des Wissens in der Gesellschaft, in: Hayek (1976), S. 103-121.

Hayek, F.A.v. (1976c): Der Sinn des Wettbewerbs; in: Hayek (1976), S. 122-140.

Hayek, F.A.v. (1986): Recht, Gesetzgebung und Freiheit. Bd. 1: Regeln und Ordnung, Landsberg.

Hayek, F.A.v. (1981a): Recht, Gesetzgebung und Freiheit. Bd. 2: Die Illusion der sozialen Gerechtigkeit, Landsberg.

Hayek, F.A.v. (1981b): Recht, Gesetzgebung und Freiheit. Bd. 3: Die Verfassung einer Gesellschaft freier Menschen, Landsberg.

Hayek, F.A.v. (1969): Freiburger Studien. Gesammelte Aufsätze von F.A.v. Hayek, Tübingen.

Homann, K./Pies, I. (1993): Liberalismus: kollektive Entwicklung individueller Freiheit – Zu Programm und Methode einer liberalen Gesellschaftstheorie; in: Homo Oeconomicus (Vol. 10, 3/4), S. 297-347.

Kirzner, I. M. (1993): The Meaning of Market Process: Essays in the Development of Modern Austrian Economics, London, New York, 1992.

Küng, E. (1956): »Interventionismus«; in: Beckerath, E.v. u.a. (Hrsg.), Handwörterbuch der Sozialwissenschaften (Vol. 5), Göttingen, S. 321-329.

Leschke, M. (1993): Ökonomische Verfassungstheorie und Demokratie, Berlin.

Luhmann, N. (1988): Die Wirtschaft der Gesellschaft, Frankfurt a.M.

Mises, L.v. (1929/1976): Kritik des Interventionismus, Darmstadt, 1976.

Nelson, R.R./Winter, S. (1982): An Evolutionary Theory of Economic Growth, Cambridge.

Niskanen, W.A. (1971): Bureaucracy and Representative Government, Chicago.

Olson, M. (1985): Die Logik kollektiven Handelns. Kollektivgüter und die Theorie der Gruppen, Tübingen.

Offe, C. (1984): Korporatismus als System nicht-staatlicher Makrosteuerung?; in: Geschichte und Gesellschaft (Vol. 10), S. 234-256

Ritter, E.-H. (1990): Das Recht als Steuerungsmedium im kooperativen Staat; in: Grimm (Hrsg., 1990), S. 69-112.

Röpke, J. (1987): Möglichkeiten und Grenzen der Steuerung komplexer Systeme; in: Borchert, M./ Fehl, U./ Oberender, P. (Hrsg.), Markt und Wettbewerb. Festschrift für E. Heuß zum 65. Geburtstag, Bern, Stuttgart, S. 227-243.

Röpke, J. (1980): Zur Stabilität und Evolution marktwirtschaftlicher Systeme aus klassischer Sicht; in: Streissler, E./Watrin, C. (Hrsg.), Zur Theorie marktwirtschaftlicher Ordnungen, Tübingen, S. 124-154.

Röpke, J. (1977): Die Strategie der Innovation. Eine systemtheoretische Untersuchung der Interaktion von Individuum, Organisation und Markt im Neuerungsprozeß, Tübingen.

Röpke, J. (1980): Zur Stabilität und Evolution marktwirtschaftlicher Systeme aus klassischer Sicht; in: Streissler, E./Watrin, C. (Hrsg.), Zur Theorie marktwirtschaftlicher Ordnungen, Tübingen, S. 124-154.

Röpke, J. (1977): Die Strategie der Innovation. Eine systemtheoretische Untersuchung der Interaktion von Individuum, Organisation und Markt im Neuerungsprozeß, Tübingen.

Schumpeter, J.A. (1950): Kapitalismus, Sozialismus und Demokratie, Tübingen.

Straaten, J.v.d. (1992): The Dutch National Environmental Policy Plan: To Choose or to Lose; in: Environmental Politics (Vol. 1), S. 45-71.

Streit, M.E. (1991): Theorie der Wirtschaftspolitik, Düsseldorf.

Streit, M.E. (1988): The Mirage of Neo-Corporatism; in: Kyklos (Vol 41), S. 603-624.

Streit, M.E./Wegner, G. (1992): Information, Transaction, and Catallaxy. Reflections on some Key Concepts of Evolutionary Market Theory; in: Witt, U. (Hrsg., 1992), Explaining Process and Change. Approaches of Evolutionary Economics, Ann Arbor, S. 125-149.

Streit, M.E./Wegner, G. (1989): Wissensmangel, Wissenserwerb und Wettbewerb. Transaktionskosten aus evolutorischer Sicht; in: ORDO (Vol. 40), S. 183-200.

Thalheim, K.C. (1965): Zum Problem der Einheitlichkeit der Wirtschaftspolitik; in: Thalheim, K.C., Beiträge zur Wirtschaftspolitik und Wirtschaftsordnung, Berlin.

Tinbergen, J. (1952): On the Theory of Economic Policy, Amsterdam.

Wegner, G. (1995a): Wirtschaftspolitik zwischen Selbst- und Fremdsteuerung – Ein neuer Ansatz, Baden-Baden (Nomos), im Druck.

Wegner, G. (1995b): Ordnungspolitik aus evolutionsökonomischer Sicht. Neue Aspekte; in: Wirtschaftspolitische Blätter (Vol. 42), S. 445-454.

Wegner, G. (1994a): Marktkonforme Umweltpolitik zwischen Dezisionismus und Selbststeuerung, Tübingen.

Wegner, G. (1994b): Umweltpolitische Handlungsspielräume in der Katallaxie. Eine ordnungspolitische Betrachtung, Diskussionspapier der Universität Witten-Herdecke.

Wegner, G. (1993): Kontextsteuerung – Alternative zu Dirigismus und Laissez-Faire?; in: ORDO (Vol. 44), S. 271-290.

Weimann, J. (1990): Umweltökonomik. Eine theorieorientierte Einführung, Berlin u.a.

Willke, H. (1992): Ironie des Staates. Grundlinien einer Staatstheorie polyzentrischer Gesellschaften, Frankfurt.

Witt, U. (1995): Evolutorische Ökonomik – Umrisse eines neuen Forschungsprogramms; in: Seifert, E.K./Priddat, B.P. (Hrsg.), Neuorientierungen in der ökonomischen Theorie, Marburg, S. 153-179.

Witt, U. (Hrsg.) (1993): Evolutionary Economics, Aldershot.

Witt, U. (Hrsg.) (1992a): Explaining Process and Change. Approaches to Evolutionary Economics, Ann Arbor

Witt, U. (1992b): Evolution as the Theme of a New Heterodoxy in Economics; in: Witt (Ed.), S. 3-20.

Witt, U. (1987): Individualistische Grundlagen der evolutorischen Ökonomik, Tübingen.

Zu den Autorinnen und Autoren

Thomas Eger
geb. 1949, PD Dr., wissenschaftlicher Mitarbeiter am Fachbereich Wirtschaftswissenschaften der Universität Gesamthochschule Kassel, Fachgebiet »Wirtschaftswissenschaften mit sozialwissenschaftlicher Ausrichtung«. Forschungsschwerpunkte: Ökonomische Analyse des Rechts, Industrieökonomik, Analyse und Vergleich von Wirtschaftssystemen.

Friedrich Hinterberger
geb. 1959, Dr.rer.pol., Mag.rer.soc.oec., Studium an der Johannes-Kepler-Universität Linz, Promotion an der Justus-Liebig-Universität Gießen. Forschungsaufenthalte an den Universitäten von Rom und Florenz sowie der New School for Social Research und der New York University. Arbeitsgebiete: Evolutorische Ökonomik, Umweltpolitik. Wichtige Publikationen: (Ko-)Evolution von Kultur, Natur und Wirtschaft, in: Beckenbach/Diefenbacher (Hrsg.): Zwischen Entropie und Selbstorganisation (Marburg 1994); Biological, Cultural and Economic Evolution and the Economy/Ecology-Relationship, in: van den Bergh/van der Straaten (Hrsg.): Toward Sustainable Developement (Washington D.C. 1994); Ökologische Wirtschaftspolitik zwischen »Ökodiktatur und Umweltkatastrophe (Berlin 1996).

Wolfgang Kerber
geb. 1958, Studium der Volkswirtschaftslehre, Universitätsprofessor für Volkswirtschaftspolitik an der Fakultät für Wirtschaftswissenschaft an der Ruhr-Universität Bochum. Arbeitsschwerpunkte: Wettbewerbstheorie und -politik, Evolutorische Ökonomik, Institutionenökonomik, Europäische Integration.

Karl Reinhard Lohmann
geb. 1966, Wissenschaftlicher Mitarbeiter am Lehrstuhl Philosophie und Volkswirtschaft an der Universität Witten/Herdecke, promoviert am Philosophischen Seminar der Universität Göttingen über Wirtschafts-

ethik. Arbeitsschwerpunkte sind: Philosophie der Ökonomik und angewandte Ethik. Veröffentlichungen u.a.: Darf Pedro sein Land verkaufen?, Marburg 1995.

Beate Männel
geb. 1969, Dipl.-Vw.; Studium der VWL an den Universitäten Nürnberg und Würzburg, Forschungsprojekt im Bereich Konjunkturtheorie und Wirtschaftsgeschichte an der Universität Würzburg. Seit April 1995 wissenschaftliche Mitarbeiterin am Lehrstuhl für VWL und Philosophie, Universität Witten-Herdecke. Lehr- und Forschungsschwerpunkte: Evolutorische Theorie der Wirtschaftspolitik, Wissenschaftstheorie, Sprachphilosophie.

Uwe Mummert
geb. 1962, Studium der Volkswirtschaftslehre an der Universität-GH Paderborn und der University of Illinois. Promotion an der Universität Göttingen.

Walter Ötsch
geb. 1950, Univ.-Doz., Studium der Volkswirtschaftslehre in Wien und Linz, Assistent an der Universität für Bildungswissenschaften Klagenfurt, Habilitation mit einer Arbeit über Piero Sraffa, Assistenzprofessor am Institut für Volkswirtschaftslehre der Johannes Kepler Universität Linz; beschäftigt sich u.a. mit: Geschichte der Volkswirtschaftslehre, »Nicht-mechanistische« Ansätze in der Wirtschaftstheorie, Bedeutung mentaler Faktoren für die Wirtschaft.

Stephan M. Panther
geb. 1961, Studium der Volkswirtschaftslehre und Politischen Wissenschaft an der Ludwig-Maximilians-Universität (LMU) München, 1986-1990 Mitarbeiter am Seminar für Versicherungswissenschaften der LMU, Promotion über Haftung als Instrument einer präventiven Umweltpolitik, 1991 Visiting Scholar in Harvard, seit 1992 Hochschulassistent in Hamburg mit Forschungsschwerpunkt Wechselbeziehungen zwischen sozialen Beziehungen und Marktbeziehungen.

Birger P. Priddat
geb. 1950, Dipl.-Vw., Dr.rer.pol., 1985-88 wiss. Forschungsmitarbeiter am Institut für Politische Wissenschaften der Universität Hamburg, 1989 Forschungsaufenthalt an der Universität Wien. Seit 1991 Universitätsprofessor an der Wirtschaftswissenschaftlichen Fakultät der Univer-

sität Witten/Herdecke und Inhaber des Lehrstuhls für Volkswirtschaft und Philosophie. Lehr- und Forschungsschwerpunkte: Evolutions- und Institutionenökonomik, Ökologische Ökonomie, Theoriegeschichtliche Forschung.

Norbert Reuter
geb. 1960, Studium der Volkswirtschaftslehre und der Politischen Wissenschaft, 1994 Promotion, Hochschulassistent am Lehrstuhl Volkswirtschaftslehre der Rheinisch-Westfälischen Technischen Hochschule Aachen. Arbeitsschwerpunkte: Institutionelle und evolutionäre Ökonomie, Arbeitslosigkeit, Wachstumsproblematik, langfristige wirtschaftliche Entwicklung.

Gerhard Wegner
geb. 1956, Priv.Doz., Studium der Volkswirtschaftslehre, Sozialwissenschaften und Philosophie an der Universität Göttingen, Promotion am Institut für Volkswirtschaftslehre und Statistik der Universität Mannheim mit einer Arbeit zum Fortschrittsverständnis in der ökonomischen Theorie, Habilitation an der Universität Witten/Herdecke; beschäftigt sich u.a. mit evolutionstheoretischen Ansätzen in der Volkswirtschaftslehre und ihrer Relevanz für die Theorie der Wirtschaftspolitik; Monographien: Wohlfahrtsaspekte evolutorischen Marktgeschehens, Tübingen, 1991; Marktkonforme Umweltpolitik zwischen Dezisionismus und Selbststeuerung, Tübingen, 1994; Wirtschaftspolitik zwischen Selbst- und Fremdsteuerung, Baden-Baden 1996.

Peter Weise
geb. 1941, Professor für Wirtschaftswissenschaften (Fachrichtung Sozialwissenschaften) an der Gesamthochschule Kassel, Arbeitsgebiete: allgemeine Mikroökonomie, Arbeitsmarkt- und Unternehmenstheorie, Konjunkturtheorie.

Josef Wieland
geb. 1951, Studium der Ökonomie und Philosophie an der Universität-GHS Wuppertal. Abschluß zum Dipl. Ök. 1985, Promotion zum Dr.rer.oec. 1988. Habilitation im Fach Volkswirtschaftslehre 1995 an der Privatuniversität Witten/Herdecke. Seit dem 1. März 1995 Professor für Allgemeine BWL mit Schwerpunkt Wirtschafts- und Unternehmensethik an der FH Konstanz. Arbeitsschwerpunkte: Neue Institutionen- und Organisationsökonomik, Empirische Gerechtigkeitsforschung, Ökonomische Theoriegeschichte.

Institutionelle und Evolutorische Ökonomik

Band 2

Reinhard Penz
Holger Wilkop (Hrsg.)

Zeit der Institutionen – Thorstein Veblens evolutorische Ökonomik

Thorstein Veblen (1857-1929), Leitfigur des amerikanischen Institutionalismus, polarisierte zu Beginn des 20. Jahrhunderts die Wirtschaftswissenschaften in den USA mit dem Ansatz einer evolutorischen Ökonomik. Heute rücken Veblens Arbeiten durch das wiedererwachte Interesse an evolutionären und institutionenökonomischen Fragestellungen erneut in den Blickpunkt. Die in diesem Band versammelten Beiträge erschöpfen sich keineswegs in theoriegeschichtlichen Erörterungen, sondern zielen primär auf eine theoriesystematische, »kreative« Interpretation.

Thematisiert werden die Konzeption der Veblenschen evolutorischen Ökonomik und deren praktische Relevanz, die methodologischen Kontroversen, das Menschenbild bei Veblen, seine Kapitaltheorie und Kapitalismuskritik, die erkenntnistheoretische Grundposition Veblens, die »normative Seite« und ihre ideengeschichtlichen Einflüsse, die Rezeption seines Werkes, schließlich die grundsätzlichen Möglichkeiten eines Evolutionismus in den Wirtschaftswissenschaften. Auf diese Weise liefert das Buch ein differenziertes Bild der Ideen Veblens und zugleich einen tiefen Einblick in die Möglichkeiten und Grenzen des institutionalistischen Paradigmas.

456 Seiten, 58 DM/SFr, 429 ÖS, ISBN 3-89518-027-0